Christoph Levin
Verheißung und Rechtfertigung

Beihefte zur Zeitschrift für die alttestamentliche Wissenschaft

Herausgegeben von
John Barton · F. W. Dobbs-Allsopp
Reinhard G. Kratz · Markus Witte

Band 431

De Gruyter

Christoph Levin

Verheißung und Rechtfertigung

Gesammelte Studien zum Alten Testament II

De Gruyter

ISBN 978-3-11-027694-7
e-ISBN 978-3-11-027707-4
ISSN 0934-2575

Library of Congress Cataloging-in-Publication Data
A CIP catalog record for this book has been applied for at the Library of Congress.

Bibliographic information published by the Deutsche Nationalbibliothek

The Deutsche Nationalbibliothek lists this publication in the Deutsche Nationalbibliografie; detailed bibliographic data are available in the Internet at http://dnb.dnb.de.

© 2013 Walter de Gruyter GmbH, Berlin/Boston

Printing: Hubert & Co. GmbH & Co. KG, Göttingen
∞ Printed on acid-free paper

Printed in Germany

www.degruyter.com

Eberhard Jüngel gewidmet

Vorwort

Dieser zweite Band gesammelter Studien hätte auch „Fortschreibungen II" oder „Fort-Fortschreibungen" heißen können; denn die hier gesammelten Exegesen sind von derselben Grundeinsicht in das literarische Werden des im Alten Testament überlieferten Schrifttums geleitet.[1] Das Alte Testament ist seiner literarischen Gattung nach die religiöse Überlieferungsliteratur eines bestimmten Zweiges des Judentums der persischen und der hellenistischen Epoche. Kennzeichnend ist ein sehr hoher Grad literarischer Rückbezüglichkeit. Überlieferung und Auslegung gehen fast immer Hand in Hand. Der parallel zu der vorliegenden Sammlung erscheinende englische Aufsatzband trägt deshalb den Titel „Re-Reading the Scriptures".[2]

Indessen noch wichtiger als die Literaturgeschichte ist mir der hermeneutische Zugang, der unter dem Stichwort „Verheißung und Rechtfertigung" die Sammlung eröffnet. Der kundige Leser wird den Einfluss bemerken, den Eberhard Jüngel auf mein Denken gehabt hat. Die Einsicht, die das Stichwort zum Ausdruck bringen will, hat 1985 im letzten Kapitel meiner Dissertation eine erste Form gefunden.[3] Ich habe sie seither mehrfach traktiert und ihre Leistungsfähigkeit erprobt. Dafür sind die letzten beiden Aufsätze des vorliegenden Bandes weitere Beispiele.

Dass zwischen (religiöser) Wahrheit und Freiheit eine Wechselbeziehung besteht, ist eine Einsicht, die unmittelbar aus der wahrhaft grundlegenden Erkenntnis folgt, dass Gott voraussetzungslose Liebe ist. Damit werden manche der geläufigen Problemfelder der Theologie zwar nicht gegenstandslos, aber sie verlieren ihre Aporetik. Das betrifft – um einige Beispiele aus dem eigenen Fach zu nennen – das Verhältnis von alttestamentlicher Theologie und altorientalischer sowie hellenistischer Religionsgeschichte; das Verhältnis von Altem und Neuem Testament (und damit die sogenannte

---

1 Vgl. Ch. Levin, Fortschreibungen. Gesammelte Studien zum Alten Testament (BZAW 316) 2003.
2 Ch. Levin, Re-Reading the Scriptures: Essays on the Literary History of the Old Testament (FAT 87) 2013.
3 Ch. Levin, Die Verheißung des neuen Bundes in ihrem theologiegeschichtlichen Zusammenhang ausgelegt (FRLANT 137) 1985, 265–279: „Der neue Bund und das Neue Testament".

„biblische" Theologie); die teils erheblichen Unterschiede der überlieferten Textformen; die Grenzen des biblischen Kanons und damit verbunden die Forderung nach einem „canonical approach"; und schließlich das spannungsvolle Verhältnis von Wahrheit und Geschichte überhaupt, das in der Folge der Aufklärung dazu geführt hat, dass historische und dogmatische Theologie auseinander traten. Es gibt in allen diesen Fällen gute theologische Gründe, im Lichte des Evangeliums die Suche nach zwingenden, ausschließenden Lösungen bleiben zu lassen. Die Gelassenheit, die das zur Folge hat, kommt nicht nur dem Verständnis der Texte und der historischen Entwicklungen zugute, sondern bewährt sich auch beim Studium der Auslegungsgeschichte und nicht zuletzt im Gespräch mit den jüdischen und den katholischen Freunden, das in den letzten Jahren an Intensität gewonnen hat und für das ich besonders dankbar bin.

Die Reihe der exegetischen Studien beginnt mit einer zusammenfassenden Darstellung des redaktionsgeschichtlichen Sachverhalts, auf den ich im Frühjahr 1978 zufällig gestoßen bin und den ich im Jahre 1993 unter dem lapidaren Titel „Der Jahwist" veröffentlicht habe, nachdem es gelungen war, die anfängliche Beobachtung durch eine weitgehend vollständige Untersuchung der erzählenden Texte des Tetrateuchs abzusichern.[4] Die Urkundenhypothese in der Form einer Zweiquellenhypothese hat sich redaktionsgeschichtlich bestätigt, und die Frage, wann und wie die vormals selbständigen Überlieferungsblöcke des Pentateuchs zueinander fanden, hat ihre Antwort gefunden.

Das bedeutet nicht, dass ich nicht seither in Einzelheiten zu einem anderen Urteil gekommen bin. Das betrifft vor allem den Abschluss. Schon Wellhausen hatte die richtige Einsicht: „Erwähnenswert ist, dass seit dem Segen Bileams J plötzlich abbricht. Nur in Num. 25,1–5, und Deut. 34 könnte man vielleicht einige Spuren dieses herrlichen Erzählungsbuches finden wollen".[5] Tatsächlich lassen sich Num 25,1a und Dtn 34,5*–6* nach dem Beispiel von Num 20,1 zu einem Faden verbinden, so dass der Jahwist mit Moses Tod in Schittim schließt.[6] Mit dieser Ortslage könnte zugleich ein Anknüpfungspunkt für das Deuteronomistische Geschichtswerk gefunden sein, vgl. Jos 2,1 und Mi 6,5.

---

4 CH. LEVIN, Der Jahwist (FRLANT 157) 1993.
5 J. WELLHAUSEN, Die Composition des Hexateuchs, ⁴1963, 116.
6 Unten S. 23 und 29 ist entsprechend zu korrigieren. Vgl. jetzt CH. LEVIN, The Yahwist: The Earliest Editor in the Pentateuch, in: DERS., Re-Reading the Scriptures, 1–23, bes. 9.

Über die Urkundenhypothese entscheidet neben dem redaktionellen Profil der beiden Quellen, ob sich die Quellensynthese nachvollziehen lässt. Am Beispiel der Urgeschichte habe ich dies unternommen, jenem Text, mit dem die Quellenscheidung im 18. Jahrhundert begann. Ebenso wichtig ist, dass der zustande gekommene gemeinsame Text zur Grundlage umfangreicher literarischer Weiterarbeit wurde. Beispiele sind der Abrahambund nach Gen 15, die Erzählung von Abrahams Grabkauf Gen 23 und die Tamar-Erzählung Gen 38. Für ein vollständigeres Bild mag man die Erzählung von Dina Gen 34 hinzunehmen[7] sowie die Analyse der Szene von Josefs Versuchung Gen 39.[8] Alle diese Exegesen dienen der Vorbereitung eines Genesis-Kommentars in der Reihe „Handbuch zum Alten Testament".

Mein Interesse an den Büchern der Könige ist in den vergangenen Jahren durch die Arbeit an einer „Geschichte Israels und Judas" weiter genährt worden. Die Untersuchung der Rahmenstücke ergab, dass ihnen ein Exzerpt zugrunde liegt, das die in den Annalen der Könige von Israel und den Annalen der Könige von Juda gegebenen Daten zu einer gerafften Gesamtdarstellung der beiden Königtümer verbunden hat. Dieses synchronistische Exzerpt muss noch in der judäischen Königszeit entstanden sein.[9] Damit erhalten jene Exegeten recht, die eine vorexilische Grundfassung der Königebücher annehmen, aber zugleich auch jene, die die deuteronomistische Redaktion in die Zeit nach der Eroberung Judas datieren. Die Vorstellung eines vorexilischen Deuteronomismus sollte aus dem Spiel sein.

Wie vorsichtig man bei der historischen Auswertung auch der Königebücher sein muss, hat sich am Beispiel der Notizen gezeigt, die die Oberhoheit der Könige von Juda über Edom betreffen. Spät und unhistorisch ist auch die merkwürdige Erzählung in 2 Kön 16 über den neuen Altar, den König Ahas im Tempel von Jerusalem aufstellen ließ. Sie ist mit den Erzählungen über die Kultreformen in 2 Kön 11–12 und in 2 Kön 22–23 verwandt, die ich vor dreißig Jahren untersucht habe.[10] Diese Lücke ist jetzt geschlossen.

Auch die Wort-Theologie hat mich weiter beschäftigt. Im Jeremiabuch kam eine Redaktion ans Licht, die mit der Berufung des Propheten und mit

---

7 Ch. Levin, Dina: Wenn die Schrift wider sich selbst lautet, in: Ders., Fortschreibungen, 49–59.
8 Ch. Levin, Righteousness in the Joseph Story: Joseph Resists Seduction (Genesis 39), in: Ders., Re-Reading the Scriptures, 65–82.
9 Vgl. auch Ch. Levin, Das synchronistische Exzerpt aus den Annalen der Könige von Israel und Juda (VT 61, 2011, 616–628).
10 Vgl. Ch. Levin, Der Sturz der Königin Atalja (SBS 105) 1982; Ders., Die Instandsetzung des Tempels unter Joas ben Ahasja, in: Ders., Fortschreibungen, 169–197; Ders., Josia im Deuteronomistischen Geschichtswerk, ebd. 198–216.

der Überarbeitung der Zeichenhandlungen eine frühe Buchgestalt geschaffen hat. Das Motiv des „Wortes Jahwes" hat hier seinen Ursprung.[11]

Das Beispiel zeigt, ähnlich wie die Entdeckung der jahwistischen Redaktion im Pentateuch, wie berechtigt die Suche nach redaktioneller Gestaltung ist. Sie kann aber auch über das Ziel hinausschießen; denn die Tradenten und Verfasser hatten für ihre Arbeit in erster Linie nicht redaktionelle, sondern theologische Beweggründe. Ich habe deshalb gelegentlich Einspruch erhoben. So gegen die Auffassung, die Büchereinteilung des Psalters gehe im Ganzen auf einen von der Chronik beeinflussten redaktionellen Akt zurück. Und gegen die Auffassung, die Zusammenstellung des Dodekapropheton sei von einem „deuteronomistischen" Vierprophetenbuch ausgegangen. Wie der literarische Prozess in der Spätzeit in der Regel verlaufen ist, mag man der Analyse von Jona 1 entnehmen.

Für den Wiederabdruck wurden die Aufsätze bibliographisch und in der Wiedergabe des Hebräischen vereinheitlicht. Von der neuen Rechtschreibung wurde die einzige sinnvolle Änderung, nämlich die Schreibung von ss nach kurzem Vokal, übernommen. Wenn es mir evident erschien, habe ich ganz gelegentlich den Ausdruck präzisiert, und natürlich wurden Fehler verbessert. In einigen Fällen wurden neue Zwischenüberschriften eingefügt. Im übrigen stimmen die Texte mit dem Erstdruck überein.

Ich danke den Herausgebern für die freundliche Bereitschaft, auch diesen zweiten Band gesammelter Studien in den Beiheften für die alttestamentliche Wissenschaft erscheinen zu lassen. Bei dem Abgleich mit den Erstdrucken hat Herr Hayim Malkhasy wertvolle Hilfe geleistet. Die Register wurden von Frau stud. theol. Anna Ammon erstellt. Herrn Dr. Albrecht Döhnert vom Verlag de Gruyter danke ich für die sehr angenehme Zusamnenarbeit und den Damen Sabina Dabrowski und Katja Brockmann für die Betreuung der Herstellung.

München, im Juni 2013   Christoph Levin

---

11 Vgl. auch CH. LEVIN, Tatbericht und Wortbericht in der priesterschriftlichen Schöpfungserzählung, in: DERS., Fortschreibungen, 23–39; DERS., Erkenntnis Gottes durch Elia, ebd. 158–168.

Inhalt

Vorwort	VII
Verheißung und Rechtfertigung	1
Kontinuität und Diskontinuität	2
Das Neue Testament als Ausgangspunkt	5
Verheißung als Mitte des Alten Testaments	6
Verheißung und Erfüllung?	11
Verheißung und Rechtfertigung	13
Zwei Alte Testamente	14
Das Alte Testament als Buch des Glaubens	16
Das israelitische Nationalepos: Der Jahwist	20
Das redaktionsgeschichtliche Problem	20
Die vorredaktionellen Erzählkompositonen	22
Die Auswahl der Quellen	30
Die Sprache der Redaktion	33
Das Geschichtsbild	36
Die Geschichte des Segens	39
Die Ursprungsgeschichte des Judentums	40
Abschied vom Jahwisten?	43
Die Redaktion R^{JP} in der Urgeschichte	59
Die Verteilung der beiden Quellen	59
Die späteren Ergänzungen	62
Die beiden Schöpfungsberichte	68
Der Übergang von Gen 4 nach Gen 5	71
Die Genealogien	73
Die Fluterzählung	75
Die zweifache Schnur	78

Jahwe und Abraham im Dialog: Genesis 15	80
Kontext	81
Der richtige Erbe fehlt	85
Im Horizont der weiteren Geschichte	91
Die Verheißung des Landes ist unverbrüchlich	95
Die Inszenierung einer theologischen Debatte	100
Abraham erwirbt seine Grablege (Genesis 23)	103
Die Söhne Hets überlassen Abraham eine Grablege	105
Die Doppelhöhle gegenüber Mamre ist Abrahams Grablege	106
Abraham hat den Grabbesitz durch Kauf erworben	107
Der Kaufpreis	110
Die Rückverweise auf den Kauf der Grabstätte	112
Die Überlieferung vom Patriarchengrab	117
Die spätere Ausgestaltung	120
Gibt es einen historischen Anhaltspunkt?	122
Tamar erhält ihr Recht (Genesis 38)	124
Die Erzählung ist unselbständig	125
Die Erzählung ist nicht einheitlich	126
Die Episode: Der Vorrang Judas	127
Die Anekdote: Onan, der geprellte Betrüger	131
Der Kasus: Juda und Tamar	133
Noch einmal das Leviratsrecht: Schela	137
Der Lohn für die Hure	138
Judas und Tamars Gerechtigkeit	139
Zusammenfassung	142
Die Frömmigkeit der Könige von Israel und Juda	144
Das synchronistische Annalenexzerpt	146
Nachträge zu den Frömmigkeitsurteilen bei den Königen von Israel	152
Nachträge zu den Frömmigkeitsurteilen bei den Königen von Juda	155
Die Frömmigkeit der Könige von Israel	163
Die Frömmigkeit der Könige von Juda	168
Das Ziel des Deuteronomistischen Geschichtsschreibers	173

Inhalt XIII

Aram und/oder Edom in den Büchern Samuel und Könige 178
   Davids Siege über Aram und Edom 178
   Aram/Edom, Moab, Ammon 182
   Hadad, der Edomiter 184
   Sieg und Niederlage als Lohn und Strafe 185
   Der Verlust von Elat 188
   Der Doppelsinn ist vorausgesetzt 191
   Edom als Gradmesser 193

Der neue Altar unter Ahas von Juda 196
   Die Zusätze der hebräischen Textfassung 197
   Das illegitime Opfer des Ahas 199
   Das legitime Opfer des Ahas 202
   Weisungen für die künftige Opferpraxis 205
   Der alte Altar 207
   Vorsorgliche Demontage 210
   Ergebnis 214
   Übersicht 215

Das Wort Jahwes an Jeremia. Zur ältesten Redaktion der
jeremianischen Sammlung 216
   Der Begriff „Wort Jahwes" 216
   Die Berufung des Propheten 217
   Die Visionen vom Mandelzweig und vom Kessel 220
   Die Klagen über den „Feind aus dem Norden" 222
   Der verdorbene Gürtel 225
   Die Ehelosigkeit des Propheten 229
   Jeremia beim Töpfer 231
   Der Ackerkauf 232
   Wein für die Streitwagenfahrer 235
   Die Jahwewort-Bearbeitung 236

Die Entstehung der Bundestheologie im Alten Testament 242
   Die Entdeckung des Problems 242
   Der Weg zur Lösung 244
   Die Datierung am Übergang zur nachstaatlichen Zeit 246
   Jahwe als Dynastiegott 249
   Jahwe als ein einziger 252
   Jahwe und kein anderer 253
   Die Vorstellung des Gottesbundes 255

Das „Vierprophetenbuch". Ein exegetischer Nachruf 260
  „Deuteronomistische" Redaktion? 261
  Das Buch Zefanja 265
  Die Bücher Micha, Amos und Hosea 267
  Das Buch Jesaja als Ausgangspunkt 272

Jona 1: Bekehrung zum Judentum und ihre Folgen 276
  Jona entweicht vor seinem Auftrag, aber Jahwe holt ihn zurück   280
  Die Schiffsleute bekehren sich zu Jahwe,
  dem Gott des Himmels 281
  Die bekehrten Schiffsleute erweisen sich als gerecht 285
  Jonas Schuld und Strafe 288
  Textwachstum und Wirkungsgeschichte 291

Die Entstehung der Büchereinteilung des Psalters 293
  Die ersten drei Doxologien 293
  Psalter und Tora 296

Das Alte Testament auf dem Weg zu seiner Theologie 300
  Das Alte Testament als Paradigma 300
  Der Kult am Königshof als Grundlage 306
  Faktoren des Übergangs 311
  Die Krise und ihre Überwindung 313
  Auf dem Weg zum Monotheismus 317
  Die offenen Grenzen des Kanons 320

Das Alte Testament und die Predigt des Evangeliums 322
  Theologie und Exegese im Konflikt 322
  Emanuel Hirsch: Das Alte Testament als die negative Voraus-
  setzung der Predigt des Evangeliums 325
  Albrecht Alt: Die Geschichte als Verbündeter
  der Theologie 329
  Duplex sensus – die Syntax des Evangeliums 334

Nachweis der Erstveröffentlichungen 340
Hebräische Wörter und Wendungen 342
Stichwortregister 344
Autorenregister 349
Bibelstellen 353

Verheißung und Rechtfertigung

Das hermeneutische Problem des Alten Testaments besteht in dem Widerspruch zwischen zwei historisch gegebenen Voraussetzungen. (1) Das Alte Testament ist als die Heilige Schrift des antiken Judentums entstanden. Es ist insofern ein nichtchristliches Buch. (2) Das Alte Testament wurde von der Alten Kirche mit vollkommener Selbstverständlichkeit als die eigene, zunächst sogar einzige Heilige Schrift angesehen. Es ist insofern ein christliches Buch.

Die hermeneutische Aufgabe, die aus dieser doppelten Voraussetzung erwächst, ist ihrerseits eine doppelte. Einerseits ist es ein Erfordernis theologischer Wahrhaftigkeit, den Widerspruch in seiner Schärfe namhaft zu machen und ihm standzuhalten. Anderseits muss das Ziel sein, den Widerspruch zu überwinden. Beides bedingt sich gegenseitig: Dem Widerspruch lässt sich nur standhalten, wenn zugleich die Möglichkeit seiner Überwindung im Blick ist; und der Widerspruch lässt sich nur überwinden, wenn zugleich die Wahrheit der beiden historisch gegebenen Voraussetzungen ihr Recht behält.

Aus dieser Bedingung folgt, dass die den Widerspruch überwindende Wahrheit, nach der eine christliche Hermeneutik des Alten Testaments zu fragen hat, keine zwingende Wahrheit sein kann. Sie kann nur eine freie Wahrheit sein. Es hat der Debatte um das Alte Testament geschadet, dass man für das christliche Verständnis zu häufig nach einer zwingenden Wahrheit gesucht hat. Eine freie Wahrheit nämlich muss keineswegs eine beliebige Wahrheit und damit eine Unwahrheit sein. Zwischen Wahrheit und Freiheit besteht im Gegenteil eine Wechselbeziehung. Das gilt zumal für das theologische Urteil, dessen Wesen es ist, dass es sich nicht damit bescheidet, das Gegebene zu verrechnen, sondern auf eine Wahrheit zählt, die sich selbst erweist, indem sie die gegebene Wirklichkeit in ihr befreiendes Licht rückt: „Die Wahrheit wird euch frei machen" (Joh 8,32).

Als die älteste Christenheit aus dem Judentum hervorging, ist es diese sich selbst erweisende Wahrheit gewesen, die sie ihre überkommene jüdische Bibel nicht hat abtun, sondern mit großem Nachdruck des Glaubens wie des theologischen Fragens als Gottes Wort hat beibehalten und lesen lassen. Das alttestamentliche Schriftwort erwies sich zur Begründung des neutestamentlichen Glaubens mit befreiter und befreiender Selbstverständlichkeit aufs neue und erst recht als Wort Gottes.

Kontinuität und Diskontinuität

Seinem historischen Wortsinn nach schweigt das Alte Testament von Jesus Christus. „Es war und ist als solches nicht Christuszeugnis und soll von uns nicht dazu gemacht werden".[1] Auf diesem einfachen Sachverhalt muss die kritische Exegese gegenüber der kirchlichen Tradition mit störrischem Nachdruck beharren. Diese Kritik ist nicht Selbstzweck. Wenn die Exegese sich zugunsten des gegebenen Wortlauts der vorschnellen christlichen Vereinnahmung widersetzt, nimmt sie ihre theologische Aufgabe wahr. Sie hält in Geltung, dass die christliche Wahrheit der Schrift sich nur in Freiheit selbst erweisen kann. Es ist nicht die Exegese, sondern die Evidenz des Glaubens als der Erfahrung der Möglichkeit der sich selbst erweisenden Wahrheit, die das Alte Testament dennoch vernehmlich von Jesus Christus reden lässt.

Das Vertrauen, dass die christliche Wahrheit der Schrift sich selbst erweisen wird, gibt die Freiheit, das Alte Testament in seiner historisch gewachsenen Vielgestalt und Vieldeutigkeit πολυμερῶς καὶ πολυτρόπως (Hebr 1,1) wahrzunehmen, ohne es dem eigenen theologischen Urteil zu unterwerfen. „Man muß ins Alte Testament hineinhorchen auch mit dem Risiko, Stimmen zu vernehmen, die gar nicht gleich und behende christologisch verständlich und theologisch nutzbar gemacht werden können."[2] Das gilt nicht nur gegenüber dem historischen Textsinn, sondern über ihn hinaus angesichts der Möglichkeit abweichender religiöser Deutung. Die Christenheit hatte zu keiner Zeit ein ausschließendes Recht auf das Alte Testament. Wer zumal die jüdische Lesart als Anfechtung erfährt, verfehlt die Freiheit, in der allein das Alte Testament im christlichen Sinne als Gottes Wort vernommen werden kann. Einen ausschließenden Anspruch auf das Alte Testament könnte nur ein Glaube begründen, der die historische Evidenz transzendiert. Gerade der christliche Glaube kann einen solchen Anspruch nicht begründen; verdankt er sich doch allererst der Anrede, die er durch das Wort dieses Buches von Gott her vernimmt.

---

1   R. SMEND, Die Mitte des Alten Testaments (1970; in: DERS., Die Mitte des Alten Testaments. Exegetische Aufsätze, 2002, 30–74), 74.
2   G. V. RAD, Das Christuszeugnis des Alten Testaments. Eine Auseinandersetzung mit Wilhelm Vischers gleichnamigem Buch (ThBl 14, 1935, 249–254), 254.

Dieser Gesichtspunkt lässt sich auch umgekehrt *für* ein christliches Verständnis des Alten Testaments ins Feld führen. Die christliche Lesart ist nicht nur eine religionsgeschichtliche Gegebenheit, mag man sie für berechtigt halten oder nicht. Sie ist auch legitim, gemessen an der Geschichte des Alten Testaments selbst. Die Deutung, die im Neuen Testament an die Seite der jüdischen getreten ist, unterscheidet sich in der Art, wie sie mit der gegebenen Überlieferung umgeht, nicht grundlegend von den Deutungen, die die Texte bereits innerhalb des alttestamentlichen Kanons und sodann in der zwischentestamentlichen und nachbiblischen jüdischen Auslegung erfahren haben. Die neuere Redaktionskritik erkennt immer deutlicher, dass das Alte Testament zum weit überwiegenden Teil aus einem umfassenden innerbiblischen Auslegungsprozess hervorgegangen ist, der während der persischen und hellenistischen Epoche nach und nach das vorliegende Schriftenkorpus heranwachsen ließ. Gattungsgeschichtlich gibt es deshalb zwischen Altem und Neuem Testament, wie schon zwischen Altem Testament und dem deuterokanonischen jüdischen Schrifttum, einen nahtlosen Übergang.[3] „Die aktualisierende Neuinterpretation von Alttestamentlichem durch die junge Christusgemeinde ist ..., vom Standpunkt auch der vorchristlichen Überlieferungsgeschichte aus gesehen, ein ganz legitimer Vorgang. Das spätere Judentum hat ja selbst dieses Erbe des alten Israel bis an die Schwelle der neutestamentlichen Zeit durchgetragen und hat ... bis zuletzt um seine rechte Interpretation und um seine Aktualisierung für die Gegenwart gerungen."[4] Man kann sogar sagen, „daß *ein* traditionsgeschichtlicher Gesamtprozeß die Bibel gebildet und geformt hat."[5]

Indessen, jede Neudeutung geschieht in einem Wechselspiel von Kontinuität und Diskontinuität. Neben der Anknüpfung steht der Widerspruch und/oder die Überbietung. Im Falle der Deutung des Alten Testaments durch das Neue gibt die Diskontinuität den Ausschlag. Das Ereignis von Tod und Auferstehung Jesu Christi und der Ausgießung des Heiligen Geistes, das den Christusglauben begründet und das Verständnis des Alten Testaments im Neuen bestimmt hat, ist so, wie die Urgemeinde es erfahren und noch viel mehr wie sie es mit der Ausprägung der Christologie im Laufe der Zeit verstanden hat, nicht in irgendeiner Weise abgeleitet, auch und gerade von

---

3 Vgl. T. VEIJOLA, Die Deuteronomisten als Vorgänger der Schriftgelehrten (in: DERS., Moses Erben [BWANT 149] 2000, 192–240).
4 G. V. RAD, Theologie des Alten Testaments II, ^{10}1993, 398.
5 H. GESE, Das biblische Schriftverständnis (in: DERS., Zur biblischen Theologie, ^{3}1989, 9–30), 23. Vgl. DERS., Erwägungen zur Einheit der biblischen Theologie (1970; in: DERS., Vom Sinai zum Zion, 1974 [BEvTh 64] 11–30), 11–18: „Die Einheit des biblischen Traditionsprozesses".

alttestamentlichen und jüdischen Voraussetzungen nicht. Es ist Gottes freie Tat. Seither gilt die Person Jesu Christi für den christlichen Glauben als die vollkommene und auch eschatologisch unübertreffliche und insofern endgültige Selbstoffenbarung Gottes. Ein solcher Glaube musste seinem innersten Wesen nach zu jenem Glauben in Gegensatz treten, dem die Tora die vollkommene und auch eschatologisch unübertreffliche und insofern endgültige Selbstoffenbarung Gottes bedeutet.

Die Folge ist ein traditionsgeschichtlicher Bruch, der an der Zweiteilung des christlichen Kanons offensichtlich wird. Anders als die alttestamentlich-jüdische Traditionsgeschichte geht der Christusglaube nicht von den überlieferten Texten aus, um zu neuen Gotteserfahrungen fortzuschreiten. Durch eine neue Gotteserfahrung begründet, wendet er sich zu den alttestamentlichen Texten *zurück*. Auch wenn diese Rückwendung für das Begreifen vom ersten Augenblick an unabdingbar ist, ist sie für den Christusglauben ein Zweites. Die Schaltsekunde ist unendlich klein; gleichwohl ist sie unübersehbar. Der Christusglaube, sobald er als Glaube ins Bewusstsein tritt und sich im Bekenntnis äußert, steht sofort und ganz und gar in der Kontinuität des Alten Testaments. Aus dem Alten Testament gewinnt er seine religiösen Deutungsmuster. Aber er hat nicht seinen Grund darin. Dass das Alte Testament auf keinen anderen als den gekreuzigten Jesus von Nazareth hinauswill, ist, an seinem Wortlaut gemessen, reine Behauptung. Es geht weder aus seinen Verheißungen hervor, noch aus seiner von christlichen Exegeten gern beschworenen zukunftsgewiesenen Erlösungsbedürftigkeit.

Alle Versuche, eine Entsprechung zwischen dem Alten Testament und dem gekreuzigten Messias zu schaffen, zum Beispiel mit Hilfe des Motivs vom stellvertretend leidenden Gerechten aus Jes 53, sind nachträglich geschehen,[6] und alle sind unzulänglich. Stattdessen steht das Bekenntnis הִנֵּה אֱלֹהֵיכֶם „Siehe da, euer Gott!" (Jes 35,4), mit dem die Christenheit auf den gekreuzigten Jesus weist (vgl. Mk 15,39; Mt 11,3–5 par.), zum aus sich selbst verstandenen Alten Testament in offenem Widerspruch, wenn es nicht

---

6   R. BULTMANN, Theologie des Neuen Testaments, ⁹1984, 32: „Die messianische Deutung von Jes 53 ist erst in der christlichen Gemeinde gefunden worden, und zwar offenbar nicht einmal sogleich." Obwohl der exegetische Befund eindeutig ist (vgl. Mt 8,17; Lk 22,37), liegt in der Natur der Sache, dass die Meinung der Neutestamentler geteilt ist. Nach wie vor gibt es gewichtige Stimmen, die den Bezug auf Jes 53 mit dem messianischen Selbstbewusstsein Jesu verbinden, vgl. P. STUHLMACHER, Zum Neudruck des Buches (in: H. W. WOLFF, Jesaja 53 im Urchristentum, ⁴1984, 7–11). Zum traditionsgeschichtlichen Sachverhalt vgl. auch E. FASCHER, Jesaja 53 in christlicher und jüdischer Sicht (AVTRW 4) 1958.

sogar blasphemisch ist. Der jüdische Protest, den das Neue Testament vielfältig widerspiegelt, ist im Recht.

Das Neue Testament als Ausgangspunkt

Wenn die Diskontinuität derartiges Gewicht hat, warum hat die älteste Christenheit zur Deutung des Christusereignisses ohne jedes Zögern nach dem Alten Testament gegriffen, ja es geradezu als das beweiskräftige Deutungsmittel schlechthin gebraucht, das die Heilsbedeutung für den Glauben allererst begreiflich und gewiss macht? Die erste Frage ist nicht, wie das Alte Testament vom Neuen her zu deuten ist, sondern warum das Neue Testament sich vom Alten her deutet. Wie kommt das *Alte* Testament in den Stand, die Christenheit des *neuen* Heils in Christus gewiss machen zu können?

Die Zuspitzung zeigt, dass, wer das Zusammenspiel von Altem und Neuem Testament verstehen will, nicht von dem für sich gelesenen Alten Testament ausgehen darf.[7] Vom Alten Testament her stellt sich das Problem weder, noch kann es gelöst werden.

Zwei gebräuchliche, einander entgegengesetzte Lösungswege scheiden damit aus: einerseits die Vorstellung der heilsgeschichtlichen Kontinuität, die das Alte Testament in den Rang einer Vorgeschichte des Heils erhebt, das im Neuen Testament seine Steigerung und Vollendung findet; andererseits die Vorstellung, das Alte Testament sei für den christlichen Glauben vor allem wegen seiner religiösen Insuffizienz von Bedeutung. Es bilde eine Negativfolie, deren Bedeutung innerhalb des christlichen Kanons darin bestünde, das Heil in Christus um so heller leuchten zu lassen, bestenfalls ihm den anthropologischen Boden zu bereiten.

Religionsgeschichtlich betrachtet widerspricht die Vorstellung, zwischen Altem und Neuem Testament bestünde eine einfache Kontinuität, dem Nebeneinander von Judenheit und Kirche. Sie müsste entweder dazu führen, die Kirche an die Stelle der Judenheit zu setzen und diese naiv oder

---

7 Darüber besteht keineswegs Einigkeit. Als ein Gegenbeispiel für viele vgl. E. WÜRTHWEIN, Vom Verstehen des Alten Testaments (1935; in: DERS., Wort und Existenz, 1970, 9–27), der auch die theologische Vorgabe klar ausspricht: „Wenn der sachliche Zusammenhang, der zwischen den beiden Testamenten besteht, explizit gemacht werden soll, so kann das Alte Testament nur auf das Neue Testament hin, nicht von ihm her exegesiert werden. Nicht nur weil es so dem Gang der Geschichte entspricht, sondern weil es so der Struktur des christlichen Glaubens gemäß ist: nur da kann die Botschaft vom gnädigen Gott in ihrer ganzen Tiefe gehört werden, wo man etwas vom fordernden Gott und sündigen Menschen weiß" (S. 25).

gar programmatisch zu enterben; oder die Kirche müsste sich als eine Sonderentwicklung der Judenheit verstehen, die durch unglückliches Missverständnis auf eigene Wege geraten ist und nichts Besseres tun könnte, als zu ihren jüdischen Wurzeln zurückzukehren. Beides wäre gleichermaßen absurd.

Theologisch beurteilt verfehlt die Vorstellung der Kontinuität zwischen Altem und Neuem Testament gerade den Kern des Neuen Testaments, nämlich die kritische Bedeutung, die dem Kreuz Jesu für alle menschliche Gottesvorstellung und Gotteserfahrung zukommt. Exegetisch aber steht sie in Widerspruch zum Schriftgebrauch des Neuen Testaments selbst: Die neutestamentliche Gemeinde hat das Alte Testament nicht lediglich als Vorgeschichte gelesen. „Als Weissagung auf das Christusgeschehen war dieser frühen Gemeinde das Alte Testament die christliche Bibel, das Christusbuch. Oder – um das Gemeinte noch deutlicher herauszustellen – es war das ‚Neue Testament'. Handelte es doch von Jesus Christus und dem durch ihn hergestellten neuen Bund Gottes mit seinem Volke."[8] An der Stelle der Kontinuität steht die Identität.

Was aber die entgegengesetzte Vorstellung einer vollständigen Diskontinuität zwischen Altem und Neuem Testament angeht, steht sie in Widerspruch zu der Tatsache, dass die entstehende Christenheit ihre jüdischen Wurzeln nicht gekappt, sondern mit der Judenheit, meist unter Qualen, darum gestritten hat. Dieses Erbe gilt der Christenheit keineswegs nur als das Gesetz, das an sein Ende gekommen ist. Gar die Forderung, das Alte Testament abzutun, die von Marcion bis Harnack und darüber hinaus erhoben worden ist, müsste die neutestamentliche Heilserfahrung letzten Endes sprachlos und weltlos und damit wesenlos machen. Wer das Neue Testament zu einem religionsgeschichtlichen Solitär erklärt, verfehlt gerade seine Einzigartigkeit.

Verheißung als Mitte des Alten Testaments

Nehmen wir also das Neue Testament als den gegebenen Ausgangspunkt, entsteht als erstes die immer wieder erörterte Frage, ob die geschichtlich gewachsene Vielfalt des alttestamentlichen Zeugnisses sich in irgendeiner

---

8 E. HAENCHEN, Das alte „Neue Testament" und das neue „Alte Testament" (in: DERS., Die Bibel und wir, 1968, 13–27), 15.

Weise bündeln lässt.⁹ Für den Außenaspekt bedarf es eines Zugangs, der die Schriftensammlung trotz ihrer inneren Unterschiede, ja trotz ihres je nach der Trägergruppe unterschiedlichen Gesamtumfangs als Einheit zu sehen erlaubt. Hat das Alte Testament eine „Mitte"?

Die Vorschläge, die dafür gemacht worden sind, sind wiederum vielfältig, zumal wenn sie mit der nötigen Umsicht exegetisch begründet sind.¹⁰ Ihre grundsätzliche Berechtigung steht außer Zweifel. Die Entstehungsgeschichte des Alten Testaments kann selbst als der immer weiter getriebene Versuch verstanden werden, seine eigene Mitte einerseits zu finden, andererseits auszuführen.

Tatsächlich stellt sich alsbald und ohne Mühe ein gemeinsamer Nenner heraus. Es ist der Gesichtspunkt der *Verheißung*. Vom Neuen Testament her gilt er wie selbstverständlich. Das Neue Testament konnte nicht anders, als dem Alten Testament einen Gesamtsinn zuzuschreiben und diesen als Verheißung auf Christus zu verstehen. In gewissem Maße wird das Alte Testament erst durch das Neue zu einem abgerundeten Ganzen.¹¹ Es ist „als Ganzes ein Buch der Weissagung, dessen Aussagen, seien es Berichte, Klagen oder was auch immer, jetzt von der Erfüllung aus als Weissagungen kenntlich werden."¹² Das muss freilich nichts besagen. Es könnte ein ausschließlich neutestamentlicher Zugang sein, veranlasst durch das Christusereignis, welches das Neue Testament im Alten verheißen sieht. Ein Gesamtverständnis des Alten Testaments, das Gültigkeit beanspruchen will, muss sich am Alten Testament selbst bewähren.¹³

---

9 So die Aufgabe, die G. EBELING, Was heißt „Biblische Theologie"? (1955; in: DERS., Wort und Glaube, I, ³1967, 69–89), 88, der Theologie des Alten Testaments auf den Weg gibt.

10 Über die älteren Versuche berichtet SMEND, Die Mitte des Alten Testaments (s. Anm. 1).

11 Das zeigt sich unter anderem am Namen. Die einzige wirklich kohärente Bezeichnung „Altes Testament" ist ein Differenzbegriff, der im Zusammenspiel mit dem Neuen Testament seinen Sinn erhält. Ein vergleichbarer Begriff hat sich innerhalb des Judentums deshalb nicht herausgebildet, weil die drei Teile des Kanons von unterschiedlichem offenbarungstheologischen Rang sind.

12 R. BULTMANN, Weissagung und Erfüllung (1949; in: DERS., Glauben und Verstehen, II, ⁶1993, 162–168), 162 f. Ebenso G. V. RAD, Gesetz und Evangelium im Alten Testament. Gedanken zu dem Buch von E. Hirsch: Das Alte Testament und die Predigt des Evangeliums. 1936 (ThBl 16, 1937, 41–47), 43, über die Verfasser des Neuen Testaments: „Gerade die Wahl- und Systemlosigkeit ihres Hineingreifens in das AT zeigt, wie sie das AT in seiner Ganzheit als auf Christus ausgerichtet sahen; sie konnten hineingreifen, wo sie wollten."

13 W. ZIMMERLI, Verheißung und Erfüllung (1952/53; in: C. WESTERMANN [Hg.], Probleme alttestamentlicher Hermeneutik [TB 11] ³1968, 69–101), 69: „So muß denn

Das trifft für den Begriff der Verheißung zu. Das Alte Testament kann auch ohne das Neue als eine große Verheißung gelesen werden: als heilvolle, Zukunft eröffnende Selbstmitteilung Gottes.[14] Eindeutig gilt es für die *prophetischen* Bücher. Sie haben zwar von der Gerichtsprophetie des 8. Jahrhunderts ihren Ausgang genommen, aber in der nachexilischen Heilsprophetie ihre eigentliche Ausgestaltung erfahren, die schließlich immer ausgeprägtere eschatologische Züge annahm. Das Corpus propheticum hat bei aller gewachsenen Vielgestalt einen Gesamtsinn, und dieser ist heilsprophetisch.

Dasselbe gilt für die alttestamentliche *Geschichtsdarstellung*. Sie erschöpft sich nicht in den dargestellten Höhen und Tiefen des Geschichtsverlaufs, sondern hat ein Ziel, das in die Zukunft weist. Die redaktionsgeschichtliche Forschung hat gezeigt, dass diese Literaturwerke nicht vor der exilisch-nachexilischen Epoche entstanden sind. In dieser Zeit diente die Besinnung auf die Vergangenheit dazu, die Zukunft des Gottesvolkes wiederzugewinnen. Die Geschichtsdarstellung will weniger als Ätiologie des Gewordenen und Gewesenen gelesen sein als vielmehr als das Bild einer Zukunft, die aussteht. Die Frühgeschichte wird von der Verheißung geradezu beherrscht, sei es im Jahwistischen Geschichtswerk (vgl. Gen 12,1–3.7; 18,10; 26,3; 28,13–15; 31,3; Ex 3,7–8; Num 24,5–9), sei es in der Priesterschrift (Gen 9,9.11; 17,6–8; Ex 6,4–7; 25,1–2a.8; 29,44a.45–46), sei es in den zahlreichen späteren Erweiterungen (z. B. Gen 15; 22,15–18; 26,3–5). Beistand, Segen, Mehrung, Befreiung, Land, Bund sind der Gegenstand, vor allem aber die Gegenwart Jahwes bei seinem Volk. Gleiches gilt für das Deuteronomistische Geschichtswerk, das von der Hoffnung auf die Wiederkehr der Daviddynastie geleitet wird. Es hat im Laufe der literarischen Entwicklung eine Vielzahl prophetischer Lichter aufgesteckt erhalten, so dass sich das Geschehen immer neu in der Spannung zwischen Ansage und Erfüllung entfaltet.[15]

Die Verheißung bestimmt nicht nur Geschichte und Eschatologie. Sie gilt ebenso für das Verständnis der Natur, für die Ethik als Gebot wie als Lebenslehre, für die Symbolik der kultischen Vollzüge. Im Schöpfungsbericht

---

die erste Aufgabe darin bestehen, in inneralttestamentlicher Prüfung festzustellen, wieweit die neutestamentliche Rede von Verheißung und Erfüllung auf ihr gemäße alttestamentliche Tatbestände trifft."

14 Ausgeführt von ZIMMERLI, Verheißung und Erfüllung, 69–92.
15 Vgl. M. NOTH, Überlieferungsgeschichtliche Studien, ³1967, 78–80; W. DIETRICH, Prophetie und Geschichte (FRLANT 108) 1972, bes. 107–109; R. SMEND, Das Wort Jahwes an Elia (1975; in: DERS., Die Mitte des Alten Testaments [s. Anm. 1], 203–218).

der Priesterschrift hat sich der *Schöpfungsglaube* nach dem Schema von Ansage und Erfüllung gestaltet.[16] Das alttestamentliche *Gesetz* ist in seinem geschichtlichen und theologischen Rahmen von der Verheißung bestimmt. Sowohl das Sinaigesetz Ex 20 bis Num 10 als auch das Deuteronomium setzen ein mit der Selbstkundgabe Jahwes, die man mit Recht die „Grundverheißung" an Israel genannt hat:[17] „Ich bin Jahwe, dein Gott, der ich dich aus dem Lande Ägypten, aus dem Sklavenhaus, herausgeführt habe" (Ex 20,2; Dtn 5,6). Der Gehorsam gegen das Gebot aber wird mit der Verheißung des Segens belohnt (Lev 26,3–13; Dtn 28,1–14). Der *Psalter* hat trotz seines Ursprungs in der kultischen Gottespräsenz in seiner heutigen Gestalt die eschatologische Gottesherrschaft zum Cantus firmus (vgl. bes. Ps 93–100). Nicht einmal die *Weisheitsschriften* sind ausgenommen. Über der Grundlage einer allgemeinen Erfahrungsweisheit haben sie sich in überraschender Breite zu einer Spielart der prophetischen Eschatologie entwickelt: „Die Erwartung der Gerechten wird Freude werden, aber die Hoffnung der Frevler wird vergehen" (Spr 10,28).[18] „Überblicken wir das ganze Alte Testament, so finden wir uns in eine große Geschichte der Bewegung von Verheißung zu Erfüllung hin gestellt."[19] „Die exilisch-nachexilische Heilsverheißung ist wohl sogar die Seele des Alten Testaments."[20]

Deshalb lassen sich auch die Vorschläge, die für eine Mitte des Alten Testaments gemacht worden sind, unter den Begriff Verheißung fassen. So ist der Begriff des *Bundes*, von dem her W. Eichrodt die Einheit des Alten Testaments zu sehen unternommen hat,[21] seinem Wesen nach die Bundes*verheißung*, mit der Jahwe sich seinem Volk zuwendet. Nichts anderes gilt für den Satz „Jahwe der Gott Israels, Israel das Volk Jahwes", mit dem R. Smend, eine von B. Duhm, J. Wellhausen und M. Noth verwendete Prä-

---

16 CH. LEVIN, Tatbericht und Wortbericht in der priesterschriftlichen Schöpfungserzählung (1994; in: DERS., Fortschreibungen [BZAW 316] 2003, 23–39). Vgl. zuvor besonders W. H. SCHMIDT, Die Schöpfungsgeschichte der Priesterschrift (WMANT 17) ³1973, 169–173.
17 F. BAUMGÄRTEL, Verheißung. Zur Frage des evangelischen Verständnisses des Alten Testaments, 1952, 19.
18 Die (an der Tora ausgerichtete) Hoffnung auf die (eschatologische) Gottesgerechtigkeit hebt sich deutlich ab von der altüberlieferten gemeinorientalischen Auffassung vom Zusammenhang von Tun und Ergehen.
19 ZIMMERLI, Verheißung und Erfüllung, 91.
20 J. BECKER, Grundzüge einer Hermeneutik des Alten Testaments, 1993, 108: „Historisch gesehen, ist sie aus der Notsituation nach 586 v. Chr. geboren. Sie beherrscht nicht nur die Prophetenbücher und viele Psalmen, sondern auch den Duktus der Geschichtswerke, ja schon der Quellenschriften dieser Werke."
21 Theologie des Alten Testaments, I, ⁷1962; II/III, ⁵1964.

gung aufnehmend, die Mitte des Alten Testaments bestimmt hat.[22] Der Satz hat sein Gegenstück in der sogenannten Bundesformel: „Ich will euer Gott sein, und ihr sollt mein Volk sein."[23] Diese Formel ist von ihrem Ursprung her die Verheißung der Gottesgemeinschaft.[24] Die tragende erste Hälfte: „Ich will euer Gott sein", fällt inhaltlich zusammen mit der Selbstvorstellungsformel: „Ich bin der Herr, dein Gott."[25] Es ist diese Selbstkundgabe Gottes, die alle Verheißungen des Alten Testaments umfasst und aus sich hervorbringt.[26] Sie erweist „das Alte Testament als Anrede",[27] als einen „Ruf Gottes ..., der Antwort erwartet."[28] Auch unter dem Gesichtspunkt der „Offenbarung als Begegnung"[29] tritt diese Grundstruktur der heilvollen, Zukunft eröffnenden Selbstmitteilung Gottes heraus.

Der Begriff der Verheißung ist nicht zuletzt darum so leistungsfähig, weil sich mit seiner Hilfe die Kontroverse entscheiden lässt, ob man dem Alten Testament eine Mitte überhaupt zuschreiben könne. G. v. Rad hat bekanntlich bestritten, dass sich das Alte Testament in dieser Weise auf einen Nenner bringen lässt.[30] W. Zimmerli hat daraufhin vorgeschlagen, diese Mitte nicht *in* den Texten, sondern als den „perspektivischen Fluchtpunkt" hinter den Texten zu sehen.[31] Man kann auch sagen, dass das Alte Testament

---

22 SMEND, Die Mitte des Alten Testaments (s. Anm. 1), 64 f.
23 AaO 68f; dazu DERS., Die Bundesformel (1963; in: DERS., Die Mitte des Alten Testaments [s. Anm. 1], 1–29).
24 Zur Geschichte ihrer Verbreitung vgl. CH. LEVIN, Die Verheißung des neuen Bundes (FRLANT 137) 1985, 106 f.
25 Vgl. W. ZIMMERLI, Ich bin Jahwe (1953; in: DERS., Gottes Offenbarung [TB 19] ²1963, 11–40), 20: „All das, was Jahwe seinem Volke zu sagen und anzukündigen hat, erscheint als eine Entfaltung der grundlegenden Aussage: Ich bin Jahwe."
26 V. HERNTRICH, Das Glaubenszeugnis des Alten Testaments und das Bekenntnis zu Jesus Christus, 1935, 36: „Am Anfang und Ziel des alttestamentlichen Glaubenszeugnisses ... steht nicht das Gesetz Gottes. Dort steht die Verheißung der Gnade. ‚Ich bin der Herr, dein Gott.'"
27 Vgl. W. ZIMMERLI, Das Alte Testament als Anrede (BEvTh 24) 1956.
28 ZIMMERLI, 76.
29 T. VEIJOLA, Offenbarung als Begegnung. Von der Möglichkeit einer Theologie des Alten Testaments (ZThK 88, 1991, 427–450; auch in DERS., Offenbarung und Anfechtung. Hermeneutisch-theologische Studien zum Alten Testament [BThSt 89] 2007, 10–33).
30 Theologie des Alten Testaments, II, 386: „Das Alte Testament hat keine Mitte wie das Neue Testament."
31 W. ZIMMERLI, Zum Problem der „Mitte des Alten Testaments" (EvTh 35, 1975, 97–118), 103.

eine „externe Mitte" habe.³² „Die Mitte ist außen!"³³ Sie liegt eben in jener Zukunft, die verheißen wird.³⁴

Verheißung und Erfüllung?

Man verdirbt sich den Blick auf die Fülle und die Offenheit dieser Heilsansage, wenn man sie sogleich an der neutestamentlichen Elle misst. Noch einmal gesagt: Das Alte Testament ist von sich aus keineswegs auf das Neue hin angelegt. „Welches ist denn das Kriterium, mittels dessen es möglich wird, im Alten Testament Weissagungen zu finden? ... In Wahrheit gibt diese Methode ... den alttestamentlichen Text der Willkür preis".³⁵

Die Schwierigkeit entsteht nicht erst durch das Beharren auf dem historischen Textsinn. Sie liegt in der Sache selbst. Der historische Zugang verdeutlicht ein Problem, das längst vorhanden ist. Von Anfang an richteten sich die vielfältigen Verbindungen, die die junge Christenheit zwischen der alttestamentlichen Verheißung und dem Heil in Christus gezogen hat, gegen den Augenschein.

Das Geschehen, das der neutestamentlichen Gemeinde vor Augen gestanden hat, kann an sich selbst gerade nicht als Erfüllung des im Alten Testament erwarteten Heils gelten: Vor Augen steht der Gemeinde der gekreuzigte Jesus, Ἰουδαίοις μὲν σκάνδαλον (1 Kor 1,23) – und, wie denn anders, Skandalon auch gemessen an der Heiligen Schrift: ποῦ γραμματεύς; (1 Kor 1,20). „Darf der Anstoß des Kreuzes Jesu dadurch überwunden werden, daß man es als längst von Gott beschlossen und geweissagt erkennt?"³⁶ Er kann es gar nicht. „Da, wo die Hoffnung am kühnsten wurde, hat sie keineswegs den Christus vorbereitet. Der große Gottesfriede, wo der Wolf zu

---

32 Vgl. H.-J. HERMISSON, Jesus Christus als die externe Mitte des Alten Testaments (in: CH. LANDMESSER u. a. [Hg.], Jesus Christus als die Mitte der Schrift [BZNW 86] 1997, 199–233).
33 Vgl. I. U. DALFERTH, Die Mitte ist außen. Anmerkungen zum Wirklichkeitsbezug evangelischer Schriftauslegung (in: LANDMESSER [Hg.], Jesus Christus als die Mitte der Schrift, 173–198).
34 VEIJOLA, Offenbarung als Begegnung, 435 (= 20f): „Wenn man diesem dynamischen Charakter des alttestamentlichen Wahrheits- und Wirklichkeitsverständnisses Rechnung trägt, dann liegt es näher, anstelle einer ‚Mitte' nach einer Struktur zu suchen, die möglichst sachgemäß und umfassend das zum Ausdruck bringen könnte, worin die Autoren des Alten Testaments das Charakteristische der Gottesoffenbarung sahen."
35 BULTMANN, Weissagung und Erfüllung, 167 f.
36 BULTMANN, Weissagung und Erfüllung, 166.

Gast ist bei dem Lamm und der Panther sich beim Böckchen lagert, wo der Löwe Stroh frißt wie das Rind und der Säugling am Loch der Natter spielt, ist eine Utopie, die keinen Raum läßt für das christliche Kreuz."[37]

Das geläufige Schema von Verheißung und Erfüllung trifft also nicht die Sache. Tatsächlich hat der ausgeführte Weissagungsbeweis im Neuen Testament eine überraschend geringe Bedeutung.[38] Nur gelegentlich spricht das Neue Testament von Erfüllung,[39] und gerade in den ältesten Belegen anders, als dem Schema entsprechen würde. Wo man den triumphalen Beweis erwartet, findet sich stattdessen eine theologische Notlösung, die das Leiden des Christus erklären soll, weil es den Heilserwartungen widerspricht, statt ihnen zu entsprechen: „Die Schrift musste erfüllt werden" (Mt 26,54; Mk 14,49; Lk 24,44; Jh 13,18; 15,25; Apg 1,16). Welche Enttäuschung zu verwinden war, zeigt sich auf dem Wege nach Emmaus: „Wir aber hofften, er sei es, der Israel erlösen würde." Antwort: „Musste nicht Christus solches leiden und zu seiner Herrlichkeit eingehen? Und fing an bei Mose und allen Propheten und legte ihnen in der ganzen Schrift aus, was darin von ihm gesagt war" (Lk 24,21.26–27). Das Alte Testament dient nicht als Beweis-, sondern als Trostmittel, weil die erwartete Erfüllung *ausgeblieben* ist, und wird um dieses Trostes willen sogleich einer kräftigen Eisegese unterzogen. Gerade wenn es um den Kern der Sache geht, nämlich um die Auferweckung der Toten, ist kein Zweifel, dass die Erfüllung der alttestamentlichen Verheißung auch im Neuen Testament nach wie vor in der Zukunft liegt (1 Kor 15,54). Wo aber das Wirken des Jesus von Nazareth als Erfüllung der Verheißungen gedeutet wird (vgl. Mt 11,3–5 // Lk 7,20–22; Lk 4,17–21), ist die Schilderung als Vorwegnahme dessen zu lesen, was erst bei der Wiederkunft des Herrn vor aller Augen offenbar werden wird (vgl. Mt 11,6 // Lk 7,23).[40] Nur idealistische Verzerrung kann dem neutestamentlichen Heil eine größere Evidenz zuschreiben als der alttestamentlichen Hoffnung.

---

37 HAENCHEN, Das alte „Neue Testament" und das neue „Alte Testament", 26. Der Versuch Baumgärtels, das Problem durch die Unterscheidung von Weissagung und Verheißung zu lösen, ist ungeeignet.

38 Darauf verweist H. W. HERTZBERG, Das Christusproblem des Alten Testaments (1960; in: DERS., Beiträge zur Traditionsgeschichte und Theologie des Alten Testaments, 1962, 148–161), 148–151.

39 Eine gewisse Ausnahme bilden die Reflexionszitate im Matthäusevangelium, deren Ziel es ist, die Geschichte Jesu als zu Gottes Geschichtsplan gehöriges Geschehen erscheinen zu lassen, vgl. G. STRECKER, Der Weg der Gerechtigkeit (FRLANT 82) ³1971, 49–85.

40 Der älteste Evangelist hat den Weg Jesu bekanntlich nur auf die Weise nachzeichnen können, dass er ihn mit der Idee des Messiasgeheimnisses verband.

Verheißung und Rechtfertigung

Wenn also das Schema von Verheißung und Erfüllung nicht greift, ist dann der Rückbezug des Neuen Testaments auf die alttestamentliche Verheißung samt und sonders ein Irrtum gewesen? Offenkundig träfe auch eine solche Feststellung nicht den Sachverhalt. Es ist das Wesen des Heils in Christus, dass es die vor und ohne Christus bestehende Heilserwartung und so auch die Heilserwartung des Alten Testaments nicht einfach erfüllt. Gleichwohl setzt es die vor und ohne Christus bestehende Heilswartung nicht ins Unrecht. Es setzt sie im Gegenteil ins Recht. Aber das Recht, in das sie durch das Heil in Christus gesetzt wird, kann nicht das Recht sein, das die vor und ohne Christus bestehende Heilserwartung von Gott *beansprucht*. Denn diese Heilserwartung wird durch das Kreuz Jesu einerseits hoffnungslos unterboten, zugleich aber durch die Auferweckung des Gekreuzigten schlechterdings überboten. Das Recht, in das die vor und ohne Christus bestehende Heilserwartung in Christus gesetzt wird, ist das Recht, das ihr von Gott her *zukommt*. Nicht aus ihren Voraussetzungen, sondern durch *Gottes* Recht, das ihr zukommt, wird die menschliche Heilserwartung *gerechtfertigt*. So gerechtfertigt aber wird gerade sie zu Gottes wahrhaftiger *Verheißung*. Als gerechtfertigte Verheißung Gottes macht sie alsdann ihrerseits die Kirche des Heils in Christus gewiss.

Erst so verstehen wir, dass die Kirche nach Ostern ohne das geringste Zögern auf die „Schriften", das heißt auf das Alte Testament, als Gottes wahrhaftiges Verheißungswort zurückgegriffen hat (1 Kor 15,3–4). Dabei musste zwischen dem Christusglauben unter dem Kreuz und der gegebenen Heilserwartung ein kritischer Dialog entstehen. Der Glaube der Christen ist dies: ihre vor und ohne Christus bestehende Heilserwartung *in Christus* als Gottes wahrhaftiges Verheißungswort gerechtfertigt sein *zu lassen*. Die Entsprechung, die zwischen Neuem und Altem Testament besteht, kann nur die *Analogia fidei* sein.

Ein Beispiel. Einer der wichtigsten alttestamentlichen Texte, mit denen die neutestamentliche Gemeinde das in Christus angebrochene Heil zu begreifen unternommen hat, ist die Verheißung des neuen Bundes (Jer 31,31–34). Sie wird in den Einsetzungsworten des Abendmahls angeführt und hat seither im innersten Lebensbereich der Kirche ihren Ort. Der älteste Beleg ist das Kelchwort in der paulinischen Fassung 1 Kor 11,25. Paulus führt es ein als das Wort des erhöhten Kyrios, gesprochen von dem irdischen Jesus „in der Nacht, als er ausgeliefert wurde," und gerichtet an die auf seine Wiederkunft wartende Gemeinde, die nach ihrem Gemeinschaftsmahl den Segenskelch empfängt: „Dieser Kelch ist der neue Bund in meinem Blut." Mit diesem Wort wird dem Segenskelch, einem verbreiteten und an sich selbst einsichtigen Zeichen, in welchem die Gemeinde, wie Paulus 1 Kor 10,16 feststellt, ihre Gemeinschaft mit Gott und untereinander erfährt, ein zweiter, nicht evidenter Sinn unterlegt. Der Kelch, der die Gemeinschaft bedeutet, wird durch das Einsetzungswort gedeutet. Das Deutewort stellt fest, wie die Gottesgemeinschaft begründet ist: in Jesu Blut, das heißt seinem gewaltsamen Tod. Der Tod Jesu ist es, der im Abendmahl gedeutet wird in der Wahrnahme seiner Heilswirksamkeit. Im Genuss des Kelchs erhält die Kirche Anteil am Tode Jesu und erfährt sich so als die Kirche des wiederkommenden Herrn. Der Schriftbezug aber sagt: Damit erfährt sie den Anbruch des im Alten Testament verheißenen neuen Bundes.

Das deutende Wort tritt hinzu, weil die Heilswirksamkeit des Todes Jesu, die im Abendmahl erfahren wird, bis zur Wiederkunft des Herrn eine verborgene ist. Sie bedarf, „bis er kommt", der Verkündigung (1 Kor 11,26). Das Zeichen des Kelchs spricht nicht für sich selbst. Es wird eindeutig durch das deutende Wort. Die Gewissheit, die im Zusammentreffen von Wort und Zeichen begründet wird, ist die Gewissheit des Glaubens. Das Wort aber, das an diesem Brennpunkt des Neuen Testaments die Kirche der Heilswirksamkeit des Todes Jesu gewiss macht, ist das Wort des *Alten* Testaments – das, wohlgemerkt, für sich gesehen von Christus schweigt. Das bedeutet: Die Kirche wird im Abendmahl der Heilswirksamkeit des Todes Jesu gewiss, indem sie dessen Übereinstimmung mit ihrer vor und ohne Christus bestehenden *Heilserwartung*, so wie sie durch das Wort des Alten Testaments genährt ist, im Glauben erkennt und anerkennt. Zugleich erkennt sie damit das Wort des Alten Testaments in Christus als das gerechtfertigte Verheißungswort Gottes; und zwar derart, als hätte es nie ohne Christus bestanden.

Zwei Alte Testamente

Die Weise des Christusglaubens, das Alte Testament als in Christus gerechtfertigte Verheißung zu lesen, ist nicht die einzig mögliche. Für die vor und ohne Christus bestehende Heilserwartung liegt sie sogar besonders fern. Nach menschlichem Ermessen will das Alte Testament nach seinem eigenen Recht gelesen sein. Dieses eigene Recht kann der Christusglaube indessen nur als einen Anspruch ansehen, mit dem das Alte Testament seine Wahrheit, offen zu sein für das Handeln des rechtfertigenden Gottes, in dramatischer Weise verfehlt. Darum kommt es für den Christusglauben unweigerlich zum Streit um das Alte Testament; und zwar so entschieden, dass jedes Zugeständnis bedeuten würde, das Heil in Christus auszuschlagen und sich eben damit gegen das Erste Gebot des Alten Testaments zu versündigen: „Du sollst keine anderen Götter haben neben mir!"

Paulus, von seinen Gegnern genötigt, hat diese Auseinandersetzung in beispielhafter Weise ausgetragen. Bei ihm treten gleichsam zwei Alte Testamente einander gegenüber: das Alte Testament als die Verheißung in Christus, und das Alte Testament als Heilsweg kraft vermeintlichen eigenen Rechts, nämlich als „Gesetz" oder „alter Bund". Dieses zweifache Verständnis des Alten Testaments wird besonders deutlich an dem zweifachen Sinn von νόμος in Röm 3,21: Die Gerechtigkeit Gottes, die *ohne das Gesetz* besteht, wird bezeugt *vom Gesetz* und den Propheten. Paulus begründet „gerade da, wo er in Röm 10,5 ff. der Gerechtigkeit aus dem Gesetz die Gerechtigkeit aus dem Glauben entgegenstellt, diese andere und neue Gerechtigkeit aus dem Glauben mit Zitaten aus der Tora Dtn 30,12 ff.".[41]

Der ausschließende Gegensatz ist unmissverständlich betont in Gal 4,21–31. Hier stellt Paulus im Schriftbeweis, das heißt anhand der Wahrheit des Alten Testaments, die in Christus offenbar geworden ist, das Alte Testament als in Christus gerechtfertigte Verheißung und das Alte Testament als das in Christus an sein Ende gekommene Gesetz in den Gestalten der beiden Frauen Abrahams, der Sklavin Hagar und der freien Sara, als zwei entgegengesetzte Bundesschlüsse (δύο διαθῆκαι) einander gegenüber, um die Freiheit der Heidenmission vom Gesetz zu begründen. Dass die Schrift nicht kraft eigenen Rechts, sondern kraft der ihr in Christus zukommenden Rechtfertigung zur Verheißung wird – so wie Paulus sein Apostolat des neuen Bundes nicht durch eigenes Recht, sondern durch den Geist des lebendigen Gottes gerechtfertigt sieht –, bringt 2 Kor 3 durch das Gegensatzpaar γράμμα – πνεῦμα zum Ausdruck. Γράμμα steht für das ohne Christus gelesene Alte Testament, dessen Anspruch auf das Heil vor Gott nicht gerechtfertigt ist. Dieser geistlose Buchstabe tötet; denn er schlägt die Rechtfertigung, die ihm in Christus zukommt, aus. Statt Verheißung zu sein, wird das Alte Testament, so gelesen, zum alten Bund, der in Christus an sein Ende gekommen ist. Seine Wahrheit liegt nun wie unter der Decke des Mose verborgen.[42]

Paulus als Jude lag es fern, die offenbarungsgeschichtliche Bedeutung des Alten Testaments in Frage zu stellen. Gleichwohl wird schon bei ihm absehbar, dass die Christusoffenbarung eine grundsätzliche Relativierung des Alten Testaments bedeutet. Die neuzeitliche Exegese, die nicht mehr anders kann, als den Text historisch zu lesen, hat das Problem vollends unausweich-

---

41 GESE, Das biblische Schriftverständnis, 10.
42 Vgl. A. LINDEMANN, Die biblische Hermeneutik des Paulus. Beobachtungen zu 2 Kor 3 (WuD 23, 1995, 125–151).

lich gemacht. Der religionsgeschichtlichen Tatsache, dass dem Alten Testament für den christlichen Glauben ein einzigartiger Rang zukommt, weil das neutestamentliche Evangelium in der religiösen Vorstellungswelt des Alten Testaments seine Sprache gefunden hat, muss kein absoluter Sinn innewohnen. Gerade darin liegt indessen eine mögliche Brücke zwischen historischer und dogmatischer Theologie. Denn so wie die Rechtfertigung der Verheißung ausschließt, *iustificatione remota* einem menschlichen Zeugnis gleich welcher Art für den Glauben einen absoluten Rang einzuräumen, so erschließt sie die Möglichkeit, dass menschliche Heilserwartung zum wahrhaftigen Zeugnis für das Handeln Gottes wird – bis dahin, dass die Rechtfertigung auch weitere Heilserwartungen und andere religiöse Symbolsysteme als das alttestamentlich-jüdische betreffen kann.

Das Alte Testament als Buch des Glaubens

Dennoch sei zum Schluss die theologisch leicht halsbrecherische Frage gewagt, ob das Alte Testament an sich selbst eine besondere Prädisposition für die Rechtfertigung habe. Es gibt religionsgeschichtliche Gründe, die das nahelegen. Ob das Alte Testament dadurch einen einzigartigen Rang erhält, muss man angesichts der unübersehbaren Möglichkeiten menschlicher Religiosität dahingestellt sein lassen. Man kann es um so mehr, als für unser theologisches Urteil dem Zusammentreffen von Eschaton und Geschichte im Kreuz Jesu jene Bedeutung zukommt, die alles übrige Reden von Gott relativiert, ohne es deshalb deklassieren zu müssen.

Die Besonderheit liegt darin, dass ein Wandel gleich jenem, der sich zwischen Altem und Neuem Testament ereignet hat, auf freilich andere Weise auch an der Wurzel des Alten Testaments zu beobachten ist: der Übergang von der altorientalischen Religion palästinischer Prägung, welche die Königszeit Israels und Judas bestimmt hat, hin zum alttestamentlich-jüdischen Glauben.

Der Blick auf diese theologisch höchst belangreiche Entwicklung verdankt sich der traditionsgeschichtlichen Exegese. Das Alte Testament wird in unseren Augen einerseits immer altorientalischer, anderseits immer jüdischer. Beides bedingt sich gegenseitig. Es beruht, vereinfacht gesagt, darauf, dass Wellhausens Leitfrage „Judentum und altes Israel in ihrem Gegensatze",[43] auf der das moderne religionsgeschichtliche Studium des Al-

---

43 So in einem Brief an J. Olshausen vom 9. 2. 1879, bei R. SMEND, Wellhausen und das Judentum (1982; in: DERS., Epochen der Bibelkritik. Gesammelte Studien III [BEvTh 109] 1991, 186–215), 189.

ten Testaments beruht, sich in der Hand der redaktionskritischen Forschung als überaus fruchtbar erwiesen hat. „Das Alte Testament ist noch weniger ein ‚israelitisches' und noch mehr ein ‚jüdisches' Buch, als Wellhausen – von der Wissenschaft vor und nach ihm zu schweigen – annahm."[44] Wellhausens Frage, ob das mosaische Gesetz „der Ausgangspunkt sei für die Geschichte des alten Israel oder für die Geschichte des Judentums",[45] betraf zunächst die Datierung der Priesterschrift. Neuere Arbeiten haben nunmehr die Erwägung bestätigt, auch den Jahwisten „als eine Art theologischer Summe des Judentums zu begreifen."[46] Wenn dieses Urteil für den ältesten durchlaufenden Quellenzusammenhang gilt, der sich in der Tora finden lässt, gilt es notwendig für das Ganze: Unbeschadet der in sie eingegangenen vorredaktionellen Fragmente ist die Tora von der Wurzel her ein nachexilisches, jüdisches Buch. In den beiden Urkunden, aus denen die Grundlage des Tetrateuchs komponiert ist, haben zunächst das Diasporajudentum (Jahwist), später die Jerusalemische Tempelgemeinde des 5. und 4. Jahrhunderts (Priesterschrift) um das theologische Verstehen ihres Jahwe-Glaubens gerungen. Die vorexilischen Gesetzestexte, die in dieses Korpus aufgenommen worden sind, nämlich das Bundesbuch und das Ur-Deuteronomium, waren noch unberührt von der Bindung des Gottesverhältnisses an die Gehorsamsforderung, von Erstem Gebot, Bund und Tora.[47] Das vorstaatliche Gottesvolk mit seiner Existenz in der Wüste, allein mit seinem Gott und dem die Gottesbeziehung vermittelnden Mose, später nur unter dem Druck äußerer Not widerwillig in einen staatlichen Rahmen gezwängt, hat sich als idealtypische Größe entpuppt, in welcher die am zweiten Tempel gepflegte Theologie ihr eigenes Urbild gestaltet hat.

Auch die Prophetie hat sich in den Augen der jüngeren Forschung von Grund auf gewandelt. Die Prophetenbücher können nur noch zum geringsten Teil ihres Textbestands in vorexilischer Zeit angesetzt werden. Die Verwurzelung der Propheten in einer altisraelitischen Tradition, die zeitweilig als Grundlage ihrer Verkündigung und Maßstab ihrer Gegenwartskritik ge-

---

44 R. SMEND, Theologie im Alten Testament (1982; in: DERS., Die Mitte des Alten Testaments [s. Anm. 1], 75–88), 88.
45 J. WELLHAUSEN, Prolegomena zur Geschichte Israels, ⁶1905, 1.
46 O. KAISER, Einleitung in das Alte Testament, ⁴1978, 88.
47 Vgl. T. VEIJOLA, Bundestheologische Redaktion im Deuteronomium (1996; in: DERS., Moses Erben [BWANT 149] 2000, 153–175). Der Vorstellung, es habe bereits im 7. Jahrhundert ein religiöses Privilegrecht gegeben, in welchem die Vorstellung des Gottesbundes angelegt gewesen sei, fehlt die Quellengrundlage.

golten hat, hat sich als glatter Irrtum herausgestellt.[48] Immer deutlicher wird, dass das Amt der meisten Propheten im Rahmen der offiziellen Religion des Hofes zu verstehen ist – und diese sah anders aus, als das nachexilische Bild vermittelt. Die ältesten Psalmen bezeugen für den Tempel in Jerusalem eine Kultreligion, die weit entfernt ist von einem regelrechten Monotheismus. Sie kennt den Kampf der Götter um die Königsherrschaft und versteht Jahwe als im Jahreskreis sterbenden und wiederauferstehenden syrisch-palästinischen Wettergott.

Für die Theologie hat diese traditionsgeschichtliche Einsicht zur Folge, dass die Besonderheit der Religion Israels nicht an deren Ursprung gestanden hat. Erst durch die Katastrophen des achten bis sechsten Jahrhunderts, die schrittweise die religionstragenden Institutionen zerstörten, zerbrach die Einbindung in die altorientalische Welt, und ein Neues trat an die Stelle – nicht ohne in den religiösen Vorstellungen und im kultischen Vollzug das Alte transformierend auch zu bewahren. Der Wandel wurde manifest, als zu Beginn der persischen Epoche die Hoffnung auf die Wiederkehr des Königtums der Davididen, das der Garant der staatlichen wie der kultischen Ordnung gewesen war, sich als nichtig erwies.

Am Anfang des Gottesvolkes, das sich als solches zu begreifen beginnt, steht die zunehmend radikal empfundene Gottesferne. Das Gottesverhältnis, das sich ehedem von selbst verstand, ohne dass darüber viel reflektiert werden musste, war mit der Katastrophe Jerusalems zerbrochen. In dieser Lage wurde die vorexilische Unheilsprophetie auf neue Weise beredt und gab dem Geschehen einen, wenn auch schmerzhaften, Sinn. Die Judäer lernten, die Gerichtsbotschaft auf sich selbst zu beziehen. Ursprünglich mögen die Propheten mit ihrem „Nein" anderes im Sinn gehabt haben. Die Drohungen des Amos und des Hosea waren gegen das feindliche Nordreich Israel gerichtet. Es gibt Anhaltspunkte, dass das auch für Jesaja gegolten hat. Jeremia aber hat das Eintreten der Katastrophe anscheinend eher beklagt als im Namen Jahwes vorausgesagt. Die exilische und nachexilische Zeit hingegen las die überlieferten Worte als den Beweis, dass der Untergang in dem Gott Jahwe nicht sein prominentestes Opfer, sondern den Urheber hatte. So verstanden war die Eroberung Jerusalems kein blindes Geschick mehr, sondern die vorhergesagte Strafe. Der Gott Jahwe hatte seine Macht nicht eingebüßt, sondern im Gegenteil erwiesen.

Die Gerichtsprophetie machte es möglich, dass die Jahwe-Religion die eigene Katastrophe überlebt hat. „Es lag an den Propheten, wenn der Unter-

---

48 Ein forschungsgeschichtliches Schlüsselereignis war R. SMEND, Das Nein des Amos (1963; in: DERS., Die Mitte des Alten Testaments [s. Anm. 1], 219–237).

gang ... die Religion Jahves nicht schädigte, sondern befestigte."[49] Bedingung war, dass die Erfahrung der Krise integriert wurde. Fortan trat an die Stelle des natürlichen Gottesverhältnisses der bewusst vollzogene Akt, und zwar immer von neuem. Er hat nach wie vor die Vorstellungen der natürlichen Religion sowie ihre kultischen und sprachlichen Formen zur Grundlage; doch er verwandelt sie, so wie später, nach einer weiteren Krise, der neutestamentliche Glaube die religiöse Vorstellungswelt des Alten Testaments übernommen und zugleich verwandelt hat. Statt auf religiösem Herkommen beruht das Gottesverhältnis von nun an auf Verheißung und Gebot. Nirgends sind sie bündiger gefasst als in der Verbindung des überkommenen Bekenntnisses mit der Forderung, keinen Gott außer Jahwe zu verehren: „Ich bin Jahwe, dein Gott, der ich dich aus dem Lande Ägypten, aus dem Sklavenhaus, herausgeführt habe. Du sollst keine anderen Götter haben neben mir."

Die entschiedene Ausrichtung auf den im Wort seiner Verheißung und Forderung offenbaren Gott wird von der Botschaft des Neuen Testaments nicht überholt. Von Erfüllung kann unter dem Kreuz keine Rede sein – es sei denn sub contrario. Gleichwohl geschieht unter dem Kreuz nicht nichts, sondern das Entscheidende: Die Verheißung erhält mit der Person Jesu Christi ein Antlitz, in welchem der Glaube hinfort ihre Wahrheit erkennt. Deshalb hat der christliche Glaube das Alte Testament nicht hinter sich, sondern erst recht und von neuem noch vor sich. Er lebt nicht von einer Erfüllung, die die Verheißung erübrigen würde, sondern in der Hoffnung, die in der Rechtfertigung gründet, die die Verheißung in Christus erfahren hat und erfährt. Das ist der Grund für die bleibende Geltung des Alten Testaments als der Heiligen Schrift der Kirche.

---

49 J. WELLHAUSEN, Israelitische und jüdische Geschichte, [7]1914, 115. Dazu R. SMEND, Die Mitte des Alten Testaments (s. Anm. 1), 66–70. Wellhausen bezog die Aussage auf den Untergang Samarias. An die Stelle ist Jerusalem zu setzen.

Das israelitische Nationalepos: Der Jahwist

Das redaktionsgeschichtliche Problem

Unter den literarischen Hinterlassenschaften des Alten Vorderen Orients nimmt die Literatur Israels und Judas eine Sonderstellung ein. Während die übrigen erst durch die Archäologie des 19. und 20. Jahrhunderts wieder ans Licht kamen, bildet das erhaltene Schrifttum des frühen Israel die Grundlage des Alten Testaments, das als die Heilige Schrift der Juden wie der Christen bis in die Gegenwart eine lückenlose Überlieferungsgeschichte gehabt hat. Das Alte Testament gehört zum prägenden Erbe der abendländischen Kultur. Seine Stoffe sind allgegenwärtig. Wir kennen sie aus dem Gottesdienst, aus der Schule, aus den Anspielungen in Literatur und Theater. Sie bestimmen die Bildprogramme unserer Kathedralen. Sie bilden auf vielfältige Weise die Textgrundlage der abendländischen Musik. Bei jedem Besuch in einer der großen Galerien Europas und Nordamerikas begegnet man Motiven aus dem Alten Testament.

Der Vorteil der ununterbrochenen Überlieferung ist zugleich ein gravierender Nachteil. Ein archäologisch erschlossenes Tontafel-Archiv versetzt den Leser ohne Umweg in die Gleichzeitigkeit der Antike. Wer mit den Texten der Keilschrift-Bibliothek des Assyrerkönigs Assurbanipal aus Ninive arbeitet, befindet sich im 7. Jahrhundert vor Christus. Zwar stellen sich auch hier Fragen nach Herkunft und Vorgeschichte der literarischen Stoffe; sie sind aber um ein vielfaches einfacher. Denn die akkadischen oder ugaritischen Tontafeln sind im Staub der Geschichte konserviert worden. Die biblischen Texte hingegen blieben bis in den Anfang der römischen Epoche Teil eines lebendigen *Überlieferungsprozesses*. In der vormodernen Welt wurden Texte nicht um ihrer selbst willen weitergegeben. Wer sie überlieferte, tat es, weil er seine Gegenwart in ihnen wiederfand. Die Literatur Alt-Israels ist durch das religiöse Interesse des Judentums während der persischen und der hellenistischen Epoche erhalten geblieben. Dieses Interesse hat sie auch geprägt.

Aus diesem Grund ist die Literaturwissenschaft der Bibel eine Art Text-Archäologie. Sie muss versuchen, unter der jetzigen Textgestalt jene Vorstufen hervorzugraben, die in altisraelitische Zeit zurückgehen. Dabei kann sie voraussetzen, dass die Quellen schon bald eine religiöse Würde erlangt hatten, die es weitgehend verbot, den überlieferten Wortlaut anzutasten. Unter der Fülle jüngerer Auslegungen stoßen wir auf alte Vorfassungen. Was deren Umfang, Entstehungszeit und Verfasser angeht, sind sie freilich Hypothesen und werden es allezeit bleiben. Es nimmt nicht Wunder, dass die in der gegenwärtigen, sehr lebendigen Forschungssituation gehandelten Möglichkeiten ein vielgestaltiges, auch widersprüchliches Bild bieten.

Das Werk, von dem hier die Rede sein soll, ist eine solche *Hypothese*. Es vorzustellen, bedeutet zu begründen, welche der bekannten biblischen Texte zu ihm gezählt werden und sich in seinem Rahmen als Bestandteile einer ehemals eigenständigen literarischen Einheit verstehen.

Die ersten Beobachtungen dazu sind genau 250 Jahre alt. Im Jahre 1753 veröffentlichte Jean Astruc, Leibarzt Ludwigs XV. von Frankreich, der sonst mit der Erforschung der Syphilis hervorgetreten ist, eine Entdeckung, die heute zum allgemeinen Schulstoff gehört: dass der Anfang der Bibel aus zwei Quellen zusammengesetzt ist.[1] Zweimal wird die Schöpfung erzählt. Es gibt zwei Stammbäume der Nachkommen Adams. In der Erzählung von der Sintflut sind zwei Berichte ineinander verwoben, deren Einzelheiten unvereinbar sind. Die Beobachtung wurde auf das Buch Genesis, schließlich auf alle fünf Bücher Mose und sogar darüber hinaus ausgedehnt und um die Annahme weiterer Quellenschriften erweitert.

Zunächst sah man in der in Genesis 1 beginnenden Quelle die Grundschrift. Die in Genesis 2 einsetzende zweite Quelle galt als jüngere Parallelfassung. Im letzten Drittel des 19. Jahrhunderts kehrte sich die zeitliche Abfolge um. Es erwies sich, dass die vermeintliche Grundschrift, die von da an den Namen „Priesterschrift" erhielt, in Wahrheit die jüngere Quellenschrift ist.[2] Die zweite, jetzt ältere Quelle verband man seither mit dem Beginn des israelitischen Königtums im 10. Jahrhundert. Sie trägt den Kunstnamen „Jahwist", weil sie von Beginn an den Gottesnamen Jahwe verwendet, der in der Darstellung der Priesterschrift erst kurz vor dem Auszug aus Ägypten dem Mose offenbart wird.

Das Werk vereinigt eine Fülle sehr unterschiedlicher Stoffe. Unter dem Eindruck der Romantik, etwa der Sammeltätigkeit der Brüder Grimm, hat

---

1 J. Astruc, Conjunctures sur les mémoires originaux dont il paroit que Moyse s'est servi pour composer le Livre de la Genèse, Brüssel 1753.
2 So lautet die „Grafsche Hypothese", die auf Karl Heinrich Graf, Abraham Kuenen und Julius Wellhausen zurückgeht. Die neue Sicht der Literatur- und Religionsgeschichte wurde von J. Wellhausen, Die Composition des Hexateuchs, (1885) ⁴1963; Ders., Prolegomena zur Geschichte Israels, (¹1878) ⁶1905 (Nachdruck 2001) zusammenfassend dargestellt. Sein Werk, das zur Grundlage der modernen Wissenschaft vom Alten Testament geworden ist, ist eine der großen Leistungen der Geschichtswissenschaft des 19. Jahrhunderts.

man es zunächst als Erzählkomposition verstanden, die aus mündlich umlaufender Überlieferung geschöpft habe. Die Vielfalt, die hinter dem heutigen Text zu erkennen ist, wurde auf die volkstümliche Erzähltradition zurückgeführt.³ Schon bald wurde man aber auf Spannungen aufmerksam, die sich nur literarisch erklären lassen. Das führte zunächst dazu, innerhalb der Quelle „Jahwist" nochmals durchlaufende Quellen zu unterscheiden, wie J¹ und J², Jʲ und Jᵉ, J und N, J und L.

Seit den 1960er Jahren wird die innere Uneinheitlichkeit *redaktionsgeschichtlich* erklärt.⁴ Immer deutlicher hat sich gezeigt, dass der Jahwist ein redaktionelles Sammelwerk ist, das schriftlich vorhandene Quellen zu einem neuen Ganzen zusammengeführt hat. Solche redaktionellen Werke pflegen nicht am Anfang der Geschichte einer literarischen Kultur zu stehen. Indizien lassen uns heute an die Zeit nach dem Ende des judäischen Königtums denken, das heißt an das 6. Jahrhundert vor Christus.⁵ Es ist dieselbe Zeit, in der auch das andere große alttestamentliche Geschichtswerk, das wir das Deuteronomistische nennen, entstanden ist.

Die vorredaktionellen Erzählkompositonen

Die Sammlung beruht auf sechs ehedem eigenständigen Erzählkompositionen: der Urgeschichte Genesis 2–11, die von der Entstehung der Menschheit als ganzer handelt; der Geschichte der Väter Abraham, Isaak und Jakob Genesis 12–36; der Geschichte von Josef und seinen Brüdern Genesis 37–50; der Geschichte von Mose Exodus 2–4; der Geschichte vom Auszug der Israeliten aus Ägypten und ihrer Wanderung durch die Wüste Exodus 12 bis Numeri 20; und der Geschichte von dem Seher Bileam Numeri 22–24. Ein regelrechter Abschluss fehlt.

---

3   Beispielhaft für diese Auffassung ist der berühmte Kommentar zur Genesis von H. GUNKEL (HK I 1) 1901, ³1910.
4   R. KILIAN, Die vorpriesterlichen Abrahamsüberlieferungen literarkritisch und traditionskritisch untersucht (BBB 24) 1966; R. FRIEBE, Form und Entstehungsgeschichte des Plagenzyklus Exodus 7,8–13,16, Diss. theol. Halle 1967; V. FRITZ, Israel in der Wüste. Traditionsgeschichtliche Untersuchung der Wüstenüberlieferung des Jahwisten (MThSt 7) 1970; E. ZENGER, Die Sinaitheophanie. Untersuchungen zum jahwistischen und elohistischen Geschichtswerk (FzB 3) 1971; P. WEIMAR, Untersuchungen zur Redaktionsgeschichte des Pentateuch (BZAW 146) 1977.
5   CH. LEVIN, Der Jahwist (FRLANT 157) 1993.

Genesis 2–11	Urgeschichte
Genesis 12–35	Vätergeschichte
Genesis 37–50	Josefsgeschichte
Exodus 2–4	Die Erzählungen von Mose
Exodus 12 – Numeri 20	Exodus und Wüstenzug
Numeri 22–24	Die Erzählung von Bileam
(Fortsetzung?)	

Die Frage richtet sich darauf, wann und wie diese Überlieferungsblöcke zu dem vorliegenden Ablauf verknüpft worden sind.

Als Beispiel für die Art der vorredaktionellen Quellen soll die Grundlage der *Urgeschichte* dienen. Sie beruht auf einer Erzählung vom Ursprung der Menschen, einer *Anthropogonie*.

2,5 Ehe alles Gesträuch des Feldes auf der Erde war, […] 7 machte […] Gott den Menschen […] und blies ihm Lebensodem in seine Nase. […] 8 Dann pflanzte […] Gott einen Garten in Eden gegen Osten und setzte den Menschen hinein, den er gemacht hatte. […] 19 Und […] Gott machte […] alle Tiere des Feldes und alle Vögel des Himmels und brachte sie zu dem Menschen. […] 20 Und der Mensch gab allen […] Vögeln des Himmels und allen Tieren des Feldes Namen. 21 Dann ließ […] Gott einen Tiefschlaf auf den Menschen fallen, so dass er einschlief. Und er nahm eine seiner Rippen und schloss die Stelle mit Fleisch. 22 Und […] Gott baute aus der Rippe […] eine Frau und brachte sie zu dem Menschen. […] 3,20 Und der Mensch nannte seine Frau Eva; denn sie wurde die Mutter aller Lebenden. 21 Und […] Gott machte dem Menschen und seiner Frau Röcke von Fell und zog sie ihnen an. […] 4,1 Der Mensch aber erkannte Eva, seine Frau; und sie wurde schwanger und gebar den Kain. […]

    2 Und weiter gebar sie […] den Abel. Abel war ein Kleinviehhirt, Kain aber war ein Ackerbauer. […] 8 […] Als sie aber auf dem Feld waren, erhob sich Kain gegen seinen Bruder Abel und erschlug ihn. […]

17 Und Kain erkannte seine Frau; und sie wurde schwanger und gebar den Henoch. Er wurde der Erbauer einer Stadt. [Und er nannte die Stadt nach dem Namen seines Sohnes [Henoch].]

18 Dem Henoch aber wurde Irad geboren, und Irad zeugte Mehujaël, und Mehujaël zeugte Metuschaël, und Metuschaël zeugte Lamech.

    19 Lamech aber nahm zwei Frauen; die eine hieß Ada, die andere Zilla. 20 Und Ada gebar den Jabal; der war der Vater derer, die in Zelten und bei Vieh wohnen. [21 Und sein Bruder hieß Jubal; der war der Vater aller, die Leier und Flöte handhaben.] 22 Und auch Zilla gebar: den Tubal [Kain], [einen Schmied], … aller, die Bronze und Eisen bearbeiten. [Und die Schwester Tubal Kains war Naama.] […]

        25 Und Adam erkannte noch einmal seine Frau; und sie gebar einen Sohn und nannte ihn Set; denn ersetzt hat mir Gott einen anderen Nachkommen an Stelle Abels, weil Kain ihn erschlug. […]

5,28 (Und Lamech zeugte Noah.) [...] 32 Und Noah zeugte Sem, Ham und Jafet. [...] 9,19 Diese drei sind die Söhne Noahs. Von ihnen her hat sich die ganze Erde bevölkert. [...] 10,2 Die Söhne Jafets sind Gomer und Magog und Madai und Jawan und Tubal und Meschech und Tiras. 3 Und die Söhne Gomers sind Aschkenas und Rifat und Togarma. 4 Und die Söhne Jawans sind Elischa und Tarsis. [...] 5 Von diesen zweigten sich ab die Inseln der Völker in ihren Ländern, jedes nach seiner Sprache, nach ihren Geschlechtern, in ihren Völkern. 6 Und die Söhne Hams sind Kusch und Ägypten, Put und Kanaan. 7 Und die Söhne Kuschs sind Seba und Hawila und Sabta und Ragma und Sabtecha. Und die Söhne Ragmas sind Saba und Dedan.

8 Kusch aber zeugte Nimrod. [...] 9 Der war ein gewaltiger Jäger; [...] daher sagt man: Ein gewaltiger Jäger [...] wie Nimrod. [...] 15 Kanaan aber zeugte Sidon, seinen Erstgeborenen, und Het. [...]

20 Das sind die Söhne Hams nach ihren Geschlechtern, nach ihren Sprachen, in ihren Ländern, in ihren Völkern. [...] 22 Die Söhne Sems sind Elam und Assur und Arpachschad und Lud und Aram. 23 Und die Söhne Arams sind Uz und Hul und Geter und Masch.

24 Arpachschad aber zeugte Schelach, Schelach aber zeugte Eber. [...]

31 Das sind die Söhne Sems nach ihren Geschlechtern, nach ihren Sprachen, in ihren Ländern, nach ihren Völkern.

Am Anfang steht wie in dem babylonischen Weltschöpfungsepos *Enuma elisch* der Zustand der Welt vor der Schöpfung, das große „Noch nicht": „Ehe alles Gesträuch des Feldes auf der Erde war" (Gen 2,5): als es noch keine Vegetation gab.[6] Im Unterschied zur babylonischen Mythologie aber bildet nicht die Erschaffung der Götter den ersten Akt. Die Schöpfung beginnt mit dem Menschen. Ein einziger Gott geht dabei wie ein Töpfer zu Werk. Nachdem er seinem Geschöpf den Atem in die Nase geblasen hat, pflanzt er für ihn einen Garten in dem östlich gelegenen Eden als Lebensraum. Danach erschafft Gott die Tiere und schließlich aus der Rippe des Menschen die Frau. Kennzeichnend für den Menschen ist die Kleidung. Auch sie stammt von Gott.

Die Urgeschichte			
Gen 2–3		Die Erschaffung des Urmenschen	
Gen 4		Generationenkette von Adam bis Noah	
	Gen 4	Der Ursprung der Kulturfertigkeiten	
	Gen 6–9	**Die Sintflut**	
		Gen 9	*Noah als Weinbauer*
Gen 10		**Die Völkertafel**	
		Gen 11	*Der Turmbau zu Babel*

---

6 TUAT III/4, 569 (W. G. Lambert).

Die beiden Urmenschen zeugen einen Sohn, den Kain. Aus ihm geht eine Generationenkette hervor, die auf Noah und seine drei Söhne Sem, Ham und Jafet führt.[7] In diese Stammliste sind nachträglich allerlei Notizen von der Ausdifferenzierung der Kulturfertigkeiten eingeflossen: Viehzucht und Ackerbau, Städtebau, Musik, Schmiedekunst. Die Kette mündet in die sogenannte Völkertafel Genesis 10, die die Völker der gegenwärtigen Welt nach Wohnsitzen und Sprachen gliedert und genealogisch untereinander verknüpft. An dieser Stelle geht die Darstellung der Urzeit über in die der historischen Welt. Die Liste der Völker ist ein vorgegebenes Stück gewesen. Denn sie ist gegliedert nach den vier Weltgegenden, was mit der Dreizahl der Söhne Noahs nicht harmoniert. Da Babylonien und Persien nicht genannt sind, wohl aber Assur, kann man an das 7. Jahrhundert als Entstehungszeit denken. Auffallend ist das Interesse an den Ländern des Westens.

Wie im altbabylonischen Atramhasis-Epos wird der Übergang von der Urgeschichte zur Geschichte unterbrochen durch die große *Flut*.[8] Bevor die Menschheit sich über die Erde verbreitet, kehrt noch einmal das Chaos zurück. Noah überlebt durch die Fürsorge des Gottes Jahwe. Der Flutheld wird zum zweiten Vater der Menschheit. Die Sekundarität dieser Abfolge wird am deutlichsten daran, dass Noah im Unterschied zu Utnapischtim, dem Fluthelden des Gilgamesch-Epos, es versäumt, die Handwerkersöhne mit in die Arche zu nehmen.[9] Die kulturgeschichtlichen Notizen in Genesis 4 wollen die Ursprünge der gegenwärtigen Kultur beschreiben. Sie sind nicht darauf berechnet, dass nach der Flut alles noch einmal von vorn beginnt.[10]

Mit der *Vätergeschichte* geraten wir in eine andere Welt. Die bekannten Erzählungen von Abraham, Isaak und Jakob bilden im Kern die Geschichte einer *Familie*. Nach ihren Namen zu urteilen, sind die Träger der Handlung als Individuen verstanden. Grundlage der Komposition sind drei große, kunstvoll ausgestaltete Erzählungen: die Brautwerbung für Isaak Genesis 24, der Segensbetrug Jakobs Genesis 27 und die Heirat Jakobs mit den Töchtern Labans Genesis 29–30. Alle Begebenheiten spielen in der Familie, und mehr noch: der Bestand der Familie ist ihr Stoff. Erzählt wird ausschließlich die Abfolge der Generationen: Heirat, Nachkommenschaft und

---

7 Die Kette ist zwischen Lamech und Noah leider unterbrochen. Die Lücke lässt sich aber anhand der Parallelquelle in Genesis 5 (P) mit großer Wahrscheinlichkeit schließen, da die Stammliste der Priesterschrift auf der jahwistischen beruht.
8 TUAT III/4, 612–645 (W. v. SODEN), bes. 636–645; W. G. LAMBERT, A. R. MILLARD, Atra-ḫasīs: The Babylonian Story of the Flood, Oxford 1969, 87–105.
9 So der Flutbericht auf der 11. Tafel des Gilgamesch-Epos, Zeile 85 (TUAT III/4 [K. Hecker], 731).
10 J. WELLHAUSEN, Die Composition des Hexateuchs, (1885) ⁴1963, 10.

Erbfolge. Auffallend ist der weite geographische Horizont. Abraham siedelt in der Steppe Richtung Ägypten, Isaak in Beerscheba an der Südwestgrenze Judas. Das Land ihrer Verwandtschaft aber ist das nördliche Syrien.

Die Vätergeschichte		
12,1–9		Abrahams Wanderung
	13	Abraham trennt sich von Lot
16		Geburt Ismaels
	18,1–16	Abrahams Gastmahl
	19,1–25	**Lot in Sodom**
	19,26–38	Ursprung Moabs und Ammons
20,1		Abrahams Wanderung
21,1–7		Geburt Isaaks
24		**Isaak erhält seine Frau**
25,21–28		Geburt Jakobs und Esaus
	25,29–34	Esau verkauft die Erstgeburt
	26	**Isaak in Gerar**
27		**Jakob gewinnt den väterlichen Segen**
28,10		Jakob flieht vor Esau
	28,11–19	Jakob gründet das Heiligtum von Bethel
29,1–30,24		**Jakob bei Laban. Er heiratet Lea und Rahel**
	30,25–34	Jakob erhält seinen Lohn
31		**Jakobs Vertrag mit Laban**
	31*; 32*	Ursprung von Gilead und Mahanajim
	32,23–33	Jakobs Kampf am Jabbok
	33	Jakob versöhnt sich mit Esau
	35,1–22	Ursprung von Lus und dem Rahel-Grab

Sara, Abrahams Frau, ist zunächst kinderlos. Darum gibt sie Abraham ihre Magd zur Frau, mit der er Ismael zeugt. Als Sara schließlich doch schwanger wird, verstößt Abraham die Magd und den Sohn. Sofort die nächste Szene handelt davon, wie Saras Sohn Isaak eine Frau erhält. Abraham, der sein Ende nahen sieht, befiehlt seinem Knecht eine Fernreise ins syrische Zweistromland, wo er um Rebekka werben soll, die Tochter seines Bruders Nahor. Die Sitte, die Parallelkusine zu heiraten, hat sich noch bei den Beduinen des 20. Jahrhunderts gefunden. Rebekka gebiert Zwillinge. Auf die Geburt folgt ohne Übergang der Streit der erwachsenen Söhne um das Erbe des Vaters.

Jakob kommt mit Hilfe seiner Mutter dem älteren Esau zuvor und erhält von Isaak, der erblindet auf dem Sterbebett liegt, den Erstgeburtssegen. Vor Esaus Rache flieht Jakob nach Haran zu Laban, dem Bruder Rebekkas. Dort begehrt er dessen jüngere Tochter Rahel zur Frau. Da er den Brautpreis nicht aufbringen kann, verdingt er sich für sieben Jahre. Als die Frist erfüllt ist, wird die Hochzeit begangen. Am Morgen nach der Brautnacht muss Jakob erkennen, dass Laban ihm die Falsche zugeführt hat: seine ältere Tochter Lea. Laban redet sich auf die Sitte heraus: „Es ziemt sich nicht, dass man die Jüngere vor der Älteren hergebe" (Gen 29,26), und gibt Jakob nach Ablauf der Brautwoche die jüngere Rahel als Dreingabe. Das führt zu weiteren Verwicklungen. Um sich von Laban zu lösen, wählt Jakob die Flucht. Laban holt ihn ein, und endlich einigen sich beide in einem Vertrag, der Laban das Eigentumsrecht an den Frauen, Jakob aber das Nutzungsrecht zuspricht.

Überraschenderweise ist diese Familienerzählung später zu einer Art *nationaler Ursprungsgeschichte* ausgestaltet geworden. Die Erzählung von Abraham wurde um die Überlieferung von Lot ergänzt, die wissen will, dass dort, wo sich das Tote Meer befindet, einst die Stadt Sodom gelegen habe, die wegen der Ruchlosigkeit ihrer Bewohner untergegangen sei. Lot, dem Inferno entronnen, zeugt mit seinen beiden Töchtern die Söhne Moab und Ammon, aus denen die ostjordanischen Königtümer hervorgehen. Jakob aber gilt nunmehr als Stammvater Israels. Bei seiner Rückkehr von Laban gibt er dem Gebirge Gilead den Namen, gründet Mahanajim im Ostjordanland sowie den Ort Lus und das Rahel-Grab bei Ephrat.

Juda kommt in dieser nationalgeschichtlichen Ausgestaltung der Vätergeschichte nicht vor. Alle Episoden spielen im Nordreich Israel oder seiner Einflusssphäre. Die wichtigste ist die Erzählung von Bethel. Jakob soll auf seiner Flucht nach Haran das königliche Heiligtum des Nordreichs gegründet haben. Er träumt von einer Treppe zwischen Himmel und Erde, die er nicht nur „Bet-El" („Haus Gottes"), sondern „Tor des Himmels" nennt (Gen 28,17). Mit winziger Veränderung als „Tor der Götter", akkadisch *Bāb-ilī*, gelesen, lässt sich der Traum auf Etemenanki, den Stufenturm von Babylon, beziehen, „das Haus des Fundaments von Himmel und Erde". Offensichtlich ist als Gründungserzählung des israelitischen Heiligtums eine mesopotamische Überlieferung abgewandelt worden.[11] Um so mehr fällt auf, dass in dieser Kultsage und auch sonst das Königtum keinerlei Rolle spielt. Man muss daraus schließen, dass die erzählende Vergewisserung der Nationalgeschichte erst nach dem Ende des nördlichen Königtums entstan-

---
11 Vgl. die Bauinschrift für Etemenanki, den Stufenturm von Babylon, TUAT II/4, 490–493 (K. HECKER).

den ist, das im Jahre 722 den Assyrern erlag. Sie könnte von Angehörigen der Oberschicht stammen, die bei der Eroberung Samarias nach Juda geflohen sind.

Die Josefsgeschichte	
Gen 37,3–28*	Älteste Josefsgeschichte
Gen 37,4b–35*	Josefs Träume. Der Rock
Gen 39–41	Älteste Josefsgeschichte
Gen 42–45	Josef und seine Brüder

In den Bereich der Familie kehren wir zurück mit der *Geschichte von Josef und seinen Brüdern*. In ihrer ältesten Gestalt ist sie ein Märchen. Genau wie viele Beispiele dieser Gattung beginnt sie mit dem Geschwisterkonflikt: Der Vater bevorzugt den Jüngsten und erregt die Eifersucht der Brüder. Sie verkaufen Josef nach Ägypten. Dort steigt er am Ende eines Weges voll Erniedrigungen zum ersten Mann nach dem Pharao auf. Hinter der Szene von dem Verführungsversuch durch „Potiphars Weib" (Gen 39,6–20) steht das ägyptische Brüdermärchen aus dem Ende der 19. Dynastie.[12] Später ist die Josefsgeschichte zu einer Novelle ausgestaltet worden, die das wechselvolle Geschick ihres Helden als Beispiel der Führung Jahwes zu verstehen gibt.

Die Erzählungen von Mose	
Ex 2,1–10	Moses Geburt und Name
Ex 2,11–15	Mose in Midian
Ex 2,16–22	Mose und das midianitische Priestertum
Ex 2,23aα	Moses Rückkehr nach Ägypten
Ex 3,1–6	Der brennende Dornbusch
Ex 4,20a	Moses Rückkehr nach Ägypten

Von den *Moseerzählungen* ist nur der Anfang erhalten. Von Geburt angeblich ein Levit, wird Mose in einem Kästchen im Nil ausgesetzt und von der Tochter des Pharao adoptiert. Das soll seinen ägyptischen Namen erklären. Als ruchbar wird, dass Mose in einem Konflikt als Rächer eingeschritten ist, muss er vor dem Pharao fliehen. Im nordwestarabischen Midian verschwägert er sich mit dem Priester. Nach dem Tod des Pharao kehrt Mose nach Ägypten zurück. Hier bricht die Quelle ab, die das Interesse an jener herausragenden Priestergestalt belegt, die sich mit Israels Frühzeit verbindet.

---

12 TUAT.E 147–165 (C. Peust), bes. 156–158. Vgl. auch E. Brunner-Traut, Altägyptische Märchen, [11]1996.

Moses Rang zeigt sich daran, dass für die Erzählung von seiner Aussetzung im Nil die Herkunftserzählung des Königs Sargon von Akkad verwendet ist, die uns in neuassyrischer Fassung bekannt ist.[13]

Die nächste Überlieferungseinheit schildert den *Auszug* der Israeliten *aus Ägypten* und ihre *Wanderung durch die Wüste*. Der Weg beginnt in der Deltaresidenz Ramses' II. und findet in Kadesch an der Südgrenze Judas sein vorläufiges Ziel. An diesem Faden sind eine Kette von Episoden aufgereiht, die sich auf die Lebensbedingungen in der Wüste beziehen: das Bitterwasser in Mara und die Palmenoase Elim, die Ernährung von Wachteln sowie von einem Schildlaussekret, das Manna genannt wird. Mose fehlte in dieser Überlieferung zunächst. Er tritt hinzu mit dem Meerwunder, das den Untergang des verfolgenden Pharao erzählt, und mit der Szene auf dem *Gottesberg*, die später im Verlauf einer langen literarischen Entwicklung zum Ort des alttestamentlichen Gesetzes geworden ist.

Exodus und Wüstenzug		
Ex 12,37; 13,20		Der Auszug aus Ägypten
	Ex 14–15	Das Wunder am Meer
Ex 14–15		Das Bitterwasser und die Oase Elim
Ex 16		Das Manna in der Wüste Sin
Ex 17,1; 19,2a		Der Zug von Refidim bis Sinai
	19,2b–3a; 24,18a	Mose auf dem Gottesberg
Num 11		Die Speisung mit Wachteln
Num 20,1a		Ankunft in Kadesch
	Num 20,1b	Mirjams Tod

Der Jahwist endet mit der Erzählung von dem Seher *Bileam*, der von dem Moabiterkönig Balak gedungen wird, Israel zu verfluchen, es aber stattdessen segnet. Sie spiegelt die Auseinandersetzungen zwischen Israel und seinem zeitweiligen Vasallenstaat Moab im südlichen Ostjordanland wider. Auch hier ist das Alter durch eine außerbiblische Quelle verbürgt: Eine Bileam-Überlieferung in aramäischer Sprache aus dem 8./7. Jahrhundert hat sich 1967 auf dem Tell Deir 'Alla im Jordangraben gefunden.[14]

Fortan verlieren sich die literarischen Spuren der jahwistischen Redaktion. Es ist möglich, dass der *Abschluss* des Werkes verloren ist.

---

13 TUAT.E, 55–57 (K. Hecker).
14 TUAT II/1, 138–148 (J. Hoftijzer).

Die Auswahl der Quellen

Aus der Verschiedenheit der Stoffe folgt, dass die Verknüpfung der sechs Blöcke zu einem durchgehenden Ablauf nachträglich geschehen ist. Wann und wo geschah diese Redaktion, und welche Absicht führte dazu, eine neue literarische Einheit zu schaffen?

In der jüngsten Forschung verbreitet sich die Auffassung, die einzelnen Überlieferungsblöcke im Pentateuch seien in mehreren Schritten verbunden worden, und zwar erst in sehr später Zeit.[15] Die Vorstellung einer Pentateuch-Quellenschrift „Jahwist" ist damit unvereinbar und gilt als überholt.[16] Aber die späten Querverbindungen, auf die man sich bezieht, sind nur der Stuck auf dem längst vorhandenen Gebäude, nicht die Tragbalken, die die Konstruktion zusammenhalten. Der Stuck liegt außen und fällt ins Auge. Das verleiht den Beobachtungen die Evidenz. Für die Statik kommt es indessen auf die Tragbalken an. Sie sieht man nicht auf den ersten Blick. Man muss das ganze Gebäude vermessen.

Es ist nicht von ungefähr, dass die ältere Forschung das Werk des Jahwisten als einen einzigen schriftstellerischen Wurf lesen konnte.[17] Auch wenn das, gemessen an der Disparatheit der Stoffe, offensichtlich falsch war, zeigt es doch, dass wir mit einer tieferen literarischen Einheit zu tun haben. Martin Noth hat für die Redaktion des Deuteronomistischen Geschichtswerks von *Merkmalen planvoller Geschlossenheit* gesprochen.[18] Sie gibt es auch beim Jahwisten.

Das erste übergreifende Merkmal betrifft die *Auswahl der Quellen*. Der bruchstückhafte Charakter mancher Erzählungen zeigt, dass sie einer reicheren literarischen Überlieferung entnommen sind, die im übrigen verloren ist. Die *Kriterien der Auswahl* lassen sich erkennen und betreffen alle sechs Überlieferungsblöcke zugleich. Damit belegen sie deren redaktionellen Zusammenhang.

---

15 M. WITTE, Die biblische Urgeschichte. Redaktions- und theologiegeschichtliche Beobachtungen zu Genesis 1,1–11,26 (BZAW 265) 1998; K. SCHMID, Erzväter und Exodus. Untersuchungen zur doppelten Begründung der Ursprünge Israels innerhalb der Geschichtsbücher des Alten Testaments (WMANT 81) 1999; J. CH. GERTZ, Tradition und Redaktion in der Exoduserzählung. Untersuchungen zur Endredaktion des Pentateuch (FRLANT 186) 2000.
16 J. CH. GERTZ, K. SCHMID, M. WITTE (Hg.), Abschied vom Jahwisten. Die Komposition des Hexateuch in der jüngsten Diskussion (BZAW 315) 2002.
17 LEVIN, Der Jahwist, 9–35.
18 M. NOTH, Überlieferungsgeschichtliche Studien, (1943) ³1967, 3–12.

Die Auswahl der Quellen 31

Alle Erzählungen mit einer Ausnahme spielen außerhalb des Landes Israel und Juda. Sie zeigen die Träger der Handlung als *Fremde*: Hagar in der Wüste (Gen 16); Lot in Sodom (Gen 13; 19); Abrahams Knecht in Mesopotamien (Gen 24); Isaak bei den Philistern (Gen 26); Jakob in Haran (Gen 29–31); Josef in Ägypten (Gen 39–45); ebendort später die Israeliten (Gen 46 – Ex 12); Mose in Midian (Ex 3–4); das Volk auf dem Zug in der Wüste (Ex 15 – Num 24). Dass darin eine Regel liegt, zeigt die Ausnahme: Für die Abrahamerzählungen (Gen 12; 16; 18; 21), die auf dem israelitischen Gebirge spielen, ist Israels Land mit Hilfe der Unterscheidung von Israeliten und Kanaanitern künstlich zur Fremde erklärt worden: „Damals waren die Kanaaniter im Lande" (Gen 12,6). Zu dieser Feststellung gehört als Gegenstück die Verheißung: „Deinen Nachkommen will ich dieses Land geben" (Gen 12,7). Dass die Israeliten das Land besaßen, soll noch in der Zukunft gelegen haben. Mit Hilfe dieser Fiktion lebt nun auch Abraham in der Fremde.

Das jahwistische Werk erzählt eine *Geschichte der Fremdlingschaft*. Dafür wurden die gegebenen Quellen mit kräftigen Farben übermalt. Die Gesamt-Erzählung beginnt mit der Vertreibung aus dem Paradies und endet, soweit wir sehen, vor den Toren des verheißenen Landes. Der Weg in die Fremde ist schlimmes Geschick. Denn er widerspricht einer anthropologischen Grundgegebenheit: der wesensmäßigen Verbundenheit des Menschen, hebräisch אָדָם, mit der Erde, hebräisch אֲדָמָה. Das zeigt die heutige, redaktionelle Fassung der Schöpfungserzählung: Der Mensch ist aus der Erde geschaffen und wird nach dem Ende seines Lebens zu ihr zurückkehren. Die Bäume des Gartens wie auch die Tiere stammen aus der Erde, mittelbar auch die Frau, da sie aus der Rippe des Mannes gebaut ist. Daseinsaufgabe des Menschen ist, „die Erde zu bebauen, von der er genommen ist" (Gen 2,5; 3,23), das heißt ein sesshafter Bauer zu sein.

Wird das Verhältnis von Mensch und Erde gestört, ist das ein Fluch. Das erzählt die eingefügte Szene vom Sündenfall (Gen 3). Schlimmer ergeht es Kain. Weil er die Erde mit dem Blut des Bruders getränkt hat, wird er vom Kulturland hinweggeflucht (Gen 4). „Unstet und flüchtig" irrt er hinfort über die Erde. Doch das Dasein des Fremdlings kann auch, wie bei Abraham, der Auftrag Gottes sein: „Geh aus deinem Land und von deiner Verwandtschaft und aus deinem Vaterhaus" (Gen 12,1). In diesem Fall verbindet es sich mit der Verheißung des Beistands und Segens Jahwes.

Die *Daseinsbedingungen des Fremdlings* werden in den Erzählungen auf bisweilen drastische Weise geschildert. Er weilt als Person minderen Rechts unter einer ortsansässigen Mehrheit, von der er ethnisch und religiös geschieden ist. Lot erlebt die Bewohner Sodoms als eine Horde zügelloser

Frevler, die sich nicht scheuen, sich an den Gästen, die er ins Haus genommen hat, sexuell zu vergehen. Um den Preis seiner beiden jungfräulichen Töchter versucht er, die lüsterne Menge zu besänftigen. Das schlägt fehl: „Sie sprachen: Als einzelner ist er hergekommen, um hier als Fremdling zu weilen, und spielt sich als Richter auf! Jetzt wollen wir dir Übleres antun als jenen. Und sie drangen sehr auf den Mann ein" (Gen 19,9). Isaak muss fürchten, um seiner Frau willen, die eine begehrenswerte Schönheit ist, von den Philistern ermordet zu werden (Gen 26,7). Josef gerät durch falsche Anschuldigung der Frau seines ägyptischen Herrn ins Gefängnis (Gen 39). Der Pharao presst die Israeliten in Ägypten zu Fronarbeiten mit dem erklärten Ziel, sie zu dezimieren (Ex 1,10–11). Als die Absicht fehlschlägt, befiehlt er den Hebammen, die neugeborenen Söhne der Hebräer zu töten (V. 15–16).

In dieser Lage haben sich besondere *Lebensformen und Wertvorstellungen* entwickelt. Je weniger der einzelne sich mit der Bevölkerungsmehrheit in Einklang weiß, desto größer wird die Bedeutung von Familie und Verwandtschaft. Es ist verboten, sich mit der eingesessenen Bevölkerung zu verschwägern. Die Absonderung wird mit großer Strenge bewahrt (Gen 24,3). Interne Auseinandersetzungen werden unter Verweis auf die besondere Zusammengehörigkeit geschlichtet. Als ein Streit um Weiderechte ausbricht, befindet Abraham zu Lot: „Es soll kein Streit sein zwischen mir und dir, denn wir sind Brudersleute" (Gen 13,8), und lässt ihm beispielhaft den Vortritt. Großes Gewicht kommt der Generationenfolge zu. Um das darzustellen, ist die natürliche Abfolge von Heirat, Zeugung und Geburt mit unnatürlicher Regelmäßigkeit gestört. Alle: Sara, Rebekka und Rahel, sind zunächst unfruchtbar, bis durch Jahwes Einwirken der Erbe geboren wird.[19] Das Stilmittel bewirkt, dass schon der bloße Fortbestand der Familie als Beweis für den wirkmächtigen Beistand Jahwes erscheint.

Auch die *Religion* wird durch die Bedingungen der Familie bestimmt. Jahwe hat seine Bindung an das Land Israel und Juda abgestreift. Die Beziehung zu ihm vermittelt sich nicht mehr, indem seine Verehrer dort siedeln, wo dieser Gott seine gegebene Wirksphäre hat, sondern dadurch, dass die Sippe Jahwe verehrt. Jahwe wird zum „Gott der Väter", „für den nicht die feste Bindung an einen Ort, sondern die ständige Beziehung zu einer Menschengruppe das entscheidende Merkmal ist."[20] Überall, wohin es seine Anhänger verschlägt, stellt er seine segensvolle Wirkmächtigkeit unter Beweis:

---

19 Auch die Schwangerschaften von Eva (Gen 4,1), Hagar (Geburtsorakel Gen 16,11) und Lea (Gen 29,31) werden auf Jahwe zurückgeführt.
20 A. ALT, Der Gott der Väter (1929; in: DERS., Kleine Schriften zur Geschichte des Volkes Israel I, 1953, 1–78), 22.

„Ich bin mit dir und will dich behüten, wo immer du hingehst, und will dich zurückbringen in dieses Land" (Gen 28,15). Diese Verheißung erhält Jakob in Bethel und antwortet voll Erstaunen: „Fürwahr, Jahwe ist an dieser Stätte, und ich wusste es nicht" (V. 16). Wenn die Szene im Heiligtum des Nordreichs spielt, bedeutet sie auch den Widerstand gegen den Anspruch des Tempels von Jerusalem, die einzige legitime Jahwe-Kultstätte zu sein.[21] Für das Leben in der Zerstreuung war es lebensnotwendig, die Beschränkung auf das Zentralheiligtum wieder abzutun, die erst am Ende des 7. Jahrhunderts unter König Josia in Juda zur Doktrin erhoben worden ist.[22]

Die Sprache der Redaktion

Das zweite übergreifende Merkmal ist die Sprache. Wie jede Redaktion hat auch der Jahwist eine Reihe von Spracheigenheiten, an denen er zu erkennen ist.

Anfangs waren die Gottesnamen das wichtigste Merkmal, mit dem man die Quellen unterschied. Dieser Ausgangspunkt war nicht falsch. Aber er erwies sich als nicht spezifisch genug; denn die vorjahwistischen Quellen gebrauchen ohne weiteres auch die Gottesbezeichnung „Elohim", und die vielfältigen späteren Zusätze setzen den Gebrauch des Gottesnamens „Jahwe" fort. Tatsächlich gibt es darüber hinaus zahlreiche weitere Stilmerkmale. Die ältere Exegese hat das gewusst und regelrechte Verzeichnisse angelegt;[23] nur dass man noch nicht sah, dass es im engeren Sinne die Sprache des redaktionellen Textes ist, die dem Werk die stilistische Einheitlichkeit verleiht.[24] Allerdings darf man das Kriterium des sprachlichen Stils nicht mechanisch handhaben; die Redaktion hängt einerseits von ihren Quellen ab und hat anderseits den später noch hinzugekommenen Text beeinflusst. Ferner spiegelt sie kein individuelles Idiom, sondern ein bestimmtes Milieu. Es ist das Milieu des *königlichen Hofes*.

Eine charakteristische Wendung dieser Art ist „Gnade finden in den Augen jemandes" (מצא חן בעיני), die von der Sintflut bis zur Wüstenwanderung

---

21 CH. LEVIN, Das Deuteronomium und der Jahwist (2000; in: DERS., Fortschreibungen [BZAW 316] 2003, 96–110).
22 So lautet das Programm des ältesten Deuteronomischen Gesetzes (Dtn 12–26) sowie des Deuteronomistischen Geschichtswerks, das sich auf das Deuteronomium rückbezieht. Die Verknüpfung mit Josia, der von 639–609 als der letzte bedeutende König Judas regiert hat, besitzt nach wie vor die größte Wahrscheinlichkeit.
23 H. HOLZINGER, Einleitung in den Hexateuch, 1893, 93–110.
24 LEVIN, Der Jahwist, 399–408.

26mal belegt ist, wovon 15 Belege auf den jahwistischen Redaktor zurückgehen.[25] Sie bildet so etwas wie ein sprachliches Leitfossil. Die Wendung hat ihre Wurzel im Stil höfischer Rede. Sie betrifft das Verhältnis eines Höherstehenden, meist des Königs, zu einem Tieferstehenden. Ihr Gegenstück ist die Wendung „jemandem Huld erweisen" (עשׂה חֶסֶד עִם).[26] In den Dialogen redet der Tieferstehende den Höherstehenden mit „mein Herr" an und sagt nicht „ich", sondern „dein Knecht".[27]

Als Angehöriger des Hofes ist der Redaktor auch mit den Redeformen der *Rechtspflege* wohl vertraut. Er gebraucht an prominenter Stelle die Anklageformel: „Was hast du getan?" (Gen 3,13; 4,10). Er kennt das königliche Todesrecht (Gen 2,17), die förmliche Beschuldigung (Gen 43,6) und die Appellation (Gen 16,5). Häufig braucht er das Rechtsinstitut des Zetergeschreis zur Gestaltung von Schlüsselszenen.[28]

Dem Redaktor ist ferner die Sprache des königlichen *Kults* geläufig. Er zitiert typische Wendungen des Klageliedes des einzelnen und verwendet die Elemente des Heilsorakels, das auf das Klagelied antwortet: die Beruhigungsformel „Fürchte dich nicht" (Ex 14,13), die Beistandsformel „Ich bin mit dir" (Gen 26,3.28; 28,15; 31,3; 39,2.3.21.23) und die Selbstvorstellungsformel „Ich bin Jahwe" (Gen 28,13). Die Offenbarung an Jakob in Bethel ist als kultische Gottesbegegnung gestaltet (Gen 28,13a.15a.16). Dasselbe gilt für die Gottesbegegnung des Mose auf dem Sinai (Ex 34,5.9a).

Offenkundig ist eine Nähe zum Schulbetrieb der höfischen *Weisheit*. Man kann die Sprache des Redaktors „deiktisch" nennen. Ein Beispiel ist die Wendung „sehen dass" (ראה כִּי). An sich selbst ist diese Wendung nicht bemerkenswert, da sie auch sonst viel belegt ist, prominent im ersten Schöpfungsbericht;[29] doch im Verbund mit anderen Wendungen ist ihre Häufung signifikant.[30] Sehr oft gebraucht die Redaktion wörtliche Rede. Die Dialoge lesen sich, als seien sie geradewegs aus dem Unterricht genommen: „Sage mir doch!" (24,23.49; 29,15; 32,30; 37,16). Bemerkenswert sind die vielen Fragen: „wer?", „was?", „warum?",[31] vor allem aber „wo?". „Adam,

---

25 Gen 6,8; 18,3; 19,19; 30,27; 32,6; 33,8.10.15; 39,4.21; 47,29; Ex 3,21; 12,36; 34,9; Num 11,11. Die weiteren Belege sind von der jahwistischen Redaktion beeinflusst: Gen 34,11; 47,25; 50,4; Ex 11,3; 33,12.13.13.16.17; Num 11,15; 32,5.
26 Gen 19,19; 24,12.14.49; 40,14; 47,29.
27 Gen 18,3–5; 19,18–19; 32,5–6.19; 33,8.15; Ex 34,9; Num 11,11.
28 Gen 4,10; 18,20; 19,13; 27,34; Ex 3,7; 14,10; 15,25; 17,4; Num 11,2.
29 „Und Gott sah, dass es gut war" (Gen 1,4.10.12.18.21.25.31).
30 Gen 3,6; 6,2.5; 16,4.5; 26,28; 29,31; 39,3; 46,30; Ex 2,2; 3,4; Num 24,1.
31 Beispiele: „Da sprach Jahwe zu Abraham: Warum lacht Sara und spricht: Sollte ich wirklich gebären, wo ich doch alt bin?" (Gen 18,13); der Knecht zu Rebekka:

wo bist du?" (Gen 3,9) und „Wo ist dein Bruder Abel?" (Gen 4,9) sind nur die berühmtesten Beispiele für ein Stilmittel, das mehrmals am Übergang von der vorgegebenen Quelle zum deutenden Dialog steht und in dieser Häufung beim Jahwisten singulär ist.[32]

Der Redaktor spitzt die Dialoge oft zu *Leitsätzen* zu, die auch unabhängig von der geschilderten Szene gelten und den Leser anleiten sollen, die Pointe auf die eigene Lebenserfahrung zu übertragen. Sie unterstreichen die wirksame Gegenwart Jahwes. Viele haben ethische Tendenz. „Es ist nicht gut, dass der Mensch allein sei" (Gen 2,18) ist das erste Beispiel dieser Art, gesprochen vor der Erschaffung der Frau. Viele weitere folgen: „Ich will dich segnen, und du sollst ein Segen sein" (Gen 12,2); „Sollte für Jahwe etwas unmöglich sein?!" (Gen 18,14).[33]

Ein besonders wirksames didaktisches Mittel ist das Schema von *Ankündigung und Erfüllung*. Die Begebenheiten werden nicht einfach als solche dargestellt. Wichtigen Ereignissen geht regelmäßig eine Verheißung vor-

---

„Wessen Tochter bist du, sage mir an!" (Gen 24,23); „Isaak aber sprach zu seinem Sohn: Wie hast du so bald gefunden, mein Sohn? Er sprach: Weil Jahwe, dein Gott, es mir begegnen ließ" (Gen 27,20); „Und Laban sprach zu Jakob: Bist du nicht mein Bruder und solltest mir umsonst dienen? Sage mir an, was dein Lohn sein soll!" (Gen 29,15); Jakob zu Laban: „Und nun, wann kann auch ich etwas für mein Haus tun?" (Gen 30,31); „Er sprach zu ihm: Wie ist dein Name? Und er sprach: Jakob!" (Gen 32,28); „Und Jakob fragte und sprach: Sage doch deinen Namen! Er aber sprach: Warum fragst du nach meinem Namen?" (Gen 32,30); „Und Esau sprach: Was willst du mit diesem ganzen Lager, dem ich begegnet bin?" (Gen 33,8); der Mann fragte Josef: „Was suchst du? Er sprach: Meine Brüder suche ich. Sage mir doch, wo sie weiden?" (Gen 37,15); „Da sprach Juda zu seinen Brüdern: Was gewinnen wir, wenn wir unseren Bruder umbringen und sein Blut bedecken?" (Gen 37,26).

32 Weitere Beispiele: Der Engel Jahwes: „Hagar, Saras Magd, woher kommst du, und wohin gehst du?" (Gen 16,8); die drei Männer zu Abraham: „Wo ist Sara, deine Frau?" (Gen 18,9); die Sodomiten zu Lot: „Wo sind die Männer, die diese Nacht zu dir gekommen sind?" (Gen 19,5); Esau zu dem Boten Jakobs: „Zu wem gehörst du und wohin ziehst du und wem gehört, was du vor dir hertreibst?" (Gen 32,18); Josef zu dem Mann in Sichem: „Meine Brüder suche ich. Sage mir doch, wo sie weiden" (Gen 37,16); der Priester in Midian zu seinen Töchtern: „Wo ist er? Warum habt ihr den Mann zurückgelassen?" (Ex 2,20).

33 Weitere Beispiele: „Bin ich der Hüter meines Bruders?" (Gen 4,9); „Es soll kein Streit sein zwischen mir und dir; denn wir sind Brüder" (Gen 13,8); „Du bist ein Gott, der mich sieht" (Gen 16,13); „Die Sache ist von Jahwe ausgegangen" (Gen 24,50); „Fürwahr, Jahwe ist an dieser Stätte, und ich wusste es nicht" (Gen 28,16); „Bist du nicht mein Bruder, und solltest mir umsonst dienen?" (Gen 29,15); „Ich habe genug, mein Bruder; behalte, was dein ist" (Gen 33,9); „Was gewinnen wir, wenn wir unseren Bruder umbringen und sein Blut bedecken?" (Gen 37,26); „Nun weiß ich, dass Jahwe größer ist als alle Götter" (Ex 18,11); „Ist denn die Hand Jahwes zu kurz?" (Num 11,23).

aus.³⁴ Auch negative Ereignisse erhalten ihre Ankündigung, wie die Sintflut (Gen 6,5–7*) und die Zerstörung von Sodom (Gen 18,20–21). Die Drohung für die feindliche Seite bedeutet für die Israeliten ein Schutzversprechen. Die Spanne aber zwischen Ankündigung und Ereignis macht die Darstellung im wörtlichen Sinne spannend. Das jahwistische Werk will Hoffnung wecken und zielt auf Glauben. Es bietet ein durch und durch religiöses Geschichtsbild. Der Leser soll sein eigenes Leben in der Erwartung auf Jahwes Tat und Beistand verstehen.

Das Geschichtsbild

Dieses Geschichtsbild, das die Redaktion auf der Grundlage der ausgewählten Quellen und mit Hilfe ihrer sprachlichen Mittel entworfen hat, ist das dritte Merkmal planvoller Geschlossenheit. In ihm ist wiederum die Ausgangssituation zu greifen, auf die der Jahwist reagiert: die Fremdlingschaft.

Die Bedrohung, unter der der Fremdling steht, hat eine äußere Seite, die von materieller und rechtlicher Übervorteilung bis zu physischer Gewalt reicht, und eine innere. Diese berührt das Selbstwertgefühl. Das fand seinerzeit Ausdruck in den religiösen Vorstellungen. Von dem, was die Mehrheit denkt und tut, geht unwillkürlich ein hoher Anspruch aus, und es bedarf großer Selbstsicherheit oder aber des Zwangs der Verhältnisse, sich der Verehrung der Götter des Landes zu verweigern.

Eine solche Lage verlangt nach Kompensation. Deshalb erzählt das jahwistische Werk eine Gottesgeschichte. In ihr wird Jahwe, von Herkunft der Dynastiegott der beiden palästinischen Kleinstaaten Israel und Juda, als der „Gott des Himmels" (Gen 24,3.7) geschildert, der jedermanns Geschick lenkt. Auffallend ist, dass dieser Titel im Alten Testament sonst nur in Schriften aus der persischen Zeit begegnet, wo er den Himmelsgott Ahura Mazda zum Vorbild hat. Wir beobachten einen tiefgreifenden religionsgeschichtlichen Wandel im Vollzug. Als der Himmelsgott bleibt Jahwe gleichwohl seiner begrenzten Herkunft verhaftet. Die besondere Beziehung zu seinen Verehrern im engeren Sinne besteht weiter, ja sie wird der eigentliche Gegenstand der Darstellung.

Das Werk verfolgt die Geschichte des Volkes Israel vom Anfang der Welt bis an die Schwelle der Landnahme in Palästina. Dazu werden die vorgegebenen Blöcke mit Hilfe einer durchgehenden Abstammungslinie ver-

---

34 Solche heilvollen Ankündigungen finden sich Gen 2,18; 5,29; 8,21; 12,2–3; 16,11; 18,10; 26,3; 28,15a; 31,3; 37,11; Ex 3,7–8; 14,30; Num 11,23.

Das Geschichtsbild 37

klammert: Abraham gilt jetzt als Nachkomme des Sem aus der Völkertafel (Gen 10,21), Moses levitischer Vater (Ex 2,1) wird zu einem der Söhne Jakobs erklärt (Gen 29,34).

Indem eine allgemeine Anthropogonie an den Anfang gestellt ist, tritt das Gottesvolk von vornherein in das Verhältnis zur ganzen übrigen Menschheit, und zwar im Sinne einer Entgegensetzung. Mit bisweilen schockierender Folgerichtigkeit durchzieht das Werk die Scheidung zwischen den Menschen, die zu Jahwe gehören, und der großen Mehrheit, die ihm fern ist. Die Spaltung setzt ein mit den Söhnen des Urmenschen. Beide bringen Jahwe eine Gabe dar. „Und Jahwe sah auf Abel und auf seine Gabe; aber auf Kain und seine Gabe sah er nicht" (Gen 4,4–5), ohne dass dafür ein Grund genannt würde. Als Kain deshalb zum Mörder wird, trifft ihn der Fluch (V. 11–12). Anschließend zeugt der Urmensch einen weiteren Sohn, den Set, mit dem Jahwe eine neue Anhängerschaft entsteht: „Damals wurde begonnen, den Namen Jahwes anzurufen" (V. 26). Aus der Stammlinie Sets geht Noah hervor, in dessen Person die Parteilichkeit Jahwes ihre unüberbietbare Steigerung erfährt: Als einziger findet er „Gnade in den Augen Jahwes" (Gen 6,8), als die ganze Menschheit in der Sintflut ertrinkt.

Seit dem Sündenfall des Urmenschen steht das Dasein unter dem Fluch: „Verflucht sei die Erde um deinetwillen! Mit Mühsal sollst du dich von ihr nähren dein Leben lang!" (Gen 3,17). Doch dabei bleibt es nicht. Bei der Geburt des Noah tut sein Vater Lamech den Ausspruch: „Der wird uns trösten von der Mühsal unserer Hände von der Erde, die Jahwe verflucht hat" (Gen 5,29). Tatsächlich beschließt Jahwe nach dem Ende der Flut: „Ich will hinfort nicht mehr die Erde verfluchen um des Menschen willen" (Gen 8,21). Damit erklärt er den Fluch für aufgehoben. Für Noah und die Seinen gilt er künftig nicht mehr. An die Stelle tritt überschwenglicher Segen.

Die Vernichtung der jahwefremden Mehrheit in der Flut hindert nicht, dass danach die Scheidung der Menschheit sich fortsetzt – wie ja auch die Sintflut sich trotz des Versprechens wiederholt: als Feuerflut über Sodom. Unter Noahs Söhnen wird Ham/Kanaan mit dem Fluch belegt aus Anlass eines unzüchtigen Vergehens, das eigens erdacht ist (Gen 9,20–25). In der Völkertafel findet sich Nimrod unter Hams Söhnen. Ihm wird zugeschrieben, ein Gewaltherrscher gewesen zu sein. „Der Anfang seines Königtums war Babel und Uruk und Akkad und Kalne im Lande Schinar" (Gen 10,10). Dieses mesopotamische Großreich gilt als Reich des Bösen. Auch Ägypten wird als Nachfahre dem Ham zugerechnet, und natürlich die Kanaaniter, unter denen Abraham und Lot als Fremdlinge geweilt haben sollen. Den Söhnen Hams steht in Sem, dem „Vater aller Söhne Ebers" (= aller Hebräer), die zu Jahwe gehörende Menschengruppe gegenüber (V. 21). Allen

Differenzierungen der Völkertafel zum Trotz wird die Menschheit am Ende der Urgeschichte nach einfachem Schema zweigeteilt, bevor Jahwe sie aus Anlass des Turmbaus über die Erde zerstreut (Gen 11,8).

Die Segenslinie und die Fluchlinie stehen einander bis zum Ende des Werks gegenüber. Der Segen äußert sich im Reichtum Abrahams und Lots (Gen 13,2.5) und in der Geburt des Isaak, die wider alles menschliche Vermögen von Jahwe bewirkt wird (Gen 18,10; 21,1). Er äußert sich in der Fürsorge des Engels für Hagar in der Wüste, die sie bekennen lässt: „Du bist ein Gott, der mich sieht" (Gen 16,13). Er äußert sich in dem Beistand Jahwes für den bedrängten Lot und in der schrecklichen Strafe an den boshaften Landesbewohnern, aus der Lot sicher geleitet wird (Gen 19).

Jahwe lässt die Reise von Abrahams Knecht gelingen (Gen 24). Er verheißt Isaak im philistäischen Gerar den Segen (Gen 26,3), den er im Jahre des Hungers hundertfältig erfüllt (V. 12), so dass die Philister Isaak beneiden und ihr König Abimelech anerkennt: „Wir sehen, dass Jahwe mit dir ist" (V. 28). Jakob gelangt jetzt nicht nur mit List, sondern auch durch Jahwes Zutun zum väterlichen Segen: „Völker sollen dir dienen, und Nationen vor dir niederfallen. Verflucht sei, wer dir flucht, gesegnet sei, wer dich segnet!" (Gen 27,29). Unter Jakobs Hand mehrt sich das Vieh Labans überreich (Gen 30,27). Als Josef im Hause des Ägypters weilt, sieht sein Herr, „dass Jahwe mit ihm war und dass Jahwe alles, was er tat, in seiner Hand gelingen ließ" (Gen 39,3). Er setzt ihn zum Verwalter seiner Güter ein. „Und es geschah, seit er ihn in seinem Hause bestellt hatte und über alles, was er besaß, segnete Jahwe das Haus des Ägypters um Josefs willen, und der Segen Jahwes lag auf allem, was er besaß, im Haus und auf dem Feld" (V. 5). Selbst im Gefängnis gibt der Aufseher „alle Gefangenen, die im Gefängnis waren, in die Hand Josefs" (V. 22), und als Josef vom Pharao erhöht wird, geschieht es mit den Worten: „Nur um den Thron will ich größer sein als du" (Gen 41,40).

Als das Schicksal der Israeliten in Ägypten sich zum Schlimmen kehrt, weil das Volk durch Jahwes Segen mehr und stärker geworden ist als die Ägypter selbst, vereitelt Jahwe den Versuch, sie durch Fronarbeit zu dezimieren. Er sieht ihr Elend und kommt herab, um sie in Gestalt der Wolken- und Feuersäule in ein Land zu führen, da Milch und Honig fließt. Die Ägypter stellen sich dem Exodus entgegen; doch es ergeht ihnen wie den Opfern der Sintflut und den Bewohnern von Sodom: Sie werden vernichtet. Moses midianitischer Schwiegervater erfährt davon und vermag nicht anders, als anzuerkennen: „Gelobt sei Jahwe, der das Volk errettet hat aus der Hand der Ägypter. Nun weiß ich, dass Jahwe größer ist als alle Götter" (Ex 18, 10–11).

Zuletzt, als das Gottesvolk sich seinem späteren Wohnsitz nähert, „fürchtete Moab sich sehr, weil es zahlreich war" (Num 22,3). Der König Balak bietet den Seher Bileam ben Beor gegen Israel auf: Verfluche es, „denn es ist stärker als ich" (V. 6). Jahwe aber gebietet ihm: „Verfluche das Volk nicht, denn es ist gesegnet" (V. 12b).

Die Geschichte des Segens

In alldem zeigt sich als viertes Merkmal ein theologisches Leitmotiv, das das Werk von Anfang bis Ende, vom Fluch in Genesis 3 und 4 bis zu Bileams Segensspruch in Numeri 24, zusammenhält: die Geschichte des Segens. Man hat in der älteren Exegese die Abrahamverheißung Genesis 12,2–3 als eine Art Leitsatz des Jahwisten gelesen: „Ich will dich zu einem großen Volk machen und will dich segnen und will deinen Namen groß machen, so dass du ein Segen wirst. Ich will segnen, die dich segnen; wer dich aber schmäht, den will ich verfluchen. Und in dir werden gesegnet werden alle Geschlechter der Erde."[35] Das ist richtig. Die Geschichte des Gottesvolkes im Kontrast zu der übrigen, meist feindlichen Menschheit wird als Wirkung des Segens Jahwes dargestellt. Darin aber ist sie nicht Erfahrungsgeschichte. Sie bietet einen Gegenentwurf zur tatsächlichen Wirklichkeit. Greifbar wird das in den Verheißungen. Sie sind nicht nur an die Figuren der erzählten Geschichte, sondern durch sie hindurch an den gegenwärtigen Leser gerichtet. Ihre beispielhafte Erfüllung, wie sie in den Geburten der Erbsöhne oder im hilfreichen Geleit Jahwes in Fremde, Einsamkeit, Wüste und Anfeindung sowie in den Rettungserlebnissen geschildert wird, will jetzt und hier zur Hoffnung ermutigen. Wie fiktiv die Darstellung ist, zeigen die aufgezählten Reichtümer, in denen sich der Segen Jahwes gleichsam materialisiert.[36] Die gewaltigen Herden, die Menge der Knechte und Mägde und sonstigen Güter sind erzählter Wunschtraum. Man kann es deshalb mehr als einen Zufall nennen, dass das Werk, wie es erhalten ist, sich am Schluss gleichsam in der Wüste verliert, also aus dem Utopia nicht herausführt. Die Darstellung bleibt eine Glaubensgeschichte.

---

35 H. W. WOLFF, Das Kerygma des Jahwisten (1964; in: DERS., Gesammelte Studien zum Alten Testament [TB 22] 1973, 345–373), 351–354.
36 Gen 13,2.5; 24,35; 26,12; 30,43; 32,6; Ex 12,35.38.

Die Ursprungsgeschichte des Judentums

Was lässt sich über den Verfasser feststellen, der das jahwistische Werk geschaffen hat? Es gibt eine Reihe von Indizien. Sie ergeben indessen kein einheitliches Bild.

Einerseits liegt auf der Hand, dass der Jahwist den Anspruch erheben konnte, die für Herkunft und Selbstverständnis Israels maßgebende Überlieferung zusammenzustellen. Die Bezeichnung als „israelitisches Nationalepos", die man dem Werk in der älteren Exegese gegeben hat,[37] kommt nicht von ungefähr. Ein Werk dieser Art ist an sich selbst offiziell. Nicht jedermann konnte es schreiben.

Anderseits sind die Bedingungen der Fremdlingschaft derart genau und ursprünglich geschildert, dass man nicht umhin kann, auch den Verfasser in dieser Lage zu sehen. Ein widriges Geschick hat ihn aus der vertrauten Welt Palästinas in die Fremde verschlagen. Die Lebensverhältnisse, wie die Väter sie unter einer jeweils fremden Landesbevölkerung erfahren und sodann die Israeliten in der Bedrückung Ägyptens und auf dem Wüstenzug, sind seine eigene Gegenwart. Auch der Zweifel, ob Jahwe in der Fremde seinen segensvollen Beistand zu gewähren vermag, ist sein eigener, wie auch die Hoffnung auf Jahwes Schutz sowie endlich auf Rückkehr. Was der Verfasser schildert, sind bereits die Daseinsbedingungen des weltweit zerstreuten Judentums.

Einerseits haben Sprache und Gedankenwelt ihre Wurzeln am Hof. In den redaktionellen Dialogen herrscht der Stil höfischer Rede. Der Unterschied zu den übernommenen Vätererzählungen, die im Milieu der Sippe spielen, fällt ins Auge. Der Verfasser ist in der höfischen Weisheit geschult. Die Offenbarungsszenen, in denen Jahwe selbst oder seine Numina oder Boten auftreten, folgen Mustern, die im Kult des königlichen Heiligtums ihren Ursprung haben.

Anderseits fehlt vom Königtum selbst jede Spur. Sogar grundlegende nationalgeschichtliche Szenen kommen ohne den König aus. Die Ursprungserzählung für das Heiligtum von Bethel wird Jakob zugeschrieben. Beim Auszug aus Ägypten hat Mose, der Priester, die Schlüsselrolle inne. Eine Erzählung wie die Aussetzung des Mose im Nil wird andernorts selbstverständlich nur vom König berichtet. Die Schilderung einer Frühzeit läuft

---

37 E. REUSS, Die Geschichte der heiligen Schriften Alten Testaments, 1881, 251.

nicht auf die (Wieder-)Einführung des Königtums zu.[38] Das gesamte Geschehen bleibt im außerstaatlichen Bereich.

Einerseits setzt das Werk zwar nicht programmatisch, aber faktisch die ausschließliche Verehrung des Gottes Jahwe voraus. Die Bezeichnung „Jahwist" ist auch insofern berechtigt. Das religiöse Programm, das in dem Bekenntnis „Höre Israel, Jahwe ist unser Gott, Jahwe ist ein einziger" (Dtn 6,4) zum Ausdruck kommt, ist von vornherein und uneingeschränkt in Geltung.[39] Das gesamte Spektrum religiöser Numina, das in den Quellen auftritt, bis hin zu Lokalgöttern und Dämonen, wird ohne weiteres mit dem einen Gott Jahwe gleichgesetzt, der zugleich als der Schöpfer der Welt und als der universale Himmelsgott gilt.[40]

Anderseits fehlen die Spuren der alttestamentlichen Prophetie vollständig. Es gibt im Alten Testament kein vergleichbares literarisches Werk, das der späteren Theologie, die durch die Propheten und den Deuteronomismus bestimmt wurde, ferner steht als der Jahwist. Es ist unvorstellbar, dass die Väter oder die Israeliten Jahwe den Rücken kehren könnten, um sich „anderen Göttern" zuzuwenden. Die theologische Begrifflichkeit gleicht am ehesten den älteren Psalmen und der hinter ihnen stehenden gemeinpalästinischen Mythologie.

Einerseits vertritt der Jahwist genau wie das Deuteronomium und das spätere Deuteronomistische Geschichtswerk das Programm eines einzigen „Israel" aus Israel und Juda, das wir mit der Politik König Josias im letzten Drittel des 7. Jahrhunderts verbinden. Wenn es richtig ist, dass das Bekenntnis „Jahwe ist ein einziger" den religiösen und politischen Gegensatz zwischen Israel und Juda überwinden will,[41] so ist dieses Ziel beim Jahwisten insofern erreicht, als er von Anfang an eine Gesamt-Geschichte von Israel und Juda schildert, wie sie dann das Geschichtsbild des nachexilischen Judentums bestimmt hat.

Anderseits steht der Jahwist im Gegensatz zum Deuteronomium, weil er sich der Verehrung Jahwes an einer einzigen Kultstätte, die das Deuterono-

---

38 Das ist ganz anders in der Darstellung der vorköniglichen Zeit, die das Richterbuch bietet. Wenigstens am Ende des Buches läuft alles auf die Notwendigkeit des Königtums hinaus.
39 Vgl. T. Veijola, Das Bekenntnis Israels. Beobachtungen zu Geschichte und Aussage von Dtn 6,4–9 (1992; in: Ders., Moses Erben [BWANT 149] 2000, 76–93).
40 Der Unterschied zu den Zeugnissen aus der jüdischen Kolonie auf der Nilinsel Elephantine ist bemerkenswert. Dort wurden noch im 5. Jahrhundert neben Jahu eine Göttin Anat-Bethel, ein Gott Eschem-Bethel und weitere Götter verehrt. Vgl. B. Porten, Archives from Elephantine, Los Angeles 1968.
41 E. Aurelius, Der Ursprung des Ersten Gebots (ZThK 100, 2003, 1–21), 4–8.

mium mit Entschiedenheit fordert, mit ebensolcher Entschiedenheit versagt. Stattdessen propagiert er die Allgegenwart dieses Gottes und zeigt, dass Jahwe sich auch in der Fremde kultisch verehren lässt.

Ziehen wir eine Summe, so werden wir mit gebotener Vorsicht schließen dürfen, dass der Jahwist als ein Mitglied der höfischen Oberklasse in der frühen jüdischen Diaspora gelebt hat und auf den einschneidenden Wandel der Lebensbedingungen eine Antwort versucht. Die Diaspora nahm ihren Anfang mit der neubabylonischen Eroberung Jerusalems zu Beginn des 6. Jahrhunderts. Das am besten nachvollziehbare Ereignis ist die Deportation des Königs Jojachin und seines Hofstaats im Anschluss an die erste Eroberung im Jahre 597 vor Christus. Es legt sich nahe, die Entstehung des Werkes in dieser Umgebung zu suchen. Der Ursprung in Babylon könnte zu einem Teil den weltweiten Horizont und die breite Aufnahme nichtisraelitischer Quellen erklären. Nicht zuletzt stimmt zu dieser Datierung die erklärte Gegnerschaft gegen eine Theologie, für die einzig der Jahwekult in Jerusalem legitim war.

Der Jahwist steht an der Schwelle von der judäischen Nationalreligion zur jüdischen Weltreligion. Literaturgeschichtlich ergibt sich daraus ein Paradox: Das israelitische Nationalepos ist zugleich die Ursprungsgeschichte des Judentums.

Abschied vom Jahwisten?

JAN CHRISTIAN GERTZ, KONRAD SCHMID, MARKUS WITTE (Hg.), *Abschied vom Jahwisten. Die Komposition des Hexateuch in der jüngsten Diskussion* (BZAW 315) Walter de Gruyter, Berlin und New York 2002, 345 S.

Die neueste Arbeit an den Quellen des Pentateuchs ist durch zwei Einsichten bestimmt. Erstens hat die Erkenntnis, „daß die mechanische Mosaikhypothese verrückt ist" (Wellhausen)[1], endlich auch die Winkel erreicht. Analysen, die die durchlaufenden Pentateuchquellen als gegeben nehmen und sich damit begnügen, den überlieferten Text auf die vorausgesetzten Fäden zu verteilen, ohne sich über das Warum und Wie der Synthese Rechenschaft zu geben, sind obsolet geworden. Stattdessen wird nach dem redaktionellen Verfahren gefragt, und dabei kommen neben (oder anstelle) der Urkundenhypothese auch Ergänzungs- und Fragmentenhypothesen wieder zur Geltung.

Zweitens wird verstärkt wahrgenommen, dass die Darstellung der Bücher Genesis, Exodus und Numeri auf mehreren, einst selbständigen Erzählkreisen beruht: der Urgeschichte, der Vätergeschichte, der Josefsgeschichte, den Mose-Erzählungen, den Traditionen von Exodus und Wüstenzug und schließlich der Bileam-Erzählung. Infolge dessen lässt sich die ältere Pentateuchquelle nicht länger als einheitliches Erzählwerk verstehen.[2] Das Augenmerk muss der redaktionellen Verknüpfung der Überlieferungseinheiten gelten.

Für diese Verknüpfung stehen im wesentlichen vier Lösungen bereit. (1) John Van Seters behält für das nichtpriesterliche Material den Begriff „Jahwist" bei und rechnet mit einem umfassend sammelnden Historiker, den er in nachdeuteronomistische Zeit datiert.[3] Zum Werk dieses Histo-

---

1 An A. Jülicher 8. 11. 1880, bei R. SMEND, Julius Wellhausen und seine Prolegomena zur Geschichte Israels (in: DERS., Epochen der Bibelkritik [BEvTh 109] 1991, 168–185), 180.
2 Dass das „den endgültigen ‚Abschied vom Jahwisten'" bedeute (E. BLUM, 121), ist ein Missverständnis.
3 J. VAN SETERS, Prologue to History. The Yahwist as Historian in Genesis, Zürich 1992; DERS., The Life of Moses. The Yahwist as Historian in Exodus–Numbers (CBETh 10) 1994.

rikers haben auch solche Texte gehört, die gemeinhin als elohistisch oder deuteronomistisch gelten. (2) Für Erhard Blum geschah die Verknüpfung der großen Überlieferungseinheiten im Rahmen einer deuteronomistischen Komposition KD.[4] Der so entstandene Tetrateuch sei nachträglich mit der Priesterschrift verbunden worden, die Blum eher im Sinne der Ergänzungshypothese als der Urkundenhypothese versteht (KP).[5] (3) Christoph Levin schreibt die Verknüpfung der nichtpriesterlichen Überlieferungseinheiten einer eigenen, jahwistischen Redaktion zu.[6] Das von dieser Redaktion geschaffene Geschichtswerk umfasst mit Einschränkungen den Jahwisten der neueren Urkundenhypothese, den Levin allerdings ins 6. Jahrhundert datiert, weil die Botschaft sich an die frühe Diaspora richte. Die Priesterschrift als jüngere Quelle behält er bei. (4) Als Konsequenz aus der Spätdatierung des Jahwisten (oder seiner Äquivalente) und angesichts der Unzulänglichkeiten der neueren Urkundenhypothese sehen eine wachsende Zahl von Exegeten wieder, wie im frühen 19. Jahrhundert, in der Priesterschrift die Grundschrift, in die die nichtpriesterlichen Erzählblöcke nach Art der Fragmentenhypothese eingestellt worden seien.

Der anzuzeigende Band gibt schon im Titel zu erkennen, dass seine Autoren überwiegend der vierten Möglichkeit zuneigen.[7] Das Credo lautet, dass „ein sowohl die Genesistraditionen und die Exodus-Numeritraditionen umfassendes jahwistisches Werk … nicht mehr denkbar" ist (A. DE PURY, 30). Oder vorsichtiger: „Sieht man von den beiden fixen literarischen Größen im Pentateuch, P und D, ab, steht man vor einem überaus komplexen literarischen Gebilde …, von dem heute nicht mehr ausgemacht ist, ob es vor D und P einmal ein fortlaufender Erzählzusammenhang war" (R. KRATZ, 295). Unter dieser Prämisse vermitteln die vierzehn Beiträge einen nützlichen Überblick, wobei die Beweggründe für die veränderte Sicht ebenso deutlich werden wie die (zum Teil bereits überwundenen) Aporien, die man sich (wieder) einhandelt. Der Gesamteindruck ist, dass die – relative – Früh-

---

4 E. BLUM, Die Komposition der Vätergeschichte (WMANT 57) 1984; DERS., Studien zur Komposition des Pentateuch (BZAW 189) 1990. Neuerdings schränkt Blum die KD-Hypothese auf die Bücher Ex–Num ein, s. u.

5 Innerhalb des vorliegenden Bandes wird diese Auffassung auch von W. Johnstone vertreten, s. u.

6 CH. LEVIN, Der Jahwist (FRLANT 157), 1993; DERS., Das Deuteronomium und der Jahwist (2000; in: DERS., Fortschreibungen [BZAW 316] 2003, 96–110); DERS., Das Alte Testament, ⁴2010, 48–54; DERS., Das israelitische Nationalepos: Der Jahwist (oben 20–42).

7 Das bedeutet zugleich, dass der Untertitel zu hoch greift. Für die jüngste Diskussion über die Komposition des Hexateuchs ist die Sammlung nicht repräsentativ.

datierung der Priesterschrift, die ja immer ihre Vertreter gehabt hat, nicht wahrscheinlicher geworden ist, und dass auch die Urkundenhypothese noch nicht ausgedient hat.

Am Anfang der Sammlung steht ein forschungsgeschichtlicher Überblick. JEAN LOUIS SKA, *The Yahwist, a Hero with a Thousand Faces* (1–23), setzt mit Astrucs „Conjectures" (1753) ein und endet mit „May '68". Mit Recht stellt er heraus, dass die einst verbreitete Auffassung, der Jahwist sei ein Sammler der Tradition gewesen, zur Folge haben kann, dass J zu einer Sammelgröße herabsinkt, deren Zusammenhalt so zweifelhaft wird, dass sie schließlich nur noch eine Chiffre ist. „The basic problem ... is that of the literary nature of J" (23). Den Ausweg sieht er in einer redaktionsgeschichtlichen Lösung: „The future of J depends mostly on our ability to discover J's ‚plot', to define J's style, to list his compositional devices and patterns, to identify his particular way of unfolding a complete and structural narrative about Israel's origins" (24). Der Autor einer Untersuchung, die sich genau dieses Ziel gesetzt hat[8], reibt sich die Augen, wenn er im nächsten Satz liest: „Up to now, nobody has undertaken this kind of research." In seinem Resümee der jüngsten Forschung kommt Ska zu dem Schluss: „None of these authors endeavour to describe with precision J's style or composition techniques" (22). Was hat er gelesen?

ALBERT DE PURY, *Gottesname, Gottesbezeichnung und Gottesbegriff. 'Elohim als Indiz zur Entstehungsgeschichte des Pentateuch* (25–47), widmet sich mit den Gottesnamen einem Haupt-Kriterium der herkömmlichen Quellenscheidung. „Seit wann wurde es *sprachlich* möglich, *Elohim* für ‚Gott' in unserem Sinn, d. h. als Gottes*namen* zu verwenden?" (27). Die These lautet, dass der Gebrauch des Appellativums 'Elohim im Sinne eines Namens vom Verfasser der Priesterschrift P^g eingeführt wurde und eine Reaktion darstellt auf die Begegnung der Religionen im Horizont des persischen Weltreichs. „Der Herr des Universums, ‚Gott', ist überall derselbe und der Eine, er kann aber von den verschiedenen Völkern unter verschiedenen Namen angerufen werden. ... Für die Söhne Israels kann sich die wahre Identität des einen Gottes nur im Namen Jahwes offenbaren" (37). So ergibt sich eine ansprechende Deutung, warum P eine gestufte Offenbarung des Gottesnamens erzählt. Die Theorie setzt allerdings voraus, dass der Gebrauch von 'Elohim als Eigenname ohne Artikel sich vom Gebrauch als Appellativum mit Artikel klar abhebt. De Pury muss in einer „Gegenprobe" (40–46) einräumen, dass das nicht der Fall ist. Die „elohistischen" Texte in Gen 20 und 22 (45 Anm.) und in der Josefsgeschichte gebrauchen beides

---

8 Vgl. LEVIN, Der Jahwist, 399–435.

promiscue. Es sei hinzugefügt, dass auch die Priesterschrift gelegentlich den Artikel hat: Gen 5,22.24; 6,9.11.

Die Argumente gegen die Urkundenhypothese werden für die Urgeschichte gebündelt von JOSEPH BLENKINSOPP, *A Post-exilic lay source in Genesis 1–11* (49–61). Blenkinsopp deutet J in Gen 1–11 als Ergänzung der Priesterschrift, die das Ziel gehabt habe, „to balance the optimism of P with a more sober and secular view of human existence as essentially problematic" (60). Die bisherige Exegese hat vielfach übersehen, wie eng sich der nichtpriesterliche Text der Urgeschichte mit spätalttestamentlicher Sprache und Theologie berühren kann. So erinnert die Szene vom Sündenfall in bestimmten Einzelzügen an die späte Weisheit (54f), und die Strafe ist überraschenderweise „not death or social extinction but exile" (51). Auch die überaus pessimistische Anthropologie von Gen 6,5 und 8,21 entstammt später theologischer Reflexion (50f). Nimmt man hinzu, dass P bei der Quellenverknüpfung stets die Führung und J Lücken hat[9], kann es nahe liegen, in J eine Bearbeitung der priesterschriftlichen Urgeschichte zu sehen.

Die Spätdatierung von J spricht als solche aber weder gegen die Urkundenhypothese noch gegen die Abfolge J → P; denn zwischen absoluter und relativer Chronologie ist ein Unterschied. Auch galt schon immer, dass die Urkundenhypothese für die redaktionsgeschichtliche Synthese zur Ergänzungshypothese wird. Deshalb sind Lücken im Ablauf, sofern sie nicht überhand nehmen, kein Argument gegen eine selbständige Parallelquelle.[10] Man wird schließlich die Art des nichtpriesterlichen Textes in der Urgeschichte nicht verstehen, wenn man seine literarische Vielschichtigkeit nicht bemerkt. Es gibt Anhaltspunkte, dass gerade die ausgeprägt späten und die weisheitlichen Züge auf Nachträgen beruhen.

Der härteste Einwand bleiben die traditionsgeschichtlichen Beobachtungen, mit denen die Exegese der zweiten Hälfte des 19. Jahrhunderts die damals herrschende Lesart P → J vom Kopf auf die Füße gestellt hat. Gen 2 ist gegenüber Gen 1 keine Ergänzung, sondern ein eigener, älterer Stoff. Dasselbe gilt für Gen 4. Gegen die Behauptung, dass sich die Priorität der

---

9 Unbestreitbar sind allerdings nur zwei Lücken: die genealogische Verknüpfung zwischen Lamech und Noah und der Bau der Arche.
10 Die Lückenhaftigkeit betrifft viel eher die Priesterschrift. In der Vätergeschichte geht ihr Faden in Fetzen. Es gehört zu den Wunderlichkeiten der jüngsten Forschung, wie schnell die Kritik an der Urkundenhypothese, die R. RENDTORFF, *Das überlieferungsgeschichtliche Problem des Pentateuch* (BZAW 147) 1977, anhand der P-Fassung der Vätergeschichte hat vorbringen können, in Vergessenheit gerät.

jahwistischen Setiten-Genealogie im Verhältnis zu Gen 5 P nicht wahrscheinlich machen ließe (55), steht der umfassende Beweis von K. Budde.[11] Die Aussage, „that Gen 6:1–4 can be read as a kind of commentary on the genealogy immediately preceding it" (55), ist eigenwillig, um das mindeste zu sagen. Dasselbe gilt für die folgende Zuordnung: „The episode of Noah's drunkenness and the criminal act of Ham (Canaan) (9:20–27) modifies the optimism of P's repetition of the creation blessing and the covenant (9:1–17)" (56). Die bekannten Widersprüche zwischen den beiden Rezensionen der Fluterzählung schließen die Möglichkeit, die J-Fassung sei eine abhängige Ergänzung der P-Fassung, mit hoher Wahrscheinlichkeit aus.[12] Zweifellos ist es nützlich, das scheinbar Gewisse zu überprüfen. Mücken sieben kann man bei solcher Gelegenheit immer; aber man sollte keine Kamele verschlucken!

JAN CHRISTIAN GERTZ, *Abraham, Mose und der Exodus. Beobachtungen zur Redaktionsgeschichte von Gen 15* (63–81), befasst sich mit der Verklammerung von Vätergeschichte und Exoduserzählung. Gen 15 gilt dafür seit einiger Zeit als Schlüsseltext, als eine der wenigen expliziten Querverbindungen. Die Prämisse lautet: „Die nichtpriesterschriftliche Exoduserzählung lässt keinen inneren Zusammenhang mit den im vorliegenden Textzusammenhang vorausgehenden Geschehnissen der Väterzeit erkennen, während ihre expliziten Rückbezüge auf die Genesis sämtlich nachpriesterschriftlicher Herkunft sind" (68). Gertz will diese These mit einer literarkritischen Analyse untermauern. Er unterscheidet in Gen 15 einen vorpriesterschriftlichen Grundbestand von einer nachpriesterschriftlichen Ergänzung. Der Grundbestand repräsentiert eine Fassung der Vätergeschichte, die noch als „heilsgeschichtliche Alternative zur Exoduserzählung" gedacht war (79). „Die Vätergeschichte und die Exoduserzählung" verstehen sich „als zwei konkurrierende Konzeptionen von den Ursprüngen Israels" (76).[13] Das erweist sich dadurch, dass erst die nachpriesterliche Ergänzung V. 11.13–16 die beiden Größen verknüpft. Dass der Bundesschluss

---
11 K. BUDDE, Die biblische Urgeschichte, 1883, 89–182.
12 Der beste Beleg ist, dass man in jüngerer Zeit auch die genau umgekehrte Möglichkeit hat vertreten können, vgl. BLUM, Studien zur Komposition des Pentateuch, 278–285.
13 Das wird ähnlich auch von Th. Römer und A. de Pury vertreten. Vgl. dagegen Blum: „Für keinen der einschlägigen biblischen Belege scheint es mir nachweisbar oder auch nur wahrscheinlich, dass Väter(Jakob)- und Exodustraditionen *kognitiv* als alternative Ursprungsgeschichten gesehen worden wären" (122).

als „Sinaitheophanie für Abraham" keine Prolepse sei[14], wie es die Abfolge der Heilsgeschichte erwarten lässt, sondern eine Parallelversion, schließt Gertz aus dem Umstand, dass das Exoduscredo in Gen 15,7 auf Ur-Kasdim statt auf Ägypten bezogen ist (75).

So richtig es ist, die literarische Uneinheitlichkeit von Gen 15 wahrzunehmen, so wenig lässt sich bestreiten, dass schon der älteste Bestand nachpriesterschriftlich ist.[15] Selbst wenn nicht alle Argumente Stich halten (72–73), wiegen sie in der Summe. Gen 15 ist keine Klammer. Die Stoffe von Genesis und Exodus waren längst verbunden. Die beiden Exodoi bilden keinen Widerspruch, sondern ergänzen sich.[16] Gen 15 bietet deshalb auch keine Handhabe, einen nichtpriesterlichen Zusammenhang von Genesis und Exodus zu bestreiten; zumal es für Gertz „durchaus denkbar ist, daß es sich bei den ... nachpriesterlichen Brückentexten um späte Verstrebungen handelt, die in einen bestehenden Erzählungszusammenhang eingezogen worden sind, der mehr durch den in sich stimmigen Ablauf der Ereignisse und ein bestimmtes theologisches Profil definiert wird" (68). Willkommen, Jahwist!

KONRAD SCHMID, *Die Josephsgeschichte im Pentateuch* (83–118), arbeitet mit guten Gründen heraus, dass die Josefsgeschichte eine eigenständige Größe ist. Die Träume geben ihr eine übergreifende Struktur. Die Spannungsbögen, die die Komposition zusammenhalten, wie das Motiv des Schweigens und Redens der Brüder (Gen 37,4; 45,3.15; 50,21), zeigen die literarische Einheit. Dass die Josefsgeschichte nach hinten geschlossen ist, lässt der harte Übergang zu der Mose- und Exodusüberlieferung erkennen, „bei dem zunächst jegliche Erinnerung an Joseph getilgt werden muss, damit der dortige Geschehensablauf plausibel erzählt werden kann" (83f). Schmid liegt daran, dass schon die älteste Fassung, als Diasporanovelle noch vor der Priesterschrift entstanden (111), nicht nur die Wiederbegegnung mit dem Vater, sondern auch die Übersiedlung nach Ägypten umfasst habe (95ff). Damit schließt er die Möglichkeit aus, dass der Übergang zur Exoduserzählung in Gen 46–50 redaktionell hinzugefügt worden ist. Die Israeliten dürfen aber ebensowenig in Ägypten bleiben – sonst könnte die Josefsgeschichte selbst die Brücke gewesen sein. Deshalb versteht Schmid das Trauergefolge für Ja-

---
14 So gegen H. GESE, Die Komposition der Abrahamserzählung (in: DERS., Alttestamentliche Studien, 1991, 29–51), 45 f.
15 So neben vielen anderen Blum (142–144) mit schlagenden Beobachtungen.
16 Die Übertragung der Mosetradition auf Abraham lag für geschichtstheologische Systematik ebenso nahe wie die Übertragung der Josuatradition auf Jakob, vgl. Jos 24 mit Gen 28 und 35. Für die Gottesbeziehung der Väter kommen Sinai und Sichem zu spät, sind aber unerlässlich. Deshalb kam es zu Parallelkonstruktionen.

kob in Gen 50,7–14 als „Übersiedlung der ganzen Jakobsippe nach Kanaan" (103) – eine Deutung nicht ohne Gewaltsamkeit. Die Josefsgeschichte sei in eine noch selbständige Vätergeschichte eingehängt worden, zu der als Abschluss Gen 35 und der Jakobsegen 49,2–28* gehört haben sollen (114–117). Die Klammer zwischen Väter- und Josefsgeschichte sieht Schmid in der bekannten Beziehung zwischen der Abrahamverheißung Gen 12,2–3 und den Schilderungen des Jahwe-Segens in Gen 39 (117). Beides sind Texte, die man mit guten Gründen dem Jahwisten zuweist. Schmid beteuert aber sofort, dass ein vergleichbares Gelenk zum nichtpriesterlichen Text von Exodus nicht bestünde. Das Problem der Priesterschrift, deren sicherer Text in Gen 37,1; 46,6–7; 47,27–28; 49,29–33; 50,12–13 zu finden sei, löst er mit der Vermutung, dass P noch keine Josefsgeschichte enthalten habe (92). Offen bleibt, wie in einer solchen Priesterschrift der Zug der Israeliten nach Ägypten begründet war und wie die wenigen P-Trümmer die Grundlage des heutigen Textaufbaus haben bilden können.

Erhard Blum, *Die literarische Verbindung von Erzvätern und Exodus* (119–156), nimmt das *Gespräch mit neueren Endredaktionshypothesen* zum Anlass, seine Hypothese einer „deuteronomistischen Komposition" KD zu modifizieren. Er überprüft zunächst Ex 3, weil die Berufung des Mose neuerdings als nachpriesterschriftlicher Brückentext zwischen Genesis und Exodus gilt. „Die … Endredaktionshypothesen stehen und fallen mit der Annahme, dass Ex 3 f. zu wesentlichen Teilen … neben nicht-priesterlichen Überlieferungen auch die priesterliche Textschicht voraussetzt und sich darauf bezieht" (124). Sie fallen! Denn es „bleibt in Ex 3 kein einziges Indiz, das eine … Abhängigkeit des Textes von der priesterlichen Pentateuchüberlieferung tragen … könnte" (127). Erst der jüngere Anhang Ex 4,1–17 lässt sich als „eine Fortschreibung der nicht-priesterlichen Überlieferung von Ex 3*" lesen, „die sich zugleich auf priesterliche Pentateuchzusammenhänge bezieht" (130). P gerät erst auf einer nachgeordneten literarischen Ebene ins Spiel. Da Blum nunmehr zugesteht, dass die möglichen KD-Texte in Genesis zu spärlich sind, um Glieder einer Redaktion zu sein (140–145), legt sich ihm nahe, die „D-Komposition" auf Ex 1–Dtn 34 zu begrenzen und Ex 3 als den Initialtext von KD zu lesen.

An dieser Stelle muss die Naht der Bücher Genesis und Exodus in den Blick kommen. Die neuerdings verbreitete Behauptung, es gebe keine vorpriesterschriftliche Verknüpfung, hängt an einem einzigen Haar: Der für den weiteren Fortgang unerlässliche Umstand, dass die Israeliten sich in Ägypten stark vermehrten, könne nicht in wörtlicher Rede des Pharao eingeführt werden (Ex 1,9), ohne zuvor auf der Erzählerebene genannt zu sein (Ex 1,7). Da Ex 1,7 zu P gehört oder P voraussetzt, soll die Brücke zwischen Gen und Ex erst von P stammen.¹⁷ Blum hält dem mit D. Carr entgegen, „dass ein Erzähler die Möglichkeit hat, Informationen auch im Munde handelnder Personen mitzuteilen" (145)¹⁸ und dass der Wortlaut von Ex 1,7 nicht durchgehend priesterschriftlich ist. „Da … 1,9 … einen Vorkontext voraussetzt …, ist ein absoluter Erzählanfang in Ex 1–2 nicht … zu erkennen" (147). Es muss also einen (notwendig älteren) Epochenübergang zwischen Vätergeschichte und Exodus geben. Wo liegt er?¹⁹ Merkwürdigerweise lässt Blum sich durch die von ihm widerlegte Position verleiten, nur in die jüngere Richtung zu sehen: auf die Priesterschrift. Er schlägt eine „P-Komposition mit Gen 50,22–23 + Ex 1,1–5a.7.9 ff." vor (149). Diese Brücke sei später durch Gen 50,24–26; Ex 1,5b.6.8 nach dem Vorbild von Jos 24 // Ri 2 im Sinne einer Büchergrenze erweitert worden. Mit dieser Lesart wird der kompositionelle Knoten geschürzt statt entwirrt.²⁰ Der Vorschlag der älteren Exegese, dass es der jetzige Buchbeginn Ex 1,1–6(+7) gewesen ist, der zur Büchertrennung gedient hat, ist plausibler.²¹ Blums Beobachtungen zu Ex 3 zeigen, dass ihm innerhalb seines Schichtensystems auch eine andere Größe zur Verfügung gestanden hätte: die KD vorausgehende „exilische Komposition der Vätergeschichte" (Vg²).²² „Bei einer kritischen Durchsicht" von

---

17 Vgl. K. Schmid, Erzväter und Exodus (WMANT 81) 1999, 71f (gegen M. Noth, E. Blum und Ch. Levin), sowie J. Gertz, Tradition und Redaktion in der Exoduserzählung (FRLANT 186) 2000, 365–368. Wie wenig die These vom Sprachgebrauch gestützt wird, kann man bei Gertz nachvollziehen.

18 D. Carr, Genesis in Relation to the Moses Story (in: A. Wénin [ed.], Studies in the Book of Genesis [BEThL 155] 2001, 273–295) 291.

19 Hier der Vorschlag des Rezensenten: „Und Josef starb. Da stand ein neuer König über Ägypten auf, der Josef nicht kannte, und sprach zu seinem Volk: Siehe, das Volk der Israeliten ist größer und stärker geworden als wir. Auf, lasst uns ihm mit Klugheit beikommen, dass es sich nicht mehre" (Gen 50,26aα; Ex 1,8–10a, vgl. Levin, Der Jahwist, 313–316). Dass ein solcher Text erst nachpriesterschriftlich sein kann, lässt sich nicht wahrscheinlich machen.

20 Blum irrt, wenn er Ri 2,10 als Vorlage für Ex 1,8 ansieht. Es ist umgekehrt: „Und Josef starb. Da stand ein neuer Pharao auf, der Josef nicht kannte" → „(Und Josua starb.) Da stand eine neue Generation auf, die Jahwe nicht kannte". Die Wendung „Jahwe nicht kennen" (statt „Jahwe vergessen" o. ä.) ist an dieser Stelle nur als Entlehnung begreiflich. Der Gebrauch von קום ist in Ex 1,8 nicht „unidiomatisch" (Blum 151), sondern bezeichnet wie im Richterbuch das Auftreten eines neuen Herrschers. Ri 2,10 ist ein jüngerer Zusatz zu der Notiz von Josuas Tod, der auch priesterschriftliche Spracheigentümlichkeiten spiegelt.

21 Vgl. G. Beer, Exodus (HAT 3) 1939, 14; G. Fohrer, Überlieferung und Geschichte des Exodus (BZAW 91) 1964, 9. Als Vorlagen dieses nachpriesterschriftlichen Textes lassen sich Gen 35,22b–26; 50,26 und Ex 1,9 identifizieren.

22 Vgl. Blum, Die Komposition der Vätergeschichte, 297–361; dazu Levin, Der Jahwist, 34.

Ex 3 fällt „rasch ins Auge, dass der Textzusammenhang *explizite* Rückbezüge auf spezifische Vätertexte oder -themen durchgehend vermissen lässt", gleichwohl „Ex 3 implizit just von solchen Themen/Anliegen handelt, die in der Vätergeschichte, vor allem in den kompositionellen Gottesreden ... nachhaltig entfaltet werden: Gottes Mitsein und die ... Zusage des Landes" (130), so dass „der Abschnitt möglicherweise *indirekt* in ein Beziehungsgeflecht eingebunden ist, das auf die Vätergeschichte als literarischen Vorkontext verweist" (131). Willkommen, Jahwist!

Der Beitrag von HANS-CHRISTOPH SCHMITT, Das sogenannte jahwistische Privilegrecht in Ex 34,10–28 als Komposition der spätdeuteronomistischen Endredaktion des Pentateuch (157–171), trägt seine These im Titel. Schmitt zeigt erneut und mit Recht, dass die Gebotsreihe Ex 34,10–28 gegenüber dem Bundesbuch sekundär ist. Weiteres ergibt sich aus der Gliederung. Mit dem Hauptgebot (V. 11–17) sowie Fest- und Opfergeboten (V. 18–26) „sollen hier Gebote zusammengestellt werden, die in besonderer Weise mit der Landgabe Jahwes in Beziehung stehen" (163). „Es kommt darauf an, daß Israel seine Sonderstellung unter den Völkern bewahrt" (171). Die Auswahl aus dem Bundesbuch bedeutet zugleich eine Deutung: „Der Text des sog. Privilegrechtes ist ... von seiner Funktion im Rahmen der Bundeserneuerung nach dem Bundesbruch von Ex 32 zu verstehen" (166). Für die Bestimmungen im einzelnen seien auch priesterliche Vorlagen im Blick.[23] Der literarische Horizont wird durch Bezüge auf Gen 1; Gen 15 und Ri 2,1–2 bestimmt. „Insofern ist deutlich, daß Ex 34,10–28 im Rahmen eines von Gen 1 bis II Reg 25 reichenden spätdeuteronomistischen Geschichtswerks zu verstehen ist" (170). Das mag sein. Dass aber ein solcher Text nicht lediglich eine theologisch motivierte Ergänzung, sondern „Entwurf der Endredaktion des Pentateuch ... und damit der Redaktion des spätdeuteronomistischen Geschichtswerks Gen 1–II Reg 25" sei (170f), ist keine notwendige Annahme und wird sich kaum je beweisen lassen.

THOMAS B. DOZEMAN, *Geography and Ideology in the Wilderness Journey from Kadesh through the Transjordan* (173–189), gibt einen Bericht über die Exegese von Num 20–21 von Wellhausen bis in die Gegenwart. Seine Grundannahme: „The documentary hypothesis was based in part on the assumption that modern interpreters could discern the specific geopolitical worldview of anonymous authors" (188). Weil sich erwiesen hat, dass die in Num 20–21 herrschenden geographischen Vorstellungen sich nicht sicher greifen noch datieren lassen, sei die Urkundenhypothese hinfällig. Die

---

23 Mit S. BAR-ON, The Festival Calendars in Exodus xxxiv 18–26 (VT 48, 1998, 161–195).

Schlussfolgerung ist falsch: Die Urkundenhypothese erklärt einen literarischen, keinen historischen Befund. Es ist für ihr Funktionieren gleichgültig, welchen Realitätsbezug die Texte haben und wann man sie datiert. Überdies gibt es genügend Exegeten, die für Num 20–21 die Quellen P, E und J bestreiten, ohne dass damit die Urkundenhypothese berührt würde. Dozeman adressiert vor allem J. Van Seters, dem er aber mit Recht entgegenhält: „The Yahwist of Van Seters has nothing to do with the Yahwist of the documentary hypothesis" (188).

Die Analyse von MARKUS WITTE, *Der Segen Bileams – eine redaktionsgeschichtliche Problemanzeige zum „Jahwisten' in Num 22–24* (191–213), kommt für die Bileamperikope auf drei literarische Ebenen: eine „Grundschicht", eine „Segensschicht", zu der neben dem Motiv des Segens auch die Eselin-Perikope gehört haben soll, und eine „Zukunftsschicht", der die eschatologischen Nachträge angehören. In der Segensschicht bündeln sich jene Texte, „die von den Vertretern einer Größe ,J' als typisch ,jahwistisch' angesehen ... werden" (208). Da sie „durchgehend unselbständige Zusätze zu einer Grundschicht sind", „ist ... die Qualifikation von ,J' in Num 22–24 als einer Quelle obsolet" (209). „Als einer Quelle" sehr wohl, aber nicht als einer Redaktion.[24] Die Schwierigkeit liegt in Wittes Auffassung der Grundschicht. Sie ist für ihn keine literarische Einheit, sondern besteht aus einer Vorlage und „redaktionellen" Einschüben „des Verfassers", der „eine ursprünglich selbständige Bileamerzählung für die Integration in eine Exodus-Eisodus-Erzählung redigiert hat" (209). Man sollte also richtiger statt von „Grundschicht" von einer Ergänzung sprechen, die ein Redaktor (nicht „Verfasser") unter Verwendung einer vorgegebenen Quelle in das ältere Itinerar eingefügt hat. Die Alternative ist, ob das durch den Redaktor der „Grundschicht" oder den Redaktor der (jahwistischen) „Segensschicht" geschehen ist. Darüber entscheidet die literarische Schichtenfolge. Witte wählt die Sprüche Bileams als Ausgangspunkt. Dabei kann man ihm folgen; nicht aber, wenn er den dritten Spruch Num 24,3b–6.9b, in dem Bileam sich *zum*

---

24 Witte fordert mit Recht, zwischen dem Jahwisten als Quelle oder Redaktion zu unterscheiden. Aber er fügt hinzu: „Die forschungsgeschichtliche Verquickung der grundsätzlichen methodologischen Bestimmung des literarischen Charakters von ‚J' als Quelle oder Redaktion mit der Einordnung von ‚J' in die alttestamentliche Literatur- und Theologiegeschichte spiegelt sich in allen literargeschichtlichen Untersuchungen des Hexateuchs, wo eine ,J'-Hypothese zur Anwendung kommt, wider und kennzeichnet so ein wesentliches Problem dieser Hypothese insgesamt" (197). Wenn dieser komplizierte Satz sagen soll, dass die Unterscheidung zwischen Quelle und Redaktion darauf hinweist, dass die Hypothese des Jahwisten problematisch sei, so ist das Gegenteil richtig: Sie ist die Lösung.

erstenmal als der Seher vorstellt und der dem Text von Deir ʿAlla am nächsten kommt, gegenüber den beiden vorausgehenden Variationen für sekundär erklärt. Wenn aber umgekehrt die ersten beiden Bileamsprüche sekundär sind, ist die Beobachtung, dass sie „von Deuterojesaja, von Ezechiel, von der Priesterschrift und von einzelnen deuteronomisch-deuteronomistischen Gedanken" abhängen (209), kein Einwand gegen eine jahwistische Redaktion. Denn die „Segensschicht" deutet einzig den Spruch Num 24,3b.4*.6a, der all dem vorausgeht. Das hat Folgen für die Verknüpfung der Bileamperikope mit dem Erzählablauf des Tetrateuchs. „Daß zwischen Num 24,9b und Gen 12,1–3 (wie auch Gen 27,29) eine kompositionelle Beziehung besteht, ist unbestreitbar" (196). Willkommen, Jahwist!

Die Verhältnisse im weiteren Buch Numeri werden von THOMAS CH. RÖMER, *Das Buch Numeri und das Ende des Jahwisten. Anfragen zur „Quellenscheidung" im vierten Buch des Pentateuch* (215–231), umrissen. Mit wünschenswerter Deutlichkeit zeigt er, dass die Rückkehr zu P als „Grundschrift" keine Lösung ist, seit sich herausgestellt hat, dass das Ende des P-Fadens am wahrscheinlichsten in Ex 40 oder Lev 9 vorliegt. „So bleibt als möglicher Kandidat für das narrative Gerüst des Pentateuchs der Jahwist" (218). Aber davor steht ein Verbot: „Ein Jahwist darf jedoch dafür nicht mehr bemüht werden" (231). Deshalb folgt Römer dennoch der P-Grundschrift-These, freilich um den Preis: „Der erste ‚Pentateuch' war ein Tritoteuch, d. h. die Zusammenstellung der Traditionen in Gen–Lev unter priesterlicher Federführung" (222). Für Numeri bleiben nur Fortschreibungen, die zugleich als Brücke zum Deuteronomistischen Geschichtswerk gedient haben. Nun ist sofort einzuräumen, dass Numeri zum überwiegenden Teil aus Nachträgen besteht. Das späte gesetzliche Material musste noch am Sinai eingestellt werden, und die Formierung des Gottesvolkes musste vor der westjordanischen Landnahme geschehen sein. Dass „dtr-priesterliche Mischtexte" (223) vorherrschen, verwundert nicht. Dieses späte Textwachstum setzt aber einen Kern voraus, und sei er noch so klein. Die Fabel des Tetrateuchs hat nicht nur wie bei P bis zum Sinai geführt, sondern zielt auf die Landnahme (was P deshalb nicht auszuführen braucht, weil sie die nichtpriesterliche Fassung voraussetzt). Römer berücksichtigt zu wenig, dass das Wüstenitinerar ab Num 10 weitergeführt wird, und zwar nicht als Fortschreibung, sondern als das Gerüst, in das die Fortschreibungen eingehängt sind. Als gegebene Überlieferung nach Art von Ex 15–19 kommt die Wachtel-Episode Num 11 in Betracht. Wenn Römer das Kapitel, das fraglos sehr umfangreich überarbeitet wurde, ganz und gar in Fortschreibungen auflöst, woher kommt dann der Erzählstoff? „Möglicherweise setzt Num 11* bereits die Kombination von Manna und Wachteln in Ex 16 voraus und schreibt diesen Text midraschartig fort" (226). Doch die Wachteln finden sich in der Manna-Erzählung nur in einem Nachtrag (Ex 16,13a). Römer muss eingestehen, dass sich „die Frage nach der Herkunft der Wüstentradition, die den Erzählungen in Num 11–25 zugrunde liegt" (229), auf diesem Wege nicht lösen lässt. Wenn er auf Hosea ausweicht oder Dtn 1–3 als ausschließlich gebenden Text verstehen will, offenbart er die Aporie. „Die Bileamerzählungen brauchen hier nicht berücksichtigt zu werden, da diese sich ohne weiteres als eigenständige Tradition erkennen lassen" (229 Anm.). Aber war es nicht um die Zusammenfügung der eigenständigen Traditionen gegangen? „Martin Noth hatte Recht" (215); aber nicht nur, weil er den größten Teil des Numeri-Textes als späte Fortentwicklungen erkannte, sondern weil er dennoch an einem J-Faden festhielt.

Auch A. GRAEME AULD, *Samuel, Numbers, and the Yahwist-Question* (233–246), versteht das Buch Numeri „as a supplement or complement to the ‚book' of Leviticus" (234). Auf den Inhalt gesehen, trifft das in vieler Hinsicht zweifellos zu. Die Frage ist, ob es für das ganze Buch gilt. Auld will die Spätdatierung von Numeri anhand eines Vergleichs mit den Samuelbüchern untermauern. Er notiert eine verblüffende Zahl von Übereinstimmungen, wie die Nähe der Eselin-Szene Num 22,21–35 zu der Erzählung von Davids Volkszählung 2 Sam 24 und die Übereinstimmung des dritten Bileam-Spruchs Num 24,3ff mit den „letzten Worten Davids" 2 Sam 23,1–7. Das Motiv der geistbegabten Prophetie verbindet die Einsetzung der siebzig Ältesten nach Num 11,24–30 eng mit 1 Sam 19; und weiteres mehr. „Where direction of influence can be plausibly inferred, it is always from Samuel to Numbers" (246). Dieses Urteil ist angesichts der Vielschichtigkeit sowohl der Samuel- als auch der Numeritexte zu allgemein, um richtig zu sein. Die vorhandenen Querverbindungen können auch nachgetragen sein. Am Beispiel: Die Eselin-Szene ist ein Zusatz zur Bileam-Perikope[25], und der Korrespondenz-Text 2 Sam 24 gehört zu den späten Nachträgen nach der Büchertrennung.[26] Ihre Übereinstimmung entscheidet nicht über das Ganze. Etwas anders ist es bei den „letzten Worten Davids", die zu den jüngsten Stücken der Geschichtsbücher überhaupt gehören. Hier verhält es sich mit hoher Wahrscheinlichkeit umgekehrt: Sie hängen von Num 24 ab.[27]

WILLIAM JOHNSTONE, *The Use of the Reminiscences in Deuteronomy in Recovering the Two Main Literary Phases in the Production of the Pen-*

---

25 J. WELLHAUSEN, Die Composition des Hexateuchs, ⁴1963, 109.
26 M. NOTH, Überlieferungsgeschichtliche Studien, ³1967, 62 Anm. 2.
27 Vgl. H.-P. MATHYS, Dichter und Beter. Theologen aus spätalttestamentlicher Zeit (OBO 132) 1994, 157–164, und dort genannte Literatur.

tateuch (247–273), hält an der Vorstellung eines vorpriesterschriftlichen Tetrateuchs fest und erschließt aus den Rückverweisen des Deuteronomiums dessen ältere Gestalt („D-version"). Sie entstand im dritten Viertel des 6. Jahrhunderts, wurde später deuteronomistisch erweitert und im frühen 2. Jahrhundert einer priesterschriftlichen Bearbeitung unterzogen („P-edition"), die man mit der Neubearbeitung des Deuteronomistischen Geschichtswerks durch die Chronik vergleichen kann. Die D-version kann deshalb nicht „Jahwist" genannt werden, weil „the language of the earliest continuous narrative of events in Genesis–Numbers is in certain key passages so identical with the language of the matching reminiscences in Deuteronomy that both narrative and reminiscence should be regarded as together coming from the same circle" (249). Die Vorstellung lediglich deuteronomistischer Zusätze zu einem älteren Werk (M. Noth, J. P. Hyatt) geht Johnstone nicht weit genug: „an editor ... would not simply interpolate ‚additions'" (250). Indessen, was Johnstone für die „P-edition" anerkennt, kann schon für das Verhältnis von frühem Tetrateuch und Deuteronomium gelten; zumal in der biblischen Traditionsgeschichte gleicher Stoff und ähnliche Sprache in der Regel nicht identische Verfasserschaft bedeuten, sondern Vorlage und Auslegung. Unter diesen Umständen wird man auch die Frage: „Is there a narrative strand running through the Pentateuch of a kind traditionally labelled ‚J', apart from the D-version and the P-edition?" (264), nicht von vornherein negativ beantworten. Von Gewicht ist der Nachweis, dass das Deuteronomium einen Tetrateuch ohne Priesterschrift spiegelt. So gibt Dtn 9,9–10a den nahtlosen Übergang von Ex 24,18 nach 31,18 ohne den P-Block Ex 25,1–31,17 wieder (251f). Anhand von Dtn 10,1–15 lassen sich in Ex 34 D-version, dtr. Bearbeitung und P-edition unterscheiden (252–257). Und viele Beispiele mehr. Nur gelegentlich, wenn die Abfolge der Gesetze in Dtn 15,12–16,8 die Erzählfolge von Ex 1–15 reflektieren soll (262f), schießt Johnstone über das Ziel.

ERNST AXEL KNAUF, *Towards an Archaeology of the Hexateuch* (275–294), nähert sich den Problemen bewusst in der Rolle des Außenseiters. Die Redaktionskritik sei, gestützt auf die Archäologie, um die Kritik des Inhalts („content criticism") zu ergänzen. Die Forderung ist richtig – aber was Knauf vorträgt, sind tendenzkritische Plausibilisierungsversuche auf minimaler exegetischer Grundlage, die vor überlieferungsgeschichtlichen Spekulationen nicht zurückscheuen. Mamre als Zentralheiligtum von zwei, später vier judäischen Sippenverbänden seit dem 11. Jahrhundert – mag sein, dass der Boden solche Einsichten preisgibt; der Text von Gen 18 und 23 tut es nicht. Ein Jakob-Zyklus, der wegen Hos 12 in das Bethel des 7. Jahrhunderts gehört, Josua als „chief of a band of ʿApiru in the service of Saul,

Abner or Eshbaal" (288) – den Möglichkeiten sind keine Grenzen gesetzt. Der Exeget sollte sich den Archäologen zum Vorbild nehmen: Bevor nicht die Literarkritik die Stratigraphie des Textes erarbeitet hat, sind weitergehende Erwägungen ohne Grundlage. Eine Zerfaserung von Gen 12–13, wie Knauf sie als Tabelle vorschlägt (293), ist in der Tat „flipping coins" (276). Gewiss kann die Archäologie im Einzelfall der Exegese den Rahmen vorgeben. Beide kommen aber nur dann in ein fruchtbares Gespräch, wenn sie ihrer je eigenen Methode folgen.

REINHARD G. KRATZ, *Der vor- und der nachpriesterschriftliche Hexateuch* (295–323), nimmt die Gelegenheit wahr, seine These zur redaktionsgeschichtlichen Stellung des Deuteronomiums mit der neuesten Hexateuch-Debatte ins Gespräch zu bringen.[28] Er zeigt, dass Jos 24 nicht als Abschluss eines Hexateuchs zu verstehen ist. „Der narrative Zusammenhang ist bereits auf einer älteren Stufe zu greifen, die von Jos 24 noch nichts wußte." Dieser Faden läuft von Jos 11,23 nach Ri 2,7ff (306). Auf späterer Stufe tritt noch Jos 23,1b.2–3; 24,14–27.28* zwischenein. Bei dem Geschichtsresümee 24,1–13 handelt es sich „um einen späten (nach-dtr und nach-p, der Chronik ähnlichen) Midrasch" (301)[29], aus dem keine Schlüsse über die Reichweite eines Hexateuchs gezogen werden können. Was die Zusammenhänge (Ex–) Num–Jos angeht, plädiert Kratz dafür, „statt von bestimmten Pentateuchtheorien ... vom gegebenen Text und den seit alters gemachten elementaren Textbeobachtungen" auszugehen. Dabei richtet er den Blick nicht auf die expliziten Querverbindungen, sondern auf „das Fachwerk der Komposition" (316), das er nach Abzug des Deuteronomiums und des Anhangs Num 26–36 in Num 20,1aβb; 25,1a; Dtn 34,5*; Jos 2,1ff erkennt. Diese Beobachtungen haben eine hohe Evidenz und sind geeignet, den erzählerischen und so auch den literarischen Zusammenhang zwischen Tetrateuch und Vorderen Propheten zu erschließen. Demzufolge mündete das Wüsten-Itinerar, das ab Ex 12,37 greifbar ist[30], über Kadesch, wo Mirjam stirbt (Num 20,1aβb), in Schittim (25,1a), wo Mose stirbt (Dtn 34,5*) und von wo aus Josua die

---

28 R. KRATZ, Der literarische Ort des Deuteronomiums (in: DERS. / H. SPIECKERMANN [Hg.], Liebe und Gebot. Studien zum Deuteronomium. Festschrift L. Perlitt [FRLANT 190] 2000, 101–120); DERS., Die Komposition der erzählenden Bücher des Alten Testaments (UTB 2157) 2000, 127–135.
29 Im Anschluss an M. ANBAR, Josué et l'alliance de Sichem (Josué 24:1–28) (BET 25) 1992.
30 Nicht nachvollziehbar ist, dass Kratz den Faden in Ex 2,1 beginnen lässt. Die Moseerzählungen Ex 2–4 und die Exodus-Wüstentradition Ex 12ff sind je eigene Überlieferungsblöcke. Der übergreifende Ablauf beruht nicht mehr auf dem „Fachwerk der Komposition", sondern auf redaktioneller Verknüpfung.

Kundschafter nach Jericho sendet (Jos 2,1). Allerdings: Für Num 26–36 wie für das Deuteronomium ist nicht Num 25,1a, sondern Num 22,1 die maßgebende Lokalisierung geworden: die redaktionelle Brücke zur Bileam-Erzählung „in den Steppen Moabs jenseits des Jordans bei Jericho". Erst dieser Satz, auf den die weitere Darstellung wieder und wieder zurückkommt, bringt Israel ins Ostjordanland. Schittim dürfte deshalb ebenso wie Kadesch im Südwesten zu suchen sein. Daraus folgt, dass die Jericho-Erzählungen in Jos 2 und 6 sehr wahrscheinlich erst nach dem redaktionellen Einbau der Bileam-Erzählung angeschlossen worden sind. Dass zwischen Num 25,1a; Dtn 34,5* einerseits und Jos 2,1 anderseits eine kleine Fuge liegt, gesteht Kratz zu (318 Anm.). Gerade die Fuge aber beweist den Rückbezug. Die weitere Debatte über das Verhältnis von Tetrateuch und Dtr. Geschichtswerk muss genau an dieser Stelle ansetzen. Nach vorn wird dabei wieder in den Blick kommen, dass die Verknüpfung des Wüstenitinerars mit den Bileamerzählungen ebenso wie mit den Moseerzählungen ein redaktioneller Vorgang gewesen ist, von dem aus gesehen die Verknüpfung mit den Überlieferungsblöcken der Genesis keine Metabasis eis allo genos bedeutet.

Am Schluss des Bandes ist eine *Ausgewählte Bibliographie zum Problem des „jahwistischen Geschichtswerks" innerhalb des Pentateuchs/Hexateuchs* beigegeben (325–335). Die Auswahl umfasst auch neuere Arbeiten zum Deuteronomium und zur Priesterschrift, aber unter den maßgebenden Beiträgen zum Jahwisten aus älterer und neuerer Zeit gibt es Lücken. Eine Rubrik „Redaktionsgeschichtliche Untersuchungen zum Jahwistischen Geschichtswerk", in der die wichtigen Arbeiten von Rudolf Kilian[31], Volkmar Fritz[32] und des frühen Erich Zenger[33] genannt werden müssten, fehlt. Der Benutzer erfährt auch nicht, dass eine beachtliche Zahl der sogenannten „Klassiker" es für möglich gehalten haben, die Urkundenhypothese auf die Quelle J nochmals anzuwenden und innerhalb des Jahwisten zwischen J^a und J^b (oder ähnlich) zu unterscheiden: Karl Budde, Hermann Gunkel, Ru-

---

31 R. KILIAN, Die vorpriesterlichen Abrahamsüberlieferungen literarkritisch und traditionsgeschichtlich untersucht (BBB 24) 1966; DERS., Nachtrag und Neuorientierung. Anmerkungen zum Jahwisten in den Abrahamserzählungen (in: M. GÖRG [Hg.], Die Väter Israels. Beiträge zur Theologie der Patriarchenüberlieferungen im Alten Testament. Festschrift J. Scharbert, 1989, 155–167).
32 V. FRITZ, Israel in der Wüste. Traditionsgeschichtliche Untersuchung der Wüstenüberlieferung des Jahwisten (MThSt 7) 1970.
33 E. ZENGER, Die Sinaitheophanie. Untersuchungen zum jahwistischen und elohistischen Geschichtswerk (fzb 3) 1971.

dolf Smend sr., Otto Eißfeldt und der sehr zu Unrecht vergessene Georg Fohrer.[34] Ihre Beobachtungen sind nicht gegenstandslos geworden!

Wenn eine literarkritische Differenzierung innerhalb der Quelle J nicht vorgesehen ist, hat das zur Folge, dass, wenn vom Jahwisten die Rede ist, in Wahrheit noch immer die Vorstellung herrscht, der Jahwist sei ein Erzähler gewesen. Auch überrascht, wie wenig die Mängel der P-Hypothese wahrgenommen werden, die noch vor zwei Jahrzehnten die Urkundenhypothese von der anderen Seite her zum Einsturz bringen sollten. Damit zugleich geraten die traditionsgeschichtlichen Gründe aus dem Auge, die dafür sprechen, dass die nichtpriesterschriftlichen Stoffe die älteren sind. Sie sind seit dem Ende des 19. Jahrhunderts keineswegs hinfällig geworden, haben sich vielmehr durch das altorientalische Vergleichsmaterial vermehrt. Wer heutzutage die Priesterschrift zum sicheren Fundament des Pentateuchs erklärt, verursacht ein traditionsgeschichtliches Chaos.

Der programmatische Titel „Abschied vom Jahwisten" lässt jene Exegeten, die nach wie vor auf verschiedene Weisen an dieser literarischen Größe festhalten, eine gründliche Auseinandersetzung erwarten. Doch es gibt keinen Abschied. Der Jahwist wird einfach für nicht existierend erklärt: „Ein ‚Jahwist', den sich jeder selber zurechtlegen kann, ist keiner mehr" (Vorwort, VI). Bisher galt, dass ein Forschungskonsens auf Gründen beruhen muss, nicht auf Konventionen. Jene Größe, die wir Jahwist nennen, ist noch nie etwas anderes gewesen als eine Hypothese, bei der jeder selbst entscheiden muss, ob er sie für plausibel hält oder nicht. Das Argument lässt sich umkehren: Die Initiatoren haben sich jenen Jahwisten, von dem sie Abschied nehmen, selber zurechtgelegt.

Indessen kann man den Beiträgen von Gertz, Blum und Witte entnehmen, dass es Beobachtungen gibt, die nach wie vor für einen nichtdeuteronomistischen und vorpriesterschriftlichen Zusammenhang innerhalb der Erzählung des Tetrateuchs sprechen – eine Annahme, mit denen auch die Beobachtungen von Kratz vereinbar sind und gegen die Schmid sich etwas zu heftig zur Wehr setzt. Die Lösung steht seit zwei Jahrhunderten bereit; nur muss man sie heute redaktionsgeschichtlich verstehen. Willkommen, Jahwist!

---

34 G. FOHRER, Einleitung in das Alte Testament, begründet von E. Sellin, [11]1969.

Die Redaktion R^{JP} in der Urgeschichte

Die Verteilung der beiden Quellen

„Die Entdeckung daß der Pentateuch ... aus verschiedenen Quellen oder Urkunden zusammengesetzt ist, ist unstreitig eine nicht nur der wichtigsten und für die Auffaßung der historischen Bücher des A. T., ja die ganze Theologie und Geschichte folgenreichsten, sondern auch der gesichertsten Entdeckungen, die es im Gebiet der Kritik und Literaturgeschichte gibt. ... Sie wird sich behaupten und durch nichts wieder rückgängig machen laßen, so lange es noch so ein Ding wie ‚Kritik' (d. i. ein Gefühl und Maßstab des übereinstimmenden und widersprechenden, des gleichartigen und ungleichartigen u. s. w.) gibt".[1]

Die beiden Quellen verteilen sich auf die Urgeschichte wie folgt (wobei die zahlreichen Zusätze, die der redaktionell verknüpfte Text noch erfahren hat, nicht ausgewiesen sind):

Priesterschrift	Redaktion R^{JP}	Jahwist
1,1–2,4a	2,4b.7b.19b	2,5–4,26
5,1a	5,1b–2.3*	
5,3*.4–27.28*		5,28*–29
5,30–31	5,32a	5,32b–6,8
6,9–22		7,1–5
7,6–9	7,10b	7,10a
7,11		7,12
7,13–16a		7,16b
	7,17a	7,17b
7,18–21		7,22–23a
7,23b–8,2a		8,2b–3a
8,3b–5		8,6–12
8,13a		8,13b
8,14–19		8,20–22
9,1–17		9,18–27
9,28–29	10,1	10,2–31
	10,32	11,1–9
11,10*.11–26	11,10*	

---

1   H. HUPFELD, Die Quellen der Genesis und die Art ihrer Zusammensetzung, 1853, 1.

Von der herkömmlichen Quellenscheidung weicht diese Zuordnung an zwei Stellen nennenswert ab: Gen 7,7–9 gehört nicht zu J oder R, sondern zu P; Gen 10 aber gehört nicht zu P, sondern vom Grundstock her zu J. Beide Korrekturen sind nicht neu. Sie gerieten nur in Vergessenheit.

In oder hinter Gen 7,7–9, dem Bericht über die Besteigung der Arche, pflegt man den Text des Jahwisten zu sehen: „Noahs Eingang in die Arche muß dem Grundstock nach zu J gehören, da P dasselbe 11.13–16a erzählt."[2] Dieser (Kurz-)Schluss führt zu Schwierigkeiten;[3] denn 7,7–9 gebraucht durchgehend die Begrifflichkeit der Priesterschrift.[4] Als Ausweg hat man V. 8–9 dem Redaktor zugewiesen.[5] Das ist ein Denkfehler, der das vermeintliche Problem, nämlich die Doppelung, zur Lösung erklärt. Wie der Redaktor damit die Quellen hätte verknüpfen wollen, ist nicht nachvollziehbar. Jedenfalls „hatte R keinen Anlass, eine unnötige Dublette zu v. 13–16 zu schaffen."[6]

Die zutreffende Deutung des Sachverhalts ist längst gefunden: „Die Stelle 7,7–9, die dort, weil sie im Elohistischen [= priesterschriftlichen] Zusammenhang neben V. 13–16 als völlig überflüßig erscheint, aus einem Schwanken des Redactors in seinem Plan abgeleitet wird, könnte vielleicht dennoch an dieser Stelle *ächt* d. i. der Urschrift [= P] angehörig, und V. 13–16 eine *Wiederholung* sein (woran die Urschrift überhaupt in diesem Stück so reich ist), mit nachschlagender *genauerer Bestimmung* und *Erläuterung* des V. 7.8b.9 erst in allgemeinen Umrißen angegebenen; grade wie V. 11 mit genauerer chronologischer Bestimmung den 6. Vers wieder aufnimmt".[7] Die Priesterschrift ist alles andere als literarisch homogen. Sie enthält zahlreiche Erweiterungen, die oft an den bis dahin gegebenen Text anknüpfen und auf

---

2 H. GUNKEL, Genesis (HK I 1) ³1910, 62.
3 Darauf hat zuletzt mit Nachdruck E. BLUM, Studien zur Komposition des Pentateuch (BZAW 189) 1990, 282, hingewiesen. Ein Hebelpunkt, die Urkundenhypothese aus den Angeln zu heben, bietet die Stelle freilich nicht.
4 Die Parallele in 7,2 J ist kein Grund, ausgerechnet der Priesterschrift die Unterscheidung zwischen rein und unrein abzusprechen, die in 7,8 getroffen wird. Es ist ohne weiteres möglich, dass die Ausführung in dieser Einzelheit über den Auftrag 6,19 hinausgeht. Die weiteren Listen 6,20 und 7,14–16, in denen der Gesichtspunkt fehlt, sind P^S.
5 E. SCHRADER, Studien zur Kritik und Erklärung der biblischen Urgeschichte, 1863, 138; seither TH. NÖLDEKE, Untersuchungen zur Kritik des Alten Testaments, 1869, 12; J. WELLHAUSEN, Die Composition des Hexateuchs (1876), ⁴1963, 2; K. BUDDE, Die Biblische Urgeschichte, 1883, 260; GUNKEL, Genesis, 63; und viele andere. Neuerdings wieder M. WITTE, Die biblische Urgeschichte (BZAW 265) 1998, 77.
6 H. HOLZINGER, Genesis (KHC 1) 1898, 80. Er behilft sich mit der Auskunft: „Es ist daher eine gründliche Umgestaltung von J-Text durch R anzunehmen."
7 HUPFELD, Quellen der Genesis, 207.

diese Weise Doppelungen erzeugen, die kein Anlass für Quellenscheidung sind. Der Abschnitt 7,11.13–16a P^S ist eine präzisierende Erläuterung von 7,6–8abα.9 P^G. Auch im jahwistischen Faden entsteht keine Lücke, wenn man die Verse der Priesterschrift zuweist.[8]

Die zweite Abweichung betrifft die Völkertafel Gen 10. Heute ist üblich, das dreigliedrige Schema V. 2–7*.20.22–23.31, das den Grundstock der Völkerliste bildet, der Priesterschrift zuzuweisen. Dem ging ein anderer Konsens voraus: „An die Geschichte der Sintflut schließt sich in der Urschrift [= P], wie allgemein anerkannt ist, zur Ausfüllung des Zwischenraums zwischen der zweiten Epoche und der dritten, ebenso wie früher zwischen der ersten und zweiten, wieder eine Genealogie der betreffenden Linie (Sem) 11,10–26."[9] Dieser klare Aufbau aus Schöpfung (Gen 1,1–2,4a), Toledot Adams (Gen 5), Sintflut (Gen 6,9–9,29*), Toledot Sems (Gen 11,10–26) und Abraham-Erzählungen (ab Gen 11,27) würde durch die Völkertafel gestört werden. Die Doppelung der Toledot Sems, Hams und Jafets (10,1) und der Toledot Sems (11,10) widerspricht dem genau komponierten Ablauf, der für die Priesterschrift kennzeichnend ist. „Wie kommt der Verfasser der Grundschrift [= P] dazu, Sems Nachkommen doppelt aufzuführen …? Um so höher ist mithin die vollkommene Ungleichheit der Form in Anschlag zu bringen. Vielmehr verhält sich C. 10. zu C. 11. wie C. 4. zu C. 5. … Dort wie hier giebt er [= J] die Descendenz einfach, während die Grundschrift [= P] die Genealogie nach einem chronologischen Systeme ordnet."[10]

Es war Eberhard Schrader, der diesen Konsens aufgekündigt hat.[11] Sein einziges wirkliches Argument, den Grundstock von Gen 10 der Priesterschrift zuzuschlagen, ist die Toledot-Überschrift V. 1. Dass die Toledot-Formeln allesamt von P stammen, ist aber nicht zwingend. Sie können auch nachgeahmt sein.[12] Für die Vertauschung der Quellen J und P, die daraufhin üblich geworden ist, zahlt man einen hohen Preis. Nicht allein der Aufbau der Priesterschrift wird verdorben; auch der Jahwist wird verstümmelt, und zwar in einem Maße, das seine Eigenschaft als Pentateuchquelle in Frage stellt. Der neuralgische Punkt ist die Überleitung 9,18–19, die von der Sint-

---

8 NÖLDEKES Feststellung, dass wir die Verse 7,7–9 „gar nicht vermissen würden, wenn sie ganz fehlten" (Untersuchungen, 12), gilt nicht nur für den P-Faden (wo ihnen 7,11.13–16a Konkurrenz macht), sondern ebenso für den Bericht des J.
9 HUPFELD, Quellen der Genesis, 17.
10 F. TUCH, Kommentar über die Genesis, 1838, 196 f. Er nennt als Vorgänger Astruc, Eichhorn und de Wette. Seine Beobachtungen werden nicht hinfällig, auch wenn die Ergänzungshypothese sich nicht bewährt hat.
11 Studien zur Kritik, 33 f.
12 Vgl. Gen 36,9 P^S; Num 3,1; Rut 4,18.

flut zur Völkertafel führt. Sie stammt nicht aus P, sondern aus J: „Und die Söhne Noahs, die aus dem Kasten gingen, waren Sem und Ham und Jafet. Ham aber ist der Vater Kanaans. Diese drei sind die Söhne Noahs, und von ihnen aus hat sich die ganze Erde bevölkert." „Ausdrücklich für J beweist … v. 19. Das שלשה אלה בני־נח gehört zu den eigentlichen Bestandtheilen des jahvistischen Stammtafelgerüstes (vgl. 22,23. 10,29. 25,4 …) und ist in dieser seiner Eigenschaft unnachahmlich."[13] Der Versuch, die beiden Verse für die Priesterschrift zu reklamieren, ist verzweifelt.[14] Und er hat erhebliche Weiterungen: Da die Perikope von Noah und seinen Söhnen 9,20–27 an 9,18–19 hängt und für sich allein nicht lebensfähig ist, kann sie nicht mehr zur Quelle J gehören und wird gegen den Textbefund zur „nachpriesterlichen" Ergänzung erklärt.[15] Dasselbe widerfährt den jahvistischen Teilen der Völkertafel. Sie bilden nämlich keinen Parallelfaden zu dem Grundgerüst 10,2–7*.20.22–23.31, wie meist behauptet wird,[16] sondern hängen ergänzend von ihm ab. Sie müssten also „nachpriesterlich" sein.[17] Das sind sie aber nicht. Dafür gibt es genügend positive Gründe.[18] Was deshalb in Gen 10 der Priesterschrift zugewiesen zu werden pflegt, ist vielmehr die vorredaktionelle Quelle des Jahwisten. Außer durch die Überleitung 9,18–19 wird es dadurch bewiesen, dass die jahvistisch-redaktionellen Bestandteile der Völkertafel sich auf diesen Grundstock beziehen.[19]

Die späteren Ergänzungen

Die Gestalt des Pentateuchs, die durch die Vereinigung von Priesterschrift und Jahwist zustande kam, ist nicht gleichzusetzen mit dem heute vorliegenden Text. Die Verknüpfung der Quellen hat das natürliche Textwachstum nicht beendet. Deshalb ist die Redaktion R^{JP}, die die beiden Quellen Jahwist und Priesterschrift zu einem neuen Ganzen verbunden hat, von der End-

---

13 BUDDE, Urgeschichte, 303.
14 WITTE, Urgeschichte, 100–102.
15 WITTE, Urgeschichte, 102–105. Zu den positiven (konzeptionellen, sprachlichen und theologischen) Gründen, die 9,20–23a.24–25 dem Jahwisten zuweisen lassen, vgl. CH. LEVIN, Der Jahwist (FRLANT 157) 1993, 118 f.
16 Maßgebend war WELLHAUSEN, Composition, 4–7.
17 So folgerichtig WITTE, Urgeschichte, 105–114.
18 Vgl. LEVIN, Der Jahwist, 121 f.
19 Der Text verteilt sich wie folgt: V. 2–4a.5–7.20.22–23.31: überlieferte Völkertafel; V. 8a.9*.15.24: vorredaktionelle Erweiterung der Quelle; V. 8b.9* (zweimal לִפְנֵי יהוה). 10.18.21.25: jahvistische Redaktion. Alles Übrige sind spätere Zusätze. Vgl. LEVIN, Der Jahwist, 121–124.

redaktion zu unterscheiden.[20] Genauer gesagt: „‚Die Endredaktion‘ gibt es nicht."[21] Die Vorstellung, der heutige Text sei das Ergebnis einer bewussten redaktionellen Gestaltung, ist nicht nur überflüssig, sondern falsch. Für den biblischen Traditionsprozess ist Kanonizität nicht Ergebnis, sondern Voraussetzung gewesen.[22] „Die Endgestalt als theologisches Programm"[23] ist ein literaturgeschichtlicher Irrtum, der die theologische Hermeneutik in die Sackgasse führt. „Die Redaction des Hexateuch gestaltet sich ... zu einer fortgesetzten Bearbeitung und Revision; der Redactor wird zu einem Collectivum, dessen Haupt derjenige ist, der die beiden ... Schriften zu einem Ganzen verband, zu dem aber ausserdem noch die ganze Reihe seiner mehr oder weniger selbständigen Nachfolger gehört."[24]

Von den 299 masoretischen Versen der Kapitel Gen 1–11 dürften etwa siebzig, das ist knapp ein Viertel, jünger sein als die Vereinigung von Priesterschrift und Jahwist. Diese späteren Zusätze legen sich über die Trennlinien der beiden vormaligen Quellen und verwischen deren Konturen. Die Zweifel an der Urkundenhypothese, die neuerdings vermehrt geäußert werden, finden hier ihre beste Nahrung. Darum setzt ein Urteil über die Art der beiden Pentateuchquellen wie auch über die Absicht und das Verfahren der Redaktion R^{JP} voraus, dass diese Zusätze so weit wie möglich als solche erkannt werden. Das kann hier nicht in den Einzelheiten geschehen. Ein nach Motiven geordneter Überblick muss genügen.[25]

a) Hamartiologische Zusätze. Vor allem die nichtpriesterliche Urgeschichte „ist menschlicherseits gekennzeichnet durch ein lawinenartiges Anwachsen der Sünde".[26] Die betreffenden Erzählzüge gehören zu dem

---

20 Wenn die bisherige Forschung die Redaktion R^{JP} als „Endredaktion" bezeichnete (so noch u. a. R. SMEND, Die Entstehung des Alten Testaments, ²1981, 38–46; LEVIN, Der Jahwist, 437–440), musste sie mit umfangreichen „nachendredaktionellen" Zusätzen R^S rechnen – genau genommen ein Widerspruch in sich.
21 BLUM, Studien zur Komposition, 380.
22 Das hat WITTE nicht erfasst, wenn er zu einem „offenen Problem" erklärt, „wie sich das Phänomen umfangreicher ... Ergänzungen mit der ‚Kanonizität' verträgt" (Urgeschichte, 37). Die Frage stellt sich umgekehrt: Wie hätte es zu den umfangreichen Ergänzungen kommen können, die wir feststellen, wenn der Text nicht als kanonisch gegolten hätte? Vgl. B. LEVINSON, „Du sollst nichts hinzufügen und nichts hinwegnehmen" (ZThK 103, 2006, 157–183).
23 E. ZENGER, Einleitung in das Alte Testament, ²1996, 34.
24 A. KUENEN, Historisch-kritische Einleitung in die Bücher des alten Testaments, I 1, 1887, 302.
25 Für den Nachweis vgl. die Exegesen in LEVIN, Der Jahwist, 87–92.100–102.111.114–117.120.124–126.129–132.141, die freilich nicht erschöpfend und zum Teil überholt sind.
26 G. V. RAD, Das erste Buch Mose. Genesis (ATD 2/4) ⁹1972, 116.

theologisch Belangreichsten am Anfang der Bibel. Sie gelten gemeinhin als theologische Eigenheit des Jahwisten.[27] Letzteres trifft nicht zu, ebensowenig wie man die jahwistische Urgeschichte als eine Kette von Schuld-Strafe-Erzählungen verstehen kann.[28] Vielmehr handelt es sich um eine Reihe von Zusätzen später Theologen, die auch die Priesterschrift schon voraussetzen. Das Interesse an der Rechtschaffenheit des Menschen und der Gerechtigkeit (und Barmherzigkeit) Gottes, das sich hier geltend macht, gibt es in den erzählenden Texten des Alten Testaments durchgehend, und zwar fast stets als später Zusatz. Die Art dieser Geschichtsdeutung lässt sich am besten bei einem Vergleich der Chronik mit den Büchern der Könige nachvollziehen.[29]

Diesem Denken entstammt das Motiv der Versuchung, das heute die jahwistische Paradiesgeschichte prägt. Wie schon der Gebrauch von אֱלֹהִים statt יהוה אֱלֹהִים in 3,1.3 zeigt, ist der Dialog zwischen der Frau und der Schlange ein Fremdkörper (3,1–5.6aα [ab וְכִי]). Das berühmte psychologische Raffinement der Szene, die mit der Gestalt des Versuchers die Schuld des Menschen mehr schlecht als recht zu mindern versucht, hat in der übrigen Erzählung nichts Entsprechendes. Hinzu gehört die Verfluchung der Schlange (3,13b–14.16[bis אָמַר]). Ganz ähnlich die Personifikation der Sünde in der fürsorglichen Warnung Gottes an Kain (4,6–7). Auch diese Rede „wirkt im Zusammenhang der Erzählung wie ein Fremdkörper".[30] „Der Brudermord geschieht, als wäre der Täter nicht gerade erst gewarnt worden. Von da her wirkt V. 8 wie die ursprüngliche Fortsetzung von V. 5".[31] Dieselbe Sorge um den Sünder zeigt sich in Jahwes Zusage, Kain vor den schlimmsten Folgen seiner Schuld zu bewahren (V. 13–15), die an den Fluch angeschlossen ist. „Jahves Verhalten, der Qains Opfer verschmäht und ihn dann doch väterlich ermahnt, der Qain verflucht und ihn dann doch ohne rechten Grund begnadigt, ist nicht recht zusammen zu reimen."[32] An Jahwes Versprechen, Kain siebenfach zu rächen (V. 15), knüpft wiederum das La-

---

27 So zuletzt wieder WITTE, Urgeschichte, 151–205, der folgerichtig die von ihm in Anführungszeichen gesetzte „jahwistische" Urgeschichte in die Nähe der nachexilischen Weisheit rückt. Diese Zuordnung setzt voraus, dass Witte sich erklärtermaßen einer literarkritischen Aufteilung versagt. Dabei hat er sowohl die Mehrheit der bisherigen Ausleger als auch den Textbefund gegen sich.
28 Gegen C. WESTERMANN, Arten der Erzählung in der Genesis (1964; in: DERS., Die Verheißungen an die Väter [FRLANT 116] 1976, 9–91), 47–58.
29 Vgl. J. WELLHAUSEN, Prolegomena zur Geschichte Israels, ⁶1905, 198–205.
30 C. WESTERMANN, Genesis I (BK I/1) 1974, 407.
31 W. DIETRICH, „Wo ist dein Bruder?" Zu Tradition und Intention von Genesis 4 (in: H. DONNER, R. HANHART, R. SMEND [Hg.], Beiträge zur Alttestamentlichen Theologie. Festschrift W. Zimmerli, 1977, 94–111), 98 f.
32 GUNKEL, Genesis, 49.

mechlied 4,23–24 an.³³ Die Maßlosigkeit der Vergeltung, die sich hier ausspricht, zählt später zu den Anlässen der Flut. Noch in der Priesterschrift ist Lamech der Vater des gerechten Noah gewesen (5,28*). Zwar zählt er dort zu der sündigen Hälfte der Menschheit, die in der Flut ertrinken wird;³⁴ aber erst Spätere haben in ihm den schlechthin blutrünstigen Charakter gesehen.

Eine Theologie, die von der Gerechtigkeit Gottes überzeugt ist, musste sich am härtesten von der Erzählung der Sintflut herausgefordert sehen: Sämtliche Menschen mit einer Ausnahme werden mit dem Tode bestraft. Wie kann das gerecht sein? Es müsste an dieser Stelle derselbe Dialog einsetzen, der später der Katastrophe von Sodom vorangeht (18,22–33).³⁵ Stattdessen kam es jedenfalls darauf an, die Gerechtigkeit Noahs (7,1b, sowie das nachgetragene Stichwort צַדִּיק in 6,9) und im Gegenzug die vollständige Frevelhaftigkeit des gesamten Menschengeschlechts hervorzuheben, die Gott bereuen lässt (vgl. Jer 18,7–10), die Menschen geschaffen zu haben (6,5b–6a.7aα[nur אֲשֶׁר־בָּרָאתִי].aβb; 7,23aα[ab מֵאָדָם]; 8,21aβb).³⁶ Der bekannte anthropologische Spitzensatz von der wurzelhaften Bosheit des Menschen (6,5b; 8,21aβ) ist eine durch die Situation erzwungene theologische Ausflucht. „Man übertreibt die allgemeine Sündhaftigkeit des Menschen, um das Prinzip zu retten".³⁷ Möglicherweise gehört auf dieselbe Ebene die Feststellung, dass die Erde mit Bluttat (חָמָס) angefüllt war, die sich im Textzusammenhang der Priesterschrift findet (7,11b.13aβ) und dort wegen der Dubletten entbehrlich ist.

Im Rahmen der Szene von Noah und seinen Söhnen zeigt sich dieselbe Theologie in der Parenthese 9,23b, die die Unschuld der Brüder Sem und Jafet betont. Sie hätten die Blöße ihres Vaters nicht gesehen (vgl. Lev 18,7).

b) Gesetzestheologische Zusätze. Dass die Tageszählung des ersten Schöpfungsberichts und mit ihr die Ätiologie des Sabbats (1,1.5b.8b.13.19.23. 31b; 2,2–3) späte Zufügung ist, „gehört geradezu zu den ältesten Erbstücken

---

33 R. SMEND, Die Erzählung des Hexateuch, 1912, 29 Anm. 2: „Es kann von jüngerer Hand zugesetzt sein." Auch B. STADE, Das Kainszeichen (1894; in: DERS., Ausgewählte akademische Reden und Abhandlungen, ²1907, 229–273), 258f, der im Lamechlied ein altes Überlieferungsstück sieht, urteilt: „Man wird es … für ein Einschiebsel zu halten haben."
34 BUDDE, Urgeschichte, 93 f.
35 Vgl. zum Folgenden CH. LEVIN, Gerechtigkeit Gottes in der Genesis (2001; in: DERS., Fortschreibungen [BZAW 316] 2003, 40–48), 43–46.
36 Mit dieser Literarkritik erledigt sich die Behauptung, der Flutprolog sei von der Priesterschrift abhängig. Das ist er in der Tat in Teilen, aber nicht in seiner Grundlage. Meine frühere Analyse muss korrigiert werden, vgl. LEVIN, Der Jahwist, 104–106.
37 J. WELLHAUSEN, Israelitische und jüdische Geschichte, ⁷1914, 204.

wirklicher Kritik am A. T."[38] Es gibt Anzeichen, dass die Sabbat-Bearbeitung nicht mehr in der noch selbständigen Priesterschrift geschah. In 2,4b R[JP] werden die beiden Schöpfungsberichte durch eine Zeitbestimmung zueinander ins Verhältnis gesetzt: „Am Tage, als Jahwe Gott Erde und Himmel machte."[39] „Wenn man die Aussage *am Tage* wörtlich nehmen ... will ..., dann treffen wir hier auf die Vorstellung, daß Gott seine ganze Schöpfung an einem Tage vollbrachte. Auf jeden Fall ist von einem Siebentagewerk nichts zu erkennen."[40] Selbst wenn man בְּיוֹם im Sinn von „zur Zeit" versteht, liegt hier ein Hinweis, dass die Tageszählung zum Zeitpunkt der Quellenverknüpfung noch nicht vorhanden war.[41]

Ähnliches gilt für die Speisevorschriften 1,29–30a. Abgesehen von Anzeichen sehr später Sprache in diesen beiden Versen passt die vegetabilische Nahrung nicht zur Herrschaft über die Tiere, die dem Menschen in V. 28 zugesprochen wird.[42] „Es darf vielleicht die Vermutung gewagt werden, dass v. 29 sekundär ist und seine Entstehung der Rücksichtnahme auf das Leben im Paradies verdankt und dann v. 30 ... an sich gezogen hat."[43] Mit 1,29–30a gehört die Lizenz zum Fleischgenuss nach der Flut in 9,3 notwendig zusammen, und mit ihr wiederum können auch die noachitischen Gebote 9,4–7 ein später Zusatz sein.[44] Eine ähnliche Tendenz findet sich in der Speisevorschrift 3,18b.[45]

Die Glosse וּמֵחֶלְבֵהֶן „und zwar von ihrem Fett" in 4,4 anlässlich des Opfers des Abel ist ein Verweis auf die Opfertora Lev 3,6–11.

c) Gelehrte Zusätze allgemeiner Art. Hierzu zählt die Geographie der vier Paradiesströme 2,10–14, die einhellig als ein Fremdkörper erkannt wird, der den Faden von V. 9 und V. 15 zertrennt. Mit ihr gehört wahrscheinlich die Notiz 2,6 über den aufsteigenden Süßwasserstrom (אֵד) zusammen. Von

---

38 BUDDE, Urgeschichte, 487. Vgl. im übrigen CH. LEVIN, Tatbericht und Wortbericht in der priesterschriftlichen Schöpfungserzählung (1994; in: DERS., Fortschreibungen [BZAW 316] 2003, 23–39), 26–28.
39 Weiteres s. u. S. 70.
40 W. ZIMMERLI, 1. Mose 1–11. Die Urgeschichte (ZBK.AT 1/1) ³1967, 111. Vgl. auch NÖLDEKE, Untersuchungen, 8.
41 Der klassische Sabbat ist bekanntlich mit Ausnahme des Dekalogs nur äußerst spät bezeugt, vgl. CH. LEVIN, Der Sturz der Königin Atalja (SBS 105) 1982, 39–42.
42 R. KRAETZSCHMAR, Die Bundesvorstellung im Alten Testament, 1896, 193f, scheidet die beiden Verse darum aus.
43 HOLZINGER, Genesis, 14.
44 9,7 lenkt wie eine Wiederaufnahme auf 9,1(+2) zurück. Der Faden von P[G] findet sich in 9,8.11aβb.
45 L. RUPPERT, Genesis I (fzb 70) 1992, 124, sieht in 3,18b „eine Verknüpfung mit 1,29 P" von der Hand des R[Pt] [= R[JP]].

ähnlicher Art ist die Nachricht über die Riesen in 6,4.[46] Vergleichbare gelehrte Anmerkungen finden sich in den zahlreichen Nachträgen der Völkertafel (10,4b.11–14.16–18a.19.26–30). Auch die Erläuterung der Bauweise des Turms 11,3b kommt aus diesem Geist.

d) Die Urgeschichte hat eine späte weisheitliche Bearbeitung erfahren, die man „Niedrigkeitsbearbeitung"[47] nennen kann.[48] Sie ist bestrebt, den Unterschied zwischen Gott und Mensch herauszustellen. Es beginnt mit der Feststellung, dass der Mensch aus Staub geschaffen sei. In 2,7 ist das unverbundene Stichwort עָפָר „Staub" zwischeneingekommen. Der Fluch über den Menschen greift in 3,19b darauf zurück. Auch die Verschärfung der Mühsal bei der Schwangerschaft (das zugesetzte Stichwort וְהֵרֹנֵךְ in 3,16) und auf dem Acker (3,18a.19aα) kann man in diesem Zusammenhang sehen. Im selben Zuge wird die Endlichkeit des Menschen zum Gegenstand. Der Baum des Lebens (2,9bα), der mit dem Baum der Erkenntnis rätselhaft konkurriert, lässt die Unsterblichkeit als verlorene Möglichkeit erscheinen – ein Gedanke, der der ursprünglichen Erzählung ganz fremd ist. Die Vertreibung aus dem Paradies dient nunmehr dazu, dem Menschen den Zugang zum Baum des Lebens zu verwehren und den Unterschied zwischen Gott und Mensch unüberbrückbar zu machen (3,22.24b[ab אֶת]). Das Fazit: „Siehe, der Mensch ist geworden wie unsereiner", klingt wie eine Korrektur der Gottesebenbildlichkeit nach 1,26–27.[49] Der Faden wird in 6,3aα.b weitergeführt, wenn Jahwe angesichts der Verbindung von Göttersöhnen und Menschentöchtern die Lebenszeit des Menschen auf 120 Jahre begrenzt.[50] Die Reaktion Gottes in 3,22 kehrt in 11,6a angesichts des Turmbaus wieder: „Siehe, sie sind ein einziges Volk, und eine einzige Sprache haben sie alle,

---

46 Den Nachtrag hat HUPFELD, Quellen der Genesis, 221, erkannt. Vgl. jetzt L. PERLITT, Riesen im Alten Testament (1990; in: DERS., Deuteronomium-Studien [FAT 8] 1994, 205–246), 241–244.
47 Den Begriff hat M. WITTE, Vom Leiden zur Lehre (BZAW 230) 1994, für eine Bearbeitung des Hiobdialogs geprägt.
48 Wichtige Beobachtungen dazu stammen von BUDDE, Urgeschichte, 1–88; H. GESE, Der bewachte Lebensbaum und die Heroen: Zwei mythologische Ergänzungen zur Urgeschichte der Quelle J (1973; in: DERS., Vom Sinai zum Zion [BEvTh 64] 1974, 99–112); und WITTE, Urgeschichte, 79–99. Mit der „Endredaktion", wie Witte meint, hat diese Bearbeitung nichts zu tun.
49 Vgl. M. ARNETH, „Durch Adams Fall ist ganz verderbt …". Studien zur Entstehung der alttestamentlichen Urgeschichte (FRLANT 217) 2006, 155 f.
50 Dass Gen 6,3 ein Zusatz ist, wurde von vielen festgestellt, vgl. bes. R. BARTELMUS, Heroentum in Israel und seiner Umwelt (AThANT 65) 1979, 15–30. Bartelmus macht wahrscheinlich, dass der Vers die Priesterschrift voraussetzt. Seiner extremen Spätdatierung muss man nicht folgen. Gegen sie spricht, dass die eindeutig späte Begründung „weil er ja Fleisch ist" (V. 3aβ) eine weitere Glosse ist.

und dies ist der Anfang ihres Tuns."⁵¹ Es scheint, dass das Motiv der Verwirrung der Sprache, das sich nachträglich über die jahwistische Erzählung von der Zerstreuung der Menschheit gelegt hat (11,1.3a.4aβ.6a.7.8b–9), in diesem Rahmen zu deuten ist. Vielsagend ist der antithetische Bezug auf Hiob 42,2 in Gen 11,6b, der freilich nochmals später hinzugekommen ist.

Die beiden Schöpfungsberichte

Das Ziel, die beiden Pentateuchquellen zu einer einzigen Darstellung zu vereinen, konnte nur gelingen, wenn das Verfahren so einfach wie möglich war. „Die Tätigkeit des Redactors besteht vornehmlich in der geschickten Ineinanderschiebung der Quellen, wobei er deren Inhalt möglichst unverkürzt, den Wortlaut und die Ordnung der Erzählung möglichst unverändert lässt."⁵² Mit Ausnahme der Fluterzählung hat die Redaktion R^JP die beiden Quellen nicht verschränkt, sondern blockweise angeordnet. Ihre eigenen Spuren sind besonders an den Nahtstellen zu erwarten.⁵³ Die erste Naht liegt zwischen den beiden Schöpfungsberichten. Der Text der Priesterschrift endet mit der Toledot-Unterschrift Gen 2,4a, die jahwistische Erzählung aber beginnt mit 2,5. „2,4b dürfte Überleitung von R sein."⁵⁴

Seit Karl David Ilgen haben nicht wenige angenommen, die Toledot-Formel, die in allen anderen Fällen als Überschrift dient, habe einst vor Gen 1,1 gestanden und sei erst vom „Sammler", also der Redaktion R^JP, an ihren jetzigen Platz gestellt worden,⁵⁵ um eine Brücke zum zweiten Schöpfungsbericht zu schlagen.⁵⁶ Für diese Hypothese „there is not a shred of evidence".⁵⁷ Im Gegenteil, der Umstand, dass die Toledot-Formel mit der Klausel בְּהִבָּרְאָם „als sie geschaffen wurden" angebunden ist, belegt, dass sie von vornherein ihrer jetzigen Stelle stand. Der Rückverweis, der als Teil einer Überschrift überflüssig wäre, verklammert die Unterschrift mit dem

---

51 Die Zuweisung dieser Gottesrede an den jahwistischen Redaktor in Levin, Der Jahwist, 129, ist falsch. Von J^R stammt in der Turmbauerzählung nur 11,2.4aα.b–5.8a.
52 Wellhausen, Composition, 2.
53 So richtig Witte, Urgeschichte, 53–78, der freilich mehrfach den Saum auf der falschen Seite der Naht sucht: in 4,25–26 statt in 5,1–2 und in 6,1–4 statt in 5,32.
54 Smend, Entstehung, 40.
55 K. D. Ilgen, Die Urkunden des Jerusalemischen Tempelarchivs in ihrer Urgestalt, 1798, 4 und 351–358.
56 So zuletzt wieder Witte, Urgeschichte, 55.
57 F. M. Cross, Canaanite Myth and Hebrew Epic: Essays in the History of the Religion of Israel, Cambridge, Mass. 1973, 302.

vorangegangenen Bericht. Die Klammer zeigt zugleich, dass die Toledot-Unterschrift kein ursprünglicher Bestandteil des ersten Schöpfungsberichts gewesen ist. Das erklärt sich so, dass dem Verfasser der Priesterschrift für den Schöpfungsbericht eine Quelle vorgelegen hat, die er mit der Unterschrift in sein geschichtstheologisches Schema einfügen wollte.[58]

Der Rückverweis lässt noch einen zweiten Vorschlag gegenstandslos werden. Man hat gemeint, die Toledot-Formel ließe sich als Überschrift auf den jahwistischen Schöpfungsbericht beziehen.[59] Dafür hätte der Redaktor – es ist nicht klar, ob es sich um R, also die Redaktion R^{JP}, oder um den Verfasser der Priesterschrift handeln soll (die daraufhin nicht als Quelle, sondern als Redaktion oder „Komposition" verstanden werden müsste) – die Überschrift des Toledot-Buchs nachgeahmt, das den priesterschriftlichen Genealogien Gen 5 und Gen 11,10–26 als vorredaktionelle Quelle zugrunde gelegen habe.[60] Doch ein solches Toledot-Buch hat es nicht gegeben; denn Gen 5 lässt sich in fast allen Einzelheiten als Sekundärfassung von Gen 4 erweisen, deren Aussage sich erst vor diesem Hintergrund vollends erschließt.[61] Nirgends ist deutlicher, dass die Priesterschrift den Jahwisten voraussetzt.[62] Die besondere Form der Toledot-Überschrift in Gen 5,1 זֶה סֵפֶר תּוֹלְדֹת אָדָם bezieht sich nicht auf ein „Toledot-Buch", sondern wurde gewählt, weil in der noch selbständigen Priesterschrift zwei Toledot-Formeln unmittelbar aufeinander trafen, von denen die erste im Rückbezug, die zweite im Vorausbezug steht: „Dies sind die Toledot des Himmels und der Erde, als sie geschaffen wurden. – Das ist *die Liste* der Toledot Adams."

Die redaktionelle Klammer der Redaktion R^{JP} liegt vielmehr in 2,4b vor. Der temporale Umstandssatz: בְּיוֹם עֲשׂוֹת יהוה אֱלֹהִים אֶרֶץ וְשָׁמָיִם „Am Tage, als Jahwe Gott Erde und Himmel machte", „bildet die Überleitung von der priesterschriftlichen zur jahwistischen Schöpfungsgeschichte".[63] Dem In-

---

58 Zur Rekonstruktion dieser Quelle vgl. LEVIN, Tatbericht und Wortbericht, 31–32, und zuvor W. H. SCHMIDT, Die Schöpfungsgeschichte der Priesterschrift (WMANT 17) ³1973, 160–163.
59 CROSS, Canaanite Myth, 302, und im Anschluss an ihn BLUM, Studien zur Komposition, 280.
60 CROSS, Canaanite Myth, 301.
61 So BUDDE, Urgeschichte, 89–116, in einem brillianten Beweis, der für das Verständnis von Gen 5 ein für allemal die Maßstäbe gesetzt hat.
62 Das bedeutet nicht, dass J als schriftliche Vorlage auf dem Schreibtisch von P^G gelegen hat, und schon gar nicht folgt daraus, dass P (oder K^P) als erweiterte Ausgabe von J (oder einer wie auch immer gearteten nichtpriesterlichen Komposition) zu verstehen ist.
63 SCHMIDT, Schöpfungsgeschichte, 196 Anm. 1. Zustimmend zitiert von C. WESTERMANN, Genesis I (BK I/1) 1974, 269. Vgl. RUPPERT, Genesis I, 124.

halt nach bezieht er sich wie V. 4a auf den ersten Schöpfungsbericht; denn nur in Gen 1 geht es um die Erschaffung von Himmel und Erde, in Gen 2 hingegen um die Erschaffung des Menschen, der Tiere und der Frau. Nach der Syntax aber sowie nach dem Gottesnamen יהוה אֱלֹהִים kann V. 4b nur zum Folgenden gehören.

Man hat V. 4b als die Überschrift des zweiten Schöpfungsberichts gedeutet. Doch abgesehen davon, dass sie nicht den Inhalt wiedergäbe, würde eine Überschrift einen Hauptsatz erfordern. Ebensowenig ist V. 4b der typische temporale Nebensatz, mit dem altorientalische Schöpfungsmythen wie das Enuma elisch einsetzen;[64] denn diese Nebensätze nennen nicht die Summe des Geschehens, sondern beschreiben den status quo ante: „Als droben der Himmel noch nicht genannt war …"[65] Tatsächlich ist in Gen 2 ein solcher temporaler Nebensatz zu finden; aber nicht in V. 4b, sondern in V. 5: „Und alles Gesträuch des Feldes, ehe es war auf der Erde".[66] Selbst wenn die invertierte Satzfolge וְכֹל שִׂיחַ הַשָּׂדֶה טֶרֶם יִהְיֶה בָאָרֶץ daher rühren würde, dass an dieser Stelle etwas abgebrochen oder umgestellt worden ist,[67] läge der verlorene Beginn nicht in oder hinter V. 4b.

Dass V. 4b eine Klammer der Redaktion R^JP ist, ersieht man daraus, wie sie die Verbindung der beiden Quellen herstellt. Der Temporalsatz „Am Tage (= zur Zeit), als Jahwe Gott Erde und Himmel machte" bezieht sich inhaltlich auf den ersten Schöpfungsbericht, auch wenn er nicht das kennzeichnende Verb ברא „erschaffen" (1,1.21.27; 2,3.4a), sondern das gewöhnliche עשׂה „machen" (1,7.11.16.25.26.31; 2,2.18; 3,1) verwendet. Von dort stammt auch das Begriffspaar „Erde und Himmel" (1,1; 2,1.4a). Dass die Abfolge umgekehrt wurde, geschah offenbar mit Rücksicht auf Gen 2. Der Gottesname יהוה אֱלֹהִים sowie die Syntax aber lassen V. 4b zum Folgenden gehören: Der Satz gibt eine relative Datierung für den zweiten Bericht. Er versetzt ihn in ein zeitliches Verhältnis zum ersten, nämlich in die Gleichzeitigkeit. Zur selben Zeit, als die Erschaffung von Erde und Himmel sich ereignete, nahm auch das Geschehen des zweiten Schöpfungsberichts seinen

---

64 So WITTE, Urgeschichte, 55.
65 TUAT III/4, 569 (W. G. LAMBERT); weitere Beispiele finden sich bei H. GRAPOW, Die Welt vor der Schöpfung (ZÄS 67, 1931, 34–38). Die anderen von Witte angeführten Belege sind nicht vergleichbar, da sie die Weltschöpfung nicht berichten, sondern sich auf sie nur als Datum beziehen.
66 SCHMIDT, Schöpfungsgeschichte, 196 Anm. 1: „Der Anfang der jahwistischen Schöpfungsgeschichte könnte die negative Zustandsschilderung 2,5 vor dem Hauptsatz 2,7 gewesen sein."
67 WELLHAUSEN, Prolegomena, 297: „Den ersten Satz des jehovistischen Berichtes über den Anfang der Weltgeschichte hat der Redaktor abgeschnitten."

Lauf. Damit begegnen wir von Anfang an einer Lösung, mit der bibelgläubige Exegeten noch heute auf das Problem antworten, dass die Bibel nacheinander zwei Schöpfungsberichte enthält: Beide sind in Wahrheit ein und derselbe; nur der Aspekt hat gewechselt. Der erste Bericht beschreibt das Rahmenwerk der Schöpfung im Ganzen, der zweite trägt Einzelheiten nach.

Deutungsbedarf entstand bei den wirklichen Dubletten: der Erschaffung des Menschen und der Erschaffung der Tiere. Das hat sich in zwei weiteren Ergänzungen niedergeschlagen. Der Satz 2,7b וַיְהִי הָאָדָם לְנֶפֶשׁ חַיָּה „So wurde der Mensch ein Lebewesen" ist ein erläuterndes Fazit außerhalb der Erzählebene. Er erklärt sich als Brücke zu Gen 1.[68] Wenn 1,27 berichtet, in welcher Gestalt der Mensch erschaffen wurde, fügt 2,7a, so gedeutet, hinzu, wie diese Gestalt ihr Leben erhielt. Der Begriff נֶפֶשׁ חַיָּה „Lebewesen" ist außer Gen 2,7.19 nur im priesterschriftlich-ezechielischen Traditionskreis belegt.[69]

Für die Erschaffung der Tiere ist eine ähnliche Lösung versucht worden. Diesmal ist die Namengebung das Gelenk. Das Motiv gehört bei der Erschaffung von Tag, Nacht, Himmel, Land und Meer zum Schema des priesterschriftlichen Berichts (1,5.8.10). Von da an fehlt es. Die jahwistische Darstellung: „Und er [= Jahwe Gott] brachte sie zu dem Menschen, um zu sehen, wie er sie nennen würde. Und der Mensch gab allen ... Vögeln des Himmels und allen Tieren des Feldes Namen" (2,19a.20a*), kann hier als Fortsetzung gelten. Eine Parenthese in V. 19b hebt die Beziehung zum ersten Schöpfungsbericht hervor: וְכֹל אֲשֶׁר יִקְרָא־לוֹ הָאָדָם נֶפֶשׁ חַיָּה הוּא שְׁמוֹ „Und wie der Mensch ein jedes Lebewesen nennen würde, so sollte es heißen." Im Unterschied zu Gen 1 ist es nicht Gott, sondern der Mensch, der den Tieren den Namen gibt: daher die Betonung הָאָדָם. Die Apposition נֶפֶשׁ חַיָּה bezieht sämtliche Lebewesen ein, die in Gen 1 und 2 aufgeführt sind. Da zur Anknüpfung der Vorgang יִקְרָא־לוֹ „er wird es nennen" aus V. 19a wiederholt ist, gerät der Satzbau sehr ungeschickt.[70]

Der Übergang von Gen 4 nach Gen 5

Die zweite Naht findet sich zwischen den Genealogien der Kainiten und der Setiten in Gen 4 J und den Toledot Adams in Gen 5 P. Die redaktionelle Klammer ist auch hier längst entdeckt: בְּיוֹם בְּרֹא אֱלֹהִים אָדָם בִּדְמוּת אֱלֹהִים

---

68 So auch WITTE, Urgeschichte, 86 f.
69 Gen 1,20.21.24.30; 9,10.12.15.16; Lev 11,10.46; Ez 47,9.
70 In der Regel wird נֶפֶשׁ חַיָּה als Zusatz ausgeschieden, vgl. BHS. Das genügt nicht.

עָשָׂה אֹתוֹ זָכָר וּנְקֵבָה בְּרָאָם וַיְבָרֶךְ אֹתָם וַיִּקְרָא אֶת־שְׁמָם אָדָם בְּיוֹם הִבָּרְאָם „Am Tage, als Gott den Menschen schuf, machte er ihn nach der Gestalt Gottes. Männlich und weiblich schuf er sie und segnete sie und nannte sie ‚Mensch' am Tage, als sie geschaffen wurden" (V. 1b–2). Hinzu gehört eine Erweiterung in V. 3: [שְׁמוֹ]־אֶת [וַיִּקְרָא כְּצַלְמוֹ בִּדְמוּתוֹ] וַיּוֹלֶד שָׁנָה וּמְאַת שְׁלֹשִׁים אָדָם וַיְחִי שֵׁת „Und Adam lebte einhundertdreißig Jahre und zeugte [in seiner Gestalt nach seinem Bilde und nannte ihn] Set."[71]

Sofort nach der Toledot-Überschrift werden die wesentlichen Aussagen über die Schöpfung des Menschen aus 1,27–28 wiederholt. „Was wir außer dem Toledotschema in Gen. 5,1 lesen (also V. 1b,2), ist als Erweiterung von Gen. 1 her zu verstehen."[72] Die Dublette ist sinnlos, wenn man sie lediglich im Rahmen der Priesterschrift sieht. „So rekapitulierte Gen 5,1 f. dann bei einem direkten Anschluß von Gen 5 an 2,3(4a) noch einmal unbeholfen, was wenige Zeilen davor breit ausgeführt wurde".[73] Ganz anders, wenn an dieser Stelle die Redaktion R^{JP} den Faden wieder geknüpft hat, den sie für den Einbau von Gen 2,5–4,26 zerreißen musste: „als Wiederaufnahme über Gen 2–4 hinweg, ist dies bestens motiviert."[74] Dafür gibt es auch positive Indizien. Die Art des Temporalsatzes mit בְּיוֹם ist dieselbe wie in 2,4b R^{JP}. Dieser Temporalsatz erscheint sogar zweimal, am Anfang und am Schluss des Einschubs, wobei mit der Klausel בְּיוֹם הִבָּרְאָם „am Tage, als sie erschaffen wurden" auch die Rückbindung der Toledotformel aus 2,4a übernommen ist. Noch einmal dient wie in 2,19b die Namengebung als redaktionelles Gelenk. Nach Tag und Nacht, Himmel, Erde, Meer und allen Lebewesen bekommt auch der Mensch seinen Namen, um das System zu vollenden. Das musste im Zusammenhang seiner Erschaffung 1,26–27 geschehen sein. Deshalb wird das Geschehen noch einmal in die Gleichzeitigkeit mit dem ersten Schöpfungsbericht versetzt. Für den Akt übernimmt R^{JP} die Wendung aus 4,26 J: וַיִּקְרָא אֶת־שְׁמוֹ אֱנוֹשׁ „und er (Set) nannte ihn Enosch" → וַיִּקְרָא אֶת־שְׁמָם אָדָם „und er (Gott) nannte sie Mensch/Adam". Das Changieren zwischen Name und Appellativum versteht sich aus dem doppelten Rückbezug auf 1,26–27 und 5,1a. Diesmal ist es Gott, der den Namen gibt. In der näch-

---

71 Vgl. H. N. WALLACE, The Toledot of Adam (in: J. A. EMERTON [ed.], Studies in the Pentateuch [VT.S 41] Leiden 1990, 17–33), 19–21.
72 G. V. RAD, Die Priesterschrift im Hexateuch (BWANT 65) 1934, 40. Ähnlich HOLZINGER, Genesis, 58: „In 1b.2 macht sich ein Überarbeiter spürbar, der schon die Combination von Gen 1–3 vor sich hat".
73 BLUM, Studien zur Komposition, 280.
74 BLUM ebd., der freilich diese Verse nicht ausscheidet, sondern als integralen Bestandteil der Komposition K^P versteht, die daraufhin zu einer Ergänzung des nichtpriesterlichen Texts werden muss.

sten Generation fällt dieses Vorrecht wieder (wie in 2,19b) dem Menschen zu: Adam nennt seinen Sohn Set (V. 3*).

Die Genealogien

Auch wenn zwischen Gen 4 und 5 eine elegante Brücke gelungen ist, ist an dieser Stelle ein Textverlust zu beklagen. Die genealogische Anbindung des Noah innerhalb des Jahwisten ist bei der Verknüpfung der Quellen entfallen. Der Grund dafür dürfte gewesen sein, dass Gen 5 P die Genealogien aus Gen 4 J zwar voraussetzt, aber umstellt.[75] In der Priesterschrift ist Noah der Sohn Lamechs. Das könnte auch beim Jahwisten so gewesen sein, nämlich in gerader Fortsetzung der Genealogie von 4,17–18. Indessen stehen dazwischen nicht nur die Kulturätiologien von 4,19–22, sondern auch die Ersatz-Genealogie der Setiten 4,25–26, die nach dem Brudermord noch einmal beim Urmenschen einsetzt. Zwischen beiden Genealogien reißt der Jahwist einen Graben auf: Die Setiten verehren Jahwe, die Kainiten aber enden in der Flut. An seinem Schicksal gemessen, muss Noah zu den Setiten gehört haben. Der Graben wird freilich von der Priesterschrift zugeschüttet, indem sie, mit Set einsetzend, beide Genealogien zu einer einzigen verschränkt. Noah ist auch als der Sohn Lamechs ein Nachkomme Sets.

Auf dieser Grundlage konnte die Redaktion R^JP in 5,28*–29 die Verheißung über der Geburt des Noah aus der Quelle J in die priesterschriftliche Genealogie einrücken. Sie ist Lamech in den Mund gelegt. Das theologisch gewichtige Gelenkstück blickt auf den Fluch über den Erdboden in 3,17 zurück und verheißt dessen Überwindung, die in 8,21aα.22 geschehen wird.[76] Es durfte nicht übergangen werden.[77]

Die nächste Naht findet sich zwischen den Toledot Adams und der Sintflut, die beim Jahwisten in den sogenannten Engelehen ihren Anlass hat. Wieder führt ein Blick auf die separate Priesterschrift auf die Spur der Redaktion. Gemeinhin gilt 5,32 als Abschluss der Toledot Adams. Für diesen Fall bildet die Fortsetzung in 6,9ff eine wenig verständliche Dublette.[78] Es fällt aber auf, dass in 5,32 das Schema der Genealogie wechselt. Statt וַיְחִי־

---

75 Dazu BUDDE, Urgeschichte, 90 ff.
76 Vgl. R. RENDTORFF, Genesis 8,21 und die Urgeschichte des Jahwisten (KuD 7, 1961, 69–78), 74.
77 Es versteht sich von selbst, dass das jahwistische Stück innerhalb der priesterschriftlichen Genealogie als Ergänzung auftritt. Die Urkundenhypothese kann man an dieser Stelle nicht beweisen, aber ebensowenig widerlegen.
78 BLUM, Studien zur Komposition, 280.

נֹחַ חֲמֵשׁ מֵאוֹת שָׁנָה וַיּוֹלֶד „Und Noah lebte fünfhundert Jahre und zeugte ...", lautet es וַיְהִי־נֹחַ בֶּן־חֲמֵשׁ מֵאוֹת שָׁנָה וַיּוֹלֶד נֹחַ „Und Noah war fünfhundert Jahre alt, und Noah zeugte ..." Hinzu kommt, dass auch der Übergang von V. 32a nach V. 32b nicht glatt ist: Das gleichbleibende Subjekt wird unnötigerweise wiederholt: וַיּוֹלֶד נֹחַ „und Noah zeugte". Aus all dem folgt, dass die Notiz über die Geburt der Söhne Noahs in 5,32 nicht der Priesterschrift angehört. Die Toledot Adams enden vielmehr mit Lamechs Tod 5,31, und die Geburt der Söhne Noahs war in P nur einmal zu lesen, nämlich, wie es sich gehört, in den Toledot Noahs (6,10). In 5,32b liegt stattdessen, in Fortführung von 5,29, die Genealogie des Jahwisten vor, die nach der Flut in 9,18 wieder aufgenommen und in 9,19 fortgeführt wird, um zur Völkertafel überzuleiten.

Um sie in das Schema der Quelle P einzufügen, hat die Redaktion R^{JP} in 5,32a einen Übergang geschaffen. Das zeigt neben dem abweichenden Sprachgebrauch die Datierung. Die Altersangabe für Noah gehört nicht der Priesterschrift; denn deren Zeitrechnung bezieht sich bei Noah nicht auf das Alter bei der Geburt des Sohnes, sondern auf den Termin der Flut, wie man aus der Summe seines Lebensalters in 9,28 im Vergleich mit dem Schema in 5,4.7.10.13.16.19.22.26.30 und 11,11.13.15.17.19.21.23.25 ersieht. Aus demselben Grund wird in 11,10 die Zeugung von Sems Sohn Arpachschad am Datum der Flut angebunden. Die Geburt der Söhne Noahs ist in der Chronologie der Priesterschrift nicht verankert. Das lag einerseits an der Dreizahl (vgl. aber 11,26), anderseits konnte Sem erst nach der Flut einen Sohn gezeugt haben. Da die Flut in das sechshundertste Jahr Noahs fiel (7,6), hätte sich ein abnormes Alter bei der Geburt des ersten Sohnes errechnet, gemessen an den übrigen Zahlen in Gen 5 und 11,10–26. Das fünfhundertste Jahr Noahs, das in 5,32a für die Geburt seiner drei Söhne genannt ist, stammt von dem Redaktor R^{JP}.

Folgerichtig hat R^{JP} auch das Alter Sems in 11,10 eingetragen, wieder mit dem Schema שֵׁם בֶּן־מְאַת שָׁנָה „Sem war hundert Jahre alt". Der Text der Priesterschrift muss hier gelautet haben: אֵלֶּה תּוֹלְדֹת שֵׁם שֵׁם הוֹלִיד אֶת־אַרְפַּכְשָׁד שְׁנָתַיִם אַחַר הַמַּבּוּל Dies sind die Toledot Sems. Sem zeugte den Arpachschad zwei Jahre nach der Flut" (vgl. 11,27). Im jetzigen Text ist die Geburt des Arpachschad doppelt datiert. Dabei ist ein verräterischer Fehler unterlaufen: Sem hätte „zwei Jahre nach der Flut", das heißt „in dem der Flut folgenden Jahr", bereits hundertundein Jahre alt sein müssen.

Innerhalb der selbständigen Priesterschrift ist die Toledot-Überschrift 11,10 auf die Notiz vom Tod Noahs in 9,29 gefolgt. Die Redaktion R^{JP} hat sie in 10,1 verdoppelt, um eine Brücke zur jahwistischen Völkertafel zu schlagen, die an dieser Stelle einzustellen war. Auffallend ist der Gebrauch von ילד ni. (vgl. 4,18 J). Die Priesterschrift hätte hier wie überall ילד hi. geschrieben. Die Anbindung אַחַר הַמַּבּוּל „nach der Flut" wäre in einem genuin priesterschriftlichen Ablauf überflüssig gewesen, zumal zwischen der Flut und Noahs Tod dreihundertfünfzig Jahre liegen (9,28). Sie ist aus 11,10 übernommen, wo sie nicht der Anbindung, sondern der Datierung dient. Auch das Gegenstück, die Unterschrift 10,32, stammt von R^{JP}. Sie variiert die Unterschrift 10,31 in Zusammenspiel mit 10,5. Wieder steht אַחַר הַמַּבּוּל „nach der Flut".

Die Fluterzählung

Bei der Fluterzählung bildet das redaktionelle Verfahren einen Ausnahmefall: Statt die beiden Quellen blockweise hintereinander zu stellen, wurden sie zu einem einzigen Bericht verzahnt. Für dieses „Reißverschlussverfahren" gab es einen einfachen Grund: Die Menschheit konnte nicht zweimal in kurzer Folge untergegangen sein. Eine solche Quellenverzahnung wiederholt sich nur noch ein einziges Mal für die Rettung am Meer und den Untergang der Ägypter (Ex 14). Auch das konnte nur einmal erzählt werden. Gunkels vielzitierte Feststellung: „Die Art, wie die Quellenscheidung zu geschehen hat, kann der Anfänger aus dieser Perikope lernen",[79] ist ein folgenschwerer Irrtum. Doch auch wenn die Sintflut nicht als Paradigma taugt, bildet sie für die Urkundenhypothese den Fels in der Brandung. Es hat noch niemand zeigen können, dass man einen literarischen Befund wie in Gen 6–9 besser mit einer Ergänzungs- oder Fragmentenhypothese als mit der Urkundenhypothese erklärt.[80]

Die Analyse soll hier nicht wiederholt werden.[81] Bisherige Fehler sind vor allem darauf zurückzuführen, dass man einerseits die innere Uneinheitlichkeit der Quelle P erheblich unterschätzt und anderseits zu wenig mit der Möglichkeit von Ergänzungen gerechnet hat, die erst nach der Quellenver-

---

79 GUNKEL, Genesis, 137.
80 Die Kritiker widersprechen sich diametral. Vgl. einerseits BLUM, Studien zur Komposition, 281–285, der der Priesterschrift die Kohärenz abspricht, anderseits J. L. SKA, El Relato des Diluvio. Un Relato Sacerdotal y Algunos Fragmentos Redaccionales Posteriores (EstB 52, 1994, 37–62), der den jahwistischen Text als Ergänzung der Priesterschrift deuten will.
81 Sie wurde seit den Anfängen im 18. Jahrhundert vor allem von HUPFELD, Quellen der Genesis, 6–16.132–136; SCHRADER, Studien zur Kritik, 136–148; BUDDE, Urgeschichte, 248–276; GUNKEL, Genesis, 137–140, immer weiter präzisiert. Vgl. zuletzt LEVIN, Der Jahwist, 111–117. Darauf beruht die Tabelle oben S. 59.

bindung hinzukamen. Ein Irrweg war auch, die beiden Quellen zu stark aneinander zu messen. Die Vermutung, der Jahwist habe auch den Bau der Arche, den Eintritt Noahs, die Landung, den Ausstieg und sogar die Ätiologie des Regenbogens berichtet, ist unberechtigt. An der Stelle solcher Einzelheiten stehen die summarischen Erfüllungsberichte. Nimmt man sie beim Wort, ergibt sich ein durchgehender Handlungsverlauf. Ein einziger Textverlust ist nachweisbar: der Befehl zum Bau der Arche im jahwistischen Bericht, auf den 8,6b zurückverweist. Er muss zwischen 6,8 und 7,1 ausgefallen sein. Im übrigen gilt: „Etwas Wichtiges und Besonderes … würde uns nach seiner Art alles irgendwie Eigenthümliche, und wäre es selbst mit den Angaben der Grundschrift [= P] in offenbarstem Widerspruche …, sorgfältigst aufzubewahren und auf irgend eine Weise in die Erzählung einzufügen, der Redaktor schwerlich vorenthalten haben."[82] „Man sieht an dem allen, welchen Scharfsinn der Red daran gesetzt hat, daß kein Körnlein … zu Boden falle".[83]

Die Redaktion R^{JP} ging auch diesmal so einfach wie möglich vor. Die kombinierte Erzählung beginnt mit dem Jahwisten, weil dort die Sünde, die Jahwe zur Sintflut veranlasst, eigens geschildert ist (6,1–2). Ferner muss der jahwistische Prolog am Anfang stehen (6,5–8*); denn dort fasst Jahwe im Selbstgespräch den Vernichtungsbeschluss, während Gott in der Priesterschrift seinen Beschluss sofort an Noah verkündet. Nach der Einführung Noahs in 6,8 J folgt der erste Quellenwechsel. Die Toledot Noahs (6,9–22) wirken dadurch wie eine Ausführung zur Person.

Die weitere Verschachtelung richtet sich nach den gleichlautenden Ausführungsnotizen 6,22; 7,5 und 7,16aβ: „(Und Noah tat, ganz) wie Gott/ Jahwe ihm geboten hatte." Sie gleicht einem Stafettenlauf. Die Darstellung der Priesterschrift wird bis zum Ende des einleitenden Gottesbefehls beibehalten (6,9–22). Danach schließt der Jahwist bis zur gleichen Höhe auf (7,1–5*), wobei nur der Befehl zum Bau der Arche entfällt. Darauf lässt die Redaktion den ausführlichen Bericht der Priesterschrift über die Besteigung der Arche 7,6–16a* folgen. Er liest sich als Erläuterung der Ausführungsnotiz 7,5 und mündet selbst wieder in eine summarische Ausführungsnotiz, nämlich 7,16aβ. In 7,16aβ und 7,5 wie in 7,5 und 6,22 ist das Geschehen jeweils auf gleicher Höhe. Daraufhin kann das Verschließen der Arche 7,16b, mit dem der jahwistische Bericht fortfährt, an 7,16aβ P ebensogut anschließen wie ursprünglich an 7,5 J.

---

82 SCHRADER, Studien zur Kritik, 148.
83 GUNKEL, Genesis, 139 f.

Es entsteht nur eine Schwierigkeit: Die Priesterschrift konstatiert in 7,6 und 7,11 im Zusammenhang mit der Datierung den Beginn der Flut, schon bevor Noah in die Arche eintritt. Beim Jahwisten hingegen beginnt die Flut nach dem Verschließen der Arche (hinter 7,16b). Der Widerspruch wiegt noch schwerer, weil auch die Zeitrechnung kollidiert. Deshalb war die Redaktion R^{JP} zu einem weitergehenden Eingriff gezwungen: Sie hat die jahwistische Fassung, deren Wortlaut man anhand der Ankündigung 7,4 in 7,10a und 12 wiedererkennt, umgestellt und an passender Stelle in den Bericht der Priesterschrift eingefügt. Die Frist von sieben Tagen bezieht sich nunmehr auf das Tages-Datum 7,11a, der Regen folgt auf das Öffnen der Fenster des Himmels 7,11b. So erreichte die Redaktion, dass die beiden Berichte sich ergänzen, statt sich zu widersprechen. Dazu musste sie den jahwistischen Satz: „Und als die sieben Tage vergangen waren, kam ein Regen auf die Erde vierzig Tage und vierzig Nächte", auseinandernehmen. Da indes die Zeitangabe nicht allein stehen kann, hat R^{JP} in V. 10b aus eigener Feder eine Fortsetzung hinzugefügt; freilich nicht in der Weise von V. 12 J, sondern mit den Worten von V. 6b P, so dass man die andere Handschrift erkennt: „Und als die sieben Tage vergangen waren, *kamen die Wasser der Flut auf die Erde* (וּמֵי הַמַּבּוּל הָיוּ עַל־הָאָרֶץ)." Der Begriff מַבּוּל „Flut" fand sich ursprünglich nur in der Priesterschrift.

Die Umstellung hinterließ in der jahwistischen Darstellungsfolge zwischen 7,16b und 7,17b eine Lücke. Auch sie wurde von der Redaktion in V. 17a mit einer eigenen, sinngleichen Ergänzung geschlossen: „Und Jahwe schloss hinter ihm zu. *Da kam die Flut vierzig Tage über die Erde* (וַיְהִי הַמַּבּוּל אַרְבָּעִים יוֹם עַל־הָאָרֶץ). Und die Wasser mehrten sich und hoben die Arche, so dass sie sich hob über die Erde." Man erkennt die Redaktion an der Verbindung des priesterschriftlichen Begriffs מַבּוּל „Flut" mit der Datierung von vierzig Tagen nach J.

Im weiteren ergab das Verfahren sich im wesentlichen von selbst. Das Steigen der Wasser wird zuerst knapp aus dem Jahwisten wiedergegeben (7,17b), anschließend ausführlich aus der Priesterschrift (7,18–20). Für den Untergang der Lebewesen behält R^{JP} die Quelle P bei (7,21) und trägt in 7,22–23a* die jahwistische Parallele nach. Wieder folgt der ausführlichere Bericht auf den knapperen. Aus der Priesterschrift folgt das Fazit: „Nur Noah blieb übrig, und was mit ihm in dem Kasten war" (7,23b). Die Darstellung von Ausmaß und Auswirkung der Flut wird mit der Datierung 7,24 P beschlossen.

Das Ende der Flut beginnt mit der Priesterschrift, weil diese schildert, dass Gott selbst die Wende des Geschehens herbeiführt (8,1). Auf das Verschließen der Fenster des Himmels V. 2a P folgt, in umgekehrter Entsprechung zu

7,11–12, das Aufhören des Regens 8,2b J. Ursprünglich muss die Frist von vierzig Tagen V. 6a J vor V. 2b gestanden haben.[84] Da sie sich dem Zeitplan der Priesterschrift nicht fügt, hat die Redaktion sie versetzt und auf die Vogelszene bezogen. Für das Verlaufen der Wasser gibt R^{JP} den knappen jahwistischen Bericht V. 3a wieder, bevor sie dem ausführlichen der Priesterschrift in V. 3b–5 das Wort lässt, der auch die Landung der Arche einschließt. Nun muss die Vogelszene folgen, die allein beim Jahwisten überliefert ist.[85] Das endgültige Trocknen der Erde wird von der Priesterschrift in V. 13a und V. 14 mit zwei Datierungen bestimmt, zwischen denen die jahwistische Fassung V. 13b ihren Platz fand. Der Ausstieg aus der Arche V. 15–18 ist nur der Priesterschrift eigen. Beim Epilog mussten Noahs Opfer und Jahwes Beschluss bei sich selbst V. 20–22 J vorangehen, bevor aus der Priesterschrift der Segen und die Bundesverheißung 9,1–17* folgen, die das angemessene Finale sind.

Die zweifache Schnur

Ein gründliches Urteil über die Redaktion R^{JP} ist erst möglich, wenn sie auf der ganzen Länge der beiden parallelen Pentateuchquellen Priesterschrift und Jahwist verfolgt und beschrieben worden ist.[86] Schon jetzt lässt sich sagen: R^{JP} erweist sich als Redaktion im genauen Sinn des Begriffs.[87] Sie verarbeitet ihre Quellen mit dem Ziel eines neuen literarischen Ganzen und folgt dabei einem theologischen Ziel. Dieses Ziel war, der Einheit der Geschichte Gottes mit seinem Volk, deren Darstellung in zwei getrennten, religiös verbindlichen Rezensionen umlief, literarischen Ausdruck zu verschaffen.[88] Ein Vorrang einer der beiden Quellen, etwa der Priesterschrift,

---

84 Vgl. WELLHAUSEN, Composition, 4; BUDDE, Urgeschichte, 267 f.
85 „Die Rabenszene stört die dreigliedrig aufgebaute Komposition der Entsendung der Taube" (WITTE, Urgeschichte, 140). Die Lösung liegt nicht darin, dass die Rabenszene 8,7 nachgetragen wäre. Diese stammt aus der vorjahwistischen Quelle und wurde vom jahwistischen Redaktor um die dreigliedrige Taubenszene erweitert, vgl. LEVIN, Der Jahwist, 106f, und zuvor O. KEEL, Vögel als Boten (OBO 14) 1977, 86–91.
86 Vgl. vorläufig LEVIN, Der Jahwist, 437–440.
87 Was in der heutigen Exegese gelegentlich als „Pentateuchredaktion" oder „Endredaktion" vertreten wird, sind tendenzkritische Sammelgrößen von unklarem literarischen Profil, die nicht einmal die Bezeichnung „Bearbeitung" im engeren Sinne verdienen.
88 Das Programm wird sehr gut erfasst von H. DONNER, Der Redaktor. Überlegungen zum vorkritischen Umgang mit der Heiligen Schrift (1980; in: DERS., Aufsätze zum Alten Testament [BZAW 224] 1994, 259–285).

hätte dem Unternehmen widersprochen. Die neue Einheit der beiden literarischen Großeinheiten konnte nur mit einfachsten Mitteln erreicht werden. Die Redaktion nahm „die positive Haltung des ehrlichen Maklers" ein.[89] Ihr Ziel war literarisch und theologisch anspruchsvoll genug. Weitergehende theologische Absichten hätten es zunichte gemacht.[90] Nur ganz gelegentlich greift die Redaktion zu eigenen Gestaltungsmitteln, um die sachliche Einheit der vormals getrennten Geschichtsentwürfe herauszustellen.[91] So geschieht es im Falle der Schöpfung mit dem Motiv der Namengebung, das in Gen 1,5.8.10 P und 2,19a.20 J vorhanden war und ausgebaut werden konnte. Bei der Flut wurden die unvereinbaren Gegensätze der beiden Datierungssysteme durch Umstellungen auszugleichen versucht.

Die Quellen durften nicht mehr als notwendig versehrt werden. Auslassungen kommen vor, halten sich aber in Grenzen und werden durch die jeweilige Parallelquelle ausgeglichen. Sie mehren sich im Bereich der Vätergeschichte, wo sie besonders die Priesterschrift stark in Mitleidenschaft ziehen.[92] Paradoxerweise sind gerade die wechselweisen Lücken der beiden Pentateuchquellen der Beweis für die Urkundenhypothese. Die Darstellung hängt nicht an einem einfachen Faden, sondern an einer Schnur, die aus zwei Fäden gewirkt ist. Sie hält auch dann zusammen, wenn einer der beiden Fäden gerissen ist oder fehlt.

---

89 So M. NOTH, Überlieferungsgeschichtliche Studien, (1943) ³1967, 95, über den deuteronomistischen Redaktor.
90 Es ist daran festzuhalten, dass die Verbindung der Pentateuchquellen innerhalb der alttestamentlichen Literaturgeschichte ein absoluter Sonderfall ist. Die Regelhypothese ist nicht die Urkundenhypothese, sondern die Ergänzungshypothese. Man darf die Redaktion R^{JP} nicht an den Bearbeitungen messen, die wir überall sonst vorfinden.
91 Was WITTE, Urgeschichte, dem Endredaktor zuschreibt, gehört zum weit überwiegenden Teil in jenen Bereich der Traditionsgeschichte, der auf die Verbindung der Quellen gefolgt ist, s. o. S. 63–68.
92 Darauf haben besonders R. RENDTORFF, Das überlieferungsgeschichtliche Problem des Pentateuch (BZAW 147) 1977, 112–130, und E. BLUM, Die Komposition der Vätergeschichte (WMANT 57) 1984, 420–458, hingewiesen, ohne dass man ihre Folgerung teilen muss, die Priesterschrift nicht mehr als Pentateuchquelle, sondern als „Schicht" oder „Komposition" zu verstehen.

Jahwe und Abraham im Dialog: Genesis 15

Das Zwiegespräch zwischen Gott und Mensch war im alten Israel nicht anders als in der heutigen Erfahrungswelt eine Seltenheit. Wenn Gott zum Menschen spricht, kommt seine Anrede aus einem Jenseits, „da niemand zukommen kann" (1 Tim 6,16). Sein Wort weckt Glauben und verlangt Gehorsam; Einrede duldet es nicht. Wenn aber der Mensch sich an Gott wendet, spricht er, damals nicht anders als heute, im Glauben. Eine regelrechte Antwort erfährt das Gebet nur im Rahmen des Kultes. Sie zu verkünden, ist Sache von Priestern und Propheten, die den Willen Gottes zu vermitteln berufen sind. Weil die Antwort das Unsagbare sagen und das Jenseitige diesseitig machen soll, bedient sie sich geprägter Redeformen, die auf unvordenkliche Zeit zurückgehen. Notwendigerweise sind die Orakel deklarativ. Der Beter nimmt sie entgegen. Als Hiob es wagt, gegen Gott das Wort zu erheben, erstickt die Gegenrede den Dialog auf der Stelle. „Einmal habe ich geredet und will nicht mehr antworten, ein zweites Mal geredet und will's nicht wieder tun" (Hi 40,5).

Beim Lesen des Alten Testaments entsteht an nicht wenigen Stellen ein anderer Eindruck, so als stünden Gott und Mensch sich im Gespräch gegenüber. Das liegt an der Vorliebe der Lehr-Erzählung, theologische Probleme in Szene zu setzen. Die Gotteslehre wird auf die Bühne gebracht. Ein Beispiel ist das berühmte Zwiegespräch zwischen Abraham und Jahwe in Gen 18,23–33. Die Fragen an die Gerechtigkeit Gottes, die sich angesichts des kollektiven Strafgerichts über Sodom stellen, werden nicht auf theoretischer Ebene erörtert. Der Leser erlebt das Problem als Dialog zwischen Gott und Mensch. Das hat den Vorteil, dass die Erzählebene nicht verlassen wird, und überdies kann der Leser sich in den Gesprächspartner Gottes hineinversetzen. Das Rollenspiel lässt ihn gottunmittelbar werden. Er erfährt, dass die Theologie keine abstrakten Probleme verhandelt, sondern dass die Reflexion aus dem Lebensbezug erwächst: aus dem Konflikt zwischen Glaube und Erfahrung.

Der Dialog zwischen Gott und Mensch ist in diesen Fällen ein Spiegel für das Selbstgespräch des Glaubens. Auf reflektierter Ebene aber ist er die Form, in die der theologische Diskurs sich gekleidet hat. Das findet sich am häufigsten in den prophetischen Büchern, je später sie sind, desto mehr.

Mit dem autoritativen „So spricht Jahwe" versetzt sich die Theologie in die Rolle Gottes und macht sich Gottes Willen zu eigen. So gerät der Disput zwischen Mensch und Mensch auf die Ebene zwischen Gott und Mensch, ja sogar, wenn die Theologien aufeinanderstoßen, zwischen Gott und Gott. Das kann apologetische Züge annehmen, wie in den Disputationsreden des Buches Deuterojesaja (vgl. Jes 40,27), polemische, wie in den deuteronomistischen Exkursen des Jeremiabuches (vgl. Jer 7,4), oder auch seelsorgerliche und sakralrechtliche, wie besonders im Buch Ezechiel.

Kontext

Die beiden Redegänge zwischen Jahwe und Abraham in Genesis 15 sind solche inszenierte Theologie. „Einem Minimum an Handlung steht ein Dialog zwischen Jahwe und Abraham gegenüber, hinter dem gewiß viel mehr eine konzentriert theologische Reflexion als eine volkstümlich erzählerische Überlieferung steht."[1] Den Anfang macht jeweils eine Gottesrede. Sie ergeht in den geprägten Formen kultischer Rede. Die erste gebraucht die Wendungen des Heilsorakels und verheißt Abraham Beistand und Lohn. Abraham antwortet mit seinem Zweifel. Darauf gibt Jahwe ihm die Verheißung großer Nachkommenschaft, die er mit einem Bild aus der Erfahrungswelt, dem Sternenhimmel, bekräftigt. Jetzt kann Abraham glauben. Der zweite Redegang V. 7–21 beginnt als Offenbarungsrede: Jahwe verheißt Abraham das Land. Abraham antwortet mit der Bitte um Vergewisserung. Darauf unterzieht Jahwe sich dem Ritual einer eidlichen Selbstverpflichtung. Zuvor ergreift er ein weiteres Mal das Wort und sagt Abraham den Auszug seiner Nachkommen aus Ägypten voraus. Am Schluss wird die Landverheißung für die Nachkommen bekräftigt und der Umfang des künftigen Landes beschrieben.

Otto Kaiser hat 1958 in dem ersten von ihm publizierten Aufsatz dem Kapitel eine umsichtige und dem damaligen Forschungskonsens gegenüber bemerkenswert unabhängige Untersuchung gewidmet, die den weiteren Gang der Exegese stark beeinflusst hat.[2] Als sicherer Ausgangspunkt

---

1 G. v. RAD, Die Anrechnung des Glaubens zur Gerechtigkeit (1951; in: DERS., Gesammelte Studien zum Alten Testament [ThB 8] ⁴1971, 130–135), 130.
2 O. KAISER, Traditionsgeschichtliche Untersuchung von Genesis 15 (ZAW 70, 1958, 107–126; auch in: DERS., Von der Gegenwartsbedeutung des Alten Testaments, 1984, 107–126). Dazu J. VAN SETERS, Abraham in History and Tradition, 1975, 250f: „It is to Otto Kaiser's credit, it seems to me, that he introduced a very important control over the whole literary and tradition-historical discussion of Genesis

kann seither gelten, dass Gen 15 unselbständig einsetzt und von Anfang an für seinen heutigen Zusammenhang verfasst worden ist. Das zeigt der erste Satz. Die redaktionelle Verknüpfung וַיְהִי אַחַר הַדְּבָרִים הָאֵלֶּה „Und es geschah nach diesen Begebenheiten"³ teilt sich mit der Wortereignisformel וַיְהִי דְבַר־יהוה אֶל ... לֵאמֹר „Und das Wort Jahwes geschah zu ... folgendermaßen" das Prädikat, und zwar derart, dass das וַיְהִי der ersten Formel mit dem וַיְהִי der zweiten zu nachgestelltem הָיָה verschmilzt. Verknüpfung und Exposition der Szene lassen sich nicht trennen, es sei denn, man greift in den gegebenen Textbestand ein. Daraus folgt unabweisbar, dass mindestens „der Abschnitt vv. 1–6 ... ad hoc von einem Bearbeiter geschaffen wurde, der gleichzeitig für die jetzige Stellung des ganzen Kapitels verantwortlich ist".⁴ Diese Einsicht diktiert allen weiteren exegetischen Erwägungen die Bedingung: Gen 15 ist von der Wurzel her ein redaktioneller Text.

Der Einschub muss seinen Anlass in jenem Zusammenhang haben, den er unterbricht. Nach hinten ist der Anschluss unstrittig: Die Erzählung von Abrahams Ehe mit der Hagar in Gen 16 enthält mit Sicherheit einen Erzählkern, der älter als Gen 15 ist. Weniger eindeutig ist der Vortext. Der Krieg der Könige samt Abrahams Begegnung mit Melchisedek in Gen 14 ist ein Stoff eigener Art. Das Kapitel gilt mit Recht als einer der spätesten Texte der Genesis.⁵ Man hat zwar gelegentlich vermutet, dass die Beistandszusage Gen 15,1 sich auf Abrahams Kampf bezieht.⁶ Doch würde in diesem Fall die Gottesrede *vor* Gen 14 eingefügt worden sein.⁷ Der kriegerische Anlass, den das Beistandsorakel einst gehabt hat, ist längst verblasst. מָגֵן „Schild" wird

---

15 by means of his form-critical analysis." Seither haben besonders L. PERLITT, Bundestheologie im Alten Testament (WMANT 36) 1969, 68–77, und M. KÖCKERT, Vätergott und Väterverheißungen (FRLANT 142) 1988, 204–247, das traditionsgeschichtliche Verständnis des Kapitels gefördert.

3 Vgl. Gen 22,1.20; 39,7; 40,1; 48,1; Jos 24,29; 1 Kön 17,17; 21,1; vgl. Est 2,1; 3,1; Esr 7,1.
4 KAISER, 115.
5 Seit TH. NÖLDEKE, Untersuchungen zur Kritik des Alten Testaments, 1869, 156–172.
6 Vgl. A. CAQUOT, L'alliance avec Abram (Genèse 15) (Sem. 12, 1962, 51–66); N. LOHFINK, Die Landverheißung als Eid (SBS 28) 1967, 84–88; D. CARR, Reading the Fractures of Genesis, Louisville 1996, 164; K. SCHMID, Erzväter und Exodus (WMANT 81) 999, 176f; E. BLUM, Die literarische Verbindung von Erzvätern und Exodus (in: J. CH. GERTZ / K. SCHMID / M. WITTE [Hg.], Abschied vom Jahwisten [BZAW 315] 2002, 119–156), 142 f.
7 B. D. EERDMANS, Die Komposition der Genesis, 1908, 38: „Die Worte: Fürchte dich nicht Abram, sind nach dem glänzenden Siege von Gen. 14 besonders schlecht angebracht." Vgl. auch VAN SETERS, Abraham, 254.

einfach als Metapher der Psalmensprache verwendet (vgl. Ps 3,4; 18,3.31; 84,11; 144,2). Deshalb kann Gen 15 nur an Gen 13 angeschlossen haben.

Am Ende der dortigen Erzählreihe von Abraham und Lot bekräftigt Jahwe dem Abraham die Verheißung des Landes. Abraham erhält den Lohn dafür, dass er Lot bei der Wahl der Weidegründe den Vortritt gelassen hat: „Das ganze Land, das du siehst: dir will ich es geben (לְךָ אֶתְּנֶנָּה)" (13,15a).[8] Hierauf ist, bevor Gen 15 und später Gen 14 zwischenein kamen, die Erzählung Gen 16 gefolgt: „Sara, Abrams Frau, hatte ihm nicht geboren." Aus dieser Abfolge erwächst eine brisante Unstimmigkeit, die Abraham in 15,3b benennt: „Siehe, du hast mir keinen Nachkommen gegeben." Solange Abraham keinen Sohn hat, geht die Landverheißung ins Leere. Genau das ist das Problem, das den theologischen Exkurs hervorgebracht hat. Der Wortlaut „du hast mir nicht *gegeben* (לֹא נָתַתָּה)" greift wörtlich auf die vorangegangene Verheißung zurück. Damit sind Anlass und Stellung von Gen 15 hinreichend erklärt.[9]

Dagegen könnte man einwenden, dass bereits 13,15b–17 auf die Kinderlosigkeit Abrahams eingeht,[10] wo die Zusage des Landes auf Abrahams Nachkommenschaft ausgedehnt[11] und eine Mehrungsverheißung hinzugefügt wird.[12] Doch dieser Teil der Verheißungsrede ist nachgetragen. Das zeigt sich, wenn V. 17b auf die Landverheißung zurücklenkt: כִּי לְךָ אֶתְּנֶנָּה „denn dir will ich es geben" ist Wiederaufnahme von לְךָ אֶתְּנֶנָּה V. 15a, ein eindeutiger Hinweis auf literarische Erweiterung. Die Ankündigung: „Ich will deine Nachkommen wie den Staub der Erde machen" (V. 16), kennt schon die Bekräftigung durch den Blick zum Sternenhimmel 15,5; nur dass, weil Tag herrscht, das Bild wechseln musste: statt der Sterne der – noch weniger zählbare – Staub. Der Vergleich, der in Gen 15 aus der Szene erwächst:

---

8   Die ältere Landverheißung 12,7a, die allein den Nachkommen galt, wird damit korrigiert.
9   Gegen SCHMID, Erzväter und Exodus, 63f (vgl. 186): „Es handelt sich bei Gen 15 um den herausragendsten Brückentext in Gen, der der literarischen Verbindung von Gen und Ex(ff) dient." Eine solche These ist nicht nur unnötig und unbeweisbar; sie stellt die Absicht auf den Kopf. Exkurse wie Gen 15 sehen allein auf die theologischen Probleme. Literarische Zusammenhänge werden von ihnen eher verwirrt als hergestellt.
10 R. KRAETZSCHMAR, Die Bundesvorstellung im Alten Testament, 1896, 60f, und ihm folgend KAISER, Traditionsgeschichtliche Untersuchung, 123, schließen folgerichtig 15,1 an die Landverheißung 12,7a an.
11 13,15b kommt damit auf 12,7a zurück im Sinne einer Synthese: Das Land gilt nicht nur Abraham selbst (13,15a) oder seinen Nachkommen (12,7a), sondern beiden.
12 Die Parallele in Gen 28,13b–14 setzt die Ergänzung voraus, vgl. CH. LEVIN, Der Jahwist (FRLANT 157) 1993, 219 f.

„Kannst du sie zählen?", muss hier erläutert werden: „So dass, wer den Staub der Erde zählen kann, auch deine Nachkommen wird zählen können." Schon die ältere Landverheißung 13,14–15a hat nicht zum Grundbestand gehört. Der invertierte Verbalsatz וַיהוה אָמַר אֶל־אַבְרָם „Jahwe aber hatte zu Abram gesagt" entwickelt sich nicht aus der Erzählfolge, sondern muss mit אַחֲרֵי הִפָּרֶד־לוֹט מֵעִמּוֹ „nachdem Lot sich von ihm getrennt hatte" umständlich an sie anknüpfen. Weiteres ergibt sich aus der Schichtung von Gen 12–13. Für die Verheißung ist wesentlich, an welcher Stelle sie ergeht. Jahwe fordert Abraham auf, von dem „Ort, wo du dich befindest" (הַמָּקוֹם אֲשֶׁר־אַתָּה שָׁם, V. 14aγ), das Land in die vier Himmelsrichtungen zu übersehen. Es ist kein anderer als der „Ort, wo sein Zelt zuerst gestanden hatte" (הַמָּקוֹם אֲשֶׁר־הָיָה שָׁם אָהֳלֹה בַּתְּחִלָּה, 13,3) und demzufolge derselbe Ort, an dem Abraham in 12,8 Station gemacht hat, nämlich Bethel. Die Rückkehr nach Bethel aber ist nur deshalb erforderlich und möglich, weil Abraham in 12,10–20, genötigt durch eine Hungersnot, das vorgegebene Itinerar verlassen hat, um nach Ägypten zu ziehen. Die Erzählung von der Gefährdung der Ahnfrau in Ägypten ist ein Exkurs, wie man schon lange gesehen hat. „Hätte 12,10–20 ursprünglich hier gestanden, so wäre gar kein Grund gewesen, den Abraham ... wieder nach Bethel zurückwandern zu lassen".[13] In Ägypten gerät Abraham in Bedrängnis und Not. Jahwe aber schlägt den Pharao mit Plagen, so dass er ihn ziehen lässt. Die Typologie liegt auf der Hand: Bereits der erste der Stammväter soll den Weg des späteren Gottesvolkes vorausvollzogen haben, von der Josefsgeschichte bis zum Exodus.[14] Das zeigen allerlei Anspielungen auch wörtlich. „Pharao wird Gen 12,17 wie in Ex 11,1 mit Plagen geschlagen (נגע), 12,20 ‚schickt' (שלח) er Abraham und sein Gefolge fort – damit klingt das Leitwort in Ex 5ff an."[15] Da die Vorlage Ex 11,1–3 bereits Priesterschrift und nichtpriesterschriftlichen Erzählfaden in literarischer Verbindung kennt,[16] muss Gen 12,10–20, und somit auch 13,3 und 13,14–15a, jünger sein als die Priesterschrift. Daraus folgt, dass

---

13 J. WELLHAUSEN, Die Composition des Hexateuchs, ⁴1963, 23.
14 Schon B. LUTHER bei E. MEYER, Die Israeliten und ihre Nachbarstämme, 1906, 123, erkannte, dass Gen 12,10–20 „eine Parallele ist zu Gen. 42 bis Exod. 12." Neuerdings wurde die typologische Vorwegnahme u. a. von E. BLUM, Die Komposition der Vätergeschichte (WMANT 57) 1984, 309; M. FISHBANE, Biblical Interpretation in Ancient Israel, Oxford 1985, 375; SCHMID, Erzväter und Exodus, 64, erfasst.
15 SCHMID ebd.
16 Das hat J. CH. GERTZ, Tradition und Redaktion in der Exoduserzählung (FRLANT 186) 2000, 176f, nachgewiesen. Vgl. auch LEVIN, Jahwist, 335–339.

das Kapitel Gen 15, das auf 13,14–15a reagiert, von Anfang an nachpriesterschriftlich ist;[17] das bedeutet auch: jünger als der Abrahambund Gen 17.[18]

Der richtige Erbe fehlt

Die Wortereignisformel, mit der Gen 15 einsetzt, stammt unstreitig aus der Prophetie. Sie begegnet im Pentateuch nur hier und in dem folgenden V. 4. Die ältesten Belege finden sich im Buch Jeremia; sie stehen dort mit einer ausgeprägten prophetischen Wort-Theologie in Zusammenhang.[19] Am häufigsten ist die Wortereignisformel mit fünfzig Belegen im Buch Ezechiel.[20] Ebenso wie das „Wort Jahwes" in Gen 15,1.4 längst zum Begriff erstarrt ist, wird es auch im Ezechielbuch nie zu einem eigenen Thema, sondern ist nur mehr Synonym für die prophetische Botschaft, mehr noch: für die Offenbarung schlechthin.[21] „Die Formel will ... Abraham nach dem Bilde des israelitischen Propheten zeichnen, eine Tendenz, die in der zur elohistischen Schicht zu rechnenden Erzählung Gen 20,1–17 wiederkehrt."[22] Wie wenig dem Verfasser ein Wortereignis im engen Sinne vorschwebt, zeigt sich daran, dass er es mit einer Vision (מַחֲזֶה) verknüpft. „This seems to be a rather strange combination of two different modes of prophetic reception of revelation that are usually kept quite distinct."[23] „Der Sprachgebrauch von חזה verweist vornehmlich in eine spätere Zeit, in der es zu einer allgemeinen

---

17 So mit anderer Begründung u. a. auch H.-CH. SCHMITT, Redaktion des Pentateuch im Geist der Prophetie (1982; in: DERS., Theologie in Prophetie und Pentateuch [BZAW 310] 2001, 220–237); J. HA, Genesis 15. A Theological Compendium of Pentateuchal History (BZAW 181) 1989; TH. RÖMER, Genesis 15 und Genesis 17 (DBAT 26, 1989/90, 1992, 32–47); SCHMID, Erzväter und Exodus, 172–186; BLUM, Verbindung (s. Anm. 6), 142–144.
18 Für das Verhältnis von Gen 15 und Gen 17 ist freilich zu berücksichtigen, dass nur ein Teil von Gen 17 zur Grundschrift P^G gehört.
19 Vgl. CH. LEVIN, Das Wort Jahwes an Jeremia. Zur ältesten Redaktion der jeremianischen Sammlung (unten 216–241).
20 Dazu W. ZIMMERLI, Ezechiel (BK XIII) 1969, 88–90. Acht Belege haben wie Gen 15,1 die Form mit הָיָה, weil die Angabe eines Datums voransteht: Ez 1,3; 26,1; 29,1.17; 30,20; 31,1; 32,1.17.
21 Der Begriff דְּבַר־יהוה begegnet im Ezechielbuch sonst ausschließlich in einer weiteren Formel, dem Höraufruf: Ez 6,3; 13,2; 16,35; 21,3; 25,3; 34,7.9; 36,1.4; 37,4.
22 KAISER, Traditionsgeschichtliche Untersuchung, 110. KÖCKERT, Vätergott, 215, vergleicht auch Gen 18,22–33, wo Abraham in der prophetischen Funktion des Fürbitters auftritt.
23 VAN SETERS, Abraham, 253. Die Verbindung von דבר und חזה in Jes 2,1 und Am 1,1 ist sekundär.

und uneigentlichen Bezeichnung prophetischen Offenbarungsempfanges verblassen konnte." „Es häuft sich bei Ezechiel".[24]

Am nächsten kommt Gen 15,1 der Einleitung der Berufungsvision Ez 1,3a. Nur an dieser Stelle im Ezechielbuch betrifft die Wortereignisformel den Propheten in 3. Person.[25] Tatsächlich verläuft der folgende Dialog nach dem Schema von Anrede, Einwand und Bekräftigung, das für die Berufung der Propheten kennzeichnend ist. Abrahams Gegenrede in V. 2 und 3 entspricht dem „Einwand des Berufenen", wie er in Jes 6,5 und seither in Jer 1,6; Ex 3,11; 4,10; Ri 6,15; 1 Sam 9,21 zur Gattung gehört,[26] und vollends folgt dem Vorbild das bekräftigende Zeichen, das Abraham in V. 5 erhält, vgl. Jes 6,6–7; Jer 1,9; Ez 2,8–3,3. Wenn allerdings die Beistandszusage dem Einwand nicht wie in Jer 1,7–8; Ex 3,12; 4,12; Ri 6,16 antwortet, sondern vorausgeht, zeigt sich, dass das Muster nicht im eigentlichen Sinne gebraucht wird.[27] Weder wird Abrahams Berufung erzählt, noch soll er zu einem Propheten erklärt werden.

Die Offenbarungsrede setzt ein mit der Beruhigungsformel אַל־תִּירָא „Fürchte dich nicht!",[28] ergänzt um den Vokativ des Angeredeten[29] und die Beistandszusage, die in die Form einer Selbstprädikation Jahwes gefasst ist: „Ich bin dein Schild!" Das sind die Grundelemente des Heilsorakels. Sie haben aber kein eigenes Gewicht, sondern bilden den szenischen Rahmen „für eine in das Gewand einer künstlichen Erzählung gehüllte theologische Abhandlung."[30] Die Verheißung großen Lohnes, die sich wie schon 13,14–15a auf Abrahams Großzügigkeit gegenüber Lot beziehen mag, bleibt unbestimmt und kann deshalb nicht für sich selbst stehen. Sie soll Abraham lediglich Gelegenheit zur Einrede geben.

---

24 KAISER, 110 mit Anm. 15. Vgl. Ez 7,13.26; 12,22.23.24.27.27; 13,6.7.8.9.16.16.23; 21,34; 22,28. Die Nominalbildung מַחֲזֶה neben Gen 15,1 nur noch Num 24,4.16 und Ez 13,7.
25 Alle anderen Belege bieten die Formel mit der 1. Person, vgl. ZIMMERLI, Ezechiel, 90: „Bei Ezechiel herrscht diese Verpersönlichung ganz ausschließlich." Statt הָיָה יָהּ ist mit LXX, Targum und Vulgata הָיָה zu lesen, vgl. ZIMMERLI, 3 f.
26 Vgl. W. RICHTER, Die sogenannten vorprophetischen Berufungsberichte (FRLANT 101) 1970, 145 f.
27 VAN SETERS, Abraham, 255, findet mit Recht, dass die Abfolge von Heilsorakel V. 1 und Klage V. 2–3 unter formkritischem Gesichtspunkt auf dem Kopf steht.
28 Dazu jetzt M. NISSINEN, Fear Not: A Study on an Ancient Near Eastern Phrase (in: M. A. SWEENEY / E. BEN ZVI [ed.], The Changing Face of Form Criticism for the Twenty-First Century, Grand Rapids, Mich. / Cambridge, U.K. 2003, 122–161).
29 So nur noch Jes 10,24; 41,14; 44,2; Jer 30,10; 46,27.28; Joel 2,21; Dan 10,12.19, vgl. Rut 3,11.
30 KÖCKERT, Vätergott, 222.

Diese Einrede geschieht in V. 2 und 3 doppelt. Beide Verse werden gleichlautend mit וַיֹּאמֶר אַבְרָם „Und Abram sprach" eingeleitet. Das verletzt die „Stilregel …, daß man zwei Reden derselben Person hintereinander vermeidet, sondern sie durch das Wort eines andern oder eine Handlung trennt."[31] Vor die Wahl gestellt, neigen die meisten Exegeten dazu, die erste Einrede für ursprünglich zu halten. Wahrscheinlich ist das aber nicht; denn zwei getrennte Reden sind in der Regel nur dort unvermeidlich, wo die spätere an erster Stelle eingefügt wird. Nach hinten hätte sich der vorhandene Redegang einfach fortführen lassen. Auch ist die Rede Abrahams nicht nur einmal, sondern in mehreren Anläufen erläutert und glossiert worden.

Was die Erweiterungen ausgelöst hat, lässt sich nachvollziehen. Abrahams Klage: „Siehe, du hast mir keinen Nachkommen gegeben" (V. 3a), wird im folgenden Kapitel mit der Geburt des Ismael hinreichend beantwortet. Die Verheißung, Abrahams Nachkommen wie die Sterne zu mehren (V. 5b), lässt sich genau in diesem Sinne verstehen, wie die Wiederholung in 16,10 zeigt. Diese Lösung war ungenügend, ja anstößig für ein Geschichtsbild, in welchem die Genealogie des Gottesvolkes allein über Isaak lief. In 25,12–18 werden Ismaels Nachkommen aus der Stammlinie ausgegliedert, in 21,9–20 wird Ismael gar mitsamt seiner Mutter aus Abrahams Hausstand entfernt.[32] Deshalb lässt ein Ergänzer den Abraham nunmehr beklagen, dass er nur einen halbbürtigen Sohn hat: „Und siehe, der Sohn meines Hauses wird mich beerben" (V. 3b). Das steht zur Klage über den fehlenden Nachkommen in Widerspruch. Der Neueinsatz wird durch das zweite „siehe" angezeigt, das auch stilistisch abweicht: וְהִנֵּה statt הֵן. Abraham nimmt voraus, was er noch gar nicht wissen kann. Erst in 16,2–3 wird Sara ihm die Hagar zuführen.

Auch die erste, später vorangestellte Klage setzt die Geburt des Ismael voraus: „Mein Herr Jahwe, was willst du mir geben, wo ich doch kinderlos dahingehe" (V. 2a). Denn das Attribut עֲרִירִי „kinderlos" betrifft nicht den physischen, sondern einen rechtlichen Status. Das geht aus Jer 22,30 hervor, wo für den exilierten Jojachin gleichsam notariell festgestellt wird: „Schreibt diesen Mann als kinderlos auf." Sollte er Kinder bekommen, so sind sie nicht erbberechtigt.[33] Die Fortsetzung V. 2b ist ein weiterer Nach-

---

31 H. GUNKEL, Genesis (HK I 1) ³1910, XLII.
32 Für Gen 21 ist freilich nicht auszuschließen, dass Gen 15,3b–4 bereits vorausgesetzt ist und die zugehörige Erfüllung erzählt werden soll, vgl. bes. 21,10 mit 15,4.
33 Vgl. W. RUDOLPH, Jeremia (HAT I 12) ³1968, 143. Zu dieser Deutung von Gen 15,2a bes. KÖCKERT, Vätergott, 211 Anm. 218. Ebenso lassen sich auch die beiden übrigen Belege von עֲרִירִי verstehen, die sich in Lev 20,20.21 finden. Die Strafbestimmungen für die illegitime Verbindung mit der Frau des Oheims oder mit der Frau des

trag. Er steht parallel zu V. 3b und zeigt dadurch an, dass er dessen Aussage nochmals korrigieren will: Nicht Ismael, sondern Abrahams Knecht Eliëser soll derjenige gewesen sein, der nach V. 4 vom Erbe ausgeschlossen ist. Der hebräische Wortlaut ist eine crux sondergleichen. Vor dem genauen Verständnis muss jede Exegese kapitulieren.[34]

Jahwes Antwort V. 4 bezieht sich ausschließlich auf V. 3b. Sie hält der Klage: „Und siehe, der Sohn meines Hauses wird mich beerben", entgegen: „Nicht dieser wird dich beerben, sondern der aus deinem Leibe hervorgehen wird: er wird dich beerben." Das Verb ירש, das für „beerben" gebraucht ist, geht auf die Landgabeformel im Deuteronomium zurück.[35] Es ist im hiesigen Zusammenhang aus der Gottesrede V. 7 genommen.[36] Eingeleitet wird der Redegang mit einer zweiten Wortereignisformel, die nicht wie stets mit וַיְהִי, sondern mit וְהִנֵּה „und siehe" beginnt, als wolle sie die Worte Abrahams aufnehmen. וְהִנֵּה ist zudem ein Merkmal der Visionsschilderung.[37] Jahwes Wort soll im Rahmen der Vision ergehen, die in V. 1 angedeutet ist.

Bemerkenswert ist die Wendung אֲשֶׁר יֵצֵא מִמֵּעֶיךָ „der aus deinem Leibe hervorgehen wird". Sie kann nämlich nicht, wie man zunächst denken mag, die Zeugung meinen, sondern nur die Geburt: מֵעִים ist das Leibesinnere, im engeren Sinne der Mutterleib, vgl. Gen 25,23; Jes 49,1; Ps 71,6; Rut 1,11.[38] Die nächste Parallele findet sich in dem Orakel für die schwangere Rebekka Gen 25,23: „Zwei Völker sind in deinem Mutterleib, und zwei Nationen werden sich aus deinem Leibe scheiden (מִמֵּעַיִךְ יִפָּרֵדוּ)." In 15,4 liegt eine sekundäre Übertragung vor. יצא מִמֵּעֶיךָ „aus deinem Leibe hervorgehen" muss

---

Bruders, die man andernfalls nur als Gottesstrafe deuten kann: „Sie sollen kinderlos sterben", hätten einen rechtspraktischen Sinn: Nachkommen gelten als nicht vorhanden.

34 W. ZIMMERLI, 1. Mose 12–25: Abraham (ZBK AT 1.2) 1976, 47 Anm. 17: „Die neueren Besserungsvorschläge sind Legion, keiner aber vermag wirklich zu überzeugen. Offensichtlich ist der Text schon früh nicht mehr sicher verstanden worden."

35 Die genaue Form לְרִשְׁתָּהּ findet sich neben Gen 15,7; Jos 1,11; 13,1; Esr 9,11 fünfundzwanzig Mal im Buch Deuteronomium. Weitere Varianten gibt es dort in Fülle.

36 Auch diese Einzelheit, die auf den ersten Blick für die thematische Einheit von Gen 15 zu sprechen scheint, bestätigt die literarische Sekundarität von V. 3b–4. Denn der zweite Durchgang V. 7–21 ist erst im Anschluss an den Grundbestand von V. 1–6 hinzugewachsen, s. u.

37 Vgl. Gen 15,17; 28,12.12.13; 31,10; 37,7.9; 40,9.16; 41,1.2.3.5.6.18.19.22.23 usw.

38 Die Übersetzung „der aus deinen Lenden hervorgehen wird" (GUNKEL, PROCKSCH, EISSFELDT), oder „den du selbst erzeugen wirst" (v. RAD), ist falsch. Richtig LUTHER: „der von deinem Leibe kommen wird", ebenso KAUTZSCH, WESTERMANN, ZIMMERLI. Schon die Septuaginta hat das Problem erkannt und hilft sich, bei einem Seitenblick auf 17,6, mit ἐκ σοῦ = מִמְּךָ.

verstanden werden als „aus dem Leibe der dir gehörenden Frau".[39] Hagar nämlich gehörte nicht Abraham, sondern der Sara (16,1b).

Ohne die Ergänzung V. 3b–4 wird das Schema von Verheißung, Einrede und Bekräftigung um so deutlicher. Der Kern von Gen 15 liest sich wie folgt:

> ... denn das ganze Land, das du siehst: dir will ich es geben (לְךָ אֶתְּנֶנָּה). Und Abram zog mit seinen Zelten und kam und wohnte bei den Terebinthen von Mamre und baute dort für Jahwe einen Altar.
> Nach diesen Begebenheiten geschah das Wort Jahwes zu Abram in einem Gesicht: Fürchte dich nicht, Abram. Ich bin dein Schild. Dein Lohn wird sehr groß sein. Abram sprach: Siehe, du hast mir keinen Nachkommen gegeben (לִי לֹא נָתַתָּה זָרַע). Da führte er ihn hinaus ins Freie und sprach: Blicke gen Himmel und zähle die Sterne, ob du sie zählen kannst. Und er sprach zu ihm: So werden deine Nachkommen sein (כֹּה יִהְיֶה זַרְעֶךָ).
> Sara, Abrams Frau, gebar ihm kein Kind. Sie hatte aber eine ägyptische Magd, die hieß Hagar. (13,15a.18*; 15,1.3a.5; 16,1)

Der Einschub ist aus dem Widerspruch zwischen der Landverheißung 13,14–15a und Abrahams Kinderlosigkeit 16,1 erwachsen. Auf Abrahams Klage hin: „Siehe, du hast mir keinen Nachkommen gegeben" (V. 3a), gibt Jahwe ihm im Angesicht des Sternenhimmels die Verheißung unzähliger Nachkommenschaft. Die Vision erweist sich an dieser Stelle als Nachtgesicht. Die Sterne sind für den deuterojesajanischen Schöpfungsbeweis Jes 40,26 der Inbegriff der Unzählbarkeit. Hier wie dort ist Jahwe als der Weltengott gedacht, dessen Macht als Schöpfer die Gewissheit des künftigen Heils verbürgt und das „Fürchte dich nicht" begründet.[40] Eine neue Redeeinleitung verleiht der Schlussfolgerung Gewicht:[41] „Und er sprach zu ihm: So werden deine Nachkommen sein." Die eingeschobene Szene ist abgerundet und findet in der Mehrungsverheißung für Ismael 16,10 ein genau entsprechendes Echo.

---

39 Diese Bedeutung wird durch 2 Sam 7,12; 16,11 überdeckt. Es ist aber anhand des bloßen Wortsinns zwingend, dass diese Parallelen auf Gen 15,4 zurückgehen und nicht umgekehrt. Die besitzrechtliche Deutung wird durch den Begriff פְּרִי בֶטֶן „Frucht des Leibes" bestätigt, der fast stets mit dem Vater verbunden ist im Sinne von „Frucht des dir gehörenden Mutterleibes" (Dtn 7,13; 28,4.11.18.53; 30,9; Mi 6,7; Ps 132,11; vgl. Spr 31,2; Hi 19,17).

40 Vgl. die Argumentationskette Jes 40,12*.15a.21a.27–28a*.29; 41,4b.8a.10–11.13; 42,1a.bβ.4b, und dazu CH. LEVIN, Das Alte Testament, ³2006, 87–89, sowie R. G. KRATZ, Die Propheten Israels, 2003, 93–95.

41 In diesem Fall ist die doppelte Rede kein literarkritisches Indiz, zumal zwischenein die Ausführung des Befehls hinzuzudenken ist.

Abschließend ist Abrahams Reaktion vermerkt: „Und er glaubte Jahwe, und er rechnete es ihm als Gerechtigkeit an" (15,6). Der Satz ist eine Deutung außerhalb der Erzählebene. Er „verrät ausgesprochene theologische Reflexion"[42] und hat „fast schon den Charakter eines allgemeinen theologischen Lehrsatzes".[43] Aus der Störung der hebräischen Tempusfolge[44] sowie aus der Spannung zum Folgetext, in welchem vielmehr der Zweifel Abrahams der Auslöser ist, lässt sich entnehmen, dass ein weiterer Nachtrag vorliegt. Das leitende Stichwort ist צְדָקָה „Gerechtigkeit". Vorausgesetzt ist, dass Abraham, der bald darauf in dem Gespräch mit Jahwe als Anwalt der Gerechten auftritt, selbst ein Gerechter gewesen ist.[45] Auch der Gesichtspunkt des „Lohnes" (שָׂכָר, V. 1) könnte auslösend gewesen sein. Die Frage lautete: Worin besteht Abrahams Gerechtigkeit? Der Lehrsatz behauptet: darin, dass Abraham sich an Jahwe festgemacht hat (אמן hi.). Auch hier ist ein Vorbild im Spiel gewesen, nämlich das berühmte „Glaubt ihr nicht, so bleibt ihr nicht" aus Jes 7,9.[46] Dort ist das „Sich-Festmachen" auf die David-Verheißung 2 Sam 7 bezogen.[47] Für Gen 15,6 bedeutet das: Abraham ist darin gerecht gewesen, dass er sich fest auf die ihm gegebene Verheißung verlassen hat. In der vorangehenden Erzählung hat er dieses Vertrauen darin bewährt, dass er Lot den Vorgriff auf das Land überlassen hat, obwohl Jahwe

---

42 KAISER, Traditionsgeschichtliche Untersuchung, 118.
43 G. V. RAD, Das erste Buch Mose (ATD 2/4) ⁹1972, 143 f.
44 Das Perfectum copulativum וְהֶאֱמִן dient als Narrativ, wie die Septuaginta richtig übersetzt. Solcher aramaisierende Tempusgebrauch (GesK § 112pp) steht häufig am Einsatz von literarischen Ergänzungen. C. J. BALL, The Book of Genesis (SBOT 1) 1896, 11.64, konjiziert ויאמן „instead of the ungrammatical והאמן". Die Deutung als Iterativ „er glaubte mehrfach" (GUNKEL, Genesis, 180) ist ein Missgriff.
45 Der Zusatz hängt mit 18,22b–33a und weiteren ähnlichen zusammen. Er vertritt die verbreitete Tendenz der Spätzeit, das geschichtliche Geschehen unter den Gesichtspunkt der Gerechtigkeit Gottes zu stellen, vgl. CH. LEVIN, Gerechtigkeit Gottes in der Genesis (2001; in: DERS., Fortschreibungen [BZAW 316] 2003, 40–48).
46 So R. SMEND, Zur Geschichte von האמין (1967; in: DERS., Die Mitte des Alten Testaments, 2002, 244–249).
47 Nach E. WÜRTHWEIN, Jesaja 7,1–9. Ein Beitrag zu dem Thema: Prophetie und Politik (1954; in: DERS., Wort und Existenz, 1970, 127–143), 141, muss Jes 7,7–9 „von der Nathanweissagung und der in ihr sich niederschlagenden Tradition vom Davidsbund her verstanden werden", vgl. Jes 7,9b mit 2 Sam 7,16. Ebenso O. KAISER, Das Buch des Propheten Jesaja. Kapitel 1–12 (ATD 17) ⁵1981, 143, und jetzt J. BARTHEL, Prophetenwort und Geschichte (FAT 19) 1997, 170, sowie U. BECKER, Jesaja – von der Botschaft zum Buch (FRLANT 178) 1997, 37. Becker datiert Jes 7* in protochronistische Zeit. Das ist, wenn Würthweins Ableitung stimmt, unausweichlich; denn die Davidverheißung 2 Sam 7 ist von der Wurzel her jünger als die Priesterschrift, vgl. CH. LEVIN, Die Verheißung des neuen Bundes (FRLANT 137) 1985, 251–255.

es ihm selbst und seinen Nachkommen zugesprochen hatte.[48] Die Wendung חשׁב ל־ „jemandem etwas anrechnen" mag ursprünglich einen deklaratorischen Akt aus der Kultpraxis betreffen;[49] ebensogut aber kann das Verb חשׁב das theologische Kalkül bezeichnen (vgl. bes. Jer 18,8.11; 29,11; 49,20; Gen 50,20), also genau jene Geisteshaltung, die hinter dem Zusatz gestanden hat.

Im Horizont der weiteren Geschichte

Mit der Selbstvorstellung: „Ich bin Jahwe, der ich dich aus Ur Kasdim herausgeführt habe, um dir dieses Land zu geben, dass du es in Besitz nimmst", beginnt in V. 7 ein neuer Durchgang. Der plumpe Einsatz „und er sprach zu ihm" sieht Jahwe und Abraham noch auf der Bühne, zeigt aber zugleich, dass die Handlung sich nicht fortsetzt, sondern fortgesetzt wird – von zweiter Hand. Sie ist „*literarisch* auf den Anschluß an die erste Szene angewiesen".[50] Auch V. 7–21* ist wie V. 1–6* durchgehend redaktionell.[51] Wieder ereignet sich die Gottesbegegnung des Nachts. Indessen muss zunächst Tag sein, damit Abraham das Ritual präparieren kann, mit dem Jahwe auf seine Zweifel antwortet. Der Wechsel der Tageszeit wird mit keinem Wort vermittelt. In V. 12 lässt der Erzähler die Dunkelheit wieder eintreten, die in V. 5 schon vorausgesetzt ist.

Auch dieses Stück ist mehrfach überarbeitet worden. Das zeigt auf den ersten Blick die annähernde Wiederholung von V. 12aα וַיְהִי הַשֶּׁמֶשׁ לָבוֹא „und als die Sonne unterging" in V. 17aα וַיְהִי הַשֶּׁמֶשׁ בָּאָה „als nun die Sonne untergegangen war". Die Gottesrede, die auf diese Weise gerahmt wird, gilt seit Hermann Hupfeld mit guten Gründen als Zusatz. „Diese Stelle V. 13–16, die weit über das nächste Ziel hinausgreift, steht allerdings in etwas losem Zusammenhang mit der Verhandlung, und läßt dem Zweifel Raum ob sie ursprünglich oder an der richtigen Stelle, und nicht etwa erst später eingelegt

---

48 Die Haltung ist von sehr fern Gen 22 vergleichbar, wo Abraham bereit ist, den verheißenen Sohn auf Gottes Gebot hin zu opfern.
49 G. V. RAD, Die Anrechnung des Glaubens zur Gerechtigkeit (1951; in: DERS., Gesammelte Studien zum Alten Testament [TB 8] ⁴1971, 130–135). Belege sind Lev 7,18; 17,4; auch Ps 32,2; 106,31. Zum möglichen Vollzug vgl. ZIMMERLI, Ezechiel, 397–399.
50 M. NOTH, Überlieferungsgeschichte des Pentateuch, 1948, 29 Anm. 85.
51 Versuche, 15,7–8 als nachträgliche Überleitung zu einem älteren Grundbestand zu deuten, zerstören den Text. Vgl. KÖCKERT, Vätergott, 225 f.

sei."⁵² Der Zusatz bildet eine Ringkomposition,⁵³ die durch die Wiederaufnahme von V. 12a in V. 17a umgrenzt wird. Dabei ist וְהִנֵּה אֵימָה גְדֹלָה „und siehe, ein großer Schrecken" an die Stelle von וְהִנֵּה תַנּוּר עָשָׁן „und siehe, ein rauchender Ofen" getreten. Der unterbrochene Faden verläuft von V. 12a nach V. 17b:

> Und als die Sonne unterging, fiel ein Tiefschlaf auf Abram;
>> und siehe, ein großer Schrecken fiel auf ihn. Er sprach zu Abram: Du sollst gewiss wissen, dass deine Nachkommen Fremdling sein werden in einem Land, das ihnen nicht gehört. Und sie werden ihnen dienen, und sie werden sie bedrücken. Danach werden sie ausziehen mit großem Erwerb. Als nun die Sonne untergegangen und Finsternis eingetreten war,
>> und siehe, da waren ein rauchender Ofen und eine feurige Fackel, die zwischen den Stücken hindurchfuhren. (15,12a.12b–13a.14b.17a.17b)

Der Einschub ist durch die Verheißung V. 7 hervorgerufen worden, mit welcher Jahwe jetzt und hier das Land dem Abraham zum Besitz übergibt. Das widerspricht dem Gang der Geschichte, der die Israeliten erst nach der Rückkehr aus Ägypten endgültig in das Land führen wird. Um die Irritation zu bewältigen, beantwortet ein Ergänzer die Frage Abrahams: „Woran werde ich erkennen" (בַּמָּה אֵדַע, V. 8), noch einmal auf andere Weise: „Du sollst gewiss wissen" (יָדֹעַ תֵּדַע).

Die zusätzliche Gottesrede erfordert zu Anfang eine Korrektur: Der Tiefschlaf (תַּרְדֵּמָה), der nach V. 12a auf Abraham fällt (נָפְלָה עַל), kommt einer Betäubung gleich (vgl. Gen 2,21; 1 Sam 26,12; Jes 29,10). Abraham hätte die Worte Jahwes nicht vernehmen können. Deshalb deutet V. 12b den Zustand als großen Schrecken (אֵימָה גְדֹלָה),⁵⁴ der ihn angesichts der Gottes-

---

52 H. HUPFELD, Die Quellen der Genesis und die Art ihrer Zusammensetzung, 1853, 143 Anm. 58. Nachdem diese Einsicht lange Zeit unangefochten war, verbreitet sich neuerdings die Behauptung, sie sei „weniger text- als theoriegesteuert" (SCHMID, Erzväter und Exodus, 176) – ohne dass die Kritiker bedenken, dass man denselben Verdacht auch auf sie lenken kann. Da die Verse 13–16 die Priesterschrift voraussetzen, scheide sie aus, um für den übrigen Text die Frühdatierung zu retten, vgl. RÖMER, Genesis 15 und Genesis 17 (s. Anm. 17), 34–38. Das Argument geht ins Leere, weil für Hupfeld die Priesterschrift noch als die älteste Quellenschrift galt. Zur neuesten Diskussion vgl. J. CH. GERTZ, Abraham, Mose und der Exodus (in: Abschied vom Jahwisten [s. Anm. 6], 63–81), 71–74.
53 Vgl. W. RICHTER, Exegese als Literaturwissenschaft, 1971, 70 f.
54 Das unverbundene Stichwort חֲשֵׁכָה „Finsternis" ist wahrscheinlich eine Glosse, die mit V. 17aβ ausgleichen will, vgl. H. HOLZINGER, Genesis (KHC 1) 1898, 148; J. SKINNER, Genesis (ICC) ²1930, 281; ZIMMERLI, 1. Mose 12–25, 48 Anm. 20.

erscheinung überfallen habe (נָפְלָת עָלָיו). Der ältere Text bleibt dabei unangetastet. Die Korrektur wird gleichsam darüber gelegt.

Jahwe sagt Abraham in groben Zügen den Gang der Geschichte voraus. Damit zeigt er ihm, dass auch der Umweg, der über die Knechtschaft in Ägypten führen wird, seinem Plan folgt. Was derart in Gott beschlossen ist, kann der Verheißung nicht widersprechen; um so weniger, als die Israeliten mit großem Erwerb zurückkehren werden. Der Ergänzer hat seinen Stoff nicht nur in den Eroduserzählungen, sondern auch im näheren Kontext gefunden. Der Begriff רְכוּשׁ „Erwerb" gehört zum kennzeichnenden Wortschatz der Priesterschrift in der Vätergeschichte (Gen 12,5; 13,6; 31,18; 36,7; 46,6). Im Buch Exodus fehlt er. Für רְכֻשׁ גָּדוֹל „großer Erwerb" hat 13,6 als Vorbild gedient: כִּי־הָיָה רְכוּשָׁם רָב „denn ihr Erwerb war zahlreich". In der Erzählfolge von Gen 12–13 stellt es sich so dar, dass Abraham diesen Reichtum vom Pharao erhalten hat zum Ausgleich für seine Bedrängnis (12,16).[55] Auch bei der Fremdlingschaft (√ גור) der Israeliten klingt eher Gen 12,10 an[56] als die Exodusberichte.[57] Die Verbindung von Knechtsdienst und Bedrückung (ענה pi.) in Ägypten ergibt sich aus Ex 1,14 P^S und Ex 1,11.12 J^R.[58]

Zur selben Ergänzung gehört wahrscheinlich V. 18, der mit der Zeitangabe בַּיּוֹם הַהוּא „an jenem Tage" eigens, das heißt nachträglich angeschlossen ist.[59] Auch hier ist die Zukunft der Nachkommen im Blick. Das Resümee bestimmt das Ritual nunmehr als Bundesschluss. „Bund" (בְּרִית) ist dabei nicht mehr im Sinne einer vertraglichen Beziehung, sondern wie in zahlreichen späten Belegen einseitig als Setzung Jahwes verstanden. Die Wendung כרת בְּרִית „einen Bund schließen" bedeutet so viel wie „eine unverbrüchliche Heilszusage geben".[60] Dazu wird wörtlich die Verheißung

---

[55] In den Eroduserzählungen begegnet das Motiv in Ex 3,22; 11,2; 12,35 f.
[56] Der Anfang des „kleinen geschichtlichen Credo" beruht ebenfalls auf Gen 12,10, vgl. N. LOHFINK, Zum „Kleinen Geschichtlichen Credo" Dtn 26,5–9 (ThPh 46, 1971, 19–39), 31; J. CH. GERTZ, Die Stellung des kleinen geschichtlichen Credos in der Redaktionsgeschichte von Deuteronomium und Pentateuch (in: R. G. KRATZ / H. SPIECKERMANN [Hg.], Liebe und Gebot. Festschrift L. Perlitt [FRLANT 190] 2000, 30–45), 38 f.
[57] Vgl. sonst Gen 47,4; Ex 22,20; 23,9; Lev 19,34; Dtn 10,19; 23,8; 26,5; Ps 105,23.
[58] Zur Quellenzuweisung von Ex 1,14 vgl. LEVIN, Jahwist, 315. Das Motiv der Knechtschaft in Ägypten ist verbreitet im Deuteronomium, vgl. Dtn 5,15; 6,21; 7,8; 15,15; 16,12; 24,18.22. Das Motiv der Bedrückung in Ägypten in Ex 1,11.12; 3,7.17 stammt vom Redaktor des Jahwistischen Geschichtswerks, vgl. LEVIN, aaO. 314. 327. 406. Die weiteren Belege Ex 4,31; Dtn 26,6–7 hängen davon ab.
[59] Vgl. den sehr ähnlichen Nachtrag Jos 24,25.
[60] Diese Begriffsentwicklung bahnt sich im Ezechielbuch an, wo Bund gleichbedeutend wird mit Verheißung, vgl. LEVIN, Verheißung (s. Anm. 47), 246. Sie hat auch auf das Heiligkeitsgesetz (Lev 26,9), die Priesterschrift (Gen 9,9; 17,7; Ex 6,4)

aus 12,7 wiederholt: „Deinen Nachkommen will ich dieses Land geben."[61] Der ursprüngliche Entwurf, der Abraham in der Rolle des Fremdlings sah und das Land seinen Nachkommen vorbehielt (12,6b–7a), wird aufgegriffen und kommt der geschichtlichen Perspektive zupass.[62] Auch hier ist der Ergänzer bestrebt, einen Ausgleich für die Verzögerung zu schaffen: Das Verheißungsland wird auf die gesamte syropalästinische Landbrücke vom Nil (נְהַר מִצְרַיִם) bis zum Euphrat (הַנָּהָר הַגָּדֹל)[63] ausgedehnt. Das ist der Raum, in dem Abraham sich als Fremdling bewegt: von Haran (11,31; 24) bis nach Ägypten (12,10–20). Eine solche Vorstellung konnten nur Ergänzer entwickeln, die „ihrem Gott jeden Traum in den Mund legten"[64] und dafür eher theologische als politische Gründe hatten: Sie haben die Definition „jeder Ort, den eure Fußsohle betreten wird" (Dtn 11,24 → Jos 1,3) wörtlich genommen.[65]

Einmal ins Wasser geworfen, hat der Stein weitere Kreise gezogen. Das entworfene Geschichtsbild stellt Fragen an die Gerechtigkeit Gottes. Der eigentümliche Partizipialsatz V. 14a, mit der Additionspartikel וְגַם als Parenthese gekennzeichnet, fügt das Strafgericht an den Ägyptern hinzu, das unter dieser Voraussetzung notwendig war. Die Voraussage ist seltsam allgemein formuliert, als solle sie auf vergleichbare Situationen übertragbar sein: „Und auch das Volk, dem sie dienen werden, werde ich richten." Im Fall der Ägypter wird an die Plagen gedacht sein sowie an die Vernichtung im Meer. Abraham, dem die Erfüllung der Landverheißung versagt wird, soll

---

und das Hoseabuch (Hos 2,20) eingewirkt. Unter dieser Voraussetzung konnte die Verheißung an Abraham zum Abrahambund (Ps 105,9; Neh 9,8; 1 Chr 16,16) und die Davidverheißung zum Davidbund werden (2 Sam 23,5; Jes 55,3; Ps 89,4; 2 Chr 21,7).

61 Einzige Abweichung ist das Perfectum propheticum נָתַתִּי anstelle des Imperfekts אֶתֵּן.
62 Zum redaktionellen Sinn dieses Konzepts, das auf den Jahwisten zurückgeht, vgl. LEVIN, Jahwist, 137. 415–417.
63 Die Apposition נְהַר־פְּרָת ist eine nachgetragene Verdeutlichung. Sie ist aus Gen 15,18 nach Dtn 1,7 und Dtn 11,24 geraten und von dort nach Jos 1,4, s. u. Anm. 65.
64 L. PERLITT, Deuteronomium (BK V 1) 1990, 49.
65 Die Maximaldefinition aus Gen 15,18 hat auf andere Grenzbeschreibungen rückgewirkt. In Dtn 11,24 wurde nachträglich מִן־הַנָּהָר נְהַר־פְּרָת eingefügt und damit das dortige Gefüge stilistisch und sachlich gestört (S. MITTMANN, Deuteronomium 1,1–6,3 [BZAW 139] 1975, 21f). Für Dtn 1,7 ist „nicht unwahrscheinlich, daß 11,24 dem Autor … bereits in der erweiterten Form vorlag", doch dürfte Gen 15,18 auch direkt eingewirkt haben, „wie die übereinstimmende Formulierung עד הנהר הגדל נהר פרת beweist" (MITTMANN, 23). Jos 1,3–5a ist Zitat von Dtn 11,24–25a, vgl. K. BIEBERSTEIN, Josua – Jordan – Jericho (OBO 143) 1995, 93–95 (Lit.).

gleichwohl nicht leer ausgehen.⁶⁶ Mit וְאַתָּה „du aber" angeschlossen, wird ihm ein friedliches Ende verheißen. Er soll „in gutem Alter" (בְּשֵׂיבָה טוֹבָה) in sein Grab kommen. Damit ist auf 25,8–10 angespielt, die priesterschriftliche Notiz über Abrahams Tod, und durch sie hindurch auf den Kauf der Grabstätte nach Gen 23, der so etwas wie eine vorläufige Landnahme der Väter bedeutet. Um die Dauer des Aufenthalts der Israeliten in Ägypten zu begründen – Abraham selbst kehrte in 12,20 umgehend wieder zurück –, fügt eine verspätete Assoziation in V. 16a einen Verweis auf die Vergeltungslehre aus Ex 20,5; 34,7; Dtn 5,9 hinzu, nach welcher Jahwe die Sünde der Väter vier Generationen lang heimsucht.⁶⁷ Eine weitere Datierung in V. 13b berechnet die Knechtschaft auf vierhundert Jahre. Das berührt sich ungefähr mit den 430 Jahren, die in Ex 12,40 P für den Aufenthalt Israels in Ägypten genannt sind. Der Ergänzer von V. 16a hatte den Stift kaum aus der Hand gelegt, da nahm der nächste ihn auf, um in V. 16b den Spieß gegen die Amoriter zu kehren (beachte das doppelte הִנֵּה), die „in der dtr Literatur ... die Gesamtheit der Vorbewohner Israels" bilden.⁶⁸ Wenn sie bei der Landnahme vertrieben oder vernichtet werden, müssen sie dieses Schicksal verdienen. Um die notwendigen Sünden anzuhäufen, damit die Strafe gerecht sei, braucht es Zeit. Im selben Zuge ist wahrscheinlich die Völkerliste V. 19–21 hinzugekommen, die auf die Landnahmeüberlieferung vorausweist und allgemein als Zusatz gilt.⁶⁹ Auch wenn diese Liste mit zehn Gliedern die längste ihrer Art ist, ist sie mit den Grenzen des Landes, die V. 18 umreißt, nicht in Einklang zu bringen.⁷⁰

Die Verheißung des Landes ist unverbrüchlich

Ohne die späteren Ergänzungen wird um so deutlicher, dass der Dialog V. 7–18* demselben Schema folgt wie der erste: Gottesrede – Einwand – Bekräftigung durch ein Zeichen. Man kann für das heutige Kapitel geradezu

---

66 KAISER, Traditionsgeschichtliche Untersuchung, 125: „Hier verrät sich ein Hes 18 entsprechendes Anliegen."
67 Diesen Midrasch hat RÖMER, Genesis 15 und Genesis 17 (s. Anm. 17), 36, entschlüsselt. ZIMMERLI, 1. Mose 12–25, 58: „Wenn 2. Mose 6,16 ff. die Generationenkette Levi-Kahath-Amram-Mose aufstellt, so wird diese Rechnung zugrunde liegen."
68 PERLITT, Deuteronomium, 42.
69 Seit WELLHAUSEN, Composition, 22. Zur traditionsgeschichtlichen Stellung vgl. GUNKEL, Genesis, 183: „Neh 9,8, wo Gen 15 zitiert wird ..., hat 19–21 bereits vorgefunden."
70 Samaritanus und Septuaginta ergänzen an vorletzter Stelle וְאֶת־הַחִוִּי „und die Hiwiter", die Gen 10,17; Ex 3,8.17; 13,5; 23,23.28; 33,2; 34,11; Dtn 7,1; 20,17; Jos 3,10; 9,1; 11,3; 12,8; 24,11; Ri 3,5; 1 Kön 9,20; 1 Chr 1,15; 2 Chr 8,7 zur Liste zählen.

von einem „Diptychon" sprechen.[71] Die Übereinstimmung der Form versteht sich noch besser, wenn die zweite Szene hinzukam, solange auch die erste noch ihre ursprüngliche Fassung aus V. 1.3a.5 besaß. Ging es dort um die Diskrepanz zwischen der Landverheißung und Abrahams Kinderlosigkeit, wird jetzt die Landverheißung selbst zur Frage:

> Er sprach zu ihm: Ich bin Jahwe, der ich dich aus Ur Kasdim herausgeführt habe, um dir dieses Land zu geben, dass du es in Besitz nimmst. Er sprach: Mein Herr Jahwe, woran kann ich erkennen, dass ich es besitzen werde? Er sprach zu ihm: Bringe mir ein dreijähriges Kalb und eine dreijährige Ziege und einen dreijährigen Widder. Und er brachte ihm diese alle und zerteilte sie in der Mitte und legte je eine Hälfte der anderen gegenüber. Und als die Sonne unterging, siehe, da waren ein rauchender Ofen und eine Feuerflamme, die zwischen diesen Stücken hindurchfuhren. (15,7–9a.10a.12aα.17b)

Der Neueinsatz wird durch die Selbstvorstellungsformel markiert, mit der die Gottesrede anhebt. „V. 7 ist der Anfang einer Erzählung."[72] Wie häufig ist die Formel durch eine Apposition erweitert. Merkwürdigerweise bezieht sie sich auf das Exoduscredo. Der Anachronismus wurde in Kauf genommen, weil die Präambel des Dekalogs zitiert werden sollte: Die Wendung אֲשֶׁר הוֹצֵאתִיךָ מִן „der ich dich herausgeführt habe aus …" findet sich nur noch Ex 20,2 // Dtn 5,6. Was die Anspielung besagen will, erschließt der weitere Gang der Handlung: Die Szene soll in Parallele stehen zu der Offenbarung auf dem Sinai.[73] Wenn Jahwe „symbolisch im Rauchofen und in der Feuerfackel … erscheint, so ereignet sich dabei die Sinaitheophanie für Abraham."[74] Dem Geschichtsablauf wurde lediglich dadurch Rechnung getragen, dass der Auszug aus Ägypten durch den Auszug Abrahams aus Ur Kasdim ersetzt wurde. Dafür konnte der Ergänzer auf 11,31 P zurückgreifen.[75] Die Nähe

---

71 H. GESE, Die Komposition der Abrahamserzählung (in: DERS., Alttestamentliche Studien, 1991, 29–51), 43.
72 EERDMANS, Komposition (s. Anm. 7), 37.
73 Die Anspielung schließt aus, dass „die Vätergeschichte und die Exoduserzählung … zwei konkurrierende Konzeptionen von den Ursprüngen Israels" waren, „die noch bis zur Abfassung des Grundbestandes von Gen 15 als selbständige literarische Größen tradiert worden sind" (GERTZ, Abraham, Mose und der Exodus [s. Anm. 52], 76). Die Übertragung der Mosetradition auf Abraham lag für die geschichtstheologische Systematik ebenso nahe wie die Übertragung der Josuatradition auf Jakob, vgl. Jos 24 mit Gen 28 und 35. Für die Gottesbeziehung der Väter kommen Sinai und Sichem zu spät, sind aber unerlässlich. Deshalb kam es zu Parallelkonstruktionen.
74 GESE, Komposition, 45.
75 Ur Kasdim wird sonst nur noch in den abhängigen Belegen Gen 11,28 und Neh 9,7 genannt.

zur Priesterschrift zeigt sich auch im Stil, wenn statt der Langform אָנֹכִי des Personalpronomens die Kurzform אֲנִי gebraucht wird.[76] In Lev 25,38 gibt es eine Fassung, die Gen 15,7 nahe kommt wie keine andere: „Ich bin Jahwe, euer Gott, der ich euch aus Ägyptenland geführt habe, um euch das Land Kanaan zu geben, um euer Gott zu sein."[77]

Die so eingeleitete Gottesrede verkündet nicht Gebote wie am Sinai, sondern erneuert wörtlich die Landverheißung 12,7, „dieses Land zu geben" (נתן אֶת הָאָרֶץ הַזֹּאת). Wie in 13,15a betrifft sie Abraham selbst, nicht die Nachkommen.[78] Dabei wird ein einziges Mal die Väterverheißung mit der Landgabeformel des Deuteronomiums verknüpft.[79] Genau wie in V. 1 hat die Rede kein eigenes Gewicht. Die Verheißung wird nur deshalb wiederholt, damit Abraham seine Einrede vorbringen kann, die den eigentlichen Gegenstand bildet.

Diesmal steht die Gewissheit der Landverheißung zur Debatte.[80] Abraham hebt an mit einer flehenden Anrede: „Mein Herr Jahwe" (אֲדֹנָי יהוה), und kleidet seine Klage in die Frage nach der Erkenntnis: „woran kann ich erkennen, dass (בַּמָּה אֵדַע כִּי) ich es besitzen werde?" Das erinnert unmittelbar an das theologische Grundmotiv des Buches Ezechiel.[81] Abraham verlangt nach Vergewisserung. Seine Frage leitet eine Art Gottesprobe ein. In nächster Nähe steht die Szene von Abrahams Knecht in Aram Naharajim. Als der Knecht am Brunnen angelangt ist, gibt er Jahwe eine Probe vor (Gen 24,13–14).[82] Das Mädchen, das ihn und die Kamele tränken wird, soll von Jahwe für Isaak bestimmt sein, „und daran will ich erkennen, dass (וּבָהּ אֵדַע כִּי) du meinem Herrn Huld erwiesen hast." Auch an die Gottesprobe Gideons Ri 6,36–40 sieht man sich erinnert, der sich seines Auftrags durch ein Tau-Mirakel vergewissert, das er Jahwe abverlangt, „so dass ich erkenne,

---

76 Beachte den Unterschied zu der Selbstvorstellung in V. 1: אָנֹכִי מָגֵן.
77 Der Vers ist innerhalb der Bestimmung über das Zinsverbot ein leicht erkennbarer Zusatz, vgl. K. Elliger, Leviticus (HAT I 4) 1966, 340.
78 Die Nachkommenverheißung 13,15b–17 ist wahrscheinlich noch nicht vorhanden gewesen (s. o. S. 83), so dass auf dieser Ebene die Textfolge 13,14–15a; 15,1.3a.5.7–9a.10a.12aα.17b; 16,1 vorauszusetzen ist. Die Querbezüge lagen viel dichter beieinander, als der heutige, ergänzte Text noch erkennen lässt.
79 Vgl. Dtn 3,18; 5,31; 9,6; 12,1; 15,4; 19,2.14; 21,1; 25,19; Jos 1,11.
80 Dasselbe Problem steht hinter Ez 36,16–28*. Dazu Levin, Verheißung (s. Anm. 45), 212–214.
81 Vgl. W. Zimmerli, Erkenntnis Gottes nach dem Buche Ezechiel (1954; in: Ders., Gottes Offenbarung [TB 19] ²1969, 41–119), 92 f.
82 Entgegen meiner früheren Analyse ist Gen 24,13–14 nicht dem redaktionellen Text des Jahwisten, sondern der Theodizee-Bearbeitung zuzuweisen, vgl. Levin, Jahwist, 184. 194 f. Der Text des Redaktors J^R läuft von V. 12 nach V. 15.

98 Jahwe und Abraham im Dialog: Genesis 15

dass (וְיָדַעְתִּי כִּי) du Israel durch meine Hand erretten wirst, wie du gesagt hast."[83] Für die Sinai-Typologie ist vor allem an Moses Bitte in Ex 33,16 zu denken: „Und woran soll erkannt werden, dass (וּבַמֶּה יִוָּדַע אֵפוֹא כִּי) ich Gnade in deinen Augen gefunden habe, ich und dein Volk, wenn nicht daran, dass du mit uns gehst?"[84]

Die Antwort besteht in einer rituellen Selbstverpflichtung Jahwes, die er Abraham vorzubereiten befiehlt. Die Bedeutung des Rituals liegt auf der Hand und wird durch inner- und außeralttestamentliche Parallelen gesichert: Das Hindurchschreiten zwischen den Hälften getöteter Tiere bedeutet eine bedingte Selbstverfluchung für den Fall, dass die übernommene Verpflichtung gebrochen wird. So ausdrücklich Jer 34,18: „Und ich will die Leute, die meinen Bund übertreten, ... so zurichten wie das Kalb, das sie in zwei Stücke geteilt haben und zwischen dessen Stücken sie hindurchgegangen sind."[85] Der Sinn lässt sich auch anhand des Vertrages Assurniraris V. mit König Mati'el von Arpad (um 754 v. Chr.)[86] sowie den Verträgen desselben Mati'el mit König Barga'ja von Ktk (Sefire I A 40)[87] entschlüsseln: „Und ebenso wie dieses Kalb zerstückelt wird (ואיך זי יגזר עגלא זנה)[88], so werde zerstückelt Mati'el und werden zerstückelt seine Großen", falls sie den Vertrag nicht einhalten.

Die außeralttestamentlichen Belege deuten nicht notwendig auf ein hohes Alter des hiesigen Textes.[89] Die Übertragung auf die Gottheit selbst, die sonst die Rolle des Zeugen hat, ist gegenüber dem ursprünglichen Sinn sekundär. Überdies wird das Ritual mit Zügen einer Opferhandlung ausgestattet. Das zeigt die Art des Befehls: „לקח ist fester Terminus technicus der Bereitstellung des Opfertieres".[90] Den Altar dazu hatte Abraham in 13,18 errichtet. Obgleich für das Ritual ein einziges Kalb (עֶגְלָה) ausgereicht hätte, kommen weitere Opfertiere hinzu: Ziege und Widder. Es sollen besonders wertvolle, nämlich dreijährige Tiere sein. Rind, Ziege und Widder werden nie bei ein und demselben Anlass dargebracht. All das unterstreicht, wie

---

83 Der Dialog Gideons mit Gott spielt wörtlich auf den Dialog Gen 18,22b–33a an.
84 Der Sache nach ist auch das Zeichen mit der Sonnenuhr 2 Kön 20,8–11 zu vergleichen, das den Zweifel Hiskias entkräften soll.
85 Das Paradigma Jer 34,8–22 ist Konstruktion. Unter den erzählenden Abschnitten des Buches dürfte Jer 34 zu den jüngsten gehören.
86 TUAT I/2, 155–158.
87 KAI Nr. 222; TUAT I/2, 181 f.
88 Die Wurzel גזר kehrt in Gen 15,17b wieder: עָבַר בֵּין הַגְּזָרִים הָאֵלֶּה „er ging zwischen diesen Stücken hindurch".
89 Vgl. PERLITT, Bundestheologie, 73–75.
90 KÖCKERT, Vätergott, 228.

einzigartig der Vorgang ist. Dass Abraham die Tiere hälften soll, ergibt sich aus dem Fortgang der Handlung.[91]

Wieder sind nachträgliche Assoziationen zu erkennen. Die Erwähnung der beiden Tauben in V. 9b hängt nach. Offenbar sollte die Liste um weitere mögliche Opfertiere ergänzt werden. Die Bedingung „dreijährig" lässt sich auf Vögel nicht anwenden. Auch konnte Abraham die Vögel nicht hälften wie die anderen Tiere. Das stellt ein Nachsatz in V. 10b (der V. 11 von seinem Anschluss trennt) zur Entlastung ausdrücklich fest. Hilfsweise mussten es *zwei* Tauben sein. Hinzuzudenken ist, dass Abraham sie unzerteilt einander gegenüberlegt. Allerdings durften es nicht „zwei Turteltauben" (שְׁתֵּי תֹרִים) oder „zwei Taubenjunge" (שְׁנֵי בְנֵי־יוֹנָה) sein; denn das hätte an das Sünd- oder Brandopfer erinnert (vgl. Lev 5,7.11; 12,8; 14,22; 15,14.29; Num 6,10). Da Turteltaube (תֹּר) und Taube (יוֹנָה) niemals zugleich geopfert werden,[92] wurde der Turteltaube ein sonst nicht belegter Jungvogel (גּוֹזָל) beigegeben.[93]

V. 11 berichtet, dass Raubvögel auf die zerteilten Tiere herabstoßen und Abraham sie verscheucht. Damit wird angedeutet, dass der Bundesschluss gefährdet war, und zugleich wird dem Patriarchen eine aktive Rolle für das Zustandekommen zugeschrieben. Abraham wird der Garant des Bundes auf menschlicher Seite. Es ist unwahrscheinlich, dass dabei auf die Geschichte des Gottesvolkes vorausgeblickt werden soll.[94] Eher darf man an die späte Vorstellung der stellvertretenden Gerechtigkeit Abrahams denken, die der Sache nach aus Gen 22 erwachsen und in 26,5 (← 22,18) expressis verbis benannt ist, um die Gewissheit der Verheißung zu unterstreichen: „weil Abraham meiner Stimme gehorcht hat" (עֵקֶב אֲשֶׁר־שָׁמַע אַבְרָהָם בְּקֹלִי). Im Zusammenhang von Gen 15 könnte Abrahams Gerechtigkeit nach V. 6 vorausgesetzt sein, die jetzt dem ganzen Gottesvolk zugute kommen soll. Man kann ferner an Abrahams Rolle in 18,22b–33a denken, wo er als Dialogpartner Gottes dazu beitrug, die Gottesgerechtigkeit zum Ziel zu führen.

Auch Abrahams Tiefschlaf V. 12aβ gehörte nicht zur ursprünglichen Szene. Die Inversion וְתַרְדֵּמָה נָפְלָה „aber ein Tiefschlaf war auf Abraham gefallen" unterbricht die Zeitenfolge. Das ist nach dem narrativen Auftakt וַיְהִי הַשֶּׁמֶשׁ לָבוֹא „und als die Sonne unterging" sehr störend. Der Rückverweis in V. 17bγ „zwischen *diesen* Stücken" (בֵּין הַגְּזָרִים הָאֵלֶּה) meint die Beschrei-

---

91 GUNKEL, Genesis, 181, missversteht die Erzählweise: „Nach 9 ist, wie es scheint, eine Anweisung darüber ausgefallen, was Abraham mit diesen Tieren tun solle."
92 Alle Belege (über die oben genannten hinaus noch Lev 1,14; 12,6; 14,30) nennen die beiden Taubenarten in Alternative (אוֹ).
93 גּוֹזָל ist noch einmal in Dtn 32,11 als Jungvogel des Adlers belegt.
94 Vielfach wird der Einschub V. 11 mit V. 13–16 in Verbindung gebracht.

bung in V. 10a und muss einst (über die Brücke V. 12aα) an sie angeschlossen haben. Nicht allein die Gottesrede V. 12b–17a, sondern auch 10b.11 und 12aβ sind zwischenein gekommen. Das Motiv ist leicht zu erfassen: Der Ergänzer will Abraham den Anblick der Gottheit ersparen, der nach späterer Auffassung tödlich gewesen wäre, wie beispielhaft die umständlichen Schutzvorkehrungen während der Sinaitheophanie zeigen (Ex 33,20–23).[95] Dabei tut er allerdings zu viel des Guten: Es war bereits Nacht, und Jahwe durchschreitet die zerteilten Tiere nicht in Person, sondern in Gestalt des Ofens und der Fackel. Der Tiefschlaf nimmt der Szene den Zeugen, auf den es doch ankam; denn das Ritual zielt darauf, Abraham erkennen zu lassen (V. 8).

Die ursprüngliche Szene setzt sich fort in V. 17b: Nach Eintritt der Dunkelheit schreiten ein rauchender Ofen und eine brennende Fackel zwischen den zerteilten Tieren hindurch. Rauch und Feuer sind das, was bei der Theophanie von Jahwe sichtbar wird.[96] Wieder ist auf die Sinaitheophanie angespielt, vgl. Ex 19,18: „Der Berg Sinai aber war ganz in Rauch, weil Jahwe im Feuer auf ihn herabfuhr, und sein Rauch stieg auf wie der Rauch des Schmelzofens." Für das Ritual vergegenständlichen sich Rauch und Feuer zu Ofen[97] und Fackel.[98] Damit ist zugleich die heikle Aussage vermieden, dass Jahwe selbst zwischen den Tieren einherschritt. Gleichwohl soll gerade das gesagt sein. Der Verfasser ist sich der Ungeheuerlichkeit der Vorstellung offensichtlich bewusst gewesen: Gott selbst unterwirft sich dem Fluch, um die Verheißung unverbrüchlich zu machen. Stärker kann eine Heilsgarantie nicht ausgedrückt werden.

Die Inszenierung einer theologischen Debatte

Die beiden Dialoge Gen 15,1.3a.5 und 7–9a.10a.12aα.17b zeigen neben Übernahmen aus der Priesterschrift („Ur Kasdim", Gen 11,31) und der deuteronomischen Tradition (Dekalog-Präambel, Landgabeformel) auffallende Anklänge an das Ezechielbuch (Wortereignisformel, Vision als Offenbarungsform, Erkenntnis-Frage). Das betrifft auch die Form des Dialogs. Auch wenn in der prophetischen Gottesrede das Gespräch zwischen Gott

---

95 Vgl. sonst Gen 32,31; Ex 3,6; Ri 6,22–23; 13,22; Jes 6,5b (Zusatz).
96 Vgl. Jes 4,5; 6,4; Ps 18,9; u. ö.
97 Dass der Rauch in Ex 19,18 von einem Schmelzofen (כִּבְשָׁן), in Gen 15,17 von einem Backofen (תַּנּוּר) ausgeht, macht keinen grundsätzlichen Unterschied.
98 לַפִּיד „Fackel" im Zusammenhang der Theophanie noch Ex 20,18 und Ez 1,13.

und Mensch nicht als solches in Erscheinung treten kann, ist es gleichwohl im Ansatz vorhanden. Das Mittel dazu ist, den Leser oder Hörer innerhalb des Monologs zu zitieren.[99] „Diese Redeform verrät, daß Jahwes Wort, welches zunächst einfach von oben her ergehende Botschaft zu sein scheint, sich ins volle Gespräch mit den Angeredeten herunter senken und Menschenwort aufnehmen kann."[100] Zitate dieser Art sind für die Gottesreden des Ezechielbuches kennzeichnend. Immer wieder werden der Trotz und die Verzweiflung der Adressaten wörtlich aufgenommen, um die Verheißung oder Belehrung dagegen zu setzen: „Die Tage ziehen sich in die Länge, und jede Vision fällt dahin" (Ez 12,22); „Der Weg Jahwes ist nicht richtig" (18,25.29; 33,17); „Unsere Sünden und Verfehlungen liegen auf uns, und in ihnen siechen wir dahin; wie können wir leben?" (33,10); „Verdorrt sind unsere Gebeine, verloren ist unsere Hoffnung; mit uns ist es aus" (37,11).[101] An solchen Redeweisen kann sich „ein wirkliches Disputationswort" entzünden, „in dem Jahwe auf des Menschen Rede eingeht."[102]

Die beiden Einwände, die Abraham in den Mund gelegt sind, fügen sich in dieses Bild: „Siehe, du hast mir keinen Nachkommen gegeben" (V. 3a); „Mein Herr Jahwe, woran kann ich erkennen, dass ich das Land besitzen werde?" (V. 8). Abraham spricht gegenüber Jahwe nichts anderes aus als den Zweifel, den die beiden Verfasser bei sich selbst wie bei ihren Lesern bekämpfen. Man ahnt den Reflex einer theologischen Debatte.

Das Verlangen nach Gewissheit ist einerseits allgemein und begleitet den Glauben immerdar wie sein Schatten. Doch sind auch bestimmte Zeitumstände erkennbar. Sie sind gekennzeichnet durch den Verlust von Volk und Land. Für Abraham ist das Weiterleben des Gottesvolkes bedroht, wenn ein einzelner keinen Nachkommen hat. Das zeigt, dass Israel sich nicht mehr als Volk vorfindet. Daseinsgrundlage ist die Familie, die als ethnische und religiöse Minderheit in einer fremden oder fremd gewordenen Umgebung lebt. Ebenso kann nur die Erfahrung des Landverlustes das Recht auf den

---

99 Dazu H. W. WOLFF, Das Zitat im Prophetenspruch (1937; in: DERS., Gesammelte Studien zum Alten Testament [ThB 22] ²1973, 36–129).
100 ZIMMERLI, Ezechiel, 275.
101 Weitere Zitate mit Erörterung finden sich Ez 11,2.15; 18,2.19; 20,32; 33,24; 36,2.13.20.
102 ZIMMERLI ebd. Weiter: „Im Buche Maleachi, wo jeweils ein Wort Jahwes ... oder eine prophetische Scheltrede ... den Anlaß zum Gespräch gibt, sind dann die Anfänge der eigentlichen Lehrdisputation, die im talmudischen Judentum große Bedeutung bekommt, zu erkennen."

Besitz des Landes derart in Zweifel stürzen.[103] Kurzum, Abraham verkörpert in Genesis 15 die Lebensbedingungen des nachexilischen Judentums. Es ist dieselbe Situation, die auch die Verfasser des Ezechielbuches und der Priesterschrift im 5. Jahrhundert bestimmt hat. Beide Schriften richten sich an die Diaspora. Beide ringen auf ihre Weise mit Glaubensträgheit und Zweifel.

Die Vätergeschichte verlegt das „nicht mehr" als „noch nicht" in die Vorgeschichte. Die Gegenwartserfahrung wird nicht an der Vergangenheit gemessen, sondern richtet sich mit Hilfe der geschichtlichen Erinnerung auf die Zukunft aus. Die Väterverheißungen sind Prophetie, nicht Ätiologie. Eine in die Vergangenheit verlegte Zukunft lässt indes das Ausbleiben im Laufe der Zeit um so bedrängender werden. Um den Zweifel zu bannen, werden in Genesis 15 die Formen der kultischen Offenbarungsrede bemüht: Heilsorakel und Rechtsproklamation. Das Heilsorakel wird nach dem Vorbild der deuterojesajanischen Apologetik mit der Schöpfermacht Jahwes begründet. Zur Bekräftigung der Rechtsproklamation aber ist die Vorstellung gewagt, dass Jahwe in Person sich durch einen förmlich vollzogenen Eventualfluch an die Verwirklichung der Verheißung bindet. „Dieser kühne Anthropomorphismus betont die Unauflöslichkeit der göttlichen Zusage".[104] Eine tiefere Selbsterniedrigung Gottes ist im Alten Testament nirgends erzählt worden.

---

103 Hier ist freilich einzuschränken, dass ein regelrechtes Exil nur für Jojachin und seinen Hofstaat belegt ist, der 597 nach Babylon deportiert worden ist (2 Kön 24,12–13a.15a). Alle weiteren Verschleppungen, von denen berichtet wird, sind Fiktion, um die (prä)chronistische Theorie des leeren Landes in den Geschichtsbericht einzutragen. Landverheißung und Landnahmebericht gelten der jüdischen Diaspora, deren Bedeutung im Verlauf der persischen und hellenistischen Zeit stetig wuchs.
104 KAISER, Traditionsgeschichtliche Untersuchung, 120.

Abraham erwirbt seine Grablege (Genesis 23)

Die eigentümliche Erzählung, wie Abraham nach Saras Tod die Höhle Machpela von den Hetitern in langwieriger Verhandlung als Grabbesitz erwarb, galt die meiste Zeit als „ein so unzweifelhaftes und anerkanntes Stück der Grundschrift [= Priesterschrift] als irgend ein anderes".[1] Als Gründe werden „die juristische Genauigkeit ... und die vielen Wiederholungen der Erzählung" genannt.[2]

Doch ihre Prägung hebt die Erzählung von der übrigen Priesterschrift ab. Wiederholungen und juristische Genauigkeit finden sich auch sonst. So kam es zu Einwänden. Für Eerdmans „gibt es keine sachlichen Gründe, Gen. 23 zu P zu rechnen. Den Besitz des Ahnengrabes so hoch zu schätzen, stimmt nicht zu seinem religiösen Standpunkt."[3] Smend sr. fand: „Neben den drei großen Erzählungen des P in c 1 6–9 17 nimmt dies Stück, das man allgemein ihm beilegt, sich sonderbar aus. ... Man sagt, P wolle hier zeigen, daß Israel auch ein menschliches Recht auf das Land hatte, aber nach P steht Israel überall nur auf göttliches Recht."[4]

Die Eigenheit könnte indessen darauf beruhen, dass der Verfasser der Priesterschrift „schon geformtes Erzählungsgut in seine Darstellung eingebaut hat, ohne alle dadurch entstandenen Unebenheiten zu glätten".[5] Ein solches Verfahren wäre nicht ohne Beispiel. So liegt für den Schöpfungs-

---

1   H. Hupfeld, Die Quellen der Genesis und die Art ihrer Zusammensetzung, 1853, 29. Zuvor u. a. J. G. Eichhorn, Einleitung ins Alte Testament II, 1781, 361; K. D. Ilgen, Die Urkunden des ersten Buchs von Moses in ihrer Urgestalt, 1798, 103–105. 445; W. M. L. de Wette, Kritik der Mosaischen Geschichte, Beiträge zur Einleitung in das Alte Testament II, 1807, 103–107. Die Summe zog Th. Nöldeke, Die s. g. Grundschrift des Pentateuchs (in: Ders., Untersuchungen zur Kritik des Alten Testaments, 1869, 1–144), 23–25.
2   H. Gunkel, Genesis (HK I 1) ³1910, 273.
3   B. D. Eerdmans, Alttestamentliche Studien I. Die Komposition der Genesis, 1908, 20.
4   R. Smend, Die Erzählung des Hexateuch auf ihre Quellen untersucht, 1912, 10. Smends Formulierung wird von W. Eichrodt, Die Quellen der Genesis von neuem untersucht (BZAW 31) 1916, 41, teilweise wörtlich übernommen.
5   M. Noth, Überlieferungsgeschichte des Pentateuch, 1948, 10 (vgl. ebd. 125. 255); zuvor besonders O. Procksch, Die Genesis (KAT 1) 1913, 484.

bericht auf der Hand, dass der Verfasser der Priesterschrift eine vorhandene Darstellung überarbeitet hat.[6] Die Grundlage der Erzählung könnte eine vorgegebene Grabtradition oder eine „erzählende Lokalüberlieferung" gewesen sein.[7]
Diese Möglichkeit scheitert daran, dass die Erzählung keine eigene Exposition besitzt, sondern ihre Voraussetzungen dem heutigen Zusammenhang entnimmt. Das Geschehen hängt an der Todesnotiz für Sara:

> 2 Sara starb in Kirjat-Arba, das ist Hebron, im Lande Kanaan. Und Abraham ging hinein, um Sara zu beklagen und sie zu beweinen. 3 Dann stand Abraham auf von dem Angesicht seiner Toten und redete zu den Söhnen Hets und sprach ...

Abraham vollzieht die Trauerbräuche. Dann tritt er sofort in die Verhandlung mit den Hetitern ein. Jeder gliedernde Übergang fehlt. Die Hetiter aber stehen auf der Bühne, ohne sie betreten zu haben. Wenn die Erzählung nicht selbständig ist, kann sie keine eigene Überlieferungsgeschichte gehabt haben. Nur einzelne Motive können vorgegeben gewesen sein.

Hat der Zusatz sogleich die heutige Form der Erzählung umfasst? Die Frage legt sich wegen einer Reihe auffallender Wiederholungen nahe. Blum beschreibt treffend: „Den drei Reden Abrahams (וַיְדַבֵּר V.3.8.13) entsprechen die drei Antworten der Hethiter bzw. Efrons (וַיַּעַן/וַיַּעֲנוּ V.5.10b.14). Alle diese Reden schließen jeweils mit einer Wiederaufnahme der Absicht Abrahams, nämlich seine Tote zu bestatten, ab (V.4: וְאֶקְבְּרָה מֵתִי מִלְּפָנָי /אֲחֻזַּת־קֶבֶר; V.6: קְבֹר מֵתֶךָ; V.8: לִקְבֹּר אֶת־מֵתִי מִלְּפָנַי]; V.9: קֶבֶר־אֲחֻזַּת; V.11: אֶת־מֵתֶךָ קְבֹר; V.13: וְאֶקְבְּרָה אֶת־מֵתִי שָׁמָּה; V.15: מֵתְךָ קְבֹר וְאֶת־ ...). In den Einleitungen der Reden (die erste ausgenommen) korrespondiert dem die Aufforderung zu ‚hören' (V.6: שְׁמָעֵנוּ [לוֹ]; V.8: שְׁמָעוּנִי; V.11.13.15: שְׁמָעֵנִי [לוֹ])." Blum deutet die Redundanz als Kennzeichen „einer in sich abgerundeten und sehr kunstvoll gestalteten Erzählung".[8] Das überrascht; denn in der Regel sind Wiederaufnahmen dieser Art kein erzählerisches Stilmittel, sondern zeugen von literarischem Wachstum,[9] zumal wenn die Wiederholungen sich mit in-

---

6   Vgl. W. H. SCHMIDT, Die Schöpfungsgeschichte der Priesterschrift (WMANT 17) ³1973, 160–163; CH. LEVIN, Tatbericht und Wortbericht in der priesterschriftlichen Schöpfungserzählung (1994; in: DERS., Fortschreibungen [BZAW 316] 2003, 23–39), 31–34.
7   So NOTH, Überlieferungsgeschichte, 170 und 255. Ähnlich EERDMANS, Komposition, 22. Vgl. auch E. BLUM, Die Komposition der Vätergeschichte (WMANT 57) 1984, 445: „eine Einzelüberlieferung".
8   BLUM, Komposition, 441 f.
9   C. KUHL, Die „Wiederaufnahme" – ein literarkritisches Prinzip? (ZAW 64, 1952, 1–11).

haltlichen Inkonsistenzen verbinden, wie es in Gen 23 der Fall ist. Es lässt sich unschwer zeigen, dass die drei Reden Abrahams drei Stufen einer Textentwicklung sind, zu denen noch eine vierte hinzutritt, auf der es um die genauen Modalitäten des Grabkaufs geht.

Die Söhne Hets überlassen Abraham eine Grablege

Der Anlass der Erzählung ist Saras Tod:

> 1 Das Leben Saras währte 127 Jahre. < >[10] 2 Dann starb Sara [in Kirjat-Arba, das ist Hebron, im Lande Kanaan].

Die Nachricht kann der Grundschrift der Priesterschrift (P^G) angehört haben. Einzig die breite Ortsangabe V. 2a [ab בְּקִרְיַת] fällt aus dem Rahmen des Üblichen.[11] Darauf setzt mit V. 2b die Erzählung von Saras Begräbnis ein. Deren älteste Form lautete wahrscheinlich:

> 2b *Und Abraham ging hinein, um Sara zu beklagen und sie zu beweinen.* 3 *Dann stand Abraham auf von dem Angesicht seiner Toten und redete zu den Söhnen Hets und sprach:* 4 *Ein Fremdling und Beisasse bin ich bei euch. Gebt mir Grabbesitz bei euch, dass ich meine Tote von meinem Angesicht hinweg begrabe.* 5 *Da antworteten die Söhne Hets Abraham und sprachen: <Bitte>,*[12] *6a höre uns, mein Herr! Ein Fürst Gottes bist du in unserer Mitte. Im ausgesuchtesten unserer Gräber begrabe deine Tote.* […] 19 *Und danach begrub Abraham seine Frau Sara.*

Abraham vollzieht an Saras Leiche die rituelle Totenklage. Sobald er die Riten vollendet hat, erhebt er sich „vom Angesicht seiner Toten", um sie „von seinem Angesicht hinweg zu begraben". Da er jedoch im Lande ein Fremdling ist, wie die Vätergeschichte durchgehend voraussetzt, fehlt ihm der notwendige Grabbesitz. Deshalb unterbricht Abraham das Ritual, um sich unvermittelt an die Hetiter zu wenden und sie um eine Grablege zu bitten. Sein Ansinnen hat sofort Erfolg. Die Hetiter, die das Land seinerzeit bewohnt haben sollen, reagieren mit höchster Ehrerbietung: „Bitte, höre uns, mein Herr". Statt Abraham einen Fremdling zu nennen, reden sie ihn als „Fürst

---

10 Der Nachsatz V. 1b שְׁנֵי חַיֵּי שָׂרָה „die Lebensjahre Saras" fehlt in der Septuaginta. Er dürfte eine Glosse sein, die die ungewöhnliche Wendung וַיִּהְיוּ חַיֵּי שָׂרָה „das Leben Saras währte" korrigieren soll.
11 Dazu s. u. S. 122 f.
12 Lies wie in V. 13 die Partikel לֹו. Die Masoreten (לֹא = לֹו), Samaritanus (לא) und Septuaginta (μή) verstehen die Aussage wegen des weiteren Fortgangs als Ablehnung.

Gottes" an und räumen ihm ein: „Im ausgesuchtesten unserer Gräber begrabe deine Tote" (V. 6a). Abrahams Begehren ist erfüllt, und er könnte Sara beisetzen, so wie es am Ende der Erzählung resümierend berichtet ist: „Und danach (וְאַחֲרֵי־כֵן) begrub Abraham seine Frau Sara" (V. 19a [bis אִשְׁתּוֹ]).

Die Doppelhöhle gegenüber Mamre ist Abrahams Grablege

Stattdessen nimmt das Geschehen eine überraschende Wendung. Abraham nimmt das Anerbieten nicht an, sondern steht ein zweitesmal auf, als hätte er sich nicht bereits erhoben; und zwar steht er auf, um sich vor dem Volk des Landes niederzuwerfen. Man hat vorgeschlagen, קום „aufstehen" als Hilfsverb zu deuten: „It is unlikely that the clause describes rising and bowing at the same time, especially since the petitioner was evidently standing all the time."[13] Diese Lösung ist unnötig: Der Neuansatz וַיָּקָם אַבְרָהָם variiert bewusst die Wendung aus V. 3. Wir befinden uns auf jüngerer literarischer Ebene.

> 6b *Keiner von uns wird dir sein Grab vorenthalten, deine Tote zu begraben. 7 Da stand Abraham auf und fiel vor dem Volk des Landes [...] nieder 8 und redete mit ihnen und sprach: Gefällt es euch, dass ich meine Tote von meinem Angesicht hinweg begrabe, so hört mich und dringt für mich in Efron, den Sohn Zohars, 9 dass er mir die Doppelhöhle gibt, die ihm gehört. [...] 10b Da antwortete Efron, der Hetiter, dem Abraham [...] und sprach: 11 <Bitte>,[14] mein Herr, höre mich! [...] Begrabe deine Tote. [...] 19 Und danach begrub Abraham seine Frau Sara in der Doppelhöhle [...], die Mamre gegenüber liegt.*

Wieder redet Abraham die Landesbewohner an (V. 8a, vgl. V. 3b), die jetzt nicht als „Söhne Hets", sondern als „Volk des Landes" (עַם־הָאָרֶץ) bezeichnet werden, da Abrahams Aufenthalt im Land in den Vordergrund tritt. Er greift ihr Anerbieten auf: „Wenn es denn euer Wille ist (אִם־יֵשׁ אֶת־נַפְשְׁכֶם), dass ich meine Tote von meinem Angesicht hinweg begrabe", um seine Bitte zuzuspitzen: Die Landesbewohner mögen sich bei Efron, dem Sohn Zohars, für Abraham verwenden, ihm aus seinem Besitz die Doppelhöhle zu überlassen (V. 9aα). Diesmal ist es Abraham, der sich der höflichen Formel שְׁמָעוּנִי „hört mich" bedient. Mit seiner Bitte greift er zugleich einen Hinweis auf, der am Schluss der ersten Antwort der Hetiter offenkundig nachgetragen

---

13 E. A. SPEISER, Genesis (AB) 1964, 170.
14 Lies die Partikel לוּ. Auch hier haben die Masoreten die Negation לֹא, ebenso Samaritanus. Septuaginta umschreibt: παρ' ἐμοῦ γενοῦ „sei an meiner Seite".

ist: „Keiner von uns wird dir sein Grab vorenthalten, deine Tote zu begraben" (V. 6b). Nach dem Anerbieten: „Im ausgesuchtesten unserer Gräber begrabe deine Tote", schießt dieser Satz über. Man erkennt den Nachtrag an der Asyndese sowie an der Wiederaufnahme von קְבֹר אֶת־מֵתֶךָ „begrabe deine Tote" durch מִקְּבֹר מֵתֶךָ „deine Tote zu begraben".

Der Intervention, um die Abraham bittet, bedarf es nicht, weil Efron sofort das Wort ergreift (V. 10b*). Dessen Antwort nimmt nunmehr jene Stelle ein, die in V. 5–6 die Antwort aller Hetiter inne hatte. Deshalb wird er nicht mit Vatersnamen, sondern als „der Hetiter" bezeichnet. Wie sich aus dem weiteren Ablauf ergibt, hatte seine Antwort ursprünglich auch denselben Inhalt: „Bitte, mein Herr, höre mich! Begrabe deine Tote!" (V. 11*). Efron ist ohne Zögern und ohne weitere Bedingung bereit, Abrahams Begehren zu erfüllen und ihm die Doppelhöhle zu überlassen.

Im Unterschied zur ältesten Gestalt der Erzählung ist nunmehr die Grabstätte genau bestimmt – das war augenscheinlich der Anlass der Erweiterung. Zum erstenmal wird die Höhle genannt. Sie soll auf der gegenüberliegenden Talseite von Mamre gelegen haben; denn Abraham hatte bei den Terebinthen von Mamre seinen Wohnsitz genommen (Gen 13,18; 18,1). Einen eigenen Namen hatte die Höhle oder die Flur, auf der sie lag, auf dieser Ebene der Erzählung noch nicht. „Der Ausdruck מערת המכפלה ist „in Gen. 23,9 offenbar appellativ in der Bedeutung ‚Doppelhöhle' zu verstehen",[15] so wie ihn Septuaginta (τὸ σπήλαιον τὸ διπλοῦν) und Vulgata (spelunca duplex) wiedergeben. Eine Doppelhöhle soll sie gewesen sein, weil sie später auch Abrahams Grabstätte werden wird.

Wieder könnte Abraham seine Frau sogleich beisetzen, wie es am Ende der Erzählung berichtet ist: „Und danach begrub Abraham seine Frau Sara in der Doppelhöhle (lies [16] אֶל־מְעָרַת הַמַּכְפֵּלָה), die Mamre gegenüber liegt" (V. 19).

Abraham hat den Grabbesitz durch Kauf erworben

Wieder indes hält die Erzählung inne, und ein dritter Durchgang beginnt. Noch einmal fällt Abraham vor dem Volk des Landes nieder. Wieder ist die Geste kaum angemessen; denn sie leitet Abrahams Antwort an Efron ein.

---

15 Noth, Überlieferungsgeschichte, 10 Anm. 22.
16 Das Stichwort שָׂדֶה „des Feldes" ist später zwischenein gekommen, siehe sogleich.

> 12 *Da fiel Abraham vor dem Volk des Landes nieder* 13 *und redete zu Efron vor den Ohren des Volkes des Landes und sprach: Nur, wenn du – bitte,*[17] *höre mich. Ich habe das Geld für das Feld gegeben. Nimm es von mir, dass ich meine Tote dort begrabe.* […] (16) *Und Abraham wog Efron das Geld dar, das er vor den Ohren der Söhne Hets genannt hatte.* […] 19 *Und danach begrub Abraham seine Frau Sara in der Höhle des Feldes ham-Machpelah, die Mamre gegenüber liegt.* […] 20 *So stand auf das Feld und die Höhle, die darauf ist, dem Abraham als Grabbesitz von den Söhnen Hets.*

Abraham gibt sich mit Efrons Bescheid nicht zufrieden, sondern macht die Annahme von einer Voraussetzung abhängig: אַךְ אִם־אַתָּה „nur, wenn du …", die er mit derselben Höflichkeitsformel wie sein Gegenüber einführt: לוּ שְׁמָעֵנִי „bitte, höre mich"; allein dass er Efron nicht als „mein Herr" anredet. Bevor er Sara beisetzt, will Abraham den Gegenwert der Grabstätte entrichten und bietet Efron einen Kaufpreis an: „Ich habe das Geld für das Feld gegeben. Nimm es von mir!" Die Grablege soll ihm nicht nur überlassen bleiben, sondern rechtens gehören.

Kaum hat Abraham sein Angebot vorgebracht, wiegt er auch schon das Geld dar (V. 16a[ab וַיִּשְׁקֹל]). Die Summe von vierhundert Silberschekeln, die in V. 16b genannt wird, hängt nach und ist erst später hinzugekommen. Zunächst betraf die Zahlung den Gegenwert des Feldes, den Abraham in V. 13 dem Efron ohne nähere Angabe „vor den Ohren des Volkes des Landes" angeboten hat, nicht den Preis, den Efron in V.15 dem Abraham genannt hat. Der Redegang V. 14–16aα [bis עֶפְרוֹן], in dem Efron seine Forderung beziffert, erweist sich daran als ergänzt.

Unversehens betrifft der Kauf nicht die Höhle, sondern das Feld, auf dem sie liegt – obwohl die Lokalisierung עַל־פְּנֵי מַמְרֵא „Mamre gegenüber" die Vorstellung vermittelt, dass der Zugang in einem Hang lag, wie man es bei einer Höhle erwartet. Der Grund ist offensichtlich: Die Szene wandelt sich zu einem Ackerkauf wie in Jer 32 und Rut 4. Für diese Transaktion musste das Feld zum Gegenstand, die Höhle zur Nebensache werden. In V. 19a wird das Stichwort שְׂדֵה „des Feldes" in die Verbindung מְעָרַת הַמַּכְפֵּלָה eingeschoben. Seither gilt das Attribut הַמַּכְפֵּלָה als Name des Feldes, auf dem die Höhle gelegen hat.[18] Indessen steht das Wort stets mit Artikel, deut-

---

17 Hier lassen die Masoreten die Partikel לוּ gelten. Samaritanus bietet לִי „mir". Das wird offenbar auch von der Septuaginta vorausgesetzt, die אַךְ אִם־אַתָּה לוּ mit ἐπειδὴ πρὸς ἐμοῦ εἶ „da du auf meiner Seite bist" wiedergibt.

18 So außer in 23,19 auch in 49,30 und 50,13, aber nicht bei der ersten Erwähnung in 23,9 (und noch in 25,9). 23,17 auf späterer Stufe verselbständigt Machpela vollends zum Namen einer Ortslage: „Das Feld Efrons, das in Machpela war".

licher Hinweis, dass es sich nicht um einen Eigennamen, sondern um ein Appellativum gehandelt hat.

Mit der Zahlung ist der Kauf perfekt, und V. 20 kann resümieren: „So stand auf das Feld und die Höhle, die darauf ist, dem Abraham als Grabbesitz von den Söhnen Hets." Dass der Eigentumsübergang mit ‎קוּם לְ- beschrieben wird, ist merkwürdig und soll wohl den Kauf in das durch V. 3 und V. 7 gegliederte Geschehen einreihen. Eine weitere Merkwürdigkeit ist, dass der Kauf erst nach dem Begräbnis konstatiert wird. Das widerspricht einer sinnvollen Abfolge, ebenso wie es der literarischen Folge entspricht.

Für den Kauf bedurfte es der Einwilligung des Verkäufers. Auch in dieser Hinsicht ist die Abfolge eigenwillig. Sie musste sich der vorgegebenen Fassung fügen, in der es nicht um Kauf, sondern um unentgeltliche Überlassung ging.

> 7 Da stand Abraham auf und fiel vor dem Volk des Landes nieder, *vor den Söhnen Hets.* 8 Und er redete mit ihnen und sprach: Gefällt es euch, dass ich meine Tote von meinem Angesicht hinweg begrabe, so hört mich und dringt für mich in Efron, den Sohn Zohars, 9 dass er mir die Doppelhöhle gebe, die ihm gehört, *die am Rand seines Feldes liegt.* […] 10 *Efron aber saß unter den Söhnen Hets.* Da antwortete Efron, der Hetiter, dem Abraham *vor den Ohren der Söhne Hets* […] und sprach: 11 <Bitte>, mein Herr, höre mich! *Das Feld habe ich dir gegeben, und die Höhle, die darauf ist, dir habe ich sie gegeben.* […] Begrabe deine Tote.

In der älteren Erzählung hatte Efron in V. 11 seine Bereitschaft erklärt, Abraham die Höhle zu überlassen: „Bitte, mein Herr, höre mich! Begrabe deine Tote", längst bevor dieser in der jüngeren Fassung die Absicht äußert, das Feld zu erwerben: ‎נָתַתִּי כֶּסֶף הַשָּׂדֶה קַח מִמֶּנִּי „Ich habe das Geld für das Feld gegeben, nimm es von mir" (V. 13bα).[19] Das wird nun nachgetragen: ‎הַשָּׂדֶה נָתַתִּי לָךְ וְהַמְּעָרָה אֲשֶׁר־בּוֹ לְךָ נְתַתִּיהָ „Das Feld habe ich dir gegeben, und die Höhle, die darauf ist, dir habe ich sie gegeben" (V. 11aβγ). Die Einwilligung geschieht aber zu früh. Sie hätte zwischen dem Angebot V. 13 und der Zahlung V. 16b stehen sollen. Mit Rücksicht auf den älteren Text steht die Abfolge auf dem Kopf. „Die Weitläufigkeit der ganzen Verhandlung ist dem

---

19 GUNKELS einfühlsame Deutung unterstellt der Verhandlung eine Vielschichtigkeit, die sie nicht besessen hat: „'Ephron schlägt Abrahams Bitte nicht etwa ab, sondern nimmt sie vielmehr der Form nach an, indem er nur den *einen* Punkt, daß Abraham etwas dafür *bezahlen* will, stillschweigend ausläßt. Der Verfasser kennzeichnet so 'Ephrons Verhalten als äußerst verbindlich; in der *Sache*, auf die es Abraham ankommt, sagt 'Ephron freilich Nein; er ist nicht geneigt, die Höhle zu verkaufen" (Genesis, 276f).

Orientalen, der mehr Zeit hat als wir, nicht seltsam, sondern ganz natürlich."[20] Das mag sein; aber es sollte nicht zu groben Ungereimtheiten kommen.

Auch Efron spricht zunächst von dem Feld und erst danach von „der Höhle, die darauf ist", wobei הַמְּעָרָה אֲשֶׁר־בּוֹ (V. 11aγ) die Wendung מְעָרַת הַמַּכְפֵּלָה אֲשֶׁר־לוֹ „die Doppelhöhle, die ihm gehört" (V. 9aα) variiert. Im selben Sinne wurde dort ein zweiter Relativsatz hinzugefügt: אֲשֶׁר בִּקְצֵה שָׂדֵהוּ „die am Rande seines Feldes liegt" (V. 9aβ), der die ältere Bestimmung אֲשֶׁר־לוֹ „die ihm gehört" genau besehen erübrigt.

Um rechtskräftig zu werden, braucht der Kauf Zeugen. Deshalb wird in V. 10a „in einem vorausgeschickten Umstandssatze"[21] betont: „Efron aber saß unter den Söhnen Hets." Efron antwortet Abraham בְּאָזְנֵי בְנֵי־חֵת „vor den Ohren der Söhne Hets" (V. 10bα*), Abraham erklärt בְּאָזְנֵי עַם־הָאָרֶץ „vor den Ohren des Volkes des Landes", den Kaufpreis zu geben (V. 13aα*), und zahlt die Summe, die er בְּאָזְנֵי בְנֵי־חֵת „vor den Ohren der Söhne Hets" genannt hatte (V. 16aβ). Da die Bezeichnung schwankt, wird am Ende von V. 7 klargestellt, dass es sich bei dem Volk des Landes um keine anderen als die Hetiter gehandelt hat.

Der Kaufpreis

Auf der jüngsten Ebene der Erzählung wird nun gleichwohl ein genauer Kaufpreis genannt – die Leerstelle sollte nicht bleiben.

> 14 *Da antwortete Efron dem Abraham und sprach:* <Bitte>,[22] 15 *mein Herr, höre mich! Ein Land von vierhundert Silberschekeln, was ist das zwischen mir und dir! Und deine Tote begrabe!* 16 *Da hörte Abraham auf Efron.* Und Abraham wog Efron das Geld dar, das er vor den Ohren der Söhne Hets genannt hatte, *vierhundert Silberschekel nach dem handelsüblichen Gewicht.* 17 *So stand auf das Feld Efrons, das in Machpela war, das gegenüber Mamre liegt, das Feld und die Höhle, die darauf ist, und alles Gehölz auf dem Feld, das in seinem ganzen Umfang ringsum ist,* 18 *dem Abraham als Erwerb vor den Augen der Söhne Hets unter allen, die in das Tor seiner Stadt eingehen.*

Nach Abrahams Ersuchen, das Feld kaufen zu wollen, nimmt Efron in V. 14–15 wieder das Wort, und zwar genau wie er es in V. 10b–11 getan hatte. Der dortige Redegang wird wiederholt, jetzt an der richtigen Stelle.

---

20 GUNKEL, Genesis, 275.
21 F. DELITZSCH, Commentar über die Genesis, [4]1872, 363.
22 Wieder ist die Vokalisation in die Partikel לֹא zu ändern. Die Masoreten lesen לוֹ, Samaritanus לא und Septuaginta οὐχί.

Der Preis von vierhundert Silberschekeln, den Efron nennt, ist gewaltig, wenn man ihn an den 17 Schekeln misst, die Jeremia für den Acker in Anatot gezahlt hat (Jer 32,9). Abraham aber geht ohne Zögern auf die Forderung ein. Das zeigt einerseits seinen königlichen Reichtum[23] und unterstreicht anderseits das Recht auf den Grundbesitz, der um solchen Preis erworben wurde. Eigenartig ist die gewählte Höflichkeit, mit der Efron seine hohe Forderung vorbringt. Sie hat in dem kostenlosen Anerbieten von V. 6 und V. 11 ihre Vorlage. Um die Brücke zu dem bestehenden Ablauf zu schlagen, wird der Zahlung die Feststellung vorausgeschickt: „Abraham hörte auf Efron" (V. 16aα[1]), und um zu zeigen, dass er genau das getan hat, fügt V. 16b die Summe hinzu mit dem weitergehenden Vermerk, dass es handelsübliches Geld (שֶׁקֶל כֶּסֶף עֹבֵר לַסֹּחֵר „Silberschekel gängig für den Händler") gewesen sei.[24]

Der rechtskräftige Vollzug des Kaufs wird in V. 17–18 konstatiert, nunmehr auch dies an der richtigen Stelle, nämlich vor dem Begräbnis. Dazu wird das Fazit aus V. 20 vorweggenommen und „im Stil des Kaufbriefs"[25] zu einem genauen Kataster erweitert: „das Feld Efrons, das in Machpela war, das gegenüber Mamre liegt, das Feld und die Höhle, die darauf ist, und alles Gehölz auf dem Feld, das in seinem ganzen Umfang ringsum ist". „Machpela" ist endgültig zum Ortsnamen geworden. Gegenüber der älteren Fassung werden nun auch die Zeugen genau benannt. Es sind nicht allgemein „die Söhne Hets", sondern „alle, die in das Tor seiner Stadt eingehen". Der Ausdruck כֹּל בָּאֵי שַׁעַר הָעִיר bezeichnet als Terminus technicus die Gesamtheit der rechtsfähigen Vollbürger der Stadt.[26] Er soll nicht besagen, dass der Kaufakt im Tor stattgefunden hat.

Im selben notariellen Stil sind einige Dubletten in der vorangehenden Erzählung gehalten, die auf dieselbe Hand zurückgehen dürften:

---

23 Die Zahlung von 1000 Schekeln als „Augendecke" (כְּסוּת עֵינַיִם), die Abraham nach 20,16 von Abimelech von Gerar erhält, um Sara für ihre Kränkung zu entschädigen, ist möglicherweise bereits auf 23,15f hin kalkuliert. Die Einzelheit gehört zu den späten Zusätzen der ohnehin späten Ahnfrauerzählung, vgl. Ch. Levin, Der Jahwist (FRLANT 157) 1993, 180.

24 Die Parallele 2 Kön 12,5 ist nicht ohne weiteres vergleichbar, vgl. Ch. Levin, Die Instandsetzung des Tempels unter Joas ben Ahasja (1990; in: Ders., Fortschreibungen [BZAW 316] 2003, 169–197), 182 f.

25 Gunkel, Genesis, 277.

26 Das Gegenstück ist Gen 34,24 כָּל־יֹצְאֵי שַׁעַר עִירוֹ „alle, die zum Tor seiner Stadt hinausgehen", in demselben Sinn.

> 9b *Um volles Geld soll er sie mir geben in eurer Mitte als Grabbesitz.*
> 10bβ *vor*[27] *allen, die in das Tor seiner Stadt eingehen*
> 11b* *Vor den Augen der Söhne meines Volkes habe ich sie dir gegeben.*

Die Wendung בְּכֶסֶף מָלֵא „um volles Geld",[28] die in akk. *ana šīmīšu gamruti* „für seinen vollen Preis" ein in Kaufverträgen häufig belegtes Äquivalent hat,[29] stellt fest, „that the complete price had been paid; no balance remained."[30] Wieder wird auch der öffentliche Charakter der Transaktion unterstrichen, der von den Bürgern der Stadt bezeugt wird. Jetzt bedurfte es nicht allein der Ohrenzeugen für die gegenseitigen Erklärungen Efrons und Abrahams (בְּאָזְנֵי V. 10.13.16), sondern die Übergabe der Kaufsumme fand vor den Vollbürgern als Augenzeugen statt (לְעֵינֵי V. 11.18).

Die Rückverweise auf den Kauf der Grabstätte

In Gen 25,7–10; 49,29–32 und 50,12–13 wird anlässlich des Todes von Abraham und von Jakob berichtet, dass auch sie in der Doppelhöhle gegenüber Mamre beigesetzt worden seien. Dabei wird an den Kauf der Grabstätte erinnert. Diese Notizen sind in sich auffallend redundant. Dabei zeigt sich ein Muster.

Bei Jakobs Tod lässt sich der Faden der Priesterschrift gut verfolgen:

> 47,28 Jakob lebte im Lande Ägypten siebzehn Jahre. Die Lebenszeit Jakobs betrug 147 Jahre. 49,33b Dann verschied er und wurde versammelt zu seinen Stammesgenossen.

In diese Notiz hat zunächst der Redaktor R^JP aus der jahwistischen Quelle das Vermächtnis 47,29a.bβ.30b–31 eingefügt, in welchem Israel seinen Sohn Josef unter Eid verpflichtet, ihn nicht in Ägypten zu begraben:

---

27 Auffallend ist die Anbindung mit -לְ, vgl. GesK § 143e. Sie ist dem Zusatz geschuldet.
28 Sie findet sich noch in 1 Chr 21,22.24, wo sie aus Gen 23,9 übernommen wurde, um der Erzählung, wie David den Bauplatz für den Tempel erwirbt, eine „Abrahamtypologie" zu verleihen (TH. WILLI, Die Chronik als Auslegung [FRLANT 106] 1972, 157f). Vgl. bereits E. BERTHEAU, Die Bücher der Chronik (KEH 15) ²1873, 184.
29 AHw 279 f.
30 G. M. TUCKER, The Legal Background of Genesis 23 (JBL 85, 1966, 77–84), 79. Tucker irrt, wenn er wegen 1 Chr 21,22 meint, dass die hebräische Wendung nicht vergleichbar sei (S. 80).

> 47,29 Als die Zeit herankam, dass Israel sterben sollte, rief er seinen Sohn Josef und sprach zu ihm: Wenn ich Gnade gefunden habe in deinen Augen, so lege deine Hand unter meine Lende. […] Begrabe mich nicht in Ägypten. […] 30b Er sprach: Ich will tun, wie du gesagt hast. 31 Er sprach: Schwöre mir! Und er schwor ihm. Und Israel neigte sich über das Kopfende des Bettes.[31]

Dieses Vermächtnis ist nachträglich um den Segen über Ephraim und Manasse Gen 48 ergänzt worden, der mit dem Satz 49,33aβ: „Er zog seine Füße auf dem Bett zusammen", eingebunden ist. Er lenkt auf 47,31b: „Und Israel beugte sich über den Kopf des Bettes", zurück. Beide Aussagen beschreiben Jakobs Hinscheiden.[32]

Vor dieser szenischen Rückbindung findet sich nun ein weiteres Vermächtnis eingeschoben, das die Angabe über die Grabstätte hinzufügt:

> 49,1a Und Jakob rief seine Söhne […][33] 29 und gebot ihnen und sprach zu ihnen: Ich werde nun versammelt zu meinen Stammesgenossen. Begrabt mich bei meinen Vätern
> in der Höhle, die auf dem Feld des Hetiters Efron liegt,
> 30 in der Höhle
> die auf dem Feld liegt
> Machpela (= der Doppelhöhle), die Mamre gegenüber liegt im Lande Kanaan.
> – Abraham hatte das Feld von dem Hetiter Efron als Grabbesitz gekauft. –
> 31 Dort haben sie Abraham begraben und seine Frau Sara. Dort haben sie Isaak begraben und seine Frau Rebekka. Und dort habe ich Lea begraben.
> 32 Der Kauf des Feldes und der Höhle, die darauf ist, von den Söhnen Hets.
> 33aα So beschloss Jakob die Verfügung an seine Söhne. […]

Der Verfasser greift auf die Todesnotiz der Priesterschrift voraus, die in 49,33b anschließt: „Dann verschied er und wurde versammelt zu seinen Stammesgenossen", und versetzt sie aus dem Bericht in die wörtliche Rede (49,1a.29a). Mit der Nachricht, dass sein Tod bevorstünde, leitet Jakob seine

---

31 LEVIN, Der Jahwist, 307 f. Die dortige Analyse ist dahin zu korrigieren, dass 47,29bα nicht vom jahwistischen Redaktor stammt, sondern auf die Ebene der Grabtradition V. 30a gehört, die später hinzugefügt worden ist (vgl. aaO 311).
32 W. RUDOLPH, Die Josefsgeschichte (in: P. VOLZ / W. RUDOLPH, Der Elohist als Erzähler. Ein Irrweg der Pentateuchkritik? [BZAW 63] 1933, 143–183), 172 f: „v. 33aβ … ist offenbar der ursprüngliche Schluß von Kapitel 48." Da der Segen über Ephraim und Manasse an dem jahwistischen Vers 47,31 ansetzt und durch 49,33aβ an ihn angebunden wird, muss offen bleiben, ob die Erweiterung die redaktionelle Verbindung von Jahwist und Priesterschrift voraussetzt oder nicht.
33 Der Jakobsegen 49,1b–28 ist später zwischenein gekommen, vgl. RUDOLPH, Die Josefsgeschichte, 172; L. SCHMIDT, Literarische Studien zur Josephsgeschichte (BZAW 167) 1986, 127 f.

letzte Verfügung ein. Aus וַיֵּאָסֶף אֶל־עַמָּיו „und er wurde versammelt zu seinen Stammesgenossen" wird das Futurum instans אֲנִי נֶאֱסָף אֶל־עַמִּי „ich bin im Begriff, zu meinen Stammesgenossen versammelt zu werden".[34] Mit dem Wechsel des Tempus ändert sich zugleich die Semantik; denn die Wendung אסף ni. אֶל־עַמָּיו „zu jemandes Stammesgenossen versammelt werden" kann ursprünglich nichts anderes bedeuten als die Beisetzung in der Stammesgruft. Dass die Priesterschrift diese Wendung regelmäßig verwendet (25,8.17; 35,29; 49,33), zeigt, dass sie eine besondere Grabtradition nicht gekannt hat. Erst im jüngeren Text trat das Begräbnis als eigenes Motiv hinzu.

Die so begonnene Rede hat einzig Jakobs Begräbnis zum Gegenstand. In der veränderten Wortwahl אֶל־אֲבֹתָי „bei meinen Vätern" statt אֶל־עַמִּי „bei meinen Stammesgenossen" erkennt man die spätere Hand. Auffallend breit wird die Anweisung, die ursprünglich nur kurz war, in V. 33aα resümiert: „So beschloss Jakob die Verfügung an seine Söhne." Man kann daran ablesen, dass dieser letzte Akt die vorangehenden Vermächtnisse in Gen 47–48 voraussetzt und nunmehr den Beschluss bilden soll. Er gehört nicht in den Rahmen der Priesterschrift, sondern ist von vornherein unter die Nachträge des durch die Redaktion R[JP] geschaffenen Gesamttextes zu zählen. So legt es auch die Stellung zwischen 48,22 und 49,33aβ nahe.

Die Einzelheiten über die Grabstätte sind überfüllt. V. 29b und V. 30 bilden eine Dublette. Neben אֶל־הַמְּעָרָה אֲשֶׁר בִּשְׂדֵה עֶפְרוֹן הַחִתִּי „in der Höhle, die auf dem Feld des Hetiters Efron liegt", steht בַּמְּעָרָה אֲשֶׁר בִּשְׂדֵה הַמַּכְפֵּלָה אֲשֶׁר עַל־פְּנֵי־מַמְרֵא בְּאֶרֶץ כְּנָעַן „in der Höhle, die auf dem Feld Machpela liegt, die Mamre im Lande Kanaan gegenüber liegt". Die erste Angabe ist nachgetragen;[35] denn nur die zweite gibt eine nähere Lokalisierung, und nur sie ist, indem sie auf das Land Kanaan verweist, darauf bezogen, dass Jakob in Ägypten sterben wird. Mit V. 29b hängt sachlich der Relativsatz V. 30b zusammen, der sich, vor allem wegen des nochmals genannten Objekts אֶת־הַשָּׂדֶה, ebenfalls schlecht in das Gefüge einpasst: אֲשֶׁר קָנָה אַבְרָהָם אֶת־הַשָּׂדֶה מֵאֵת עֶפְרֹן הַחִתִּי לַאֲחֻזַּת־קָבֶר „Abraham hatte das Feld von dem Hetiter Efron als Grabbesitz gekauft".[36] Auch in V. 30a muss der Bezug auf das Feld (אֲשֶׁר בִּשְׂדֵה) ein Nachtrag sein. Zuvor dürfte dort, ähnlich wie in 25,9a, בִּמְעָרַת הַמַּכְפֵּלָה „in der Doppelhöhle" gestanden haben.

---

[34] GesK § 116p.
[35] So GUNKEL, Genesis, 496. SMEND, Die Erzählung des Hexateuch, 11 Anm. 1, schneidet mitten im Satz und grenzt אשר בשדה עפרון החתי במערה als „Glosse" aus. Das ist unorganisch.
[36] So bereits DELITZSCH, Genesis, 523. Ebenso SMEND, aaO.

Die Erweiterungen zeigen, dass der Rückverweis sich zu Anfang auf eine Fassung von Gen 23 bezogen hat, die den Kauf des Feldes und der Höhle noch nicht kannte. Die stufenweise Entwicklung der Erzählung, die sich am Aufbau des Kapitels ablesen ließ, findet ihre Bestätigung.

Noch jünger ist die asyndetische Erläuterung V. 32: מִקְנֵה הַשָּׂדֶה וְהַמְּעָרָה אֲשֶׁר־בּוֹ מֵאֵת בְּנֵי־חֵת „der Kauf des Feldes und der Höhle, die darauf ist, von den Söhnen Hets".[37] „The v. has no syntactic connexion with the preceding, the construction is cumbrous in the extreme, and the notice superfluous after 30b."[38] Eine überflüssige Anmerkung wollte der Ergänzer schwerlich machen; vielmehr unterstreicht er, dass der Kauf des Feldes auch die Höhle betraf, auf die es als Grabstätte ankam.

Wenn die Erläuterung V. 32 nicht eine an falscher Stelle eingerückte Marginalie ist, gehört V. 31, der sie von ihrem Bezug in V. 30b trennt, auf eine noch spätere Stufe. Der asyndetisch eingefügte Verweis auf die Begräbnisse Abrahams, Saras, Isaaks, Rebekkas und Leas will sämtliche Patriarchen in der Höhle versammeln. Einzig Rahel soll nicht dort beigesetzt worden sein. Damit berücksichtigt der Ergänzer die Ätiologie des Rahelgrabes 35,19–20, deren Kern aus der jahwistischen Quelle stammt.

In 49,33b setzt sich der Faden der Priesterschrift mit dem Bericht über Jakobs Tod und Beisetzung fort:

49,33b Dann verschied er und wurde versammelt zu seinen Stammesgenossen.

Darauf hat die Redaktion R^{JP} die Ausführung des in 47,29–31* erteilten Vermächtnisses aus der jahwistischen Quelle folgen lassen:

50,1 Da fiel Josef über das Angesicht seines Vaters und weinte über ihm und küsste ihn. [...] 7a Und Josef zog hinauf, seinen Vater zu begraben, [...] 10b und hielt für seinen Vater eine Totenklage von sieben Tagen. [...] 14 Und Josef kehrte nach Ägypten zurück [...], nachdem er seinen Vater begraben hatte.[39]

In diesen Bericht wurde in 50,12–13 vor Josefs Rückkehr nach Ägypten folgerichtig die Ausführung des nachgetragenen Vermächtnisses 49,1a.29–33aα eingefügt:

---

37 So auch GUNKEL, Genesis, 497.
38 J. SKINNER, A Critical and Exegetical Commentary on Genesis (ICC) ²1930, 536.
39 Zur Ausgrenzung des nichtjahwistischen Textes vgl. LEVIN, Der Jahwist, 309 und 312.

> 50,12 Und seine Söhne taten ihm so, wie er ihnen geboten hatte. 13 Und seine Söhne trugen ihn in das Land Kanaan und begruben ihn in der Höhle
> des Feldes
> Machpela (= der Doppelhöhle)
> – Abraham hatte das Feld als Grabbesitz von dem Hetiter Efron gekauft –
> gegenüber Mamre.

Der einleitende Erfüllungsvermerk verweist auf den mit 49,1a.29 einsetzenden Befehl. Da nunmehr nicht Josef allein handelt, sind die Söhne Jakobs als Subjekt hervorgehoben. Anders als bisher fast allgemein angenommen, kann die Notiz nicht aus der Priesterschrift stammen,[40] sondern gehört wie der Text, auf den sie sich bezieht, zu den Nachträgen nach der Quellenverbindung. Die in 49,29–33aα beobachtete Schichtung wiederholt sich. Auch diesmal ist der Verweis auf den Kauf des Feldes erst auf jüngerer Ebene in V. 13b(bis הַחִתִּי) hinzugefügt worden. Er trennt die Angabe עַל־פְּנֵי מַמְרֵא „gegenüber von Mamre" von ihrem Bezug.[41] Wieder dürfte auch das Stichwort שָׂדֶה „Feld" in V. 13aγ nachgetragen sein, so dass ursprünglich בִּמְעָרַת הַמַּכְפֵּלָה „in der Doppelhöhle" zu lesen war. Auch hier ist also die Erinnerung erst nachgetragen, dass Abraham das Feld, auf dem die Höhle lag, von dem Hetiter Efron gekauft habe.

Das Ergebnis wiederholt sich anlässlich von Abrahams Begräbnis, wo sich der andere Rückverweis auf Gen 23 findet:

> 25,7 Dies sind die Lebensjahre, die Abraham lebte: 175 Jahre. 8 Dann verschied Abraham und starb in gutem Alter, alt und lebenssatt, und wurde versammelt zu seinen Stammesgenossen.
> 9 Und seine Söhne Isaak und Ismael begruben ihn in der Doppelhöhle
> auf dem Feld des Hetiters Efron, Sohn Zohars,
> die gegenüber von Mamre liegt.
> 10 Es handelte sich um das Feld, das Abraham von den Söhnen Hets gekauft hatte.
> Dort wurde Abraham begraben und seine Frau Sara.
> 11 Nachdem aber Abraham gestorben war, segnete Gott seinen Sohn Isaak.

Die Priesterschrift hat in 25,7–8 Abrahams Lebensalter, seinen Tod und seine Beisetzung „bei den Stammesgenossen" mitgeteilt (vgl. 25,17; 35,28–29a; 47,28b; 49,33b). Die Nachricht reiht sich ein in die Verheißungsgeschichte des Gottesvolkes. Sie hebt hervor, dass Abraham die Fülle seines Lebens

---

40 So der seit NÖLDEKE, Die s. g. Grundschrift des Pentateuchs, 35, geltende Konsens.
41 GUNKEL, Genesis, 497; vgl. SMEND, Die Erzählung des Hexateuch, 11 Anm. 1: „Als Glosse verraten sich auch 50,13 die Worte קנה bis החתי." Es ist allerdings nicht richtig, die Nota relationis von dem Zusatz auszunehmen, vgl. 49,30b.

auskosten konnte und dass mit seinem Ende die Segenslinie unmittelbar auf Isaak überging.

Später wurde Abrahams Begräbnis nachgetragen, wozu auch Ismael herangezogen wird, den die ursprüngliche Priesterschrift aus der direkten Erbfolge ausscheidet (25,12–17), und nochmals später der Kauf des Feldes. Auch hier sind die Zusätze längst erkannt.[42] Die Dublette אֶל־מְעָרַת הַמַּכְפֵּלָה „in der Doppelhöhle" und אֶל־שְׂדֵה עֶפְרֹן בֶּן־צֹחַר הַחִתִּי „auf dem Feld des Hetiters Efron, Sohn Zohars" ist offensichtlich, zumal unklar bleibt, wie das Begräbnis in der Höhle und das Begräbnis auf dem Feld sich zueinander verhalten. Der Verweis in V. 10a, dass Abraham das Feld von Efron erworben hat, gibt sich durch die Asyndese als Zusatz zu erkennen: הַשָּׂדֶה אֲשֶׁר־קָנָה אַבְרָהָם מֵאֵת בְּנֵי־חֵת „das Feld, das Abraham von den Söhnen Hets gekauft hatte". Die Übereinstimmung mit 49,30b und 50,13b ist unübersehbar. In einem weiteren asyndetischen Zusatz 25,10b wurde wie in 49,31 und wahrscheinlich von derselben Hand wie dort die Grabtradition betont: „*Dort wurde Abraham begraben und seine Frau Sara.*"

In das System dieser Notizen gehört auch diejenige über Isaaks Tod und Begräbnis, auch wenn dort die Grabstätte nicht eigens genannt wird. Wieder stehen die Beisetzung in der Stammesgruft (אסף אֶל־עַמָּיו ni.) und das Begräbnis (קבר) durch die Söhne nebeneinander:

> 35,28 Das Lebensalter Isaaks waren 180 Jahre. 29 Dann verschied Isaak und starb und wurde versammelt zu seinen Stammesgenossen alt und lebenssatt.
> Und seine Söhne Esau und Jakob begruben ihn.

Wie vordem Ismael neben Isaak, wird jetzt Esau, den die Priesterschrift aus der direkten Heilslinie ausscheidet (Gen 36,6–8; 37,1), gleichberechtigt mit Jakob auf den Plan gerufen.

Die Überlieferung vom Patriarchengrab

Man hat über die Bedeutung der eigenartigen Erzählung von Abrahams Grabkauf viel gerätselt, die sich nur schlecht in den Ablauf der Verheißungsgeschichte des Buches Genesis fügt. „Warum ... unversehens diese langatmig erzählte Geschichte von einem kleinen Landerwerb, den man doch

---

42 SMEND, ebd.: „Dann ist aber auch 25,9 אל שדה bis החתי, und 25,10 השדה bis חת zu streichen."

auch in einem knappen Satz hätte erwähnen können?"[43] Die Entdeckung, dass der heutige Text in Stufen gewachsen ist, vermag das Rätsel zu einem Teil zu erklären. Der verschachtelte Ablauf geht nicht auf eine einzige Absicht zurück. Der Knoten hat sich allmählich geschürzt.

Man versteht die Erzählung nur, wenn man sie im Rahmen der Grabtradition liest, wie sie sich innerhalb der Vätererzählungen entwickelt hat. Der früheste Beleg[44] stammt vom Jahwisten, wenn er dem sterbenden Jakob in 47,29a.bβ.30b–31 die Bitte in den Mund legt, nicht im ägyptischen Exil begraben zu werden, die Josef in 50,1.7a.10b.14aα*.b erfüllt. Die redaktionell geschaffene Szene, die Abrahams Vermächtnis aus Gen 24,1–9 nachahmt, versucht, eines der drängenden Lebensprobleme der jüdischen Diaspora zu bewältigen: die Not, in fremdem Boden begraben zu werden. Sie sorgt dafür, dass der Stammvater Israels im Lande der Verheißung sein Grab fand.

Diese Lösung hatte einen unvermeidlichen Widerspruch zur Folge: Die redaktionelle Konzeption der Vätergeschichte hebt laufend hervor, dass Abraham und die Seinen in Kanaan als Fremdlinge gelebt haben. Der Landbesitz wird in die Zukunft verlegt und bleibt Sache der Verheißung. Dieses wohlüberlegte Programm, das ebenfalls die Situation der Diaspora spiegelt, gilt sowohl für den Jahwisten (Gen 12,6b–7a) als auch, in der Wirkung des jahwistischen Geschichtsbildes, für die Priesterschrift (Gen 17,8; 35,12; Ex 6,4). Konnten die Väter aber in Kanaan beigesetzt worden sein, ohne dass sie über Landbesitz verfügt haben?

Abrahams einleitende Rede in Gen 23,4 macht von Anfang an deutlich, dass die Erzählung für genau dieses Problem eine Lösung sucht: „Ein Fremdling und Beisasse (גֵּר־וְתוֹשָׁב) bin ich bei euch. Gebt mir Grabbesitz (אֲחֻזַּת־קֶבֶר) bei euch, dass ich meine Tote von meinem Angesicht hinweg begrabe." Kein Geringerer als Abraham selbst sollte die Grabtradition begründet haben. Dazu bietet der Tod Saras den Anlass. Ohne Umstände überlassen die Hetiter als die Bewohner des Landes ihm die beste ihrer Grabstätten: „Im ausgesuchtesten unserer Gräber begrabe deine Tote" (V. 6a). Der Erzähler versucht, das Dilemma zu vermeiden, indem er zwar den eigentumsrechtlichen Begriff אֲחֻזָּה gebraucht,[45] aber keine förmliche Besitzübertragung erzählt. Die Schwierigkeit, die heutige Erzählung zu verstehen, folgt daraus, dass man später diesen Vorbehalt nicht mehr gelten ließ.

---

43 W. ZIMMERLI, 1. Mose 12–25: Abraham (ZBK AT 1.2) 1976, 119.
44 Von den vorjahwistischen Ätiologien des Debora-Grabes Gen 35,8 und des Rahel-Grabes Gen 35,19f können wir hier absehen.
45 Der Begriff ist im Alten Testament auf den priesterschriftlichen Traditionskreis und davon abhängige Texte beschränkt. Prominent ist die Landverheißung Gen 17,8.

Für den Erzähler spielt noch ein anderes Motiv hinein: die Königstypologie. Den Vätern wuchs im Laufe der Überlieferung eine königliche Rolle zu. Die späte Fiktion, die Abraham in Gen 14 als Feldherrn schildert, hat eine lange Vorgeschichte. Sie ist in den Genealogien der Priesterschrift zu greifen, mehr noch in der sich an die Genealogien heftenden Chronologie. In den Königs-Verheißungen der Priesterschrift Gen 17,6b.16bβ und 35,11b wird das Motiv offen ausgesprochen. Zum Königtum aber gehört die Grablege. Sie ist Symbol der Amtsfolge und für die Legitimität unerlässlich. In den Annalen der Könige von Israel und der Könige von Juda wird sie zwischen 1 Kön 14,31 und 2 Kön 23,30 fast regelmäßig vermerkt. Die deuteronomistische Redaktion hat auch den Richtern als den Herrschern der von ihr entworfenen vorköniglichen Zeit eine Grabtradition zugeschrieben (Ri 2,9; 8,32; 10,2.5; 12,7.10.12.15; 16,31). Nichts anderes soll für die *Successio patriarcharum* gegolten haben. Abraham hat, obwohl Fremdling und Beisasse, unter den Landesbewohnern die königliche Rolle inne. Wenn die Hetiter ihn anreden: „Ein Fürst Gottes (נְשִׂיא אֱלֹהִים) bist du in unserer Mitte", erkennen sie das an. Es versteht sich, so gesehen, von selbst, dass er seine Frau im ausgesuchtesten Grab des Landes beisetzen darf.

Anders als in dem vom jahwistischen Redaktor redigierten Strang der Genesis-Erzählungen, der die Vorbewohner „Kanaaniter" nennt (Gen 10,18; 12,6; 24,3.37; vgl. 9,22.25),[46] bezeichnet die Erzählung über den Graberwerb die Vorbewohner als „Hetiter". Die genaue Bezeichnung ist freilich בְּנֵי־חֵת „Söhne Hets", eine Verbindung, die im Alten Testament ausschließlich in Gen 23 und den Verweisen Gen 25,10; 49,32 belegt ist.[47] Der einzig mögliche Bezug ist die Völkertafel: „Kanaan zeugte Sidon, seinen Erstgeborenen, und Het" (Gen 10,15).[48] Während „Kanaaniter" vom Namen des Landes (Gen 42,7; 45,25) abgeleitet, also vom Siedlungsraum her gedacht ist, kennzeichnet „Söhne Hets" die Bewohner auf genealogische Weise. Es kommt nicht von ungefähr, dass die Söhne Hets auf der ältesten Ebene der Erzählung noch nicht als „das Volk des Landes" bezeichnet werden. Man kann die Verhandlung, in der auch Efron zunächst keine Rolle gespielt hat, so verstehen, dass Abraham an die Familie Hets als an die Enkel Kanaans herangetreten ist. Da die Völkertafel aus der jahwistischen Quelle stammt,[49]

---

46 Vgl. LEVIN, Der Jahwist, 403.
47 Sonst gibt es nur noch die „Töchter Hets" Gen 27,46, mit denen Esau seine Mischehen eingeht.
48 Het als Person findet sich neben Gen 10,15 nur noch in dem Ableger 1 Chr 1,13.
49 Vgl. LEVIN, Der Jahwist, 121–126, unter Rückgriff auf die ältere Pentateuchforschung. Die Zuweisung der Völkertafel an die Priesterschrift, die sich seit E. SCHRADER, Studien zur Kritik und Erklärung der biblischen Urgeschichte, 1863,

zeigt sich erneut, dass bereits die älteste Gestalt der Erzählung die redaktionelle Verbindung von Jahwist und Priesterschrift voraussetzt. Es war nicht ohne Grund, dass Smend sr. die Erzählung vom Erwerb des Patriarchengrabs und die mit ihr zusammenhängenden Texte unter „Die letzte Bearbeitung des Hexateuch in der Genesis" gerechnet hat.[50]

Die spätere Ausgestaltung

Die erste Erweiterung will wissen, dass es sich bei Saras Grab um eine Doppelhöhle gehandelt hat, weil ja auch Abraham dort beigesetzt worden ist. Sie wird auf der gegenüberliegenden Talseite von Mamre lokalisiert; denn Abraham hatte in der Abraham-Lot-Erzählung seinen Wohnsitz bei den Terebinthen von Mamre genommen (Gen 13,18; 18,1). Auch hier ist die Verbindung der beiden Pentateuchquellen vorausgesetzt. Allerdings kennt die Erzählung vom Graberwerb noch nicht die „elohistischen" Erzählungen Gen 20,1b–18; 21,9–22,19;[51] sonst hätten die Ergänzer die Doppelhöhle in das Gefilde von Beerscheba verlegt.[52] Die Notiz von Saras Tod 23,1a.2a* hat direkt an die Szene von der Geburt Isaaks in 21,1–8 angeschlossen, die ihrerseits sofort auf den Untergang Sodoms Gen 19 gefolgt ist.

Eine bestimmte Grablege musste einen bestimmten Besitzer gehabt haben. Daraus entstand die Vorstellung, Efron, der Sohn Zohars, habe auf Bitten der Hetiter Abraham sein Grab überlassen. Es ist diese Fassung der Erzählung, die von der älteren Ebene der Rückverweise in Gen 25,9aβ.bβ; 49,1a. 29abα.β*.30a*.33aα vorausgesetzt wird. Damit bestätigt sich, dass die Vorstellung vom Kauf des Feldes, auf dem die Höhle gelegen haben soll, erst in einem weiteren Schritt hinzugetreten ist.

Seither lässt die Entwicklung von der Tradition des Patriarchengrabs sich auch an anderer Stelle beobachten. In Gen 47,30a wurde das Vermächtnis, das der Jahwist den Jakob seinem Sohn Josef auftragen lässt, erweitert: „Dass ich bei meinen Vätern liege, bringe mich aus Ägypten und begrabe

---

33f, durchgesetzt hat, ist falsch. Zuletzt hat M. WITTE, Die biblische Urgeschichte (BZAW 265) 1998, 110–114, den Irrtum erneuert.

50 Die Erzählung des Hexateuch, 10 f.
51 Dieses Fragment eines einst selbständigen Abraham-Midraschs ist erst lange nach der Redaktion R^{JP} in den heutigen Zusammenhang gelangt.
52 Es zeigt sich hier ein weiteres Mal, dass die Verbindung von Jahwist und Priesterschrift ein früher Schritt in der Entwicklung des Pentateuchs gewesen ist. Vgl. den Befund in Gen 1–11: CH. LEVIN, Die Redaktion R^{JP} in der Urgeschichte (oben 59–79), 62–68.

mich in ihrem Grab." Der Verweis ist leicht als Zusatz zu erkennen; denn zwischen 47,29 und V. 30b besteht eine glatte Verbindung.[53] Er kann sich nur auf Gen 23 beziehen, ganz so wie auch 49,29 vom Begraben „bei den Vätern" spricht.

Ein zweiter solcher Verweis wurde in 50,5a dem Josef im Gespräch mit dem Pharao in den Mund gelegt: „Mein Vater hat mich schwören lassen: Siehe, ich bin im Begriff zu sterben; in meinem Grab, das ich mir im Lande Kanaan gegraben habe, dort begrabe mich." Der Schwur ist in 47,31 berichtet, aber eine Nachricht, dass Jakob sich selbst ein Grab gegraben habe, sucht man dort und anderswo vergebens. Unter dieser Voraussetzung ist nicht zu erwarten, dass der Verfasser die Erzählung von der Doppelhöhle in Mamre nicht gekannt hat. Er hat sie wahrscheinlich bewusst korrigiert, weil er Anstoß daran nahm, dass Abraham sein Grab von den Hetitern erhalten hat. Jakob soll sein Grab selbst gegraben haben.

Vielleicht setzt 50,5a noch nicht die späteren Fassungen von Gen 23 voraus, wo das Problem auf andere Weise gelöst wird. Den nachfolgenden Ergänzern war selbstverständlich, dass die Patriarchen im eigenen Besitz beigesetzt worden sind. Deshalb haben sie die Überlassung der Grablege zu einer Kaufverhandlung ausgestaltet. Nach dem Vorbild des Ackerkaufs (Jer 32; Rut 4) wird statt der Höhle das Feld Efrons zum Gegenstand der Transaktion. Abraham bezahlt mit einer nicht genannten Summe.

Auf der letzten Stufe der Erzählung wurde als genauer Kaufpreis die gewaltige Summe von 400 Schekeln hinzugefügt und dem Kaufakt vollends der förmliche rechtliche Rahmen verliehen. Hier ist es auch, dass die Übereinstimmung mit den schriftlichen Kaufverträgen offenkundig wird, die aus Israels Umgebung bekannt sind. Besonders nahe stehen der Verhandlung in Gen 23,14–18 die neubabylonischen Zwiegesprächsurkunden, die eine eigene Gattung bilden.[54] Die große Ähnlichkeit muss nicht nahelegen, „ohne weiteres auf eine Abhängigkeit in der einen oder anderen Richtung

---

53 J. WELLHAUSEN, Die Composition des Hexateuchs, ⁴1963, 60: „Man wird zu der Annahme gezwungen, dass der ursprüngliche Wortlaut von 47,30 vom Redaktor der Genesis mit Rücksicht auf Q 48,7. 49,30s. geändert worden ist." Wahrscheinlicher als eine Änderung des Wortlauts ist ein Zusatz, mit dem auch die Erweiterung der Bitte in V. 29bα zusammenhängen dürfte: „Erweise an mir Huld und Treue."
54 Die Merkmale dieser Gattung hat H. PETSCHOW, Die neubabylonische Zwiegesprächsurkunde und Genesis 23 (JCS 19, 1965, 103–120), herausgearbeitet. Die Suche nach hetitischen Vorbildern für Gen 23, die wegen der „Hetiter" nahezuliegen schien, war hingegen ohne Erfolg. „Specific connections with Hittite law and second-millennium customs cannot be supported" (TUCKER, Legal Background, 77).

zu schliessen";⁵⁵ denn die Übereinstimmung beruht auch darauf, dass bei diesen Transaktionen vergleichbare Bedingungen herrschen. Die Zwiegesprächsurkunden, die sich zum Beispiel in größerer Zahl in dem Archiv des Handelshauses Muraschu in Nippur in der zweiten Hälfte des 5. Jahrhunderts gefunden haben, belegen, „dass gesellschaftliche Differenzierungen unter den Vertragsparteien im spätbabylonischen Bereich in einem besonderen Urkundentyp ihren Niederschlag finden konnten."⁵⁶ Das kommt der in Gen 23 skizzierten Situation zwischen Abraham und den nichtjüdischen Landesbewohnern nahe. Der Vergleich mit den Zwiegesprächsurkunden, die sich wie protokollierte Verhandlungen lesen, bestätigt noch einmal den literarischen, konstruierten Charakter der Szene: „Gen 23:16 ff. resembles the style and schema of the written dialogue documents much more closely than it does a strictly oral contract such as that in Ruth 4".⁵⁷

Gibt es einen historischen Anhaltspunkt?

Man hat erwogen, dass die Erzählung mit dem Verlust Hebrons an die Edomiter in Verbindung gestanden hat, der auf die neubabylonische Eroberung folgte und spätestens in der persischen Zeit manifest war. Sie hätte den „legal claim of the Jewish community to the traditional burying-place of its ancestors" belegen sollen.⁵⁸ Das könnte die extrem hohe Summe, die Abraham für das Feld entrichtet, ebenso erklären wie die Genauigkeit, mit der der Kontrakt protokolliert wird, und die Betonung der Zeugen. Auch die Bedeutung, die der Höhle schließlich als dem Begräbnisplatz sämtlicher Patriarchen zugeschrieben wurde (25,10b; 49,31), könnte sich unter dieser Voraussetzung verstehen.

Allerdings kann diese Aussage erst für die jüngste Ebene des Textes gelten, die, gemessen am Wachstum des Gesamttextes, frühestens in die ausgehende Perserzeit gehört. Denn „Mamre ist schwerlich mit Ḥebron identisch".⁵⁹ Dass Hebron mit Mamre gleichgesetzt wird, wie es in 23,19

---

55 Petschow, Zwiegesprächsurkunde, 119. Allerdings geht Tucker, Legal Background, 84, darüber hinaus: „It is safe to conclude that such texts had a definite influence on the formation of the narrative."
56 Petschow, Zwiegesprächsurkunde, 116.
57 Tucker, Legal Background, 82.
58 Skinner, Genesis, 339.
59 Gunkel, Genesis, 277. Dasselbe trifft für die Gleichsetzung in Gen 13,18 zu, vgl. Levin, Der Jahwist, 146.

sowie unter dem Namen „Kirjat Arba" in 23,2 geschehen ist,[60] ist eindeutig sekundär.[61] Alle Belege für Hebron im Buch Genesis (sonst 13,18; 35,27;[62] 37,14[63]) sind jung.[64]

---

60   Die historisierende Gleichsetzung von Hebron und Kirjat Arba geschah in Ri 1,10 // Jos 14,15 und stammt ebenfalls aus sehr später Zeit.
61   Wir wissen nicht, wo Mamre gelegen hat. Der einzige Hinweis liegt darin, dass die Szene in Gen 18 eine nachträgliche Vorab-Verdoppelung der Lot-Überlieferung darstellt, die am Südende des Toten Meers spielt, vgl. R. KILIAN, Die vorpriesterlichen Abrahamsüberlieferungen (BBB 24) 1966, 150–157. Die Männer, die mittags bei Abraham unter den Terebinthen von Mamre zu Gast sind (18,1), treffen am Abend in Sodom ein (19,1).
62   Vgl. GUNKEL, Genesis, 389. Die Glosse umfasst den gesamten Ausdruck קִרְיַת הָאַרְבַּע הִוא חֶבְרוֹן‎. Ursprünglich stand nur מַמְרֵא אֲשֶׁר־גָּר־שָׁם אַבְרָהָם וְיִצְחָק‎.
63   Vgl. u. a. GUNKEL, Genesis, 406; B. LUTHER, Die Persönlichkeit des Jahwisten (in: E. MEYER, Die Israeliten und ihre Nachbarstämme, 1906, 105–174), 161 Anm. 3; NOTH, Überlieferungsgeschichte, 230.
64   Das schließt einen Zusammenhang mit dem Edomiter-Problem nicht aus. Die Gleichsetzung הִוא חֶבְרוֹן‎ (23,19, vgl. 13,18) gleicht הוּא אֱדוֹם‎ (Gen 36,1.8.19).

Tamar erhält ihr Recht (Genesis 38)

Die große Ähnlichkeit zwischen dem Buch Rut und der Erzählung von Juda und Tamar in Gen 38 ist immer aufgefallen.[1] Beide Erzählungen sind Kasus,[2] konstruierte Rechtsfälle.[3] Sie repräsentieren eine Gattung, die im Judentum des zweiten Tempels, als die Tora und auch das jüdische Familienrecht zunehmend an Bedeutung gewannen, in Blüte stand.[4] Eine Erzählung dieser Art „setzt ... Leser voraus, deren Scharfsinn sich von der heillos verwickelten Rechtslage fesseln ließ und die sich dann der Lösung freuten, weil sie beide Parteien ehrte."[5]

In beiden Fällen geht es um die Leviratsehe, deren Verfahren in Dtn 25,5–10 geregelt ist. Beide Male gelingt es einer Frau auf ungewöhnliche Weise, das ihr zustehende Recht zu erlangen. Da sie nicht befugt war, ihre legitimen Ansprüche im öffentlichen Rechtswesen geltend zu machen, musste ein Mann ihr Sachwalter sein. Das brachte eine Witwe, die den gegebenen Vertreter ihres Rechts verloren hatte, in eine Lage, die unübliche Mittel verlangte. Rut verpflichtet sich den Boas, indem sie während der Weizenernte, wenn der Bauer nicht in seinem Haus, sondern auf der Tenne nächtigt, seinen Unterleib aufdeckt (גלה *pi.*) und sich zu ihm legt, das heißt sich ihm anbietet (Rut 3,4.7). Tamar nimmt die Schafschur als Gelegenheit, sich Juda als Hure zu nahen. In beiden Fällen wird das riskante Verhalten von dem in

---

1 Schon früh ist in Rut 4,12 ein Querbezug hergestellt worden. In der nachgetragenen Genealogie Rut 4,18–22 wird daraufhin der Bogen von dem in Gen 38 geborenen Perez bis auf David geschlagen. Dazu musste das Geschehen in die Richterzeit verlegt werden (Rut 1,1aα). Zunächst spielte auch die Rut-Erzählung in der Väterzeit, vgl. die Exposition Rut 1,1aβb mit Gen 12,10; 26,1.
2 Vgl. A. Jolles, Einfache Formen. Legende, Sage, Mythe, Rätsel, Spruch, Kasus, Memorabile, Märchen, Witz, ⁴1968, 171–199.
3 Mit Recht versteht Th. Krüger, Genesis 38 – ein „Lehrstück" alttestamentlicher Ethik (1993; in: Ders., Kritische Weisheit. Studien zur weisheitlichen Traditionskritik im Alten Testament, 1997, 1–22), die Erzählung als „Lehrstück".
4 Die Erzählung von Dina in Gen 34 gehört ebenfalls zu dieser Gattung. Auch in der Auseinandersetzung zwischen Jakob und Laban um das Besitzrecht an den Frauen Rahel und Lea in Gen 31 werden Züge des Kasus berührt.
5 G. v. Rad, Das erste Buch Mose. Genesis (ATD 2/4) ⁹1972, 296.

die Affäre gezogenen Mann nachträglich legitimiert, und die Frau bekommt Recht, nämlich ihr Recht auf Nachkommen.

Beide Texte erzählen den Kasus nicht geradlinig. Besonders die Erzählung von Juda und Tamar ist verwickelt. Die Exegese hat stets Mühe gehabt, den rechtlichen Sachverhalt zu erfassen und die angebotene Lösung nachzuvollziehen. Tamar, als Hure verkleidet, erlangt nicht die Leviratsehe, sondern wird von ihrem Schwiegervater schwanger. Juda, der ihr die Ehe mit seinem dritten Sohn Schela versprochen hat, schickt sie gleichwohl als Witwe in das Haus ihres Vaters zurück. Das hindert ihn nicht, über sie zu richten, als wäre er nach wie vor ihr Familienoberhaupt. „Auf Grund welches Tatbestandes war die Anklage überhaupt erhoben? Wegen Unzucht einer Witwe oder wegen Unzucht einer Verlobten?"[6] Augenscheinlich überlagern sich mehrere Pointen, die sich gegenseitig in die Quere kommen.

Die Erzählung ist unselbständig

Die Erzählung hebt sich von ihrer literarischen Umgebung ab. „Da Kap. 39 die unmittelbare Fortsetzung von Kap. 37 ist, so kann Kap. 38 erst von späterer Hand hinter Kap. 37 gestellt sein".[7] Sie ist weder Teil der Josefsgeschichte, in deren Rahmen sie steht, noch gehört sie dem Erzählkreis um Jakob an. „Das Wort ‚Einschaltung' ... ist die Losung der Stunde."[8] Vergleichbare Überlieferungen über Jakobs Söhne gibt es sonst nicht, zumal die Kette der Vätergeschichten von Jakob zu Josef führt. Einzig die Erzählung von Jakobs Tochter Dina in Gen 34 kann man nennen.[9] Auch sie ist ein Solitär.

Besitzt die Erzählung eine eigene Überlieferungsgeschichte? Bedingung wäre, dass sie von ihrer jetzigen literarischen Stellung unabhängig ist. Das ist nicht der Fall. Die Koordinaten entstammen genau jenem Kontext, den

---

6   V. RAD, Genesis, 294 f.
7   J. WELLHAUSEN, Die Composition des Hexateuchs und der historischen Bücher des Alten Testaments, [4]1963, 48.
8   TH. MANN, Joseph und seine Brüder, Gesamtausgabe 1964, 1143. Dazu P. WEIMAR, Die doppelte Tamar. Thomas Manns Novelle als Kommentar der Thamarerzählung des Genesisbuches (BThSt 99) 2008, 9–13.
9   Gelegentlich wird die Notiz von Rubens Schandtat Gen 35,22a hinzu gerechnet. Während es jedoch in Gen 34 und 38 um den familienrechtlichen Fall als solchen geht, dient er in 35,22a als Begründung dafür, dass Ruben, der Erstgeborene, in der Geschichte des Gottesvolkes keine maßgebende Rolle spielt, vgl. 49,3–4. Die Septuaginta hat in 35,22a einen Querverweis auf 38,10 angebracht.

die Einschaltung zertrennt. Juda, der Protagonist, wird nicht eingeführt, sondern befindet sich schon auf der Erzähl-Bühne. Wie Josef nach Ägypten hinabgebracht wird (הוּרַד, 39,1), geht Juda nach Adullam hinab (וַיֵּרֶד, 38,1), und zwar „weg von seinen Brüdern" (מֵאֵת אֶחָיו), deren Sprecher er in 37,26–27 gewesen ist. Die Wortwahl „undoubtedly has the purpose of connecting this separation of one brother from the rest with Joseph's".[10] Ohne die Verknüpfung וַיְהִי בָּעֵת הַהִוא „Es geschah zu dieser Zeit" würde die Handlung in der Luft schweben. Für eine „ursprünglich selbständige Einzelüberlieferung"[11] fehlen alle Voraussetzungen.

Die Erzählung ist nicht einheitlich

Die bisherige Exegese hat das Kapitel in der Regel für literarisch einheitlich gehalten. Das hatte den einfachen Grund, dass die Urkundenhypothese der Maßstab gewesen ist. An ihr gemessen gibt es keinen Anlass, den Text auf mehrere Quellenfäden zu verteilen. Wenn man indes auf den Inhalt sieht, kann von Einheitlichkeit keine Rede sein. „Der Stoff des Kap. besteht aus zwei allogenen Elementen: 1) der Erzählung von der Entstehung der Geschlechter Judas am Anfang und Schluss des Ganzen, 2) der eigentlichen Tamarsage, die das Mittelstück bildet. Dass beide Stoffe verschiedenartig sind, erkennt man noch deutlich am Stil: der erste wird kurz, notizenartig abgemacht; der zweite ist eine schöne, ausführliche Geschichte."[12]

Am meisten unterscheidet sich, wie die Hauptperson Juda gezeichnet wird. Auf der einen Seite herrscht ein genealogisches Interesse. Es gilt, die Rolle Judas unter den Brüdern hervorzuheben. Maßgebend ist die Bedeutung, die das Südreich für die Geschichte des Gottesvolkes gehabt hat. Auf der anderen Seite wird Juda ein zwielichtiges Verhalten zugeschrieben, auch dies im Zusammenhang mit der Entstehung seines Geschlechts. Anders hätten die spannenden Verwicklungen des Mittelteils sich nicht erzählen lassen.

Die Zäsur ist an einer Stelle offenkundig: im Wechsel von der Erzählung, die in V. 26 ihre Lösung erreicht, zu der genealogischen Episode V. 27–30. Dass Tamar niederkommt, ist zwar für den Ausgang auch des Motivs der Leviratsehe unentbehrlich; aber die turbulente Zwillingsgeburt ist ein zusätz-

---

10 R. Alter, The Art of Biblical Narrative, New York 1981, 6.
11 So E. Blum, Die Komposition der Vätergeschichte (WMANT 57) 1984, 224; ähnlich H.-Ch. Schmitt, Die nichtpriesterliche Josephsgeschichte (BZAW 154) 1980, 88.
12 H. Gunkel, Genesis übersetzt und erklärt (HK I,1) ³1910, 419.

liches und eigenständiges Motiv. Eine einheitlich entworfene Darstellung hätte entweder von den außergewöhnlichen Umständen erzählt, unter denen die Schwangerschaft zustande kam, oder sie wäre auf die außergewöhnlichen Umstände der Geburt zugelaufen: den Rangstreit um die Erstgeburt. Beides zugleich ist zu viel.[13] Die erzählerische Ökonomie ist gestört.

Ein weiteres ist, dass die beiden Fäden nicht mehr verknüpft werden. „Etwas unbefriedigend ist ... der Schluss der Erzählung. ... Merkwürdigerweise schließt sie, ohne mitzuteilen, wessen Frau die Thamar denn nun endlich geworden war. Nach V. 26b jedenfalls nicht die Judas, also dann doch die Schelas? Hätte das nicht gesagt werden müssen?"[14] Wie sehr die Umstände der Schwangerschaft am Schluss in den Hintergrund treten, sieht man daran, dass Perez und Serach in der weiteren Überlieferung stets als Söhne Judas gelten,[15] nicht als Söhne 'Ers, wie es dem Leviratsrecht entsprochen hätte.

Die Episode: Der Vorrang Judas

Die Szene von der Geburt der Zwillinge ist kein Original. Jeder sieht, dass sie eine Replik der Geburt von Jakob und Esau in Gen 25,24–26 ist, und soll es sehen. Die Überleitung in V. 27: וַיְהִי בְּעֵת לִדְתָּהּ וְהִנֵּה תְאוֹמִים בְּבִטְנָהּ „Und als die Zeit gekommen war, dass sie gebären sollte, siehe, da waren Zwillinge in ihrem Leib", spielt unmissverständlich auf die Vorlage 25,24 an: וַיִּמְלְאוּ יָמֶיהָ לָלֶדֶת וְהִנֵּה תוֹמִם בְּבִטְנָהּ „Und als ihre Tage erfüllt waren, dass sie gebären sollte, siehe, da waren Zwillinge in ihrem Leib." Die Übereinstimmung ist so groß, dass eine lediglich motivgeschichtliche Parallele ausscheidet.[16]

---

13 Vgl. C. Westermann, Genesis. 3. Teilband (BK I/3) 1982, 43.
14 v. Rad, Genesis, 295.
15 Ausgangspunkt ist die Notiz Gen 46,12 innerhalb der Liste der Israeliten, die nach Ägypten zogen. Sie greift auf Gen 38 zurück (ähnlich 1 Chr 2,3–4). Von hier hängt Num 26,20–21 ab, vgl. Ch. Levin, Das System der zwölf Stämme Israels (1995; in: Ders., Fortschreibungen [BZAW 316] 2003, 111–123), 114–116, und zuvor B. Baentsch, Exodus-Leviticus-Numeri (HK I,2) 1903, 629–630; O. Procksch, Die Genesis übersetzt und erklärt (KAT 1) 1913, 501. Auch Jos 7,1.18.24; 22,20; Rut 4,12.18; Neh 11,4–6.24; 1 Chr 4,1.12.21; 9,4.6; 27,3 können nicht auf unabhängiger Überlieferung beruhen.
16 Midrasch BerR 85,13 bezieht die Stellen unmittelbar aufeinander und wertet die Schreibweise: תְאוֹמִים in 38,27 ist plene geschrieben, weil beide Zwillinge Gerechte waren, תוֹמִם in 25,24 ist defective geschrieben, weil einer der Zwillinge Gerechter, der andere aber Frevler war.

Es sind gerade die Abweichungen, die zeigen, dass die Geburt von Perez und Serach die Geburt von Esau und Jakob voraussetzt. Dort ist Jakob der Zweitgeborene, der erst später den Wettstreit der Brüder gewinnt; nur dass er unter der Geburt die Ferse Esaus festhält, wie um ihn an der Erstgeburt zu hindern oder doch so nah wie möglich auf sie zu folgen. Hier indessen findet der Rangtausch schon unter der Geburt statt: Die Hebamme kennzeichnet die Hand des Serach, die als erste aus dem Mutterleib herauskommt, mit einem Karmesinfaden; der wirkliche Erstgeborene aber ist Perez. Der Karmesinfaden erinnert daran, dass auch Esau anlässlich der Geburt als rötlich geschildert wird. Für Esau und Jakob ist die Episode der erste Akt des Wettstreits um die Erstgeburt, der den ganzen Erzählkreis bestimmt. Für Perez und Serach hingegen haben die Umstände der Geburt keine Weiterungen. Die beiden Söhne Judas sind künftig nur noch Namen in der Genealogie.

Die Episode von der Zwillingsgeburt ist nicht aus Mangel an Erzähl-Phantasie verdoppelt worden. Die zweite Geburt wurde bewusst neben die erste gestellt. Sie wiederholt sie. Mit ihr rückt Juda virtuell auf die Höhe Isaaks, des Vaters von Jakob und Esau. Das besagt: Juda wird Jakob/Israel in der Generationenfolge vorgeordnet. Hier leitet eine Absicht, die sich mehrfach in den Bearbeitungen der Vätergeschichte findet und die seit je beobachtet worden ist:[17] den Vorrang Judas unter den Brüdern herauszustreichen – oder, was dasselbe ist, innerhalb des Gottesvolks.[18]

Gemessen an diesem Ausgang erstaunt, dass Juda nicht von vornherein die Tamar, die Mutter des Zwillingspaars, zur Frau nimmt, sondern eine Anonyma, die zudem kanaanitischer Herkunft gewesen sein soll, wie der Zusammenhang andeutet. Das weckt den Verdacht, dass der Stoff einmal eine andere Fassung gekannt hat. „Ist Tamar vielleicht ursprünglich mit Juda enger verbunden gewesen? war sie die Braut Judas? Auch noch in der jetzigen Gestalt der Erzählung sind die Hinweise darauf, daß Tamar Witwe und Judas Schwiegertochter war, leicht zu entfernen. v. 2 fällt es auf, daß der

---

17 Vgl. aus jüngerer Zeit die „Juda-Schicht" bei SCHMITT, Josephsgeschichte, 117–129, und die „judäische Textgruppe" bei BLUM, Komposition, 209–229, bes. 228–229, jeweils mit Verweisen auf die ältere Literatur.

18 Die Beobachtungen verbinden sich mit der sog. Jakob-Juda-Schicht der Josefsgeschichte und mit dem Juda-Spruch des Jakobsegens (Gen 43,8–10; 44,14–34; 46,28; 49,8–12). Dazu W. DIETRICH, Die Josephserzählung als Novelle und Geschichtsschreibung. Zugleich ein Beitrag zur Pentateuchfrage (BThSt 14) 1989, 19–26. Schon der Redaktor Jahwist hat im Zuge der Nationalisierung der älteren Erzählungen die Rolle Judas hervorgehoben (29,35; 37,26–27; 43,3). Zu dem möglichen Anlass in der Perserzeit vgl. M. RAKE, „Juda wird aufsteigen!" Untersuchungen zum ersten Kapitel des Richterbuches (BZAW 367) 2006.

Name von Judas Weib nicht genannt wird; – hieß sie etwa Tamar? Pereṣ und Zerach müßten eigentlich die Söhne von ʿEr sein; tatsächlich gelten sie aber überall als Judas Söhne."[19]

Solche Erwägungen sind nicht gegenstandslos. Die Erzählung beginnt sehr eigentümlich: „Es geschah zu dieser Zeit, dass Juda hinabging von seinen Brüdern und einkehrte bei einem adullamitischen Mann, der hieß Hira. Und *Juda* sah *dort* die Tochter *eines kanaanitischen Mannes, der hieß Schua.*" Man erfährt nicht, welche Folge es hatte, dass Juda sich zu Hira begab. Zwar tritt der Adullamiter in V. 12 und V. 20–23 noch einmal auf, aber nur als Hilfsperson. Stattdessen sieht Juda sofort darauf die Tochter eines gewissen Schua und nimmt sie zur Frau. Dieser Kanaaniter wird genau wie der Adullamiter Hira mit Namen eingeführt, als solle er an dessen Stelle treten. Die heutige Erzählung hat gleichsam zwei Expositionen. Die erste geht ins Leere, und bei der zweiten versteht man nicht, warum der Beginn nicht von vornherein auf den Kanaaniter Schua zuläuft. Die Verknüpfung שָׁם „dort" und die ausdrückliche Wiederholung des Subjekts „Juda" sind Hinweise, dass zwischen V. 1 und V. 2 eine literargeschichtliche Fuge verläuft.

Ein glatter Ablauf hätte erzählt, wie Juda zu dem Adullamiter Hira kam, dessen Tochter sah und zur Frau nahm. Der jetzige Hergang weckt den Verdacht, dass die Personen vertauscht worden sind. Einerseits fehlt für die Tochter Schuas der Name, und anderseits für Tamar die Angabe ihrer Herkunft.[20] Dass Tamars Vater nicht genannt wird, ist um so merkwürdiger, als Juda als Brautwerber für seinen Sohn tätig wird, wozu er mit dem Brautvater handelseins werden musste (vergleiche dagegen Gen 24; 34,4; Ri 14,3). Anscheinend hat die Darstellung Verwerfungen erlitten. Deren genauer Verlauf lässt sich freilich nicht mehr aufdecken. Dessenungeachtet können wir unterstellen, dass V. 6 einst in irgendeiner Weise auf V. 1 gefolgt ist und von Judas eigener Heirat gehandelt hat: „Und Juda nahm eine Frau <*für ʿEr, seinen Erstgeborenen*>, die hieß Tamar." Diese Lesart wird

---

19 B. LUTHER, Die Novelle von Juda und Tamar und andere israelitische Novellen (in: E. MEYER, Die Israeliten und ihre Nachbarstämme. Alttestamentliche Untersuchungen, 1906, 175–206), 180.

20 Die jüdische Auslegungstradition hat über die Abstammung eingehend nachgedacht. Aus der Strafe des Feuertodes, die Juda in V. 24 über Tamar verhängt, ergab sich in Verbindung mit Lev 21,9, dass sie Tochter eines Priesters gewesen ist. Als Vater werden Melchisedek (Gen 14,18) und Sem vorgeschlagen. Sem soll für seinen Vater Noah das Opfer in Gen 8,20 dargebracht haben. Vgl. M. D. JOHNSON, The Purpose of the Biblical Genealogies. With Special Reference to the Setting of the Genealogies of Jesus (MSSNTS 8) 1969, 270–272: Appendix 4. The Ancestry of Tamar in Later Jewish Tradition.

dadurch unterstützt, dass ʿEr in V. 7, wo er als der Ehemann der Tamar gilt, sogleich nochmals als „der Erstgeborene Judas" eingeführt wird, als gäbe es an dieser Stelle einen Neuansatz.

Dies vorausgesetzt, müsste der Beischlaf Judas mit der Tamar, der jetzt in V. 18 zu lesen ist, sofort auf V. 6 gefolgt sein: וַיָּבֹא אֵלֶיהָ „und er ging zu ihr ein". Tatsächlich wird anstandslos und mit der üblichen Formel die Schwangerschaft festgestellt, als wäre Tamar nicht als Hure schwanger geworden. Deshalb könnte die Heirat Judas mit der Tochter des Schua eine spätere Vorwegnahme sein. Auffallend ist der lapidare Stil von V. 2, der die Heirat eher andeutet als erzählt: וַיִּקָּחֶהָ וַיָּבֹא אֵלֶיהָ „und er nahm sie und ging zu ihr ein". Erst aus dieser in der Textfolge ersten, in der vermuteten traditionsgeschichtlichen Folge zweiten Verbindung Judas stammen jene Söhne, an denen das Motiv der Leviratsehe demonstriert wird.

Aus diesen Erwägungen ergibt sich der folgende Grundtext, der sich allerdings im Übergang von V. 1 nach V. 6 nicht mehr sicher präparieren lässt:

1 Es geschah zu dieser Zeit, dass Juda hinabging von seinen Brüdern und abbog zu einem adullamitischen Mann, der hieß Hira. […] 6 Und Juda nahm eine Frau […], die hieß Tamar. […] 18b* Und er ging zu ihr ein, und sie wurde von ihm schwanger. […] 27 Und als die Zeit gekommen war, dass sie gebären sollte, siehe, da waren Zwillinge in ihrem Leib. 28 Und während sie gebar, gab er (scl. der eine Zwilling) eine Hand. Da nahm die Hebamme und band um seine Hand einen Karmesinfaden und sprach: Dieser ist zuerst herausgekommen. 29 Als er aber seine Hand zurückzog, siehe, da kam sein Bruder heraus, und sie sprach: Was hast du für dich einen Riss gerissen! Und er nannte ihn Perez. 30 Und danach kam sein Bruder heraus, der den Karmesinfaden um seine Hand hatte. Den nannte er Serach.

Diese Fassung ist eher eine genealogische Episode als eine Erzählung. Sie streicht den Vorrang Judas heraus. Die Geburt seiner Söhne wird der Geburt von Isaaks Söhnen Jakob/Israel und Esau gleichgeordnet (Gen 25,24–26) und der Geburt von Josefs Söhnen Manasse und Ephraim vorgeordnet (Gen 41,50–52). In einer Art vorwegnehmender Typologie ist mit Adullam jener Ort in der Schefela als Schauplatz gewählt, der nach 1 Sam 22 das Basislager für Davids Kampf gegen Saul gewesen ist.[21] Tamar aber teilt ihren Namen mit Absaloms von Amnon geschändeter Schwester. Auch das ist typologisch zu verstehen: Die Tochter Davids wird in Gestalt ihrer Namensschwester rehabilitiert und aus der Kinderlosigkeit (2 Sam 13,20) zur Stammmutter erhoben.

---

21 Vgl. BLUM, Komposition, 227. Eine vergleichbare Typologie findet sich, wenn in der Landnahmeschilderung von Ri 1 Davids Zug nach Hebron und Jerusalem (2 Sam 2; 5) vorweggenommen wird, vgl. RAKE, „Juda wird aufsteigen!", 74–101.

Die Anekdote: Onan, der geprellte Betrüger

Der hypothetische Ausgangstext gewinnt eine überraschende Wahrscheinlichkeit, wenn wir uns dem ausgeschiedenen Teil der Erzählung zuwenden. Er hat wie üblich Bearbeitungen erfahren, auf die wir zu sprechen kommen werden. Hier die vermutete Grundform:

> 2 *Und Juda sah dort die Tochter eines kanaanitischen Mannes, der hieß Schua. Und er nahm sie und ging zu ihr ein.* 3 *Und sie wurde schwanger und gebar einen Sohn, den nannte er ʿEr.* 4 *Und sie wurde nochmals schwanger und gebar einen Sohn, den nannte sie Onan.* […] 6 *Und Juda nahm eine Frau für ʿEr, seinen Erstgeborenen, die hieß Tamar.* 7 *Aber ʿEr, der Erstgeborene Judas, missfiel Jahwe, so dass Jahwe ihn sterben ließ.* 8 *Da sprach Juda zu Onan: Geh ein zu der Frau deines Bruders und vollzieh die Leviratsehe mit ihr und lass einen Nachkommen erstehen für deinen Bruder.* 9 *Da Onan wusste, dass der Nachkomme nicht für ihn sein würde, verdarb er es, so oft er zu der Frau seines Bruders einging, zur Erde.* […] 12 *Und nach einiger Zeit* […] *ging er hinauf zu den Scherern seines Kleinviehs* […] *nach Timna.* […] 14a* *Da bedeckte sie sich mit einem Schleier und verhüllte sich und setzte sich* […] *an den Weg nach Timna.* […] 18b* *Und er ging zu ihr ein, und sie wurde von ihm schwanger.*

Die Erzählung gilt als alt und unerfindlich, weil sie Juda ohne Umstände zuschreibt, eine Kanaaniterin geheiratet zu haben. Das verstieß gegen das Verbot des Konnubiums aus Ex 34,16 und Dtn 7,3, das demnach zu dieser Zeit noch nicht existiert hätte.

Es ist indes ein Irrtum, dass die Heirat unbefangen berichtet würde. Im Gegenteil, der Erzähler sieht darin eine Mesalliance. Der Sohn, der aus der Verbindung hervorgeht, muss sterben. Das Missfallen Jahwes gilt nicht der Handlungsweise des ʿEr, von der man nichts erfährt, sondern seiner Existenz. Das Frömmigkeitsurteil: „Und ʿEr, der Erstgeborene Judas, war böse in den Augen Jahwes", beginnt mit וַיְהִי „und er war", nicht wie sonst mit וַיַּעַשׂ „und er tat". Möglicherweise trägt עֵר das Missfallen schon im Namen, der nach einer ansprechenden Vermutung Benno Jacobs ein Wortspiel mit רַע „böse" sein kann.[22] Es ist Juda selbst, der seinen Sohn so brandmarkt.[23]

Um das Paradigma erzählen zu können, müssen der Verbindung mit der kanaanäischen Anonyma mindestens zwei Söhne entsprungen sein. Die Geburtsnotizen haben diesmal den Bericht von der Geburt von Ruben und Simeon zum Vorbild: וַתַּהַר לֵאָה וַתֵּלֶד בֵּן וַתִּקְרָא שְׁמוֹ רְאוּבֵן וַתַּהַר עוֹד וַתֵּלֶד בֵּן

---

22 B. JACOB, Das erste Buch der Tora. Genesis. Übersetzt und erklärt, 1934, 712.
23 Die 3. m. sg. וַיִּקְרָא in V. 3b fällt – offenbar gewollt – aus der Reihe, vgl. V. 4 und 5 sowie die Vorlage Gen 29,32–33. Samaritanus und TPsJ korrigieren.

וַתִּקְרָא שְׁמוֹ שִׁמְעוֹן „Und Lea wurde schwanger und gebar einen Sohn, den nannte sie Ruben ... Und sie wurde nochmals schwanger und gebar einen Sohn, ... den nannte sie Simeon" (Gen 29,32a.33aα.b). Die Schilderung stimmt weitgehend überein: וַתַּהַר וַתֵּלֶד בֵּן וַיִּקְרָא אֶת־שְׁמוֹ עֵר וַתַּהַר עוֹד וַתֵּלֶד בֵּן וַתִּקְרָא אֶת־שְׁמוֹ אוֹנָן „Und sie wurde schwanger und gebar einen Sohn, den nannte er ʿEr. Und sie wurde nochmals schwanger und gebar einen Sohn, den nannte sie Onan."

Weitere Voraussetzung ist, dass der Erstgeborene nach seiner Heirat den Platz räumt. ʿEr darf es nicht besser ergehen als Machlon und Kiljon in Rut 1, deren Namen „Krankheit" und „Schwindsucht" ihr Schicksal ist;[24] denn nur so fällt dem Zweitgeborenen Onan jene Pflicht zu, die Juda, der als Familienoberhaupt über die Einhaltung der Tora wacht, ihm unter Bezug auf Dtn 25,5 auferlegt.

Onan kommt der Weisung nicht nach. Zwar wohnt er der Tamar bei; aber weil er seinem verstorbenen Bruder die Nachkommenschaft missgönnt, verhindert er die Empfängnis. Tamar indes versteht mit List zu erlangen, was der unwillige Schwager ihr vorenthält. Die Gelegenheit kommt mit der Schafschur, für die der Bauer über Land zu seiner Herde wandert (vgl. auch 2 Sam 13,23–24). Dem Verb וַיַּעַל „und er ging hinauf" in V. 12 fehlt ein explizites Subjekt. Sinngemäßes Subjekt ist Juda; aber diese Lesart ist erst durch die späteren Zusätze entstanden. Die Nachricht, dass Juda seine Frau betrauert habe (V. 12aβb*), hat zunächst noch gefehlt,[25] so dass V. 12aα an V. 9abα angeschlossen hat. Dort ist Onan Subjekt. Dass er nach Timna geht, dürfte aus der Lokalisierung in Adullam erschlossen sein. Beide Orte liegen im Hügelland (vgl. Ri 14,1–5).[26] Tamar verhüllt sich, um nicht erkannt zu werden, und setzt sich wie eine Hure an den Wegrand. Dabei musste eine Unstimmigkeit in Kauf genommen werden: Eine Hure zeigt ihr Gesicht.[27] Das war in diesem Fall um der Pointe willen unmöglich.

Im heutigen Verlauf wird Tamar von ihrem Schwiegervater schwanger. Diese Lösung ist durch das Leviratsrecht nicht gedeckt. Nach Lev 18,15;

---

24 TPsJ assoziiert עֵר mit עֲרִירִי „kinderlos". Das dürfte über den beabsichtigten Sinn hinausgehen.
25 Dazu unten in Abschnitt 8.
26 Üblicherweise wird angenommen, dass es sich hier um ein zweites Timna gehandelt habe, zu dem man von Adullam aus hinaufstieg und das in Juda gelegen habe (vgl. BHH 1971; NBL III 875–876). Diese Verdoppelung dürfte nicht notwendig sein.
27 Aus § 40 der mittelassyrischen Gesetze: „Eine Dirne darf sich nicht verhüllen, ihr Kopf bleibt entblößt. Wer eine verhüllte Dirne erblickt, soll sie festnehmen ... Man soll ihr fünfzig Stockschläge versetzen und Asphalt auf ihren Kopf gießen" (V, 66–69.75–76, nach TUAT I/1, 88; Übersetzung R. Borger).

20,12 ist es sogar verboten, mit der Schwiegertochter Umgang zu haben, und anders als der Umgang mit der Frau des Bruders (vgl. Lev 18,16; 20,21) wird dieses Verbot durch Dtn 25,5–10 nicht aufgehoben. Die Exegese hat das Problem immer erkannt, aber nicht zu lösen gewusst. Indessen liegt die Pointe, die die Erzähl-Ökonomie verlangt, auf der Hand: Als Hure verkleidet, verschafft Tamar sich von ebendemselben Mann ein Kind, der ihr die Empfängnis verweigert hat. Erst das gibt der Anekdote den Witz.

Der Kasus: Juda und Tamar

Die eingeschobene Anekdote konnte nicht verhehlen, dass die von der Tamar geborenen Söhne Perez und Serach in der Grundfassung nicht von Onan, sondern von Juda abstammen. So musste es alsbald zu einer weitgehenden Überarbeitung kommen und in ihrer Folge zu den rechtlichen Kapriolen, die den Reiz, aber auch die Schwierigkeit der heutigen Erzählung ausmachen.

> 9 Da Onan wusste, dass der Nachkomme nicht für ihn sein würde, verdarb er es, so oft er zu der Frau seines Bruders einging, zur Erde, *um nicht einen Nachkommen zu schaffen für seinen Bruder.* 10 *Und Jahwe missfiel, was er tat, und er ließ auch ihn sterben.* 11 Da sprach Juda zu seiner Schwiegertochter Tamar: Bleib als Witwe im Haus deines Vaters. [...] *So ging Tamar hinweg und blieb im Haus ihres Vaters.* 12 Und nach einiger Zeit [...] ging er hinauf zu den Scherern seines Kleinviehs [...] nach Timna. 13 *Da wurde Tamar*[28] *angesagt: Siehe, dein Schwiegervater geht hinauf nach Timna, sein Kleinvieh zu scheren.* 14 *Und sie zog die Kleider ihrer Witwenschaft aus. Da bedeckte sie sich mit einem Schleier und verhüllte sich und setzte sich in den Eingang von ʿEnajim („in die Augenöffnung") an den Weg nach Timna.* [...] 15 *Und Juda sah sie und hielt sie für eine Hure* [...] 16 *und bog ab zu ihr <am>*[29] *Wege und sprach: Auf, ich will zu dir eingehen.* [...] 17b* *Sie sprach: Wenn du mir ein Pfand gibst.* [...] 18 *Er sprach: Was soll das Pfand sein, das ich dir geben soll? Sie sprach: Dein Siegel und deine Schnur und dein Stab, den du in der Hand hast. Er gab es ihr.* Und er ging zu ihr ein, und sie wurde von ihm schwanger. 19 *Und sie stand auf und ging hinweg und zog den Schleier aus und legte ihre Witwenkleider an.* [...] 24 Und es geschah nach etwa drei Monaten, da wurde Juda angesagt: Deine Schwiegertochter Tamar hat gehurt. [...] *Da sprach Juda: Führt sie hinaus, dass sie verbrannt werde.* 25 Sobald sie hinausgeführt wurde, [...] *sprach sie: Erkenne doch, wem dieses Siegel und diese Schnur und dieser Stab gehören!* 26 *Da erkannte Juda und sprach: Sie ist gerecht, ich nicht.*

---

28 Samaritanus und Septuaginta lesen zusätzlich „seiner Schwiegertochter" (כַּלָּתוֹ, τῇ νύμφῃ αὐτοῦ) wie in V. 11.
29 Lies wie in V. 14 עַל (statt אֶל).

Um die Bahn für die (alte und) neue Konstellation (wieder) frei zu machen, wird Onan auf dieselbe Weise von der Szene entfernt wie sein Bruder. Diesmal ist das Frömmigkeitsurteil mit Onans Verhalten begründet: „Jahwe missfiel, was er *tat*." Die Schuld, deretwegen er bestraft wird, wird genau benannt. Er hat sich geweigert, „einen Nachkommen zu schaffen für seinen Bruder" (לְבִלְתִּי נְתָן־זֶרַע לְאָחִיו, V. 9bβ). Das verstieß gegen Dtn 25,6. Jahwe lässt ihn sterben.

Mit Onans Tod sind die Möglichkeiten des Leviratsrechts erschöpft.[30] Juda weist seine Schwiegertochter an, als kinderlos gebliebene Witwe gemäß Lev 22,13 in ihr Vaterhaus zurückzukehren. In seinen Augen gilt der Fall als abgeschlossen. In der Folge ist es nicht mehr die Verweigerung der Leviratsehe, sondern die sang- und klanglose Abschiebung, gegen die Tamar sich zur Wehr setzt; und zwar gegenüber Juda selbst.

Deshalb muss nunmehr Juda es sein, der sich zur Schafschur nach Timna auf den Weg macht. Unter der Hand wechselt V. 12b* das Subjekt. Das wird in der Nachholung V. 13 eindeutig, die in die Form einer Mitteilung an Tamar gekleidet ist. Das Passiv וַיֻּגַּד לְ- לֵאמֹר „und es wurde N.N. mitgeteilt folgendermaßen" (so auch V. 24) ist ein übliches Mittel, einen zusätzlichen Gesichtspunkt in einen gegebenen Ablauf einzuführen.[31] Ihrem Status gemäß muss Tamar zunächst ihre Witwenkleider ablegen, bevor sie sich, wie die ältere Erzählung berichtet hat, mit einem Schleier verhüllt. In V. 19 legt sie folgerichtig ihre Witwenkleider wieder an.

Mit dem Wechsel von Onan zu Juda hat der Kasus seine Rechtsgrundlage verloren. Es war nicht Sache des Schwiegervaters, die Leviratsehe zu vollziehen. Das hat der Ergänzer gewusst und nach einem Ausweg gesucht. In V. 14 setzt Tamar sich nicht mehr „an den Weg nach Timna", sondern „in den Eingang von ʿEnajim am Weg nach Timna" (בְּפֶתַח עֵינַיִם אֲשֶׁר עַל־דֶּרֶךְ תִּמְנָתָה). Die doppelte Ortsangabe ist seit jeher eine Crux. Meist denkt man an den Ort Enam, der in Jos 15,34 erwähnt ist. Bei einer Stadt sollte aber das Tor (שַׁעַר), nicht die Öffnung (פֶּתַח) genannt sein.[32] Das Rätsel löst sich im Wechselspiel mit Gen 20,16.[33] Dort erhält Sara zum Abschluss der peinlichen Verwicklungen, in die sie in Gerar geraten ist, von dem König Abimelech eine Entschädigung, die sie rehabilitieren soll: „Und zu Sara sprach er:

---

30 Auch in Dtn 25,5–10 ist nur *ein* überlebender Bruder vorgesehen. Der in Mk 12,18–27 par. konstruierte Fall geht über den Wortlaut der Tora hinaus.
31 Gen 22,20; 1 Sam 15,12; 2 Sam 6,12; 1 Kön 1,51; Jes 7,2; u. ö.
32 Darauf hat F. DELITZSCH, Commentar über die Genesis, ⁴1872, 460, besonders hingewiesen.
33 Die Entsprechung wurde beobachtet von I. ROBINSON, *běpetaḥ ʿênayim* in Genesis 38:14 (JBL 96, 1977, 569), mit etwas anderer Schlussfolgerung.

Siehe, ich habe deinem Bruder tausend Silberstücke gegeben; siehe, das soll dir eine Augendecke (כְּסוּת עֵינַיִם) sein für alle, die bei dir sind. Du aber bist in allem gerechtfertigt." Das Gegenteil, die Augenöffnung (פְּתַח עֵינַיִם), ist der Hinweis auf das vorenthaltene Recht. Juda hat Tamar tief beschämt. Dafür steht ihr ein Ausgleich zu.

Dementsprechend ändert sich die Absicht, deretwegen Tamar sich als Hure anbietet. Die Schwangerschaft ist das Mittel, mit dem sie gegenüber Juda ihre Rechtfertigung erstreitet. Dass Juda die Tamar für eine Hure „hielt" (חשב), unterstreicht, dass sie es nicht war (V. 15a). Juda naht sich ihr in eindeutiger Absicht mit Worten, die ähnlich für Jakob bezeugt sind, als er nach sieben Jahren Dienst zu Rahel eingehen will (V. 16aα, vgl. Gen 29,21). Tamar fragt nach der Gegenleistung (V. 17b*). Um das Motiv hervorzuheben, stellt Juda eine Rückfrage. Tamar fordert als Unterpfand jene Kennzeichen, mit denen die rechtsfähige Person sich ausweist: das an einer Schnur um den Hals getragene Rollsiegel und den Stab (V. 18a). Sie geben später bei der Gerichtsverhandlung den Ausschlag. Der zur Schafschur wandernde Bauer hat diese wertvollen Gegenstände schwerlich mit sich geführt. Weil die Sache so wichtig ist, wird – entgegen der üblichen elliptischen Erzählweise – auch die Ausführung festgestellt: „Und er gab es ihr".

Nach drei Monaten wird die Schwangerschaft ruchbar. Juda als Familienoberhaupt fällt das Todesurteil – obwohl Tamar als Witwe in das Haus ihres Vaters und damit unter dessen Jurisdiktion zurückgekehrt war. Das verwirrt die Ausleger mit Recht. „Juda nimmt für sich die Kompetenz als Richter in Anspruch; er rechnet also Thamar zu seiner Familie, während doch die Tat der Thamar von der Voraussetzung ausgegangen war, daß Juda sie endgültig aus der Familie entlassen habe".[34] Das Urteil soll als Feuertod vollstreckt werden, nach Lev 21,9 die Strafe für die Tochter eines Priesters, die durch Hurerei ihren Vater entheiligt hat. Dass nicht die Steinigung gewählt wurde, die man nach Dtn 22,24 erwartet, hat wohl den einfachen Grund, dass sie auch den Mann hätte betreffen müssen.

An dieser Stelle erreicht die Erzählung ihre Peripetie: „Sobald sie hinausgeführt wurde …".[35] „Warum hat sich Tamar dem Juda nicht sofort nach der Beiwohnung enthüllt? so hätte sie sich doch die äußerste Schmach des Ganges zur Todesstätte sparen können."[36] Auch bei der Feststellung des Tatbestands, die dem Urteil V. 24b vorausgegangen sein muss, wäre Gele-

---

34 v. RAD, Genesis, 295.
35 „‚Hinausführen' ist ein Term. techn., ebenso Dtn 22,21.24 Jdc 6,30 I Reg 21,10 JSir 23,24 SusLXX 42.62, SusTheod. 45" (Gunkel, Genesis, 418).
36 GUNKEL ebd.

genheit gewesen. Aber das hätte der Darstellung die Dramatik genommen. Deshalb bringt Tamar erst jetzt das Siegel, die Schnur und den Stab Judas zur Geltung, aus denen hervorgeht, dass sie von ihrem Schwiegervater schwanger ist. Die Beweismittel werden in derselben Weise vorgelegt, wie in 37,32–33 Josefs Brüder ihrem Vater Jakob den blutigen Rock überbringen. Die wörtliche Übereinstimmung kann nicht anders als mit Nachahmung erklärt werden.[37] Was Vorlage ist und was Kopie, ist leicht zu entscheiden.[38] Um den Vater zu täuschen, greifen die Brüder auf einen Brauch zurück, der aus dem Hirtenrecht stammt: Wenn ein Tier aus der Herde gerissen wurde, musste dem Besitzer ein Überrest präsentiert werden, um Schadensersatzansprüche abzuwehren (vgl. Ex 22,12; Am 3,12; Gen 31,39; Codex Hammurapi § 266).[39] Dieses Rechtsmittel wird in Gen 38 auf den ganz anders gelagerten Fall übertragen.

Im letzten Augenblick wird Tamar gerettet.[40] Juda entscheidet: צָדְקָה מִמֶּנִּי „Sie ist gerecht, ich nicht" (V. 26aα). Mit diesem „Urteilszuspruch der Schuldlosigkeit"[41] ist der Fall zu seinem guten Ende gekommen. Eine nahe Parallele ist die Erklärung Sauls gegenüber David in 1 Sam 24,18: צַדִּיק אַתָּה מִמֶּנִּי „Du bist gerecht, ich nicht." Der Bezug auf die David-Überlieferung ist vielleicht gewollt. Dass die Erklärung in dritter Person erfolgt, „mag darin ihren Grund haben, daß Thamar eine Person minderen Rechts ist, die nicht über eigene Rechtsfähigkeit verfügt."[42] Das Urteil wird zur gleichsam objektiven Beschreibung des Tatbestands, die zu Protokoll gegeben wird. Tamar hat durch ihr unkonventionelles Verhalten das ihr zustehende Recht erlangt.

---

37 Nach Midrasch BerR 85,11 hat schon R. Joḥanan die Verbindung zwischen den beiden Stellen gesehen.
38 DIETRICH, Josephsgeschichte, 51 Anm. 144: „Sicher kein Zufall ist die enge Parallelität zwischen 38,25f und 37,32 f. Doch im Gegensatz zu Blum ... scheint es mir eindeutig, daß 38,25f nach 37,32f gestaltet ist und nicht umgekehrt." Vgl. BLUM, Komposition, 245.
39 Vgl. J. JEREMIAS, Der Prophet Amos (ATD 24,2) 1995, 41.
40 Dieses hoch dramatische Erzählmuster ist verbreitet. Weitere biblische Beispiele sind Gen 22,11 und, besonders nahe, die Erzählung von Susanna, vgl. ZusDan 1,45.
41 Vgl. H. J. BOECKER, Redeformen des Rechtslebens im Alten Testament (WMANT 14) 1964, 123–129. Weitere Belege sind 1 Sam 24,18; 2 Kön 10,9; Spr 24,24.
42 BOECKER, Redeformen, 128 Anm. 1.

Noch einmal das Leviratsrecht: Schela

Es ist einsichtig, dass ein späterer Ergänzer sich mit dem geschilderten Hergang nicht zufrieden gab und erneut das Leviratsrecht zur Geltung brachte, von dem die Erzählung ausgegangen war. Dazu wird ein dritter Sohn Judas eingeführt, der nach Onans Tod die Tamar zur Frau hätte nehmen sollen. Die Schuld, die Juda in der Verhandlung eingeräumt hat, soll nunmehr darin bestanden haben, dass er der Tamar die Vermählung mit seinem dritten Sohn Schela vorenthalten hat.

> 5a *Und sie fuhr noch fort und gebar einen Sohn, den nannte sie Schela.*
> 11aα* *bis mein Sohn Schela groß geworden ist.*
> 14b *Denn sie hatte gesehen, dass Schela groß geworden war, ohne dass <er sie> ihm zur Frau <gegeben hätte>.*[43]
> 26aβ *Weil ich sie nicht meinem Sohn Schela gegeben habe.*

Die Notiz über die Geburt des Schela in V. 5a hebt sich von den vorausgegangenen, mit der geläufigen Formel geschilderten Geburten hart ab. Schela wird in unmittelbarer Fortsetzung geboren, und ohne dass die nochmalige Schwangerschaft erwähnt wird. Eine solche literarische Sturzgeburt findet sich sonst nur bei Abel in Gen 4,2.[44] Die Störung ist um so größer, als sich im Verlauf der Erzählung herausstellt, dass Schela um Jahre jünger als Onan gewesen sein muss.

Als Juda die kinderlos gebliebene, zum zweitenmal verwitwete Tamar in das Haus ihres Vaters zurückschickt, knüpft er im jetzigen Ablauf daran das Versprechen: עַד־יִגְדַּל שֵׁלָה בְנִי „bis mein Sohn Schela groß geworden ist" (V. 11aα*). Seither ist er bei Tamar im Wort. Merkwürdig ist nur, dass Tamar unter dieser Voraussetzung nicht im Hause Judas wohnen bleibt, um auf die versprochene Vermählung zu warten. Dieser Ablauf ist der früheren Fassung der Erzählung geschuldet. Um den Widerspruch auszugleichen, soll Schela noch nicht heiratsmündig gewesen sein.

Judas Wortbruch wird in einer Nachholung in V. 14b eigens festgestellt, die begründet, warum Tamar sich auf eigene Faust gegen ihr Schicksal zur

---

43 So nach der Lesart der Septuaginta: αὐτὸς δὲ οὐκ ἔδωκεν αὐτὴν γυναῖκα (= וְהוּא לֹא־נְתָנָהּ לוֹ לְאִשָּׁה). Die Masoreten lesen das mehrdeutige והוא als Femininum, woraufhin das Verb als Niphal נִתְּנָה vokalisiert werden muss: „ohne dass sie ihm zur Frau gegeben worden wäre". Das Passiv lässt Judas Schuld weniger hart erscheinen.

44 Auch dort gibt es eine literarische Zäsur. „V. 2 ist wohl kaum mit v. 1 auf eine überlieferungsgeschichtliche Stufe zu stellen" (W. DIETRICH, „Wo ist dein Bruder?" Zu Tradition und Intention von Genesis 4 [in: H. DONNER u. a. [Hg.], Beiträge zur Alttestamentlichen Theologie. Festschrift für Walther Zimmerli, 1977, 94–111], 105).

Wehr setzt. „Die ... Reflexion Tamars unterbricht den Erzählgang. Die Annahme ist daher nahe liegend, dass V. 14b in der ursprünglichen Erzählung noch nicht gestanden hat. Wenn das richtig ist, dann handelt es sich um einen erklärenden Zusatz".[45]

Am Ende bezieht Juda sein Schuldanerkenntnis auf genau dieses Versäumnis: „weil ich sie nicht meinem Sohn Schela gegeben habe" (V. 26aβ). Der überbreite Anschluss mit כִּי־עַל־כֵּן ist nicht, wie man immer liest, Kennzeichen des Jahwisten, sondern Indiz für den Zusatz.

Der Lohn für die Hure

Das Pfand, mit dem Tamar die Vaterschaft Judas beweist und ihre Unschuld belegt, war kein Lohn. Der Leser musste sich fragen, was Juda veranlasst haben konnte, der Hure seine Insignien zu überlassen. Juda wiederum durfte nicht dastehen wie einer, der eine Hure geprellt hat. Deshalb bekommt das Pfand im heutigen Ablauf zuerst einen anderen Grund. Juda überlässt es der Tamar, weil er ihr ein Ziegenböckchen verspricht.

> 12b* Er ging hinauf zu den Scherern seines Kleinviehs, *er und Hira, sein Gefährte, der Adullamiter,* nach Timna. ...
> 16 Und er bog ab zu ihr <am> Wege und sprach: Auf, ich will zu dir eingehen. [...] *Sie sprach: Was willst du mir geben, wenn du zu mir eingehst? 17 Er sprach: Ich will dir ein Ziegenböckchen schicken von der Herde.* Sie sprach: Wenn du mir ein Pfand gibst, *bis du schickst.* 18 Er sprach: Was soll das Pfand sein, das ich dir geben soll? Sie sprach: Dein Siegel und deine Schnur und der Stab, den du in der Hand hast. Er gab es ihr. Und er ging zu ihr ein; und sie wurde von ihm schwanger. 19 Und sie stand auf und ging hinweg und zog den Schleier aus und legte ihre Witwenkleider an. 20 *Und Juda sandte das Ziegenböckchen durch seinen Gefährten, den Adullamiter, um das Pfand zu holen von der Frau. Der fand sie nicht [...] 22 und kehrte zu Juda zurück und sprach: Ich habe sie nicht gefunden. [...] 23 Da sprach Juda: Sie mag es für sich nehmen, damit wir nicht zum Gespött werden!*

Das Ziegenböckchen war eine übliche und probate Gabe für eine Frau, der man beiwohnen wollte (vgl. Ri 15,1). Unter normalen Umständen hätte der Mann die Hure sofort entlohnt, oder sie hätte sich ihm verweigert. Doch das Pfand war bereits im Spiel. Es erhält einen neuen Zweck: עַד שָׁלְחֶךָ „bis du schickst" (V. 17 Ende).

---

45 H. J. BOECKER, Die Josefsgeschichte. Mit einem Anhang über die Geschichte der Tamar und die Stammessprüche, 2003, 102.

Um es auszulösen, bedurfte es einer Hilfsperson. Dafür kam der Adullamiter Hira in Betracht, der in V. 1 eingeführt wurde, seither aber ohne Funktion gewesen ist. Er wird zu Judas Gefährtem (רֵעַ) erklärt und muss ihn nach Timna begleiten (V. 12b*). Damit das Geschehen seinen Lauf nehmen kann, scheitert der Tausch (V. 20). Das wird in dem Redewechsel V. 22a.23a festgestellt. „Die Unterhaltung zwischen Juda und Ḥira 22 f. könnte sehr wohl fehlen. Aber der Erzähler legt Wert darauf, daß in diesem Stücke Juda durchaus keine Schuld trifft, פֶּן נִהְיֶה לָבוּז, damit nicht der schmähliche Verdacht entstehe, als ob ein solcher reicher Mann einer armseligen Dirne mit dem Hurengelde durchgegangen sei!"[46] Juda beruhigt sich sofort über den Verlust. Auch das ist unter normalen Umständen nicht nachvollziehbar. Es war nicht ehrenrührig, bei einer Hure gewesen zu sein (vgl. Ri 16,1–3; Jos 2); wohl aber konnte Juda zum Gespött werden, wenn er der Hure seine Insignien ließ, die sie in die Lage versetzten, in seinem Namen Rechtstitel zu zeichnen (vgl. 1 Kön 21,8).

Judas und Tamars Gerechtigkeit

Die übliche Gerechtigkeits-Bearbeitung, die sich in den Geschichtsbüchern überall findet, bildet die jüngste Ebene des Textes. Sie besteht aus einer Reihe von kurzen Zusätzen, die sich durch ihre Tendenz untereinander verbinden. Da Juda und Tamar prominente Vertreter des Gottesvolkes gewesen sind, kann es nicht anders sein, als dass ihr Verhalten mit der Tora in Einklang gestanden hat.

5b *Und er war in Kesib, als sie ihn gebar.*
11aβγ *Denn er sprach: Damit nicht auch er stirbt wie seine Brüder.*
12aβbα* *Da starb die Tochter Schuas, Judas Frau. Und Juda trauerte.*
15b *Denn sie hatte ihr Gesicht bedeckt.*
16aβγ *Denn er wusste nicht, dass sie seine Schwiegertochter war.*
21 *Und er fragte die Leute ihres Ortes:*[47] *Wo ist diese Kedesche in Enajim am Wege? Sie sprachen: Es ist hier keine Kedesche gewesen.*
22b *Auch die Leute des Ortes haben gesagt: Es ist hier keine Kedesche gewesen.*
23b *Siehe, ich habe dieses Böckchen gesandt, du aber hast sie nicht gefunden.*
24aβ *Und auch, siehe, sie ist schwanger geworden von der Hurerei.*
25a* *Sie aber hatte zu ihrem Schwiegervater gesandt und sagen lassen: Von dem Mann, dem das gehört, bin ich schwanger.*
26b *Und er erkannte sie kein weiteres Mal.*

---

46 GUNKEL, Genesis, 417.
47 Samaritanus und Septuaginta lesen wie in V. 22 „des Ortes" (הַמָּקוֹם).

Für fast alle dieser Parenthesen ist schon lange erkannt, dass sie das Geschehen nachjustieren wollen; auch wenn man die Absicht in der Regel „dem Erzähler" zuschreibt.

Die größte Schwierigkeit ist Judas Umgang mit der Schwiegertochter; denn damit verstieß er gegen Lev 20,12. „Uebrigens strebt der Erzähler deutlich dahin, Juda vom Verdachte, ein offenbares Verbrechen begangen zu haben, zu befreien, und hebt deshalb nicht allein das Unkenntlichmachen durch Verhüllung des Gesichts v. 14. 15. wiederholt hervor, sondern setzt v. 16. ausdrücklich hinzu, dass Juda die Schwiegertochter nicht gekannt habe. Ausserdem hätte er sich der Untreue schuldig gemacht, wenn er sich als Gatte mit einer öffentlichen Buhlerin einliess. Daher wird in gleicher Absicht zuvor v. 12. der Tod seines Weibes, Schuas Tochter ..., gemeldet."[48]

In V. 12aβa[1] ist die Nachricht, Judas Frau sei gestorben, hart eingefügt. „Der Tod von Judas Frau unterbricht die Tamargeschichte und wäre zur Sache nicht nötig, hat also bei dem Erzähler, der bisher so sparsam erzählt hat, jedenfalls etwas zu bedeuten: Juda ist erst, so wird betont, zur Qedeše gegangen, nachdem sein Eheweib tot war. Der Erzähler will also Juda entschuldigen."[49] וַיִּנָּחֶם ist Term. techn. für bestimmte Riten, die den Trauernden bei der Leichenfeier trösten sollen; der Erzähler will sagen: Juda hat zuvor seiner Ehefrau alle Gerechtigkeit widerfahren lassen."[50] Die Notiz ist dem Ablauf so fremd, dass „die Tochter Schuas, Judas Frau," anlässlich ihres Todes nochmals eingeführt wird.

Noch deutlicher als Zusätze erkennbar sind die beiden Parenthesen כִּי כִסְּתָה פָּנֶיהָ „denn sie hatte ihr Gesicht bedeckt" in V. 15b und כִּי לֹא יָדַע כִּי כַלָּתוֹ הִוא „denn er wusste nicht, dass sie seine Schwiegertochter war" in V. 16aβ. Auch das dient zu Judas Entschuldigung.[51] „Wenn er sie erkannt hätte, würde er sie sicherlich nicht berührt haben."[52] Im selben Sinne wird am Ende der Gerichtsverhandlung in V. 26b hinzugefügt: וְלֹא־יָסַף עוֹד לְדַעְתָּהּ „und er erkannte sie kein weiteres Mal." Damit ist gesagt: Sobald Juda weiß, wem er in Gestalt der Hure beigewohnt hat, ändert er sein Verhalten ein für allemal. „Er wohnt ihr aber nicht mehr bei, weil das Blutschande gewesen wäre (Lev. 18,15. 20,12)."[53]

---

48 F. Tuch, Kommentar über die Genesis, 1838, 504.
49 Gunkel, Genesis, 414.
50 Gunkel ebd.
51 Die Septuaginta setzt diese Tendenz fort, wenn sie in V. 15b hinzufügt: καὶ οὐκ ἐπέγνω αὐτήν „und er erkannte sie nicht" (וְלֹא יְדָעָהּ), vgl. V. 16aβ.26b.
52 Gunkel, Genesis, 416.
53 A. Knobel, Die Genesis. Neu bearbeitet von A. Dillmann (KEH 11) ³1875, 415.

Eine weitere mögliche Verschuldung Judas liegt darin, dass er die Tamar nicht seinem Sohn Schela gegeben hat. In einer nachgeschobenen Rede wird ein Grund angedeutet: כִּי אָמַר פֶּן־יָמוּת גַּם־הוּא כְּאֶחָיו „denn er sprach: damit nicht auch er stirbt wie seine Brüder" (V. 11aβγ). Dafür gibt es ein naheliegendes Vorbild. Als Josefs Brüder zum erstenmal nach Ägypten ziehen, behält der Vater den Benjamin bei sich, „denn er sprach: damit ihm kein Unfall widerfährt" (כִּי אָמַר פֶּן־יִקְרָאֶנּוּ אָסוֹן, Gen 42,4b).[54] Josef, den anderen Rahel-Sohn, hielt Jakob für verloren (vgl. Gen 42,38). Ebenso nun Juda: Waren die ersten beiden Gatten der Tamar gestorben, musste er dasselbe Schicksal für den dritten befürchten. „Beachtenswert ist, daß der Erzähler, was sonst sehr selten geschieht, die Gedanken Judas ausdrücklich mitteilt; wir sollen wissen: wohl war es ein schweres Unrecht gegen den toten Sohn und die Schwiegertochter; aber es war doch auch entschuldbar, eingegeben von väterlicher Liebe zu dem letzten Überlebenden!"[55]

Hinzugefügt ist auch die seltsame Nachricht V. 5b: וְהָיָה בִכְזִיב בְּלִדְתָּהּ אֹתוֹ „Und er war in Kesib, als sie ihn gebar." Das aramaisierende Perf. cop. וְהָיָה ist „unerträglich".[56] Es steht oft am Einsatz von Zusätzen. Samaritanus korrigiert in den Narrativ ויהי, Septuaginta liest αὕτη δὲ ἦν, also והיא, und bezieht die Aussage auf die Kanaaniterin.[57] Der verklammernde Umstandssatz בְּלִדְתָּהּ אֹתוֹ lässt die nachträgliche Erweiterung gut erkennen. Die Aussage erschließt sich anhand des Ortsnamens. Man pflegt das nur hier genannte כְּזִיב mit Achsib (Jos 15,44; Mi 1,14) gleichzusetzen.[58] Diese Deutung verfehlt die Pointe des Midraschs. Der Leser soll an כזב „lügen, täuschen" denken.[59] Dort, wo Juda sich aufhielt, wurde ihm die Geburt des Schela verschwiegen.

Ein letzter Kommentar dieser Art findet sich in der Reaktion Judas auf den Bericht des Hira: „Siehe, ich habe dieses Böckchen gesandt, du aber hast sie nicht gefunden" (V. 23b). Juda bekräftigt, dass er der Pflicht, die

---

54 Die Wendung כִּי אמר פֶּן־ drückt stets eine Befürchtung aus, vgl. sonst Gen 26,9; 31,31; Num 16,34; Ps 38,17.
55 GUNKEL, Genesis, 414.
56 A. DILLMANN, Die Genesis (KEH 11) ⁶1892, 399.
57 Fast alle Kommentatoren folgen der Septuaginta.
58 Vgl. NBL I, 27 f. Achsib wird identifiziert mit *tell el-Bēḍa* 7 km nordöstlich von Marescha. Vielleicht ist der Ort auch auf dem Lachisch-Ostrakon 8, Zeile 7, belegt; allerdings: „Möglich ist auch eine Verbalform v.d. Wz. *kzb* ‚lügen'" (HAE I, 429 Anm. 3). Nicht zu verwechseln mit der phönikischen Hafenstadt gleichen Namens nördlich von Akko (Jos 19,29; Ri 1,31).
59 Vgl. das Wortspiel mit dem Ortsnamen Achsib in Mi 1,14: בָּתֵּי אַכְזִיב לְאַכְזָב „Die Häuser von Achsib werden zum Betrug".

Hure zu entlohnen, nachkommen wollte, und es nicht in seiner Schuld liegt, dass der Lohn nicht an den Empfänger gelangt ist.

Neben Juda muss auch Tamars Verhalten entschuldigt werden. In V. 20 und 22 lautet die Handlungsfolge: „Und er fand sie nicht und kehrte zurück zu Juda und sprach: Ich habe sie nicht gefunden." Im heutigen Text befragt Hira zusätzlich die Bewohner des Ortes, und diese beteuern: לֹא־הָיְתָה בָזֶה קְדֵשָׁה „Es ist hier keine Kultdirne gewesen" (V. 21). Es fällt immer auf, dass der Begriff wechselt: קְדֵשָׁה „Kultdirne" statt זוֹנָה „Hure" (V. 15). Der Grund ist, dass die Leute die Tora zitieren: לֹא־תִהְיֶה קְדֵשָׁה מִבְּנוֹת יִשְׂרָאֵל „Es soll keine Kultdirne geben unter den Töchtern Israels" (Dtn 23,18). Sie bestätigen also, dass Tamar nicht gegen die Tora verstoßen hat. Zur Bekräftigung wiederholt Hira in V. 22b die Aussage gegenüber Juda. Der Zusatz gibt sich mit וְגַם „und auch" sowie durch invertierten Verbalsatz als Nachholung zu erkennen: וְגַם אַנְשֵׁי הַמָּקוֹם אָמְרוּ לֹא־הָיְתָה בָזֶה קְדֵשָׁה „Und auch die Leute des Ortes haben gesagt: Es ist hier keine Kultdirne gewesen."

Wichtig ist, dass Tamars Schwangerschaft in ihre Rehabilitierung einbezogen wird. Deshalb wurde die Anzeige an Juda in diesem Sinne erweitert: „und auch, siehe, sie ist schwanger geworden von der Hurerei" (V. 24aβ). Auch dieser Nachtrag ist mit וְגַם eingeführt. Ebenso offenkundig ergänzt ist die Selbstanzeige, mit der Tamar dem Juda den Sachverhalt, der ihr zur Last gelegt wird, zur Kenntnis bringt, bevor dieser sein Urteil fällt: „Sie aber hatte zu ihrem Schwiegervater gesandt und sagen lassen: Von dem Mann, dem das gehört, bin ich schwanger" (V. 25a*). Die Nachholung וְהִיא שָׁלְחָה „sie aber hatte gesandt" wurde an den partizipialen Umstandssatz הִוא מוּצֵאת „während sie hinausgeführt wurde" hart angeschlossen, und die Botschaft לֵאמֹר וגו׳ „folgendermaßen usw." stößt sich mit der Rede וַתֹּאמֶר וגו׳ „und sie sprach usw."

Zusammenfassung

1.) Die Erzählung von Juda und Tamar beruht auf einer in die Josefsgeschichte eingeschobenen Genealogie Judas, die nur V. 1.6*.18b* und 27–30 umfasst hat. Juda zeugt mit der Tamar die Zwillinge Perez und Serach. Die Anspielung auf Gen 25,24–26 soll den Vorrang Judas vor Israel unterstreichen. Dieselbe Absicht ist in der Jakob-Juda-Schicht der Josefsgeschichte zu finden.

2.) In diesen Rahmen wurde eine Beispielerzählung für das Recht der Leviratsehe nach Dtn 25,5–10 eingefügt. Statt mit der Tamar zeugt Juda mit einer anonymen Kanaaniterin zwei frühere Söhne und verheiratet den

Erstgeborenen mit der Tamar. Dieser Sohn stirbt, da Judas Verbindung mit der Kanaaniterin Jahwes Missfallen erregt hat. So fällt dem Zweitgeborenen Onan die Pflicht der Leviratsehe zu. Er aber verweigert Tamar die Zeugung. Sie ergreift die Gelegenheit, als Onan zur Schafschur unterwegs ist, sich ihm als Hure anzudienen. Durch List verschafft sie sich das ihr vorenthaltene Recht.

3.) Der vorgegebene Rahmen führte dazu, Juda als Protagonisten auch der Tamar-Erzählung zu verstehen; denn Perez und Serach waren von Anfang an seine Söhne. Deshalb stirbt nunmehr auch Onan. Juda aber begeht an Tamar das Unrecht, sie in ihr Vaterhaus zurückzuschicken. Jetzt ist er es, der der vermeintlichen Hure beiwohnt. Als Pfand verlangt Tamar Siegel, Schnur und Stab. So kann sie beweisen, dass Juda der Vater ihrer Söhne ist, und wird von ihm förmlich rehabilitiert.

4.) Diese Lösung stimmt nicht mehr zu den Vorgaben des Leviratsrechts. Deshalb wurde ein dritter Sohn hinzugefügt, den Juda mit der Kanaaniterin gezeugt haben soll. Die Verfehlung, gegen die Tamar sich zur Wehr setzt, ist nunmehr, dass Juda ihr die Vermählung mit Schela nach dessen Volljährigkeit verweigert hat.

5.) Ein Ergänzer sorgt dafür, dass Juda der Hure ihren Lohn nicht vorenthält. Das Pfand dient jetzt dem Versprechen, ihr ein Ziegenböckchen zu senden. Wegen der vorgegebenen Szene muss der Rücktausch misslingen.

6.) Wie üblich hat die Erzählung allerlei Nachjustierungen erfahren, die die handelnden Personen mit der Tora in Einklang bringen.

Die Frömmigkeit der Könige von Israel und Juda

Die Entdeckung, mit der Timo Veijola sich früh als einer der bedeutendsten Exegeten seiner Generation bewährt hat, galt dem Verhältnis des Deuteronomistischen Geschichtswerks zum Königtum.[1] Seine Untersuchungen, die auf dem Boden der Hypothese Martin Noths begannen, führten ihn ungesucht, nur aufgrund seiner Beobachtungen am Text, zu der Einsicht, dass das vorherrschende Bild, das Königtum sei dem Gottesvolk Israel wesensfremd gewesen, von der ursprünglichen Fassung des Geschichtswerks nicht geteilt wird. Der Redaktor – mit der später eingeführten Sprachregelung DtrH (Deuteronomistischer Historiker) genannt – schrieb eine Programmschrift, die auf die Wiederkehr der David-Dynastie gerichtet war. Er war ein Vertreter der judäischen Hof-Theologie, deren Aufgabe die religiöse Affirmation des Königtums gewesen ist, das in Juda nicht anders als im gesamten Alten Vorderen Orient als Garant der göttlichen Weltordnung galt.

Da es keinen Grund gibt, den Zeitraum um 560 v. Chr. als *terminus a quo* für das Geschichtswerk in Frage zu stellen,[2] hat Veijolas Entdeckung den Beweis erbracht, dass das religiöse und politische Selbstverständnis Judas bis zur Eroberung Jerusalems, ja noch einige Jahrzehnte darüber hinaus am Königtum hing. Dem Versuch, Israels Identität ohne das Königtum plausibel zu machen, wurde die Quellengrundlage entzogen. Stattdessen hat Veijola den Weg bereitet, die Religionsgeschichte Israels in Einklang zu bringen mit dem, was der Vergleich mit den Quellen aus Israels Umgebung wie auch der

---

1   T. Veijola, Die ewige Dynastie. David und die Entstehung seiner Dynastie nach der deuteronomistischen Darstellung (STAT 193) 1975; Ders., Das Königtum in der Beurteilung der deuteronomistischen Historiographie. Eine redaktionsgeschichtliche Untersuchung (STAT 198) 1977.

2   Die namentlich seit F. M. Cross, Canaanite Myth and Hebrew Epic, Cambridge Mass. 1973, 274–289, verbreitete Auffassung, eine erste Fassung des Deuteronomistischen Geschichtswerks sei unter Josia geschrieben worden, hat zur notwendigen Bedingung, dass jener Teil, der Josias Tod (2 Kön 23,29) voraussetzt, später nachgetragen ist. Entgegen den Behauptungen gibt es aber weder an dieser Stelle noch zuvor eine literarische Zäsur. Das hat E. Aurelius, Zukunft jenseits des Gerichts (BZAW 319) 2003, 39–57, zwingend gezeigt. Spätestens seither kann das sogenannte „Block-Modell" als widerlegt gelten.

archäologische, epigraphische und ikonographische Befund nahelegt: dass Israel und Juda bis weit in das sechste Jahrhundert hinein ein integraler Teil des Alten Vorderen Orients gewesen sind.

Der religiöse Umbruch fand nicht im achten oder siebten Jahrhundert statt, sondern im fortgeschrittenen sechsten. In vielen Einzelstudien und zuletzt in seiner großen Auslegung des Deuteronomiums hat Timo Veijola die Entwicklung nachgezeichnet, die von der höfischen Religion des spätvorexilischen Juda hin zur nachexilischen Bundestheologie geführt hat. Mit ihr begann religionsgeschichtlich ein neues Zeitalter.[3]

Der redaktionskritische Befund stellt von neuem vor die Frage, welches Ziel die frühe deuteronomistische Theologie verfolgt hat. Eine Antwort ist auch darum verlangt, weil in jüngerer Zeit das Deuteronomistische Geschichtswerk selbst zum Gegenstand der Debatte geworden ist. Umfang, innere Einheit und literarisches Wachstum werden diskutiert, sogar die Existenz wird in Frage gestellt.

Seit jeher sind die Bücher der Könige der Ausgangspunkt gewesen, von dem aus die literarische Entwicklung sich am besten verfolgen lässt.[4] Gleichgültig wo das Deuteronomistische Geschichtswerk einmal begonnen hat: mit dem Buch Deuteronomium, mit dem Buch Josua oder mit den Büchern Samuel, in jedem Fall müssen zum Grundbestand die Bücher der Könige gehört haben. Dort aber ist die Handschrift der Redaktion unstrittig in den Urteilen über die Frömmigkeit der Könige zu finden. Sie „können in erster Linie ... als Hinweise auf redaktionelle Arbeit an den Königsbüchern gelten."[5] Da nahezu alle Könige in dieser Weise bewertet werden, sind die Urteile ein durchgehendes und verbindendes Element. An ihnen zuerst muss sich das geschichtstheologische Profil ablesen lassen. Sie sind auch der Ausgangspunkt für die Fragen nach dem Umfang des Geschichtswerks und nach seinem zeitgeschichtlichen Bezug. Sie sind der „feste Punkt" des frühen Deuteronomismus.

Zuvor jedoch muss der ursprüngliche Text der Frömmigkeitsurteile gewonnen werden. Einerseits gilt es, den redaktionellen Text gegen die Vorla-

---

3 Vgl. bes. T. VEIJOLA, Bundestheologische Redaktion im Deuteronomium (1996; in: DERS., Moses Erben. Studien zum Dekalog, zum Deuteronomismus und zum Schriftgelehrtentum [BWANT 149] 2000, 153–175), sowie DERS., Das fünfte Buch Mose. Deuteronomium Kapitel 1,1–16,17 (ATD 8,1) 2004.
4 Beispielhaft dafür ist A. JEPSEN, Die Quellen des Königsbuches, 1953.
5 H. WEIPPERT, Die „deuteronomistischen" Beurteilungen der Könige von Israel und Juda und das Problem der Redaktion der Königsbücher (Bib. 53, 1972, 301–339), 302.

gen abzugrenzen, anderseits wollen die späteren Zusätze, die es bei einem Gegenstand dieser Art selbstverständlich gegeben hat, erkannt und ausgeschieden sein.

Das synchronistische Annalenexzerpt

Die Urteile über die Frömmigkeit finden sich innerhalb des Schemas, das der Geschichte der Könige von Israel und Juda von 1 Kön 14,19 bis 2 Kön 24,19 den Rahmen gibt. Die Rahmenstücke nennen Dauer und Ort der Regierung und dokumentieren auf diese Weise die Herrscherfolge. Solange Israel und Juda nebeneinander bestanden, wird der Beginn der Herrschaft auf das Regierungsjahr des jeweiligen Nachbarkönigs bezogen. Für Juda ist zusätzlich das Alter des Königs bei der Thronbesteigung und der Name der Königinmutter genannt. Darauf folgt die Beurteilung der Frömmigkeit. Für alles Weitere wird auf das „Buch der Geschichte" (סֵפֶר דִּבְרֵי הַיָּמִים) der Könige von Israel oder der Könige von Juda verwiesen. Den Abschluss bilden Tod und Begräbnis sowie die Thronnachfolge.

Man kann das Schema unschwer vom übrigen Text ablösen. Die Verweise auf die beiden „Bücher der Geschichte der Könige" geben es als Exzerpt zu verstehen. Sie belegen zugleich, dass die verwendeten Regesten nach Nordreich und Südreich getrennt waren. Auch in ihrer Anlage gab es Unterschiede.

Das Exzerpt hat die beiden Herrscherfolgen chronologisch verzahnt. Für die Vorlagen kann das noch nicht gegolten haben; denn schwerlich haben die Könige von Israel ihre Thronfolge nach den Königen von Juda datiert, und umgekehrt. Die Synchronismen müssen deshalb auf das Exzerpt zurückgehen. Die Unstimmigkeiten innerhalb der Chronologie dürften zu einem Teil darauf beruhen, dass die Berechnungen anlässlich der Verknüpfung geschehen sind.

Für die Abfassung gibt es zwei Möglichkeiten: Entweder lag das Exzerpt dem Redaktor der Bücher der Könige, also dem Deuteronomistischen Geschichtsschreiber DtrH, vor, oder er selbst hat es für sein Gesamtwerk geschaffen. Die erste Möglichkeit wurde von Alfred Jepsen vertreten,[6] die zweite neben vielen anderen von Martin Noth.[7]

---

6 JEPSEN, Quellen, 30–54.
7 M. NOTH, Überlieferungsgeschichtliche Studien, ³1967, 72–78. Eine Rekonstruktion des Textes findet sich bei E. WÜRTHWEIN, Die Bücher der Könige (ATD 11,2) 1984, 489–496.

Jepsen sah in der „Synchronistischen Chronik" eine vorgegebene Quelle. Durch die Babylonische Chronik fand er belegt, dass es einen Geschichtsabriss gegeben haben kann, der nur die Herrscherfolge, die Chronologie und wenige Schlüsselereignisse notiert hat.[8] Um ein Exzerpt handelt es sich unter dieser Voraussetzung nicht, so dass für Jepsen die Quellenverweise nicht der Synchronistischen Chronik, sondern dem Redaktor des Buches der Könige gehören, der auf seine weiteren Vorlagen verweist, in denen die Kriege und Bauten, die in vielen dieser Verweise erwähnt sind, verzeichnet gewesen seien.

Diese Lösung ist wenig wahrscheinlich; denn „es ist … zwar nicht notwendig, aber wol das natürlichste, die Schlussformel des Epitomators, die übrige Geschichte des vorhin abgehandelten Königs sei da und da zu lesen, als eine Verweisung auf eben das Buch zu verstehn, woher er seine unvollständigen Excerpte genommen hat."[9] Eine weitere Schwierigkeit ist, dass nach Jepsen diese Chronik nur jene Zeit umfasst hat, die Israel und Juda nebeneinander bestanden haben. Er hält die Synchronismen für konstitutiv. Das Werk sei gegen Ende des 8. Jahrhunderts als Reaktion auf den Untergang des Nordreichs abgefasst worden. Der Redaktor des Königebuchs habe auch viele der einzelnen Nachrichten, die er gibt, dieser Quelle entnommen. Diese Nachrichten brächen mit Hiskia ab. Aber diese Zäsur ist keineswegs offenkundig.

Anders als Jepsen nimmt Noth das Exzerpt als solches wahr, schreibt es aber dem Deuteronomisten zu. Dieser „vermerkt ja jeweils, daß er nur ganz bestimmte Einzelangaben aus den ‚Tagebüchern' entnommen hat und daß man das übrige über die ‚Geschichte' der einzelnen Könige in den ‚Tagebüchern' selbst nachlesen könne. Er selbst wollte … gar nicht die Geschichte der einzelnen Könige darstellen, sondern die Geschichte der Gesamtkönigszeit, deren katastrophaler Ausgang ihm vor Augen stand."[10] Die Katastrophe sei der Maßstab gewesen, nach dem sich richtete, was an geschichtlichen Einzelheiten mitgeteilt wurde und wie der Redaktor die Könige bewertet hat. Das ganze Gewicht liege auf den Urteilen über die Frömmigkeit. „Ihre monotone Wiederholung zeigt nur, daß es sich hier im Grunde

---

8   Vgl. D. J. WISEMAN, Chronicles of Chaldaean Kings (626–556 B.C.) in the British Museum, London 1956; A. K. GRAYSON, Assyrian and Babylonian Chronicles, Locust Valley N.Y., 1975. Eine deutsche Übersetzung bietet A. JEPSEN (Hg.), Von Sinuhe bis Nebukadnezar. Dokumente aus der Umwelt des Alten Testaments, ²1976, 182–189.
9   J. WELLHAUSEN, Die Composition des Hexateuchs, ⁴1963, 296; vgl. DERS., Prolegomena zur Geschichte Israels, ⁶1905, 284 f.
10 NOTH, Überlieferungsgeschichtliche Studien, 73.

um ein Gesamturteil über die ganze Königszeit handelt; und die Tatsache, daß von dem allgemein rein negativen Urteil einige halbe oder vereinzelte ganze Ausnahmen gemacht werden, weist nur darauf hin, daß das Königtum an sich die Chance gehabt hätte, sich als positiver Faktor in der Geschichte Israels zu erweisen, daß es aber tatsächlich nur ein Ferment des Untergangs gewesen ist."[11] Warum aber sollte der Redaktor dem „Ferment des Untergangs" sein ganzes Werk gewidmet haben? Mit einer derart kritischen Haltung schreibt man nicht Geschichte. Seit Timo Veijola gezeigt hat, dass der Deuteronomistische Geschichtsschreiber das Königtum keineswegs „rein negativ" gesehen hat, sondern auf dessen Wiedereinführung drängte, ist die Voraussetzung für Noths Deutung abhanden gekommen.

Die Alternative, auf wen das synchronistische Exzerpt zurückgeht, entscheidet sich daran, wie der Begriff יֶתֶר „das Übrige" zu beziehen ist, mit dem die Quellenverweise einsetzen. Schreibt man wie Noth das Exzerpt dem Deuteronomisten zu, muss alles Gewicht auf dem Urteil über die Frömmigkeit liegen: „Der König N.N. tat das Böse/Richtige in den Augen Jahwes, und das Übrige ist nachzulesen in der Geschichte der Könige von Israel/Juda."[12] Lag hingegen das Exzerpt schon vor, ist also das Urteil über die Frömmigkeit erst danach hinzugefügt worden, so bedeuten die Quellenverweise: „Der König N.N. regierte soundsoviele Jahre, und das Übrige ist nachzulesen in der Geschichte der Könige von Israel/Juda."

Drei Gründe sprechen für die zweite Möglichkeit. Der erste ist der Wortlaut. Die Grundform lautet wie in 1 Kön 15,7: וְיֶתֶר דִּבְרֵי אֲבִיָּם וְכָל־אֲשֶׁר עָשָׂה הֲלוֹא־הֵם כְּתוּבִים עַל־סֵפֶר דִּבְרֵי הַיָּמִים לְמַלְכֵי יְהוּדָה „Die übrige Geschichte Abijams und alles, was er getan hat, ist ja aufgeschrieben im Buch der Geschichte der Könige von Juda" (sonst 1 Kön 14,29; 15,31; 16,14; 2 Kön 8,23; 12,20; 15,6.21; 23,28; 24,5). Sie wird in der Mehrzahl der Fälle etwas erweitert, gelegentlich gekürzt. Statt der versichernden Frage[13] הֲלוֹא־הֵם oder הֲלוֹא־הֵמָּה „es ist ja" wird auch הִנָּם „siehe es ist" gebraucht (1 Kön 14,19; 2 Kön 15,11.15.26.31). Statt „die übrige Geschichte des Königs und *alles, was er getan hat* (וְכָל־אֲשֶׁר עָשָׂה)," kann auch „die übrige Geschichte des

---

11 NOTH, Überlieferungsgeschichtliche Studien, 73 f.
12 So sinngemäß auch A. KUENEN, Historisch-kritische Einleitung in die Bücher des alten Testaments, I,2, 1890, 68: „Indem nun der Autor der Königsbücher jedesmal auf diese Schrift verweist, giebt er zu erkennen, dass er *etwas Anderes* bieten will, als was in jenen Büchern zu finden war. ... In *seiner* Schrift, d. i. in unsern Königsbüchern, stand ... im Vordergrund der Betrachtung ... *die Geschichte der Religion*". Ähnlich WELLHAUSEN, Composition, 294: „Der Schriftsteller, der dies Skelett des Buchs der Könige gebildet hat, steht mit Leib und Seele zu der Reformation Josias."
13 GesK § 150e.

Königs, *und* was er getan hat (וַאֲשֶׁר עָשָׂה)," stehen (1 Kön 16,5 [M-Text]; 2 Kön 20,20), oder „die übrige Geschichte des Königs, *die* er getan hat (אֲשֶׁר עָשָׂה)" (1 Kön 16,27; 2 Kön 1,18; 14,15; 15,36; 16,19; 21,25). In jedem Fall bedeutet der Vermerk, dass für die *gesamte* Amtsführung des Königs auf die Annalen verwiesen wird. Die Ausnahmen bei Amazja (2 Kön 14,18, siehe aber LXX) und Secharja (15,11), wo der Relativsatz fehlt, verstehen sich unter dieser Voraussetzung. Dasselbe gilt für jene Fälle, in denen der Relativsatz auf bestimmte Ereignisse bezogen ist (1 Kön 14,19; 16,20; 22,46; 2 Kön 15,15; 20,20). Die Amtsführung des Königs aber schloss die Religionspolitik ein. Daraus folgt: Die Quellenverweise beziehen sich nicht auf das Urteil über die Frömmigkeit. Es ist das extrahierte Datengerüst, das sie um den Hinweis auf die Vorlage ergänzen.

Das wird zweitens dadurch bewiesen, dass die Könige Ela (1 Kön 16,8–10.14) und Schallum (2 Kön 15,13–15), die nur sehr kurz regiert haben, ohne Frömmigkeitsurteil geblieben sind.[14] Bei beiden findet sich gleichwohl der Quellenverweis (1 Kön 16,14; 2 Kön 15,15). „Das Übrige" knüpft an die Daten an.

Der dritte Grund ergibt sich aus den Einzelheiten, die in die Quellenverweise eingestreut sind. Neun Königen wird besondere Tüchtigkeit (גְּבוּרָה) zugeschrieben: Asa (1 Kön 15,23), Bascha (16,5), Omri (16,27), Joschafat (22,46), Jehu (2 Kön 10,34), Joahas (13,8), Joasch (13,12; 14,15), Jerobeam II. (14,28) und Hiskia (20,20). Von ihnen werden Asa, Joschafat, Jehu und Hiskia positiv beurteilt, Bascha, Omri, Joahas, Joasch und Jerobeam II. negativ. Für den scharf verurteilten Ahab werden ohne den Begriff גְּבוּרָה umfangreiche Baumaßnahmen erwähnt. Diese Andeutungen, die den Leser mit besonderem Nachdruck auf das Archiv verweisen, stimmen mit dem, was wir über die historische Bedeutung der Könige wissen, ziemlich genau überein. Auf die Frömmigkeit nehmen sie keine Rücksicht. Sie stehen sogar in Spannung dazu. Der Verfasser der Quellenverweise und der Verfasser der Frömmigkeitsurteile verfolgten je eigene, unvereinbare Ziele.

All das deutet darauf, dass das synchronistische Exzerpt dem Deuteronomisten als Quelle vorlag und er das Rahmenwerk der Königebücher nicht selbst geschaffen, sondern auch in diesem Fall „die positive Haltung des ehrlichen Maklers" eingenommen hat,[15] der seine Quellen auswählt,

---

14 Ein Urteil über die Frömmigkeit Elas ist in dem theologischen Kommentar 1 Kön 16,11–13 enthalten. Dieser stammt jedoch von späterer Hand, vgl. W. DIETRICH, Prophetie und Geschichte (FRLANT 108) 1972, 23 f. 37. 59f, und WÜRTHWEIN, Könige, 192.195.
15 NOTH, Überlieferungsgeschichtliche Studien, 95.

zusammenfügt und in seinem Sinne erläutert.[16] Lediglich an einer Stelle ist das Schema versehrt. Für das Ende der Könige Joram von Israel und Ahasja von Juda und den Beginn der Herrschaft des Jehu hat der Deuteronomist eine Erzählung anderer Herkunft zu Wort kommen lassen: den Bericht von der Revolution des Jehu (2 Kön 9–10). Dafür wurde das Annalenexzerpt zwischen 8,28 und 10,34 unterbrochen. Nur der Synchronismus 9,29 wurde in die Erzählung eingefügt.[17]

So gesehen stellt sich von neuem die Frage nach der Quellengrundlage, auf welcher das Exzerpt beruht. Für Noth galt als ausgemacht, dass die „Bücher der Geschichte der Könige", auf die der Kompilator verweist, nicht mit den königlichen Annalen identisch gewesen sind. „Diese ‚Tagebücher' … wurden offenkundig abgefaßt, als der von ihnen jeweils behandelte Zeitabschnitt schon als etwas Abgeschlossenes vorlag, während die offiziellen Annalen je laufend geführt werden mußten."[18] Ähnlich haben Kuenen und Wellhausen geurteilt. „Wir wissen über den Inhalt dieser Werke nicht viel mehr, als was sich schon aus dem Titel ergibt, nämlich erstens, dass sie aus offiziellen Quellen geflossen sein müssen, zweitens, dass sie nicht diesen Quellen gleichbedeutend sein können. Denn es wird verwiesen nicht auf die Dibre hajjamim selber, die für jeden König zu besondern gewesen wären, sondern auf das *Buch* der Dibre hajjamim, welches die ganze Königsreihe umfasst".[19] Indessen handelt es sich bei dieser Sekundärquelle nicht um ein einziges, sondern um zwei verschiedene Bücher. Sie müssten an den Höfen von Samaria und Jerusalem in jeweils gleicher Weise zusammengestellt worden sein. Auch hätte man, da das Exzerpt vorgegeben war, mit einer Traditionskette von nicht weniger als vier Stufen zu tun: Annalen → „Bü-

---

16 Hier liegt das Wahrheitsmoment jener Vorschläge, die eine erste Fassung des Geschichtswerks in die ausgehende Königszeit datieren. „Doch beruht die Annahme einer ersten, noch vorexilischen Redaktion deuteronomistischen Stils auf einer irrigen Zuweisung von allerlei Überlieferungselementen, die in Wirklichkeit zu den Quellen von Dtr gehören, an diesen ersten Redaktor" (NOTH, Überlieferungsgeschichtliche Studien, 91 Anm. 1).

17 WELLHAUSEN, Compositon, 297, schließt aus dieser Verzahnung, dass das Annalenexzerpt auf die Erzählungen bezogen gewesen sei. „Da nun die ausführlichen Darstellungen nicht ihrerseits von Haus aus die Epitome zur Prämisse haben, so ist der Epitomator als derjenige anzusehen, welcher sie recipirt und darauf von vornherein seine Excerpte angelegt hat; d. h. mit anderen Worten, er ist der eigentliche Verfasser des Buches der Könige." Für sein Urteil nimmt Wellhausen auch den Übergang von 1 Kön 12,25–30 nach Kap. 14, von 16,29–33 nach Kap. 17, sowie von 22,1–38 nach 22,39–40 hinzu. Diese Fälle sind nicht vergleichbar.

18 Überlieferungsgeschichtliche Studien, 73.

19 WELLHAUSEN, Composition, 295. Vgl. KUENEN, Einleitung I 2, 68 f.

cher der Geschichte" → Synchronistisches Exzerpt → Deuteronomistischer Geschichtsschreiber. Bedenkt man schließlich den offiziellen Charakter dieser Werke, deren eines nur dann erhalten geblieben sein kann, wenn es beim Untergang des Nordreichs unter wahrscheinlich schwierigen Umständen nach Jerusalem überführt worden ist, spricht nichts dagegen, vielmehr alles dafür, dass mit den „Büchern der Geschichte der Könige" nichts anderes als die Annalen gemeint sind.

Die regelmäßigen Verweise belegen, dass die exzerptweise Verknüpfung keine vollständige Geschichtsdarstellung ergeben sollte. Das einzige Ziel war, die Geschichte der beiden Königtümer als Einheit erscheinen zu lassen. Dafür genügte das Datengerüst. Für alles Weitere standen die Annalen nach wie vor zur Verfügung.[20]

Das Programm entspricht einer Politik, die – wahrscheinlich nach dem Ende der assyrischen Oberhoheit – für die Könige von Juda die Repräsentanz des gesamten, aus Nord und Süd geeinten Israel beanspruchte. Das Annalenexzerpt kann nur verfasst worden sein, als es noch ambitionierte Könige von Juda gab und ebenso ein unversehrtes Archiv.

Der letzte Quellenverweis betrifft die Regierung Jojakims (2 Kön 24,5).[21] Die letzte notierte Thronbesteigung ist diejenige Zedekias (24,18). Diese Angaben können aber nachgetragen sein, falls das Exzerpt unter Josia oder Jojakim abgefasst worden ist. Zedekias Ende ist in der Art der Tempelregesten ergänzt, also aus anderer Quelle (25,1–7). Das geht wahrscheinlich auf den Deuteronomisten zurück. Wo das Annalenexzerpt eingesetzt hat, lässt sich hingegen nicht sicher bestimmen. Anscheinend war die Zeit vor der Trennung von Israel und Juda nicht inbegriffen. Die annalenartigen Angaben für die Könige Saul (1 Sam 13,1), Ischbaal (2 Sam 2,10–11), David (2 Sam 5,4–5; 1 Kön 2,10–11) und Salomo (1 Kön 11,41–43) bilden nicht wie in 1 Kön 14 – 2 Kön 24 das Gerüst des Erzählstoffs, sondern sind in ihn eingefügt,[22] wahrscheinlich durch den Deuteronomistischen Geschichtsschreiber. Die auffallend runden Daten legen nahe, dass es dafür keine Quellen gab. Auch der Quellenverweis für Salomo (1 Kön 11,41) dürfte nachgeahmt sein.

---

20 Einzige Ausnahme ist die Herrschaft der Königinmutter Atalja und die Inthronisation des Joasch von Juda (2 Kön 11). Weil die dynastische Kontinuität auf dem Spiel stand, wird der Bericht der Annalen wiedergegeben und dafür das Schema verändert. Das geschah wahrscheinlich durch den Verfasser des Exzerpts, nicht erst durch den Deuteronomisten.
21 Vgl. dazu die Erwägungen von KUENEN, Einleitung I 2, 93.
22 Vgl. R. MÜLLER, Königtum und Gottesherrschaft (FAT II 3) 2004, 157.

Nachträge zu den Frömmigkeitsurteilen bei den Königen von Israel

Es liegt in der Natur der Sache, dass die Frömmigkeit der Könige von Israel und Juda Gegenstand laufender geschichtstheologischer Reflexion gewesen ist. Das Trauma, das der Untergang des Königtums bedeutete, ist nie verheilt. Eine der Antworten wurde bei den Königen selbst gesucht. Dabei wog deren religiöses Verhalten alsbald schwerer als das politische. Das hat sich in literarischen Ergänzungen niedergeschlagen. Um die Aussage des Deuteronomistischen Geschichtsschreibers zu gewinnen, müssen wir diese Erweiterungen erkennen und ausklammern.

Im Nordreich nimmt alles mit der Sünde *Jerobeams* seinen Lauf, die in 1 Kön 12,26–30 beschrieben wird. Die Reflexion, mit der der König seine Kultgründungen eingeleitet haben soll, enthält auffallende Wiederholungen: „Und Jerobeam dachte in seinem Herzen: *Jetzt wird das Königtum an das Haus David zurückkehren.*²³ Wenn dieses Volk hinaufgeht, um Schlachtopfer darzubringen im Hause Jahwes in Jerusalem, *so wird das Herz dieses Volkes zu ihrem Herrn, zu Rehabeam, dem König von Juda, zurückkehren, so werden sie mich umbringen,* so werden sie zu Rehabeam, dem König von Juda, zurückkehren" (V. 26–27). Die Septuaginta hat die kürzere Fassung, die am Schluss steht, übersprungen. Wie häufig macht sie sich dabei den jüngeren Text zu eigen.²⁴ Die Wiederholung הָעָם הַזֶּה „dieses Volk" und das tendenziöse אֶל־אֲדֹנֵיהֶם „zu ihrem Herrn" zeigen stattdessen, dass V. 27aβγ die Ergänzung ist. Der Zusatz stellt das heilsgeschichtliche Privileg der David-Dynastie heraus und folgt darin der spätdeuteronomistischen und (früh-) chronistischen Theologie. Auf derselben Linie liegt die einleitende Erwägung: *„Jetzt wird das Königtum an das Haus David zurückkehren"*, deren Voraussetzung erst in der Folge genannt wird.

In V. 28–30 setzt Jerobeam seine Reflexion in die Tat um: „*Und der König hielt einen Rat.* Und er machte zwei goldene Jungstiere. *Und er sprach zu ihnen: Es ist zu viel für euch, dass ihr nach Jerusalem hinaufgeht. Siehe, deine Götter, Israel, die dich aus dem Land Ägypten geführt haben.* Und er stellte den einen in Bethel auf, und den anderen gab er nach Dan. Und diese Sache wurde zur Sünde. *Und das Volk ging vor den einen bis Dan.*" Bereits der überleitende Satz fällt durch das Subjekt הַמֶּלֶךְ „der König" aus dem Gefüge. Die Rede aber, mit der Jerobeam den Sinn seines Tuns offenlegt,

---

23 Der zugesetzte Text wird im Folgenden kursiv wiedergegeben.
24 Viele der heutigen Exegeten tun es ihr nach.

zerreißt den Zusammenhang. Der Bezug אֲלֵהֶם „zu ihnen" hängt in der Luft.[25] Jetzt wird die Sünde Jerobeams gleichgesetzt mit dem Verstoß gegen das Erste Gebot. So hat die spätere Deutung in Ex 32 sie verstanden – hingegen, wie man hier sieht, noch nicht der Deuteronomistische Geschichtsschreiber. Am Schluss ist angehängt, dass das Volk die Aufforderung des Königs befolgt habe.[26] Der Satz ist verballhornt. Er war es wahrscheinlich von Anfang an. Die Textüberlieferung hilft nicht weiter.

Die meisten Urteile über die Frömmigkeit der Könige von Israel sind geblieben, wie sie standen. Ausnahmen betreffen die Könige der Dynastie Omri sowie Jehu, der die Omriden gestürzt hat. Der Anlass war die Verehrung des Baal. Sie war schon vom Deuteronomistischen Geschichtsschreiber genannt und verurteilt worden. Spätere Theologen rücken das Erste Gebot in den Mittelpunkt. Dass *Omri*, der schlimmer gehandelt haben soll als alle Könige zuvor, Israel zur Sünde Jerobeams verführte (1 Kön 16,25–26a), habe das Ziel gehabt, *„Jahwe, den Gott Israels, zu reizen* (כעס *hi.*) *mit ihren Nichtsen* (בְּהַבְלֵיהֶם)" (V. 26b). הֶבֶל „Nichtiges" steht für die fremden Götter. Dieser Sprachgebrauch ist überall spät.[27] In diesem Fall meint er den Baal. Omri soll am Kult des Abgotts teilgehabt haben; nur wird der Baal nicht mit Namen genannt, weil die Einführung erst Ahab zugeschrieben wird. Mit dem Stichwort כעס *hi.* „(Jahwe) reizen" wird stets die Verehrung anderer Götter angedeutet.[28] Die Wendung hat ihre Wurzel wahrscheinlich im Jere-

---

25 Die griechische Lesart πρὸς τὸν λαόν = אֶל־הָעָם „zu dem Volk" ist eine Erleichterung.
26 Die weiteren Nachrichten 1 Kön 12,31–32, dass Jerobeam einen illegitimen Klerus eingesetzt und gegen den Festkalender verstoßen habe, sind offenkundige Nachträge, vgl. WÜRTHWEIN, Könige, 162.165 f.168.
27 Dtn 32,21; 1 Kön 16,13.16; 2 Kön 17,15; Jer 2,5; 10,15; 14,22; 16,19; 51,18; Jon 2,9; Ps 31,7.
28 Vgl. 1 Kön 14,9.15; 15,30; 16,2.7.13.26.33; 21,22; 22,54; 2 Kön 17,11.17; 21,6.15; 22,17; 23,19.26. Die meisten Belege gehen auf eine Bearbeitung zurück, die die Sünde der Könige von Israel und Juda und des durch sie verführten Volkes als Verstoß gegen die ausschließliche Verehrung Jahwes gedeutet hat. Der Vorwurf lautet, dass die Israeliten Jahwe mit ihren Götzen (גִּלּוּלִים) gereizt haben (כעס *hi.*), so dass sie sich von den Völkern, die Jahwe vor ihnen vertrieben hatte, nicht mehr unterschieden: 1 Kön 14,24a (nur יְהוּדָה).b.23.24b; 15,12b; 16,26b.33; 22,54; 2 Kön 3,2b; 16,3b–4; 18,4aα²β; 21,2b.4.6.21 und Teile von 23,4–20. Wahrscheinlich gehören noch weitere Texte hinzu. Zur Literarkritik s. o. im Folgenden. Die Beobachtungen berühren sich mit WEIPPERT, Die „deuteronomistischen" Beurteilungen der Könige, 326–330, die in der Wendung mit כעס *hi.* (1 Kön 14,22; 15,30; 16,2.13.26.33; 21,22; 22,54; 2 Kön 21,15) das Schema einer „Redaktion II" erkennt. Die Abfolge der Redaktionen, die Weippert entwirft, ist allerdings zu verwickelt, um wahrscheinlich zu

miabuch, wo die Verbreitung sich auf Jer 7,18, die Polemik gegen den Kult der Himmelskönigin, zurückführen lässt.[29]

Ahab hat dem Deuteronomistischen Geschichtsschreiber zufolge den Kult des Baal in Israel begründet und dem Baal einen Altar und einen Tempel errichtet (1 Kön 16,30–32). In den Augen der späteren Ergänzer gehörte zum Baal als Kultsymbol die Aschere hinzu: „*Und Ahab machte die Aschere* (וַיַּעַשׂ אַחְאָב אֶת־הָאֲשֵׁרָה)" (V. 33a). Mit ihr erhielt das Frömmigkeitsurteil: „Und Ahab tat, was Jahwe missfiel (וַיַּעַשׂ אַחְאָב הָרַע בְּעֵינֵי יהוה)" (V. 30a), ein konkretes Objekt.[30] Die literarische Zäsur wird durch die unnötige Wiederholung des Subjekts „Ahab" angezeigt. Das Urteil lautet, dass Ahab das falsche Verhalten seines Vaters beibehalten und das Erste Gebot übertreten habe (כעס hi.): „*Und Ahab fuhr fort zu tun, Jahwe, den Gott Israels, zu reizen* (וַיּוֹסֶף אַחְאָב לַעֲשׂוֹת לְהַכְעִיס)". Die Rückbindung: „*mehr als alle Könige Israels, die vor ihm gewesen sind*", gibt V. 33 als Auslegung von V. 30 zu verstehen.

Das Urteil über Ahabs Sohn *Ahasja* ist im gleichen Sinne erweitert worden. Dass er auf dem Wege seines Vaters und seiner Mutter gewandelt sei, nämlich den Baal verehrt habe (1 Kön 22,53), wird in V. 54 nachträglich hervorgehoben, indem 16,31 wiederholt wird: „*Er verehrte den Baal und betete ihn an und reizte Jahwe, den Gott Israels.*" Wieder liegt der Nachdruck darauf, dass der König durch die Übertretung des Ersten Gebots Jahwe gereizt habe (כעס hi.).[31] Der nochmalige Hinweis „*ganz wie sein Vater getan hatte*" zeigt den Zusatz (V. 54).[32]

Joram, jenem Sohn Ahabs, der durch Jehus Aufstand ums Leben kam, attestiert der Deuteronomist, nicht in der Sünde seiner Eltern, sondern lediglich in der Sünde Jerobeams gewandelt zu sein (2 Kön 3,2a.3). Das wurde nachträglich unter Bezug auf 1 Kön 16,32 näher bestimmt: „*Er entfernte die Mazzebe des Baal, die sein Vater gemacht hatte*" (V. 2b). Dass der Bearbei-

---

    sein. Überdies fehlt der Datierung der „Redaktion I" ins 8. Jahrhundert die Grundlage. AURELIUS, Zukunft, 21–57, hat die Theorie widerlegt.

29 Jer 7,18.19; 8,19; 11,17; 25,6.7(>LXX); 32,29.30(>LXX).32; 44,3.8.

30 Die Aschera in Samaria wird nochmals in 2 Kön 13,6 genannt, einer späten Variante des Frömmigkeitsurteils über Joahas (13,2), vgl. WÜRTHWEIN, Könige, 362.

31 WÜRTHWEIN, Könige, 265, hält den Bezug auf die Eltern für nachgetragen, schreibt hingegen die Wendung „Jahwe reizen" dem ursprünglichen Deuteronomisten zu. Eine Begründung gibt er nicht.

32 LXX vermeidet die Dublette. Statt כְּכֹל אֲשֶׁר־עָשָׂה אָבִיו liest sie κατὰ πάντα τὰ γενόμενα ἔμπροσθεν αὐτοῦ = כְּכֹל אֲשֶׁר הָיוּ לְפָנָיו, vgl. 1 Kön 16,25.33.

ter den Altar (מִזְבֵּחַ) des Baal durch die Mazzebe (מַצֵּבָה) ersetzt hat, dürfte als Bezug auf Dtn 16,22 zu verstehen sein: Joram hat die Tora befolgt.[33]

Schließlich *Jehu*, dem der Deuteronomistische Geschichtsschreiber anhand der Erzählung vom Ende des Baalkults (2 Kön 10,17–27) zuschreibt, den Baal aus Israel vertilgt zu haben. Das war eine Tat in Jahwes Sinne, auch wenn Jehu an der Sünde Jerobeams festhielt (V. 28–29a). Sie hat einen Ergänzer bewogen, Jehu eine Verheißung zukommen zu lassen: „*Und Jahwe sprach zu Jehu: Weil du wohlgetan hast, das Rechte zu tun in meinen Augen – ganz nach dem, was in meinem Herzen war, hast du dem Hause Ahab getan –, sollen vier Generationen deiner Nachkommen auf dem Thron Israels sitzen*" (V. 30). Die Dynastiezusage stammt aus ähnlichem Geist wie die Erweiterungen in 1 Kön 12,26–27. Die Parenthese, dass die Ausrottung der Omriden mit Jahwes Willen in Einklang gestanden habe, ist womöglich später nachgetragen worden. Die Verheißung barg allerdings die Gefahr, dass die Geschichtstheologie aus dem Rahmen glitt. Deshalb wurde nachträglich in V. 31 betont, dass Jehu nicht mit ganzem Herzen nach der Tora Jahwes gewandelt sei, und dafür zum zweitenmal auf die Sünde Jerobeams verwiesen. Der Neueinsatz ist an der Satzstellung וְיֵהוּא לֹא שָׁמַר לָלֶכֶת „*Doch Jehu hatte nicht bewahrt zu wandeln*" gut erkennbar. Die Präzisierung „*die goldenen Jungstiere, die in Bethel und in Dan waren*", die in V. 29b nachgeschoben wurde, ist wahrscheinlich bei derselben Gelegenheit hinzugekommen.[34]

Nachträge zu den Frömmigkeitsurteilen bei den Königen von Juda

Die Urteile über die Könige von Juda sind weit umfangreicher überarbeitet worden. Dafür gibt es drei Gründe: (1) Während der Deuteronomistische Geschichtsschreiber die Könige von Israel fast durchgehend negativ beurteilt, werden die Könige von Juda unterschiedlich bewertet. (2) Das Deuteronomistische Geschichtswerk steht in der judäischen Tradition. Die Geschichtstheodizee ging den Autoren deshalb näher und verlangte immer neue Nachjustierungen. (3) Unter dieser Voraussetzung berichten die Köni-

---

33 In 2 Kön 10,27a wird später Jehu zugeschrieben, die Mazzebe des Baal eingerissen zu haben (נתץ). Damit führt er die Maßnahme des Joasch weiter. Die Wahl des Verbs geht auf das Gebot zurück, die *Altäre* der Götter der Landesbewohner einzureißen (Ex 34,13; Dtn 7,5; 12,3 *pi.*).

34 Der Zusatz wird auch von B. STADE, F. SCHWALLY, The Book of Kings (SBOT 9) 1904, 233; A. JEPSEN in BHS; WÜRTHWEIN, Könige, 342, und anderen wahrgenommen.

gebücher für Jerusalem eine Folge von Kultreformen, die den Toragehorsam oder die Abtrünnigkeit der Könige aufweisen sollen. Die betreffenden Nachrichten sind allsamt nicht quellenhaft, sondern haben sich aus den Urteilen über die Frömmigkeit entwickelt.

Sogleich das erste Beispiel, das Urteil über *Rehabeam*, ist verändert und erweitert worden. Die ursprüngliche Notiz „Und er tat, was Jahwe missfiel," (1 Kön 14,22a) wurde nachträglich um das Subjekt „*Juda*" ergänzt.[35] Dass das Volk an Stelle des Königs genannt ist, muss eine sekundäre Störung sein. Der Wechsel des Subjekts ist Voraussetzung des Sündenkatalogs, der sich anschließt. Dieser liest sich wie ein Prolog der Frömmigkeitsgeschichte des separaten Juda: „*Sie erregten seine Eifersucht* (ויקנאו אתו) *mehr als alles, was ihre Väter getan hatten mit ihren Sünden, die sie sündigten, und bauten*[36] *sich Höhen und Mazzeben und Ascheren auf jedem hohen Hügel und unter jedem grünen Baum. Sie taten nach allen Greueln der Völker, die Jahwe vor den Israeliten vertrieben hatte*" (V. 22b–23.24b). Die Deutung setzt den Höhenkult, wie er in den nachfolgenden Frömmigkeitsurteilen regelmäßig angeprangert wird, mit dem Verstoß gegen das Erste Gebot gleich. Die Judäer hätten sich den Fremdvölkern angepasst, die Jahwe bei der Landnahme vor den Israeliten vertrieben hat. Das ist eine Anspielung auf Dtn 12,2–3, den späten Vorspann des Zentralisationsgesetzes.[37] Der Begriff תועבת הגוים „Greuel der Völker" stammt aus Dtn 18,9. Später wurde noch in V. 24a zur Vorbereitung von 1 Kön 15,12 ein Hinweis auf die Kedeschen eingefügt.[38] Er unterbricht den Zusammenhang und ist an וגם „und auch" als Nachtrag zu erkennen.[39] Wegen des Bezugs auf die Tora Dtn 23,18 steht der Singular קדש.

---

35 LXX ersetzt „Juda" durch „Rehabeam". Das ist kaum ursprünglich. Vgl. H. SPIECKERMANN, Juda unter Assur in der Sargonidenzeit (FRLANT 129) 1982, 190 Anm. 75.

36 גם־המה „auch sie" fehlt in LXX. Es wurde im hebräischen Text nachgetragen, um auf die Parallelen 2 Kön 17,9 und Dtn 12,2–3 zu verweisen: Die Judäer handelten wie die Vorbewohner des Landes und wie die Bewohner des Nordreichs.

37 Zur literarischen Entwicklung von Dtn 12 siehe besonders R. SMEND, Die Entstehung des Alten Testaments (ThW 1) ²1981, 72f; E. REUTER, Kultzentralisation (BBB 87) 1993, 110; und VEIJOLA, Deuteronomium, 275 Anm. 896. Veijola sieht die Abhängigkeit in umgekehrter Richtung verlaufen. Das ist deswegen nicht wahrscheinlich, weil Dtn 12,2–3 auf zwei Stufen entwickelt, was in 1 Kön 14,23.24b von ein und derselben Hand zusammengefasst wird.

38 Mit Recht fragt SPIECKERMANN, Juda unter Assur, 185, „ob die Kedeschen bei Rehabeam nicht eingefügt worden sind, um Asa Gelegenheit zu geben, sie wieder zu entfernen."

39 Die Sekundär-Parallele 2 Kön 17,8–11 las 1 Kön 14,24a noch nicht. Die bei CH. LEVIN, Josia im Deuteronomistischen Geschichtswerk (1984; in: DERS., Fortschrei-

Asa ist der erste König, der eine positive Bewertung erfährt. Er lebte ganz nach Jahwes Willen, mit der einzigen Einschränkung, dass es seinerzeit noch viele Heiligtümer gab. Unter dieser Voraussetzung – und nach dem, was unter seinen Vorgängern geschehen war – musste er gegen kultische Missstände vorgegangen sein. Man erkennt die Ergänzungen daran, dass sie die Bewertung: „Asa tat, was Jahwe wohlgefiel, wie sein Vater David" (1 Kön 15,11), und die Höhennotiz: „Die Höhen aber wichen nicht. Doch das Herz Asas war ungeteilt bei Jahwe alle seine Tage" (V. 14), auseinander reißen.[40] Den Anfang machte wahrscheinlich V. 12b: „*Er entfernte alle Götzen* (גִּלֻּלִים), *die seine Väter gemacht hatten.*" Die Wortwahl סור hi. „entfernen" bezieht sich im Kontrast auf die Höhennotiz V. 14: Die Höhen wichen zwar nicht, aber die Götzen mussten weichen. Die Aussage bestätigt summarisch den Gehorsam gegen das Erste Gebot. Der Begriff גִּלּוּל „Götze" ist in der Abgöttereipolemik des Ezechielbuchs geläufig.[41] Er steht hier für die „von Salomo und Rehabeam teils geduldeten, teils geförderten Fremdgötter".[42] Mit וְגַם nachträglich angeschlossen, folgt die Nachricht, Asa habe seine Mutter Maacha abgesetzt: „*und auch die Maacha, seine Mutter; und er entfernte sie als Königinmutter*" (V. 13a).[43] Dieser Midrasch lässt Asa, wieder mit סור hi., kurzerhand das exegetische Problem lösen, dass Maacha nicht nur für ihn (V. 10), sondern auch für seinen Vater Abijam (V. 2) als Königinmutter genannt wird.[44] Der Ordnung halber brauchte die Absetzung einen Grund: Der Maacha wird vorgeworfen, für die Aschera, die hier nicht als Kultsymbol, sondern als Göttin verstanden wird, ein „Scheusal" (מִפְלֶצֶת) gemacht zu haben.[45] Ein nächster Ergänzer, der sich dadurch ausweist, dass er das gleichbleibende Subjekt „Asa" nochmals nennt, setzt מִפְלֶצֶת mit der Aschere gleich, die Asa abgehauen und im Bach Kidron verbrannt habe (V. 13b). Vorbild war 2 Kön 23,6.[46] Dort ist auch die unmögliche Aussage „verbrennen *im* Bach Kidron" durch nachträgliche Kombinationen entstan-

---

bungen [BZAW 316] 2003, 198–216), 207 Anm. 44, postulierte Abhängigkeit ist umzukehren.
40 Zur Analyse vgl. Spieckermann, Juda unter Assur, 184–187.
41 Vgl. auch 1 Kön 21,26; 2 Kön 17,12; 21,11.21; 23,24.
42 Spieckermann, Juda unter Assur, 185.
43 Das syntaktische Problem, dass das Verb וַיְסִרֶהָ „und er entfernte sie" ein Objekt-Suffix trägt, obwohl unmittelbar zuvor das Akkusativ-Objekt genannt ist, lässt sich so lösen, dass וְגַם אֶת־מַעֲכָה אִמּוֹ als nachklappendes Objekt zu V. 12b gezogen wird: „Und er entfernte die Götzen und auch die Maacha." Das neue Verb trägt den Gesichtspunkt der Amtsenthebung bei.
44 Zum Problem vgl. M. Noth, Könige. 1. Teilband (BK.AT IX/1) 1968, 335 f.
45 Die Bedeutung des Hapaxlegomenons kann nur erahnt werden.
46 Spieckermann, Juda unter Assur, 187.

den. Es war möglicherweise derselbe Ergänzer, der Asa die Kedeschen aus dem Land weisen ließ (V. 12a). In den Augen dieser späten Theologen bestand zwischen der Aschere und den Kedeschen eine besondere Affinität.⁴⁷

Joschafat, Asas Sohn und Nachfolger, soll „auf dem ganzen Wege seines Vaters" gewandelt sein (1 Kön 22,43). Das verlangte nach einem Beispiel. Der Zusatz ist an seiner Stellung zu erkennen.⁴⁸ Statt bei dem Frömmigkeitsurteil zu stehen, folgt die Notiz auf den Quellenverweis, dessen וְיֶתֶר sie übernimmt: „*Und das Übrige der Kedeschen, das in den Tagen seines Vaters Asa übrig geblieben war, schaffte er weg aus dem Land*" (V. 47). Den Widerspruch, dass Asa die Kedeschen vertrieben und dennoch einige übrig gelassen haben soll, nimmt der Midrasch in Kauf. Die Wortwahl בער *pi.* „wegschaffen" lässt die וּבִעַרְתָּ-Gebote des Deuteronomiums anklingen.⁴⁹ Der Singular קָדֵשׁ verweist wieder auf das Verbot Dtn 23,18.

Joasch, der nach dem Sturz der Atalja auf den Thron kam, „tat, was Jahwe wohlgefiel, alle seine Tage" und zugleich „*solange der Priester Jojada ihn unterwies*" (2 Kön 12,3b). Die Doppeldefinition ist widersprüchlich. Sie gehört zu einer späten, priesterlichen Bearbeitung, die die heutige Gestalt von 2 Kön 11–12 geprägt hat.⁵⁰ Sie lässt den Priester Jojada den König in der Tora unterweisen, der auf diesem Wege veranlasst wird, den Tempel instand zu setzen.

Nach einer Reihe von vier guten Königen wird *Ahas* wieder schlecht bewertet. Er sei auf dem Wege der Könige von Israel gewandelt (2 Kön 16,2–3a). Das wird nachträglich näher bestimmt: „*Und auch ließ er seinen Sohn durchs Feuer gehen nach den Greueln der Völker, die Jahwe vor den Israeliten vertrieben hatte, und opferte und räucherte auf den Höhen und auf den Hügeln und unter jedem grünen Baum*" (V. 3b–4). Wieder ist der Zusatz mit וְגַם kenntlich gemacht.⁵¹ Der „Vorwurf gegen illegitimen Jahwekult auf den Höhen" wird umgedeutet „in einen Vorwurf gegen die Verehrung fremder Götter."⁵² Ahas wird angeklagt, das Verbot des Kinderopfers aus Dtn 18,9–

---

47 Die Maßnahme wird bei der kultischen Generalreinigung unter Josia wiederholt. Da aber die Kedeschen seit Asa als vertrieben gelten, blieb nur, ihre Häuser zu zerstören, in denen die Frauen Gewänder für die Aschera gewebt haben sollen (2 Kön 23,7).
48 Vgl. SPIECKERMANN, Juda unter Assur, 187–189.
49 Dtn 13,6; 17,7.12; 19,13.19; 21,9.21; 22,21.22; 24,7.
50 Vgl. CH. LEVIN, Die Instandsetzung des Tempels unter Joas ben Ahasja (1990; in: DERS., Fortschreibungen, 169–197), 169–171, und zuvor C. F. BURNEY, Notes on the Hebrew Text of the Books of Kings, Oxford 1903, 312 f.
51 Zur Literarkritik vgl. WÜRTHWEIN, Könige, 385.387.
52 WEIPPERT, Die „deuteronomistischen" Beurteilungen der Könige, 338 Anm. 2.

10 übertreten zu haben.⁵³ Wie in 1 Kön 14,22b–24 wird ihm zugleich im Anschluss an Dtn 12,2–3 die Abgötterei auf den Höhen vorgeworfen.

Sein Sohn *Hiskia* ist der erste König, dem zugeschrieben wird, dass er das Gebot der Kultzentralisation befolgt habe: „Er war es, der die Höhen entfernte" (2 Kön 18,4aα¹). Damit beginnt ein kultpolitisches Wechselbad: Manasse führt die Höhen wieder ein (21,3a), bis Josia sie endgültig verunreinigt (23,8a). Da die späteren Ergänzer mit Manasse weitere religiöse Verfehlungen und mit Josia weitere Maßnahmen der Kultreinigung verbanden – Manasse habe den Kult des Baal, der Aschera und des ganzen Heers des Himmels eingeführt (21,3b), Josia ihn wieder abgeschafft (23,4–7) –, wurde auch die Höhennotiz des Hiskia zu einem Katalog kultischer Maßnahmen erweitert:⁵⁴ *„Er zerbrach* (וְשִׁבַּר) *die Mazzeben und hieb um* (וְכָרַת) *die Ascheren und zerschlug* (וְכִתַּת) *die eherne Schlange, die Mose gemacht hatte. Denn bis auf jene Zeit haben die Israeliten ihr geräuchert. Und man nannte sie Nehuschtan"* (18,4aα²βb). Die drei aramaisierenden Perfecta copulativa bedeuten eine massive Störung der hebräischen Syntax. Das weist wie in vielen Fällen auf Zusätze hin.⁵⁵ Die Ergänzer beziehen sich auf die Tora Ex 34,13: „Ihre Mazzeben sollt ihr zerbrechen (שבר *pi.*) und seine Ascheren umhauen (כרת)."⁵⁶ Hiskia gehorcht damit dem Ersten Gebot. Für die dritte Maßnahme, die Zerstörung der ehernen Schlange, wird sogar auf die Überlieferung (Num 21,9) verwiesen. Wahrscheinlich sah die Spätzeit in der ehernen Schlange einen Verstoß gegen das Bildverbot; denn mit dem Verb כתת *pi.* „zermalmen" kann auf die Zerstörung des goldenen Kalbs verwiesen sein (vgl. Dtn 9,21, dort כתת *qal*). Offensichtlich hatte man der Vollständigkeit halber das Bedürfnis, dieses Requisit verschwinden zu lassen, auch wenn davon seither nichts mehr zu lesen war. Es kann auch ein Kontrast zu Manasse beabsichtigt sein, dem 2 Kön 21,6 vorgeworfen wird, Wahrsagerei (נחש *pi.*) getrieben zu haben, was nach Dtn 18,10 verboten ist.⁵⁷

---

53 Vgl. CH. LEVIN, Das Kinderopfer im Jeremiabuch (1974, in: DERS., Fortschreibungen, 227–241), 237.
54 Vgl. WÜRTHWEIN, Könige, 406.411.
55 B. STADE, Anmerkungen zu 2 Kö. 15–21 (1886; in: DERS., Ausgewählte akademische Reden und Abhandlungen, ²1907, 201–226), 213: „Dass ... von späterer Hand in den ursprünglichen Wortlaut eingegriffen worden ist, beweisen die syntactischen Fehler וְשִׁבַּר, וְכָרַת, וְכִתַּת".
56 Ex 34,13 ist seinerseits eine Sekundärparallele zu Dtn 7,5. Sonst שבר *pi.* mit Mazzeben als Objekt: Ex 23,24; Dtn 12,3; 2 Kön 23,14; Jer 43,13; 2 Chr 14,2; 31,1; כרת mit Ascheren als Objekt: Ri 6,25.26.30; 2 Kön 23,14. Der Beleg 2 Kön 23,14 wiederholt 18,4.
57 Vergleichbare Belege sonst nur 2 Kön 17,17 (aus 21,6) und Lev 19,26 (aus Dtn 18,10).

Wie wenig eine historische Notiz zu erwarten ist, verrät sich daran, dass die Judäer des achten Jahrhunderts „Israeliten" genannt werden. Die Ausführungen über Hiskias Gottvertrauen und Erfolg in V. 5–7a sind ein noch späterer Nachtrag.[58]

Manasse gilt als der schlimmste aller Könige Judas, weil er die Höhen wieder in Betrieb genommen haben soll. Das ursprüngliche Urteil: „Er tat, was Jahwe missfiel" (2 Kön 21,2a), ist nachträglich zu einer Liste kultischer Greuel angewachsen.[59] Der Maßstab war auch hier Dtn 18, wie der Verweis auf Dtn 18,9 in V. 2b sogleich zeigt: *„nach den Greueln der Völker, die Jahwe vor den Israeliten vertrieben hatte".*[60] Wie in 2 Kön 16,3b dient das Kinderopfer als Beleg. In V. 6, der sich durch aramaisierende Syntax als Zusatz kenntlich macht, wird dafür Dtn 18,10 wörtlich zitiert:[61] *„Und er ließ seinen Sohn durchs Feuer gehen und trieb Zauberei und Wahrsagerei und bestellte Totenbeschwörer und Zeichendeuter. Er machte viel, zu tun, was Jahwe missfiel, ihn*[62] *zu reizen* (כעס *hi.).*" Die Klimax gibt diese Einzelheiten als Ausführung des Frömmigkeitsurteils V. 2a zu verstehen. Wieder wird mit כעס *hi.* die Übertretung des Ersten Gebots namhaft gemacht. Zur selben Schicht gehört V. 4, der ebenfalls mit aramaisierendem Perf. cop. einsetzt: *„Und er baute Altäre im Hause Jahwes, von dem Jahwe gesagt hatte: In Jerusalem will ich meinen Namen niederlegen."* Damit soll womöglich gesagt sein, dass Manasse über die Sünde des Höhenkults (V. 3a) noch hinausging, indem er die Mehrzahl der Kultstätten auf den Bereich des Tempels selbst ausdehnte, womit er sich gegen dessen Erwählung durch Jahwe verging.[63]

Freilich ist schwer zu verstehen, dass der Bau von Altären im Tempel Jahwes in einem Sündenregister aufgeführt wird. Deshalb hat ein weiterer Bearbeiter in V. 5 klargestellt, dass die Altäre dem Fremdkult gewidmet waren, nämlich dem in V. 3bβγ eingeführten „ganzen Heer des Himmels": *„Und er baute Altäre für das ganze Heer des Himmels in beiden Vorhöfen des Hauses Jahwes."* Der Satz ist in jeder Hinsicht eine Erläuterung von

---

58 WÜRTHWEIN, Könige, 410; AURELIUS, Zukunft, 65–67.
59 Vgl. bes. die Analysen von SPIECKERMANN, Juda unter Assur, 161–170, und AURELIUS, Zukunft, 59–65.
60 Der Halbvers ist nachgetragen, vgl. AURELIUS, Zukunft, 35.60, unter Verweis auf weitere Exegeten.
61 Vgl. die Synopse bei WÜRTHWEIN, Könige, 441.
62 Das Suffix ist mit vielen Handschriften und den Versionen zu ergänzen, vgl. auch die Sekundärparallele 2 Kön 17,17.
63 Die parallele Aussage in V. 7 ist sehr deutlich eine jüngere, erweiternde Ausführung. Anders SPIECKERMANN, Juda unter Assur, 163, und ihm folgend AURELIUS, Zukunft, 59.

V. 4a.⁶⁴ Wahrscheinlich derselbe Ergänzer hat Manasse in V. 3bα auch der Sünde Ahabs bezichtigt: „*Er errichtete Altäre für den Baal und machte eine Aschere*". Er zitiert 1 Kön 16,32–33,⁶⁵ nur dass der Altar, den Ahab errichtet hat, wegen V. 4 zu einer Mehrzahl von Altären geworden ist.⁶⁶ Der Querverweis „*wie Ahab, der König von Israel, getan hatte*" beschließt den Zusatz. Nicht zugesetzt ist wahrscheinlich der Vorwurf, dass Manasse das ganze Heer des Himmels verehrt habe (V. 3bβγ). Er dürfte zum Frömmigkeitsurteil des Deuteronomisten gehört haben.⁶⁷ Ein dritter Ergänzer hat den Sündenkatalog in V. 7–9 weiter ausgeführt, ein vierter in V. 16 die Blutschuld hinzugefügt. Zuletzt kam der prophetische Exkurs V. 10–15* hinzu.⁶⁸

Es konnte nicht ausbleiben, dass auch das Urteil über *Amon* erweitert wurde; denn dieser tat, was Jahwe missfiel, wie sein Vater Manasse getan hatte (2 Kön 21,20). „*Er wandelte auf dem ganzen Wege, den sein Vater gewandelt war, und verehrte die Götzen, die sein Vater verehrt hatte, und betete sie an. Er verließ Jahwe, den Gott seiner Väter, und wandelte nicht auf dem Wege Jahwes*" (V. 21–22).⁶⁹ Der Baal und das Heer des Himmels, die Manasse verehrt hat (V. 3), werden als גִּלֻּלִים „Götzen" klassifiziert, ein Verweis auf V. 3. Damit wird auch Amon attestiert, dass er Jahwe verlassen, also das Erste Gebot übertreten habe. Wie bei Ahas und Manasse dient das Summarium weniger der Kultgeschichte als vielmehr der Geschichtstheodizee.

---

64 Das aramaisierende Perf. cop. וּבָנָה wird in den Narrativ וַיִּבֶן korrigiert. Das Objekt מִזְבְּחוֹת erhält den Possessiv לְכָל־צְבָא הַשָּׁמַיִם, der wörtlich aus V. 3bβ übernommen ist. Der Lokativ בְּבֵית יהוה wird zu בִּשְׁתֵּי חַצְרוֹת בֵּית־יהוה erweitert. G. HÖLSCHER, Das Buch der Könige, seine Quellen und seine Redaktion (in: H. SCHMIDT [Hg.], ΕΥΧΑΡΙΣΤΗΡΙΟΝ. Hermann Gunkel zum 60. Geburtstag [FRLANT 36,1] 1923, 158–213), 198: „II 21,5 ist wegen der zwei Tempelhöfe nachexilisch und bestätigt damit das höhere Alter von 21,3–4, da 21,5 Variante zu 21,4a ist." Es ist folgerichtig, dass Josia diese Altäre beseitigt haben muss. Die Notiz 23,12 setzt 21,5 voraus, wie der erklärte Rückbezug zeigt, vgl. SPIECKERMANN, Juda unter Assur, 164 Anm. 10, gegen STADE, Anmerkungen zu 2 Kö. 15–21, 226.
65 Die Wendung הֵקִים מִזְבֵּחַ „einen Altar aufrichten" findet sich nur 1 Kön 16,32; 2 Kön 21,3 (// 2 Chr 33,3) und 2 Sam 24,18 (// 1 Chr 21,18). Die Wendung עשׂה אֲשֵׁרָה findet sich nur 1 Kön 14,15; 16,33; 2 Kön 17,16; 21,3; vgl. noch 1 Kön 15,13 (// 2 Chr 15,16); 2 Kön 21,7; 23,4; Jes 17,8.
66 Bei LEVIN, Josia im Deuteronomistischen Geschichtswerk, 205 Anm. 30, wird V. 3bα im Verhältnis zu V. 4 als frühere Ergänzung angesehen. Das ist zu korrigieren.
67 Anders AURELIUS, Zukunft, 59–60. Die Trias „Baal, Aschera, Himmelsheer" ist in 2 Kön 21,3b durch die Ergänzung entstanden und wird von dort in 17,16 und 23,4 zitiert.
68 Vgl. AURELIUS, Zukunft, 60–65.
69 Vgl. AURELIUS, Zukunft, 65.

Am stärksten ist das Frömmigkeitsurteil über *Josia* angewachsen. Man kann den gesamten Bericht über die Kultreform 2 Kön 23,4–20.24 ähnlich wie 18,4–7a und 21,3–9.16 als eine überdehnte Höhennotiz lesen. Von der Sache her muss der Kern in 23,8a gesucht werden: „Und er ließ die Priester aus den Städten Judas kommen und verunreinigte die Höhen, auf denen die Priester geräuchert hatten, von Geba bis Beerscheba." Diese Aussage über den Höhenkult hat nach dem Beispiel aller anderen Frömmigkeitsurteile ursprünglich an das Urteil 22,2 angeschlossen, das Josia zuschreibt, dass er getan habe, was Jahwe wohlgefiel, und dem Vorbild Davids in jeder Hinsicht gefolgt sei. Später wurden 22,2 und 23,8a durch das Quellen-Fragment über die Instandsetzung des Tempelgebäudes 22,3–7.9* auseinandergerissen.[70] Den Beweis für die ursprüngliche Abfolge bietet 23,4a, eine literarische Brücke, die nach dem Vorbild von 22,3–4 den König dem Klerus die Reinigung des Tempels befehlen lässt. Der Befehl geht ins Leere, da der folgende Bericht 23,4b–20.24 wie alle diese Kultnotizen selbstverständlich den König zum Subjekt hat.

Dass der Reformbericht, ausgehend von seinem Nukleus 23,8a, aus exegetischen Assoziationsketten besteht, liegt auf der Hand und muss hier nicht nochmals dargelegt werden. Der assoziative, listenartige Stil ist mit Händen zu greifen und die Syntax mehrfach hoch problematisch. Für die späten Theologen war es eine geschichtliche Notwendigkeit, dass Josia alle in der Geschichte Judas erwähnten Abgöttereien beseitigt hat. Die beigezogenen Vorlagen lassen sich in vielen Fällen identifizieren.[71]

---

70 Der heutige Text von 2 Kön 22,3–23,3 wurde von zwei weiteren Bearbeitungen geprägt. Zunächst kam eine Grundform des Huldaorakels hinzu, die sich an der Vorwegnahme von 23,4a in 22,12 als Einschub erweist. Die Rede der Prophetin kreist um das chronistische Theologumenon „sich demütigen vor Jahwe" (כנע *ni.*). Später wurde der Fund des „Buches der Tora" hinzugefügt, um den Tora-Gehorsam zu erklären, den Josia mit seiner Kultreinigung bewies. Bei dieser Gelegenheit wurde das Hulda-Orakel erweitert. Als Reaktion soll Josia den Bundesschluss aus Dtn 26,16–19 (vgl. 2 Kön 11,17; Ex 24,7) erneuert haben (23,1–3).

71 LEVIN, Josia im Deuteronomistischen Geschichtswerk, 204–208. CH. UEHLINGER, Gab es eine joschijanische Kultreform? (in: W. GROSS [Hg.], Jeremia und die „deuteronomistische Bewegung" [BBB 98] 1995, 57–89), 73, hält mir entgegen: „Ein solcher Schluß würde sich erst dann nahelegen, wenn mit guten Argumenten und unter Berücksichtigung literarischer Querverbindungen zu anderen Texten und/oder religions- und kultgeschichtlicher Überlegungen plausibel gemacht werden könnte, daß und warum eine bestimmte Maßnahme erst von einem späteren, dtr oder postdtr Ergänzer verfaßt worden sein dürfte." Ich empfehle den Gebrauch von Konkordanz und Grammatik! Allenfalls für die Rosse des Sonnengottes V. 11 und die Altäre auf dem Dach V. 12 kann man eine vorgegebene Überlieferung vermuten (vgl. WÜRTHWEIN, Könige, 459), ohne dass sich sagen lässt, woher sie stammt.

Beschlossen wird der Katalog mit der Unvergleichlichkeitsaussage 23,25: „Und wie er ist keiner zuvor gewesen, *ein König, der mit seinem ganzen Herzen, mit seiner ganzen Seele und mit all seiner Kraft zu Jahwe umkehrte nach der ganzen Tora des Mose,* und nach ihm kam keiner mehr auf wie er." Im heutigen Ablauf liest sie sich wie ein zweites Urteil über die Frömmigkeit, und der Wortlaut ist ohne 1 Kön 8,46–51 und Dtn 6,5; 30,1–10 nicht zu deuten.[72] Allerdings dürfte die Aussage über den ungeteilten Toragehorsam Josias (V. 25a ab מֶלֶךְ) nachträglich eingeschoben sein. Das zeigt die merkwürdige Satzstellung, die sich mit der Übernahme gegebener Muster allein nicht erklärt.[73] Ohne den Mittelteil gelesen, bleibt die Aussage im Rahmen dessen, was der Deuteronomistische Geschichtsschreiber an anderer Stelle über die Frömmigkeit der Könige zu sagen hat, vgl. 1 Kön 15,3; 16,25.30; 2 Kön 17,2. Unmittelbar an die Höhennotiz angeschlossen, muss 23,25* nicht als ein zweites Urteil über Josia gelesen werden, sondern kann die Fortsetzung des mit 22,2 beginnenden Frömmigkeitsurteils gewesen sein. Dass vor Josia keiner gewesen sei wie er und dass er ganz wie David gehandelt habe, ist nur vermeintlich ein Widerspruch.[74] David als das Vorbild schlechthin stand außer Konkurrenz.

Die Frömmigkeit der Könige von Israel

Jerobeam I.	1 Kön 12,26 Und Jerobeam dachte in seinem Herzen: … 27 Wenn dieses Volk hinaufgeht, um Schlachtopfer darzubringen im Hause Jahwes in Jerusalem, … so werden sie zu Rehabeam, dem König von Juda, zurückkehren. … (28) Und er machte zwei goldene Jungstiere … 29 und stellte den einen in Bethel auf, und den anderen gab er nach Dan. 30 Und diese Sache wurde zur Sünde.
Nadab	15,26 Er tat, was Jahwe missfiel, und wandelte auf dem Wege seines Vaters und in seiner Sünde, dass er Israel sündigen ließ.
Baësa	15,34 Er tat, was Jahwe missfiel, und wandelte auf dem Wege Jerobeams und in seiner Sünde, dass er Israel sündigen ließ.
Ela	

---

72 AURELIUS, Zukunft, 57.124.
73 Die Aussage über die unvergleichliche Weisheit Salomos in 1 Kön 3,12 (כָּמוֹךָ לֹא־הָיָה לְפָנֶיךָ וְאַחֲרֶיךָ לֹא־יָקוּם כָּמוֹךָ) ist wahrscheinlich ein Reflex des noch nicht erweiterten Textes von 2 Kön 23,25. Vgl. A. ŠANDA, Die Bücher der Könige. Erster Halbband, 1911, 63. Gegen LEVIN, Josia im Deuteronomistischen Geschichtswerk, 207, gehört מֶלֶךְ bereits zur Ergänzung.
74 Anders AURELIUS, Zukunft, 57 f.

Simri	16,19 wegen <seiner Sünde>[75], die er sündigte, zu tun, was Jahwe missfiel, zu wandeln auf dem Wege Jerobeams und in seiner Sünde, die er tat, Israel sündigen zu lassen.
Tibni	
Omri	16,25 Omri tat, was Jahwe missfiel, und handelte schlimmer als alle, die vor ihm waren. 26 Und er wandelte auf dem ganzen Wege Jerobeams, des Sohnes Nebats, und <in seiner Sünde>, dass er Israel sündigen ließ. ...
Ahab	16,30 Ahab, der Sohn Omris, tat, was Jahwe missfiel, mehr als alle, die vor ihm waren. 31 Es war <das Geringste>,[76] dass er wandelte <in der Sünde> Jerobeams, des Sohnes Nebats. Er nahm zur Frau Isebel, die Tochter Etbaals, des Königs der Sidonier, und ging hin und verehrte den Baal und betete ihn an 32 und errichtete einen Altar für den Baal im Haus des Baal, das er in Samaria baute. ...
Ahasja	22,53 Er tat, was Jahwe missfiel, und wandelte auf dem Wege seines Vaters und auf dem Wege seiner Mutter und auf dem Wege Jerobeams, des Sohnes Nebats, dass er Israel sündigen ließ. ...
Joram	2 Kön 3,2 Er tat, was Jahwe missfiel, doch nicht wie sein Vater und wie seine Mutter. ... 3 Nur <an der Sünde> Jerobeams, des Sohnes Nebats, der Israel sündigen ließ, hielt er fest. Er wich nicht von ihr.
Jehu	10,28 Und Jehu vertilgte den Baal aus Israel. 29 Nur die Sünden Jerobeams, des Sohnes Nebats, der Israel sündigen machte: nicht wich Jehu hinter ihnen weg. ...
Joahas	13,2 Er tat, was Jahwe missfiel, und wandelte nach <der Sünde> Jerobeams, des Sohnes Nebats, der Israel sündigen ließ. Er wich nicht von ihr.
Joas	13,11 Er tat, was Jahwe missfiel. Er wich nicht von der ganzen <Sünde> Jerobeams, des Sohnes Nebats, der Israel sündigen ließ. In ihr wandelte er.
Jerobeam II.	14,24 Er tat, was Jahwe missfiel. Er wich nicht von der ganzen <Sünde> Jerobeams, des Sohnes Nebats, der Israel sündigen ließ.

---

75 Die Schreibung von חַטָּאת schwankt. Der Singular findet sich 1 Kön 12,30; 15,26 [M-Text]. 34 [M-Text]; 16,19 Kᵉtîb. 19 [M-Text]. 26 Qᵉrê; 2 Kön 3,3 [LXX]; 13,11 [LXX]. Den Plural bieten 1 Kön 15,3.26 [LXX]. 34 [LXX]; 16,19 Qᵉrê. 19 [LXX]. 26 Kᵉtîb.31; 2 Kön 3,3 [M-Text]; 13,2.11 [M-Text]; 14,24; 15,9.18.24.28. In 2 Kön 10,29 findet sich einmal חֵטְא pl. Ausgangspunkt ist der Singular „die Sünde Jerobeams" (1 Kön 12,30). Die Inkongruenz des Numerus in 2 Kön 3,3; 13,2.11 zeigt, dass ursprünglich durchgehend der Singular zu lesen war. Das traditionsgeschichtliche Gefälle neigt zum Plural. Der Wandel setzte ein, sobald die Abgöttereilisten entstanden.

76 Lies ni. pt. הַנָּקֵל (vgl. GesK § 150d). Den Masoreten mag mit der Vokalisation als Frage הֲנָקֵל ein Bezug auf Ez 8,17 vor Augen gestanden haben.

Secharja	15,9 Er tat, was Jahwe missfiel, wie seine Väter getan hatten. Er wich nicht <von der Sünde> Jerobeams, des Sohnes Nebats, der Israel sündigen ließ.
Schallum	
Menahem	15,18 Er tat, was Jahwe missfiel. Er wich nicht ab <von der Sünde> Jerobeams, des Sohnes Nebats, der Israel sündigen ließ, alle seine Tage.
Pekachja	15,24 Er tat, was Jahwe missfiel. Er wich nicht <von der Sünde> Jerobeams, des Sohnes Nebats, der Israel sündigen ließ.
Pekach	15,28 Er tat, was Jahwe missfiel. Er wich nicht <von der Sünde> Jerobeams, des Sohnes Nebats, der Israel sündigen ließ.
Hosea	17,2 Er tat, was Jahwe missfiel. Doch nicht wie die Könige von Israel, die vor ihm waren.

Die Sünde der Könige von Israel ist stets eine und dieselbe, die „Sünde Jerobeams". Nach 1 Kön 12,26a.27aα.b*.28aβ.29–30a verstieß *Jerobeam* gegen die Forderung der Kultzentralisation, die in Dtn 12 erhoben wird. Mit dieser Fiktion setzt das deuteronomistische Geschichtsbild die Trennung vom Königtum der Davididen mit der Trennung vom Zentralheiligtum in Jerusalem gleich: וַיְהִי הַדָּבָר הַזֶּה לְחַטָּאת „Und diese Sache wurde zur Sünde." Anachronistisch wurde die Übertretung des deuteronomischen Gebots an den Anfang der Geschichte des selbständigen Nordreichs gerückt. Sie soll dessen Geburtsfehler gewesen sein.

Die Notiz über die Kultgründungen Jerobeams gibt den Maßstab für alle folgenden Frömmigkeitsurteile. Es liegt deshalb nahe, dass sie in ihrem Kern auf den Deuteronomistischen Geschichtsschreiber zurückgeht. Oft wird behauptet, dass der Redaktor eine quellenhafte Nachricht verwendet habe. Das ist weder sachlich noch sprachlich zu begründen. Eine Annalennotiz hätte schwerlich mit einem fingierten Selbstgespräch eingesetzt, in dem der König seine Beweggründe darlegt. So schreibt kein Hofchronist, sondern die Geschichtstheologie.[77] Die zwei goldenen Jungstiere gelten dem Deuteronomisten als die üblichen Symbole des Jahwekults. Er führt sie ein, um die Gründung der beiden Kultstätten anschaulich werden zu lassen. Erst durch den Nachtrag in V. 28b werden sie zum Abbild fremder Götter, und

---

77 Der eindeutige Befund wird ungern zur Kenntnis genommen. Kennzeichnend für die meisten Exegeten ist, wie I. BENZINGER, Könige (KHC 9) 1899, 89, einerseits feststellt: „In ihrer jetzigen Form sind die Verse 26–31 Eigentum des Redaktors und es gelingt nicht, den etwaigen Wortlaut des alten Berichts herauszuschälen", und anderseits dennoch „eine Notiz über ... kultische Massnahmen Jerobeams" als Quellengrundlage behauptet.

erst daraufhin, nämlich als Reaktion auf die Sekundärparallele in Ex 32, entsteht in Ex 34,17 → Ex 20,4 das Bildverbot.

Auf die in 1 Kön 12,26–30* gegebene Definition beziehen sich die Urteile über die Frömmigkeit der Könige von Israel zurück.[78] Jahwe nicht in Jerusalem, sondern in Bethel, Dan und anderswo kultisch zu verehren, war das, „was Jahwe missfiel". Die Sünde wurde vom Volk begangen, aber von den Königen verantwortet, die Israel zur Sünde veranlassten (חטא hi.). Dieser Verfehlung hingen sämtliche Nachfolger Jerobeams I. an.

Allerdings handelten nicht alle Könige gleich. Eines ist es, wenn die Könige „auf dem Wege Jerobeams wandelten" (הָלַךְ בְּדֶרֶךְ), und ein anderes, wenn sie „von der Sünde Jerobeams nicht wichen" (לֹא סוּר מִן). Die erste Haltung ist aktiv, die zweite eher konzessiv. Aus dem Wechsel entsteht eine nuancierte Geschichte der Frömmigkeit.[79] Darin lassen sich Spuren einer Epochengliederung erkennen.

Die erste Epoche reicht von Jerobeam bis Tibni. Die Könige *Nadab*, *Bascha* und *Simri wandelten* auf dem Wege Jerobeams (1 Kön 15,26.34; 16,19). Sie verhielten sich genau wie er. Dies war sozusagen die Gründungsphase des Nordreichs, in der die Sünde Jerobeams sich verfestigte.

Die zweite Epoche umfasst die Dynastie der Omriden. Mit ihr begann eine dramatische Wendung zum Schlechten. *Omri* „handelte schlimmer als alle, die vor ihm waren" (וַיָּרַע מִכֹּל אֲשֶׁר לְפָנָיו). Das zeigt sich darin, dass er „auf dem *ganzen* Weg Jerobeams wandelte" (16,25–26). Bei *Ahab* erfuhr die Sünde eine weitere Steigerung. „Es war das Geringste, dass er <in der Sünde> Jerobeams wandelte" (וַיְהִי הֲנָקֵל לֶכְתּוֹ בְּחַטֹּאות יָרָבְעָם, 16,31). Er führte die Verehrung des Baal ein, indem er diesem Gott einen Altar und einen Tempel erbaute (V. 31b–32). Den Beleg hat der Deuteronomist in seinen Quellen gefunden. Aus der Erzählung 2 Kön 10,18–27, dass Jehu, als er die Dynastie Omri vernichtete, auch den Baalkult in Samaria ausgetilgt habe, ließ sich erschließen, dass die Omriden den Baalkult eingeführt haben mussten. Der Deuteronomist deutete den Baalkult als fremdländischen Import. Das ist der Grund, ihn nicht *expressis verbis* dem Dynastiegründer Omri zuzuschreiben, sondern Ahab, dessen Heirat mit der phönikischen Königstochter Isebel in dem Annalenexzerpt vermerkt war. Der Baal galt ihm als die Mitgift der Isebel.

---

78 Vgl. die ältere Darstellung durch J. DEBUS, Die Sünde Jerobeams (FRLANT 93) 1967, 93–95.

79 Der Versuch von WEIPPERT, Die „deuteronomistischen" Beurteilungen der Könige, 309.325, die Wendungen verschiedenen Redaktionen zuzuordnen (לֹא סוּר מִן als Schema I N, הָלַךְ בְּדֶרֶךְ als Schema II N), verfehlt diese Pointe.

Der Höhepunkt der Sündengeschichte, der damit erreicht ist, hält unter *Ahasja* an: „Er wandelte auf dem Wege seines Vaters und auf dem Wege seiner Mutter und auf dem Wege Jerobeams" (22,53). Auch diese Notiz bezieht sich auf die Sünde des Baalkults, weshalb als Vorbild nicht nur der Vater Ahab, sondern ausnahmsweise auch die Königinmutter Isebel genannt ist. Erst unter *Joram* wenden sich die Verhältnisse. Der zweite regierende Sohn Ahabs tat zwar nach wie vor, was in Jahwes Augen böse war, „doch nicht (רַק לֹא) wie sein Vater und seine Mutter" (2 Kön 3,2aβ). Wenn der Baalkult unter Joram nicht zum Erliegen kam – das blieb Jehu vorbehalten –, hat der König ihn doch nicht mehr betrieben. Auch den Kult in Bethel und Dan hat er lediglich toleriert: „Nur (רַק) <an der Sünde> Jerobeams, des Sohnes Nebats, der Israel sündigen machte, hielt er fest. Nicht wich er von ihr." Das einschränkende רַק leitet bei den positiv bewerteten Königen von Juda die Bemerkung ein, dass sie den Höhenkult geduldet hätten.[80]

Noch entschiedener wird die Wende zum Besseren bei *Jehu*, der die Omriden vom Thron stieß. Mit ihm beginnt die dritte Epoche, die Zeit der Jehu-Dynastie: „Er vertilgte den Baal aus Israel" (10,28). Durch sein entschlossenes Handeln wurde die Sünde Ahabs beendet, so dass die Abgötterei Episode blieb. Zum Lohn hätte Jehu genau genommen die positive Note erhalten sollen, die ihm der Nachtrag V. 30 auch zugesteht. So weit geht der Deuteronomistische Geschichtsschreiber nicht. Aber er betont wieder, dass Jehu die Sünde Jerobeams nicht betrieben habe: „Nur (רַק) die Sünden Jerobeams, des Sohnes Nebats, der Israel sündigen machte: nicht wich Jehu hinter ihnen weg" (10,29a).

Die Haltung des Dynastiegründers bestimmt die Könige der Jehu-Dynastie. Sie alle behielten die Sünde Jerobeams lediglich bei, wenn auch in unterschiedlicher Intensität. *Joahas* ging hinter der Sünde Jerobeams her und wich nicht davon (13,2). *Joasch* wich nicht von der *ganzen* Sünde Jerobeams und wandelte darin (13,11). *Jerobeam II.* tat seinem Vater gleich und wich nicht von der *ganzen* Sünde Jerobeams I.; aber er wandelte nicht mehr darin (14,24). Wenn *Secharja* nicht von der Sünde Jerobeams wich, tat er, wie seine Väter getan hatten (15,9). Wieder ist der König, mit dem die Dynastie zu Fall kam, weniger schlimm als die Vorgänger. Er trägt die Last einer langen Vergangenheit.

Die letzte Epoche des Nordreichs beginnt mit dem Usurpator *Menahem*. Er wich nicht von der Sünde Jerobeams, praktizierte sie freilich unausgesetzt „alle seine Tage" (15,18). *Pekachja* und *Pekach*, der drittletzte und der vorletzte König Israels, behielten die Sünde Jerobeams nur bei (15,24.28),

---

80 GesK § 153.

so dass eine leichte Wende zum Besseren erkennbar wird. Der letzte König *Hoschea* schließlich unterlässt die Sünde Jerobeams ganz. Zwar tat auch er, was Jahwe missfiel, „doch (רַק) nicht wie die Könige von Israel, die vor ihm waren" (17,2).

Die ausdrückliche Entlastung rückt Hoschea in scharfen Gegensatz zu Omri und Ahab (vgl. 1 Kön 16,25.30) und verbindet ihn mit Joram, dem letzten Omriden (vgl. 2 Kön 3,2). Es wird ein Muster erkennbar: Der jeweils letzte, den die Strafe ereilte, war nicht mehr so sündig wie die Vorgänger. Man geht sicher nicht fehl, darin die Erfahrung der Exilszeit zu sehen, die in dem Theologumenon von der „Sünde der Väter" ihren Ausdruck gefunden hat: „Die Väter haben saure Trauben gegessen, aber den Söhnen werden die Zähne stumpf" (Jer 31,29 // Ez 18,2). Hier verschafft sich die Unschuld der Bestraften Geltung, die sich zuschrieben, für eine ganze, in die Irre gelaufene Nationalgeschichte geradestehen zu müssen.[81] Das Motiv ist ein sicheres Indiz, dass der Deuteronomistische Geschichtsschreiber sein Werk erst nach der Eroberung Jerusalems verfasst hat.

Die Frömmigkeit der Könige von Juda

Rehabeam	1 Kön 14,22 Und <er> tat, was Jahwe missfiel. …
Abijam	15,3 Und er wandelte in allen Sünden seines Vaters, die er vor ihm getan hatte, und sein Herz war nicht ungeteilt bei Jahwe, seinem Gott, wie das Herz Davids, seines Vaters. …
Asa	15,11 Und Asa tat, was Jahwe wohlgefiel, wie David, sein Vater. … 14 Die Höhen aber wichen nicht. Doch war das Herz Asas ungeteilt bei Jahwe alle seine Tage.
Joschafat	22,43 Und er wandelte auf dem ganzen Wege Asas, seines Vaters. Nicht wich er von ihm ab zu tun das Rechte in den Augen Jahwes. 44 Nur die Höhen wichen nicht. Noch opferte und räucherte das Volk auf den Höhen. …
Joram	2 Kön 8,18 Und er wandelte auf dem Wege der Könige von Israel, wie das Haus Ahab tat. Denn die Tochter Ahabs war seine Frau. Und er tat, was Jahwe missfiel. …
Ahasja	8,27 Und er wandelte auf dem Wege des Hauses Ahab und tat, was Jahwe missfiel, wie das Haus Ahab. Denn er war verschwägert mit dem Hause Ahab.
Atalja	

---

81 Vgl. CH. LEVIN, Die Verheißung des neuen Bundes (FRLANT 137) 1985, 38 f.

Joasch	12,3 Und Joasch tat, was Jahwe wohlgefiel alle seine Tage. ... 4 Nur die Höhen wichen nicht. Noch opferte und räucherte das Volk auf den Höhen.
Amazja	14,3 Und er tat, was Jahwe wohlgefiel, doch nicht wie David, sein Vater. Ganz wie Joasch, sein Vater, tat, so tat er. 4 Nur die Höhen wichen nicht. Noch opferte und räucherte das Volk auf den Höhen.
Asarja	15,3 Und er tat, was Jahwe wohlgefiel, ganz wie Amazja, sein Vater, tat. 4 Nur die Höhen wichen nicht. Noch opferte und räucherte das Volk auf den Höhen.
Jotam	15,34 Und er tat, was Jahwe wohlgefiel. Ganz wie Usija, sein Vater, getan hatte, so tat er. 35 Nur die Höhen wichen nicht. Noch opferte und räucherte das Volk auf den Höhen.
Ahas	16,2 Und er tat nicht, was Jahwe, seinem Gott, wohlgefiel, wie David, sein Vater. 3 Und er wandelte auf dem Wege der Könige von Israel. ...
Hiskia	18,3 Und er tat, was Jahwe wohlgefiel, ganz wie David, sein Vater, getan hatte. 4 Er war es, der die Höhen entfernte. ...
Manasse	21,2 Und er tat, was Jahwe missfiel, ... 3 und baute wieder die Höhen auf, die Hiskia, sein Vater, zerstört hatte, ... und verehrte das ganze Heer des Himmels und diente ihnen. ...
Amon	21,20 Und er tat, was Jahwe missfiel, wie Manasse, sein Vater, getan hatte. ...
Josia	22,2 Und er tat, was Jahwe wohlgefiel, und wandelte auf dem ganzen Wege seines Vaters David und wich weder nach rechts noch nach links davon ab. ... 23,8 Und er ließ die Priester aus den Städten Judas kommen und verunreinigte die Höhen, auf denen die Priester geräuchert hatten, von Geba bis Beerscheba. ... 25 Und wie er ist keiner zuvor gewesen, ... und nach ihm stand keiner mehr auf wie er.
Joahas	23,32 Und er tat, was Jahwe missfiel, ganz wie seine Väter getan hatten.
Jojakim	23,37 Und er tat, was Jahwe missfiel, ganz wie seine Väter getan hatten.
Jojachin	24,9 Und er tat, was Jahwe missfiel, ganz wie sein Vater getan hatte.
Zedekia	24,19 Und er tat, was Jahwe missfiel, ganz wie Jojakim getan hatte.

Die Könige von Juda werden nicht wie die Könige Israels samt und sonders verurteilt. Acht Könige erhalten eine positive Zensur: Asa, Joschafat, Joasch, Amazja, Asarja, Jotam, Hiskia und Josia. Elf Könige werden negativ bewertet: Rehabeam und Abijam, Joram und Ahasja, Ahas, Manasse und Amon sowie die letzten vier Könige Joahas, Jojakim, Jojachin und Zedekia.

Die religiöse Haltung pendelt nicht beliebig, sondern folgt Vorbildern. Die Söhne pflegen zu handeln wie ihre Väter. Das wird regelmäßig benannt.

Nach dem eigenen Vater richten sich: Abijam, Joschafat, Amazja, Asarja, Jotam, Amon und Jojachin. Erklärtermaßen nicht dem eigenen Vater folgt Manasse (2 Kön 21,3). Wenn der König nicht dem unmittelbaren Vater nacheifert (oder von ihm abweicht), ist stattdessen David der Maßstab. So bei Abijam (1 Kön 15,3, negativ), Asa (15,11), Amazja (2 Kön 14,3, negativ), Ahas (16,2, negativ), Hiskia (18,3) und Josia (22,2).[82] Wenn Joahas und Jojakim als Söhne Josias das Wohlverhalten wiederum aufgeben, handeln sie zwar nicht wie ihr Vater, wohl aber wie ihre Väter, nämlich wie die früheren Könige von Juda allgemein (23,32.37).[83] Zedekia, der dritte regierende Sohn Josias, kann sich dann wiederum nach dem Vorbild seines Bruders Jojakim richten (24,19).[84] Von der Regel gibt es nur wenige Ausnahmen: Rehabeam handelte analogielos, weil mit ihm die Sündengeschichte des separaten Juda beginnt (1 Kön 14,22).[85] Joram und Ahasja richteten sich nach dem Haus Ahab (2 Kön 8,18.27), weil Joram mit den Omriden verschwägert war und Ahasja ihr Schicksal geteilt hat. Mit Joasch gelang nach dem Interregnum der Atalja der Neuanfang (12,3a.4).

Die Bindung der Könige an ihre Vorgänger macht religiöse Kontinuität zur Regel. Die Geschichte der Frömmigkeit gliedert sich auch in Juda in Epochen. Die Sünde herrscht bei Rehabeam und Abijam, bei Joram und Ahasja und bei den letzten Königen von Joahas bis Zedekia. Die Frömmigkeit herrscht von Asa bis Joschafat und von Joasch bis Jotam. Unter Ahas, Hiskia, Manasse (mit Amon) und Josia geht es hin und her, und diese Pendelschläge werden hervorgehoben.

Jene Könige, die an der Wende der Epochen stehen, werden besonders gewürdigt: Asas Herz „war ungeteilt bei Jahwe alle seine Tage"

---

82 WÜRTHWEIN, Könige, 184 f.370.385.406.444f, hält alle diese Verweise auf David für Nachträge. Nur Asa nimmt er merkwürdigerweise aus (186f, vgl. aber 500). Eine literarkritische Begründung gibt er nicht. Zu den Konsequenzen, die diese Fehldeutung haben müsste, vgl. AURELIUS, Zukunft, 34 Anm. 45.

83 Vgl. dazu U. RÜTERSWÖRDEN, Erwägungen zum Abschluss des deuteronomistischen Geschichtswerks (in: S. GILLMAYR-BUCHER u. a. [Hg.], Ein Herz so weit wie der Sand am Ufer des Meeres [EThS 90] 2006, 193–203), 197 f.

84 Man sollte in diesen Umstand nicht zu viel hineindeuten. Zedekia konnte ebenso wenig seinem Vater Josia nachgeeifert haben. Das Vorbild des zuvor regierenden Neffen Jojachin aber hätte dem System widersprochen. Die „Väter" allgemein brauchte es nicht mehr, weil es Joahas und Jojakim gab, von denen aber Joahas nach sehr kurzer Zeit deportiert worden ist. Etwas anders E. ZENGER, Die deuteronomistische Interpretation der Rehabilitierung Jojachins (BZ.NF 12, 1968, 16–30), 29.

85 Es ist freilich nicht auszuschließen, dass die spätere Bearbeitung (s. o.) einen Textausfall verursacht hat.

(1 Kön 15,14). Joasch tat das Rechte „alle seine Tage" (2 Kön 12,3).[86] Hiskia handelte „ganz wie David" (18,3). Josia wich von Davids Weg „weder nach rechts noch nach links ab" (22,2). Für die Wende zum Schlechten wird bei Joram (8,18) wie bei Ahas (16,3) das Vorbild der Könige von Israel geltend gemacht.

Maßstab des Wohlverhaltens bildete auch für die Könige von Juda die Forderung aus Dtn 12, Jahwe an einer einzigen Kultstätte zu verehren. In Juda richtet das Verdikt sich gegen die örtlichen Heiligtümer, die sogenannten „Höhen". Hiskia soll der erste gewesen sein, der dem Gebot gehorsam war, indem er die Höhen beseitigte. Manasse aber führte den Höhenkult wieder ein, bis Josia die Höhen endgültig kultisch unrein machte.

Die Zentralisation des Kultes ist freilich nicht der ausschließliche Indikator. Asa, Joschafat, Joasch, Amazja, Asarja und Jotam werden positiv beurteilt, obwohl sie die Höhen geduldet haben. Das schlechte Verhalten der Könige wird mit Ausnahme des Manasse nie mit den Höhen begründet, und auch bei ihm nicht ausschließlich. Die letzten vier Könige Judas taten weiterhin, was in Jahwes Augen böse war, obwohl Josia den Höhenkult unterbunden hatte.

Neben dem Höhenkult steht die Sünde des Hauses Ahab, also der Kult des Baal (2 Kön 8,27). Dass man diesen Gott auch in Juda verehrt hat, war ein einfacher Rückschluss aus dem gemeinsamen Schicksal, das der Davidide Ahasja wie der Omride Joram von Jehus Hand erfuhr. Eingeführt haben musste den Abgott bereits sein Vater Joram, der mit Atalja, der Tochter Omris,[87] verheiratet worden war (8,18). Denn auch diesmal soll der Fremdgott die Mitgift der fremden Prinzessin gewesen sein.

Als weitere schwere Sünde wird die Verehrung des „ganzen Heeres des Himmels" genannt (2 Kön 21,3bβγ), die den Kern des später angewachsenen Lasterkatalogs des Manasse bildet. Mit der summarischen Bezeichnung ist wahrscheinlich der assyrische Kult gemeint, der sich aus der geschichtlichen Entfernung vornehmlich als Gestirnkult ausnahm und den der König von Juda als Vasall Assurs neben dem höfischen Jahwekult praktizierte.[88]

---

86 In beiden Fällen, sowohl bei Asa als auch bei Joasch, wird der Eigenname als Subjekt der Formel „und er tat, was Jahwe wohlgefiel," genannt (1 Kön 15,11; 2 Kön 12,3). Auch das dient dazu, die beiden Könige gegen ihre Vorgänger positiv abzuheben.
87 Der Deuteronomist nennt sie „Tochter Ahabs", womit er den sündigen Zusammenhang herausstreicht. In den Annalen (2 Kön 8,26) gilt sie als Tochter Omris.
88 Vgl. SPIECKERMANN, Juda unter Assur, 164 f. Die assyrischen Dokumente gestatten die ohnehin wahrscheinliche Annahme, dass die politische Oberhoheit für die Vasallenkönige (begrenzte) kultische Folgen hatte. M. COGAN, Judah under Assyrian He-

Der Deuteronomistische Geschichtsschreiber kann nach acht Jahrzehnten davon noch eine rudimentäre Kenntnis gehabt haben. Er nutzte sie, um Manasse in einen scharfen Gegensatz zu Josia, seinem Idealkönig, zu rücken.

Der Rhythmus der Epochen ist auch für Juda nachvollziehbar. *Rehabeam*, der die Trennung von Israel und Juda an seinem Teil zu verantworten hatte und damit gegen das politische Ideal verstieß, erhält die schlechte Bewertung (1 Kön 14,22a). Der „Sünde Rehabeams" folgte noch sein Sohn *Abijam*, zumal dieser nur wenige Jahre regiert hat. Er dient zugleich als das Beispiel, die Norm zu benennen, der alle Könige von Juda hätten folgen sollen: David, dessen Herz allezeit ungeteilt bei Jahwe gewesen ist (15,3). Sobald wie möglich wendet die Geschichte Judas sich zum Guten, nämlich mit *Asa*, der mit Ausnahme der Kultzentralisation das davidische Ideal erfüllt haben soll (15,11.14). Wieder bestimmt das Vorbild den Sohn: *Joschafat* „wandelte auf dem ganzen Wege Asas, seines Vaters" (22,43). Die Wende kommt mit *Joram* und *Ahasja*, die der Sünde des Hauses Ahab bezichtigt werden (2 Kön 8,18.27), und zwar offenkundig deswegen, weil Ahasja durch die Hand des Jehu den Tod fand. Der Deuteronomist bringt Verhalten und Schicksal in Übereinstimmung. Nach dem Interregnum der Atalja gelingt mit *Joasch* der Neuanfang (12,3a.4). Die gute Epoche schließt *Amazja* (14,3–4), *Asarja* (15,3–4) und *Jotam* (15,34–35) ein. Sie bezeichnet den Normalzustand Judas.

Ahas, während dessen Regierung der Untergang des Nordreichs sich anbahnte, tat nicht mehr, was Jahwe wohlgefiel, sondern „wandelte auf dem Wege der Könige von Israel" (16,2b–3a). In diesem Fall dient der Wandel zum Schlechten dazu, die Ungerechtigkeit der Geschichte zu demonstrieren. *Hiskia*, unter dem Jerusalem der assyrischen Eroberung entging, wird wieder überaus wohlwollend bewertet (18,3–4a*). Unter ihm soll erstmals das Gebot der Kultzentralisierung befolgt worden sein.[89] Für die schlechte Bewertung *Manasses* (21,2a.3a.bβγ) gab möglicherweise den Ausschlag, dass dessen Re-

---

gemony: A Reexamination of *Imperialism and Religion* (JBL 112, 1993, 403–14), wendet gegen Spieckermann ein, die Abgöttereilisten bei Ahas, Manasse und anderen bestünden nur aus „standard Deuteronomic terms" (410). Dagegen steht der umfangreiche Wachstumsprozess dieser Texte, an dessen Ursprung die Erinnerung an historische Einzelheiten gestanden haben kann. So ist auch die Trias „Baal, Aschera, Heer des Himmels" (2 Kön 17,16; 21,3; 23,4; vgl. 23,5) keine „traditional list of Canaanite gods" (411 Anm. 31), sondern durch eisegetische Kombination zustande gekommen.

89 Berücksichtigt man, dass Sanherib die Herrschaft des Königs von Juda auf Jerusalem und sein unmittelbares Umland begrenzt hat, liegt es tatsächlich nicht fern, dass damals allein der Tempel von Jerusalem als offizielles Jahweheiligtum übrig geblieben ist.

gierung von der Vasallität gegenüber Assur bestimmt war. Sein Sohn *Amon*, der nach kurzer Zeit vom Thron gestürzt wurde, erhielt dieselbe Bewertung.

Mit dem Niedergang des assyrischen Großreichs begann der Wiederaufstieg Judas. In *Josia* fand das davidische Ideal zur Vollendung. „Wie er ist vor ihm keiner gewesen" (23,25). Er ist der David redivivus, an dem der Deuteronomist alle Nachfolger Davids misst. In der Zeit nach der Eroberung Jerusalems ist die Hoffnung auf die Wiederkehr des Davididen die Hoffnung auf den neuen Josia.

Zuvor allerdings ging es dem Ende des judäischen Königtums entgegen, das in der Zeit des Geschichtsschreibers eingetreten war. Die letzten vier Könige *Joahas* (23,32), *Jojakim* (23,37), *Jojachin* (24,9) und *Zedekia* (24,19) standen unter dem Druck Ägyptens und Babylons, bis sie Nebukadnezar erlagen. Ihres Schicksals wegen erhalten sie alle dieselbe, schlechte Bewertung, wobei der Verweis auf die Väter andeutet, dass sie nicht nur für die eigenen Verfehlungen geradezustehen hatten.

Das Ziel des Deuteronomistischen Geschichtsschreibers

Das Gebot des Deuteronomiums, Jahwe einzig in Jerusalem kultisch zu verehren, ist ein wichtiger, aber nicht der alleinige Maßstab, nach dem der Deuteronomist die Könige von Israel und Juda (und mit ihnen die Geschichte Israels und Judas) bewertet hat. Das Zentralheiligtum ist kultpolitisches Mittel zum Zweck. Es dient dem positiven Ideal, das in der Person Davids Gestalt gewinnt. Unter David waren Israel und Juda politisch verbunden, und David begründete die Dynastie der Davididen, die seither die Legitimität des judäischen Königtums verkörpert hat. Der *eine* König und das *eine* Volk fanden sich an der *einen* Kultstätte in der Verehrung des *einen* Gottes Jahwe (Dtn 6,4).[90] Dieses Ideal, das anscheinend die Politik Judas beim Niedergang des assyrischen Weltreichs bestimmt hat,[91] war mit der Eroberung Jerusalems gescheitert. Um es womöglich wiederzugewinnen, schreibt der Deuteronomist sein Geschichtswerk. Auch für das Nordreich sieht er in den Dynastien die maßgebenden Träger der Geschichte. Nach den Dynastien richtet sich die Epochengliederung.

---

90 Dazu T. VEIJOLA, Das Bekenntnis Israels. Beobachtungen zu Geschichte und Aussage von Dtn 6,4–9 (1992; in: DERS., Moses Erben, 76–93); E. AURELIUS, Der Ursprung des Ersten Gebots (ZThK 100, 2003, 1–21), 4–8.
91 Davon zeugt nicht zuletzt das Programm des synchronistischen Annalenexzerpts, s. o.

Die Dringlichkeit der Bindung an den einen Jahwe demonstriert der Deuteronomist, indem der illegitime Kult an den Jahwe-Heiligtümern in Bethel und Dan zeitweilig von der Verehrung fremder Götter überboten wird. Am Beispiel des Baalkults der Omriden und der mit ihnen verschwägerten Davididen Joram und Ahasja von Juda sowie anlässlich des Gestirnkults des Manasse wird die Untreue gegen Jahwe scharf verurteilt. Von der späteren Bundestheologie unterscheidet der erste Deuteronomist sich allerdings darin, dass er den König als den Mittler des Gottesverhältnisses noch voraussetzt. Erst als die Hoffnung auf die Wiederkehr des Davididen gescheitert war, wurde das Volk unmittelbar zum religiösen Partner der Gottheit. Erst seither gibt es das Erste Gebot. Diese Vorstellung bestimmt die weiteren Bearbeitungen. In der Grundfassung fehlt sie noch.

Es gibt keine einfachen Maßstäbe dafür, „was Jahwe missfiel" oder „was Jahwe wohlgefiel". Der Deuteronomist ist gerade darin Historiker, dass er anerkennt, dass die Wirklichkeit nicht in jedem Fall den religiösen Prinzipien folgt. Er ist überzeugt, dass Verhalten und Geschick sich entsprechen sollten.[92] So zeigt er es am Beispiel des Simri, der im Turm der Burg von Tirza verbrannte „wegen <seiner Sünde>, die er sündigte, zu tun, was Jahwe missfiel" (1 Kön 16,19). Aber er hat ebenso ein waches Empfinden für die Ausweglosigkeit und Willkür des Geschichtsverlaufs. Joram, das Opfer des Jehu, tat zwar, „was Jahwe missfiel, doch nicht wie sein Vater und seine Mutter" (2 Kön 3,2a). Ebenso handelte Hoschea, der letzte König des Nordreichs, „nicht wie die Könige von Israel, die vor ihm waren" (17,2). Der Judäer Ahas aber, der zur selben Zeit regierte, „wandelte auf dem Wege der Könige von Israel" (16,3) und kam davon.

Der Sinn für die Tragik der Geschichte lässt ahnen, dass der Deuteronomist das Ende des judäischen Königtums erlebt hat. Auch das überragende Interesse am Tempel von Jerusalem versteht sich gut aus der Zeit, als das Heiligtum in Trümmern lag und der königliche Kultherr fehlte. Ohne Agitation wäre es nicht zum Wiederaufbau gekommen. Denn für die kultischen Vollzüge im Leben der Familien und der Ortschaften genügten die örtlichen Heiligtümer.[93] Unter dieser Voraussetzung gewann nach der Eroberung Jerusalems das Programm des Deuteronomiums eine unvorhergesehene Aktualität.[94] Es scheint sogar, dass der Deuteronomist über das Ziel des Deuterono-

---

92 Vgl. MÜLLER, Königtum, 79, im Anschluss an WÜRTHWEIN, Könige, 495.
93 Die Schilderung von Hag 1,9 entbehrt nicht eines gewissen Realitätsbezugs.
94 AURELIUS, Zukunft, 40, findet: „Das Aufkommen der *Idee* einer Zentralisation des Jhwh-Kultes nach Jerusalem ist in keiner anderen Zeit so gut vorstellbar wie in der Exilszeit."

miums hinausging. Dort galt die Zentralisierung des offiziellen Jahwe-Kults dem Anspruch des Davididen auf die Herrschaft auch über das Gebiet des Nordreichs. Der Begriff בָּמוֹת „Höhen", mit dem der örtliche Kult innerhalb Judas für illegitim erklärt wird, fehlt. Der Deuteronomist hingegen kämpft mit Nachdruck gegen die Höhen. Das erklärt sich, weil die florierenden Kultstätten Judas das zerstörte Zentralheiligtum zu ersetzen drohten.

Die Ruine führte jedermann vor Augen, dass es den König aus der David-Dynastie, der den Tempel hätte wieder aufbauen können, nicht mehr gab. Das war das eigentliche Unglück. Die Gegenwart des Geschichtsschreibers war jene Zeit, „als es keinen König in Israel gab und ein jeder tat, was ihn recht dünkte" (Ri 17,6).[95] In der zyklischen Wiederkehr von Niederlagen und Rettungen, die dem Buch der Richter den Rhythmus gibt, werden die Erfahrungen vom achten bis ins sechste Jahrhundert gebündelt, als Israel und Juda immer wieder in schwere außenpolitische Bedrängnis gerieten und dennoch das Königtum – jedenfalls in Juda – bis in das Jahr 586 Bestand behielt. Jetzt musste der nächste Zyklus bevorstehen: Wenn Jahwe in der Vergangenheit auf den Notschrei der Israeliten hin regelmäßig den Retter erstehen ließ, würde er es auch in der Gegenwart tun; vorausgesetzt, dass man ihm treu blieb.[96]

Es ist nicht sicher, wie der Deuteronomist sich den Fortgang der Geschichte im einzelnen gedacht hat. Die Notiz über die Rehabilitierung Jojachins 2 Kön 25,27–30 war möglicherweise in der ersten Fassung des Geschichtswerks noch nicht enthalten; wenn aber doch, war der Gegensatz zu dem Schicksal Zedekias nicht wie jetzt betont.[97] Zedekia hingegen erging es nach der ursprünglichen Darstellung in 25,6.7bβγ weniger schlimm, als der jetzige Text vorgibt. Erst spätere Ergänzer haben dafür gesorgt, dass seine Söhne ums Leben kamen und er geblendet wurde, so dass der Jerusalemer Zweig der Davididen erlosch.[98] Die Rivalität zwischen der deportierten und der im Lande gebliebenen Dynastie, die sich hier zeigt, wurde in der späteren Überlieferung rigoros zugunsten der Exulanten entschieden. Zur

---

95 Vgl. VEIJOLA, Das Königtum, 15 f. 115–119.
96 Dieses Muster steht hinter der Abfolge von Richterbuch und Samuelbüchern. Saul, der erste König, war zugleich der nächste Retter nach Simson.
97 Die ursprüngliche Notiz umfasste nur V. 27. Der Rest ist schrittweise hinzugekommen.
98 Das zeigt mit einiger Sicherzeit der Reflex in Jer 32,4–5 und 34,3. Vgl. J. PAKKALA, Zedekiah's Fate and the Dynastic Succession (JBL 125, 2006, 443–452). Pakkala sieht in dem Deuteronomistischen Geschichtsschreiber einen Vertreter der exilischen Partei.

Zeit des Deuteronomistischen Geschichtsschreibers war die Entscheidung – auch wohl mangels politischer Optionen – noch nicht akut.

In jedem Fall ging es dem Deuteronomisten um die Wiederkehr des Königtums. Dieses Ziel beantwortet zugleich die Frage nach dem Umfang des Geschichtswerks. Neuerdings wird zwischen dem Geschichtsbild des Richterbuchs und dem Geschichtsbild der Königebücher ein Unterschied gesehen, der so gravierend sei, dass das ursprüngliche Werk nur die Bücher Samuel und Könige umfasst haben könne.[99] Erst später, bei der Verknüpfung mit dem Hexateuch, sei das Buch der Richter zwischenein gekommen, und mittlerweile hätte sich auch der theologische Schwerpunkt gewandelt. Im Unterschied zu den Königebüchern habe für das Richterbuch von Anfang an das Erste Gebot gegolten.

Dagegen spricht:

(1) Da das synchronistische Annalenexzerpt eine vorgegebene Quelle war, ist der Anteil des Deuteronomisten an der Gestaltung der Königebücher viel geringer gewesen, als üblicherweise angenommen. Den Ablauf der Königszeit hat der Deuteronomist vorgefunden. Hingegen stammt der Rhythmus der vorköniglichen Zeit von ihm selbst. Der Unterschied zwischen linearem Geschichtsverlauf in den Königebüchern und zyklischem im Richterbuch ist deshalb nicht maßgebend.

(2) Das Motiv der Kultzentralisation setzt das davidische Königtum und Salomos Tempelbau voraus. Zuvor hat es keinen Gegenstand. Auch bestimmt es die Wertungen in den Königebüchern nicht in dem Maße, das üblicherweise angenommen wird. Neben ihm steht die Einführung fremder Kulte (1 Kön 16,31–32; 22,53; 2 Kön 8,18.27; 10,28; 21,3bβγ). Das ist jene Sünde, die auch den Israeliten in den Rahmenstücken des Richterbuchs gelegentlich vorgeworfen wird (Ri 2,11; 10,6). In den meisten Fällen aber ist die Sünde im Richterbuch ebenso wenig definiert (3,12; 4,1; 6,1; 13,1). Sie ist nur die notwendige Voraussetzung geschichtlichen Unglücks.

(3) Das Zusammenspiel zwischen Volk und Repräsentanten ist im Richterbuch und in den Königebüchern nicht so verschieden, wie behauptet wird. In den Königebüchern sind die Könige und ihre Dynastien das Subjekt der Geschichte. In der vorköniglichen Zeit sind es die Israeliten. Deshalb werden im einen Falle die Könige, im anderen die Israeliten bezichtigt, getan zu haben, „was Jahwe missfiel". Die Sünde selbst wird auch in den Köni-

---

99 Den Anstoß gab eine Skizze von E. WÜRTHWEIN, Erwägungen zum sog. deuteronomistischen Geschichtswerk (in: DERS., Studien zum Deuteronomistischen Geschichtswerk [BZAW 227] 1994, 1–11). Seine flüchtigen Andeutungen haben ein unverhältnismäßiges Echo gefunden.

gebüchern von den Israeliten und Judäern begangen, wenn sie den Jahwekult außerhalb Jerusalems feiern. Die Könige propagieren oder tolerieren ihn nur. Anderseits ist auch im Richterbuch die Sünde des Volks abhängig vom Auftreten der Retter, die als redaktionelle Fiktion nichts anderes sind als „vorkönigliche Könige". Wenn die Israeliten tun, „was Jahwe missfiel", reagieren sie mit Ausnahme von Ri 6,1 regelmäßig darauf, dass der Retter gestorben ist (vergleiche Ri 2,8–9 mit 2,11; 3,11 mit 3,12; 4,1a mit 4,1b; 10,5 mit 10,6; 12,14 mit 13,1). Das sagt deutlich: Solange der Retter die Fäden in der Hand hält, ist das Gottesverhältnis in Ordnung. Man wird deshalb die große Ähnlichkeit der Frömmigkeitsurteile im Richterbuch und in den Königebüchern auf ein und denselben Verfasser zurückführen können.[100]

(4) Die Hoffnung auf die Wiederkehr der Davididen, die die Urteile über die Frömmigkeit der Könige bestimmt hat, ist in dem Entwurf einer vorköniglichen Zeit sehr viel deutlicher gestaltet als in den Büchern der Könige. In den Königebüchern war die Disposition des Stoffs mit den Quellen vorgegeben. Im Richterbuch disponierte der Deuteronomist frei. Wie Timo Veijola entdeckt hat, schuf der Deuteronomist ein Gefälle, das mit geschichtlicher Notwendigkeit auf das Königtum der Samuelbücher zuläuft. Diese Entdeckung bildet den wichtigsten Schlüssel zum Verständnis des gesamten Geschichtswerks. Sie ist eine Erkenntnis, die bleiben wird.

---

100 Vgl. WELLHAUSEN, Composition, 301: „Die deuteronomistische Bearbeitung … erstreckt sich … über alle drei Bücher [Richter, Samuel und Könige] … Ob sie überall von der selben Hand oder von den selben Händen herrührt, ist gleichgiltig; jedoch sind die Berührungen in dem chronologisch-moralischen Schema der Richter und Könige so auffällig, dass man das wol annehmen muss".

Aram und/oder Edom in den Büchern Samuel und Könige

Im Text der Bücher Samuel und Könige wird einige Male von einem Teil der Überlieferung „Edom" gelesen, wo der Konsonantentext „Aram" vorgibt, und umgekehrt.[1] Was ein Schreiberversehen zu sein scheint, nämlich die Verwechselung von ד und ר,[2] erklärt sich im Falle von 2 Sam 8,13 und 2 Kön 16,6 als Gedankenverbindung literarischer Ergänzer. Die Lesarten führen auf die Spur einer geschichtstheologischen Bearbeitung, die den Königen von Juda zum Lohn für ihre Frömmigkeit die fiktive Oberhoheit über Edom zuspricht, die sie im Falle des Ungehorsams wieder verlieren.

Davids Siege über Aram und Edom

Am Schluss der Liste der Siege Davids in 2 Sam 8 ist berichtet, dass David die Herrschaft über Edom errang:

וַיַּעַשׂ דָּוִד שֵׁם בְּשֻׁבוֹ מֵהַכּוֹתוֹ אֶת־אֲרָם (LXX: τὴν Ιδουμαίαν) בְּגֵיא־מֶלַח שְׁמוֹנָה עָשָׂר אָלֶף
וַיָּשֶׂם בֶּאֱדוֹם נְצִבִים [בְּכָל־אֱדוֹם שָׂם נְצִבִים] וַיְהִי כָל־אֱדוֹם עֲבָדִים לְדָוִד וַיּוֹשַׁע יהוה אֶת־דָּוִד בְּכֹל
אֲשֶׁר הָלָךְ

So machte David sich einen Namen. Als er zurückkehrte, nachdem er Aram (LXX, Peschitta: Edom) im Salztal geschlagen hatte, achtzehntausend, setzte er in Edom Vögte ein. [In ganz Edom setzte er Vögte ein.] Und ganz Edom war David untertan. Und Jahwe half David, wohin immer er ging. (2 Sam 8,13–14)

---

1 1 Sam 21,8; 22,9.18.22; 2 Sam 8,5.6.12.13; 1 Kön 11,25; 22,48; 2 Kön 16,6; 24,2.
2 Vgl. F. DELITZSCH, Die Lese- und Schreibfehler im Alten Testament, 1920, 106. Weitere Beispiele finden sich in Ri 18,7, wo LXX und Symmachus Συρίας = אֲרָם bieten, das von MT zu אָדָם verlesen ist, und in Ez 27,16, wo die Peschitta wahrscheinlich die ursprüngliche Lesart אֲדָם bewahrt hat (vgl. LXX ἀνθρώπους = אָדָם), während MT אֲרָם bietet. In Am 9,12 vokalisiert LXX τῶν ἀνθρώπων = אָדָם statt MT אֱדוֹם.

Es fällt auf, dass unmittelbar vor diesem Bericht ein Abschluss markiert wird: וַיַּעַשׂ דָּוִד שֵׁם „So machte David sich einen Namen" (V. 13a).³ Schon in V. 6b ging ein anderer Schlusssatz voraus: וַיֹּשַׁע יהוה אֶת־דָּוִד בְּכֹל אֲשֶׁר הָלָךְ „Und Jahwe half David, wohin immer er ging." „The remark that *Yahweh delivered David wherever* he went is evidently intended to conclude this account of his wars."⁴ Dieses Resümee wird in V. 14b wiederholt.⁵ Die Folge ist: „Die anderthalb Verse über Edom wirken wie ein Nachtrag".⁶ Der Inhalt bestätigt es. Er variiert den Bericht über Davids Sieg über Aram in V. 5–6:

וַתָּבֹא אֲרַם דַּמֶּשֶׂק לַעְזֹר לַהֲדַדְעֶזֶר מֶלֶךְ צוֹבָה וַיַּךְ דָּוִד בַּאֲרָם עֶשְׂרִים־וּשְׁנַיִם אֶלֶף אִישׁ וַיָּשֶׂם דָּוִד נְצִבִים בַּאֲרַם דַּמֶּשֶׂק וַתְּהִי אֲרָם לְדָוִד לַעֲבָדִים נוֹשְׂאֵי מִנְחָה וַיֹּשַׁע יְהוָה אֶת־דָּוִד בְּכֹל אֲשֶׁר הָלָךְ

Und Aram-Damaskus⁷ kam Hadad-Eser, dem König von Zoba, zu Hilfe. Und David schlug in Aram zweiundzwanzigtausend Mann. Und David setzte Vögte ein in Aram-Damaskus. Und Aram war David tributpflichtig untertan. Und Jahwe half David, wohin immer er ging.

Der Wortlaut von V. 5–6 und V. 13–14 stimmt weitgehend überein. Die masoretische Lesart von V. 13 weist ausdrücklich auf V. 5b zurück: בְּשֻׁבוֹ מֵהַכּוֹתוֹ אֶת־אֲרָם „als er zurückkehrte, nachdem er Aram geschlagen hatte". Der Rückverweis ist so direkt, dass V. 13–14 wahrscheinlich sofort auf V. 5–6 gefolgt sind. Man kann die wörtliche Dublette V. 6b – V. 14b als „Wiederaufnahme" verstehen.⁸ Die Nachrichten in V. 7–12 über die Beute, die David aus diesen Feldzügen zog, und über das Huldigungsgeschenk des Königs Toï von Hamat dürften erst später dazwischen geschoben worden sein.⁹

In V. 13 ist die Textüberlieferung gespalten. Der Masoretentext liest einen temporalen Umstandssatz mit nachgeordnetem Infinitiv: בְּשֻׁבוֹ מֵהַכּוֹתוֹ אֶת־אֲרָם „Als er zurückkehrte, nachdem er Aram geschlagen hatte, ..." Dieser Umstandssatz regiert den Hauptsatz וַיָּשֶׂם בֶּאֱדוֹם נְצִבִים „... da setzte er in Edom Vögte ein." Die Septuaginta bietet hingegen statt des Infinitivs einen Hauptsatz, auf den sich daraufhin der einleitende Umstandssatz bezieht: καὶ

---

3   In der Parallele 1 Chr 18,12 fehlt dieses Fazit.
4   H. P. Smith, The Books of Samuel (ICC) 1899, 308.
5   A. Klostermann, Die Bücher Samuelis und der Könige (KK A 3) 1887, 165, erkennt 2 Sam 8,7–14 als Einschub. Ähnlich K. Budde, Die Bücher Samuel (KHC 8) 1902, 237; A. Schulz, Das zweite Buch Samuel (EHAT 8,2) 1920, 93.
6   H. W. Hertzberg, Die Samuelbücher (ATD 10) ²1960, 239.
7   Peschitta liest hier und im Folgenden „Edom und Damaskus" oder „Edom". Das ist eine offenkundige Erleichterung, die die Lesart in V. 13–14 voraussetzt.
8   C. Kuhl, Die „Wiederaufnahme" – ein literarkritisches Prinzip? (ZAW 64, 1952, 1–11).
9   S.o. Anm. 5.

ἐν τῷ ἀνακάμπτειν αὐτὸν ἐπάταξεν τὴν Ιδουμαίαν „Und als er zurückkehrte, schlug er Edom", hebräisch וּבְשֻׁבוֹ הִכָּה אֶת־אֱדֹם.[10] Diese Fassung findet sich auch in 1 Chr 18,12, wenngleich mit anderem Subjekt: וְאַבְשַׁי בֶּן־צְרוּיָה הִכָּה אֶת־אֱדֹום „Und Abischai, der Sohn der Zeruja, schlug Edom."[11]

Drei Gründe scheinen für die alexandrinische Lesart zu sprechen: (1) Die Zahl der Erschlagenen weicht von V. 5 ab: achtzehntausend statt zweiundzwanzigtausend. Das versteht sich nur bei einer zweiten Schlacht. (2) Nur ein Sieg über Edom kann dazu geführt haben, dass David dort Statthalter eingesetzt hat. (3) Über V. 5 hinausgehend wird als Schauplatz das Salztal (גֵּיא מֶלַח) genannt. Das ist mit einem Kampf gegen Aram nicht gut zu vereinbaren. Als Amazja die Herrschaft über Edom zurückgewinnt (2 Kön 14,7), findet die Schlacht wieder im Salztal statt, das einzig bei diesen beiden Gelegenheiten belegt ist.[12]

Genau diese Gründe bestätigen indessen auch, dass Septuaginta, Peschitta und Chronik die *lectio facilior* bieten. Buddes Deutung ist falsch: „Aus LXX erklärt sich ... MT leicht; in בְּשֻׁבוֹ für וּבְשֻׁבוֹ, הִכָּה für מֵהַכּוֹתוֹ, אֲרָם für אֱדֹם kann man das Bestreben sehen die nahe liegende Frage zu beantworten, von wo denn David zurückkehrte."[13] Die Frage, von wo denn David zurückkehrte, entsteht überhaupt erst, wenn durch die Lesart „Edom" der Bezug auf V. 5 gekappt wird. Dieser Rückbezug ist aber wegen des übereinstimmenden Wortlauts unbestreitbar. Auch lässt sich nicht sagen, wie das einfache Perfekt הִכָּה mit dem Infinitiv מֵהַכּוֹתוֹ hätte vertauscht werden können.[14]

Um den Text zu heilen, reicht es nicht aus, „Edom" statt „Aram" zu lesen. „However, with אדם for ארם, the text is still defective: for *v.* 14 presupposes a *positive* statement of the victory over Edom in *v.* 13, and not merely a notice of what David did when he *returned* from smiting it."[15] Thenius, Löhr, Budde und andere konjizieren deshalb: וּבְשֻׁבוֹ מֵהַכּוֹתוֹ אֶת־אֲרָם הִכָּה אֶת־ אֱדֹם „Und als er zurückkehrte, nachdem er Aram geschlagen hatte, schlug er

---

10 J. WELLHAUSEN, Der Text der Bücher Samuelis, 1871, 176: „Wahrscheinlich ist also statt בשבו מהכותו einfach mit LXX וּבְשֻׁבוֹ הִכָּה zu lesen, was ja auch das Bezeugteste ist. Weiterer Aenderung bedarf es nicht."
11 Ps 60,2 nennt stattdessen Joab, vgl. 1 Kön 11,15–16.
12 Die drei übrigen Belege Ps 60,2; 1 Chr 18,12; 2 Chr 25,11 nehmen darauf Bezug.
13 BUDDE, Die Bücher Samuel, 241.
14 SMITH, The Books of Samuel, 308 f.
15 S. R. DRIVER, Notes on the Hebrew Text and the Topography of the Books of Samuel, Oxford ²1960, 283.

Edom".[16] Bei diesem Vorschlag, der die masoretische und die alexandrinische Lesart nicht gegenseitig ausschließt, sondern kombiniert, als läge eine Haplographie vor, folgt dem Sieg über Aram ein weiterer Sieg über Edom. Das trifft „ohne Zweifel wesentlich den ursprünglichen Sinn".[17]

Die Kluft zwischen intendiertem Sinn und tatsächlichem Wortlaut schließt sich, wenn man die graphische Ähnlichkeit von ארם und אדם hinzunimmt. Danach ist die Aussage „due à la similitude graphique consonnantique entre les deux mots et plus particulièrement à la confusion possible entre ‚dalet' et ‚resh' en paléo-hébreu ainsi qu'à l'identité pratique de ces deux lettres dans l'écriture araméenne d'époque perse".[18] Das Graphem war in der althebräischen Schrift sehr ähnlich und in der aramäischen Schrift so gut wie identisch. Es konnte beides bedeuten, und genau so hat der Ergänzer von 2 Sam 8,13–14 seine Vorlage in V. 5–6 gelesen und weitergeführt. Zwischen den Lesarten ארם und אדם zu entscheiden, wäre keine Lösung, sondern ein Fehler.

Wenn die Notiz von Davids Oberhoheit über Edom diesen Doppelsinn voraussetzt, kann sie nicht auf quellenhafte Überlieferung zurückgehen, sondern entstammt der Assoziation eines Schreibers. Das gilt um so mehr, als sie an die Liste offensichtlich angehängt ist und weitgehend die Aussagen wiederholt und variiert, die in V. 5–6 über Aram gemacht werden. Das Bild, das entstanden ist, verstößt gegen jede historische Wahrscheinlichkeit, weil „es eine sehr große Belastung für Davids Truppen bedeutet haben müsste, wenn sie nach dem ausgedehnten und gewiss über die Maßen anstrengenden und verlustreichen Zug gegen Zoba und den Euphrat sofort gegen die nicht minder kriegerischen Edomiter hätten marschieren müssen."[19] Solche Erwägungen sind indessen gegenstandslos. Der Midrasch lebt nicht von der Anschauung historischer Realität, sondern von den Kombinationsmöglichkeiten, die die schriftliche Überlieferung vorgibt.

Es ist bekannt, dass Edom als verfasstes Gemeinwesen nicht vor Adad-Narari III. am Anfang des 8. Jahrhunderts inschriftlich belegt ist.[20] Erst seit-

---

16   O. THENIUS, Die Bücher Samuels (KEH 4) 1842, 165; DERS., Die Bücher Samuels (KEH 4) 3. Aufl. besorgt von M. LÖHR, 1898, 149 f.; BUDDE, Die Bücher Samuel, 241; DERS., The Books of Samuel (SBOT 8) 1894, 34.83.
17   F. BUHL, Geschichte der Edomiter, 1893, 56.
18   A. LEMAIRE, Hadad l'Édomite ou Hadad l'Araméen? (BN 43, 1988, 14–18), 16 (über 1 Kön 11,14–17).
19   M. WEIPPERT, Edom: Studien und Materialien zur Geschichte der Edomiter auf Grund schriftlicher und archäologischer Quellen, Diss. theol. Tübingen 1971, 285.
20   Orthostaten-Inschrift aus Kalḫu (Nimrūd), 1R 35:1, Z. 12: „KUR (māt) ú-du-mu". Übersetzungen in ANET 281; TUAT I/4, 367; COS 2.114G. Der Feldzug datiert in

her nehmen auch die archäologischen Spuren nennenswert zu.²¹ Wir sehen jetzt: Ein edomitisches Königtum, das David hätte unterwerfen können, hat es auch in der Bibel erst in später Beischrift gegeben.

Aram/Edom, Moab, Ammon

Unbeschadet dass es sich um eine späte Beischrift handelt, hat 2 Sam 8,13–14 eine Wirkungsgeschichte gehabt. Das zeigt sich als erstes im näheren Kontext. In den beiden Versen, die heute unmittelbar voranstehen, wird die Beute aufgeführt, die David bei seinen Feldzügen gemacht haben soll:

גַּם־אֹתָם הִקְדִּישׁ הַמֶּלֶךְ דָּוִד לַיהוה עִם־הַכֶּסֶף וְהַזָּהָב אֲשֶׁר הִקְדִּישׁ מִכָּל־הַגּוֹיִם אֲשֶׁר כִּבֵּשׁ מֵאֲרָם (LXX: ἐκ τῆς Ιδουμαίας) וּמִמּוֹאָב וּמִבְּנֵי עַמּוֹן וּמִפְּלִשְׁתִּים וּמֵעֲמָלֵק וּמִשְּׁלַל הֲדַדְעֶזֶר בֶּן־רְחֹב מֶלֶךְ צוֹבָה

Auch sie²² heiligte der König David für Jahwe zusammen mit dem Silber und Gold, das er geheiligt hatte von allen Völkern, die er unterwarf, von Aram (LXX, Peschitta: Edom) und von Moab und von den Ammonitern und von den Philistern und von Amalek und von der Beute Hadad-Esers, des Sohnes Rehobs, des Königs von Zoba. (2 Sam 8,11–12)

Wir haben bereits gesehen, dass die Nachrichten über Davids Beute und das Huldigungsgeschenk des Königs Toï von Hamat (V. 7–12) ein jüngerer Einschub sind. Innerhalb des Einschubs sind V. 11–12 nochmals nachgetragen.²³ Dass David den Ertrag seiner Feldzüge Jahwe geweiht habe, wird lediglich als (ins Leere gehender) Verweis angeführt. Das ist – sogar der sprachlichen Form nach – eine historische Unterstellung. Neben der Unterwerfung der Philister, von Moab, Aram-Zoba und Aram-Dammeseq, die in V. 1–6 aufgeführt sind, (sowie dem erst in 2 Sam 10–12 folgenden Ammoniterkrieg) ist auch der Sieg über Edom vorausgesetzt; denn V. 12 spielt bereits mit

---

      das Jahr 796, vgl. M. WEIPPERT, Die Feldzüge Adadnararis III. nach Syrien: Voraussetzungen, Verlauf, Folgen (ZDPV 108, 1992, 42–67).
21 Vgl. N. NA'AMAN, Israel, Edom and Egypt in the 10th Century B.C.E. (Tel Aviv 19, 1992, 71–93).
22 Gemeint sind die Huldigungsgaben des Königs Toï von Hamat.
23 2 Sam 8,11–12 gehört zusammen mit 1 Kön 7,51b; 15,15; 2 Kön 12,19a* zu einer späten Bearbeitung, die behauptet, dass es zu den regelmäßigen Pflichten der Könige von Juda gehört habe, den Tempel mit Weihgaben (קָדָשִׁים) auszustatten. Vgl. CH. LEVIN, Die Instandsetzung des Tempels unter Joas ben Ahasja (1990; in: DERS., Fortschreibungen [BZAW 316] 2003, 169–197), 172 f.

dem aus V. 13–14 vorgegebenen Doppelsinn. Man wird „geneigt, מֵאֲרָם vorzuziehen, zumal hier offenbar eine vollständige Aufzählung der besiegten Völker beabsichtigt ist. ... Wohl aber spricht die Reihenfolge mehr für אֲדֹם."[24] Ohne Aram wäre die Aufzählung nicht vollständig; in der von V. 1–6 abweichenden Reihenfolge aber deuten sich die drei ostjordanischen Königtümer Edom, Moab und Ammon an. Septuaginta und Peschitta lesen genau diese Trias.

Auch der Verfasser, der in 1 Sam 14,47 die militärischen Erfolge Sauls aufzählt, scheint diesen Doppelsinn zu lesen:

וְשָׁאוּל לָכַד הַמְּלוּכָה עַל־יִשְׂרָאֵל וַיִּלָּחֶם סָבִיב בְּכָל־אֹיְבָיו בְּמוֹאָב וּבִבְנֵי־עַמּוֹן וּבֶאֱדוֹם וּבְמַלְכֵי צוֹבָה וּבַפְּלִשְׁתִּים וּבְכֹל אֲשֶׁר־יִפְנֶה ‹יִוָּשֵׁעַ›[25] (LXX + καὶ εἰς τὸν Βαιθεωρ)

Saul aber hatte das Königtum über Israel gewonnen. Und er kämpfte gegen alle seine Feinde ringsum, gegen Moab und gegen die Ammoniter und gegen Edom (LXX+ und gegen Bet Rehob) und gegen die Könige von Zoba und gegen die Philister. Und wo immer er sich hinwandte, ‹siegte er›.

Die Zusammenstellung beruht nach verbreiteter Einsicht auf 2 Sam 8 und 10 und nimmt die Siege Davids teilweise voraus. „Diese Ähnlichkeiten sind so stark, die in Übereinstimmung mit der Vita Davids genannten Tatsachen gehen so weit über das hinaus, was für die Zeit Sauls bekannt, ja überhaupt wahrscheinlich ist, dass dieses Überschießen damit nicht zureichend erklärt werden kann, dass in der ausgeführten Lebensgeschichte Sauls eben nicht alles enthalten war". „Angesichts der sonstigen Überlieferung von Saul" liegt „die Annahme nahe, dass hier die Vita Sauls nach der Vita Davids aufgefüllt wurde".[26] Der Verfasser nennt wie in 2 Sam 8,12 die Trias „Moab, Ammon, Edom"; hätte er aber nur „Edom" gelesen, würde „Aram" auffallend fehlen.[27] „Daß die Ähnlichkeit seit alters gesehen wurde, zeigt sich an dem Zusatz der LXX ‚Beth Rekhob', der auf Grund von II 10 erfolgt ist."[28]

---

24 WELLHAUSEN, Der Text der Bücher Samuelis, 175 f.
25 So mit LXX (ἐσῴζετο); M: יְרָשִׁיעַ.
26 H. J. STOEBE, Das erste Buch Samuelis (KAT VIII 1) 1973, 277; vgl. THENIUS/ LÖHR, Die Bücher Samuels, 66; H. GRESSMANN, Die älteste Geschichtsschreibung und Prophetie Israels (SAT 2,1) ²1921, 52.
27 Einige Exegeten verbessern in „Aram", z. B. H. WINCKLER, Geschichte Israels in Einzeldarstellungen, I, 1895, 142 („mit zwingender Notwendigkeit"); H. GUTHE, Geschichte des Volkes Israel, 1899, 74.
28 HERTZBERG, Die Samuelbücher, 94.

Hadad, der Edomiter

Die Oberhoheit, die David über Edom errungen haben soll, geht unter Salomo verloren. Um ihn für die Abgötterei zu strafen, zu der seine Frauen ihn verführt haben (1 Kön 11,1–10), ersteht ihm in Gestalt des Königs Hadad von Edom ein Feind.

וַיָּקֶם יהוה שָׂטָן לִשְׁלֹמֹה אֵת הֲדַד הָאֲדֹמִי מִזֶּרַע הַמֶּלֶךְ [הוּא בֶּאֱדוֹם] וַיְהִי <בְּהַכְרִית>[29] דָּוִד אֶת־אֱדוֹם ... וַיִּבְרַח אֲדַד[30] הוּא וַאֲנָשִׁים אֲדֹמִיִּים מֵעַבְדֵי אָבִיו אִתּוֹ לָבוֹא מִצְרָיִם ... וַהֲדַד שָׁמַע בְּמִצְרַיִם כִּי־שָׁכַב דָּוִד עִם־אֲבֹתָיו ... LXX + καὶ ἀνέστρεψεν ...

> Und Jahwe ließ dem Salomo einen Widersacher erstehen: Hadad, den Edomiter, von königlichem Geschlecht. [Er war in Edom.] Und es geschah, als David die Edomiter <schlug>, ... floh Adad, er und edomitische Männer von den Knechten seines Vaters mit ihm, um nach Ägypten zu entkommen. ... Hadad aber hörte in Ägypten, dass David sich zu seinen Vätern gelegt hatte. ... (LXX+ Und er kehrte zurück.) (1 Kön 11,14.15aα.17a.21aα.22b*[LXX])

Auch diesmal hat die Geschichtstheologie die Feder geführt. Sie reagiert auf die Unheilsprophetie V. 11–12, die für die Zeit nach Salomos Tod den Verlust des Nordreichs Israel voraussagt. Der Schreiber „felt a need to ‚correct' the Deuteronomistic account of Solomon's reign with its theology of delayed retribution."[31] Er „shared the Chronicler's theology of immediate retribution, which would require Solomon to have suffered personal punishment for his reported apostasy."[32] Das Vorbild des Widersachers ist Jerobeam gewesen. Wie Jerobeam nach seinem fehlgeschlagenen Aufstand nach Ägypten floh und nach Salomos Tod zurückkehrte (1 Kön 11,40), soll eine Generation zuvor Hadad nach Ägypten geflohen sein, um nach Davids Tod zurückzukehren.[33]

Die Notiz weckt Verdacht nicht nur, weil sie Jahwe unmittelbar in den Ablauf der Geschichte eingreifen lässt, sondern auch wegen des Namens

---

29 So mit LXX (ἐν τῷ ἐξολοθρεύειν); M: בִּהְיוֹת.
30 LXX liest Ἄδερ, wiederum mit Vertauschung von Dalet und Resch, vgl. D. V. EDELMAN, Solomon's Adversaries Hadad, Rezon and Jeroboam: A Trio of ‚Bad Guy' Characters Illustrating the Theology of Immediate Retribution (in: S. W. HOLLOWAY, L. K. HANDY [ed.], The Pitcher is Broken. Memorial Essays for Gösta W. Ahlström [JSOTSup 190] 1995, 166–191), 179.
31 EDELMAN, Solomon's Adversaries, 166.
32 EDELMAN, Solomon's Adversaries, 189.
33 Hadads Aufenthalt in Ägypten ist später in 1 Kön 11,17b–22* nach dem Vorbild der Erzählungen von Jakob, von Josef und von Mose ausgestaltet worden – ein treffendes Beispiel innerbiblischer Haggada.

des Edomiterkönigs. „Hadad" ist bisher weder im edomitischen noch im moabitischen noch im ammonitischen Onomastikon belegt;[34] hingegen ist er unter den Königen von Aram-Damaskus geläufig. Deshalb hat Lemaire vorgeschlagen, „Aram" statt „Edom" zu lesen.[35] Diese Lesart hat indessen keine Stütze in der Textüberlieferung. Näher liegt auch in diesem Fall, dass „Aram" und „Edom" gleichgesetzt worden sind.[36] In dieser Gleichsetzung spiegelt sich 2 Sam 8.[37] Angesichts der späten Entstehung dieser Vorlage folgt daraus: Hadad, der Edomiter, ist eine fiktive Gestalt.[38]

Um die Aram-Edom-Verwirrung zu beseitigen, wurde abschließend in 1 Kön 11,23–25 noch ein weiterer Widersacher Salomos eingeführt, der zweifelsfrei Aramäer ist: Rezon, Knecht Hadad-Esers von Zoba. Auch ihm wird zugeschrieben, vor seinem Herrn Hadad-Eser außer Landes geflohen zu sein. Er soll sich der Stadt Damaskus bemächtigt haben und dort König geworden sein. Der nachhinkende, dublettenreiche V. 25 behauptet, dass er König von Aram geworden sei.[39]

Sieg und Niederlage als Lohn und Strafe

Im weiteren Verlauf der Geschichte ist die Hoheit der judäischen Könige über Edom wieder vorausgesetzt. Für die Regierungszeit des gehorsamen Joschafat ist vermerkt:

וּמֶלֶךְ אֵין בֶּאֱדוֹם[40] [נִצָּב מֶלֶךְ]

Kein König war in Edom. [Ein Statthalter war König.] (1 Kön 22,48)

---

34 Die edomitische Königsliste in Gen 36,31–39, wo V. 35–36 ein Hadad genannt ist, ist spät und fiktiv. EDELMAN, Solomon's Adversaries, 179, hält für möglich, „that the writer derived the name of his Edomite king from the alleged Edomite king-list in Gen. 36.31–39."
35 LEMAIRE, Hadad l'Édomite ou Hadad l'Araméen?
36 Die wohl später ergänzte Erläuterung הוּא בֶּאֱדוֹם „Er war in Edom" ist eine Art Q^{e}rê, das die Mehrdeutigkeit beseitigen will. Die Tendenz ist dieselbe wie in V. 25bβ.
37 So auch EDELMAN, Solomon's Adversaries, 171 („as commonly acknowledged").
38 So auch EDELMAN, Solomon's Adversaries, 179–183.
39 Septuaginta und Peschitta lesen „Edom". Das kann nur eine Verwechselung sein, weist aber erneut auf die Mehrdeutigkeit hin.
40 LXX, die einen anderen Synchronismus bietet und deshalb den Joschafat-Abschnitt zwischen Omri und Ahab rückt (1 Kön 16,28a–h), liest „Aram". Das dürfte ein weiterer Versuch sein, das Problem zu erledigen, dass in 2 Kön 3 ein König von Edom auftritt.

Die Notiz ist ein später Zusatz. Man sieht es daran, dass sie – zusammen mit weiteren ähnlichen Nachrichten in V. 47–50 – das Schema der Königebücher stört, weil sie den Quellenverweis für Joschafat in V. 46 von der Angabe über die Regierungsfolge in V. 51 trennt.[41] Im Entwurf des Deuteronomisten hätte sie vor V. 46 gestanden. Die Aussage ist in sich widersprüchlich und scheint in zwei Stufen gewachsen zu sein. Dass ein Statthalter König gewesen sei, will erklären, weshalb in der Erzählung von Jorams Kampf gegen Moab in 2 Kön 3 ein „König von Edom" auftrat,[42] obwohl „kein König in Edom war". Der Ergänzer hat die Lösung gefunden, dass dieser König kein König, sondern Statthalter im Sinne von 2 Sam 8,14 gewesen ist.[43]

Joschafat bildet den leuchtenden Hintergrund, vor dem sich der politische Misserfolg seines Sohnes Joram abheben soll:

בְּיָמָיו פָּשַׁע אֱדוֹם מִתַּחַת יַד־יְהוּדָה וַיַּמְלִכוּ עֲלֵיהֶם מֶלֶךְ

Zu seiner Zeit wurde Edom abtrünnig von unter der Hand Judas, und sie setzten über sich einen König. (2 Kön 8,20)

Die Notiz fügt dem Ungehorsam König Jorams, der „auf dem Wege der Könige von Israel wandelte … und tat, was Jahwe missfiel" (וַיֵּלֶךְ בְּדֶרֶךְ מַלְכֵי יִשְׂרָאֵל ... וַיַּעַשׂ הָרַע בְּעֵינֵי יהוה, V. 18), den fälligen politischen Misserfolg hinzu. Dass sie auf Überlieferung beruht, ist nicht definitiv auszuschließen, aber unwahrscheinlich. Sie ist später in V. 21–22a um den Bericht über eine Schlacht

---

41 Man kann das am Text der vorhexaplarischen Septuaginta nachvollziehen, wo V. 51 sofort auf V. 46 folgt. Zu dem in V. 49–50 erwähnten Seefahrt-Unternehmen Joschafats s. u. Anm. 59.

42 Der anonyme König von Edom ist erst spät in die Erzählung 2 Kön 3,6–27 eingefügt worden. Die Ergänzungen lassen sich leicht ausscheiden: V. 8. 9 (nur ומלך אדום). 10. 12 (nur ומלך אדום). 13bβ (ab כי). 20aβ. 26b.

43 Es macht semantisch keinen wesentlichen Unterschied, ob man wie in 2 Sam 8,14 das Nomen נְצָב liest, oder mit den Masoreten das pt. ni. נִצָּב. Schon JOANNES CLERICUS, Veteris Testamenti Libri Historici, Amsterdam 1708, 442, urteilt: „Vult Scriptor Sacer eum, qui regnabat in Idumæa, non tam Regem fuisse, quàm præfectum Regis Judæ. Vide 2. Reg. III, 8." B. STADE, Miscellen. 9. 1 Kön 22, 48 f. (ZAW 5, 1885, 178), hat vorgeschlagen, V. 48 mit V. 49 zu verbinden: וּנְצִיב הַמֶּלֶךְ יְהוֹשָׁפָט עָשָׂה אֳנִיּת תַּרְשִׁישׁ „Und der Statthalter des Königs Joschafat hatte ein Tarsis-Schiff gemacht". Diese Konjektur verfehlt die Pointe.

gegen Edom ergänzt worden,[44] wie die Wiederaufnahme von V. 20a in V. 22a zeigt.[45]

Als die Frömmigkeit der Könige von Juda sich zum Besseren wendet, setzt die Gegenbewegung ein. Weil Amazja „tat, was in Jahwes Augen recht war, doch nicht wie David, sein Vater" (וַיַּעַשׂ הַיָּשָׁר בְּעֵינֵי יהוה רַק לֹא כְּדָוִד אָבִיו, 2 Kön 14,3), gewinnt er die Herrschaft über Edom zurück:

הוּא־הִכָּה אֶת־אֱדוֹם בְּגֵיא־<מֶלַח> עֲשֶׂרֶת אֲלָפִים [וְתָפַשׂ אֶת־הַסֶּלַע בַּמִּלְחָמָה וַיִּקְרָא אֶת־שְׁמָהּ יָקְתְאֵל עַד הַיּוֹם הַזֶּה][46]

Er schlug Edom im Salztal, zehntausend [und eroberte Sela im Kampf und nannte es Jokteel bis heute]. (2 Kön 14,7)

Die Unitas loci zeigt, dass Amazja an die Erfolge Davids wieder angeknüpft haben soll; allerdings mit gebührendem Abstand, „nicht wie David, sein Vater" (רַק לֹא כְּדָוִד אָבִיו): Statt achtzehntausend (2 Sam 8,13) darf er nur zehntausend Mann erschlagen haben. Auch dieser Sieg ist hinzugefügt. Er soll Amazja für seine Frömmigkeit belohnen, vielleicht auch schon für seine toratreue Gerechtigkeit (V. 6 unter Zitat von Dtn 24,16).[47]

An den Früchten dieses Sieges darf Asarja, der Sohn Amazjas, teilhaben; denn er „tat, was in Jahwes Augen recht war, ganz wie Amazja, sein Vater, tat" (וַיַּעַשׂ הַיָּשָׁר בְּעֵינֵי יהוה כְּכֹל אֲשֶׁר־עָשָׂה אֲמַצְיָהוּ אָבִיו, 2 Kön 15,3):

הוּא בָּנָה אֶת־אֵילַת וַיְשִׁבֶהָ לִיהוּדָה אַחֲרֵי שְׁכַב־הַמֶּלֶךְ עִם־אֲבֹתָיו

Er baute Elat und brachte es wieder an Juda, nachdem der König sich zu seinen Vätern gelegt hatte. (2 Kön 14,22)

Gemessen am Schema der Königebücher steht diese Notiz wieder einmal an falscher Stelle: zwischen dem rückwärtigen Rahmen für Amazja von Juda

---

44 Der Text ist in schwerer Unordnung. Eindeutig ist von der Flucht der Israeliten die Rede. Dazu passt nicht, dass Joram die Edomiter geschlagen haben soll. Offensichtlich wurde die Niederlage in einen Sieg umretouchiert. Ein weitgehender Verbesserungsvorschlag findet sich bei B. STADE / F. SCHWALLY, The Books of Kings. Critical Edition of the Hebrew Text (SBOT 9) 1904, 218.
45 Die Abtrünnigkeit Libnas V. 22b ist später angehängt worden.
46 Die Nachricht über die Eroberung von Sela macht sich durch den Einsatz mit aramaisierendem Perfectum copulativum וְתָפַשׂ als Zusatz verdächtig. Der grammatische Fehler wird allgemein gesehen.
47 In der Botschaft des Joasch von Israel an Amazja von Juda in 2 Kön 14,10a ist der Verweis auf diesen Sieg ebenfalls nachgetragen: „Du hast Edom geschlagen, nun erhebt sich dein Herz."

(V. 18–21) und dem einleitenden Rahmen für Jerobeam II. von Israel (V. 23–24). Der Deuteronomistische Redaktor hätte sie hinter 15,4 eingerückt. Die regelwidrige Stellung will betonen, wie sehr Vater und Sohn in der Frömmigkeit übereingestimmt haben.

Der Verlust von Elat

Unter Ahas von Juda, der wie Joram „wandelte auf dem Wege der Könige von Israel" (וַיֵּלֶךְ בְּדֶרֶךְ מַלְכֵי יִשְׂרָאֵל, 2 Kön 16,3), geht Elat wieder verloren:

בָּעֵת הַהִיא הֵשִׁיב רְצִין מֶלֶךְ־אֲרָם אֶת־אֵילַת לַאֲרָם [וַיְנַשֵּׁל אֶת־הַיְהוּדִים מֵאֵילוֹת][48] וַאֲרַמִּים בָּאוּ אֵילַת וַיֵּשְׁבוּ שָׁם עַד הַיּוֹם הַזֶּה

> Zu jener Zeit brachte Rezin, der König von Aram, Elat an Aram zurück [und vertrieb die Juden aus Elôt]. Und Aramäer (LXX, Q^erê: Edomiter) kamen nach Elat und wohnten dort bis auf diesen Tag. (2 Kön 16,6)

Der Text ist nicht einheitlich überliefert. Die Septuaginta gibt das *Ketîb* וַאֲרַמִּים „und Aramäer" mit καὶ Ἰδουμαῖοι „und Edomiter" wieder. Ebenso will das *Q^erê* וַאֲדֹמִים den Text gelesen wissen.[49] Nach dieser Lesart wurde Elat zwar von dem Aramäerkönig erobert, aber angesiedelt haben sich dort Edomiter.

Alle realistischen Erwägungen sprechen für das *Q^erê*. Elat gehört geographisch zum Einflussgebiet nicht von Aram-Damaskus, sondern von Edom. Die Nachricht bezieht sich auf 14,22, wo gesagt ist, dass Asarja Elat in der Folge von Amazjas Sieg über *Edom* an Juda zurückgebracht habe (שוב hi.). Wenn jetzt König Rezin Elat in umgekehrte Richtung zurückbrachte (שוב hi.), kann nur Edom gemeint sein.

Freilich sagt der Text, dass Rezin Elat an *Aram*, nicht an Edom zurückgebracht habe. Deshalb ändern fast alle Exegeten, angefangen mit Clericus und Michaelis, auch לַאֲרָם in לֶאֱדוֹם.[50] In diesem Fall aber widerspricht die Konjektur der einhelligen Textüberlieferung. Das Problem hat tiefere Ursachen,

---

48 Der Satz V. 6aβ unterscheidet sich von V. 6aα und V. 6b durch die Schreibung אֵילוֹת statt אֵילַת. Das Gentilicium יְהוּדִי „Jude" ist ein Kennzeichen der Spätzeit, vgl. Josephus Ant. XI, 173.
49 Vgl. Targum (אדום) und Vulgata (*et Idumei*).
50 CLERICUS, Veteris Testamenti Libri Historici, 484; J. D. MICHAELIS' deutsche Übersetzung des Alten Testaments mit Anmerkungen für Ungelehrte. Der zwölfte Theil, welcher die Bücher der Könige und Chronik enthält, 1785, Anmerkungs-Teil S. 123 (in der Übersetzung S. 122 ließ Michaelis „das Syrische Reich" stehen). Ausdrück-

die man nicht mit Stade beiseite wischen kann: „לֶאֱדֹם und וַאֲדוֹמִים statt לַאֲרָם, וארומים versteht sich von selbst."⁵¹ Klostermann hat deshalb einen weitergehenden Eingriff vorgenommen. Er streicht den Eigennamen „Rezin", der irrtümlich aus dem Vorvers V. 5 übernommen worden sei, und liest:⁵²

בָּעֵת הַהִיא הֵשִׁיב < > מֶלֶךְ־<אֱדֹם> אֶת־אֵילַת <לֶאֱדֹם> וַיְנַשֵּׁל אֶת־הַיְהוּדִים <מֵאֵילַת> <וַאֲדוֹמִים> בָּאוּ אֵילַת וַיֵּשְׁבוּ שָׁם עַד הַיּוֹם הַזֶּה

Zu jener Zeit brachte < > der König von <Edom> Elat an <Edom> zurück und vertrieb die Juden aus <Elat>. Und <Edomiter> kamen nach Elat und wohnten dort bis auf diesen Tag.

Erst so wird die Nachricht historisch plausibel: „Since, in consequence of Tiglath-pileser's prompt intervention, the allies did not succeed in carrying through their campaign even against Jerusalem, it is strange that they should have had time to undertake an expedition as far as Elath."⁵³ „It is far more likely that the king of Edom should have seized the opportunity of Aḥaz's engagement with the northern confederacy in order to once more gain possession of his seaport town, than that the king of Aram should have despatched a purposeless expedition against the remote eastern point of Aḥaz's dominions."⁵⁴ Die Textänderung hat sich eingebürgert,⁵⁵ ungeachtet dass sie keine Grundlage in der Überlieferung hat und gegen die Regel „Lectio difficilior potior" offen verstößt.

Mehrfach ist beobachtet worden, dass die Notiz über den Verlust von Elat „in auffallender Weise den Zusammenhang durchbricht".⁵⁶ König Ahas

---

lich gegen eine Textänderung wendet sich C. F. KEIL, Die Bücher der Könige (BC II 3) ²1876, 332.
51 B. STADE, Anmerkungen zu 2 Kö. 15–21 (1886; in: DERS., Ausgewählte akademische Reden und Abhandlungen, ²1907, 201–226), 206.
52 Samuelis und Könige, 449.
53 STADE/SCHWALLY, Kings, 255.
54 CH. F. BURNEY, Notes on the Hebrew Text of the Books of Kings, Oxford 1903, 325.
55 I. BENZINGER, Könige (KHC 9) 1899, 171; R. KITTEL, Die Bücher der Könige (HK I,5) 1900, 269; BURNEY, aaO.; STADE/SCHWALLY, aaO.; O. EISSFELDT, Das zweite Buch der Könige (HSAT I) ⁴1922, 568; J. A. MONTGOMERY, A Critical and Exegetical Commentary on the Book of Kings, ed. by H. S. GEHMAN (ICC) 1951, 458; J. GRAY, I & II Kings (OTL) ²1970, 632; E. WÜRTHWEIN, Die Bücher der Könige (ATD 11,2) 1984, 386; BHK und BHS z.St. Bei der älteren Konjektur belässt es A. ŠANDA, Die Bücher der Könige (EHAT 9/2) 1912, 198: „Neben dem durch G T (Lagarde) bezeugten Kᵉrê ואדומים ist auch noch לאדם zu lesen, sonst ist aber keine Änderung nötig." Ebenso H. SCHMIDT, Die großen Propheten (SAT 2,2) 1923, 1.
56 KITTEL, aaO. Cf. ŠANDA, aaO.; WÜRTHWEIN, aaO.

schickt eine Gesandtschaft zu Tiglatpileser (V. 7), weil Rezin von Aram und Pekach von Israel gegen Jerusalem heraufzogen (V. 5). Diese Abfolge wird durch V. 6 gestört. Zwei Lösungen stehen bereit. Entweder hat der Vers „einst anderswo – etwa hinter v. 9 oder schon hinter 15,37 – gestanden",[57] oder er ist eine ad hoc entstandene Ergänzung. Nach Šanda ist er „eine von R angebrachte gelegentliche Bemerkung ad vocem Raṣon in v. 5."[58]

Die Syntax lässt nur die zweite dieser Möglichkeiten in Betracht ziehen. Die temporale Verknüpfung בָּעֵת הַהִיא „zu jener Zeit" ist als Überleitung zu einer Notiz, die einen Zusammenhang unterbricht, in jedem Fall redaktionell. Sie lässt sich indessen nicht entfernen. Das Perfekt הֵשִׁיב „er brachte zurück" kann den Satz nicht eröffnet haben. Folglich kann nicht der Wortlaut der Nachricht, sondern bestenfalls ihr Sachgehalt auf Überlieferung beruhen. Um so mehr fällt ins Gewicht, dass der Träger der Handlung derselbe ist wie im vorangehenden Vers: „Rezin, der König von Aram". Die beiden Sätze אָז יַעֲלֶה רְצִין מֶלֶךְ־אֲרָם „damals zog herauf Rezin, der König von Aram" (V. 5) und בָּעֵת הַהִיא הֵשִׁיב רְצִין מֶלֶךְ־אֲרָם „zu jener Zeit ließ Rezin, der König von Aram, zurückkehren" (V. 6) stehen parallel, und zwar so, dass ohne den ersten die Umstände fehlen würden, unter denen Rezin nach Elat gezogen sein soll. Klostermanns Textänderung ist haltlos.

Da die historischen Umstände den Vorstoß Rezins nach Süden äußerst unwahrscheinlich machen, beruht der eingeschobene Vers schwerlich auf einer irgendwie – und jedenfalls nicht im Wortlaut – erhaltenen Überlieferung. Wieder handelt es sich um eine geschichtstheologische Extrapolation. Weil König Ahas „auf dem Weg der Könige von Israel wandelte" (וַיֵּלֶךְ בְּדֶרֶךְ מַלְכֵי יִשְׂרָאֵל, V. 3a) und weil er sich an Tiglatpileser von Assur statt an Jahwe um Hilfe gewandt hat (V. 7), wurde er mit dem Verlust von Elat bestraft. Dass Elat עַד הַיּוֹם הַזֶּה „bis auf diesen Tag" für Juda verloren war, galt seit dem Ende des judäischen Königtums stets. Möglicherweise war der Hafen zu keiner Zeit unter judäischer Kontrolle.[59]

---

57 Kittel, aaO.
58 AaO.
59 Es gibt Anzeichen, dass auch die Nachrichten über die Seefahrt-Unternehmungen Salomos und Joschafats in 1 Kön 9,26–28; 22,49–50 junger Herkunft sind. Für 22,49–50 zeigt das die regelwidrige Stellung hinter dem Quellenverweis (s. o. S. 186). V. 50 ist ein Nachtrag im Nachtrag. Der Ergänzer hat offenbar 1 Kön 9,26–28 vor Augen gehabt. Weshalb er das Unternehmen unter Joschafat scheitern ließ, ist schwer zu entschlüsseln. Die Notiz über Salomos Schiffsbau gehört zu der späten Liste, die seinen Reichtum aufzählt. Sie liest sich als eine Kette von Assoziationen, deren wichtigste Quelle die Phantasie gewesen ist. Die Notiz umfasste ursprünglich nur 9,26* und 28. Ein späterer Verfasser meinte, die Lage von Ezjon-Geber erklären zu sollen: אֲשֶׁר אֶת־אֵלוֹת עַל־שְׂפַת יַם־סוּף בְּאֶרֶץ אֱדוֹם „das bei Elôt liegt am Ufer

Wieder beruht die Assoziation auf der graphischen Ähnlichkeit von ארם und אדם. Der Bearbeiter las beides zugleich. Der König von *Aram* wird das Instrument der Gottesgerechtigkeit, die in *Edoms* Zugriff auf Elat Gestalt gewinnt. Der Knoten, den die Textkritik nicht lösen kann, hat die Aussage erst möglich gemacht. Die graphische Mehrdeutigkeit wog schwerer als die historische Wahrscheinlichkeit.

Der Doppelsinn ist vorausgesetzt

Die Exegese hat die Notiz über den Verlust von Elat in der Regel als zuverlässige Nachricht gelesen. Kittel hat erwogen, dass V. 6 lediglich an falscher Stelle eingerückt worden sei, und ihn mit dem Ende des vorangehenden Kapitels verbunden:[60]

בַּיָּמִים הָהֵם הֵחֵל יהוה לְהַשְׁלִיחַ בִּיהוּדָה רְצִין מֶלֶךְ אֲרָם וְאֵת פֶּקַח בֶּן־רְמַלְיָהוּ

In jenen Tagen begann Jahwe, gegen Juda loszulassen Rezin, den König von Aram, und Pekach, den Sohn Remaljas. (2 Kön 15,37)

Die sachliche Nähe ist offenkundig. Allerdings ist auch diese Notiz kein Teil einer Quelle, sondern ein geschichtstheologisches Urteil, das spät und ungeschickt eingefügt worden ist. „The v. is out of place between the customary final vv. on the reign."[61]

Zu 2 Kön 15,37 gibt es eine nahe Parallele unter Jehu. Auch diese Notiz bezieht sich auf die Aramäer:

בַּיָּמִים הָהֵם הֵחֵל יהוה לְקַצּוֹת בְּיִשְׂרָאֵל וַיַּכֵּם חֲזָאֵל בְּכָל־גְּבוּל יִשְׂרָאֵל

In jenen Tagen begann Jahwe, Israel zu verkleinern. Und Hasaël schlug sie im ganzen Gebiet Israels. (2 Kön 10,32[62])

---

des Schilfmeers im Land Edom". Dass eine solche Auskunft für nötig empfunden wurde, ist verräterisch; ob sie zutrifft, wissen wir deshalb um so weniger. Auch die phönizischen Seeleute kamen erst später an Bord (V. 27, damit irgendwie zusammenhängend 22,50). Die Fortsetzung findet sich in 10,11–12, eine Parallele in 10,22.

60 AaO.
61 MONTGOMERY/GEHMAN, Kings, 453. Der Vorschlag, V. 37 vor V. 36 umzustellen (BENZINGER, Könige, 170; KITTEL, Könige, 268; ŠANDA, Könige, 193), ist Willkür.
62 V. 33a, der die Verluste konkretisiert und auf das Ostjordanland einschränkt, „schliesst sich an V. 32 nicht an" (STADE, Anmerkungen zu 2 Kö. 15–21, 186). Noch später ergänzt ist der Verweis auf die ostjordanische Landnahme in V. 33b (vgl. bes. Dtn 3,12). Jahwe macht sie jetzt rückgängig.

Wieder ist die Bemerkung ein später Einschub. Sie reagiert auf die Nachricht 13,22, dass Hasaël den König Joahas, Jehus Sohn und Nachfolger, Zeit seiner Regierung bedrängt habe. „Wie verhielt er sich gegen Israel in der Regierungszeit Jehus? Dies gibt 10,32 nachträglich an."[63] Dafür sind die Nachrichten über die Aramäerkämpfe in 2 Kön 9,14–15a vorausgesetzt.

Ein weiteres Beispiel solcher theologisch induzierten Geschichtsschreibung findet sich gegen Ende der Königszeit bei Jojakim:

וַיְשַׁלַּח יהוה בּוֹ אֶת־גְּדוּדֵי כַשְׂדִּים וְאֶת־גְּדוּדֵי אֲרָם וְאֵת גְּדוּדֵי מוֹאָב וְאֵת גְּדוּדֵי בְנֵי־עַמּוֹן [וַיְשַׁלְּחֵם בִּיהוּדָה לְהַאֲבִידוֹ כִּדְבַר יהוה אֲשֶׁר דִּבֶּר בְּיַד עֲבָדָיו הַנְּבִיאִים][64]

Und Jahwe sandte gegen ihn Scharen von Chaldäern und Scharen aus Aram und Scharen aus Moab und Scharen von Ammonitern. [Und er sandte sie gegen Juda, es zu vernichten nach dem Wort Jahwes, das er gesagt hatte durch seine Knechte, die Propheten.] (2 Kön 24,2)

Auch diese Notiz soll die gebotene geschichtliche Gerechtigkeit herstellen. Sie versucht auszugleichen, dass Jojakim, obwohl er gegen Nebukadnezar rebellierte (V. 1bβ), eines friedlichen Todes starb (V. 6) und sein Sohn Jojachin die Zeche bezahlen musste (V. 10–16).[65] „Die Sendung dieser Kriegsscharen wird Jahve zugeschrieben, der als höchster Lenker der Geschicke des Bundesvolkes Jojakim für seinen Abfall strafte."[66] Solche גְּדוּדִים werden auch 2 Kön 6,23b; 13,20b.21aα[2] aufgeboten, um die Gefährdung des Landes zu schildern. Mit ihrer schemenhaften Natur sind sie wie geschaffen als Träger einer ausschließlich theologischen, nicht historischen Kausalität.[67] Wieder hat die Lesart ארם den Doppelsinn. „אֲדָם rather than אֲרָם is to be

---

63 Y. MINOKAMI, Die Revolution des Jehu (GTA 38) 1989, 31.
64 V. 2aβb ist ein Zusatz, der die Wort-Jahwes-Theologie einträgt. Er ist als Erfüllungsvermerk zu 2 Kön 21,10–15 zu lesen, vgl. W. DIETRICH, Prophetie und Geschichte (FRLANT 108) 1972, 61. In V. 3–4 wird die Aussage später auf die Sünde Manasses zugespitzt; vgl. 2 Kön 23,26 f.; Jer 15,4.
65 Eine konsequentere Lösung hat 2 Chr 36,6–7 gefunden. Dort wird auch Jojakim von Nebukadnezar nach Babylon deportiert.
66 KEIL, Könige, 416. WÜRTHWEIN, Könige, 468 Anm. 2: „Von solchem direkten Eingreifen Jahwes in die Geschichte spricht DtrG nie, DtrN nur gelegentlich (z. B. 10,32)." LXX lässt יהוה aus und übernimmt aus V. 1 Nebukadnezar als Subjekt. Diese Lesart, der fast alle Exegeten folgen, kann nur ein Rettungsversuch sein.
67 Mit der Gefährdung der Südostgrenze, deretwegen die Könige von Juda mit erheblichem Aufwand Festungen wie Arad unterhielten, darf man 2 Kön 24,2 nicht zusammenbringen.

expected in connexion with מוֹאָב and בְּנֵי עַמּוֹן".[68] So liest auch die Peschitta. Einige Exegeten ändern deshalb den Text.[69]

Edom als Gradmesser

Das graphische Doppelspiel, das für 2 Sam 8,13 und 2 Kön 16,6 ausschlaggebend gewesen ist und das auch bei den meisten anderen der diskutierten Belege vorausgesetzt werden kann, weist diese Notizen einer späten Phase in der literarischen Entwicklung der alttestamentlichen Geschichtsbücher zu. Für dieses Urteil gibt es abschließend noch einen weiteren Grund. Die Variante „Edom" statt „Aram" lag weniger nahe, als es den Anschein hat; denn אדום wird mit Ausnahme von Ez 25,14 stets *plene* geschrieben.[70] Die Bearbeiter haben den Doppelsinn nicht einfach vorgefunden, sondern bewusst gesucht.[71]

Der Grund liegt auf der Hand: Seit dem Untergang des judäischen Königtums breiteten die Edomiter sich westlich der Araba aus und konnten das Südland bis nahe an Hebron besetzen. Weniges ließ die Judäer in der Zeit des zweiten Tempels ihre politische Schwäche deutlicher spüren als dieser Verlust.[72] Im geschichtlichen Rückblick wurde deshalb die Hoheit über Edom zu einem Gradmesser für die Macht der Könige von Juda. Es ist möglich, dass alle Erwähnungen Edoms in den Büchern Samuel und Könige späte Zusätze sind.[73] Für die Zeit vor der Eroberung Jerusalems bedeutet

---

68 BURNEY, Notes, 365.
69 H. GRÄTZ, Geschichte der Juden, Bd. 2,1, ²1902, 320 Anm. 1; KLOSTERMANN, Samuelis und Könige, 484; BENZINGER, Könige, 196; A. MALAMAT, The Last Kings of Judah and the Fall of Jerusalem (IEJ 18, 1968, 137–156), 143; W. DIETRICH, Art. Edom (RGG⁴, Bd. 2, 1999, 1061–1063), 1062.
70 KEIL, Könige, 332, weist darauf hin, dass „die Form ארם der Aenderung durch Annahme einer Verwechslung von ר und ד widerstrebt, weil אֱדוֹם mit Ausnahme von Ez. 25,14 nie *defective* אֱדֹם geschrieben wird."
71 Das gilt nicht für das Gentilicium. Es ist immer mehrdeutig, vgl. 1 Sam 21,8; 22,9.18.22; 1 Kön 11,1.14.17; 2 Kön 16,6.
72 Die bekannten Polemiken Jes 34,5–15; Jer 49,7–22; Ez 25,12–14; 35; Ob 1–18 zeugen von einem nachhaltigen Hass, der seinen Anlass nicht nur in den Übergriffen gehabt haben kann, die im Zusammenhang mit der Eroberung Jerusalems vorgekommen sind (vgl. Ez 25,12; 35,5–6.15; Am 1,11; Ob 11.14; Ps 137,7).
73 Außer den genannten Belegen bleibt nur die Polemik gegen Salomos Mischehen, wo in 1 Kön 11,1 unter anderem Edomiterinnen genannt sind. Doëg, der Saul als Spitzel gedient (1 Sam 21,8; 22,9 unter dem Namen דֹּאֵג) und seine Rache an den Priestern von Nob exekutiert haben soll (1 Sam 22,18.22 unter dem Namen דּוֹיֵג), ist

das, dass die Kenntnis der Geschichte Edoms ausschließlich auf außerbiblischen Quellen wie den assyrischen Inschriften[74] und den Arad-Ostraka[75] sowie auf den Ergebnissen der Archäologie beruht.

Kennzeichnend für die Geistesart, die diese Zusätze hervorgebracht hat, ist die religiöse Kausalität: „Die beiden Sätze II 10,32 f. und 15,37 führen den Beginn des Unheils unmittelbar auf Jahwes Eingreifen zurück, ähnlich wie es auch die Chronik tut".[76] Die Notizen dürften aus einer Zeit stammen, die von der Abfassung der Chronik am Anfang des hellenistischen Zeitalters nicht weit entfernt gewesen ist. Sie stehen in aller Regel außerhalb des Schemas der Königebücher, und ebenso sind sie von den vorredaktionellen Quellensammlungen eindeutig unterschieden. Sie fügen den historischen Büchern ein System von Lohn und Strafe hinzu, das Jahwe die Frömmigkeit oder den Ungehorsam der Könige mit außenpolitischen Erfolgen oder Misserfolgen bedenken lässt. Die geschichtstheologische Mechanik ist dieselbe, die in der Chronik in breitem Maße die Feder geführt hat.[77] Und wie in der Chronik die Feldzüge und Baumaßnahmen aus ihrer theologischen Begründung heraus erfunden, das heißt historisch geurteilt fiktiv sind, müssen auch die analogen Notizen der Bücher Samuel und Könige für die Geschichtsschreibung entfallen.

Die Varianten אדם / ארם in den Büchern Samuel und Könige sind nicht einfach auf textkritische Weise zu entscheiden. Mehrere Belege, am deutlichsten 2 Sam 8,13 und 2 Kön 16,6, spielen von Anfang an mit der graphischen Mehrdeutigkeit. Daraus folgt,

---

eine erfundene Gestalt, einerlei ob man ihn mit der hebräischen Überlieferung als Edomiter oder mit der Septuaginta als Aramäer versteht. 1 Sam 21,8 „unterbricht … aufs störendste den Zusammenhang" (BUDDE, Die Bücher Samuel, 149). Die Episode 22,9–23, die Saul die Priester Jahwes ermorden lässt, gehört als ganze zu den Erweiterungen, die nachträglich seine Verwerfung begründen sollen.

74 Seit Adad-narari III., s. o. Anm. 20. Vgl. u. a. Tiglatpileser III. (Tontafelinschrift Zeile R 11, ANET 282; TUAT I/4, 375; COS 2.117D), Sanherib (Prismeninschrift, II Zeile 57, ANET 287; TUAT I/4, 388; COS 2.119B), Asarhaddon (Prisma Ninive A, Kol. V Zeile 56, bei R. BORGER, Die Inschriften Asarhaddons [AfOB 9] 1956, 60; vgl. TUAT I/4, 397). Das früheste schriftliche Zeugnis für Edom ist ein ägyptischer Musterbrief aus dem Jahre 1215 unter Pharao Merenptah (ANESTP 259).

75 Arad Nr. 40, Zeilen 10 und 15 (8. Jh.); Arad Nr. 21 Zeile 5 (6. Jh., Lesung unsicher); Arad Nr. 24 Zeile 20 (6. Jh.).

76 A. JEPSEN, Die Quellen des Königsbuches, 1953, 103. Jepsen rechnete deshalb mit einer „levitischen Redaktion" der Königebücher. Allerdings unterschätzte er die literarische Reichweite und datierte die Bearbeitung viel zu früh.

77 Das Urteil von EDELMAN, Solomon's Adversaries, über die theologische Tendenz von 1 Kön 11,14–25, die der Chronik verwandt sei, gilt *pro toto*.

dass sie nicht auf historischer Überlieferung beruhen können, sondern auf innerbiblischer Exegese. Die Geschichtstheologie spricht den Königen von Juda zum Lohn für ihre Frömmigkeit die fiktive Oberhoheit über Edom zu, die sie im Falle des Ungehorsams wieder verlieren. Es scheint, dass Edom in den Texten, die noch aus der judäischen Königszeit stammen, nirgends erwähnt war.

The variant readings אדם / ארם which are to be found in the books of Samuel and Kings cannot simply be categorized by textcritical means. Some of them, most obviously 2 Sam 8:13 and 2 Kings 16:6, play with the graphical ambiguity just from the start. From this follows, that they cannot ground on historical tradition but are rather the result of the conclusion of the scribes. Theology attributes the supremacy over Edom to the kings of Judah as a reward for their piety. In times of wicked kings Edom gets back its independence. A close reading reveals that Edom was never mentioned in biblical texts of pre-exilic times.

Der neue Altar unter Ahas von Juda

Die Erzählung in 2 Kön 16,10–18 berichtet, dass König Ahas von Juda, nachdem Tiglatpileser III. von Assur im Jahre 732 das Aramäerreich unterworfen hatte, dem Großkönig nach Damaskus entgegen eilt, um ihm zu huldigen. In Damaskus sieht Ahas „den Altar". Er sendet ein Abbild nach Jerusalem an den Priester Urija, anhand dessen Urija den Altar für den dortigen Tempel nachbaut. Nach seiner Rückkehr bringt Ahas unverzüglich an dem neuen Altar die vorgeschriebenen Opfer dar. Für die Zukunft überträgt er allerdings die königlichen Opfer dem Priester. Der bronzene Altar Salomos, an dessen Stelle der neue Altar getreten ist, wird an die Seite gerückt. Der Bericht schließt damit, dass der König einige weitere Einrichtungen des Tempels „vor dem König von Assur" entfernen lässt. Auf den ersten Blick hat es den Anschein, als seien diese Maßnahmen ein kultischer Reflex seiner Außenpolitik. In vielen Einzelheiten ist der Bericht indessen schwer zu entschlüsseln. So unerfindlich Anlass und Ziel der Kultreform scheinen, so viele Fragen gibt sie auf.

Die ältere Exegese las den Bericht als im wesentlichen zuverlässige, die historischen Umstände spiegelnde Quelle; scheint doch der König über den Kult mit einer Souveränität zu verfügen, die die nachexilische Geschichtsschreibung ihm nicht zugestanden hätte. Allerdings hat man Zweifel an der Zeitgenossenschaft geäußert. Die Art der Darstellung gleicht nämlich aufs engste den Erzählungen von den Kultreformen des Joasch in 2 Kön 11–12 und des Josia in 2 Kön 22–23. Das könnte daher rühren, dass diese Stücke aus einer und derselben Quelle stammen.[1] Dies vorausgesetzt, wird das jüngste Beispiel, die Reform Josias, zum Terminus a quo. Das würde bedeuten, dass die Texte „erst nach dem Jahre 621, vielleicht erst nach dem Tode Josias geschrieben sind."[2] Da der Tribut des Ahas wahrscheinlich in das Jahr 732 fällt, läge zwischen Ereignis und Bericht mehr als ein Jahrhundert.

---

1 So J. WELLHAUSEN, Die Composition des Hexateuchs, ⁴1963, 293; zustimmend I. BENZINGER, Die Bücher der Könige (KHC IX) 1899, 171; hingegen nennt C. F. BURNEY, Notes on the Hebrew Text of the Books of Kings, 1903, 325, nur die Übereinstimmung mit 2 Kön 11–12: „Verses 10–16 form a continuous narrative, probably derived from the same source as *ch.* 11; 12.5–17."
2 WELLHAUSEN ebd.

Es gibt indessen Anzeichen, dass diese Herabdatierung nicht weit genug geht und man für die Entstehung an die nachexilische Zeit zu denken hat.

Im Rahmen des Kapitels 2 Kön 16 bildet die Erzählung von dem neuen Altar eine gut abgrenzbare Einheit. Der Sprachgebrauch hebt sich von dem vorangehenden Abschnitt V. 5–9*, einem Auszug aus den Tempelannalen, deutlich ab. In der Erzählung „wird nicht mehr von ‚Ahas' v. 5.7f, sondern vom ‚König Ahas' v. 10.15f oder vom ‚König' v. 12 gesprochen."[3] Freilich muss das nicht bedeuten, dass beide Texte „unabhängig voneinander" seien.[4] Die Abweichungen schließen nicht aus, dass eisegetische Weiterarbeit stattgefunden haben kann.

Die Zusätze der hebräischen Textfassung

Vereinzelt wurde behauptet, die Erzählung sei literarisch einheitlich.[5] Dagegen spricht von vornherein ein markanter Wechsel des Stils: Einem im engeren Sinne erzählenden Teil in V. 10–16 folgt in V. 17–18 ein Anhang, der eher nur eine Aufzählung ist.[6] Die Exegeten halten deshalb in ihrer Mehrheit die Tempelerzählung für einen gewachsenen Text.

Auch innerhalb von V. 10–16 weisen Wiederholungen, Redundanzen, Nachholungen und unvermittelte Übergänge auf Zusätze hin. Der Text trägt die Spuren mehrfacher und zielgerichteter Bearbeitung. Georg Hentschel nimmt eine Entwicklung in drei Stufen an: An eine Quelle in V. 10–13 hat sich in V. 15–16 eine Erweiterung angeschlossen, und in V. 14 trat eine Glosse dazwischen.[7] Es wird sich zeigen, dass diese Annahme im wesentlichen im Recht ist.

Einen sicheren Hinweis auf das Wachstum geben die Abweichungen in der Textüberlieferung. In V. 11–12 hat der masoretische Text gegenüber der Septuaginta fast den doppelten Umfang:

---

3 G. Hentschel, 2 Könige (NEB 11) 1985, 73; vgl. schon A. Klostermann, Die Bücher Samuelis und der Könige (KK A 3) 1887, 450.
4 E. Würthwein, Die Bücher der Könige (ATD 11,2) 1984, 387.
5 H.-D. Hoffmann, Reform und Reformen (AThANT 66) 1980, 142f; M. Rehm, Das zweite Buch der Könige. Ein Kommentar, 1982, 158.
6 H. Winckler, Beiträge zur quellenscheidung der Königsbücher. II. Die geschichtlichen quellen der Königsbücher (in: Ders., Alttestamentliche Untersuchungen, 1892, 15–54), 48, schließt V. 17–18 mit V. 7–9 zusammen. Das ist unmöglich, weil V. 17 auf V. 14 bezogen ist, s. u.
7 Hentschel, 2 Könige, 75–77.

11 Und der Priester Urija baute den Altar ganz so, wie der König Ahas aus Damaskus gesandt hatte. [MT + So tat der Priester Urija, bis der König Ahas aus Damaskus kam. 12 Und der König kam aus Damaskus.] Und der König sah den Altar [MT + Und der König trat an den Altar heran] und stieg auf ihn hinauf.

Weil die Übersetzung sich im übrigen streng an die Vorlage bindet, fällt die *Lectio brevior* von vornherein ins Gewicht. Mit den Überschüssen gehen auffallend viele Wiederholungen einher. Drei Sätze enden mit הַמֶּלֶךְ (אָחָז) מִדַּמֶּשֶׂק „der König (Ahas) aus Damaskus", zwei weitere mit הַמֶּלֶךְ אֶת־הַמִּזְבֵּחַ „der König den Altar" oder הַמֶּלֶךְ עַל־הַמִּזְבֵּחַ „der König an den Altar". Wer den griechischen Text für sekundär hält, kann die Unterschüsse ungezwungen auf *Homoioteleuta* zurückführen. Ebenso gut aber lassen die Wiederholungen sich als Aufnahme und Wiederaufnahme, das heißt als Hinweise auf Erweiterungen lesen. Erst damit bekommt die Redundanz einen Sinn. Die stilistische Unbeholfenheit, in drei aufeinander folgenden Sätzen das gleichbleibende Subjekt הַמֶּלֶךְ „der König" immer von neuem zu nennen, bis endlich ein viertes Prädikat in den normalen Erzählstil mit implizitem Subjekt einlenkt, geht schwerlich auf eine einzige Hand zurück: „Und *der König* kam, und *der König* sah, und *der König* trat heran, und *er* stieg hinauf."

Warum der hebräische Text erweitert worden ist, lässt sich im Fall von V. 12b nachvollziehen. Der Satz וַיַּעַל עָלָיו, der von beiden Textformen bezeugt wird, ist zweideutig. Man kann entweder lesen: „und er stieg auf ihn hinauf" (*qal*), oder: „und er opferte auf ihm" (*hifʿîl*).[8] Der Überschuss stellt die Lesart sicher: „Und der König trat an den Altar heran." Er ist eine Art *Qᵉrê*. Dafür hat der Ergänzer auf Lev 9,8 zurückgegriffen: וַיִּקְרַב אַהֲרֹן אֶל־הַמִּזְבֵּחַ „Und Aaron trat an den Altar heran" (vgl. auch Ex 40,32; Lev 9,7; Num 18,3).[9] Der Wortlaut trägt Sorge, dass der König in Übereinstimmung mit der Tora handelt.

Auch der Überschuss in V. 11b*–12aα dient der Klarstellung. Diesmal betrifft sie die Dublette „Und er sah den Altar, der in Damaskus war" V. 10aβ und „Und der König sah den Altar" V. 12aβ. Die Übereinstimmung ist so groß, dass man die beiden Sätze auf einen und denselben Vorgang beziehen kann. Für diesen Fall hätte der König nicht in Jerusalem geopfert, sondern,

---

8   Vgl. Ex 40,29; Esr 3,3; 2 Chr 1,6.
9   2 Kön 16,12 bietet עַל statt אֶל. Wenn nicht ein Schreibfehler vorliegt, ist das eine Anpassung an das vorgegebene עָלָיו. Die Lesart וַיַּקְרֵב „und er brachte dar", die F. PERLES, Analekten zur Textkritik des Alten Testaments, 1895, 67, und A. B. EHRLICH, Randglossen zur hebräischen Bibel, VII, 1914, 312, vorschlagen, wird durch Lev 9,8 ausgeschlossen.

noch während Urija in Jerusalem den Altar nachbaute, an dem fremden Altar *in Damaskus*. Zwar liegt ein solches Verständnis nicht nahe; denn dass der König dem Priester ein Abbild des Altars übersendet, statt es ihm mitzubringen, versteht sich nur, wenn er bei seiner Rückkehr den fertigen Altar vorfinden will. Dennoch bleibt möglich, den Text in diesem Sinne zu lesen. Das will der hebräische Überschuss ausschließen: „So tat der Priester Urija, bis der König Ahas aus Damaskus kam. Und der König kam aus Damaskus" – und dann erst „sah der König den Altar", nämlich den Nachbau im Tempel von Jerusalem.

Dass die Tradenten sich zu dieser Korrektur genötigt sahen, hat seinen Grund. Die Wendung וַיַּעַל עָלָיו „erinnert recht deutlich an das Beispiel Jerobeams, dem ... zum Vorwurf gemacht wird, dass er auf den Altar stieg, um zu opfern".[10] Bibelkundige Leser werden unweigerlich auf die Wendung וַיַּעַל עַל־הַמִּזְבֵּחַ „Und er (Jerobeam) stieg auf den Altar" in 1 Kön 12,32.33.33 geführt;[11] zumal das Frömmigkeitsurteil 2 Kön 16,3a Ahas bezichtigt: „Und er wandelte auf dem Wege der Könige von Israel." Es galt, Ahas vor dem Verdacht in Schutz zu nehmen, der Sünde Jerobeams verfallen zu sein.

Das illegitime Opfer des Ahas

Ohne die Nachträge der hebräischen Überlieferung gelesen, zeigt sich, dass dieselbe Apologetik schon in der gemeinsamen Grundlage wirksam gewesen ist:

> (10) Und er sah den Altar, der in Damaskus war
> Und der König Ahas sandte dem Priester Urija das Abbild des Altars [und sein Modell für seine ganze Ausführung], 11 und der Priester Urija baute den Altar ganz so, wie der König Ahas aus Damaskus gesandt hatte. < > (12) Und der König sah den Altar < >
> und stieg auf ihn hinauf 13 und ließ sein Brandopfer in Rauch aufgehen.

Der Übergang von V. 10a nach V. 10b ist nicht fließend. Das Subjekt wird nochmals eingeführt, obwohl es nicht wechselt: „Und er sah den Altar, der in Damaskus war. Und *der König Ahas* sandte dem Priester Urija". Der Neuansatz weist auf eine literarische Zäsur hin. Im weiteren Verlauf wird eine

---

10 WÜRTHWEIN, Könige, 389.
11 Neben den drei Belegen in 1 Kön 12,32–33 findet sie sich nur noch Ex 20,26; 1 Sam 2,28; 2 Kön 23,9.

Ringkomposition erkennbar.¹² Die Wiederholung in V. 12aβ „Und der König sah den Altar" dient als Wiederaufnahme von V. 10aβ „Und er sah den Altar, der in Damaskus war".¹³ Der Zusatz, der auf solche Weise eingefügt worden ist, hat die Abfolge: „Und er sah den Altar, der in Damaskus war, und stieg auf ihn hinauf" (V. 10aβ.12b*), unterbrochen. Das ist genau jene Lesart, die die Überschüsse des hebräischen Textes verhindern wollen und damit beweisen, dass sie latent vorhanden gewesen ist.

Die weitere Folge der literarischen Ergänzungen, die sogleich erläutert werden soll, lässt erkennen, dass am Ursprung der Altar-Erzählung einzig diese Notiz gestanden hat. Indessen kann auch sie keine selbständige Überlieferung gewesen sein; denn das Subjekt wird nicht genannt. Zugleich ist der Anschluss an V. 10aα nicht glatt. Er bedarf der Verknüpfung אֲשֶׁר בְּדַמֶּשֶׂק „der in Damaskus war", die mit dem vorangehenden Lokativ „nach Damaskus" eine Dublette erzeugt. Daraus ergibt sich die Abstufung:

10 Und der König Ahas ging Tiglat Pileser, dem König von Assur, entgegen nach Damaskus.
Und er sah den Altar, der in Damaskus war, [...] (12) und stieg auf ihn hinauf ...

Nur die Nachricht, dass Ahas dem König von Assur entgegengegangen sei, ist als historisch zu deuten.¹⁴ Sie hebt sich durch die singuläre Form des Namens דּוּמֶּשֶׂק = *Dumašqa* vom umgebenden Text ab. Von assyrischer Seite wird sie durch die sogenannte Tontafelinschrift bestätigt, die Ahas unter den Tributären Tiglatpilesers namentlich nennt.¹⁵ Vermutlich ist sie den Annalen der Könige von Juda entnommen; denn die Wendung stimmt mit der Notiz über den Tod des Josia in 23,29 überein: „Und der König Josia ging ihm (scil. dem Pharao Necho) entgegen, und er tötete ihn in Megiddo, sobald er ihn sah."

---

12 Vgl. W. RICHTER, Exegese als Literaturwissenschaft, 1971, 70 f.
13 Vgl. C. KUHL, Die „Wiederaufnahme" – ein literarkritisches Prinzip? (ZAW 64, 1952, 1–11).
14 W. ZWICKEL, Räucherkult und Räuchergeräte (OBO 97) 1990, 199–209, rekonstruiert eine Quelle, die aus V. 10–11.15aα*.16 bestanden haben soll. Seine Analyse beruht auf stilistischen Erwägungen. Sie geht von der vorgefassten Gattungsbestimmung aus, es mit einer aus Hofannalen stammenden Quelle zu tun zu haben. Wichtige literarkritische Signale werden übersehen. Das Ergebnis ist ein selbst erzeugtes Fragment, das nur unter archäologischen Voraussetzungen einen Sinn ergibt – von denen es offensichtlich abhängt.
15 TUAT I/4, 375. Der Tribut erklärt sich am ehesten als Reaktion auf die Eroberung von Damaskus im Jahre 732. Erst im Gefolge der Darstellung von Jes 7 hat man ihn als Hilfegesuch gegen die syrisch-ephraimitische Koalition verstanden und ein bis zwei Jahre früher datiert.

Der anschließende Bericht, dass Ahas in Damaskus geopfert habe, beruht auf anderen, theologischen Gründen, nämlich auf dem Urteil über die Frömmigkeit: „Er schlachtete und räucherte an den Höhen und auf den Hügeln und unter jedem grünen Baum" (V. 4). Die Wendung ist aus Dtn 12,2 übernommen.[16] Sie schildert den König als Sünder, der gegen das Gebot des Deuteronomiums, nur in Jerusalem zu opfern, immer und immer verstoßen habe. Daraus folgte: Sobald Ahas sich von Jerusalem entfernte, musste er die Gelegenheit zum Ungehorsam genutzt haben.

Der erste Schritt ist, dass Ahas den Altar sieht. Schon darin liegt ein Hinweis. Es versteht sich nämlich von selbst, dass der König den Altar sehenden Auges bestiegen hat. Es zu erwähnen, hatte einen besonderen Grund.[17] Er ist bald gefunden: „Hüte dich, dass du deine Brandopfer nicht an jeder Stätte darbringst, *die du siehst* (תִּרְאֶה)" (Dtn 12,13). Die Einzelheit entpuppt sich als Schriftverweis. Sie will Ahas den Verstoß gegen das Zentralisationsgesetz anlasten.[18] Das Verbot ließ sich auf Damaskus ohne weiteres anwenden. Es betrifft *jede Stätte* außerhalb Jerusalems, ist also nicht auf die Höhen in Juda und die illegitimen Heiligtümer des Nordreichs beschränkt.

Auch die Fortsetzung V. 13a bezieht sich auf das Zentralisationsgesetz:

(10) Und er sah den Altar, der in Damaskus war, [...] (12) und stieg auf ihn hinauf 13 und ließ sein Brandopfer in Rauch aufgehen.

Die Form mit Possessivsuffix עֹלָתוֹ „sein Brandopfer" erinnert an Dtn 12,13.14.[19] Das Verb קטר *hi.* „in Rauch aufgehen lassen" anstelle des üblichen עלה *hi.* „aufsteigen lassen, opfern" spielt noch einmal auf Jerobeam an: „Und er stieg auf den Altar um zu räuchern" (וַיַּעַל עַל־הַמִּזְבֵּחַ לְהַקְטִיר, 1 Kön 12,33bβ; vgl. 13,1b).[20]

Mit dem Bezug auf Dtn 12 erübrigt sich die Frage, die regelmäßig erörtert wird: ob der Altar dem einheimischen Kult der Aramäer gegolten hat, wie die Betonung „der in Damaskus war" zu sagen scheint, oder ob die Neuerung, die Ahas eingeführt hat, mit der politischen und kultischen Unter-

---

16 Die Verbindung וְעַל־הַגְּבָעוֹת וְתַחַת כָּל־עֵץ רַעֲנָן „und auf den Hügeln und unter jedem grünen Baum" findet sich nur Dtn 12,2 und 2 Kön 16,4 (//2 Chr 28,4).
17 Diese Beobachtung verdanke ich einem Einwand von Erhard Blum.
18 Das Zentralisationsgesetz hat einmal mit Dtn 12,13 begonnen (vgl. E. REUTER, Kultzentralisation [BBB 87] 1993, 103). Die exponierte Bedeutung blieb auch später erhalten.
19 Vgl. auch Dtn 12,6.11.27.
20 Die Verbindung קטר עֹלָה *hi.* „das Brandopfer in Rauch aufgehen lassen" sonst Ex 29,18.25; Lev 1,13; 3,5; 8,21.28; 9,13.

werfung unter Assur begründet gewesen ist, wie der geschichtliche Zusammenhang nahelegt. Der Verfasser hatte allein den Verstoß gegen das Gebot der Kultzentralisation im Auge. Die Sünde lag in der Wahl des fremden Orts, weiter nichts.[21]

Das legitime Opfer des Ahas

Diese Darstellung blieb nicht, wie sie war. Die weitere Überlieferung hat sie korrigiert. Erst daraus entwickelte sich die heutige Erzählung. Wahrscheinlich wurde die Korrektur ausgelöst durch die Reflexion über den überlieferten Lauf der Geschichte. In den historischen Büchern hat sich bei vielen Anlässen eine Tendenz niedergeschlagen, die die Überzeugung der späten Frömmigkeit, dass Jahwe unter allen Umständen gerecht handelt, zum Maßstab für den Verlauf der Geschichte gemacht hat. Mit diesem Gottesbild war nicht vereinbar, dass Ahas im Unterschied zu König Hoschea von Israel von der assyrischen Gefahr verschont blieb, obwohl das Frömmigkeitsurteil ihm zuschreibt, dass er „auf dem Weg der Könige von Israel wandelte" (2 Kön 16,3), während der gestrafte Hoschea zwar das Böse tat, „doch nicht wie die Könige von Israel, die vor ihm waren" (2 Kön 17,2). Das durfte nicht unwidersprochen bleiben. Wenn Jahwes Handeln folgerichtig war, konnte Ahas so sündig nicht gewesen sein.

Daraus folgte, dass das Opfer des Ahas nicht in Damaskus geschehen war. Ort der Handlung musste die legitime Stätte des Jahwekults gewesen sein, der Tempel in Jerusalem. Schöpferische Exegese hatte keine Mühe, der Beschreibung: „Er sah den Altar und stieg hinauf", einen entsprechenden Sinn zu entnehmen. Die beiden Verben schildern demnach nicht einen zusammenhängenden Vorgang. Inzwischen musste der König nach Jerusalem zurückgekehrt sein.

> (10) Und er sah den Altar, der in Damaskus war
> Und der König Ahas sandte dem Priester Urija das Abbild (דְּמוּת) des Altars [und sein Modell (תַּבְנִית) für seine ganze Ausführung], 11 und der Priester Urija baute den Altar ganz so, wie (כְּכֹל אֲשֶׁר) der König Ahas aus Damaskus gesandt hatte. < > (12) Und der König sah den Altar < >
> und stieg auf ihn hinauf.

---

21 Ähnlich K. A. D. SMELIK, The New Altar of King Ahaz (2 Kings 16). Deuteronomistic Re-Interpretation of a Cult Reform (in: M. VERVENNE [ed.], Deuteronomy and Deuteronomic Literature. Festschrift C. H. W. Brekelmans [BEThL 133] 1997, 263–278), der allerdings mit deuteronomistischer Bearbeitung einer Quelle rechnet.

So gelesen, diente das Sehen des Altars dazu, den Wechsel des Schauplatzes einzuleiten. Ahas nahm Modell, um in Jerusalem einen genau entsprechenden Altar errichten zu lassen. Erst daraufhin wiederholt sich die überlieferte Handlung: „Der König sah den Altar und stieg hinauf" – doch jetzt am erlaubten Ort.

Weil es sich um die Korrektur eines vorgegebenen Textes, nicht um den Niederschlag eines historischen Ereignisses handelt, kam es allein auf die theologische, nicht auf die pragmatische Plausibilität an. So erklärt sich, dass der König die Kultreform nicht bei seiner Rückkehr veranlasst, wie man es unter historischen Voraussetzungen erwarten kann, sondern seine Absicht umgehend per Boten an den Priester Urija übermittelt. Dafür hätte in der Situation auch deswegen kein Anlass bestanden, weil Ahas schwerlich längere Zeit in Damaskus geblieben ist. Der Priester Urija, dem die Ausführung übertragen wird, ist aus Jes 8,2 übernommen. Das ist nichts als eine bibelkundliche Assoziation: Urija ist der einzige Priester, den die Überlieferung für die Zeit des Ahas kennt, und er wird überdies als „zuverlässig" (נֶאֱמָן) geschildert.

Damit die Verlegung des Schauplatzes leistete, was sie sollte, musste zwischen dem Altar in Damaskus und dem neuen Altar in Jerusalem völlige Gleichheit bestehen. Das bringt der Begriff דְּמוּת „Abbild" zum Ausdruck, ein aramaisierendes Wort, das nur in jungen Texten wie dem Bericht der Priesterschrift über die Erschaffung des Menschen (Gen 1,26; 5,1.3) vorkommt.[22] Dem dient ebenso der penible Gehorsam des Urija, der tat „ganz so, wie" (כְּכֹל אֲשֶׁר) Ahas ihn durch Boten beauftragt hatte. Auch diese Wendung erinnert an die Priesterschrift. Sie stimmt überein mit den abschließenden, summarischen Ausführungsnotizen beim Bau der Arche (Gen 6,22) und, sachlich am nächsten, beim Bau der Stiftshütte (Ex 40,16; vgl. 39,32.42). Es ist kein Zweifel, dass auf dieser Ebene der Bau des Altars als eine Gott wohlgefällige Maßnahme galt.

Der Gedanke ist später in einem Zusatz noch vertieft worden, der an seiner nachhängenden Stellung und der sachlichen Verdoppelung zu erkennen ist: וְאֶת־תַּבְנִיתוֹ לְכָל־מַעֲשֵׂהוּ „und sein Modell für seine ganze Ausführung". Das Stichwort תַּבְנִית ist ein Querverweis auf die Anordnung zum Bau der Stiftshütte in Ex 25,9.40. Damit ist angedeutet, dass die Änderung, die der König vornimmt, mit Gottes eigenem Plan für das Heiligtum übereinstimmt. So wird auch der Plan, den David nach der Darstellung der

---

22 Die Belege gehören nicht zur Grundschrift P^G, sondern zu den Nachträgen. Sonst findet sich דְּמוּת sechzehn Mal im Buch Ezechiel sowie Jes 13,4; 40,18; Ps 58,5; Dan 10,16; 2 Chr 4,3. Zur Bildungsweise vgl. GesK § 86k.

Chronik dem Salomo für den Bau des Tempels übergibt, תַּבְנִית genannt (1 Chr 28,11.12.18.19).[23]

Das Opfer, mit dem der neue Altar in Gebrauch genommen wird, nimmt jetzt die regulären, toragemäßen Formen an:

> (12) Und der König sah den Altar < >
> und stieg auf ihn hinauf 13 und ließ sein Brandopfer in Rauch aufgehen
> und sein Speisopfer und < >[24] sein Trankopfer und schlug das Blut der Schelamim-Opfer, die ihm gehörten (אֲשֶׁר־לוֹ), an den Altar.

Das Brandopfer (עֹלָה) wird um das Speisopfer (מִנְחָה) und das Trankopfer (נֶסֶךְ) ergänzt. Bei diesem Nachtrag gerät das Trankopfer unter das Verb קטר hi. „in Rauch aufgehen lassen" – eine Schwierigkeit, die der hebräische Text später beseitigt hat, indem er das Verb נסך hi. „spenden" hinzufügte.[25] Die Trias von Brand-, Speis- und Trankopfer entspricht dem täglichen Morgen- und Abendopfer nach Ex 29,38–41; Num 28,3–8. Warum der Ergänzer genau diese Opfer gewählt hat, geht aus der Einleitung Ex 29,38 hervor: „Und das ist es, was du auf dem Altar tun sollst (וְזֶה אֲשֶׁר תַּעֲשֶׂה עַל־הַמִּזְבֵּחַ)." Nichts konnte die Legitimität des Opfers auf dem neu errichteten Altar besser belegen.

Auch das vorgeschriebene Ritual wurde eingehalten. Zum regulären Opfer gehörte beides: Teile des Opfertiers auf oder am Altar in Rauch aufgehen zu lassen (קטר hi.), und zuvor der Blutritus, bei dem das Blut des Opfertiers an den Altar geschlagen wurde (זרק עַל־הַמִּזְבֵּחַ). Dabei entstand in diesem Fall ein verzwicktes Problem. Nach den Opfergesetzen der Tora war der Blutritus ausschließlich Aaron und seinen Söhnen, also der Priesterschaft vorbehalten, nach dem bis dahin vorliegenden Bericht von 2 Kön 16 aber war es der König, der das Opfer dargebracht hat. Den Ausweg fand der Ergänzer in Lev 9. Dort wird bei Gelegenheit des ersten regulären Opfers unterschieden zwischen den Opfern, die Aaron für sich selbst darbringt (V. 7–14, vgl. bes. אֲשֶׁר־לוֹ, V. 8), und den Opfern, die er für das Volk darbringt (V. 15–21). In beiden Fällen werden Sündopfer (חַטָּאת) und Brandopfer (עֹלָה) dargebracht. Das Schelamim-Opfer aber zählt allein zu der zweiten

---

23 Das besagt nicht, dass die Chronik dem Glossator schon vorlag. Es ist aber nicht ausgeschlossen.

24 Das Verb וַיַּסֵּךְ „und er spendete" fehlt in der griechischen Übersetzung. V. 15, der auf V. 13 zurückgreift, liest es noch nicht.

25 Die Unebenheit spricht gegen die Schlussfolgerung von R. RENDTORFF, Studien zur Geschichte des Opfers im alten Israel (WMANT 24) 1967, 48: „Die Opferreihe: 'ola, mincha, nesek und schelamim erscheint hier also als zusammengehörig, ohne daß eine nachträgliche Bearbeitung des Textes angenommen werden müßte."

Gruppe, und zwar ausdrücklich, vgl. אֲשֶׁר לָעָם, V. 18. Das bot die Möglichkeit, ausnahmsweise den König den Blutritus vollziehen zu lassen. Mit dem Attribut הַשְּׁלָמִים אֲשֶׁר־לוֹ „die Schelamim-Opfer, *die ihm gehörten*," reiht der König sich auf der Seite des Volkes ein (אֲשֶׁר לָעָם, Lev 9,18) und vollzieht dennoch den Blutritus, als sei er einer der Aaroniden (אֲשֶׁר־לוֹ, Lev 9,8). So erklärt sich, weshalb in 2 Kön 16,13 zum Brand-, Speis- und Trankopfer als vierte Opferform das Schelamim-Opfer hinzutritt.[26]

Weisungen für die künftige Opferpraxis

Unübersehbar folgte aus dieser Lösung wiederum Korrekturbedarf. Da das legitime Opfer nach der Tora ausschließlich den Aaroniden zustand, hat ein nächster Ergänzer dafür gesorgt, dass der berichtete Fall eine Ausnahme blieb und der König in Zukunft die Opfer nicht mehr selbst darbrachte.[27] Der König, gerecht wie er war, soll das toragemäße Verfahren selbst angeordnet haben.

> 15 <Und er gebot ihm>[28] [der König Ahas dem Priester Urija] Folgendes: Auf dem großen Altar (עַל הַמִּזְבֵּחַ הַגָּדוֹל) lass das Morgen-Brandopfer und das Abend-Speisopfer in Rauch aufgehen [und das Brandopfer des Königs und sein Speisopfer und das Brandopfer <des ganzen Volks>[29] und ihre Speisopfer und ihre Trankopfer]. Und alles Brandopfer-Blut und alles Schlachtopfer-Blut sollst du an ihn (עָלָיו) schlagen. […][30] 16 Und der Priester Urija tat ganz so, wie ihm der König Ahas geboten hatte.

Die ausführliche Anweisung betrifft genau wie V. 13 das tägliche Morgen- und Abendopfer. Zugleich aber sind die Unterschiede so groß, dass gemein-

---

26 Der Wortlaut von 2 Kön 16,13b stimmt besonders eng mit Lev 7,14 überein.
27 2 Chr 26,16–20 erklärt den Aussatz des Königs Usija (vgl. 2 Kön 15,5) damit, dass der König eigenhändig im Tempel das Räucheropfer dargebracht und damit gegen die Rechte der Aaroniden verstoßen habe. Vgl. auch die harten Auseinandersetzungen um die Priesterrechte, die hinter Num 16 erkennbar sind.
28 Lies וַיְצַוֵּהוּ mit K͏ᵉtîb. Die Irritation ist durch den Einschub von V. 14 hervorgerufen worden. KLOSTERMANN, Samuelis und Könige, 451: „Nachdem in v. 14 Ahas an Stelle von Uria Subj. geworden, mußte הוּ durch ‚dem Priester U.' erklärt werden; dann war aber das Suff. überflüssig, daher M es zu ignorieren befiehlt."
29 So mit Septuaginta. Der hebräische Text liest „des ganzen Volkes *des Landes*" (כָּל־עַם הָאָרֶץ). Er denkt an den frommen Teil der Bevölkerung, wie man den Begriff עַם הָאָרֶץ anhand von 2 Kön 11,18 verstanden hat. Vgl. auch CH. LEVIN, Der Sturz der Königin Atalja (SBS 105) 1982, 66–69.
30 Zu V. 15b s. u. Abschnitt 5.

same Verfasserschaft ausscheidet.³¹ Auch dieser Ergänzer bezieht sich neben Ex 29,38–41 auf Lev 9. Nur in Lev 9,17 (und der Parallele Num 28,23) findet sich noch einmal die Verbindung עֹלַת הַבֹּקֶר „Morgen-Brandopfer".³² Der Ausdruck ist als Schriftverweis zu lesen, dem der Ergänzer das Abend-Speisopfer (מִנְחַת הָעֶרֶב) zur Seite stellt.³³ Der Rückschluss, dass die Anordnung aus einer Zeit stammt, als das Morgen- und das Abendopfer noch nicht Brandopfer und Speisopfer zugleich umfasst hat, wird durch den Text schwerlich gedeckt.³⁴ Wieder wird auch der Blutritus erwähnt, der für die Funktion des Altars besonders wichtig war. War es in V. 13 das Blut der Schelamim-Opfer, so kommt nun das Blut der Brandopfer (vgl. Lev 1,5.11; 8,19.24; 9,12) und das Blut der Schlachtopfer (vgl. Ex 23,18//34,25; Dtn 12,27) hinzu.

Zwischen den beiden Sätzen, die durch ihre chiastische Anordnung sowie durch den Rückbezug עָלָיו „an ihn" ← עַל הַמִּזְבֵּחַ הַגָּדוֹל „auf dem großen Altar" miteinander verzahnt sind, steht jetzt eine Aufzählung weiterer Opferarten: „und das Brandopfer des Königs und sein Speisopfer und das Brandopfer des ganzen Volks und ihre Speisopfer und ihre Trankopfer." Hier hat wahrscheinlich ein Späterer für Vollständigkeit sorgen wollen. Indem er das Opfer des Königs (עֹלַת הַמֶּלֶךְ) eigens nennt, kennzeichnet er das Opfer des Ahas als letztmalige Ausnahme. Ebenso soll das Opfer des Volks, das in V. 13 durch den Verweis auf Lev 9,18 im Spiel ist, künftig nicht mehr vom König, sondern wie in Lev 9,7.15–21 von den Aaroniden dargebracht werden.³⁵ Zum täglichen Brandopfer gehören stets auch die Speisopfer und die Trankopfer (vgl. bes. Num 29 passim).

Dass der Priester die Anweisungen ausgeführt habe, wird in V. 16 nachdrücklich resümiert, der einmal den Abschluss der Episode gebildet hat. Die Wendung lenkt auf V. 11bα zurück. Damit will sie andeuten, dass die Regelung des Opferdienstes nicht nachträglich geschehen ist, sondern Teil der Anweisung war, die Ahas aus Damaskus an Urija gesandt hat. Diesmal ist

---

31 Darauf hat mit Nachdruck RENDTORFF, Studien zur Geschichte des Opfers, 46f, hingewiesen.
32 Vgl. sonst Esr 3,3; 2 Chr 31,3.
33 Der Ausdruck sonst Ps 141,2; Dan 9,21; Esr 9,4.5.
34 Eine solche Praxis ist nirgends bezeugt. In 1 Kön 18,29 und 2 Kön 3,20 wird die Tageszeit mit dem Morgen- oder Abendopfer angegeben. Das setzt die Regelmäßigkeit voraus. Beide Belege sind Zusätze aus nachexilischer Zeit. In beiden Fällen wird das Opfer als מִנְחָה bezeichnet. In 2 Kön 3,20 findet die מִנְחָה am Morgen statt, in 1 Kön 18,29 am Abend, und zwar als Brandopfer. Dieselbe begriffliche Unbestimmtheit kann man auch für 2 Kön 16,15 voraussetzen.
35 Brandopfer des Volks neben Brandopfern Aarons und seiner Söhne nennt auch Lev 16,24.

die Ausführungsnotiz eher unpassend, da die Anweisungen genereller Art sind und über das berichtete einmalige Geschehen korrigierend hinausführen. Wieder liegt das Augenmerk nicht auf der Handlungsfolge, sondern auf der Entsprechung zur Tora. Noch einmal klingen die priesterschriftlichen Notizen Gen 6,22; Ex 39,32.42; 40,16 an.

Der alte Altar

„Schließlich beschäftigte spätere Glossatoren die Frage, was mit dem bisherigen Altar ... geworden sei",[36] von dessen Anfertigung Ex 27,1–2 und 38,1–2 berichten und der auch in 1 Kön 8,64 anlässlich des großen Opfers bei der Tempelweihe erwähnt wird. Die Antwort besteht in theologischen Verlegenheiten, die für den Leser zu exegetischen Verlegenheiten geworden sind:

> 14 Und den bronzenen Altar, der vor Jahwe stand, [und brachte ihn herzu hinweg von der Vorderseite des Tempels [von zwischen dem Altar und dem Hause Jahwes]] und gab ihn zur Seite des Altars nach Norden hin.

Die Voranstellung des Objekts gibt den Vers als Parenthese zu verstehen. „Was v. 14 erzählt ist natürlich geschehn, bevor Ahas auf dem neuen Altar opferte. Voraussetzung dafür war, dass er לפני י״י stand. Wohin der alte Altar gekommen ist, wird uns nachträglich mitgetheilt."[37] Der Verfasser nimmt wörtlich auf 1 Kön 8,64 bezug: מִזְבַּח הַנְּחֹשֶׁת אֲשֶׁר לִפְנֵי יהוה „der bronzene Altar, der vor Jahwe stand". Dass er zitiert, beweist die zweifache Determination: הַמִּזְבַּח הַנְּחֹשֶׁת. Sie ist kein Textfehler,[38] vielmehr betrifft die Determination von הַמִּזְבֵּחַ den gesamten, sonst nicht belegten Begriff. Der Vorschlag, הַנְּחֹשֶׁת zu streichen, um einen glatten Text zu gewinnen,[39] verkennt und zerstört den Querverweis. Hinzu kommt, dass 1 Kön 8,64b selbst wiederum nachgetragen ist.[40] Anlässlich der Tempelweihe durch Salomo hat ein Späterer das Inventar des priesterschriftlichen Heiligtums aus Ex 27,1–2 und

---

36 HENTSCHEL, 2 Könige, 76, der das Wachstum des Textes klar gesehen hat.
37 B. STADE, Anmerkungen zu 2 Kö. 15–21 (1886; in: DERS., Ausgewählte Akademische Reden und Abhandlungen, ²1907, 201–226), 207.
38 Eine grammatische Lösung versucht GesK § 127 h. Sie ist unnötig.
39 BHS und die meisten Kommentatoren.
40 Das ist abzulesen an dem doppelten כִּי-Satz in Verbindung mit der Wiederholung אֶת־הָעֹלָה וְאֶת־הַמִּנְחָה וְאֵת חֶלְבֵי אֲשֶׁר לִפְנֵי יהוה und der breiten Wiederaufnahme הַשְּׁלָמִים.

38,1–2 beigesteuert.[41] Verräterisch ist, dass der dortige Ergänzer erklärt, dass und warum der bronzene Altar bei dieser Gelegenheit *nicht* genutzt worden sei.

Die Aussagen über den neuen Standplatz beruhen auf Kombination. Die Wendung: וַיִּתֵּן אֹתוֹ עַל־יֶרֶךְ הַמִּזְבֵּחַ צָפוֹנָה „und er gab ihn zur Seite des Altars nach Norden hin" hat zwei enge Parallelen. Die eine ist der Bericht über die Aufstellung des Tisches für die Schaubrote in Ex 40,22: „und er gab den Tisch in das Zelt der Begegnung zur Seite der Wohnung nach Norden hin (וַיִּתֵּן אֶת־הַשֻּׁלְחָן בְּאֹהֶל מוֹעֵד עַל יֶרֶךְ הַמִּשְׁכָּן צָפֹנָה)", die andere das Gesetz über das Brandopfer vom Kleinvieh in Lev 1,11: Wer ein Kleinvieh zum Brandopfer darbringt, „schlachtet es zur Seite des Altars nach Norden hin vor Jahwe (אֹתוֹ עַל־יֶרֶךְ הַמִּזְבֵּחַ צָפֹנָה לִפְנֵי יהוה), und die Söhne Aarons, die Priester, sprengen das Blut an den Altar ringsum". Die beiden Tora-Belege legen sich in 2 Kön 16,14 gegenseitig aus.[42] Der bronzene Altar erhält eine Position ähnlich dem Tisch für die Schaubrote „zur Seite nach Norden hin" (Ex 40,22). Zugleich bleibt er aber „vor Jahwe" und unmittelbar an der Seite des (neuen) Altars, so dass er in den Blutritus einbezogen wird (Lev 1,11).[43] Mit Hilfe dieser Tora-Verweise wird erreicht, dass der Altar von seiner Stelle weicht, ohne von seiner Stelle zu weichen. Die Übereinstimmung mit Ex 40,22 geht so weit, dass Ahas als Subjekt an die Stelle Moses tritt: וַיִּתֵּן „und er stellte". Dabei wird um des Zitats willen eine weitere syntaktische Härte in Kauf genommen; denn auf das vorangestellte Objekt hätte nicht der Narrativ, sondern Perfekt folgen sollen: ... וְאֵת הַמִּזְבֵּחַ ... נָתַן עַל־יֶרֶךְ.

Diese Syntax bezieht den vorangehenden Satz ein: וַיַּקְרֵב מֵאֵת פְּנֵי הַבַּיִת „und er brachte herzu hinweg von der Vorderfront des Tempels". Auch für ihn gilt: „We should rather expect a perfect."[44] Wahrscheinlich ist er später zwischenein gekommen, um den Sachverhalt zu verdeutlichen. Die Wortwahl קרב *hi.* „nahen lassen, darbringen" ist eigentümlich. Am häufigsten findet sich der Ausdruck in der Opfertora (vgl. Lev 1,2ff). Damit geht der hiesige Gebrauch nicht überein. „The phrase ויקרב מאת for *he removed from*

---

41 Der bronzene Altar ist darüber hinaus Ex 38,30; 39,39; Ez 9,2; 2 Chr 1,5.6; 4,1; 7,7 erwähnt.
42 Das exegetische Verfahren entspricht der גְּזֵרָה שָׁוָה, der zweiten der sieben Auslegungsregeln Hillels (Analogieschluss zwischen zwei Schriftbelegen), vgl. H. L. STRACK, Einleitung in Talmud und Midrasch, ⁶1976, 97.
43 Vgl. KLOSTERMANN, Samuelis und Könige, 451.
44 B. STADE / F. SCHWALLY, The Books of Kings (SBOT 9) 1904, 257. KLOSTERMANN, Samuelis und Könige, 451, liest הַקְרִיב und verweist auf LXX. Auch BURNEY, Notes, 139, notiert die abnorme Syntax und nennt 1 Kön 9,21; 12,17; 15,13 als weitere Beispiele für Impf. cons. nach vorangehendem Akk. pendens.

is not very natural."⁴⁵ Mehr noch: Die Verbindung ist ein Widerspruch in sich.

Ein weiterer Glossator hat schließlich die Näherbestimmung מִבֵּין הַמִּזְבֵּחַ וּמִבֵּין בֵּית יהוה „zwischen dem Altar und dem Tempel" hinzugefügt.⁴⁶ Auch sie soll das Unmögliche möglich machen: den alten Altar zugleich zu entfernen und an seinem Platz zu belassen. „Urija hat, wie es scheint, den neuen Altar unmittelbar hinter den alten gesetzt, so dass dieser in der That zwischen dem (neuen) Altar und dem Tempel steht und damit seinen Ehrenplatz vorläufig noch behält."⁴⁷

Große Schwierigkeiten bereitet der neue Zweck, für den der König den alten Altar nunmehr bestimmt.

(15) Der bronzene Altar aber soll mir zur Betrachtung(?) dienen.

Das Verständnis hängt an dem Wort לְבַקֵּר, das die Masoreten als inf. cs. von בקר *pi.* „spalten, untersuchen, prüfen" vokalisieren.⁴⁸ Die Septuaginta bestätigt mit εἰς τὸ πρωί = לַבֹּקֶר = „für den Morgen" den Konsonantentext, bietet aber schwerlich die zutreffende Lesart, sondern belegt nur, wie früh das Rätselraten eingesetzt hat. Sicher wollte der Ergänzer dem Altar eine ganz bestimmte Funktion zuschreiben.⁴⁹ Die Vermutung, es mit einem kultischen Terminus technicus zu tun zu haben, wird von Ps 27,4 genährt.⁵⁰ Seine Bedeutung lässt sich nach Lage der Dinge nicht sichern. Unwillkürlich denkt man an die Opferschau. Von Belang dürfte sein, dass der Ergänzer mit den Angaben zum Standplatz des Altars eine Parallele zu dem Schaubrottisch hergestellt hat.

---

45 STADE/SCHWALLY aaO.
46 Der Zusatz wurde zuerst von STADE, Anmerkungen, 207, gesehen. Seither haben viele die Entscheidung übernommen.
47 R. KITTEL, Die Bücher der Könige (HK I 5) 1900, 271; vgl. A. ŠANDA, Die Bücher der Könige (EHAT 9) II, 1912, 202.
48 Die Form findet sich auch Ps 27,4; Spr 20,25. Sonst ist das Verb Lev 13,36; 27,33; Ez 34,11.12 belegt.
49 Ausschließen lässt sich die traditionelle Lesart: „Was den ehernen Altar angeht, will ich bedenken, was ich tun will." Dagegen schon O. THENIUS, Die Bücher der Könige (KEH 9) 1849, 363f: „In dieser Wendung kommt לְ הָיָה mit folg. Infinit. *nirgends* vor; es heisst vielmehr mit folg. Substantiv oder wie hier Verbalsubstantiv und mit לְ der *Person* allenthalben *Jemandem zu irgend einem Gebrauche oder bestimmten Zwecke dienen*, welcher durch das Subst. oder den Infin. angegeben wird und zu welchem das *Subject* des Satzes das *Mittel* ist (s. 2 Mos. 4, 16. u. Jes. 44, 15.)."
50 So S. MOWINCKEL, Psalmenstudien I, 1921, 146; G. VON RAD, „Gerechtigkeit" und „Leben" in den Psalmen (1950; in: DERS., Gesammelte Studien zum Alten Testament [TB 8] ⁴1971, 225–247), 239 Anm. 21; WÜRTHWEIN, Könige, 390; u. a.

Vorsorgliche Demontage

Die Einzelheiten, die V. 17–18 zur Geschichte der Einrichtungen des Heiligtums mitzuteilen wissen, sind unter diesen Voraussetzungen zu deuten. Die beiden Verse „sind deutlich an die Mitteilungen über die Veränderungen im Jerusalemer Tempelkult in 16,10–16 angehängt und damit sekundär".[51] Sie hier anzufügen, ist durch die Nachrichten über den bronzenen Altar veranlasst.

Das einleitende Verb וַיְקַצֵּץ „und er trennte ab" stellt die aufgeführten Maßnahmen auf eine Ebene mit dem, was 2 Kön 18,16* von Hiskia, dem Sohn und Nachfolger des Ahas, berichtet: „Zu jener Zeit trennte (קִצַּץ) Hiskia die Türen des Tempels Jahwes ab und gab sie dem König von Assur" (2 Kön 18,16*). Der bezogene Text ist selbst nicht quellenhaft. Mit der temporalen Verknüpfung בָּעֵת הַהִיא „zu jener Zeit" ist er nachträglich an den Annalenauszug 2 Kön 18,13.14b–15 angefügt worden. Der Tribut des Hiskia soll nicht nur den Tempelschatz, sondern auch die Ausstattung in Mitleidenschaft gezogen haben.[52]

Im Unterschied dazu ist bei Ahas von Abgaben keine Rede. Der Eingriff steht mit dem in V. 8 genannten Tribut an Tiglatpileser weder literarisch noch sachlich in Zusammenhang:

> 17 Und der König Ahas trennte die Leisten [der Gestelle und entfernte über ihnen] und den Kessel ab, und das Meer nahm er herab von den Rindern[53] [den ehernen, die unter ihm waren,] und gab es auf ein Pflaster von Steinen […][54] 18b hinweg vor dem König von Assur.

Die Absicht, die der Ergänzer dem König unterstellt, ergibt sich aus dem Kontrast zu Hiskia: Hiskia lieferte die Türen des Tempels an Sanherib aus, Ahas hingegen soll die Einrichtung des Tempels vor Tiglatpileser in Sicherheit gebracht haben. Das überraschend positive Bild folgt wahrscheinlich daraus, dass Ahas für den zuvor berichteten Übergriff in die Belange des Tempels, der unter normalen Umständen ein Sakrileg gewesen wäre, ohne Tadel geblieben ist. Das ließ sich so verstehen, dass das Beiseiterücken des

---

51 H. Spieckermann, Juda unter Assur in der Sargonidenzeit (FRLANT 129) 1982, 364.
52 Würthwein, Könige, 409. Innerhalb des Verses ist וְאֶת־הָאֹמְנוֹת אֲשֶׁר צִפָּה חִזְקִיָּה מֶלֶךְ יְהוּדָה „und die Pfosten (?), die Hiskia, der König von Juda, [scl. mit Bronze oder Gold] überzogen hatte" ein weiterer, gut erkennbarer Nachtrag.
53 הַבָּקָר wird hier wie in 1 Kön 7,25.44 kollektiv gebraucht.
54 Zu V. 18a siehe weiter unten.

bronzenen Altars eine Maßnahme zu dessen Rettung gewesen ist. Tatsächlich fehlt der bronzene Altar in 2 Kön 25,13–17, dem Bericht über die Ausplünderung des Tempels durch die Babylonier.[55] Was für den Altar gegolten hat, musste auch weitere aus Bronze gefertigte Gegenstände einbezogen haben.

Diese Erwägungen ließen sich anhand der Überlieferung konkretisieren. Was in 1 Kön 7,13–50, dem Bericht über die Anfertigung des Tempelinventars unter Salomo, aufgeführt, in 2 Kön 25,13–17 aber nicht mehr erwähnt ist, musste in der Zwischenzeit entfernt worden sein. In 2 Kön 25,13 ist zu lesen, dass den Babyloniern die beiden ehernen Säulen (עַמּוּדֵי הַנְּחֹשֶׁת, 1 Kön 7,15.41), die Kesselwagen (הַמְּכֹנוֹת, 1 Kön 7,27.43) und das eherne Meer (יָם הַנְּחֹשֶׁת, 1 Kön 7,23.44) in die Hände fielen. Nach V. 14 zählten auch die Töpfe (הַסִּירֹת, 1 Kön 7,40 LXX. 45), die Schaufeln (הַיָּעִים, 1 Kön 7,40.45), die Lichtputzmesser (הַמְזַמְּרוֹת, 1 Kön 7,50) und die Schalen (הַכַּפּוֹת, 1 Kön 7,50) zur Beute, nach V. 15 ferner die Kohlenpfannen (הַמַּחְתּוֹת, 1 Kön 7,50) und die Schalen (הַמִּזְרָקוֹת, 1 Kön 7,40.45.50). Zusätzlich nennt V. 17 den Knauf (הַכֹּתֶרֶת, 1 Kön 7,16.41) samt dem schmückenden Flechtwerk (שְׂבָכָה, 1 Kön 7,17.41) und den Granatäpfeln (רִמֹּנִים, 1 Kön 7,18.42), mit denen jede der Säulen gekrönt war.

In dieser Liste sind nicht genannt die Leisten der Kesselwagen (הַמִּסְגְּרוֹת, 1 Kön 7,28), die auf den Wagen befindlichen Kessel (הַכִּיֹּרוֹת, 1 Kön 7,38.43) sowie die zwölf ehernen Rinder unter dem ehernen Meer (הַבָּקָר שְׁנֵים־עָשָׂר תַּחַת הַיָּם, 1 Kön 7,25.44).[56] Daraus folgte: Ahas hatte sie zusammen mit dem bronzenen Altar entfernt; sei es, dass die Gegenstände als solche in Sicherheit gebracht wurden, sei es, dass man die Bronze gerettet hat. Dass der Ergänzer von V. 17 beide Maßnahmen in unmittelbarem Zusammenhang sieht, deutet er mit der Wendung וַיִּתֵּן אֹתוֹ עַל „und er gab ihn auf" an, die er wörtlich aus V. 14 übernommen hat.

Zur selben Ergänzung gehört mit großer Wahrscheinlichkeit noch V. 18b: מִפְּנֵי מֶלֶךְ אַשּׁוּר „hinweg vor dem König von Assur". Denn wie die in V. 18a genannte Veränderung am Tempelgebäude „mit dem Könige von Assyrien zusammenhängen soll, ist unerfindlich. ... Darum versetzen wir

---

55 Das wird noch in der modernen Exegese gelegentlich zum Argument, vgl. ŠANDA, Könige II, 202: „Im Jahre 587 war der eherne Altar Salomos nicht mehr vorhanden. Sonst wäre er 25,13.14 bei der sorgfältigen Aufzählung der Geräte mit erwähnt."
56 Im Bericht über die Herstellung des ehernen Meeres 1 Kön 7,23–26 schließt V. 26 an V. 23 an. Die Einzelheiten über die Verzierungen V. 24 und über die Trägertiere V. 25 sind offensichtlich nachgetragen. Der Katalog der Beutestücke in 2 Kön 25,13–17 setzt sie möglicherweise noch nicht voraus.

18b hinter 17. Dann ist der Sinn klar."[57] Wieder versteht sich die Aussage im Kontrast zu 2 Kön 18,16: וַיִּתְּנֵם לְמֶלֶךְ אַשּׁוּר „und er (Hiskia) gab sie dem König von Assur".[58] Was Hiskia getan hat, lässt der Ergänzer den Ahas durch vorausschauende Klugheit vermeiden.[59] Sofort nach seiner Rückkehr aus Damaskus räumte Ahas vorsorglich den bronzenen Altar, die Leisten, Kessel und ehernen Rinder beiseite, noch ehe Tiglatpileser auf den Tempel zugreifen konnte.[60] Das Steinpflaster (מַרְצֶפֶת אֲבָנִים) war als Beute ebenso ungeeignet wie der offenbar aus Steinen gedachte neue Altar.

In der vorliegenden Fassung ist V. 17 geringfügig erweitert worden. Das K^{e}tîb וְאֶת־ zeigt, dass וְאֶת־הַכִּיֹּר „und den Kessel" zunächst ebenfalls Objekt zu וַיְקַצֵּץ gewesen ist: „Und der König Ahab trennte die Leisten und den Kessel ab (אֶת־הַמִּסְגְּרוֹת וְאֶת־הַכִּיֹּר)." Demnach wurde der Genitiv „der Gestelle" später eingefügt. Die ältere Lesart zeigt sich auch daran, dass die Verbindung אֶת־הַמִּסְגְּרוֹת הַמְּכֹנוֹת „die Leisten der Gestelle" grammatisch unmöglich ist.[61] Auf die Gestelle wiederum bezieht sich וַיָּסַר מֵעֲלֵיהֶם „und

---

57 ŠANDA, Könige II, 204. Der Exeget darf allerdings nicht einfach die Reihenfolge umstellen. Der sachliche Zusammenhang zeigt vielmehr, dass V. 18a erst später zwischenein kam.
58 Darauf hat WINCKLER, Beiträge zur quellenscheidung, 48, hingewiesen, wobei er allerdings den Gegensatz verkennt: „deutlich ist der gedankenzusammenhang der beiden stellen der, dass die allmähliche plünderung der tempelschätze geschildert werden soll, und wird in 16, 17,18 die einschmelzung von gerätschaften des *vorhofes* berichtet, während in 18, 16 bereits der *tempel selbst* an die reihe kommt."
59 Der Sinn der Wendung wird fast regelmäßig verkannt und geradezu ins Gegenteil verkehrt. Vgl. aber C. F. KEIL, Die Bücher der Könige (BC II 3) ²1876, 336: „מִפְּנֵי מֶלֶךְ אַשּׁוּר ‚aus Furcht vor dem Könige Assyriens' kann in diesem Zusammenhange nimmermehr den Sinn haben: um dem Könige v. Ass. Geschenke darzubringen. … Wenn überhaupt die Veränderungen, welche Ahaz mit den Gestühlen und dem ehernen Meere vornahm, in innerem Connex mit seinem Verhältnisse zu Tiglatpileser gestanden haben, was sich nicht erweisen läßt, so würde Ahaz sie aus Furcht vor demselben vorgenommen haben, nicht um sie ihm zu übersenden, sondern um sie vor ihm, falls er nach Jerusalem käme, zu verbergen".
60 Eine vergleichbare Absicht ist in 2 Kön 12,5–17* König Joasch zugeschrieben worden. Die konstruierte Erzählung lässt ihn den Tribut, der nach 2 Kön 12,18–19 an den Aramäer Hasaël ausgeliefert wurde, rechtzeitig vorher für die Ausbesserung des Tempelgebäudes aufgewendet haben. Vgl. CH. LEVIN, Die Instandsetzung des Tempels unter Joas ben Ahasja (1990; in: DERS., Fortschreibungen [BZAW 316] 2003, 169–197), 174 f.
61 KLOSTERMANN, Samuelis und Könige, 451, schlägt vor, הַמִּסְגְּרוֹת hinter מֵעֲלֵיהֶם zu versetzen: „Und der König Ahas zerschlug die Gestühle und entfernte von ihnen *die Füllungen* und das Becken." Die Emendation, die von STADE, Anmerkungen, 207f; BENZINGER, Könige, 171; KITTEL, Könige, 272, übernommen wird, ist ein Hinweis auf das Problem, keine Lösung. Sie scheitert auch am Wortsinn von קצץ *pi.*, das nicht „zerschneiden", sondern „abtrennen" bedeutet. Hingegen urteilt ŠANDA, Kö-

er entfernte über ihnen". Der ältere Text verlangte verdeutlicht zu werden. Auch die Verbindung הַבָּקָר הַנְּחֹשֶׁת „die ehernen Rinder" ist ungrammatisch. Man kann vermuten, dass die Angabe des Materials von demselben Ergänzer stammt und er vielleicht auch den umständlichen Hinweis אֲשֶׁר תַּחְתֶּיהָ „die unter ihm waren" hinzugefügt hat.[62]

Der zwischenein gekommene V. 18a gibt große Rätsel auf. Sie zu lösen, haben sich schon die alten Übersetzer und die Masoreten vergebens gemüht.[63] Sicher ist, dass auch diese Notiz kein vorgegebenes Quellenstück wiedergibt, sondern auf exegetischer Extrapolation oder sonstigen späten Erwägungen beruht. „Es handelt sich … um einen gelehrten, aber zugleich dunklen Nachtrag, der den Zusammenhang zwischen 17 und 18b zerreißt."[64] Wahrscheinlich reagieren die Erwägungen auf die baulichen Veränderungen, die der neue Altar mit sich gebracht hat:

> 18a [Und das <Fundament des Sitzes>, das sie im Tempel gebaut hatten,] und den [äußeren] Zugang des Königs verlegte er am Hause Jahwes.

Die doppelte Ortsangabe אֲשֶׁר בָּנוּ בַבַּיִת „das sie am Tempel gebaut hatten" und בֵּית יהוה „am Hause Jahwes" legt nahe, dass der Einschub aus zwei verschiedenen Nachträgen besteht. Ist das richtig, dann ist die zweite Hälfte die ältere. Sie besagt wohl: Wie der bronzene Altar versetzt wurde, um dem König künftig zur besonderen Verfügung zu dienen (V. 15b), musste auch der „Zugang des Königs" (מְבוֹא הַמֶּלֶךְ), durch den der König sich an den Altar begab, verlegt worden sein (סבב hi.). Die Femininform הַחִיצוֹנָה, im Zusammenhang ungrammatisch, deutet an, dass an den äußeren Vorhof gedacht ist.[65]

---

nige II, 204, gefolgt von J. A. MONTGOMERY / H. S. GEHMAN, The Books of Kings (ICC) 1951, 461: „המסגרות ist überhaupt nicht ursprünglich, sondern eine Glosse, die המכנות korrigieren will. … Anlaß zu dieser Korrektur bot 25,13.16, wo die Gestühle scheinbar noch existieren und von den Chaldäern zerbrochen werden. Doch ist dort הכיורות zu lesen." Die Beziehung auf 2 Kön 25 ist richtig gesehen, aber das Argument steht auf dem Kopf, zumal es in beiden Texten eine Konjektur zur Bedingung hat.

62 Dafür spricht möglicherweise auch das feminine Suffix. MONTGOMERY/GEHMAN, Kings, 464: „תחתיה: the gender assimilated to הנחשת." ŠANDA, Könige II, 204, emendiert תחתיו.
63 Eine gute Übersicht über die Varianten gibt ŠANDA, Könige II, 205.
64 HENTSCHEL, 2 Könige, 77.
65 Die Form findet sich fast ausschließlich in der Verbindung הֶחָצֵר הַחִיצוֹנָה „der äußere Vorhof", vgl. Ez 10,5; 40,17.20.31.34.37; 42,1.3.7.8.9.14; 44,19.19; 46,20.21.

Die erste Hälfte ist noch weniger verständlich. Die Masoreten lesen מוּסַךְ הַשַּׁבָּת „die Absperrung (?) des Sabbats"[66] und verstehen den Begriff als ein erstes Objekt zu הֵסֵב „verlegte er". Die Septuaginta löst den Relativsatz in einen zweiten Hauptsatz auf: ᾠκοδόμησεν ἐν οἴκῳ κυρίου (= בָּנָה בְּבֵית יהוה) „baute er am Hause Jahwes". Das ist eine Erleichterung und darum schwerlich ursprünglich. Anders das Objekt, das der griechische Text als τὸν θεμέλιον τῆς καθέδρας (= מוּסַד הַשֶּׁבֶת) „das Fundament des Sitzes" wiedergibt. Hier weichen die Textformen nur in der Vokalisation und in einer ד/ך-Vertauschung von einander ab. Die griechische Lesart ist leichter zu verstehen und könnte die ältere sein, zumal „Sabbat" eine theologische Korrektur sein kann. Mangels weiterer Kriterien lässt sich das Baudetail, das gemeint war, nicht mehr entschlüsseln. Wahrscheinlich soll auch diese Einzelheit sich auf die Beteiligung des Königs am Kult beziehen.

Ergebnis

Was auf den ersten Blick wie eine alte, vorgegebene Quelle anmutet und in den Einzelheiten unerfindlich scheint, erweist sich bei der Untersuchung der literarischen Kohärenz wie auch angesichts der zahlreichen inneralttestamentlichen Querbezüge als weitgehend ableitbar. Der Bericht ist aus theologischen Beweggründen sowohl entstanden als auch schrittweise weiter gewachsen. Damit gibt er kein historisches Geschehen wieder. Traditionsgeschichtlich gehört er in eine Zeit, als das Wachstum des Pentateuchs weit fortgeschritten war, aber die Neufassung der Geschichtsdarstellung, wie die Chronik sie unternommen hat, noch bevorstand. „Seine verschiedenen Bestandteile weisen alle deutliche Beziehungen zu den priesterlichen Opfertexten auf."[67] Dieselbe Art der Bearbeitung findet sich in 2 Kön 11–12 und 22–23.[68] Auch große Teile des Berichts über den Bau und

---

66 Für מוּסַךְ ist nicht einmal die Wurzelableitung (von סכך „schirmend bedecken"?) sicher.
67 RENDTORFF, Studien zur Geschichte des Opfers, 49. Nicht nachvollziehbar ist daraufhin Rendtorffs Folgerung, dass „wir es jedenfalls bei dem Grundbestand ... mit Angaben zu tun (haben), die die vorexilische Opferpraxis im Jerusalemer Tempel wiedergeben" (49f). Richtig hat hingegen HOFFMANN, Reform und Reformen, 144, erkannt, dass der Bericht „bereits die Sprachregelung und Kultsystematik der P-Literatur in nachexilischer Zeit" voraussetzt.
68 Vgl. für 2 Kön 11: LEVIN, Der Sturz der Königin Atalja; für 2 Kön 12: DERS., Die Instandsetzung des Tempels unter Joas ben Ahasja; für 2 Kön 22–23: DERS., Josia im Deuteronomistischen Geschichtswerk (1984; in: DERS., Fortschreibungen [BZAW 316] 2003, 198–216).

die Weihe des Tempels in 1 Kön 5–8 und manche weiteren Einzelheiten zur Geschichte des Tempelkults, die sich verstreut in den Königebüchern finden, gehören in diesen Zusammenhang. In allen diesen Fällen spiegelt die Darstellung nicht die Verhältnisse am vorexilischen Tempel wider, sondern den nachexilischen Kult.

Übersicht

10 Und der König Ahas ging Tiglat Pileser, dem König von Assur, entgegen nach Damaskus.
    Und er sah den Altar, der in Damaskus war,
        Und der König Ahas sandte dem Priester Urija das Abbild des Altars [und sein Modell für seine ganze Ausführung], 11 und der Priester Urija baute den Altar ganz so, wie der König Ahas aus Damaskus gesandt hatte. < >
    (12) Und der König sah den Altar, < >
und stieg auf ihn hinauf 13 und ließ sein Brandopfer in Rauch aufgehen
    und sein Speisopfer und < > sein Trankopfer und schlug das Blut der Schelamim-Opfer, die ihm gehörten, an den Altar.
        14 Und den bronzenen Altar, der vor Jahwe stand, [und brachte ihn herzu hinweg von der Vorderseite des Tempels [von zwischen dem Altar und dem Hause Jahwes]] und gab ihn zur Seite des Altars nach Norden hin.
    15 <Und er gebot ihm> [der König Ahas dem Priester Urija] Folgendes: Auf dem großen Altar lass das Morgen-Brandopfer und das Abend-Speisopfer in Rauch aufgehen [und das Brandopfer des Königs und sein Speisopfer und das Brandopfer <des ganzen Volks> und ihre Speisopfer und ihre Trankopfer], und alles Brandopfer-Blut und alles Speisopfer-Blut sollst du an ihn schlagen.
    Der bronzene Altar aber soll mir zur Betrachtung (?) dienen.
    16 Und der Priester Urija tat ganz so, wie ihm der König Ahas geboten hatte.
    17 Und der König Ahas trennte die Leisten [der Gestelle und entfernte über ihnen] und den Kessel ab, und das Meer nahm er herab von den Rindern [den ehernen, die unter ihm waren,] und gab es auf ein Pflaster von Steinen
        18 [Und das <Fundament des Sitzes>, das sie im Tempel gebaut hatten,] und den [äußeren] Zugang des Königs verlegte er am Hause Jahwes.
    hinweg vor dem König von Assur.

Das Wort Jahwes an Jeremia

Zur ältesten Redaktion der jeremianischen Sammlung

Der Begriff „Wort Jahwes"

„Die theologische Entwicklungsgeschichte des Wortbegriffes hat ihre Wurzel in der Prophetie."[1] Diese Feststellung, deren Bedeutung für die biblische Theologie auf der Hand liegt, ist nicht überraschend. Sie verliert indes ihre Selbstverständlichkeit, wenn man sie an der tatsächlichen Überlieferung misst.

In den authentischen Worten der Propheten des 8. Jahrhunderts, soweit sie erhalten geblieben sind, findet sich der Begriff „Wort Jahwes" nirgends. Innerhalb der späteren Prophetenbücher ist der Begriff besonders häufig belegt im Ezechielbuch sowie, diesem geschichtlich vorausgehend, im Buch Jeremia. Diese Häufung ist bedeutsam für die Frage nach der Herkunft.

Ein theologischer Begriff hat einen anderen Ursprung als das religiöse Geschehen, das in ihm zu erfassen versucht wird. Der Begriff „Wort Jahwes" entstammt nicht der prophetischen Gottesrede selbst, sondern dem Nachdenken über sie. Das lässt sich schon am Wortsinn ablesen. Hebräisches דָּבָר bedeutet nicht nur „Wort", sondern auch den Gegenstand des Wortes, also „Sache", und zwar „Sache", indem sie zum „Wort", zum Gegenstand des Benennens und Verstehens wird. „Der dabar kommt erst zustande, wenn man sich geistig mit einer Sache beschäftigt."[2] So ist auch der דְּבַר־יהוה nicht einfach das Reden Jahwes, sondern der theologische Begriff davon.

Für das Nachdenken braucht es einen Anlass. Dieser Anlass ist nicht ohne weiteres die prophetische Verkündigung selbst gewesen. Die Verkündigung fordert zunächst den Glauben oder den Zweifel heraus. Die Reflexion setzt unabweisbar dann ein, wenn die Voraussage sich in der geschichtlichen Wirklichkeit als wahr erwiesen hat. Diese Verifikation ist im Falle Jeremias

---

1   O. Procksch, Art. „Wort Gottes" im AT (ThW IV, 1942, 89–100), 92. Vgl. auch O. Grether, Name und Wort Gottes im Alten Testament (BZAW 64) 1934, 76: „D'bar jahwe ist fast überall terminus technicus für die prophetische Wortoffenbarung." Übersicht über die Belege dort S. 67–76. Nachtrag bei W. Zimmerli, Ezechiel (BK XIII) 1969, 89.
2   Grether, 59.

die Eroberung Jerusalems gewesen. Durch sie fand sich die Botschaft des Propheten als wahrhaftiges Wort Jahwes bestätigt. Aus dieser Erfahrung erwuchs der Begriff.

Das lässt sich am literarischen Wachstum des Jeremiabuches nachvollziehen. Eine der ältesten redaktionellen Fassungen des Buches ist durch das Motiv des „Wortes Jahwes" geprägt worden. Hier begegnet der Begriff zum ersten Mal im Alten Testament. Die Bearbeitung, auf die diese frühe Gestalt des Buches zurückgeht, können wir „Jahwewort-Bearbeitung" nennen.[3]

Die Berufung des Propheten

Der erste Text, der sich dem Motiv mit Nachdruck widmet, ist die Berufung des Propheten Jer 1,4–10. Zu Beginn des Prophetenbuches wird aufgezeigt, dass es das Wort Jahwes ist, welches die Grundlage der prophetischen Verkündigung bildet.[4]

> 4 *Und das Wort Jahwes geschah zu mir:* 5 **Ehe ich dich bildete im Mutterleib, habe ich dich erkannt, und ehe du aus dem Mutterschoß hervorgingst, habe ich dich geweiht.** [Zum Propheten für die Völker habe ich dich eingesetzt.] 6 **Ich sprach: Ach, mein Herr Jahwe! Siehe, ich weiß nicht zu reden;** denn ich *bin ein junger Mann.* 7 *Und Jahwe sprach zu mir: Sage nicht: Ich bin ein junger Mann! Sondern du sollst gehen, wohin ich dich sende, und alles reden, was ich dir gebiete.* 8 *Fürchte dich nicht vor ihnen; denn ich bin mit dir und will dich erretten, Spruch Jahwes.* 9 *Da streckte Jahwe* **seine Hand** *aus und ließ sie meinen Mund berühren. Und Jahwe* **sprach** *zu mir: Siehe, ich gebe <mein Wort>[5] in deinen Mund!* [10 Siehe, ich habe dich heute bestellt über Völker und über Königreiche, auszureißen und einzureißen und zu zerstören und zu verderben, zu bauen und zu pflanzen.]

Der Abschnitt beginnt mit der Wendung: „Und das Wort Jahwes geschah zu mir", für die sich die Bezeichnung „Wortereignisformel" eingebürgert hat.[6]

---

3   Ich habe den Begriff bei früherer Gelegenheit schon einmal gebraucht, um eine Bearbeitung innerhalb der Königebücher zu bezeichnen, vgl. CH. LEVIN, Erkenntnis Gottes durch Elia (1992; in: DERS., Fortschreibungen [BZAW 316] 2003, 158–168). Diese „Jahwewort-Bearbeitung" steht bereits in der Wirkung der jeremianischen Theologie und setzt auch das Ezechielbuch als Zwischenstufe voraus. S.u. S. 240.
4   In den folgenden Übersetzungen ist der Text der Jahwewort-Bearbeitung kursiv gesetzt. Verwendete Vorlagen stehen in Fettdruck, spätere Ergänzungen in normaler Schrift (mit Ausnahme von Jer 4,5–6), bei weiterer Schichtung in eckigen Klammern.
5   Lies sg., vgl. 13,10; 18,2; 35,13.
6   Seit ZIMMERLI, Ezechiel, 88–90.

Die Formel hat an dieser Stelle ihren ersten Beleg überhaupt.[7] Sie leitet ein Orakel ein, nach welchem Jahwe den Propheten schon vor der Geburt zu seiner Aufgabe vorherbestimmt hat. Die weitere Szene verläuft nach einem Schema, das auch bei Mose, Gideon, Saul und Jesaja zu finden ist:[8] Auf die Begegnung mit der Gottheit hin erschrickt der Berufene und äußert einen Einwand. Die Einrede wird durch ein Zeichen entkräftet, das den Berufenen seines Auftrags gewiss macht.

Der Dreischritt „Berufung – Einwand – Zeichen" ist diesmal allerdings gestört. Auf den Einwand folgt zunächst eine weitere Rede Jahwes, die das Bedenken zurückweist und die Berufung wiederholt (V. 7–8); dann erst geschieht das Zeichen. Der Zusatz ist einerseits an der aufnehmenden Wiederholung zu erkennen: „Sage nicht: Ich bin ein junger Mann", anderseits an der Gottesspruchformel נְאֻם־יהוה „Spruch Jahwes", die formgerecht abschließt. Er gehört zu den prophetietheoretischen Erweiterungen.[9] Jeremia wird anlässlich seiner Berufung als der wahre Prophet gekennzeichnet, der anders als die falschen Propheten von Jahwe gesandt ist.[10]

Eine jüngere Bearbeitung bezieht die Berufung Jeremias auf die Verkündigung an die Völker: „Zum Propheten für die Völker habe ich dich eingesetzt" (V. 5b). Es ist offensichtlich, dass diese dritte Zeile des Berufungsworts aus der poetischen Form fällt. Sie ist nachgetragen.[11] Wenn anlässlich der Berufung einzig die Verkündigung an die Völker genannt wird, erhält diese einen Rang, der ihr im Ganzen des Buches nicht zukommt. Das Motiv setzt sich fort in V. 10, wo der Verkündigungsauftrag näher bestimmt wird. Er setzt mit רְאֵה „siehe" (nach הִנֵּה „siehe" V. 9) neu ein und ist auch an der zeitlichen Verknüpfung הַיּוֹם הַזֶּה „heute" als Nachtrag zu erkennen.[12] Die Aussage stammt aus dem

---

7   Übersicht bei W. DIETRICH, Prophetie und Geschichte (FRLANT 108) 1972, 71–72; vgl. auch P. K. D. NEUMANN, Das Wort, das geschehen ist ... Zum Problem der Wortempfangsterminologie in Jer. i – xxv (VT 23, 1973, 171–217), 174–175. Die Belege in den Samuel- und Königebüchern sind von hier abhängig, s. u. S. 240.

8   Vgl. bes. W. RICHTER, Die sogenannten vorprophetischen Berufungsberichte (FRLANT 101) 1970. Das Schema erklärt sich allerdings nicht einfach mit einer vorgegebenen Gattung. So wie Jer 1 auf Jes 6 beruht, übernimmt die Berufung des Mose Ex 3–4 in ihrer heutigen Form die Berufung des Jeremia, vgl. Ex 3,12; 4,10.15.

9   Vgl. Jer 14,14; 23,21. Dazu I. MEYER, Jeremia und die falschen Propheten (OBO 13) 1977.

10 Der Wortlaut Jer 1,7bβ.9bβ stimmt weitgehend überein mit Dtn 18,18. W. THIEL, Die deuteronomistische Redaktion von Jeremia 1–25 (WMANT 41) 1973, 65–68, hat daraus geschlossen, die Wendungen seien aus Dtn 18 übernommen. Die These hat breite Aufnahme gefunden. Doch das Gefälle verläuft umgekehrt, vgl. M. KÖCKERT, Zum literargeschichtlichen Ort des Prophetengesetzes Dtn 18 zwischen dem Jeremiabuch und Dtn 13 (in: R. G. KRATZ / H. SPIECKERMANN [Hg.], Liebe und Gebot. Studien zum Deuteronomium. Festschrift L. Perlitt [FRLANT 190] 2000, 80–100), 85–90.

11 F. GIESEBRECHT, Das Buch Jeremia (HK III 2) ²1907, 2.

12 Vgl. G. WANKE, Jeremia (ZBK 20) 1995/2003, 29 f.

Lehrsatz 18,7–10; nur dass die dortige Alternative „Zerstören oder Bauen" hier als Einheit erscheint. Sie soll die Gerichts- und Heilsbotschaft als ganze umfassen.

Auch in ihrer vermutlichen Ursprungsgestalt bleibt der Berufungsszene eine gewisse Unstimmigkeit. Das liegt einmal an dem einleitenden Orakel, das nicht für die Szene geschaffen, sondern vorgeprägt ist:

> Ehe ich dich bildete im Mutterleib, habe ich dich erkannt,
> und ehe du aus dem Mutterschoß hervorgingst, habe ich dich geweiht.

Die vergleichbaren Prädestinationsaussagen 2 Sam 7,14; Jes 44,2.24; 49,1.5; Ps 2,7; 89,27f; 110,3 betreffen den König als den Vasallen der Gottheit. Sie stammen aus dem Königsritual.[13] Die Übertragung auf das Amt eines Propheten ist demgegenüber sekundär. Sie ist schwerlich möglich gewesen, solange das Königtum in Juda bestand, das heißt bis zur Einnahme Jerusalems.

Das aus dem Königsritual übernommene Orakel schließt keinen Verkündigungsauftrag ein. Auf diesen aber bezieht sich der Einwand: „Siehe, ich weiß nicht zu reden, denn ich bin zu jung." Weiter überrascht, dass die Geste in V. 9 im *hif'îl* benannt wird: וַיַּגַּע עַל־פִּי „und er ließ meinen Mund berühren". Man erwartet *qal* und könnte den Konsonantentext mit der Septuaginta (καὶ ἥψατο) und der Vulgata (*tetigit*) auch so vokalisieren: „Und Jahwe streckte seine Hand aus und berührte (וַיִּגַּע) meinen Mund." Doch die masoretische Lesart kommt nicht von ungefähr. Es wird regelmäßig beobachtet, dass sich wörtlich dieselbe Wendung noch einmal in der Berufung des Jesaja findet.[14] Dort ist *hif'îl* zwingend:

> Da flog einer der Seraphen zu mir und hatte eine glühende Kohle in der Hand, die er mit der Zange vom Altar nahm, und ließ [sie] meinen Mund berühren (וַיַּגַּע עַל־פִּי) und sprach: Siehe, hiermit sind deine Lippen berührt, dass deine Schuld von dir genommen werde und deine Sünde gesühnt sei (Jes 6,6–7).

Auch diesmal verbindet sich die Geste mit einer deutenden Rede, die ebenfalls mit הִנֵּה „siehe" beginnt. Beide Szenen stehen in so großer Nähe zueinander, dass die Übereinstimmung nicht einfach auf dem Gattungsschema

---

13 Für die Vorstellung, die Gottheit habe den König bereits vor seiner Geburt zu seinem Amt bestimmt, gibt es zahlreiche Parallelen in ägyptischen Königsinschriften. Beispiele bei W. BEYERLIN (Hg.), Religionsgeschichtliches Textbuch zum Alten Testament, 1975, 54–56. Vgl. auch S. HERRMANN, Jeremia (BK XII 1) 1986, 57 f.
14 Vgl. u. a. F. HITZIG, Der Prophet Jeremia (KEH 3) 1841, 4; THIEL, Die deuteronomistische Redaktion, 68.

beruht. Die Beziehung ist literarischer Art. Der Wortlaut von Jer 1 ist aus Jes 6 übernommen. Die Berufungsszene ist eine literarische Kopie der Berufung Jesajas.

Die Berufung geschieht im Rahmen einer Vision. Die breite Schilderung in Jes 6 macht das am deutlichsten: Jesaja sieht den im Adyton thronenden Gott, von Seraphen umgeben. Vor dieser Szene erschrickt der Prophet und äußert den „Einwand des Berufenen". Darauf vollzieht einer der Seraphen an ihm eine symbolische Lippenreinigung, die ihn zum bevollmächtigten Sprecher der Gottheit befähigt.

Der Berufungsbericht des Jesaja ist in sich abgerundet. Das gilt für Jeremias Berufung nicht. Die Szene wird mit der Wortereignisformel eingeleitet, womit sie sich als Audition zu verstehen gibt. Aber „in 9 tauchen völlig unvorbereitet Formen auf, die eine Visionsschilderung voraussetzen."[15] Die Rede Jahwes geht in Handlung über. Diese Unstimmigkeit ist oft bemerkt worden. Die Berufung ist zwar als Vision gedacht, aber an Stelle der einleitenden Visionsschilderung steht ein Wort Jahwes. „Die Wortereignisformel könnte strenggenommen nur dem V. 5 gelten, was sicher nicht gemeint ist."[16]

Der Verfasser lässt den Propheten seinen Einwand nicht wie Jesaja mit seiner Unreinheit begründen. Das wäre auch nicht sinnvoll gewesen; behauptet das Orakel doch, dass er zu seinem Amt prädestiniert gewesen sei. Stattdessen macht er seine Unerfahrenheit geltend: „Ich bin zu jung zu reden." Damit ist angedeutet, dass der Prophet aus eigenen Stücken außer Stande gewesen wäre, das Wort Jahwes weiterzugeben. Genau darauf bezieht sich die Geste: „Siehe, ich lege mein Wort in deinen Mund." Auf diese Schlusspointe läuft alles zu: Der Vorgang der Wort-Übergabe begründet die Prophetie. Die Botschaft, die der Prophet als der prädestinierte Sprecher Jahwes zu verkündigen hat, ist in keiner Weise sein Eigenes. Sie hat ihren Ursprung allein in Jahwe.

Die Visionen vom Mandelzweig und vom Kessel

Dasselbe Motiv bestimmt auch die beiden Visionen Jer 1,11–14, die unmittelbar anschließen. Mit ihnen gibt die Jahwewort-Bearbeitung der prophetischen Verkündigung das Programm:

---

15 THIEL, Die deuteronomistische Redaktion, 64.
16 HERRMANN, Jeremia, 45.

Die Visionen vom Mandelzweig und vom Kessel

11 *Und das Wort Jahwes geschah zu mir:* **Was siehst du?** < >[17] **Ich sprach:** *Einen Mandelstab* (מַקֵּל שָׁקֵד). < >[18] 12 **Und Jahwe sprach zu mir:** *Du hast recht gesehen. Denn ich wache* (שֹׁקֵד) *über meinem Wort, es zu tun.* 13 *Und das Wort Jahwes geschah zu mir ein zweitesmal:* **Was siehst du? Ich sprach:** *Einen angefachten Kessel,* < >[18] *dessen Vorderseite sich von Norden her neigt.* 14 **Und Jahwe sprach zu mir:** *Von Norden her wird ausgeschüttet das Unheil über alle Bewohner des Landes.*

Wieder steht am Anfang die Wortereignisformel. Sie leitet die Frage Jahwes ein: „Was siehst du?" Darauf beschreibt der Prophet, was er vor Augen hat. Ein abschließendes Jahwewort gibt die Deutung.

Auch diese Visionen sind unstimmig; denn wieder lässt die Wortereignisformel, nimmt man sie wörtlich, keine Vision, sondern eine Audition erwarten. Tatsächlich fehlt die Visionsschilderung. Wo sie stehen müsste, liest man die Rückfrage Jahwes. In der Antwort des Propheten wird die Vision lediglich reflektiert. Der Mangel zeigt sich am deutlichsten im Vergleich mit einer nah verwandten Parallele: der vierten Vision des Amos (Am 8,1–2):

1 So ließ < >[19] Jahwe mich schauen, und siehe, ein Korb mit Sommerobst (קָיִץ). 2 Und er sprach: Was siehst du, Amos? Ich sprach: Einen Korb mit Sommerobst (קָיִץ). Und Jahwe sprach zu mir: Gekommen ist das Ende (הַקֵּץ) für mein Volk Israel.

Bei Amos wird die Vision als solche eingeführt: „So ließ Jahwe mich schauen", und beginnt mit einem Visionsbericht: „und siehe, ein Korb mit Sommerobst". Das Zwiegespräch zwischen Gott und Prophet kann an das Geschaute anknüpfen. Jahwe fragt ihn nach seiner Reaktion: „Was siehst du, Amos?" Als der Prophet benennt, was er sieht, vernimmt er im Gleichklang von קָיִץ „Sommerobst" und קֵץ „Ende" den Sinn: „Gekommen ist das Ende für mein Volk Israel." Man hat diese Form „Assonanzvision" genannt.

Auch die erste der beiden Visionen in Jer 1 beruht auf einer Assonanz: Der Prophet sieht einen Mandelzweig (מַקֵּל שָׁקֵד). Jahwe antwortet: „Ich wache (שֹׁקֵד) über meinem Wort, es zu tun." Die Vision ist neben Am 8,1–2 die einzige regelrechte Assonanzvision im Alten Testament. Um so mehr fällt auf, dass der Ablauf bis in die Einzelheiten des Wortlauts identisch, zugleich aber die hiesige Fassung am Anfang versehrt ist. Es kann nicht anders sein, als dass die Visionen in Jer 1,11–14 auf literarische Nachahmung von Am 8,1–2 zurückgehen.[20]

---

17 Der M-Text fügt nach dem Muster von Am 8,2 den Vokativ „Jeremia" hinzu.
18 Der M-Text hat zusätzlich אֲנִי רֹאֶה „sehe ich".
19 Der M-Text hat zusätzlich אֲדֹנָי „der Herr".
20 Das hat W. BEYERLIN, Reflexe der Amosvisionen im Jeremiabuch (OBO 93) 1989, 47–57, bewiesen.

Die Verkürzung folgt aus einer thematischen Veränderung. Wieder ist, wie in der Berufungsszene, das Wort Jahwes an die Stelle der Vision getreten. „Bezeichnend ist, was an die Stelle der alten, ursprünglichen Erzählungseinführung, wie sie im Amostext zutage tritt, gesetzt ist: signifikanterweise die ‚Wortereignisformel'."[21] Dem Verfasser war bewusst, dass er dafür die Form verletzt hat. Durch die Bestätigung: „Du hast recht gesehen", will er das Fehlen des Visionsberichts ausgleichen. Wieder betrifft die Schlusspointe das Wort Jahwes: „Ich wache über meinem Wort, es zu tun." Das Wort ist geschichtsmächtig, weil seine Wirksamkeit in Jahwe begründet liegt, nämlich in der Übereinstimmung von Reden und Handeln Jahwes. Damit ist eine weitere grundsätzliche Feststellung über das Wesen der prophetischen Verkündigung getroffen.

Wie bei Amos steht die Vision nicht allein (vgl. Am 7,7–8 neben 8,1–2). Eine neue Wortereignisformel, die ausdrücklich „ein zweitesmal" (שֵׁנִית) ergeht, fügt die beiden Visionen zu einem Paar. Nachdem die erste mit dem „Wort Jahwes" die Grundlage der Prophetie benannt hat, füllt die zweite das Wort mit einem bestimmten Inhalt. Diesmal ist die Form der Assonanzvision nicht mehr getroffen. Das Stichwort צָפוֹן „Norden" wird in der Deutung lediglich wiederholt. Es betrifft nicht den Gegenstand der Vision, den Kessel, sondern einen Nebenaspekt. Das Bild des angefachten Kessels ist an sich selbst eine Drohung, mit der sich das Stichwort „Norden" nur äußerlich verknüpft. Sobald man das Bild aus dem Rahmen der Vision löst, wird die Aussage sprechend: „Unheil von Norden her". Sie weist auf die Botschaft vom „Feind aus dem Norden" voraus. Darin liegt ein Hinweis, welcher Art die Sammlung gewesen ist, der Jeremia 1 als Proömium vorangestellt worden ist.

Die Klagen über den „Feind aus dem Norden"

Die nächste Wortereignisformel folgt in Jer 2,1. Sie leitet von der Berufungsszene auf das vorgegebene Prophetenbuch über.[22] Durch sie hat die Jahwewort-Bearbeitung die Berufungsszene mit der damals vorliegenden Sammlung von Prophetenworten verknüpft:

---

21 BEYERLIN, 51.
22 Der dazwischen stehende Text Jer 1,15–19 ist nachgetragen. Auch diese Ergänzungen wollen leitende Themen des Buches bei der Berufung des Propheten verankern. Vgl. THIEL, Die deuteronomistische Redaktion, 78; W. MCKANE, Jeremia I (ICC) 1986, 20–25; HERRMANN, Jeremia, 51.

Die Klagen über den „Feind aus dem Norden"

1 Und das Wort Jahwes geschah zu mir: 2 Geh und rufe in die Ohren Jerusalems folgendermaßen:[23]

Die Art des Redebefehls gibt zu verstehen, dass dem Verfasser eine schriftliche Sammlung von Prophetenworten vorgelegen hat. Die Wendung קרא בְּאָזְנַיִם „in die Ohren rufen" ist idiomatisch. Sie bezeichnet das Verlesen einer schriftlichen Urkunde: Ex 24,7; Dtn 31,11; 2 Kön 23,2 (2 Chr 34,30); Jer 29,29; 36,6.10.13.14.15.21; Neh 13,1.[24] Der Wortlaut dieser Sammlung muss nicht zwingend in dem anschließenden Abschnitt zu finden sein. Das ist sogar unwahrscheinlich. Dem Propheten wird nämlich befohlen, seine Botschaft an *Jerusalem* zu richten, während die Worte in 2,2–4,4 weit überwiegend Israel und Jakob betreffen. Juda und Jerusalem sind hingegen die Adressaten der Sammlung vom „Feind aus dem Norden", die mit Jer 4,5 beginnt. Die Überleitung 2,1–2a* führt direkt auf die Einleitung 4,5. Der Neueinsatz ist immer gesehen worden:[25]

2,1 Und das Wort Jahwes geschah zu mir: 2 Geh und rufe in die Ohren Jerusalems folgendermaßen:
4,5 Verkündet in Juda, und in Jerusalem lasst hören und sprecht:
<Stoßt>[26] **ins Horn** im Lande, ruft laut und sprecht:
Sammelt euch und lasst uns in die festen Städte ziehen.
6 **Richtet ein** Fluchtzeichen **auf**: Nach Zion! **Flüchtet**, bleibt nicht stehen!
Denn Unheil bringe ich **von Norden und schweren Zusammenbruch.**

Einer nicht genannten Mehrheit wird befohlen, in Juda und Jerusalem Alarm zu schlagen. Mit וְאָמְרוּ „und sprecht" geht die Einleitung in ein Zitat über. Dessen Ursprung ist in Jer 6,1 zu finden:

Flüchtet, ihr Benjaminiten, hinaus aus Jerusalem,
und in Tekoa stoßt ins Horn, und über Bet-Kerem richtet ein Zeichen auf!
Denn Unheil droht von Norden und schwerer Zusammenbruch.

---

23 LXX bietet statt Wortereignisformel und Redebefehl ein kurzes καὶ εἶπε „und er sprach". Angesichts der Einbindung von 2,1–2a* in die redaktionelle Struktur des Buches ist diese Lesart höchstwahrscheinlich sekundär. Entweder war die Vorlage versehrt, oder LXX folgt einer auch sonst beobachtbaren Neigung, das Formelwerk zu kürzen.
24 Anders nur Ri 7,3; Ez 8,18; 9,1. Vgl. THAT II, 1976, 672; HAL III, 1983, 1055a; ThWAT VII, 1993, 133–136. Der Beleg Jer 2,2 wird regelmäßig verkannt. Vgl. aber R. ALBERTZ, Jer 2–6 und die Frühzeitverkündigung Jeremias (ZAW 94, 1982, 20–47), 27 Anm. 29.
25 Vgl. nur R. G. KRATZ, Die Propheten Israels, 2003, 77.
26 Lies mit LXX und Q°rê ohne Kopula.

Die Aufforderung zur Flucht erging in der Vorlage an die Benjaminiten. Jetzt ist sie verallgemeinert. Auch die Richtung hat gedreht: statt „aus Jerusalem" nun „nach Zion". Dafür ist, mit einem zweiten וְאִמְרוּ „und sprecht", ein weiteres Zitat beigezogen: „Sammelt euch und lasst uns in die festen Städte ziehen" (Jer 8,14). Bemerkenswert ist, dass das „Unheil von Norden" nicht mehr an sich selbst droht (נִשְׁקְפָה), sondern auf Jahwe zurückgeführt wird: „ich bringe" (אָנֹכִי מֵבִיא).[27] Die theologische Deutung hat sich die überlieferten Klagen zu eigen gemacht und versteht sie als Ankündigung des Gottesgerichts.[28] Jer 4,5–6 stammen aus der Feder eines Sammlers, der durch das leitmotivische Zitat von 6,1 und 8,14 eine Art Vorspruch und Auftakt gestaltet hat.

Wir finden hier die älteste Spur einer literarischen Gestaltung innerhalb des Jeremiabuchs. Aus ihr lässt sich die Art der ersten Sammlung erschließen, deren Bestand mit 4,7 beginnt und der sich als Grundlage des Textaufbaus durch die Kapitel 4–6 sowie 8–9 zieht. Ihre Spuren sind auch in Jer 10–23; 30–31 noch gelegentlich zu finden.[29] Das Leitmotiv war der „Feind aus dem Norden", genau wie es die zweite der Zeichenhandlungen in Jer 1 zu verstehen gibt. Dieser Feind, der aus nördlicher Richtung ins Land dringen und alles verheeren wird, sind zweifellos die Neubabylonier gewesen. Wie schon die Gattung der Klage zeigt, sind die gesammelten Worte ursprünglich keine prophetische Vorausschau. Nirgends wird im Namen der Gottheit das Wort ergriffen. Der Gestus beschreibt, was vor Augen liegt. Die Katastrophe steht kurz bevor, wenn sie nicht bereits eingetreten ist. Der Blick auf das Entsetzliche hat Dichtungen hervorgebracht, die an Bildkraft im Alten Testament ihresgleichen suchen. Über den oder die Sprecher ist den Worten selbst nichts zu entnehmen. Es ist diese Sammlung gewesen, vor die die Jahwewort-Bearbeitung ihr Proömium gesetzt hat.

---

27 In dieser Abwandlung klingt die geläufige Wendung הִנְנִי מֵבִיא רָעָה „Siehe, ich bringe Unheil" an, vgl. Jer 11,11; 18,11; 19,3 u. ö. Zur Verteilung insgesamt vgl. DIETRICH (s. Anm. 7), 72 f.
28 Vgl. CH. LEVIN, Die Verheißung des neuen Bundes (FRLANT 137) 1985, 154f mit Anm. 26.
29 Den Umfang dieser Sammlung kann man etwa folgendermaßen abgrenzen: Jer 4,7a. 11aβb.13.15.16aβb.19–21.29.31; 5,1a.3b.6a; 6,1–5*.10a.11b–12a.13a.22aβb–23a*; 8,4aβ–5a.6b–7.14a.16.18–19aα.20–23;   9,1–2a.3.7.9.16aβb–18abα[1].20;   10,19–20.22; 13,18–19a; 14,17aβ–18a; 20,14a.15.18a; 22,10aα.b.13–15; 23,9a*.10aα.b; 30,5aβb–6; 31,15abα[1]. Vgl. auch K.-F. POHLMANN, Die Ferne Gottes (BZAW 179) 1989, 129–132; K. SCHMID, Buchgestalten des Jeremiabuches (WMANT 72) 1996, 330–334.

Der verdorbene Gürtel

Die Sammlung der Klagen vom Feind aus dem Norden hat schon in frühem Stadium einen Anhang gehabt: die Folge der Zeichenhandlungen Jer 13; 16; 18; 32; 35. In diesen Auftrittsskizzen, die durchgehend als Ich-Bericht gestaltet sind, begegnet erstmals der Prophet als handelnde Person, wenngleich der Name *Jeremia* zunächst noch fehlt.[30] Von der Klagen-Sammlung unterscheidet der Anhang sich auch darin, dass die Pointe mit einer Ausnahme in einem prophetischen Gotteswort besteht. Wie in dem Proömium Jer 1 begegnet in den Zeichenhandlungen wiederum das Motiv des Wortes Jahwes, das in den Klagen fehlt. Indessen ist es diesmal einer älteren Textstufe nachträglich aufgesetzt worden.

In Jer 13,1–11 wird der Prophet von Jahwe aufgefordert, einen leinenen Gürtel zu kaufen und am Euphrat zu vergraben. Nach langer Zeit ergeht ein zweiter Befehl, den Gürtel wiederzuholen. In der Zwischenzeit ist er verfault. Ein Deutewort bezieht den Vorgang auf Juda und Jerusalem, deren Hoheit verrotten wird.

> 1 **So spricht Jahwe: < >**[31] **Geh und kaufe dir einen Gürtel aus Flachs und lege ihn um deine Lenden,** [aber bringe ihn nicht ins Wasser.] 2 *Da kaufte ich den Gürtel nach dem Wort Jahwes und legte ihn um meine Lenden.* 3 *Und das Wort Jahwes geschah zu mir ein zweitesmal:* 4 *Nimm den Gürtel, < >*[32] *der um deine Lenden ist,* **und mach dich auf, geh an den Euphrat und verbirg ihn dort in einer Felsspalte!** 5 < >[33] **Da verbarg ich ihn am Euphrat,** *wie Jahwe mir geboten hatte.* 6 **Und es geschah nach langer Zeit, da sprach Jahwe zu mir: Mach dich auf, geh an den Euphrat und hole von dort den Gürtel,** *den ich dir dort zu verbergen geboten habe!* 7 *Da ging ich an den Euphrat und grub nach und nahm den Gürtel von der Stelle, wo ich ihn verborgen hatte.* **Und siehe, er war verdorben.** < >[34] [Er taugte zu nichts mehr.] 8 *Und das Wort Jahwes geschah zu mir:* 9 **So spricht Jahwe: So will ich verderben die Hoheit Judas und die große Hoheit Jerusalems.** 10 [Dieses böse Volk,][35] *die sich weigern, auf <mein Wort>*[36] *zu hören,* < >[37]

---

30 Zur Frage, wie sich diese Texte zu den Erzählungen vom Schicksal Jeremias in Jer 37ff verhalten, s. u. S. 238.
31 Der M-Text ergänzt אֵלַי „zu mir".
32 Der M-Text ergänzt אֲשֶׁר קָנִיתָ „den du gekauft hast".
33 Der M-Text ergänzt וָאֵלֵךְ „da ging ich", vgl. V. 7.
34 Der M-Text ergänzt הָאֵזוֹר „der Gürtel".
35 LXX liest τὴν πολλὴν ταύτην ὕβριν „diesen großen Stolz" und zieht den Ausdruck als Objekt zum vorangehenden Satz.
36 Lies sg., vgl. 1,9; 18,2; 35,13.
37 Der M-Text fügt hinzu הַהֹלְכִים בִּשְׁרִרוּת לִבָּם „die wandeln in der Verstocktheit ihres Herzens" (nach 11,8 >LXX, wo die Wendung aus 7,24 zitiert ist). Vgl. J. G. JANZEN, Studies in the Text of Jeremiah (HSM 6) 1973, 40.

und anderen Göttern nachliefen, um sie zu verehren und vor ihnen niederzufallen, [das soll werden wie dieser Gürtel, der zu nichts mehr taugt.] 11 Denn wie sich der Gürtel an die Lenden des Mannes schmiegt, so habe ich das < >[38] Haus Israel und das ganze Haus Juda sich an mich schmiegen lassen, Spruch Jahwes,[39] mir Volk und Ruhm und Lob und Schmuck zu sein. Aber sie haben nicht gehört.

Die Szene steckt voller Schwierigkeiten. Schon die Einleitung ist ein Stolperstein. Denn die Botenformel „So spricht Jahwe" führt kein Botenwort ein, sondern den Auftrag an den Propheten. Das widerspricht ihrer Funktion. Unwillkürlich versteht man כֹּה־אָמַר יהוה „So spricht Jahwe" als Variante von וַיֹּאמֶר יהוה אֵלַי „Und Jahwe sprach zu mir" (vgl. V. 6).[40] Der unübliche Sprachgebrauch muss einen Grund haben. Die Zeichenhandlung gibt sich von Anfang an als Einkleidung eines Botenworts zu verstehen. Dieses Wort findet sich in V. 9: „So spricht Jahwe: So will ich verderben die Hoheit Judas und die große Hoheit Jerusalems."

Als Einkleidung eines Botenworts berichtet die Szene kein tatsächliches Geschehen. Der Verfasser hat sich in die Rolle des Propheten hineinversetzt. Unter dieser Voraussetzung erweist sich der Haupt-Anstoß, den die Exegese genommen hat, als Scheinproblem: die Lokalisierung am Euphrat. „Es braucht kaum bemerkt zu werden, daß Jeremia die zweimalige mühevolle Reise an den Euphr. nicht wirklich ausgeführt hat."[41] Auch hätte die Reise dem Sinn einer Zeichenhandlung widersprochen. Die Gattung ist nicht auf einsame Aktionen, sondern auf öffentliche Darstellung vor Zeugen angelegt. Liest man die Szene hingegen als Fiktion, wird die Aussage um so deutlicher: Die Hoheit Judas und Jerusalems wird am Euphrat verrotten. Sie wird auch „nach langer Zeit" nicht von dort zurückkehren. Der Begriff גָּאוֹן „Hoheit" kann sich im engeren Sinne auf die Aura des regierenden Königs beziehen,[42] in diesem Falle auf den deportierten Jojachin,

---

38 Der M-Text ergänzt כָּל־, liest also „das *ganze* Haus Israel".
39 LXX hat die Gottesspruchformel getilgt, wie sie es häufig tut, vgl. LEVIN, Die Verheißung des neuen Bundes, 71 f.
40 Deshalb hat der M-Text אֵלַי „zu mir" hinzugefügt.
41 GIESEBRECHT, Das Buch Jeremia, 79. Hilfsweise hat man *'ēn fāra* bei Anatot vorgeschlagen, wofür es einen zweifelhaften Anhalt bei Aquila gibt, der nicht übersetzt, sondern transkribiert: εἰς Φαραν (LXX: ἐπὶ τὸν Εὐφράτην). Die Lösung setzt voraus, dass diese Ortslage „so bekannt war, dass niemand zuerst an den Euphrat dachte, wenn in einer jüdischen Schrift der Name Phrath vorkam" (B. DUHM, Das Buch Jeremia [KHC XI] 1901, 120). „Aber *prt* heißt nun einmal nichts anderes als Euphrat" (W. RUDOLPH, Jeremia [HAT I 12] ³1968, 91).
42 Genau entsprechende Belege gibt es im Alten Testament nicht, wohl aber Parallelen im Zusammenhang mit dem Königtum Jahwes: Ex 15,7; Jes 2,10.19.21; 24,14; Mi 5,3; Jes 26,10; Ps 93,1.

dessen Person die Souveränität und Prosperität Judas und Jerusalems verkörpert.

Die Inszenierung bedient sich einfachster Mittel: Der Gürtel als Requisit folgt aus dem Befehl zur Wanderung: „Gürte deine Lenden und geh …!" „Ein leinener G. und nicht ein lederner (II Reg 1,8) ist gewählt, weil es auf das Vermodern des G. ankam".[43] Dazu muss der Prophet ihn eigens erwerben. Die Gesamtaussage ist schlechthin hoffnungslos, vergleichbar der traurigen Aussicht, der nach Ägypten verschleppte Joahas werde nimmermehr heimkommen (Jer 22,10).

Auch wenn die Zeichenhandlung nicht auf den Propheten zurückgeht, muss sie vergleichsweise früh entstanden sein; denn das weitere Jeremiabuch und vollends das Ezechielbuch werden von der entgegengesetzten Doktrin beherrscht, nach welcher die Judäer im Lande samt und sonders aufgerieben worden sind, während das Gottesvolk in der babylonischen Gefangenschaft überleben und heimkehren konnte. Jer 13,1–11* ist ein frühes und spiegelverkehrtes Gegenstück zu der Entrückungsvision Ez 8–11.

Das spätere Geschichtsbild hat sich wahrscheinlich in einer Überarbeitung niedergeschlagen, die das Gerichtswort V. 9 auf „dieses böse Volk", nämlich die Judäer im Lande, bezieht und verschärft: „das soll werden wie dieser Gürtel, der zu nichts mehr taugt" (V. 10aα¹.b). Auf den ersten Blick könnte auch diese Anwendung von vornherein hinzugehört haben. Doch die harte Anbindung der Gerichtsankündigung mit וִיהִי „das soll werden" weist sie als Zusatz aus. „וִיהִי, es soll werden, erhält wegen seines weiten Abstandes vom Subj. הָעָם das וְ der apodosis: das Volk … das soll werden."[44] Daraus folgt, dass der übrige und sicher nachgetragene Text des Verses (s. u.) bereits vorhanden war. Ein Zusatz in V. 7bβ bereitet die Erweiterung vor: „Er [der Gürtel] taugte zu nichts mehr." Möglicherweise stammt auch die Aufforderung in V. 1b „aber bringe ihn nicht ins Wasser" von dieser Hand, die die Verderbnis einzig und allein durch das Volk selbst verursacht sehen will.

Der Befehl zur Zeichenhandlung ergeht im heutigen Text in zwei Stufen: Zuerst wird der Prophet geheißen, den Gürtel zu erwerben und um seine Lenden zu tun. In einem zweiten Schritt folgt die Weisung, an den Euphrat zu gehen. Das übliche: „Gürte deine Lenden, mach dich auf und geh …" (vgl. 2 Kön 4,29; 9,1; Jer 1,17) ist dazu auseinandergerissen. Der zweite Be-

---

43 GIESEBRECHT, Das Buch Jeremia, 79.
44 DUHM, Das Buch Jeremia, 121. THIEL, Die deuteronomistische Redaktion, 171, der diesen Teil von V. 10 wegen der Nähe zu Jer 19,11 zum ältesten Botenwort rechnet, muss וִיהִי an den Anfang des Verses rücken und schlägt vor, ursprüngliches וְהָיָה zu lesen: וְהָיָה הָעָם הַזֶּה הָרָע כָּאֵזוֹר הַזֶּה אֲשֶׁר לֹא־יִצְלַח לַכֹּל „Und dieses böse Volk soll werden wie dieser Gürtel, der zu nichts mehr taugt." Die Konjektur kann aber nicht erklären, wie der jetzige, vermeintlich verdorbene Text entstanden ist.

fehl ist überdies unsinnig: „Nimm den Gürtel, der um deine Lenden ist." Wenn der Prophet den Gürtel um die Lenden trägt, muss und kann er ihn nicht nehmen. Überraschend wird dieser zweite Befehl mit der Wortereignisformel eingeführt. Eine solche Einleitung hätte man am Anfang erwartet. Tatsächlich gibt sich das Wortereignis als Wiederholung aus: „Da geschah das Wort Jahwes ein zweitesmal (שֵׁנִית) zu mir." Es setzt ein erstes Wort Jahwes voraus. Das aber fehlt, wenigstens dem Begriff nach.[45] Indessen, als der Prophet den ersten Befehl ausführt, ist hinzugefügt, dass er כִּדְבַר יהוה „nach dem Wort Jahwes" gehandelt habe. Dieser Erfüllungsvermerk kennzeichnet auch den ersten Befehl als „Wort Jahwes" – obgleich er lediglich mit der ‚falschen' Botenformel eingeführt ist. Daran zeigt sich, dass die Zeichenhandlung nachträglich unter den Gesichtspunkt des Wortes Jahwes gestellt worden ist. Schließt man den ersten Befehl mit der Substanz des zweiten zusammen, so entsteht ein fugenloser Ablauf: „Geh und kaufe dir einen Gürtel aus Flachs und lege ihn um deine Lenden und mach dich auf, geh an den Euphrat und verbirg ihn dort in einer Felsspalte!"

Hier ist dieselbe Bearbeitung am Werk, die in Jer 1 das Amt und die Botschaft des Propheten unter die Voraussetzung des Wortes Jahwes gerückt hat. Sie führt die Zeichenhandlung auf den Impuls des Wortes Jahwes zurück. Dass der Befehl in zweifacher Staffelung ergeht, will herausstreichen, dass der Prophet durch das Wort Jahwes in Bewegung gesetzt worden ist und getreu diesem Wort gehandelt hat. Derselben Absicht dienen weitere Zusätze. Zweimal ist betont, dass der Prophet tat, „wie Jahwe geboten hatte", und auch die scheinbar redundante Bemerkung, er habe den Gürtel „von der Stelle, da ich ihn verborgen hatte," wieder ausgegraben, zeigt, dass er sich in jeder Einzelheit nach Jahwes Anweisung richtet.

Es ist danach nicht überraschend, dass auch das Botenwort V. 9 mit der Wortereignisformel eingeleitet ist. Wieder steht sie nicht für sich: Der Einleitung als Wort Jahwes entspricht die abschließende Gerichtsbegründung הַמֵּאֲנִים לִשְׁמוֹעַ אֶת־דְּבָרַי „die sich weigern, auf mein Wort zu hören" (V. 10aα²). Sie ist als partizipialer Attributivsatz angehängt worden.[46]

Die Gerichtsbegründung erfuhr nachträglich eine Präzisierung im bundestheologischen Sinne.[47] Der Übergang aus dem Attibutivsatz „die sich weigerten zu hören" (הַמֵּאֲנִים) ins finite Verb „und anderen Göttern nachliefen, sie zu verehren …" (וַיֵּלְכוּ) zeigt die litera-

---

45 Folgerichtig hat LXX שֵׁנִית „ein zweitesmal" getilgt.
46 Die Parallele in Jer 11,10 ist von hier abhängig.
47 Das hat THIEL, Die deuteronomistische Redaktion, 170–176, aufgezeigt, der diese Schicht der „deuteronomistischen Redaktion" zuweist. Vgl. auch WANKE, Jeremia, 132 f.

rische Fuge. Die Anklage ist wörtlich aus der Tempelrede übernommen (Jer 7,9). Der Ergänzer deutet die Zeichenhandlung allegorisch auf Jahwes enges Verhältnis zu seinem Volk, wozu er den Bundesschluss aus Dtn 26,19 wörtlich anführt. Wenn „das Haus Israel und das ganze Haus Juda" als Gegenüber Jahwes genannt sind, ist auf die Anklage in Jer 11,10 angespielt, dass „das Haus Israel und das Haus Juda meinen Bund gebrochen haben". Das Fazit וְלֹא שָׁמֵעוּ „aber sie haben nicht gehört" lenkt auf den älteren Text zurück und gibt die Erweiterung als dessen Auslegung zu verstehen.

Nach der Deutung, die die Jahwewort-Bearbeitung der Zeichenhandlung gegeben hat, folgt die Verkündigung des Propheten in Tat und Rede bis in die kleinsten Einzelheiten dem Wort Jahwes. Das Exilsgeschick der Judäer aber ist darin begründet, dass sie dem Wort Jahwes den Gehorsam verweigert haben. Eben darum hat sich dieses Wort an ihnen bewahrheitet.

Die Ehelosigkeit des Propheten

Auch in der zweiten Zeichenhandlung Jer 16,1–9, in welcher der Prophet von Jahwe zur Ehelosigkeit verpflichtet wird, hat die Jahwewort-Bearbeitung ihre Spur hinterlassen. Mehr noch: Sie war es selbst, die diese Zeichenhandlung aus einem vorgegebenen Botenwort geschaffen hat.

> 1 *Und das Wort Jahwes geschah zu mir:*[48] 2 *Du sollst dir keine Frau nehmen* und sollst weder Söhne noch Töchter haben an diesem Ort. 3 Denn so spricht Jahwe über die Söhne und Töchter, die an diesem Ort geboren werden, und über ihre Mütter, die sie gebären, [und über ihre Väter, die sie zeugen in diesem Land]: 4 Sie werden an Krankheiten sterben. Sie werden nicht beklagt noch begraben werden. Zu Dung auf dem Acker werden sie werden. Durch Schwert und Hunger werden sie umkommen, und ihr Leichnam wird den Vögeln des Himmels und den Tieren der Erde zum Fraß werden. 5 Denn so spricht Jahwe: Du sollst nicht in ein Trauerhaus gehen und sollst nicht gehen zu klagen noch ihnen Beileid zu bezeugen; denn ich habe mein Heil von diesem Volk hinweggenommen, Spruch Jahwes. < >[49] (6) Und man wird sie nicht beklagen und sich weder wund ritzen noch kahl scheren ihret-

---

48 LXX bietet statt der Wortereignisformel die nachgestellt einleitende Gottesspruchformel λέγει κύριος ὁ θεὸς Ἰσραηλ „Spruch Jahwes, des Gottes Israels". Die Lesart ist mit hoher Wahrscheinlichkeit sekundär, vgl. THIEL, Die deuteronomistische Redaktion, 195 Anm. 3. Möglicherweise sah die Vorlage eine Spannung zu der durch die Überschriften 14,1 und 18,1 gegebenen Struktur.

49 LXX hat die Gottesspruchformel getilgt. Im M-Text ist hinzugefügt: „die Huld und das Erbarmen. Und Große wie Kleine werden sterben in diesem Land. Sie werden nicht begraben werden." Der Zusatz knüpft an die Aussagen von V. 4a an und unterstreicht die Totalität der Vernichtung, vielleicht in eschatologischer Perspektive.

wegen. 7 Und man wird dem <Trauernden>⁵⁰ kein <Brot>⁵¹ brechen, um ihn zu trösten wegen eines Toten, und man wird <ihm>⁵² nicht den Trostbecher zu trinken geben wegen seines Vaters oder seiner Mutter. 8 *Und du sollst nicht in ein Festhaus gehen, <mit ihnen>*⁵³ *zusammenzusitzen zu essen und zu trinken.* 9 Denn **so spricht Jahwe**, < >⁵⁴ der Gott Israels: **Siehe, ich will** an diesem Ort vor euren Augen und zu euren Lebzeiten **ein Ende machen dem Klang des Jubels und der Freude, der Stimme des Bräutigams und der Braut.**

Wieder bildet das Botenwort die Schlusspointe. Es ist eine abgerundete Aussage für sich: Die Lebensfreude wird ein Ende nehmen, als deren Höhepunkt der Hochzeitsjubel genannt wird. Dass die Inszenierung erst hinzukam, lässt sich diesmal noch deutlicher erkennen; denn die Handlung wird nur als Befehl angedeutet, ohne dass dessen Ausführung berichtet ist. Ein solcher Bericht wäre auch gar nicht möglich; denn Jahwe befiehlt dem Propheten nicht zu handeln, sondern eine bestimmte Handlung zu unterlassen. Als Zeichenhandlung ist das paradox. Die Gattung bildet lediglich einen Rahmen.

Im heutigen Text ist der Befehl stark überdehnt. Die Ein- und Ausleitungsformeln in V. 3 und 5 innerhalb ein und derselben Gottesrede weisen auf literarische Ergänzung,⁵⁵ und zwar in mehreren Stufen. Die Anweisung an den Propheten ist nachträglich mit der Ansage kommender Vernichtung durch Krankheit, Schwert und Hunger verknüpft worden. Schon immer ist aufgefallen, dass hier mehrere Motive unvermittelt nebeneinander stehen. Zu unterschiedlich sind die Anlässe von Hochzeit und Trauer. Die Katastrophe wird so umfassend sein, dass niemand übrig bleiben wird, die Toten zu begraben und die Trauerriten zu vollziehen.⁵⁶ Wieder macht sich jenes Geschichtsbild geltend, das die Kontinuität des Gottesvolkes ausschließlich über die Exulantenschaft in Babylon laufen sieht und deshalb Vorkehrungen trifft, „diesen Ort" und „dieses Land" gänzlich zu entvölkern. Die Brücke zur Zeichenhandlung gelingt nur mühsam: Jeremia soll mit der nicht genommenen Frau keine Söhne und Töchter haben (V. 1b) – möglicherweise ein Kontrastbezug zu dem Brief an die Exulanten Jer 29,6 –, und über das Verbot hinaus, ein Hochzeitsgelage zu halten, wird ihm untersagt, an Trauerriten teilzunehmen (V. 5). Zuletzt nimmt das Ende eine Dimension an, die an die spätnachexilische Eschatologie erinnert.

Der ursprüngliche Befehl bestand aus dem Anfang und dem Schluss der heutigen Anweisung. Die szenische Einkleidung kennzeichnet das Botenwort

---

50 Lies אָבֵל.
51 Lies לֶחֶם mit LXX.
52 Lies אוֹתוֹ mit LXX.
53 Lies אִתָּם mit LXX.
54 Der M-Text hat zusätzlich צְבָאוֹת.
55 Vgl. THIEL, Die deuteronomistische Redaktion, 196–198; WANKE, Jeremia, 157–158.
56 Die umfangreichen Parallelen in Jer 7,33 (→ 19,6); 7,34; 8,2; 34,20; Dtn 28,26 sind offenbar von hier abhängig.

als Wortereignis und verknüpft es mit der Person des Propheten. An seinem Beispiel wird die Ankündigung, dass Jubel und Freude ein Ende nehmen werden, zur inszenierten Drohung. Da das Wort den Hochzeitsjubel nennt, wird dem Propheten untersagt, eine Frau zu nehmen. Seine persönlichen Lebensumstände sind das Abbild der Botschaft. „Des Propheten Existenz ist Verkündigung."[57] In seinem Gehorsam vermittelt sich der Realitätsbezug des Wortes Jahwes.

Jeremia beim Töpfer

Im Falle der dritten Zeichenhandlung, derjenigen beim Töpfer Jer 18,1–6, lag die Inszenierung wiederum vor. Wie die Zeichenhandlung mit dem Gürtel wurde sie von der Jahwewort-Bearbeitung lediglich überarbeitet.

> 1 Das Wort, das geschah zu Jeremia von Jahwe:[58] 2 **Steh auf und geh hinab in das Haus des Töpfers.** *Und dort will ich dich <mein Wort>[59] hören lassen.* 3 **Da ging ich hinab in das Haus des Töpfers, und siehe, er machte seine Arbeit auf der Scheibe. 4 Und wenn das Gefäß missriet, das er machte** < >[60] **in der Hand des Töpfers, setzte er neu an und machte ein anderes Gefäß daraus,** wie es gut war <in seinen Augen>[61] zu machen. 5 *Und das Wort Jahwes geschah zu mir:* 6 Kann ich nicht wie dieser Töpfer an euch tun, Haus Israel, Spruch Jahwes.[62] **Siehe, wie der Ton in des Töpfers Hand, so seid ihr in meiner Hand.** < >[63]

Auch hier ist in dem abschließenden Botenwort eine ehemals selbständige Einheit zu erkennen, und zwar ein Bildwort: Die Judäer sind wie Ton in der Hand Jahwes. Sie sind seinem Tun ausgeliefert. Die Zeichenhandlung setzt dieses Bild in Szene: Jahwe befiehlt dem Propheten, dem Töpfer bei der Arbeit zuzusehen. Damit spitzt sich die Aussage zu. Das Motiv der Ge-

---

57 WANKE, Jeremia, 158.
58 Die heutige Überschrift, die auch in Jer 7,1; 11,1; 21,1; 30,1; 32,1; 34,1.8; 35,1 und 40,1 zu finden ist, folgt dem späten Überschriften-System des Buches. Sie hat eine Einleitung wie וַיֹּאמֶר יהוה אֵלַי „Und Jahwe sprach zu mir" verdrängt, vgl. THIEL, Die deuteronomistische Redaktion, 211: „Die Stellung der D-Überschrift ist an dieser Stelle besonders einsichtig und die vermutete Ersetzung einer älteren Einleitung daher gut denkbar."
59 Lies sg., vgl. 1,9; 13,10; 35,13.
60 Der M-Text hat zusätzlich בַּחֹמֶר „aus Ton".
61 So mit LXX. Der M-Text liest בְּעֵינֵי הַיּוֹצֵר „in den Augen des Töpfers".
62 LXX hat die Gottesspruchformel getilgt.
63 Der M-Text ergänzt wie in der ersten Vershälfte den Vokativ בֵּית יִשְׂרָאֵל „Haus Israel".

schichtsmächtigkeit Jahwes kommt ins Spiel, der frei ist, sein Volk zu verwerfen.[64]

Dieser Zug ist später noch verstärkt worden durch einen Zusatz in V. 4bβ, dessen Sprache an die Frömmigkeitsnotizen der Königebücher erinnert, sowie durch ein weiteres, vorangestelltes Botenwort, das die Aussage auf das „Haus Israel" bezieht,[65] jene Größe, die sonst in Zusammenhang mit dem gebrochenen Bund Jahwes genannt wird (vgl. Jer 11,10; 13,11; 31,27.31). Man kann diese Züge den bundestheologischen Bearbeitungen zuweisen.

Die Jahwewort-Bearbeitung meldet sich innerhalb des einleitenden Befehls zu Wort. Mit der etwas ungelenken lokalen Verknüpfung וְשָׁמָּה „und dort" fügt sie die Ankündigung hinzu, der Prophet werde beim Töpfer das Wort Jahwes zu hören bekommen. Genauso geschieht es: Dem Gotteswort wird die Wortereignisformel vorausgeschickt, die wahrscheinlich ein כִּי כֹה אָמַר יהוה „denn so spricht Jahwe" verdrängt hat. Die Handschrift der Jahwewort-Bearbeitung ist unverkennbar. Sie stilisiert das Geschehen als Wortereignis und versetzt es unter die Abfolge von Ankündigung und Erfüllung.

Der Ackerkauf

In der vierten Zeichenhandlung, derjenigen mit dem zerbrochenen Krug Jer 19,1–13, finden sich die Spuren der Jahwewort-Bearbeitung nicht.[66] Wohl aber hat die Bearbeitung in die Erzählung vom Ackerkauf Jer 32,1–15 eingegriffen. Die Episode dürfte einst zu der Gruppe der Zeichenhandlungen Jer 13–18* gehört haben,[67] bis sie durch einen Eingriff, der die Heilsprophetie in den Kapiteln Jer 29–33 gebündelt hat, an ihre heutige Stelle gelangt ist. Der Beginn, der das Geschehen auf die Lage während der Belagerung Jerusalems bezieht, als Jeremia im Wachthof gefangen war, ist offensichtlich

---

64 Die Szene hat mit dieser Pointe ihr Ziel erreicht. Sie wurde später durch die Umkehrpredigt 18,11 fortgesetzt. Auf dritter Stufe kam der geschichtstheologische Lehrsatz 18,7–10 zwischenein.
65 Der entsprechende Bezug in V. 6b ist erst nach der griechischen Übersetzung hinzugekommen.
66 Möglicherweise war Jer 19 zur Zeit der Jahwewort-Bearbeitung noch nicht vorhanden. Es gibt Anzeichen, dass diese Zeichenhandlung Jer 13 nachahmt. Der Krug statt des Gürtels kann Jer 18 zum Vorbild haben. Der ursprüngliche Bestand beschränkt sich auf V. 1–2a*.10–11a*, vgl. GIESEBRECHT, Das Buch Jeremia, 109; THIEL, Die deuteronomistische Redaktions, 217 f.
67 Vgl. die Erwägungen von SCHMID, Buchgestalten des Jeremiabuchs, 203–208, zu Jer 23* als literarischem Anschlusspunkt von Jer 30*f.

später vorangestellt worden.[68] Mit „Und Jeremia sprach" leitet der Vorspann auf die vorgegebene Zeichenhandlung über.

6 [Und Jeremia sprach:] *Es geschah das Wort Jahwes zu mir:*[69] 7 **Siehe, Hanamel, der Sohn Schallums, deines Oheims, wird zu dir kommen und sagen: Kauf dir meinen Acker, der in Anatot liegt; denn dir kommt das Löserecht zu, ihn zu kaufen.** 8 *Da kam Hanamel, der Sohn meines Oheims, zu mir < >[70]* [in den Wachthof] *und sprach zu mir: Kauf doch meinen Acker, der in Anatot liegt* [der im Lande Benjamin liegt];[71] *denn dir kommt das Erwerbsrecht zu, und dir kommt die Auslösung zu. < >[72] Da erkannte ich, dass es das Wort Jahwes war.* 9 **Da kaufte ich den Acker von Hanamel, dem Sohn meines Oheims, < >[73] und wog ihm das Silber dar** siebzehn Schekel Silber 10 und schrieb den Brief und siegelte und zog Zeugen hinzu und wog das Silber dar auf der Waage. 11 Dann nahm ich den Kaufbrief – den versiegelten < >[74] und den offenen – 12 und gab den Kaufbrief Baruch, dem Sohn Nerias, des Sohnes Machsejas, vor den Augen Hanamels, meines Vetters, und vor den Augen der Zeugen, die in dem Kaufbrief geschrieben standen [vor den Augen aller Judäer, die im Wachthof saßen,] 13 und befahl Baruch vor ihren Augen: 14 So spricht Jahwe Zebaoth: < >[75] Nimm < >[76] diesen Kaufbrief < >[77] und <den>[78] offenen Brief und lege sie in ein Tongefäß, damit sie lange Zeit erhalten bleiben. 15 **Denn so spricht Jahwe:** < >[79] **Wieder werden Häuser und Äcker und Weinberge gekauft werden in diesem Land!**

Auch hier findet sich der Überlieferungskern in dem abschließenden Wort, das zur Pointe einer Szene geworden ist. Diesmal ist es eine Heilsansage. Obwohl mit der Botenformel eingeleitet, muss der Ausspruch nicht Gottesrede gewesen sein; denn die Voraussage betrifft das Handeln der Menschen:

---

68 Darüber besteht weitgehende Einigkeit, vgl. nur RUDOLPH, Jeremia, 207–209; W. THIEL, Die deuteronomistische Redaktion von Jeremia 26–45 (WMANT 52) 1981, 29f; WANKE, Jeremia, 299.
69 LXX verzichtet auf die Einleitung „Und Jeremia sprach" und bietet die Wortereignisformel im Er-Bericht.
70 Der M-Text fügt die Erfüllungsnotiz יהוה כִּדְבַר „nach dem Wort Jahwes" hinzu, womit er die Pointe von V. 8b vorwegnimmt.
71 Diese Ortsangabe steht in LXX vor „der in Anatot liegt". Wahrscheinlich stand die Erläuterung am Rand der Kolumne.
72 Die Doppelung beruht wahrscheinlich auf einem Nachtrag, der die Abweichung von V. 7 ausgleichen will. LXX vermeidet sie und schreibt: „Denn dir kommt das Erwerbsrecht zu, und du bist der Ältere." Der M-Text ergänzt noch קְנֵה־לָךְ „Kauf dir!"
73 Der M-Text ergänzt אֲשֶׁר בַּעֲנָתוֹת „der in Anatot liegt".
74 Der M-Text ergänzt הַמִּצְוָה וְהַחֻקִּים „die Anordnung und die Satzungen".
75 Der M-Text ergänzt אֱלֹהֵי יִשְׂרָאֵל „der Gott Israels".
76 Der M-Text ergänzt אֶת־הַסְּפָרִים הָאֵלֶּה „diese Briefe".
77 Der M-Text ergänzt וְאֵת הֶחָתוּם „und den versiegelten".
78 Der M-Text ergänzt הַזֶּה „diesen".
79 Der M-Text ergänzt צְבָאוֹת אֱלֹהֵי יִשְׂרָאֵל „Zebaoth, der Gott Israels".

Sie werden zum normalen Erwerbs- und Familienleben zurückkehren. Zweifellos lebt diese Prognose vom Gegensatz zur gegenwärtigen Erfahrung. Die Katastrophe steht entweder kurz bevor, oder sie ist schon eingetreten. Aus dieser Lage heraus wird der Blick gewagt in eine bessere Zukunft.

Wieder beruht die Zeichenhandlung darauf, dass der Prophet in seiner Person die Pointe des Wortes beispielhaft in die Tat umsetzt: Er erwirbt selbst einen Acker. Die Einzelheiten beruhen auf realistischer Phantasie.[80] Das Löserecht in Anatot wird ihm durch einen Verwandten angetragen. Wieder ist die Fiktion nicht auskomponiert. Ohne Übergang folgt auf den Bericht das Prophetenwort.

Die zeichenhafte Bedeutung ist nachträglich noch erweitert worden: Unter Zeugen wird ein zweiteiliger Kaufbrief ausgefertigt,[81] den Jeremia seinem Schreiber Baruch übergibt, der ihn in einem Tonkrug für lange Zeit aufbewahren soll – eine übliche und bewährte Weise, Urkunden vor Verderbnis zu schützen. Es deutet sich an, dass die Ankündigung sich erst in ferner Zukunft bewahrheiten wird. Offenbar haben sich darin spätere Erfahrungen niedergeschlagen. Mit der Ausfertigung des Kaufbriefs verbinden sich die seinerzeit üblichen Einzelheiten: Der Kaufpreis wird benannt und dargewogen, und Zeugen verbürgen die Tatsächlichkeit und Rechtmäßigkeit des Kaufs. Die Ergänzung ist an der Dublette in V. 9 אֶת־הַכֶּסֶף שִׁבְעָה שְׁקָלִים וַעֲשָׂרָה הַכָּסֶף „das Silber, siebzehn Schekel Silber" zu erkennen, die vom griechischen Text geglättet wurde, sowie an dem doppelten Botenwort V. 14 und 15.

Die Jahwewort-Bearbeitung gestaltet die Szene so um, dass der Prophet, wenn er die Zeichenhandlung ausführt, dem Wort Jahwes gehorcht. Die Wortereignisformel dürfte zu diesem Zweck eine andere Einleitung ersetzt haben. Da diesmal am Anfang kein Befehl steht, sondern die Voraussage, dass Hanamel kommen werde, um dem Propheten den Kauf des Ackers anzutragen, wird zwischenein berichtet, dass die Ankündigung eintrat. Daraus ersieht er, „dass es das Wort Jahwes war". Erst darauf nimmt er das Kaufangebot an. Der Bericht V. 8 weicht von der Voraussage V. 7 in solchem Maße ab, dass er von anderer Hand stammen muss. Statt „Löserecht" (מִשְׁפַּט הַגְּאֻלָּה) ist von „Erwerbsrecht" (מִשְׁפַּט הַיְרֻשָּׁה) gesprochen.[82] Im jetzigen Text zeigt auch diese Zeichenhandlung den Gehorsam des Propheten gegen das Wort Jahwes und ist ein Zeugnis für die Wirkung des Wortes.

---

80 Unter dieser Voraussetzung ist müßig zu erwägen, woher Jeremia in der schlimmsten Notzeit Judas das Silber für den Kauf gehabt haben mag.
81 Zu den Einzelheiten des Verfahrens siehe die neueren Kommentare.
82 Der hebräische Text gleicht das aus durch eine Dublette, die auch den Begriff „Auslösung" noch nennt: וּלְךָ הַגְּאֻלָּה.

Wein für die Streitwagenfahrer

Zuletzt sind die Spuren der Jahwewort-Bearbeitung in der Zeichenhandlung vom Wein für die Streitwagenfahrer Jer 35* zu finden. Die Szene, die heute in den erzählenden Anhang des Buches gerückt ist, hat mit großer Wahrscheinlichkeit ebenfalls zu der Gruppe der Zeichenhandlungen gehört, wenngleich in einer frühen, kürzeren Fassung.

Das Kapitel gliedert sich in zwei Hälften: die Zeichenhandlung V. 1–11 und die Deutung V. 12–19. Der alte Kern ist heute vielschichtig überwachsen.[83] Die Zeichenhandlung enthält in V. 1b.2αβγ.3–4 allerlei nachträgliche Angaben zur Datierung, zum genauen Schauplatz sowie zu den beteiligten Personen und ihrer Genealogie. In ihrem zweiten Teil V. 6–11 besteht sie aus einer in mehreren Stufen angewachsenen Rede der „Rechabiter", die sich durch den Bezug auf 2 Kön 10,15; Ex 30,12 und 2 Kön 24,1–2 als innerbiblische Exegese zu erkennen gibt.[84] Die Deutung wiederum bildet eine fünfgliedrige Fortschreibungskette: V. 12–13.14.15.16–17.18–19. Ihren Ausgangspunkt hatte sie in der Mahnung V. 12–13. Er wurde später unter der Voraussetzung weitergeführt, dass die Mahnung vergeblich gewesen ist und die Judäer den Gehorsam versäumt haben.[85] Die Analyse ergibt folgenden Kern:

> 1 Das Wort, das geschah zu Jeremia von Jahwe:[86] […] 2 **Geh zum Hause der <Streitwagenfahrer>**[87] […] **und gib ihnen Wein zu trinken.** […] 5 **Da setzte ich <ihnen>**[88] **<einen Krug>**[89] **Wein vor und Becher und sprach:**

---

83 Für die Analyse vgl. Ch. Levin, Die Entstehung der Rechabiter (1994; in: Ders., Fortschreibungen, 242–255).
84 Levin, Die Entstehung der Rechabiter, 249–251.
85 Levin, Die Entstehung der Rechabiter, 247–249.
86 Die Überschrift folgt dem späten Überschriften-System des Buches, s. o. Anm. 58. An ihrer Stelle dürfte eine Einleitung wie וַיֹּאמֶר יהוה אֵלַי „Und Jahwe sprach zu mir" gestanden haben, vgl. W. Thiel, Die deuteronomistische Redaktion von Jeremia 26–45, 44; Levin, Die Entstehung der Rechabiter, 250.
87 Die Verbindung בֵּית הָרֵכָבִים „Haus der Rechabiter" ist abnorm, da בַּיִת im Sinne von Großfamilie, Sippe, Stamm sich nicht mit dem Gentilicium oder Patronymicum verbindet. Deshalb transkribiert LXX οἶκος Αρχαβιν. Daraus folgt: הרכבם ist ursprünglich kein Eigenname gewesen. Man vokalisiere הָרֹכְבִים oder הָרַכָּבִים (GesK § 84b b). Die Fehldeutung im Sinne der „Rechabiter", die sich auf 2 Kön 10,15–16 stützen zu können meinte, ist schon früh unterlaufen und hat das weitere literarische Wachstum von Jeremia 35 bestimmt.
88 So mit LXX. Der M-Text liest בְּנֵי בֵית־הָרֵכָבִים „den Söhnen des Hauses der Rechabiter".
89 So mit LXX. Der M-Text liest גְּבִעִים מְלֵאִים „gefüllte Krüge".

< >⁹⁰ **Trinkt Wein!** [...] *12 Und das Wort Jahwes geschah zu <mir>:⁹¹ 13 So spricht Jahwe: < >⁹² Geh und sprich zu den Männern Judas und zu den Bewohnern Jerusalems: Wollt ihr nicht Züchtigung annehmen, auf <mein Wort>⁹³ zu hören, Spruch Jahwes?!⁹⁴*

Im Unterschied zu den anderen Beispielen beruht diese Zeichenhandlung nicht auf einem Gotteswort, das in Szene gesetzt worden wäre. Der Sinn wird durch die Handlung selbst zum Ausdruck gebracht. Wenn der Prophet geheißen wird, die Streitwagenfahrer, die Elitetruppe des Königs von Juda, mit Wein zu tränken, bedeutet das eine unbedingte und scharfe Drohung: Der „Taumelbecher" (Jes 51,17.22; Ps 60,5) ist ein verbreitetes Bild für die verheerende Niederlage.⁹⁵

Obwohl die Zeichenhandlung ihre Pointe in sich selbst hat, erfährt sie in V. 12–13 eine ausdrückliche Deutung. Diese gilt nicht mehr den Streitwagenfahrern, sondern richtet sich an die Judäer und Jerusalemer.⁹⁶ Wieder wird sie mit der Wortereignisformel eingeführt, und wieder ist das Wort Jahwes der Gegenstand: „Wollt ihr nicht Züchtigung annehmen, auf mein Wort zu hören?!" Die Wendung לקח מוּסָר „Züchtigung annehmen" hat ihren Ursprung in der Weisheit.⁹⁷ Die Deutung will das Zeichen als Mahnung verstanden sehen; und zwar als Mahnung zum Gehorsam gegen das Wort Jahwes. Der Taumelbecher ist indessen keine Pädagogik, sondern symbolisiert den sicheren Untergang. Die Wendung לִשְׁמֹעַ אֶל־דְּבָרַי „auf mein Wort zu hören" stimmt mit 13,10 überein und weist auf die Jahwewort-Bearbeitung als Urheber.

Die Jahwewort-Bearbeitung

Die Geschlossenheit der Jahwewort-Bearbeitung ist am deutlichsten daran abzulesen, dass die Wortereignisformel „Und es geschah das Wort Jahwes zu mir", wenn sie im Ich-Bericht steht, mit einer oder zwei Ausnahmen je-

---

90 Der M-Text ergänzt אֲלֵיהֶם „zu ihnen".
91 So mit LXX. Der M-Text liest אֶל־יִרְמְיָהוּ „zu Jeremia".
92 Der M-Text ergänzt צְבָאוֹת אֱלֹהֵי יִשְׂרָאֵל „Zebaoth, der Gott Israels".
93 Lies sg., vgl. 1,9; 13,10; 18,2.
94 LXX hat die Gottesspruchformel getilgt.
95 Vgl. Jer 13,12–13; 25,15–29; 51,7; Ez 23,33; Hab 2,16; Ps 75,9; u. ö.
96 Die ähnlichen Redeeinleitungen Jer 11,2; 18,11 sind jünger.
97 Innerhalb der Bearbeitungen des Jeremiabuches ist sie aus Jer 35,13 nach 7,28 und von dort nach 17,23 und 32,33 übernommen worden.

desmal auf diese Hand zurückgeht: Jer 1,4.11.13; 2,1; 13,3.8; 16,1; 18,5; 32,6; 35,12 LXX.[98] Die Formel begegnet in allen Perikopen, die von der Bearbeitung geschaffen oder kommentiert worden sind, und verbindet sich jeweils mit weiteren Zusätzen, die nach Begrifflichkeit und Tendenz derselben Schicht zugehören.

Die Spuren der Bearbeitung verteilen sich ganz ungleichmäßig über das heutige Buch. Das liegt nicht daran, dass die Bearbeitung nur sporadisch eingegriffen hätte, sondern an der Menge des später hinzugewachsenen Materials. Wo die Jahwewort-Bearbeitung sich zu Wort meldet, tut sie es nämlich zielstrebig und folgerichtig. Die Verteilung lässt vielmehr auf eine Gestalt des Buches schließen, in welcher die Zeichenhandlungen Jer 32 und 35 alsbald auf Jer 18 gefolgt sind und der übrige Text noch gefehlt hat.

Diese Frühform hat einen ähnlichen Aufbau wie das Buch Amos gehabt. Wie an die Sammlung der Amosworte in Am 3–6* die Visionen Am 7–8* anschließen,[99] so ist auf die Sammlung der Worte vom „Feind aus dem Norden" Jer 4–6*; 8–10* eine Reihe prophetischer Zeichenhandlungen gefolgt. Bereits auf dieser Ebene verbinden sich zwei ganz unterschiedliche Textgruppen. Die Worte vom „Feind aus dem Norden" bestehen aus Klagen, die von sich aus keine Prophetie gewesen sind. Erst die nachträgliche Einleitung, die in Jer 4,5–6 greifbar wird, will sie als Ankündigung im Auftrag Jahwes gelesen wissen. Die Zeichenhandlungen hingegen beruhen mit Ausnahme von Jer 35 jeweils auf einem Botenwort. Die Worte Jer 13,9; 16,9; 18,6 sind unerbittliche Gerichtsansagen, die Jahwe selbst zum Subjekt haben. Nur das Wort vom Ackerkauf Jer 32,15 eröffnet eine Heilsperspektive, und dieser Ausspruch allein dürfte vom Ursprung her nicht Jahwerede, sondern Prophetenrede gewesen sein.

Die Jahwewort-Bearbeitung gab diesem ältesten Jeremiabuch das Gesicht. Insofern kann man sie als *Redaktion* im Sinne des Begriffs bezeichnen. Mit der Berufungsszene und den beiden Visionen stellte sie ein gewich-

---

98 Die Ausnahme ist 24,4 innerhalb der Feigenkorbvision, die 1,11–14 nachahmt. 32,26 wird von LXX als Ich-Bericht wiedergegeben. Dieser Beleg ist so oder so sehr spät. Sonst begegnet die Wortereignisformel im Er-Bericht in 28,12; 29,30; 33,1.19.23; 36,27; 37,6; 39,15; 42,7; 43,1. Alle diese Belege sind jünger als die Jahwewort-Bearbeitung.
99 Der Zyklus der Völkersprüche Am 1,3–2,16 ist erst später zum Buch Amos hinzugekommen, vgl. CH. LEVIN, Das Amosbuch der Anawim (1997; in: DERS., Fortschreibungen, 265–290), 275 f. Die heutige Entsprechung von Völkersprüchen und Visionsberichten im Aufbau des Buches hat sich nachträglich herausgebildet. Anders H. GESE, Komposition bei Amos (1981; in: DERS., Alttestamentliche Studien, 1991, 94–115) und J. JEREMIAS, Völkersprüche und Visionsberichte im Amosbuch (1989; in: DERS., Hosea und Amos [FAT 13] 1996, 157–171).

tiges Proömium voran, und sie bearbeitete die Zeichenhandlungen in ihrem Sinne.

In einem späteren Schritt erhielt dieses älteste Jeremiabuch wie andere Prophetenbücher einen narrativen Anhang. Der Kern dieser Erzählungen, der sich heute in Jer 37–38 findet, ist der einzige Teil des Buches, in welchem die Person des Jeremia auf vorredaktioneller Textebene genannt ist.

Der *Name* „Jeremia" fällt in der ältesten Sammlung so wenig wie in der Grundform der Zeichenhandlungen. Er hat womöglich noch in der Jahwewort-Bearbeitung gefehlt. Der Ich-Bericht, in den die Bearbeitung ihre Zusätze durchgehend kleidet, nennt nirgends den Namen des Sprechers.[100] Er findet sich zuerst in der Buchüberschrift, deren Grundform wahrscheinlich „Die Worte Jeremias, des Sohnes Hilkias" (Jer 1,1a) gelautet hat.[101] Sie erklärt unmissverständlich, dass die Sammlung der Worte, Visionen und Zeichenhandlungen auf eben denselben Mann zurückgeht, dessen Leidensgeschichte in Jer 37–38 erzählt wird.

Aus alldem folgt, welch grundlegende Bedeutung die Jahwewort-Bearbeitung für die Entstehung des Jeremiabuches gehabt hat. Sie entwirft in der Berufungsszene in Anlehnung an Jes 6 die Rolle des im Auftrag Jahwes wirkenden Propheten, dessen Amt es ist, das Wort Jahwes anzusagen. Die beiden nach dem Vorbild von Am 8 gestalteten Visionen nennen das geschichtsmächtige Wort Jahwes als Grundlage der Prophetie und füllen es mit der überlieferten Verkündigung vom „Feind aus dem Norden", die nun eindeutig nicht mehr als menschliche Klage über eingetretenes Unheil gelesen werden soll, sondern als Jahwes Voraussage. Die durchgehende Kommentierung der Zeichenhandlungen zeigt, dass der Prophet immer, wenn er in Person agiert, der Vorgabe des Wortes Jahwes gehorcht, und dass es der Ungehorsam gegen das Wort Jahwes gewesen ist, der die Judäer in die Katastrophe geführt hat. In gewisser Weise hat erst die Jahwewort-Bearbeitung Jeremia zum Propheten im Sinne des alttestamentlichen Begriffs und das Jeremiabuch zum Prophetenbuch gemacht. Jener Prophet, der zwischen 609

---

100 Einzige mögliche Ausnahme ist der Vokativ יִרְמְיָהוּ „Jeremia" in Jer 1,11, der sich aber nur im M-Text findet. Die Überschriften 18,1; 32,6a; 35,1 sind jünger als die Jahwewort-Bearbeitung.

101 Dass erst die Buchüberschrift die Anonymität der jeweils nachfolgenden Sammlung aufhebt, gilt ebenso für die Bücher Joël, Obadja, Micha, Nahum, Habakuk (mit Zwischenüberschrift Hab 3,1) und Zefanja. Im Amosbuch findet sich der Name des Propheten außer der Überschrift ursprünglich nur in den Zeichenhandlungen Am 7,8; 8,2. Der Prophet Hosea ist außer der Überschrift nur in der Zwischenüberschrift Hos 1,2a und am Kopf der (künstlichen) Zeichenhandlung Hos 1,2b genannt. Auch der Name Ezechiel steht nur in der Buchüberschrift Ez 1,1 sowie in Ez 24,24.

und 586 im Namen Jahwes den Untergang Judas angesagt hat, verdankt sich insoweit der Deutung der fortschreitenden Exilszeit.

Das entstandene Bild bezog von vornherein die ältere Prophetie mit ein. Wenn Jeremia nach dem Muster Jesajas berufen worden sein soll und wenn seine Visionen nach demselben Schema wie die Visionen des Amos verlaufen, entsteht so etwas wie ein überindividueller Typus des Jahwe-Propheten. Von daher ist es folgerichtig, dass die Jahwewort-Bearbeitung den Propheten nie mit Namen nennt. Der Prophet wird nicht durch die Besonderheit seiner persönlichen und geschichtlichen Umstände charakterisiert, sondern ausschließlich durch seine Rolle als Sprecher des Wortes Jahwes. Dieses Wort ist eine vorgegebene Größe, die in jeder ihrer je besonderen Ausprägungen immer als *das* Wort Jahwes ergeht. Das Wort wird zum Spiegel der Selbigkeit Gottes. Es ist die Offenbarung seines Wesens und Willens. Nicht von ungefähr wurde „Wort Jahwes" in den Überschriften, gliedernden Teilüberschriften und Perikopeneinleitungen der Prophetenbücher zu dem tragenden Begriff schlechthin.

Die alttestamentliche Wort-Theologie insgesamt nimmt mit der Jahwewort-Bearbeitung des Jeremiabuchs ihren Anfang.[102] Dazu mögen wenige Andeutungen genügen.[103] Im Jeremiabuch zählen zu diesem Motivkreis die jüngeren Aussagen über das Wort Jahwes als Conditio sine qua non der Prophetie (23,16–22.25–29; 27,18). Wer das Wort Jahwes nicht hat, kann nicht prophezeien (Jer 5,13; 17,15). Der Prophet lebt vom Wort (Jer 15,16). Sein Heroldsruf gilt der Verbreitung des Wortes (Jer 22,29). Er kann sich dem Zwang zur Verkündigung nicht entziehen (Jer 20,8–9). Das Wort Jahwes hat

---

102 Mit dieser Feststellung soll über den möglichen Einfluss der ägyptischen Worttheologie, deren berühmtester Beleg das „Denkmal memphitischer Theologie" ist (TUAT.E 166–175), ebensowenig entschieden sein wie über die mögliche Ausstrahlung mesopotamischer Zeugnisse wie des sumerischen Handerhebungs-Gebets für Nanna (A. Falkenstein / W. v. Soden, Sumerische und akkadische Hymnen und Gebete, 1953, 224) und zahlreicher vergleichbarer Hymnen und Gebetsbeschwörungen. Vgl. L. Dürr, Die Wertung des göttlichen Wortes im Alten Testament und im Alten Orient (MVÄG 42,1) 1938; B. Albrektson, History and the Gods (CB.OT 1) 1967, 53–67. Allerdings finden sich die einschlägigen alttestamentlichen Belege erst seit der exilischen Zeit. Die außeralttestamentlichen Aussagen preisen oder beschwören in der Regel die Wirkmächtigkeit des Befehls der Götter über Natur und Geschichte. Im Alten Testament steht das Bekenntnis im Mittelpunkt, dass die Worte der Propheten (oder der Tora) „Wort Jahwes" sind.
103 Vgl. im übrigen Grether, Name und Wort Gottes im Alten Testament (s. Anm. 1), sowie die einschlägigen Abschnitte in den „Theologien des Alten Testaments" und den „Theologischen Wörterbüchern".

Gewalt wie das Feuer (Jer 5,14). Es ist wie ein Hammer, der Felsen zerschmeißt (Jer 23,29).

Unter den großen Prophetenbüchern war die Nachwirkung bei Jesaja am geringsten – mit der bemerkenswerten Ausnahme des Rahmens des Deuterojesaja (Jes 40,8 und Jes 55,10–11) –, im Ezechielbuch am stärksten. Dort lässt die Verwendung „erkennen, daß sie von einem schon sehr durchgebildeten Wissen um das ‚Wort Jahwes' herkommt – soll man von einer in den Prophetenkreisen herausgebildeten ‚prophetischen Wort-Theologie' reden? Es ist nicht vom unmittelbaren Betroffensein durch den persönlichen Zuspruch des persönlichen Gottes geredet, sondern ‚das Wort' als eine beinahe objektive Größe mit eigener Einschlagskraft verstanden."[104]

Auch auf die Geschichtsbücher hat die Wort-Theologie eingewirkt. In den Königebüchern findet sich eine Jahwewort-Bearbeitung, die den Ereignissen Zug um Zug ein Wort Jahwes voraussetzt, um später dessen Erfüllung festzustellen.[105] Sie greift auf die ezechielische Formelsprache zurück.[106] Die Überarbeitung, die in 1 Kön 17 Elia durch das Wort Jahwes in Bewegung gesetzt werden lässt, folgt dem Vorbild von Jer 13 und Jer 18 und ist ihrerseits von der Grundfassung der Jonaerzählung nachgeahmt worden (Jon 1,1–2; 3,3a.4b–5.10).[107] Die gesamte Heilsgeschichte wird als Erfüllung des Wortes Jahwes aufgefasst (Jos 21,45; 23,14; 1 Kön 8,56).

Je mehr das nachexilische Judentum zum Schriftglauben wurde, desto mehr wurde das „Wort" zum Inbegriff der Offenbarung schlechthin.[108] Wie von selbst schwand dabei die Differenz zwischen Prophetie und Tora

---

104 ZIMMERLI, Ezechiel, 89.
105 Vgl. DIETRICH, Prophetie und Geschichte (s. Anm. 7); R. SMEND, Das Wort Jahwes an Elia (1975; in: DERS., Die Mitte des Alten Testaments. Exegetische Aufsätze, 2002, 203–218); LEVIN, Erkenntnis Gottes durch Elia (s. Anm. 3).
106 LEVIN, Erkenntnis Gottes durch Elia, 167.
107 Nicht der Begriff, wohl aber die Sache prägt auch die Darstellung der Heilsgeschichte nach der Fassung der Priesterschrift, für die wiederum das Ezechielbuch die traditionsgeschichtliche Voraussetzung bildet. Mit Vorliebe stellt P das Geschehen unter den Rhythmus von Ankündigung und Erfüllung, zum Beispiel im Zyklus der ägyptischen Plagen (Ex 7,8–13.19–20 [bis יחוה]. 21–22; 8,1–3.11aβb–15; 9,8–12) oder in der Meerwundererzählung (Ex 14,1–4.8–9.15aα.b.16–18.21aα*.b.22–23.26.27*.28–29). Bei P findet sich auch das Beispiel, welches das Motiv schließlich in kosmische Dimension treibt: der „Wortbericht" der priesterschriftlichen Schöpfungserzählung, vgl. CH. LEVIN, Tatbericht und Wortbericht in der priesterschriftlichen Schöpfungserzählung (1994; in: DERS., Fortschreibungen, 23–39). In unüberbietbarer Zuspitzung gilt das Wort Gottes als die Grundvoraussetzung alles dessen, was ist.
108 Eine dynamistische Auffassung muss daraus ebensowenig folgen wie die Vorstellung vom Wort Jahwes als einer eigenständigen Hypostase, vgl. J. BARR, Bibelex-

(Dtn 5,5; vgl. Ex 24,3; Num 15,31; Dtn 30,14; Ps 119 passim). Auch die Offenbarung am Sinai galt schließlich im Sinne des theologischen Begriffs als *das* Wort Jahwes.

Die ältesten Belege der Wort-Theologie im Alten Testament finden sich in einer frühen Bearbeitung des Jeremiabuchs, deren Spuren in der Berufungsszene und den Visionen Jer 1 sowie in den Zeichenhandlungen Jer 13; 16; 18; 32 und 35 zu greifen sind. Sie hat die prophetische Verkündigung, nachdem sie durch die Eroberung Jerusalems bestätigt war, auf den theologischen Begriff „Wort Jahwes" gebracht und zum erstenmal die sogenannte „Wortereignisformel" verwendet. Die Jahwewort-Bearbeitung steht am Beginn der redaktionellen Entwicklung des Jeremiabuches von einer Sammlung von Untergangsklagen hin zu einem klassischen Prophetenbuch. Sie hat die Vorstellung von dem Gerichtspropheten Jeremia geprägt. Auch die übrigen Prophetenbücher, die alttestamentliche Geschichtsdarstellung sowie die Schöpfungstheologie und die theologische Deutung der Tora wurden von dieser Wort-Theologie beeinflusst.

The oldest instances of Word theology in the Old Testament can be found in an early revision of the book of Jeremiah, traces of which are evident in the call scene and the visions in Jer 1, as well as in the symbolic actions in Jer 13; 16; 18; 32; and 35. After the prophetic proclamation had been confirmed by the conquest of Jerusalem, it was conceptualized in this revision under the theological term „Word of Yahweh", the so-called „formula for the reception of God's Word" being used for the first time. The Word of Yahweh revision stands at the beginning of the redactional development of the book of Jeremiah, in the course of which it grew from a collection of laments over the country's downfall into a prophetic book in the classic sense. This first revision profoundly shaped the view of Jeremiah as a prophet of judgment. The other prophetic books, the Old Testament's presentation of history, as well as creation theology and the theological interpretation of the Torah were all influenced by this Word theology.

---

egese und moderne Semantik, 1965, 133–141. Anders GRETHER, Name und Wort Gottes im Alten Testament, 103–107.150–158.

Die Entstehung der Bundestheologie im Alten Testament

Die Entdeckung des Problems

Unter den Literaturen des Alten Vorderen Orients nimmt das Alte Testament eine Sonderstellung ein. Während die übrigen erst durch die Archäologie des 19. und 20. Jahrhunderts wieder ans Licht kamen, hat das Alte Testament bis in die Gegenwart eine lückenlose Überlieferungsgeschichte gehabt und gehört zum prägenden Erbe der abendländischen Kultur. Ist diese Wirkungsgeschichte ein historischer Zufall? Folgt sie einfach aus der weltgeschichtlichen Bedeutung des Judentums und des aus ihm hervorgegangenen Christentums? Oder gründet sie in der Besonderheit des Alten Testaments selbst? Wer vor Augen hat, wie sehr das Judentum aus der Tora gelebt hat und lebt, wird annehmen dürfen, dass die Nachwirkung des Alten Testaments wenigstens anteilig mit einer ihm eigenen Besonderheit zusammenhängt.

Wir setzen damit voraus, dass sich während der Religionsgeschichte Israels und Judas ein Wandel vollzogen hat, in dessen Verlauf aus einer jener regionalen Formen der altorientalischen Religion, die sich im eisenzeitlichen Syrien-Palästina ausgeprägt haben,[1] das beginnende Judentum hervorgegangen ist, das sich von seiner Umgebung durch die entschiedene Hinwendung zu dem *einen* Gott und der damit im Ansatz gegebenen Idee der *einen* Menschheit, das bedeutet durch die unauflösliche Verbindung von Religion und Ethik unterscheidet. Seither lebt die Religion nicht nur von der gegebenen Tradition, sondern mindestens ebenso sehr von der Forderung des bekennenden Gehorsams. Es ziemt sich in der Göttinger Akademie, Julius Wellhausen zu zitieren: „Die israelitische Religion hat sich aus dem Heidentum erst allmählich emporgearbeitet; das eben ist der Inhalt ihrer Geschichte."[2] Ein solcher Wandel muss sowohl wegen seiner gewaltigen geschichtlichen Wirkung als auch als Paradigma der Religionsgeschichte

---

1 Zur altsyrischen Religion vgl. noch immer die Gesamtdarstellung durch H. GESE, Die Religionen Altsyriens (in: H. GESE / M. HÖFNER / K. RUDOLPH, Die Religionen Altsyriens, Altarabiens und der Mandäer [RM 10,2] 1970, 1–232).
2 J. WELLHAUSEN, Israelitische und jüdische Geschichte, ⁷1914, 32. Vgl. auch R. G. KRATZ, Reste herbräischen Heidentums am Beispiel der Psalmen (NAWG.PH 2004/2) 25–65.

alles Interesse auf sich ziehen. Deshalb steht der Wechsel vom alten Israel hin zum Judentum im Mittelpunkt der Wissenschaft vom Alten Testament. Wir fragen nach seinen Voraussetzungen und seinem Anlass; wieder in Wellhausens Worten: „warum die israelitische Geschichte von einem annähernd gleichen Anfange aus zu einem ganz andern Endergebnis geführt hat als etwa die moabitische". Eine einfache Antwort ist von vornherein nicht zu erwarten. Bemerkenswert ist, wie Wellhausen fortfährt: „Warum die israelitische Geschichte ... zu einem ganz andern Endergebnis geführt hat ..., läßt sich schließlich nicht erklären. Wol aber läßt sich eine Reihe von Übergängen beschreiben, in denen der Weg vom Heidentum bis zum vernünftigen Gottesdienst, im Geist und in der Wahrheit, zurückgelegt wurde."[3]

Dass hier ein Problem liegt, war vor Wellhausen nicht dermaßen bewusst, und auch nach Wellhausen konnte es für Jahrzehnte beiseite geschoben werden. Denn nach dem Alten Testament war dem Gottesvolk die nachmalige Besonderheit von Anfang an eigen. Zumindest als Forderung soll Israel am Sinai den Gottesdienst im Geist und in der Wahrheit durch die Hand des Mose empfangen haben in Gestalt des Ersten Gebots: „Ich bin Jahwe, dein Gott, der ich dich aus Ägyptenland, aus dem Sklavenhause geführt habe. Du sollst keine anderen Götter haben neben mir!" (Ex 20,2–3 // Dtn 5,6–7). Dem entsprechen auf der „zweiten Tafel" des Dekalogs die Grundgebote der Ethik. Die Unbedingtheit der Forderung, angesiedelt in dem religionsgeschichtlichen Nirgendwo der Wüste, ist für Theologen suggestiv.[4] Gerhard von Rad, einer der wirkungsreichsten Alttestamentler des 20. Jahrhunderts, konnte feststellen: „Ein Jahwekultus ohne das erste Gebot ist wirklich nicht vorstellbar."[5] „Die gesamte Kultgeschichte Israels ist ja ein einziger Kampf um die Gültigkeit des ersten Gebotes."[6] Ein solches Bild der Religionsgeschichte bedeutet freilich nichts anderes, als die Besonderheit des Judentums zur Voraussetzung statt zur Folge der Geschichte Israels zu erklären. Das ist nicht erst fraglich geworden, seit vor einem Vierteljahrhun-

---

3 WELLHAUSEN, Israelitische und jüdische Geschichte, 33.
4 Schon bevor im Gegenzug gegen die Ableitungen und Relativierungen durch die Religionsgeschichtliche Schule das „Senkrecht von oben" der Dialektischen Theologie aufkam, hat Wellhausen beides aufs Korn genommen: „Es macht keinen großen Unterschied, ob der Monotheismus aus Ägypten, wo er nicht zu finden ist, oder, immerhin etwas vernünftiger, aus dem Himmel importiert wird" (WELLHAUSEN, Geschichte, 31 mit Anm. 1).
5 G. VON RAD, Theologie des Alten Testaments I, [6]1969, 39.
6 AaO. 223. Vgl. auch W. H. SCHMIDT, Das erste Gebot. Seine Bedeutung für das Alte Testament (TEH 165) 1969.

dert Inschriften ans Licht kamen, die den nicht-exklusiven Jahwekult für das 8. Jahrhundert v. Chr. unabweisbar machen.[7]

Der Weg zur Lösung

Gegenwärtig erleben wir eine Wellhausen-Renaissance. Sie wurde angestoßen von Rudolf Smend und Lothar Perlitt, von denen letzterer sein Jugendwerk Wellhausen gewidmet hat,[8] ersterer neben vielen Einzelstudien[9] sein

---

7   Die wichtigsten Funde waren eine Grabinschrift, die 1967 in Khirbet el-Qom 14 km westlich von Hebron entdeckt wurde, sowie Inschriften auf zwei Pithoi, die man 1975/76 in Kuntillet ʿAjrud am nordöstlichen Rand der Sinai-Wüste gefunden hat. Sie sind gut zugänglich in TUAT II/4, 557f und 563f (D. CONRAD); hebräischer Text bei J. RENZ / W. RÖLLIG, Handbuch der althebräischen Epigraphik (HAE), I, 1995, 59–64 und 207–211. Die Inschriften unterscheiden „Jahwe von Teman" und „Jahwe von Samaria" und nennen neben Jahwe „seine Aschera". Unter dieser Voraussetzung gewinnt die längst bekannte Überlieferung Gewicht, die noch am Ende des 5. Jahrhunderts in der jüdischen Militärkolonie von Elephantine (Oberägypten) neben Jahwe (Jahu) weitere Götter wie ʿAnatjahu, ʿAnatbeʾel, Eschembetʾel bezeugt. Die Entdeckung wirkte wie der Stich in einen Ameisenhaufen und hat eine Flut von Literatur zur Folge gehabt. Eine ausgewogene Darstellung des religionsgeschichtlichen Sachverhalts geben O. KEEL, CH. UEHLINGER, Göttinnen, Götter und Gottessymbole (QD 134) ²1993, 237–282.

8   L. PERLITT, Vatke und Wellhausen. Geschichtsphilosophische Voraussetzungen und historiographische Motive für die Darstellung der Religion und Geschichte Israels durch Wilhelm Vatke und Julius Wellhausen (BZAW 94) 1965. Dazu R. SMEND, VT 16, 1966, 130–134.

9   Vgl. unter anderem R. SMEND, Julius Wellhausen (1978; in: DERS., Deutsche Alttestamentler in drei Jahrhunderten, 1989, 99–113); DERS., Julius Wellhausen und seine Prolegomena zur Geschichte Israels (1978; in: DERS., Epochen der Bibelkritik [BEvTh 109] 1991, 168–185); DERS., Wellhausen in Greifswald (1981; in: DERS., Bibel, Theologie, Universität. Sechzehn Beiträge [KVR 1582] 1997, 135–165); DERS., Wellhausen und das Judentum (1982; in: DERS., Epochen, 186–215); DERS., Wellhausen in Göttingen (in: B. MOELLER [Hg.], Theologie in Göttingen [Göttinger Universitätsschriften A I] 1987, 306–324); DERS., Wellhausen und die Kirche (in: Wissenschaft und Kirche. Festschrift für Eduard Lohse, 1989, 225–231); DERS., Wellhausen zu Psalm 73 (in: Haim M. J. Gevaryahu Memorial Volume, Jerusalem 1990, 129–135); DERS., Kuenen und Wellhausen (in: P. B. DIRKSEN / A. VAN DER KOOIJ [ed.], Abraham Kuenen [1828–1891]. His Major Contributions to the Study of the Old Testament [OTS 29] 1993, 113–127); DERS., William Robertson Smith and Julius Wellhausen (in: W. JOHNSTONE [ed.], William Robertson Smith. Essays in Reassessment [JSOT.S 189] 1995, 226–242); DERS., Israelitische und jüdische Geschichte. Zur Entstehung von Julius Wellhausens Buch (in: H. CANZIK [Hg.], Geschichte – Tradition – Reflexion 1. Festschrift für Martin Hengel, 1996, 35–42);

Alterswerk.¹⁰ Als Exegeten haben sich beide in den 1960er Jahren mit der Entstehung der alttestamentlichen Bundestheologie befasst als dem wichtigsten jener Übergänge, die Wellhausen im Auge hatte.¹¹ Beide taten das auf ihre Weise, der eine so, dass noch immer nicht jeder begriffen hat, welche Sprengwirkung in den eleganten Sätzen enthalten ist, der andere in einer fulminanten Polemik, so dass mancher Betroffene bis heute seine Wunden leckt. Beide haben an den Quellen bewiesen, dass die Vorstellung des Gottesbundes und mit ihr die für das Alte Testament kennzeichnende Forderung der ausschließlichen Verehrung des Gottes Jahwe ein religionsgeschichtliches Sekundärphänomen ist.

Smend gliedert die Geschichte der israelitischen Religion in drei Phasen: in die Zeit des selbstverständlichen Gottesverhältnisses, in die Zeit der Benennung des Selbstverständlichen, und in die Spätzeit, die vom Verlust des Selbstverständlichen bestimmt ist.¹² Aus dem Alter der Belege ergibt sich, dass die Vorstellung des Gottesbundes in die dritte Phase gehört.¹³ Sie hatte das Ziel, das in die Krise geratene Gottesverhältnis auf dem Wege eines bewussten Aktes zu bekräftigen und wiederherzustellen. Der wichtigste Beleg ist für Smend die Bundesschlussszene am Ende des deuteronomischen Gesetzes (Dtn 26,17–18). Sie scheint ihm formgeschichtlich an einen tatsächlich vollzogenen Akt heranzureichen, den er mit dem in 2 Kön 23,1–3 berichteten Bundesschluss des Königs Josia von Juda aus dem Jahre 622 verknüpft, wenige Jahrzehnte vor dem Untergang Judas.¹⁴

Perlitt untermauerte die Spätdatierung, indem er nachwies, dass die Vorstellung des Gottesbundes in der gesamten älteren Überlieferung des Alten Testaments fehlt. Beredt ist das „Bundesschweigen" der Propheten des 8. Jahrhunderts.¹⁵ Perlitts Schlüsseltext ist die Erzählung von Gotteswahl

---

DERS., Der Alttestamentler Julius Wellhausen und Wilamowitz (in: W. M. CALDER III u. a. [Hg.], Wilamowitz in Greifswald [Spudasmata 81] 2000, 197–215).
10 Die Edition der inzwischen über 1000 Briefe Wellhausens steht vor dem Abschluss (vgl. R. SMEND, Vorläufiger Bericht über die Sammlung der Briefe Julius Wellhausens [JAWG 1974] 110) [und liegt nunmehr vor: J. WELLHAUSEN, Briefe, hg. v. R. SMEND, 2013]. In Arbeit ist eine Biographie.
11 L. PERLITT, Bundestheologie im Alten Testament (WMANT 36) 1969; R. SMEND, Die Bundesformel (1963; in: DERS., Die Mitte des Alten Testaments. 2002, 1–29); vgl. auch DERS., Die Mitte des Alten Testaments (1970), ebd. 30–74.
12 Vgl. auch J. WELLHAUSEN, Prolegomena zur Geschichte Israels, ⁶1905, 415–417.
13 SMEND, Die Bundesformel, 1–4.
14 SMEND, Die Bundesformel, 3–7.
15 PERLITT, Bundestheologie, 129–155. Vgl. WELLHAUSEN, Prolegomena, 416: „Der Name Berith … findet sich bei den alten Propheten noch nicht, selbst nicht bei Hosea".

und Bundesschluss unter Josua in Sichem (Jos 24), die er als idealtypische Konstruktion erkennt und ebenfalls in das 7. Jahrhundert versetzt.[16] Israel hatte damals den Untergang des Nordreichs zu verwinden und wurde zugleich unter dem Druck Assurs seiner religiösen Eigenart bewusst.

Die Datierung am Übergang zur nachstaatlichen Zeit

In den vier Jahrzehnten seither ist die Forschung nicht stehen geblieben. Das Alter der Schlüsseltexte hat sich in unseren Augen geändert. Die Epochenzäsur ist vom 7. an das Ende des 6. Jahrhunderts, den Beginn der Perserzeit, gerückt. Dafür ist wiederum Rudolf Smend maßgebend gewesen, und sei es als Katalysator und Mäeut. In den späten 1960er Jahren wurden er und seine Schüler darauf aufmerksam, dass der sogenannte Deuteronomismus, jene Bewegung, die nach dem Untergang des judäischen Königtums den theologischen Neuanfang betrieb, ein vielschichtiges Phänomen gewesen ist. Die wichtigste Entdeckung war, dass jene Redaktion, auf die wir mit Martin Noth die zusammenhängende Geschichtsdarstellung der Bücher Deuteronomium bis Könige zurückführen,[17] die Forderung der ausschließlichen Verehrung Jahwes nicht gekannt hat.[18] Restaurativ eingestellt, vertritt die Grundfassung dieses Geschichtswerks noch in der Exilszeit eine Art höfische Normal-Theologie.[19] Was Smends Schlüsseltexte angeht, hat sich der Bundesschluss des Königs Josia mitsamt dem Bericht über den Fund eines

---

16 PERLITT, Bundestheologie, 239–284.
17 M. NOTH, Überlieferungsgeschichtliche Studien, ³1967, 3–110. Neuerdings ist die Hypothese unter heftigen Beschuss geraten, ohne deshalb bereits widerlegt zu sein. Bislang ist es der Kritik nicht gelungen, eine vergleichbar integrationsfähige Lösung des redaktionsgeschichtlichen Problems vorzuschlagen.
18 Die Entdeckung unterscheidet gesetzestheologische Bearbeitungen, die unter dem Siglum „DtrN" (nomistische Deuteronomisten) zusammengefasst werden, von der Nothschen Erstredaktion, die seither „DtrH" (deuteronomistischer Historiker) genannt wird, vgl. R. SMEND, Das Gesetz und die Völker (1971; in: DERS., Die Mitte des Alten Testaments, 148–161); W. DIETRICH, Prophetie und Geschichte (FRLANT 108) 1972; T. VEIJOLA, Die ewige Dynastie (STAT 193) 1975; DERS., Das Königtum in der Beurteilung der deuteronomistischen Historiographie (STAT 198) 1977.
19 Terminus a quo der Redaktion ist das letzte berichtete Ereignis, die Rehabilitierung des deportierten Königs Jojachin durch den Neubabylonier Amel-Marduk nach dessen Regierungsantritt im Jahre 562 (2 Kön 25,27). Wer die Abfassung des Geschichtswerks in das 7. Jahrhundert verlegen will, muss die abschließenden Kapitel als jüngere Nachträge deuten. Die zahlreichen Versuche dazu wurden von E. AURELIUS, Zukunft jenseits des Gerichts (BZAW 319) 2003, 6–57, widerlegt.

Gesetzbuches als späte Fiktion erwiesen.[20] Der Bundesschluss unter Josua aber, den Perlitt ins 7. Jahrhundert datiert hatte, setzt die ihrerseits fiktive Erzählung von der Königswahl Sauls nach 1 Sam 10 voraus und muss ins 5. Jahrhundert versetzt werden.[21] Es lässt sich zeigen, dass das „Bundesschweigen" die gesamte vorexilische Prophetie betrifft.[22]

Die Entscheidung über das Alter der Bundestheologie fällt in der Exegese des Deuteronomiums. Dessen Kern ist am wahrscheinlichsten mit der Kultpolitik des Königs Josia zu verbinden, der im ausgehenden 7. Jahrhundert beim Niedergang Assurs sein Herrschaftsgebiet auf Teile des ehemaligen Nordreichs Israel auszudehnen bestrebt war. Den wichtigsten Anhaltspunkt dafür bildet das Urteil des Deuteronomistischen Geschichtswerks, das Josia zuschreibt, dem Vorbild David näher gekommen zu sein als jeder andere König von Juda (2 Kön 22,2; 23,25*). Der Dynastiegründer David hat von Jerusalem aus sowohl über Juda als auch über Israel regiert. Ein weiteres Indiz ist, dass Josia im Jahre 609 dem nach Norden vorrückenden Pharao Necho II. bei Megiddo am Rande der Ebene Jesreel entgegenging (2 Kön 23,29). Das Zusammentreffen, bei dem Josia den Tod fand, lässt erkennen, dass seine Ambitionen über Juda hinausgereicht haben.

Um der Gefahr des Nord-Süd-Antagonismus zu begegnen, der dieser Politik seit jeher entgegenstand, wurde in dem Gesetzbuch, das wir das Deuteronomium nennen, das königliche Heiligtum in Jerusalem zur einzig legitimen Jahwe-Kultstätte erklärt (Dtn 12). Den ehemals königlichen Heiligtümern auf dem Gebiet des Nordreichs war damit der Kampf angesagt. Ihre religiöse Legitimität war bestritten. Fortan sollte der judäische Staatskult in Jerusalem für die Zweieinheit aus Israel und Juda als Ganzes gelten, mehr noch: diese Einheit religiös zur Darstellung bringen.[23] Über das Alter der Bundestheologie entscheidet, dass mit diesem Ziel noch nicht die pro-

---

20 Er ist eine literarische Kopie von 2 Kön 11,14.17 mit Seitenblick auf Dtn 26,17–19. Vgl. CH. LEVIN, Der Sturz der Königin Atalja (SBS 105) 1982, 71; DERS., Josia im Deuteronomistischen Geschichtswerk (1984; in: DERS., Fortschreibungen [BZAW 316] 2003, 198–216), 213–215.
21 Vgl. CH. LEVIN, Die Verheißung des neuen Bundes (FRLANT 137) 1985, 114–119; R. MÜLLER, Königtum und Gottesherrschaft (FAT II/3) 2004, 224–231.
22 Vgl. W. THIEL, Die Rede vom „Bund" in den Prophetenbüchern (ThV 9, 1977, 11–36).
23 Vgl. aber jetzt AURELIUS, Zukunft jenseits des Gerichts, 39–42, der sich mit beachtenswerten Gründen für eine Datierung der Kultzentralisation (und damit der ältesten Fassung des Deuteronomiums) in die Zeit nach der Eroberung Jerusalems ausspricht.

grammatische Forderung verbunden gewesen ist, allein den Gott Jahwe zu verehren.[24]

Die Versuche, für die älteste Fassung des Deuteronomiums nach wie vor zu behaupten, sie habe die Judäer auf die ausschließliche Verehrung Jahwes verpflichtet, stützen sich auf formgeschichtliche Parallelen in hethitischen und neuassyrischen Vasallenverträgen. Allerdings ist schwer vorstellbar, dass die von Hause aus politische Gattung des Vasallenvertrags noch während der Königszeit auf das Verhältnis zwischen Gottheit und Volk übertragen worden ist. Das würde nämlich voraussetzen, dass Juda sich bereits damals von den Nachbarkönigtümern grundlegend unterschieden hat, wo überall der König als der Vasall der Gottheit galt, der als Zwischeninstanz das Verhältnis des Volkes zur Gottheit verbürgte. Was hätte in der Königszeit die „Gottunmittelbarkeit" der Judäer begründen sollen? Eine zweite Schwierigkeit besteht darin, dass Gesetzbuch und Vasallenvertrag zwei ganz verschiedene Gattungen sind, die sich im heutigen Buch Deuteronomium – offensichtlich sekundär – überschneiden. Wer unter dieser Bedingung an der Priorität der Ausschließlichkeitsforderung festhalten will, muss folgerichtig behaupten, dass der Ursprung des Deuteronomiums nicht in den gesetzlichen und paränetischen, vielmehr in den mit dem Vasallenvertragsformular übereinstimmenden Teilen zu suchen sei.[25] Die These, die mit der Natur des literarischen Stoffs zu kämpfen hat, lässt sich am Text widerlegen.[26] Timo

---

24 LEVIN, Die Verheißung des neuen Bundes, 84–89. Vgl. E. AURELIUS, Der Ursprung des Ersten Gebots (ZThK 100, 2003, 1–21), 4: „Das älteste Gebot im Gesetzbuch Deuteronomium und der älteste Maßstab der deuteronomistischen Geschichtsschreibung lautet also: keine anderen Kultorte! Das jüngere Gebot und der jüngere Maßstab lautet: keine anderen Götter!"

25 So E. OTTO, Das Deuteronomium. Politische Theologie und Rechtsreform in Juda und Assyrien (BZAW 284) 1999. Er sieht den Kern des Deuteronomiums in Dtn 13 und 28, weil dieser Bestand mit dem neuassyrischen Vasallenvertragsformular übereinstimme. „Die Texte Dtn 13,2–10*; 28,15*.20–44* sind Übersetzungen aus den VTE, die zusammengefügt eine literarische Einheit der Gattung des Loyalitätseides ergeben" (S. 68f).

26 Die einschlägigen Bestimmungen Dtn 13 sowie Dtn 16,21–17,7 sind literarische Nachträge. Sie bilden nicht den Kristallisationspunkt für den übrigen Text, sondern unterbrechen einen gegebenen Zusammenhang. Vgl. LEVIN, Die Verheißung des neuen Bundes, 87 f. Zur Problematik vgl. zuletzt T. VEIJOLA, Wahrheit und Intoleranz nach Deuteronomium 13 (1995; in: DERS., Moses Erben [BWANT 149] 2000, 109–130); J. PAKKALA, Intolerant Monolatry in the Deuteronomistic History (SESJ 76) 1999, 20–111; M. KÖCKERT, Zum literargeschichtlichen Ort des Prophetengesetzes Dtn 18 zwischen dem Jeremiabuch und Dtn 13 (in: R. G. KRATZ, H. SPIECKERMANN [Hg.], Liebe und Gebot. Festschrift für Lothar Perlitt (FRLANT 190) 2000, 80–100).

Veijola wird in seinem Kommentar zum Buch Deuteronomium den Beweis führen, dass in exilisch-nachexilischer Zeit eine „bundestheologische Bearbeitung" das Gesetz nachträglich zum Gegenstand des Gottesverhältnisses umgedeutet hat.[27] Der tiefgreifende religionsgeschichtliche Wandel gehört nicht ins 7. Jahrhundert, sondern wurde ausgelöst von dem Verlust der Eigenstaatlichkeit Judas im 6. Jahrhundert und verarbeitet dessen Folgen.

Jahwe als Dynastiegott

Mit der Spätdatierung ist nicht die Frage beantwortet, warum die judäische Religion zu dieser Metamorphose fähig gewesen ist. Wellhausens Bescheid: das „läßt sich schließlich nicht erklären", kann uns nicht ruhen lassen. Die Frage ist der Pfeffer in der alttestamentlichen Suppe.

Für die bronzezeitlichen Stadtstaaten Palästinas war ein Pantheon charakteristisch, wie wir es aus den ugaritischen Mythen kennen. Unter einem Göttervater El (und seiner Gemahlin Aṯirat) kämpfen im Wechsel der Jahreszeiten der Wettergott Baʿal (mitsamt seiner Schwestergattin ʿAnat), der Todesgott Mot und der Meeresgott Jamm um die Herrschaft.[28] Mit dem Aufkommen der eisenzeitlichen Flächenstaaten setzt ein Prozess ein, in dessen Folge das jeweilige Pantheon zu schrumpfen beginnt. Der Wettergott, der, nach den wechselnden Namen zu urteilen, in den Regionen unterschiedliche Individualität annehmen kann, gewinnt die Eigenschaft eines konkurrenzlosen Gottes der jeweils herrschenden Dynastie (wobei er die Funktion des El teilweise mit übernimmt). Er wird zum religiösen Spiegel der neuen politischen Verhältnisse. Wir beobachten diese Entwicklung in Aram mit dem Wettergott Hadad, im ostjordanischen Moab mit dem Kamosch sowie in Ammon mit dem Gott Milkom. In Israel ist sie im 9. Jahrhundert unter der Dynastie der Omriden zu fassen, zeitgleich mit der Entstehung des dynastisch verfassten israelitischen Königtums im engeren Sinne. Die Konzentration auf den Kult des Gottes Jahwe beginnt, sobald Israel zu einem

---

27 T. VEIJOLA, Das 5. Buch Mose. Deuteronomium 1,1–16,17 (ATD 8,1) 2004. Vgl. DERS., Bundestheologische Redaktion im Deuteronomium (1996; in: DERS., Moses Erben, 153–175). Zuvor LEVIN, Die Verheißung des neuen Bundes, 83–89 und 95–110. Auch DERS., Über den ‚Color Hieremianus' des Deuteronomiums (1996; in: DERS., Fortschreibungen, 81–95). Die „bundestheologische Bearbeitung" entspricht ungefähr dem, was in anderen Teilen der deuteronomistischen Literatur als „nomistische Bearbeitung" gilt, s. o. Anm. 18.
28 Darstellung der mythologischen Überlieferung bei GESE, Die Religionen Altsyriens, bes. 53–80.

geschichtlichen Faktor wird, der seither in assyrischen und sonstigen altorientalischen Quellen bezeugt ist und durch eine umfangreiche Bautätigkeit, die sich auf die Könige von Israel zurückführen lässt, auch archäologisch greifbar wird. Das zeitliche Zusammentreffen ist bemerkenswert. Noch in der frühen staatlichen Zeit des 10. Jahrhunderts sind die Eigennamen der Könige von Israel und Juda, sofern sie ein theophores Element enthalten, häufig auf den Baal bezogen.[29] Mit Ahabs Kindern setzen mit Jahwe gebildete Namen ein, die von da an das Feld beherrschen.[30] Etwa zeitgleich beginnen auch die Zeugnisse für den Jahwekult im Südreich Juda, das in dieser Epoche in enger Heeresfolge zu Israel stand. Auch die Könige von Juda tragen nunmehr fast ausnahmslos Jahwe-Namen. Vor Josaphat, dem Bündnispartner Ahabs, tun sie das nie. Man kann seither für die höfische Religion in Israel und Juda – nur für diese, denn für die religiöse Praxis in den Ortschaften und den Familien fehlen die literarischen Quellen – stark vereinfachend von einer *faktischen Monolatrie* sprechen. Im Laufe der Zeit wurde die religiöse Prägung des Hofes von der übrigen Bevölkerung übernommen.[31]

---

29 Abimelech, der erste israelitische König auf dem Gebiet des Nordreichs, war Sohn eines Jerubbaal (Ri 9,1). Der Sohn und Nachfolger Sauls war Ischbaal (2 Sam 2,8). Jonathan, der Sohn Sauls, hatte einen Sohn Meribbaal (2 Sam 4,4). Ischbaal wurde von einem Baana ermordet (2 Sam 4,2ff). In der Liste der Vögte Salomos findet sich zweimal der Name Baana (1 Kön 4,12.16). Der dritte König des Nordreichs war Baësa, der Sohn Ahias (1 Kön 15,33–16,7). Der Name des judäischen Königs Abijam ist auf den Meeresgott Jam bezogen (1 Kön 15,1–3.7–8). Jahwe-haltige Namen sind in der frühen Zeit selten: Jonathan, der Sohn Sauls (1 Sam 13,2ff); Adonia, der Sohn Davids (1 Kön 1,5ff); Ahia, der Vater Baësas (1 Kön 15,33).
30 Vgl. bereits WELLHAUSEN, Israelitische und jüdische Geschichte, 101 Anm.: „Mit Jahve komponierte Namen finden sich in alter Zeit wenige, einige Beispiele sind zweifelhaft … Seit Elia und Jonadab mehren sie sich; als Königsnamen sind sie vor Josaphat von Juda und Ahazia von Israel nicht in Gebrauch, seitdem aber fast ausschließlich. Sie nationalisieren die Religion; an Johanan kann man den Israeliten, an Hannibal den Phönizier, an Henadad den Damascener erkennen."
31 Das lässt sich anhand der Ostraka von Samaria nachvollziehen, die wahrscheinlich aus der Zeit Jerobeams II. (787–747) stammen und Vermerke der Palastregistratur für entgegengenommene Lieferungen von Wein und Öl darstellen (vgl. RENZ / RÖLLIG, HAE, 79–109). „Es ist eine außerordentlich interessante und gewiß nicht zufällige Tatsache, daß auf den samarischen Ostraka … bei den königlichen Oberbeamten bzw. ihren Vätern 2 בעל-Namen und 5 יהוה-Namen, bei den Winzern dagegen 8 בעל-Namen und 6 יהוה-Namen begegnen" (M. NOTH, Die israelitischen Personennamen [BWANT 46] 1928, 120). Später „demokratisiert" sich die Jahwe-Verehrung. Die epigraphischen Zeugnisse des 7. und 6. Jahrhunderts werden von Jahwe-Namen beherrscht.

Für die weitere religionsgeschichtliche Entwicklung gab den Ausschlag, dass das Bündnis zwischen Israel und Juda mit dem Ende der Dynastie der Omriden nach der Mitte des 9. Jahrhunderts wieder zerbrach. Unter der Dynastie Jehu gewann erneut die Nord-Süd-Rivalität, die seit je latent war, das Feld. Sie erreichte ihren Höhepunkt im sogenannten syrisch-ephraimitischen Krieg 734–733, als der König von Israel im Bund mit dem Aramäerstaat von Damaskus gegen Jerusalem zog, vermutlich um Juda in ein Bündnis gegen Assur zu zwingen.[32] Jetzt stand Jahwe, der Gott Israels, gegen Jahwe, den Gott Judas. Unter den Bedingungen der „nationalen" Religion war diese Konstellation bizarr. Religionsgeschichtlich war sie folgenreich.

Es ist kein Zufall, dass in dieser Zeit die erhaltenen Zeugnisse der Prophetie einsetzen: Jesaja erlebte seine Berufung im Tempel von Jerusalem (Jes 6) im Jahre 736, Hosea und wahrscheinlich auch Amos waren seine Zeitgenossen.[33] Alle drei richteten ihre Botschaft gegen das Nordreich, wobei Jesaja und Amos Judäer waren, Hosea wegen seiner Nähe zu Jesaja wahrscheinlich ebenfalls. Rudolf Smend hat 1963 ins Bewusstsein gerückt, dass das „Nein des Amos" kein Ruf zur Umkehr ist, sondern unbedingt gilt; allenfalls dass es mit dem Nahen der Assyrer begründet ist.[34] Die Botschaft aus der vierten Vision des Amos: „Das Ende ist gekommen für mein Volk Israel" (Am 8,2), aus judäischer Perspektive gegen Israel geschleudert, erkennt zwar an, dass Israel das Volk Jahwes ist, droht ihm aber mit dem Untergang. Diese Botschaft richtete sich, wenn unsere historischen Koordinaten stimmen, gegen Israel als den äußeren Feind Judas und war insofern nichts anderes als die übliche Heilsprophetie zugunsten der eigenen Sache.

Noch deutlicher wird die politische und daraufhin auch religiöse Konkurrenz zwischen Süd und Nord in dem gegen Israel gerichteten, apodiktischen Gerichtswort Hos 1,9: „Ihr seid nicht mein Volk, und ich bin nicht euer Gott." Smend hat darauf hingewiesen, dass diese Bestreitung ein erster Schritt gewesen ist, den Gottesbund *via negativa* ins Bewusstsein zu bringen, mehr aber nicht voraussetzt.[35] Bis es zur begrifflichen Ausprägung kam, sollten freilich noch anderthalb Jahrhunderte vergehen.

---

32 Vgl. H. DONNER, Geschichte Israels II (GAT 4/2) ²1995, 334–344.
33 Das Auftreten des Amos ist nicht in die in die Zeit Jerobeams II. (787–747) zu datieren, wie die Buchüberschrift Am 1,1 vorgibt, sondern in jene Epoche, als die assyrische Bedrohung sich bereits abzeichnete, vgl. CH. LEVIN, Amos und Jerobeam I. (1995; in: DERS., Fortschreibungen, 256–264).
34 R. SMEND, Das Nein des Amos (1963; in: DERS., Die Mitte des Alten Testaments, 219–237).
35 SMEND, Die Bundesformel, 22: „Hier nun wird das Band zerschnitten, der wertvollste religiöse Besitz, dessen das Volk sicher zu sein glaubte, für nicht vorhanden

Jahwe als ein einziger

Für Juda nämlich bedeutete die Erfahrung, dass das Nordreich Israel im letzten Drittel des 8. Jahrhunderts den Assyrern zum Opfer gefallen war, noch nicht die Krise der Jahwe-Religion. Wer das behauptet, sieht die beiden Königtümer in einem Maße als ethnische und religiöse Einheit, das der historischen Wirklichkeit nicht entspricht. Ganz im Gegenteil: Dass die weltpolitischen Vorgänge die Drohungen, die die Propheten gegen den äußeren Feind geschleudert hatten, wahr machten, befestigte die judäische Jahwe-Religion. Zwar bekam am Ende des 8. Jahrhunderts auch Juda die harte Hand Assurs zu fühlen. In der Folge von Sanheribs Feldzug wurde das Herrschaftsgebiet der Davididen auf den engsten Umkreis Jerusalems zusammengeschnitten, und sie selbst gerieten in eine strenge Vasallität. Aber für die judäische Religion haben diese Vorgänge schwerlich die krisenhafte Bedeutung gehabt, die man ihnen zuschreibt. Der religiöse Oktroy, in dem die Hegemonie der Fremdmacht ihren Ausdruck fand,[36] war mit dem Jahwekult vereinbar. Solange es den ausdrücklichen Anspruch auf alleinige Verehrung nicht gab, konnte der Gott Jahwe eine außenpolitische Einschränkung seiner Souveränität ertragen. Mit dem Niedergang Assurs im letzten Drittel des 7. Jahrhunderts fiel diese Nötigung wieder dahin.

Nachhaltige Wirkung hat vielmehr gehabt, dass Josia offenbar den Verfall der assyrischen Macht nutzen konnte, seine Herrschaft auf Teile des vormaligen Israel auszudehnen.[37] Diese Politik fand auf der religiösen Ebene in einer „Ganz-Israel-Ideologie" ihren Ausdruck.[38] Juda erhob Anspruch auf die politische und religiöse Tradition des Nordens. Programmatisch wurde erklärt, dass die Jahwe-Tradition Israels mit der Jahwe-Tradition Judas identisch sei: „Höre Israel, Jahwe ist unser Gott, Jahwe als ein einziger" [oder: „Jahwe ist unser Gott, Jahwe ist einer = ein einziger"]. Nach dem Wortsinn will das bekannte שְׁמַע יִשְׂרָאֵל (Dtn 6,4), das einmal am Beginn des Deute-

---

erklärt. ... Im Augenblick der Krise und des Verlustes wird ja oft genug ein Tatbestand, wie er vorher selbstverständlich, vielleicht allzu selbstverständlich war, so bewußt, daß man ihn richtig erkennt und nennt, wenn nun auch nur noch als einen nicht mehr vorhandenen, verspielten Besitz."

36 Vgl. dazu H. SPIECKERMANN, Juda unter Assur in der Sargonidenzeit (FRLANT 129) 1982, 307–372.
37 S.o. S. 247 f.
38 Im Sinne dieses Programms stellt später das Deuteronomistische Geschichtswerk die Geschichte der Könige von Israel und Juda als Zweieinheit dar und schickt ihr eine gemeinsame Epoche der Israeliten (בְּנֵי יִשְׂרָאֵל) voraus. Die Selbständigkeit des Nordens, greifbar in der Einrichtung israelitischer Königsheiligtümer, gilt als religionspolitische Ursünde (1 Kön 12,26–30*).

ronomiums gestanden hat, nicht im Sinne der späteren Alleinverehrung verstanden sein („Jahwe ist unser Gott, Jahwe allein"), sondern behauptet die einheitliche Identität des Gottes Jahwe im Sinne eines gesamtisraelitischen *Monojahwismus*.[39] Das Zahlwort אֶחָד „eins, einer" sagt aus, dass der „Jahwe von Samaria"[40] und der „Jahwe von Jerusalem" *ein* (einziger) Jahwe ist. Seinen kultischen Ausdruck erhielt dieses Programm darin, dass der Hoftempel in Jerusalem zum konkurrenzlosen Zentralheiligtum erklärt wurde. Nichts anderes ist das Ziel des ältesten Deuteronomiums (vgl. Dtn 12).[41]

Auf diese Weise entstand unter der Führung der Davididen gegen Ende des 7. Jahrhunderts ein neues Gesamt-Israel auf judäischer Grundlage und mit ihm jenes Bild des Gottesvolkes, das die biblische Geschichtsdarstellung seither beherrscht. Das Selbstverständnis Judas und des nachexilischen Judentums, „Israel" zu sein, das heißt der Traditionsträger des Nordreichs, der die Einheit aus Nord- und Südreich verkörperte, ist seit der frühexilischen Zeit durchgehend vorausgesetzt. Es hat den politischen Untergang Israels ebenso zur notwendigen Bedingung wie ein intaktes Königtum in Juda, das dessen Erbfolge anzutreten gewillt war. Deshalb hat es am ehesten in der Zeit Josias seine historischen Wurzeln.

Jahwe und kein anderer

Die Folgen dieser Metamorphose zeigten sich im 6. Jahrhundert, nachdem unter dem Ansturm der Neubabylonier auch das südliche Königtum untergegangen war. Da Juda sich nunmehr als „Israel" verstand, las sich die Botschaft der Propheten, die ursprünglich im 8. Jahrhundert dem Feind gegolten hatte, als Angriff Jahwes auf sein eigenes Land. Die Bearbeitungen der Prophetenbücher, die bald danach einsetzten, lassen am Text nachvollziehen, wie die Gerichtsbotschaft des Amos anderthalb Jahrhunderte nach

---

39 Vgl. LEVIN, Die Verheißung des neuen Bundes, 98–101; T. VEIJOLA, Das Bekenntnis Israels. Beobachtungen zu Geschichte und Aussage von Dtn 6,4–9 (1992; in: DERS., Moses Erben, 76–93); AURELIUS, Der Ursprung des Ersten Gebots, 7.
40 Zum inschriftlichen Beleg s. o. Anm. 7.
41 Besonders gut ist die Absicht in den Einzelbestimmungen ab Dtn 14 nachzuvollziehen. Das Deuteronomium erweist sich hier als Novellierung älterer Gesetze, besonders des Bundesbuches Ex 20,22–23,33, die dadurch veranlasst wurde, dass die lokalen Kultstätten, die für die Opferpraxis, den Festkalender sowie das Rechtsleben unerlässlich waren, nunmehr entfallen sollen. Deutlich greifbar ist das kultpolitische Programm auch im Deuteronomistischen Geschichtswerk, wo es sich in der Beurteilung der Könige von Israel und Juda niedergeschlagen hat.

dessen Auftreten wieder aktuell wurde.[42] Man sah sie in den Eroberungen des 6. Jahrhunderts auch an Juda erfüllt.

Das bedeutete für die Religionsgeschichte den qualitativen Sprung. Zwar finden wir auch bei den Nachbarn Israels und Judas gelegentlich die Aussage, dass ein Gott seinem Land zürnen kann.[43] Sie soll aber lediglich das eingetretene Unglück erklären. Unter keinen Umständen wird das Gottesverhältnis selbst bestritten: „Ihr seid nicht mein Volk." Erst diese Drohung, die in den Prophetenschriften des 8. Jahrhunderts zu lesen war, ließ die Eroberung Jerusalems als die religiöse Katastrophe schlechthin begreifen. Um sie zu überwinden, gab es nur zwei Wege: entweder die Abkehr von Jahwe und die Hinwendung zu anderen Göttern, oder einen grundlegenden Neuanfang.

Für diesen Neuanfang musste die Verehrung anderer Götter, die bisher unverfänglich gewesen war, wenn sie sich nicht im Rahmen der Nationalreligion von selbst verboten hatte, ausdrücklich untersagt werden: „Du sollst keine anderen Götter haben neben mir!"[44] Früher war die Verehrung Jahwes einfach vorgegeben gewesen; jetzt sah man sich zu einer bewussten Entscheidung herausgefordert. Fortan verstand die Religion der Judäer sich nicht mehr von selbst, sondern beruhte auf Bekenntnis und Gehorsam.

---

42 Ein Beispiel ist, dass man die vierte Vision des Amos (Am 8,1–2) in der Berufungsszene, die der Sammlung der Worte Jeremias vorangestellt ist, nachgeahmt hat (Jer 1,11–14). Vgl. LEVIN, Die Verheißung des neuen Bundes, 149–153; W. BEYERLIN, Reflexe der Amosvisionen im Jeremiabuch (OBO 93) 1989, 47–57; CH. LEVIN, Das Amosbuch der Anawim (1997; in: DERS., Fortschreibungen, 265–290), 265–267. In Ez 7 wurde das Wort des Amos vom „Ende Israels" zum Gegenstand einer langen Erörterung. [Siehe auch oben S. 220–222]

43 Der König Mescha von Moab erklärt auf seiner berühmten Stele, Zeile 4–6, die Schwäche, in die Moab vor seiner Zeit geraten war, folgendermaßen: „Omri war König in Israel. Er unterdrückte Moab lange Zeit; denn Kamosch zürnte seinem Lande" (TUAT I/6, 646–650 [H.-P. MÜLLER]). S. auch M. NISSINEN, Das kritische Potential in der altorientalischen Prophetie (in: M. KÖCKERT / M. NISSINEN [Hg.], Prophetie in Mari, Assyrien und Israel [FRLANT 201] 2003, 1–32).

44 Als älteste Belege für den Begriff „andere Götter" kommen in Betracht: (1) das Erste Gebot, wörtlich gelesen: „Nicht soll sein für dich andere Götter mir gegenüber" (Ex 20,3 // Dtn 5,7), das als die Negativ-Fassung der Bundesformel „Ich will sein für euch zum Gott, und ihr sollt sein für mich zum Volk" verstanden werden kann, wie sie in Dtn 26,17–18 als Bundesschlussszene (in der Anrede der 2. Person sg.) stilisiert ist (AURELIUS, Der Ursprung des Ersten Gebots, 12–13); (2) der Kontrastbezug aus der Bundesschlussszene Jos 24,16: „Es liegt uns fern, Jahwe zu verlassen und anderen Göttern zu dienen" (LEVIN, Die Verheißung des neuen Bundes, 94); vgl. auch MÜLLER, Königtum und Gottesherrschaft, 227–231; (3) die prophetische Polemik Jer 7,9, die ihrerseits zum Dekalog in engster Beziehung steht: „anderen Göttern nachzulaufen, die ihr nicht kennt" (LEVIN aaO.).

Die Vorstellung des Gottesbundes

Kennzeichnend geworden für dieses bewusst vollzogene Gottesverhältnis ist eine doppelgliedrige Formel, die mit augenscheinlichem Recht die Bezeichnung „Bundesformel" trägt.[45] Sie ergeht im Munde Jahwes sowohl als Verheißung: „Ich will euer Gott sein, und ihr sollt mein Volk sein" (wie in Jer 7,23), als auch als mahnende Forderung: „Ihr sollt mein Volk sein, und ich will euer Gott sein" (wie in Jer 11,4). Ihrer sonstigen Verwendung nach kann man sie „Zugehörigkeitsformel" nennen; denn sie dient dazu, bindende Personenverhältnisse durch förmliche Erklärung rechtskräftig zu machen, wie die Adoption („Ich will dein Vater sein, und du sollst mein Sohn sein", zum Beispiel 2 Sam 7,14), die Eheschließung („Ich will dein Eheherr sein, und du sollst meine Frau sein"), und ein dauerndes Dienstverhältnis („Ich will dein Herr sein, und du sollst mein Knecht sein", zum Beispiel Ri 17,10; Jes 49,6).[46] Das letztgenannte Beispiel verwendete sowohl der wohlhabende Bauer, wenn er einen Knecht einstellte, als auch der König bei der Bestallung seiner Minister.

Der religiöse Gebrauch ist am politischen ausgerichtet. Er versteht die Gottesbeziehung nach dem Muster des Vasallenvertrags. Die Vertragsinitiative lag bei dem überlegenen Partner, hier Jahwe: „Ich will euer Gott sein, und ihr sollt mein Volk sein." Die Treueverpflichtung verlangte vom Lehnsherrn Fürsorge und Schutz, vom Gefolgsmann Loyalität und Gehorsam. Genauso ließ sich fortan das Verhältnis zu Jahwe verstehen. Das bedeutete zugleich eine Art „Demokratisierung". Während früher der König als Vasall der Gottheit galt, betraf die Treueverpflichtung nun jedermann. Dem Bekenntnis: „Höre Israel, Jahwe ist unser Gott, Jahwe als ein einziger" (Dtn 6,4), wurde deshalb die Forderung hinzugefügt: „Und du sollst Jahwe, deinen Gott, lieben von ganzem Herzen, mit ganzer Seele und mit all deiner Kraft" (Dtn 6,5).[47]

Diese Forderung sollte kein neues Gottesverhältnis begründen, sondern die überlieferte Jahwe-Religion unter einschneidend geänderten Voraussetzungen lebendig erhalten und wiedergewinnen. Deshalb galt die neue Bedingtheit nicht als die Neuigkeit, die sie war, sondern als die seit je gege-

---

45 Grundlegend dazu SMEND, Die Bundesformel. Zu den Wegen ihrer Verbreitung im Alten Testament vgl. LEVIN, Die Verheißung des neuen Bundes, 106 f.
46 Die Formel besteht aus dem Verb היה „sein" (oder לקח „nehmen", gelegentlich auch נתן „geben") und einem doppelten, durch die Präposition -ל markierten Dativ. Sie wird vielfach nur angedeutet oder mit einer ihrer beiden Hälften genannt.
47 Die Nachinterpretation ist am Wechsel von der Wir-Rede in die Du-Anrede unschwer zu erkennen.

bene Grundlage. In der alttestamentlichen Geschichtsdarstellung wurde sie in einer großangelegten Rückprojektion an den nationalen Ursprung versetzt, als hätte sie die Beziehung Israels zu seinem Gott Jahwe schon immer bestimmt. Die klassischen Szenen – sie sind allesamt fiktiv – finden sich (1) unter Mose am Sinai (Ex 24,3–8), wo sich das Volk alsbald nach dem Auszug aus Ägypten und dem Rettungswunder am Meer auf den Dekalog als Bundesgesetz verpflichtet und damit die Forderung der ausschließlichen Verehrung Jahwes übernimmt, verbunden mit einer Anzahl charakteristischer ethischer Gebote;[48] (2) in dem bundestheologischen Abschluss des Deuteronomiums (Dtn 26,17–19); (3) auf dem sogenannten „Landtag zu Sichem" am Ende der Landnahme (Jos 24,14–27); und schließlich (4) aus Anlass der (Wieder-)Einführung der Tora unter König Josia (2 Kön 23,1–3).

Zwei dieser Szenen lassen die Herkunft der theologischen Bundesvorstellung besonders gut erkennen. Die erste ist der Bundesschluss am Ende des Deuteronomiums. Wie schon erwähnt, ist die heutige Gestalt des Buches im Sinne eines Loyalitätseids überarbeitet worden.[49] Eine solche vertragliche Verpflichtung diente der Feststellung außenpolitischer Abhängigkeitsverhältnisse, oder sie wurde bei Gelegenheit von Thronwechseln den Ministerialen und sonstigen Gefolgsleuten abverlangt, um deren Gefolgschaft zu sichern. Beispiele haben sich nicht nur in den hethitischen und assyrischen Archiven gefunden, sondern auch im engeren Umfeld Judas.[50] Nach diesem Muster werden in der Verpflichtungsszene Dtn 26,17–19 die Judäer auf ihr Treueverhältnis zu Jahwe festgelegt. Dabei treten sie in die Rolle des Vasallen der Gottheit. Zu einem Loyalitätsvertrag gehören Sanktionsdrohungen für den Fall des Vertragsbruchs. Folglich endet das Deuteronomium nunmehr mit der für Verträge charakteristischen Bedingung von Segen und Fluch (Dtn 28,1a.2a.3–6.15–19). Durch diesen Anhang erhält das deuteronomische Gesetzbuch als ganzes nachträglich die Form des Bundesformulars. Das Gesetz erlangt eine spezifisch religiöse Bedeutung, die es bis dahin nicht besessen hat. Der Gesetzesgehorsam wird zum Ausdruck des Gottesverhältnisses.

---

48 Für den Nachweis, dass die Gehorsamsverpflichtung in Ex 24,3.(4–8) den Dekalog Ex 20,1–17 und nicht das sogenannte „Bundesbuch" Ex 20,22–23,33 zum Gegenstand hat, vgl. CH. LEVIN, Der Dekalog am Sinai (1984; in: DERS., Fortschreibungen, 60–80), 71 f. Die älteste Form dieser Gebotsreihe bestand wahrscheinlich in Ex 20,2–3a.5a.13–17a (DERS., Die Verheißung des neuen Bundes, 92–94).
49 S.o. bei Anm. 27.
50 Vgl. U. RÜTERSWÖRDEN, Dtn 13 in der neueren Deuteronomiumforschung (in: A. LEMAIRE [ed.], Congress Volume Basel 2001 [VT.S 92] 2002, 185–203), der auf mehrere Beispiele aus dem aramäischen Bereich hinweist.

Das zweite Beispiel ist Jos 24. Auf dem Landtag zu Sichem inszeniert Josua eine Gotteswahl, die das Verfahren der Königswahl regelrecht nachahmt, also die Monarchie durch die unmittelbare Theokratie ablöst.[51] Die Wahl Sauls (1 Sam 10,17–27) hat als literarisches Vorbild gedient. Die Szene ist nach Sichem verlegt, an den Ort, wo die (von den späten Theologen negativ beurteilten) Könige Abimelech und Jerobeam I. zu Königen gemacht worden sind (Ri 9,6 sowie 1 Kön 12,20 im Anschluss an 1 Kön 12,1–17). Für die Wahl wird geradezu das hebräische Verb בחר „wählen, auswählen, erwählen" gebraucht. Allerdings muss die Wahl, da das Verhältnis zu Jahwe nicht zur Disposition stehen sollte, als Nicht-Nicht-Wahl vollzogen werden: „Es liegt uns fern, Jahwe zu verlassen, um andere Götter zu verehren. ... Auch wir wollen *Jahwe* verehren, denn er *ist unser Gott*" (Jos 24,16.18). Dabei zitiert und bekräftigt das Volk das gegebene Bekenntnis „Jahwe ist unser Gott, Jahwe als ein einziger" (Dtn 6,4). Auf dieses Bekenntnis hin vermittelt Josua einen Bund (בְּרִית), in welchem das Muster des Königsvertrags anklingt.[52] Nachdem die politische Funktion mit dem Ende der Davididen dahingefallen war, ließ sie sich ins Religiöse übertragen.

Mit der Vorstellung des Gottesbundes war nicht nur die Möglichkeit gewonnen, das Gottesverhältnis unter veränderten Bedingungen weiterzuführen; die Vorstellung bot zugleich einen Schlüssel zur Deutung der im Untergang geendeten Geschichte, die sich nunmehr als Folge des gebrochenen Bundes verstand. „Mit Hilfe der Deutungschiffre בְּרִית wird das Versagen der Vorfahren auf einen Begriff gebracht, der jetzt als Generalschlüssel alle Türen der so wechselvollen Geschichte öffnet."[53] Jahwe hatte sein Verhältnis zu Israel und Juda gekündigt und sie gestraft, weil sie den Bund mit ihm gebrochen hatten und ihm abtrünnig geworden waren. Diese Vorstellung hat fortan von der Geschichte Besitz ergriffen. Sowohl das Deuteronomistische Geschichtswerk als auch der Pentateuch wurden in diesem Sinne überarbeitet, ebenso die Bücher der Propheten, voran das Jeremiabuch. Im Munde des Propheten wurde die Geschichtsdeutung zu Anklage und Drohung, so dass die Deutung der Vergangenheit sich mit der Mahnung für die Zukunft

---

51 Im biblischen Geschichtsablauf schickt die Szene, die am Ende der Landnahme angesiedelt ist, die Theokratie der Monarchie voraus, lässt also die Einrichtung des Königtums in Israel als Abfall von der Theokratie erscheinen.
52 LEVIN, Die Verheißung des neuen Bundes, 125–127. Der eindeutigste Beleg für einen solchen Vertrag ist 2 Kön 11,17: „Und Jojada schloss *den* Bund ... zwischen dem König und dem Volk."
53 L. PERLITT, Anklage und Freispruch Gottes. Theologische Motive in der Zeit des Exils (1972; in: DERS., Deuteronomium-Studien [FAT 8] 1994, 20–31), 27.

verwob. Der Maßstab des Bundes aber wurde das alttestamentliche Gesetz, bis am Ende „Bund" (בְּרִית) und „Gesetz" (תּוֹרָה) so gut wie deckungsgleich wurden.[54]

Die Verknüpfung von Geschichtsdeutung und Zukunftsbewältigung führte indessen auch zu der Einsicht, dass die Zukunft nicht vom Verhalten des menschlichen Bundespartners abhängig bleiben durfte. Sobald die geschichtliche Katastrophe darauf zurückgeführt wurde, dass Israel die Treue zu Jahwe verletzt und den Bund gebrochen habe, war es nicht mehr genug, das Gottesverhältnis auf die Forderung der Treue und des Gehorsams zu gründen. Ein Bund, der den Keim erneuten Scheiterns nicht wieder in sich tragen sollte, konnte nur ein einseitiger Akt vergebender Liebe sein, der seinen Grund und seinen Bestand allein auf Gottes Seite hatte. Aus dieser theologischen Reflexion erwuchs die Verheißung eines bedingungslosen „neuen Bundes" (Jer 31,31–32.33b–34).[55] An dieser Stelle gewinnt die alttestamentliche Bundestheologie ihre größte Weite und Offenheit. Sie zeigt, welche religiöse Leistungsfähigkeit in ihr steckt. Als „Neues Testament" ist der „neue Bund" zum Inbegriff für das Evangelium geworden.

In Wellhausens Alternative „Israel und das Judentum" gehört die Bundestheologie zu den Grundlagen des Judentums. Seine Auffassung, dass es die Propheten gewesen sind, denen in der „Reihe der Übergänge" die wichtigste Rolle zukam, hat sich seither umfassend bestätigt.[56] Für sich allein freilich hätte die Prophetie den Wandel nicht zuwege gebracht. Erst ein Geschichtsverlauf, der durch das Gegeneinander und schließliche Ineinander von Nordreich Israel und Südreich Juda bestimmt war, hat aus der judäischen Heilsprophetie im Rückblick die gesamtisraelitische Unheilsprophetie werden lassen, wie sie für das Alte Testament kennzeichnend ist. Sie hat die folgenreiche Vorstellung vom gebrochenen und wieder gewonnenen

---

54 Da der Bezug auf das Gesetz im Deuteronomium seinen deutlichsten Gegenstand hat, hat sich für diese Theologie der Begriff „deuteronomistisch" eingebürgert. Richtiger sollte man sie „bundestheologisch", in ihrer späten Ausprägung „gesetzestheologisch" nennen.

55 Zur Ausgrenzung der Gesetzestheologie von Jer 31,33a aus der Bundesverheißung siehe LEVIN, Die Verheißung des neuen Bundes, 56–59 und 257–264.

56 Vgl. WELLHAUSEN, Israelitische und jüdische Geschichte, 129: „Das Deuteronomium krönt die Arbeit der Propheten." 139: „Die Propheten setzten der Nation das Ideal entgegen." 144: „In diesem großen Schiffbruch wurde jetzt die Prophetie – nicht die landläufige, sondern die oppositionelle, wie sie zuletzt durch Jeremias vertreten war – der Rettungsbalken für die, die sich daran hielten. Sie hatte bis dahin den Untergang des Gemeinwesens vorausgesagt; schon das war tröstlich, daß sie denselben als notwendig im Namen Jahves vorausgesehen und verstanden hatte."

Gottesbund möglich und notwendig gemacht. Dass „die israelitische Geschichte von einem annähernd gleichen Anfange aus zu einem ganz andern Endergebnis geführt hat als etwa die moabitische", mag man, so gesehen, eine *Ironie der Religionsgeschichte* nennen.

Das „Vierprophetenbuch".
Ein exegetischer Nachruf

In der Redaktionskritik der Prophetenbücher geht seit einiger Zeit ein Gespenst um, das bereits zu den Weihen der Lehrbücher[1] und Lexika[2] gelangt ist: das „Vierprophetenbuch". Es soll die Bücher Hosea, Amos, Micha und Zefanja umfasst haben und, in der Exilszeit zusammengestellt, eine Vorstufe des Dodekaprophetons gewesen sein. Gelegentlich gilt die Hypothese schon als Forschungskonsens.[3] Bevor der Irrtum vollends kanonisch wird, ist der Hinweis angebracht, dass aus zutreffenden, aber unvollständigen Beobachtungen falsche Schlüsse gezogen werden. Das „Vierprophetenbuch" hat keine exegetische Grundlage.

Soweit wir die alttestamentliche Literaturgeschichte übersehen, liegt es zweifellos nahe, die Entstehung des Zwölfprophetenbuchs als ein schrittweises Wachstum zu begreifen und daraufhin nach älteren Teilsammlungen zu fragen. Es ist sehr wahrscheinlich, dass zuerst Gruppen von Büchern bestanden haben, die später im Dodekaprotheton aufgingen. Für den Zusam-

---

1   E. ZENGER, Das Zwölfprophetenbuch (in: DERS. [Hg.], Einleitung in das Alte Testament, 1995, 369–436), 372 (= ⁷2008, 520): „Spätestens in der Exilszeit werden die Bücher Hos, Am, Mi, Zef zu einem ‚Mehrprophetenbuch I' zusammengearbeitet"; ebenso R. ALBERTZ, Die Exilszeit, 2001, 164–167; zurückhaltender K. SCHMID (in: J. CH. GERTZ [Hg.], Grundinformation Altes Testament [UTB 2745] 2006), 364 (= ³2009, 375); H.-CH. SCHMITT, Arbeitsbuch zum Alten Testament (UTB 2146) 2005, 366 (als These von J. D. Nogalski und A. Schart).
2   Vgl. J. JEREMIAS, Art. Prophetenbücher (RGG⁴, 6, 2003, 1708–1715), 1714; W. DIETRICH, Art. Zephanja/Zephanjabuch (TRE 36, 2004, 648–657), 651; H. IRSIGLER, Art. Zefanja/Zefanjabuch (WiBiLex: Wissenschaftliches Bibellexikon im Internet [Stand Juni 2008]).
3   So bei P.-G. SCHWESIG, Die Rolle der Tag-JHWHs-Dichtungen im Dodekaprotheton (BZAW 366) 2006, 1 f. Ebenso der Literaturbericht von A. SCHART, Das Zwölfprophetenbuch als redaktionelle Großeinheit (ThLZ 133, 2008, 227–246), 243: „Immerhin scheinen sich bereits ein paar Thesen abzuzeichnen, die eine erhöhte Plausibilität aufweisen. Dazu gehört ein Vierprophetenbuch, das in enger Bezugnahme auf das DtrG gestaltet wurde, so dass man es ruhig D-Korpus nennen kann." Vgl. auch R. KRATZ, Hosea und Amos im Zwölfprophetenbuch (in: DERS., Prophetenstudien [FAT 74] 2011, 275–286), 275 f.

menhang der Bücher Haggai und Sacharja 1–8 liegt das auf der Hand,[4] und auch für die Bücher Hosea und Amos ist es nachweisbar.[5] Ein „Vierprophetenbuch" aus den Büchern Hosea, Amos, Micha und Zefanja aber kann zu diesen Vorstufen nicht gehört haben. Es hat zu keiner Zeit bestanden.

„Deuteronomistische" Redaktion?

Es springt ins Auge, dass die Überschriften der vier Bücher weitgehend übereinstimmen. „Einen sicheren Ausgangspunkt für die These, daß die Prophetenschriften Hosea, Amos, Micha und Zephanja in der Exilszeit zu einem Vierprophetenbuch zusammengestellt worden sind, bildet das System ihrer Überschriften".[6] Alle geben das folgende Prophetenbuch wörtlich oder sinngemäß als „Wort Jahwes" zu verstehen, und alle sind in gleicher Weise nach Königen datiert, worin sie sich von den übrigen Büchern des Dodekapropheton unterscheiden.

Die vier Überschriften sind freilich genau besehen das einzige belastbare Indiz. Aber die Schlussfolgerungen gehen darüber hinaus. Man rechnet mit einer „deuteronomistischen" Redaktion. Der oberflächliche Grund ist, dass die Datierungen der Bücher Hosea und Amos die Könige von Israel und Juda, während deren Regierung die beiden Propheten aufgetreten sein sollen, in einer Weise verbinden, die an die Synchronismen im Rahmen der Königebücher erinnert. Da in den Königebüchern auch der Begriff „Wort Jahwes" begegnet, wird eine sachliche und zeitliche Nähe zum Deuteronomistischen Geschichtswerk gefolgert.

James Nogalski hat erstmals und noch vorsichtig die „tentative evidence" behauptet, „that Hosea, Amos, Micah, and Zephaniah experienced a protracted transmission as part of a single corpus". Er nannte es „the Deuteronomistic corpus".[7] Weniger vorsichtig war Aaron Schart, der die vier Bücher einem „D-Korpus" zuwies[8] und Zusätze der Redaktoren, die für die Zusammenstellung verantwortlich gewesen sein sollen, in allen vier

---

4 Vgl. nur W. A. M. BEUKEN, Haggai–Sacharja 1–8 (SSN 10) 1967.
5 J. JEREMIAS, Die Anfänge des Dodekapropheton: Hosea und Amos (1992; in: DERS., Hosea und Amos [FAT 13] 1996, 34–54).
6 ALBERTZ, Die Exilszeit, 166; ebenso A. SCHART, Die Entstehung des Zwölfprophetenbuchs (BZAW 260) 1998, 39–46; J. WÖHRLE, Die frühen Sammlungen des Zwölfprophetenbuches. Entstehung und Komposition (BZAW 360) 2006, 51; SCHWESIG, Die Rolle der Tag-JHWHs-Dichtungen, 45; SCHART, ThLZ 2008, 243.
7 J. NOGALSKI, Literary Precursors to the Book of the Twelve (BZAW 217) 1993, 278.
8 SCHART, Die Entstehung des Zwölfprophetenbuchs, 45–46. 99. 156–232.

Büchern fand[9] – wobei die Frage blieb, was die Bezeichnung „D" oder „deuteronomistisch" besagen soll und wie man nachweisen kann, dass jene Abschnitte, für die „deuteronomistische"/„D"-Tendenz behauptet wird, redaktionsgeschichtlich auf ein und dieselbe Ebene gehören. Dieser Frage hat sich Jakob Wöhrle angenommen, der in den Buchüberschriften ebenfalls „sichere Anzeichen für eine dem Zwölfprophetenbuch vorausgehende Sammlung" sieht.[10] Er definiert die als „deuteronomistisch" bestimmten Zusätze durch den Bezug auf das Deuteronomistische Geschichtswerk, den er in ihnen wiederzuerkennen meint.[11] „Durch die Datierungen in den Buchüberschriften und in durchgängiger Abhängigkeit von den entsprechenden Passagen des DtrG gestalten die Redaktoren ihre Sammlung geradezu als Geschichte der Prophetie, in der das Ergehen des prophetischen Wortes in der Zeit von Jerobeam II. bis zur Regierungszeit Josias dargestellt wird. Die aufgenommenen Prophetenbücher sind gewissermaßen als theologischer Kommentar zu diesen Epochen der vorexilischen Geschichte zusammengestellt und fortgeschrieben."[12]

Diese Deutung des Verhältnisses zwischen Propheten- und Geschichtsbüchern mag die Absicht treffen; allerdings mit der Einschränkung, dass das traditionsgeschichtliche Gefälle nachweislich auch in umgekehrter Richtung verlaufen ist[13] und dass die Ausgestaltung der Prophetenbücher zu einem Begleitkommentar der alttestamentlichen Geschichtsdarstellung fraglos auch die Bücher Jesaja und Jeremia eingeschlossen hat. Sie taugt deshalb nicht dazu, ein „Vierprophetenbuch" wahrscheinlich zu machen. Die „Vielzahl von kompositorischen, inhaltlichen und terminologischen Entsprechungen zwischen den ... Überarbeitungen der einzelnen Bücher", die Wöhrle

---

9 Vgl. die Übersicht S. 317: Hos 1,1.2b*; 3,1*; 4,1a*; 5,1–2*; 8,1b; 14,2–4; Am 1,1.2.9–12; 2,4–5.10–12; 3,1b.7; 4,6–11*; 5,11.25–26*; 8,4–7.11–12; 9,7–10; Mi 1,1.2.5a.6–7.13b; 2,3*; 6,2–16*; Zef 1,1.6.13b.17aβ.
10 WÖHRLE, Die frühen Sammlungen, 50. Er ist dabei von der Aufnahme der These Nogalskis durch Albertz abhängig. In dem Aufsatz: „No Future for the Proud Exultant Ones": The Exilic Book of the Four Prophets (Hos., Am., Mic., Zeph.) as a Concept Opposed to the Deuteronomistic History (VT 58, 2008, 608–627) hat WÖHRLE seine These zusammengefasst.
11 Vgl. die Übersicht bei WÖHRLE, „No Future for the Proud Exultant Ones", 610: Hos 1,1; 3,1–4.5*; 4,1abα.10.15; 8,1b.4b–6.14; 13,2–3; 14,1; Am 1,1*; 2,4–5.9–12; 3,1b.7; 4,13*; 5,11.25–26; 7,10–17; 8,5.6b.11–12; 9,7–10; Mi 1,1.5b–7.9.12b; 5,9–13; 6,2–4a.9aα.10–15; Zef 1,1.4–6.13b; 2,1–2.3*.4–6.8–9a; 3,1–4.6–8a.11–13.
12 WÖHRLE, Die frühen Sammlungen, 282.
13 Vgl. nur W. DIETRICH, Prophetie und Geschichte. Eine redaktionsgeschichtliche Untersuchung zum deuteronomistischen Geschichtswerk (FRLANT 108) 1972, bes. 70–82.

innerhalb des „Vierprophetenbuchs" beobachtet, bietet überdies keine Gewähr, dass wir mit redaktions- und sammlungsgeschichtlichen Vorgängen zu tun haben. Absichtsvolle Querverweise finden sich im Alten Testament überall. Das liegt in der Gattung dieser religiösen Überlieferungs- und Auslegungsliteratur. „Von der exilischen Zeit ab, mehr noch in den langen nachexilischen Jahrhunderten durchdrangen sich im klein gewordenen Juda die Lebenskreise wie die Themen."[14]

Die Auffassung, dass die Überschriften der Prophetenbücher „deuteronomistisch" bearbeitet seien, geht maßgebend auf Werner H. Schmidt zurück: „Die einleitenden Überschriften zu den verschiedenen vorexilischen ... Prophetenbüchern zeigen eine erstaunlich gleichbleibende Sprache, die durch eine deuteronomistische Ausdrucksweise bestimmt wird."[15] Als Beleg gelten die Datierungen. „Die Unterlagen dazu entstammen jeweils dem chronologischen Gerüst des deuteronomistischen Geschichtswerkes".[16] Auch die Verbindung דְּבַר יהוה אֲשֶׁר ist nach Schmidt „eine deuteronomistische Redewendung, die ständig in den deuteronomistischen Partien der Königsbücher wiederkehrt".[17] Die These wurde von Hans Walter Wolff aufgenommen und wirkte dadurch in die Breite.[18] Von der differenzierten Sicht des Deuteronomismus, die sich seit den 1970er Jahren entwickelte, ist sie noch unberührt. Das lag im Gang der Forschungsgeschichte. Erstaunen muss aber, dass der vereinfachte Umgang mit dem Begriff „deuteronomistisch" sich in den jüngeren Studien zum Dodekapropheton fortpflanzt, als wäre seither nichts geschehen.

Es muss umso mehr erstaunen, als dagegen längst Einspruch erhoben worden ist. Norbert Lohfink hat die Titel der Prophetenbücher als treffendes Beispiel für solche Texte gewählt, „die nichts typisch Deuteronomistisches mehr an sich tragen" und dennoch in der geläufigen Exegese „als deuteronomistisch identifiziert" werden. „Es genügt, wenn sie in irgendeinem Zusammenhang mit Texten stehen, die zum deuteronomistischen Grundkanon

---

14 L. PERLITT, Die Propheten Nahum, Habakuk, Zephanja (ATD 25,1) 2004, XV.
15 W. H. SCHMIDT, Die deuteronomistische Redaktion des Amosbuches (ZAW 77, 1965, 168–193), 168.
16 SCHMIDT, 170, unter Verweis auf Martin Noth und Alfred Jepsen.
17 SCHMIDT, 173.
18 H. W. WOLFF, Dodekapropheton 2: Joel und Amos (BK XIV/2) 1969, 137 f. Auch J. JEREMIAS, Der Prophet Amos (ATD 24,2) 1995, XXI, steht in dieser Tradition, spricht aber einschränkend von der „sogenannten dtr Theologie" und betont: „Viele der genannten Texte gehen erkennbar auf verschiedene Hände zurück."

gehören oder ... als deuteronomistisch klassifiziert wurden."[19] Die Kritik trifft ins Schwarze.[20] Im Fall der Datierungen ist ihre Definition als „deuteronomistisch" selbst dann unsinnig, wenn es der deuteronomistische Redaktor selbst gewesen sein sollte, der das Exzerpt der königlichen Annalen, das den Rahmen der Königebücher bildet, verfasst hat;[21] denn auch unter dieser Voraussetzung stammen die Daten aus den Quellen. Was den Begriff דְּבַר יהוה angeht, ist er viel zu verbreitet, als dass man ihn als „deuteronomistisch" im engeren Sinne bestimmen könnte, und dasselbe gilt für die mit דְּבַר יהוה gebildeten Formeln und Überschriften. Der Ursprung lässt sich in der frühen Redaktionsgeschichte des Jeremiabuches gegen Ende des 6. Jahrhunderts ausmachen, und zwar bevor noch das Buch unter dem Gesichtspunkt des Ersten Gebots bearbeitet wurde, also jene theologische Zuspitzung erhielt, die mit dem Begriff „deuteronomistisch" landläufig gemeint ist.[22] Am häufigsten sind die einschlägigen Formeln indes im Ezechielbuch.[23] Daran gemessen sind auch die Belege in den Königebüchern nicht deuteronomistisch, sondern aus den Prophetenbüchern übernommen,[24] wobei der Einfluss nachweislich eher aus dem Ezechielbuch als aus dem Jeremiabuch herrührt,[25] das bedeutet: aus dem fortschreitenden 5. Jahrhundert stammt. Lohfink wundert sich:

---

19 N. LOHFINK, Gab es eine deuteronomistische Bewegung? (in: W. GROSS [Hg.], Jeremia und die „deuteronomistische Bewegung" [BBB 98] 1995, 313–382), 319.

20 Vgl. auch die Kritik von E. BEN ZVI, A Deuteronomistic Redaction in/among „The Twelve"? A Contribution from the Standpoint of the Books of Micah, Zephaniah and Obadiah (in: L. S. SCHEARING, S. L. MCKENZIE [ed.], Those Elusive Deuteronomists: The Phenomenon of Pan-Deuteronomism [JSOT.S 268] 1999, 232–261); DERS., On the Term Deuteronomistic in Relation to Joshua–Kings in the Persian Period (in: K. L. NOLL, B. SCHRAMM [ed.], Raising Up a Faithful Exegete: Essays in Honor of Richard D. Nelson, Winona Lake, Ind. 2010, 59–69).

21 So die Annahme von M. NOTH, Überlieferungsgeschichtliche Studien, ³1967, 72–78. Vgl. hingegen A. JEPSEN, Die Quellen des Königsbuches, 1953, 30–54; CH. HARDMEIER, Umrisse eines vordeuteronomistischen Annalenwerks der Zidkijazeit (VT 40, 1990, 165–184); CH. LEVIN, Die Frömmigkeit der Könige von Israel und Juda (oben 144–177), 146–151.

22 CH. LEVIN, Das Wort Jahwes an Jeremia. Zur ältesten Redaktion der jeremianischen Sammlung (oben 216–241); DERS., The "Word of Yahweh": A Theological Concept in the Book of Jeremiah (in: M. H. FLOYD / R. D. HAAK [ed.], Prophets, Prophecy, and Prophetic Texts in Second Temple Judaism [JSOT.S 427] 2006, 42–62; wieder abgedruckt in: DERS., Re-Reading the Scriptures. Collected Essays on the Old Testament [FAT 87] 2013, 223–245).

23 Dazu W. ZIMMERLI, Ezechiel (BK XIII/1) 1969, 88–90.

24 Vgl. DIETRICH, Prophetie und Geschichte, 71 f.

25 Vgl. CH. LEVIN, Erkenntnis Gottes durch Elia (1992; in: DERS. Fortschreibungen, [BZAW 316] 2003, 158–168).

„Mir bleibt ... dunkel, wie man angesichts der ... Tatsache, daß der Ausdruck (scil. וַיְהִי דְבַר־יהוה אֶל־) auch 50 mal bei Ezechiel belegt ist, auf ‚deuteronomistische Kreise' schließen kann."[26] Es hilft nichts, wenn man diese Argumente beiseite wischt[27] oder den Begriff „deuteronomistisch" durch „D" ersetzt.[28] Die Überschriften der Prophetenbücher sind nicht „deuteronomistisch", auch wenn es unentwegt behauptet wird. Schlussfolgerungen, die eine theologische und zeitliche Nähe zu den vermuteten redaktionellen Vorgängen im 6. Jahrhundert voraussetzen, sind grundlos.[29]

Das Buch Zefanja

Die Hypothese einer deuteronomistischen Bearbeitung ist also kein Weg, auf dem sich zwischen den Überschriften und der literarischen Entwicklung der vier Prophetenbücher eine inhaltliche Beziehung nachweisen ließe.[30] Das muss nicht ausschließen, dass wenigstens unter den Buchüberschriften, die ja offensichtlich verwandt sind, ein redaktioneller Zusammenhang besteht, der es ermöglicht, die vier Bücher als Teile einer Sammlung zu identifizieren. Voraussetzung wäre allerdings, dass alle vier Überschriften den gleichen Ursprung haben oder dass sie wenigstens von ein und derselben Hand bearbeitet wurden. Auch diese Voraussetzung lässt sich nicht bestätigen: Das Zefanjabuch tanzt aus der Reihe. Damit fällt das „Vierprophetenbuch" endgültig dahin.

Die Überschrift Zef 1,1 folgt auf den ersten Blick dem üblichen Schema:

דְּבַר־יְהוָה אֲשֶׁר הָיָה אֶל־צְפַנְיָה בֶּן־כּוּשִׁי בֶן־גְּדַלְיָה בֶּן־אֲמַרְיָה בֶּן־חִזְקִיָּה
בִּימֵי יֹאשִׁיָּהוּ בֶן־אָמוֹן מֶלֶךְ יְהוּדָה

---

26 LOHFINK, Gab es eine deuteronomistische Bewegung?, 320 Anm. 29. Er kritisiert u. a. die Zuweisung der Überschrift Hos 1,1 an „deuteronomistische Kreise" durch H. W. WOLFF, Dodekapropheton 1: Hosea (BK XIV/1) ²1965, 2.
27 WÖHRLE, Die frühen Sammlungen, 51–53, Anm. 3 und 9.
28 SCHART, Die Entstehung des Zwölfprophetenbuchs, 46. WÖHRLE, Die frühen Sammlungen, 52, hat das mit Recht wieder rückgängig gemacht.
29 Inzwischen wendet sich das Blatt. J. JEREMIAS, Die Propheten Joel, Obadja, Jona, Micha (ATD 24,3) 2007, 121, meint, „dass die entscheidenden Stadien des Wachstums des Buches sich im Michabuch als Einzelbuch vollzogen haben." Berührungen mit dem Hoseabuch sind für ihn „ein möglicher, aber in sich noch nicht zureichender Grund, mit einem exilischen Vierprophetenbuch zu rechnen." Vgl. auch L. PERLITT, Nahum, Habakuk, Zephanja im Zwölfprophetenbuch (in: DERS., Die Propheten Nahum, Habakuk, Zephanja, XIV–XVI).
30 Ebenso BEN ZVI, A Deuteronomistic Redaction in/among „The Twelve"?

Auf die zur Überschrift abgewandelte Wortereignisformel folgt der Name des Propheten, im besonderen Fall erweitert um eine viergliedrige Ahnenreihe, und zuletzt die Datierung „zur Zeit Josias, des Sohnes Amons, des Königs von Juda". Für die These einer redaktionellen Verbindung mit Hosea, Amos und Micha muss die Wort-Überschrift entfallen; denn sie begegnet in genau dieser Form auch in Jo 1,1.[31] Es bleibt allein die Datierung.

Die geschichtliche Beziehung, die mit diesem Datum zum Ausdruck gebracht werden soll, versteht sich nicht im Zusammenspiel mit den Büchern Hosea, Amos und Micha, sondern mit dem Buch Jeremia. Die Datierung stimmt wörtlich mit der Datierung Jer 1,2aβ in der Überschrift des Jeremiabuchs überein. Im Falle Jeremias ist die Datierung in die Zeit Josias nachgetragen. Das ist an den syntaktischen Verwicklungen in der Überschrift Jer 1,1–3 zu sehen. Der Prophet soll Wegbereiter der Reform Josias gewesen sein. Dazu wurde seine Wirksamkeit, die ursprünglich die Zeit der Könige Jojakim und Zedekia umfasst hat (Jer 1,3), um achtzehn Jahre nach vorn verlängert und auf eine ideale Periode von vierzig Jahren gebracht.[32] Wenn auch Zefanja in die Zeit Josias versetzt wurde, war augenscheinlich dieselbe Absicht leitend. Da es viel näher lag, Jeremia mit Josia zusammenzubringen, dürfte er das Vorbild gewesen sein. Übrigens muss die Überschrift nicht als ganze von ein und derselben Hand stammen. Wahrscheinlicher ist, dass die Datierung später hinzugefügt wurde.

Man könnte in dem Verweis auf Josias Reform ein „deuteronomistisches" Interesse vermuten und nach entsprechenden Spuren im folgenden Buch suchen. Sehr wahrscheinlich hängt das Drohwort gegen das götzendienerische Juda und Jerusalem in Zef 1,4–5 (mit Erweiterung in V. 6) mit der Datierung zusammen. Es bezieht sich offensichtlich auf die Reformmaßnahmen Josias in 2 Kön 22–23 und die vorangehenden Gräuel Manasses in 2 Kön 21.[33] Man sieht ohne weiteres, dass die drei Verse eingeschoben sind. Innerhalb des Buches stehen sie sachlich und sprachlich für sich. Der

---

31 Mit Recht wundert sich BEN ZVI, A Deuteronomistic Redaction, 250: „After all Joel shows a title of the form X-אל היה אשר 'ה דבר and is not considered an integral member of the proposed system of 'typical deuteronomistic' superscriptions that includes Hos. 1.1; Amos 1.1; Mic. 1.1; and Zeph. 1.1."

32 Der ältere Text sprang von Jer 1,2aα nach V. 3: אֲשֶׁר הָיָה דְבַר־יהוה אֵלָיו ... בִּימֵי יְהוֹיָקִים ... בֶּן־יֹאשִׁיָּהוּ מֶלֶךְ יְהוּדָה, vgl. CH. LEVIN, Noch einmal: Die Anfänge des Propheten Jeremia (1981; in: DERS., Fortschreibungen, 217–226), 219. Die Verbindung Jeremias mit Josia (nur noch Jer 3,6; 25,3; 36,2) geschah derart sporadisch und oberflächlich, dass sie viel jünger sein muss als die „deuteronomistischen" Bearbeitungen des Buches.

33 Dass „Zef 1,4–5 ausnahmslos und wörtlich von Parallelen zu 2 Kön 22–23 bestimmt ist" (WÖHRLE, Die frühen Sammlungen, 203 Anm. 20), trifft allerdings nicht zu.

Reformbericht gilt als Kernstück „deuteronomistischer" Theologie.³⁴ Über Zef 1,4–6 indes könnte man dasselbe nur bei sehr oberflächlichem Blick behaupten. „The language of the text does not show heavy influence of the typical deuteronomic/deuteronomistic phraseology."³⁵ Sie bietet eine Mischung aus ezechielischen und jeremianischen Wendungen (vgl. bes. Ez 14,13; 25,13; Jer 19,13; 2 Kön 23,5.13).³⁶ Eine „deuteronomistische" Redaktion lässt sich auf dieser Grundlage nicht wahrscheinlich machen.

Die Bücher Micha, Amos und Hosea

Wenn das Buch Zefanja entfällt, lässt sich von einem „Vierprophetenbuch" im genannten Sinne nicht mehr sprechen. Die Suche nach frühen Sammlungen innerhalb des Corpus propheticum muss sich deshalb für das Dodekapropheton an die Überschriften der Bücher Hosea, Amos und Micha halten. Wir beginnen mit dem Michabuch:

דְּבַר־יְהוָה אֲשֶׁר הָיָה אֶל־מִיכָה הַמֹּרַשְׁתִּי
בִּימֵי יוֹתָם אָחָז יְחִזְקִיָּה מַלְכֵי יְהוּדָה
אֲשֶׁר־חָזָה עַל־שֹׁמְרוֹן וִירוּשָׁלָם

Überschrift folgt demselben Schema wie Zef 1,1, nur dass über die Wort-Überschrift, den Namen und die Herkunft des Propheten sowie die Datierung hinaus auch angegeben ist, an wen die prophetische Botschaft sich richtete: „die er schaute gegen Samaria und Jerusalem".

Eigenartigerweise steht dieser Relativsatz, von seinem Bezug getrennt, erst nach der Datierung. Stattdessen würde man die umgekehrte Satzfolge erwarten: „die er schaute gegen Samaria und Jerusalem zur Zeit Jotams, Ahas' und Hiskias, der Könige von Juda." „In allen vergleichbaren Fällen tritt der Relativsatz zwischen Titelsatz und Zeitangabe, wo er auch allein

---

34 Das kann man freilich auch anders sehen, vgl. CH. LEVIN, Josia im deuteronomistischen Geschichtswerk (1984; in: DERS., Fortschreibungen, 198–216).
35 E. BEN ZVI, A Historical-Critical Study of the Book of Zephaniah (BZAW 198) 1991, 274.
36 Vgl. die gründliche Exegese von Zef 1,4–6 durch M. BECK, Der „Tag YHWHs" im Dodekapropheton (BZAW 356) 2005, 118–122, zuvor LEVIN, Noch einmal: Die Anfänge des Propheten Jeremia, 224–226, und BEN ZVI, A Historical-Critical Study of the Book of Zephania, 274–277. WÖHRLE, Die frühen Sammlungen, 201–203, hat dem nichts entgegenzusetzen.

seinen organischen Platz hat."[37] Ferner ist das Verb חזה „schauen" mit דְּבַר־יהוה als Objekt verbunden. Stattdessen würde man entweder erwarten: „die *Vision* Michas (חֲזוֹן מִיכָה), die er schaute",[38] oder „das Wort Jahwes, das er *sprach* (אֲשֶׁר דִּבֶּר)".

„Wahrscheinlich deutet dieser Sachverhalt auf ein Wachstum hin."[39] Dabei tut man gut daran, mit einfacher Addition zu rechnen; denn ein weitergehender Eingriff hätte einen glatteren Text hervorgebracht.[40] Die einfachste Lösung scheint zu sein, den zweiten Relativsatz zu streichen.[41] Aber auch die Datierung könnte eingeschoben sein und die beiden Relativsätze getrennt haben.[42] Schließlich lassen sich beide Möglichkeiten verbinden, so dass wie bei Zefanja eine ältere Überschrift bleibt, die dem Joel-Typus folgt: „Das Wort Jahwes, das an Micha aus Moreschet erging."[43] Diese dritte Lösung ist die wahrscheinliche.

Die Verbindung „das *Wort* Jahwes, das er *schaute*," ist nämlich kaum so aufzufassen, dass der Ergänzer willkürlich eine sprachliche und sachliche Crux geschaffen hat.[44] Sie versteht sich am ehesten als exegetischer Querverweis. Der Bezug ist ohne weiteres auszumachen. Er geht auf die Überschrift des Jesajabuchs:

חֲזוֹן יְשַׁעְיָהוּ בֶן־אָמוֹץ
אֲשֶׁר חָזָה עַל־יְהוּדָה וִירוּשָׁלָם
בִּימֵי עֻזִּיָּהוּ יוֹתָם אָחָז יְחִזְקִיָּהוּ מַלְכֵי יְהוּדָה

---

37 Th. Lescow, Redaktionsgeschichtliche Analyse von Micha 1–5 (ZAW 84, 1972, 46–85), 63, der deshalb den zweiten Relativsatz für zugesetzt hält.

38 H. W. Wolff, Dodekapropheton 4: Micha (BK XIV/4) 1982, 2, gibt für die Überschrift eine solche hypothetische Vorform zu erwägen, in Anschluss an J. Jeremias, Die Deutung der Gerichtsworte Michas in der Exilszeit (ZAW 83, 1971, 330–354), 352 f. Vermutungen dieser Art sind ihrer Natur nach unbeweisbar.

39 J. Jeremias, Die Propheten Joel, Obadja, Jona, Micha (ATD 24,3) 2007, 126.

40 Gegen Jeremias, Die Deutung der Gerichtsworte Michas in der Exilszeit, 352f, der anhand von Jes 2,1 einen früheren, überschriebenen Wortlaut gewinnen will – allerdings erklärtermaßen nur als Möglichkeit.

41 So Lescow, Redaktionsgeschichtliche Analyse von Micha 1–5, 63; I. Willi-Plein, Vorformen der Schriftexegese innerhalb des Alten Testaments (BZAW 123) 1971, 70; W. Rudolph, Micha – Nahum – Habakuk – Zephanja (KAT XIII 3) 1975, 31.

42 J. M. P. Smith, Micah, Zephaniah and Nahum (ICC) 1911, 30.

43 J. Wellhausen, Die kleinen Propheten, (1892) 1963⁴, 20. 134; W. Nowack, Die kleinen Propheten (HK III.4) 1903², 207; K. Marti, Das Dodekapropheton (KHC XIII) 1904, 265; B. Duhm, Anmerkungen zu den zwölf Propheten, 1911, 43.

44 Dass das Schauen das Hören eingeschlossen hätte, ist nichts als eine Ausflucht.

In der Verbindung „Die Vision Jesajas, die er schaute" ist das Verb חזה am Platz, und auch der Begriff חָזוֹן „Vision" ist bei Jesaja besser begründet als bei jedem anderen Prophetenbuch: Er gibt die eindrucksvolle Berufungsvision Jes 6 und die bei diesem Anlass dem Propheten übertragene Botschaft als die Summe der Prophetie des Jesaja zu verstehen (vgl. auch Jes 2,1). Nimmt man die Datierung „zur Zeit Usijas, Jotams, Ahas' und Hiskias, der Könige von Juda" hinzu, die – bis auf den König Usija, in dessen Todesjahr Jesaja berufen wurde (Jes 6,1) – für beide Bücher identisch ist, spricht alles dafür, dass die Erweiterung der Überschrift des Michabuchs auf die Überschrift des Jesajabuchs bezogen ist und die Botschaft des Micha zeitlich und sachlich in engste Nachbarschaft zu Jesaja rücken soll. Dafür gab es auch im Inhalt beider Bücher Anlass genug.

Diese Schlussfolgerung wird dadurch gestützt, dass sich in der Überschrift des Amosbuchs dieselbe redaktionelle Absicht wiederfindet:

דִּבְרֵי עָמוֹס [אֲשֶׁר־הָיָה בַנֹּקְדִים] מִתְּקוֹעַ
אֲשֶׁר חָזָה עַל־יִשְׂרָאֵל
בִּימֵי עֻזִּיָּה מֶלֶךְ־יְהוּדָה וּבִימֵי יָרָבְעָם בֶּן־יוֹאָשׁ מֶלֶךְ יִשְׂרָאֵל
שְׁנָתַיִם לִפְנֵי הָרָעַשׁ

Es ist in der neueren Exegese nicht strittig, dass diese Überschrift bearbeitet wurde, und auch für den Umfang der Bearbeitung zeichnet sich ein gewisser Konsens ab.[45] Der Relativsatz אֲשֶׁר־הָיָה בַנֹּקְדִים „der unter den Schafzüchtern war" trennt die Angabe der Herkunft „aus Thekoa" von dem Namen des Propheten und ist wohl eingeschoben. Ferner konkurriert die Datierung nach den Königen von Juda und Israel mit der Zeitangabe שְׁנָתַיִם לִפְנֵי הָרָעַשׁ „zwei Jahre vor dem Erdbeben", die gewiss die ältere ist.[46] Strittig ist noch der Relativsatz אֲשֶׁר חָזָה עַל־יִשְׂרָאֵל „die er schaute über Israel". Für ihn gilt indessen dasselbe, was über den ähnlichen Satz in Mi 1,1 zu sagen war: „Die *Worte* des Amos ..., die er *schaute*" ergibt keinen passenden Zusammenhang.[47] Auch der zweite Relativsatz muss deshalb nachträglich hinzugefügt

---

45 Vgl. u. a. M. Löhr, Untersuchungen zum Buch Amos (BZAW 4) 1901, 3; Nowack, Die kleinen Propheten, 126f; Marti, Das Dodekapropheton, 155; Duhm, Anmerkungen zu den zwölf Propheten, 1; Schmidt, Die deuteronomistische Redaktion, 169f; Wolff, Dodekapropheton 2, 146; W. Rudolph, Joel – Amos – Obadja – Jona (KAT 13,2) 1971, 112; Willi-Plein, Vorformen der Schriftexegese, 15; Jeremias, Der Prophet Amos, 1.
46 Vgl. J. Jeremias, „Zwei Jahre vor dem Erdbeben" (Am 1,1) (1994; in: Ders., Hosea und Amos, 183–197).
47 Das Urteil von Wolff, Dodekapropheton 2, 150, geht ungeprüft von dem höheren Alter des Amos-Belegs aus, obwohl Wolff den Satz für redaktionell hält: „Die Re-

worden sein,[48] so dass die ursprüngliche Überschrift gelautet hat: דִּבְרֵי עָמוֹס מִתְּקוֹעַ שְׁנָתַיִם לִפְנֵי הָרָעַשׁ „Die Worte des Amos aus Thekoa zwei Jahre vor dem Erdbeben."

Wie bei der Überschrift des Michabuchs erklärt sich der Zusatz אֲשֶׁר חָזָה עַל־יִשְׂרָאֵל בִּימֵי עֻזִּיָּה מֶלֶךְ־יְהוּדָה „die er schaute über Israel zur Zeit Usijas, des Königs von Juda" als Übernahme aus Jes 1,1. Nur so versteht man, dass bei einem Propheten, dessen Botschaft sich gegen das Nordreich Israel richtete, die judäische Königsdatierung steht, und sogar an erster Stelle. Im Buch selbst gibt es dafür keinen Anhaltspunkt. Das ist anders bei Jerobeam von Israel, der an zweiter Stelle genannt wird. Er ist in Am 7,9–17 als Adressat des Amos genannt. Dort spricht indessen alles dafür, dass die Gerichtsbotschaft sich gegen Jerobeam I. gerichtet haben soll (vgl. 1 Kön 13): Amos soll dem Nordreich, sofort nachdem es sich von Juda und damit vom Tempel in Jerusalem losgesagt hat, das Ende angesagt haben.[49] Das hätte sich mit der aus Jesaja übernommenen Juda-Datierung nicht zusammenreimen lassen. Glücklicherweise gab es Jerobeam II., in dessen 27. Jahr nach dem Synchronismus 2 Kön 15,1 Asarja/Usija von Juda den Thron bestiegen hat. Auf diese Weise tat sich die Möglichkeit auf, dass Amos ein Zeitgenosse Jesajas gewesen ist. Mit großer Wahrscheinlichkeit stammt die Erweiterung der Überschrift des Amosbuchs von derselben Hand wie die Erweiterung von Mi 1,1.

Dieselbe Spur findet sich schließlich im Hoseabuch:

דְּבַר־יְהוָה אֲשֶׁר הָיָה אֶל־הוֹשֵׁעַ בֶּן־בְּאֵרִי
בִּימֵי עֻזִּיָּה יוֹתָם אָחָז יְחִזְקִיָּה מַלְכֵי יְהוּדָה
וּבִימֵי יָרָבְעָם בֶּן־יוֹאָשׁ מֶלֶךְ יִשְׂרָאֵל

Auf den ersten Blick wirkt diese Überschrift unauffällig, da sie dem Schema von Zef 1,1 folgt. Aber die Datierung bietet eine unüberwindliche Schwierigkeit. Sie nennt an erster Stelle die judäischen Könige Usija, Jotam, Ahas und Hiskia, an zweiter Jerobeam, Sohn des Joasch, von Israel. Dieser Synchronismus ist nicht ausgewogen. Das hat man schon immer bemerkt. Der

---

daktionsformel אשר חזה על hat in Sammlungen von Prophetenworten der jüngeren Zeitgenossen des Amos Schule gemacht, wie Jes 1,1; 2,1; Mi 1,1 (später Jes 13,1; Hab 3,1) zeigen."

48 WILLI-PLEIN, Vorformen der Schriftexegese, 15 (die freilich den ersten Relativsatz belässt); CH. LEVIN, Amos und Jerobeam I. (1995; in: DERS., Fortschreibungen, 256–264), 261.
49 Vgl. LEVIN, Amos und Jerobeam I., 256–261, im Anschluss an Beobachtungen der älteren Exegese.

Zeitraum, der mit den vier Königen von Juda umgriffen wird, beträgt maximal 87 Jahre. Dem stehen auf Seiten Israels lediglich 41 Jahre Jerobeams gegenüber. Überdies reichen die Regierungszeiten Jotams, Ahas' und Hiskias mehr als ein halbes Jahrhundert über das Ende Jerobeams hinaus, ohne dass die sechs Könige von Israel, die während dieser Zeit regiert haben, erwähnt wären.

Deshalb hat man schon lange auch die Daten des Hoseabuchs als Zusatz erkannt,[50] wenigstens aber die Angabe der judäischen Könige.[51] Noch weiter geht der Vorschlag, die gesamte Buchüberschrift sei sekundär,[52] mit der sich die Behauptung verbinden kann, der Redaktor habe über weitergehendes Wissen verfügt oder eine ältere Überschrift verdrängt.[53] Diesmal findet auch die Datierung nach Jerobeam im Buch keinen Anhaltspunkt. Wäre sie gleichwohl ursprünglich, würde sich noch weniger erklären, warum die Datierung nach den judäischen Königen hinzugefügt wurde und warum sie einen so langen Zeitraum umspannt. Der Ergänzer müsste die historischen Koordinaten vollständig aus dem Auge verloren haben. Viel wahrscheinlicher ist, dass wiederum ein Querverweis vorliegt, und zwar diesmal ein doppelter. Es wird immer gesehen, dass die Datierung nach den judäischen Königen Usija, Jotam, Ahas und Hiskia mit derjenigen des Jesajabuchs übereinstimmt, und die älteren Exegeten fanden darin mit Recht einen direkten Verweis, weil „der Verdacht obwaltet, die Worte seien aus der Ueberschrift des ersten grossen Propheten Jes. 1, 1. in die des ersten unter den kleinen verpflanzt worden."[54] Ähnliches gilt für die Datierung nach Jerobeam von Israel, die mit Am 1,1 genau übereinstimmt, auch dort im Rahmen eines Synchronismus. „Bei Amos ist die Datierung in die Zeit des Jerobeam aus 7,9.10.11 ersichtlich; ferner wird er datiert nach Uzzia von Juda, der auch das erste Glied der judäischen Königsreihe bei Hosea bildet. Mithin konnte aus der Kenntnis der judäischen Datierung beider Propheten die Datierung nach Jerobeam II. für Hosea erschlossen werden."[55] Sie ist aus Am 1,1 über-

---

50 F. Hitzig, Die zwölf Kleinen Propheten (KEH 1) (1838¹) 1863³, 6; Wellhausen, Die kleinen Propheten, 10 und 96f; Duhm, Anmerkungen zu den zwölf Propheten, 18.
51 Nowack, Die kleinen Propheten, 13.
52 So neben den Vertretern der „Vierprophetenbuch"-Hypothese zuletzt S. Rudnig-Zelt, Hoseastudien. Redaktionskritische Untersuchungen zur Genese des Hoseabuches (FRLANT 213) 2006, 104–107.
53 Marti, Das Dodekapropheton, 13f; Wolff, Dodekapropheton 1, 1f; J. Jeremias, Der Prophet Hosea (ATD 24/1) 1983, 23.
54 Hitzig, Die zwölf Kleinen Propheten, 6.
55 Willi-Plein, Vorformen der Schriftexegese, 115 f.

nommen. Im Ergebnis wird Hosea eine Wirkungsdauer zugeschrieben, die jene der drei übrigen Propheten vollständig umspannt. Er hat Amos, Jesaja und Micha überdauert.

Wir kommen damit zu dem Schluss, dass auch das Buch Hosea zunächst keine Datierung erhalten hat. „Die Ueberschrift läuft so weit der des Joel parallel."[56]

Das Buch Jesaja als Ausgangspunkt

Aus unseren Beobachtungen ergibt sich:

(1) Die vier Bücher Hosea, Joel, Micha und Zefanja wurden ursprünglich undatiert überliefert, wie heute noch das Buch Joel. Sie waren lediglich mit der Wort-Überschrift דְּבַר־יְהוָה אֲשֶׁר הָיָה אֶל־, dem Namen des Propheten und Angaben zu seiner Herkunft überschrieben. Es liegt nahe, in der gleichlautenden Wort-Formel die Handschrift eines und desselben Redaktors zu sehen und eine Sammlung anzunehmen, die diese vier Bücher umfasst hat. Beweisen lässt es sich nicht. Für den Fall, dass es eine solche Sammlung gegeben hat, lässt sich ebensowenig beweisen, dass alle vier Bücher von vornherein dazu gehört haben. Die Überschrift kann auch nachgeahmt worden sein. Umgekehrt ist nicht auszuschließen, dass eine solche Sammlung weitere Bücher umfasst hätte. Der erste Kandidat dafür ist das Buch Jeremia, dessen gegebene Überschrift „Die Worte Jeremias, des Sohnes Hilkias, von den Priestern in Anatot im Lande Benjamin" zu irgendeiner Zeit um die Wort-Formel erweitert wurde: „an den das Wort Jahwes erging ... zur Zeit Jojakims, des Sohnes Josias, des Königs von Juda, bis zum Ende des 11. Jahres Zedekias, des Sohnes Josias, des Königs von Juda, bis Jerusalem in die Verbannung geführt wurde im fünften Monat" (Jer 1,2aα.3 [ohne וַיְהִי]).[57] Die Verwandtschaft mit der Überschrift der Bücher Hosea, Joel, Micha und Zefanja ist offensichtlich, ebenso aber auch, dass sich in diesem Fall die Datierung von der Wort-Formel nicht ablösen lässt, sondern sogleich hinzugehört haben muss.

---

56 HITZIG, Die zwölf Kleinen Propheten, 6.
57 Der literarkritische Beweis findet sich am deutlichsten bei W. THIEL, Die deuteronomistische Redaktion von Jeremia 1–25 (WMANT 41) 1973, 50f, ohne dass man seiner Hypothese einer deuteronomistischen Redaktion folgen muss. Thiel fand die Zustimmung von R. CARROLL, Jeremiah: A Commentary (OTL) 1986, 90. Zur Ausgrenzung der Josia-Datierung vgl. LEVIN, Noch einmal: Die Anfänge des Propheten Jeremia, 219.

Der Begriff דְּבַר־יהוה „das Wort Jahwes" im Singular bezeugt im Vergleich mit der älteren Überschrift דִּבְרֵי יִרְמְיָהוּ „die Worte Jeremias" (und דִּבְרֵי עָמוֹס „die Worte des Amos" Am 1,1) einen fortgeschrittenen Stand der theologischen Reflexion.[58] Mit der Entdeckung der Einheit und Selbigkeit des Wortes Gottes ging einher, dass nunmehr die Individualität der Propheten betont werden musste; denn nur so ließen sich die Unterschiede der Bücher jetzt noch verstehen. Man überzeugt sich leicht, dass die Bücher Joel, Micha, Zefanja und sogar Hosea,[59] bevor die Wort-Überschrift hinzukam, als anonyme Sammlungen überliefert wurden.

(2) Die Datierung der Bücher Hosea, Amos und Micha hat von der Überschrift des Jesajabuchs ihren Ausgang genommen.[60] Wir beobachten ein (in mehreren Schritten gewachsenes!) Datierungssystem, das die Propheten des 8. Jahrhunderts untereinander in Beziehung setzt, aber den Rahmen des späteren Zwölfprophetenbuchs von Anfang an überschreitet. Jesaja als der Vornehmste der Propheten war das Vorbild.[61] Wenn man von einem „Vierprophetenbuch" sprechen will, muss es die Bücher Jesaja, Hosea, Amos und Micha umfasst haben.[62] Mit der Vorgeschichte des Dodekaprophetons hat es nichts zu tun.

Der Relativsatz אֲשֶׁר חָזָה „die/das er schaute" in Am 1,1 und Mi 1,1 gibt den Bezug auf Jesaja als gewollt zu verstehen. Dabei ergänzen sich die judäischen Könige Usija (im Amosbuch) und Jotam, Ahas und Hiskia (im

---

58 Vgl. LEVIN, Das Wort Jahwes an Jeremia, oben 239 f.
59 Im Buch Hosea stand die Überschrift Hos 1,1a ursprünglich direkt vor der Sammlung ab Kapitel 4, in der sich der Name des Propheten nicht findet. Das ist an der Zwischen-Überschrift 1,2a zu sehen, die nichts anderes will, als die nach dem Vorbild von Jes 8,1–4 geschaffene und zwischen Buchüberschrift und Buchkorpus eingerückte Zeichenhandlung 1,2b–9 als den „Anfang des Redens Jahwes durch Hosea" zu definieren, vgl. CH. LEVIN, Die Verheißung des neuen Bundes (FRLANT 137) 1985, 235–239. Erwägungen, dass sich hinter Hos 1,2a eine ursprüngliche Buch-Überschrift verberge, sind durch den Wortlaut nicht gedeckt, vgl. RUDNIG-ZELT, Hoseastudien, 102 f.
60 H. G. M. WILLIAMSON, A Critical and Exegetical Commentary on Isaiah 1–27, vol. 1 (ICC) 2006, 17, erwägt unter der Prämisse der „deuteronomistischen" Herkunft von Hos 1,1; Am 1,1* und Mi 1,1 den umgekehrten Einfluss, da das Buch Jesaja keine deuteronomistische Bearbeitung kennt. Diese Möglichkeit erübrigt sich indessen.
61 Vgl. WÖHRLE, Die frühen Sammlungen, 47f, der nicht bemerkt, dass er damit seiner Hypothese eines „Vierprophetenbuchs", das die Vorstufe des Dodekaprophetons gebildet habe, widerspricht.
62 In diesem Sinne spricht D. N. FREEDMAN, Headings in the Books of the Eighth-Century Prophets (AUSS 25, 1987, 9–26), 22–24, von einem „book of the four prophets", das nach der Bewahrung Jerusalems unter Hiskia zusammengestellt worden sei.

Michabuch) zu der Reihe des Jesajabuchs, die vollständig im Hoseabuch wiederkehrt.[63] Wenn das Hoseabuch wie das Amosbuch darüber hinaus nach Jerobeam II. von Israel datiert ist, liegt zusätzlich eine Übernahme aus Am 1,1 vor. Daraus folgt, dass die Datierung des Hoseabuchs erst auf späterer Stufe hinzukam. Sie schließt die drei anderen vollständig ein.

Die Daten des Jesajabuchs, die den Ausgangspunkt bilden, sind ebenfalls nachgetragen. Die ursprüngliche Überschrift hat wohl gelautet: חֲזוֹן יְשַׁעְיָהוּ בֶן־אָמוֹץ אֲשֶׁר חָזָה עַל־יְהוּדָה וִירוּשָׁלָם „Die Vision des Jesaja, des Sohnes des Amoz, die er schaute über Juda und Jerusalem". Die Datierung in die Zeit der Könige Usija und Ahas beruht auf Jes 6–7; in die Zeit Hiskias gehören die nachgetragenen Legenden Jes 36–39. Mit der Verbindung von Prophetenwort und Legenden ist eine Buchgestalt vorausgesetzt, die jedenfalls spät ist.

Man kann sogar noch darüber hinausgehen. „V. 1 in seiner jetzigen Gestalt soll ohne Zweifel *die Überschrift zum ganzen Buche* sein."[64] Neuerdings wird mehrfach vertreten, dass Jes 1 bereits Deutero- und Tritojesaja einbezog.[65] Das mag dahingestellt bleiben ebenso wie die Frage, ob dem Verfasser der Datierung das chronologische Problem bewusst war, dass Usija seinen Sohn Jotam um einige Jahre überlebt hat, dass folglich Jesaja, wenn er im Todesjahr des Usija berufen wurde (Jes 6,1), nur unter Usija, Ahas und Hiskia aufgetreten sein kann. Man sieht aus dieser Einzelheit immerhin, dass die Datierungen nicht aus geschichtlicher Anschauung stammen. Der Verfasser hat sie aus Jes 7,1 und aus den Angaben der Königebücher erschlossen.

(3) Die Datierungen stellen einen direkten Bezug her zwischen der Prophetie und dem Verlauf der Geschichte. Darin haben sie ihren theologischen Sinn. Allerdings konnte der Versuch, die individuellen Propheten der alttestamentlichen Geschichtsdarstellung zuzuordnen, wegen der Vielfalt der prophetischen Bücher und ihrer teils gegebenen, teils hinzugefügten Überschriften über Ansätze nicht hinauskommen. Die Idee einer *successio prophetica* (vgl. nur bBB 14b–15a) blieb in den Texten ein Torso. In welcher Zeit wir uns mit diesen Versuchen befinden, zeigt sich vielleicht daran, wie der Relativsatz aus Jes 1,1 אֲשֶׁר חָזָה עַל־יְהוּדָה וִירוּשָׁלָם „die er schaute gegen Juda und Jerusalem" in Mi 1,1 abgewandelt worden ist: אֲשֶׁר־חָזָה עַל־שֹׁמְרוֹן

---

63 Dass in Jes 1,1 die Namen Usija und Hiskia in der Langform geschrieben sind, während sie in Hos 1,1; Am 1,1 und Mi 1,1 in der Kurzform erscheinen, ist ohne Belang. Es lässt sich aus der späteren Schreibtradition erklären, die sich im Dodekapropheton und im Jesajabuch unterscheidet, vgl. FREEDMAN, 13 f.
64 A. DILLMANN, Der Prophet Jesaja (KEH 5) 1890[5], 3.
65 Vgl. WILLIAMSON, Isaiah 1–27, vol. 1, 14–17 (Lit.).

וִירוּשָׁלָ͏ִם „die er schaute gegen Samaria und Jerusalem". Im Vergleich ist nicht auszuschließen, dass mit „Samaria" als Äquivalent zu „Juda" nicht mehr die Stadt gemeint ist, sondern wie in Esr 4,10 die Provinz.

As earlier research has ever seen, the dating system in the superscriptions of the books of Hosea, Amos and Micah refers to the book of Isaiah. The hypothesis of a book of four prophets composed of the books of Hosea, Amos, Micah and Zephaniah, which is supposed to have been a first step towards the Book of the Twelve, is incompatible with this observation. The secondary historical setting of the prophetic books is in fact part of a theological concept developed in late post-exilic times. In the superscriptions of the books of Jeremiah, Hosea, Joel, Micah and Zephaniah, it was preceded by the definition of the prophetic message as the Word of Yahweh (sg.).

Ainsi que les recherches anciennes ont démontré, le système de datation dans les titres des livres d'Osée, d'Amos et de Michée se réfère au livre d'Esaïe. L'hypothèse d'un livre de quatre prophètes composé des livres d'Osée, d'Amos, de Michée et de Sophonie, qui est censé avoir constitué un stade préliminaire du Dodécaprophéton, est incompatible avec cette observation. La datation ultérieure des livres des prophètes fait plutôt partie d'un concept théologique de l'époque post-exilique avancée. Dans les titres des livres de Jérémie, d'Osée, de Joël, de Michée et de Sophonie, elle a été précédée par la définition du message prophétique comme la parole de Dieu (sg.).

Das Datierungssystem in den Überschriften der Bücher Hosea, Amos und Micha bezieht sich auf das Jesajabuch, wie die ältere Forschung immer gesehen hat. Mit dieser Beobachtung ist die Hypothese eines Vierprophetenbuchs aus den Büchern Hosea, Amos, Micha und Zefanja, das eine Vorstufe des Dodekaprophetons gebildet haben soll, unvereinbar. Die nachträgliche Historisierung der Prophetenbücher ist vielmehr Teil eines theologischen Konzepts aus fortgeschrittener nachexilischer Zeit. Ihr ging in den Überschriften der Bücher Jeremia, Hosea, Joel, Micha und Zefanja die Definition der prophetischen Botschaft als Wort Jahwes (sg.) voraus.

Jona 1: Bekehrung zum Judentum und ihre Folgen

Das Buch Jona, das beim ersten Lesen anmutet wie eine volkstümliche Überlieferung, in der sich Züge der Sage mit solchen des Schwanks verbinden, ist in Wahrheit ein Beispiel für die Gattung der Lehr-Erzählung, die in narrativer Gestalt theologische und ethische Probleme darstellt und zu lösen versucht. Wer solche Lehr-Erzählungen auslegt, „muß ... sich sehr davor hüten, ‚die' Lehre allzu einseitig zugespitzt, wie auf eine Nadelspitze gesteckt zu formulieren ...; sie sind in der Regel mehrschichtig."[1]

Der knappe Kern, der sich in Jon 1,1–2; 3,3a.4b–5.10 herausschälen lässt, ist noch keine Erzählung im eigentlichen Sinn, sondern ein konstruiertes Beispiel für den Lehrsatz aus Jer 18,7–10, wonach Jahwe auf die Buße eines Volks oder Königtums ebenso gewiss mit einer Änderung seines Verhaltens antwortet wie auf die Wendung zum Ungehorsam. Man kann das Stück einen geschichtstheologischen Kasus nennen. Die Regel bewährt ihre Geltung am Extremfall: an der Hauptstadt von Israels Erzfeind Assur. Als die Einwohner von Ninive Buße tun, verzichtet Jahwe auf das angedrohte Gericht.

Die Einzelheiten, aus denen das Beispiel gebaut ist, sind aus der biblischen Überlieferung zusammengesucht: Aus 2 Kön 14,25 stammt der Prophet Jona ben Amittai als Träger der Handlung, aus Gen 10,12 die große Stadt Ninive als Schauplatz. Die Art der Drohung ist an der Sintflut Gen 6–8 sowie an der Zerstörung der Stadt Sodom Gen 18–19 ausgerichtet. Jeremias Zeichenhandlung mit dem Gürtel Jer 13,1–11 und die Elia-Erzählungen 1 Kön 17,2–6.7–16 bilden das Muster für den Ablauf des prophetischen Wortgeschehens. Die Bewohner von Ninive reagieren wie die Israeliten nach dem Wunder am Meer: „Sie sahen die große Machttat, die Jahwe an Ägypten getan hatte, und glaubten an Jahwe" (וַיַּאֲמִינוּ בַּיהוָה, Ex 14,31 → Jon 3,5).[2] Es kennzeichnet die Geistesart des Verfassers, dass er die Vorlage

---

1 G. v. RAD, Der Prophet Jona (1950; in: DERS., Gottes Wirken in Israel, 1974, 65–78), 74.
2 Unter den Belegen von אמן hi. im Sinne von „glauben an Gott" (vgl. dazu R. SMEND, Zur Geschichte von האמין [1967; in: DERS., Die Mitte des Alten Testaments, 2002, 244–249]), beschreiben allein Gen 15,6; Ex 14,31 und Jon 3,5 den tatsächlichen Vollzug. Auch Ps 106,12, der dritte Beleg für die Form וַיַּאֲמִינוּ, zitiert Ex 14,31.

Ex 14,31 nicht sinnentsprechend verwendet hat, sondern wie ein Versatzstück. Das Schicksal Ägyptens, das den Israeliten die Rettung war, wird den Assyrern zur Warnung.³

Wie ausnahmslos jedes Buch des Alten Testaments ist auch das Buch Jona durch viele Hände gegangen und daher eine in Stufen gewachsene literarische Einheit.⁴ Das gilt trotz seiner Kürze von nur vier Kapiteln und trotz seiner anerkannt spätnachexilischen Entstehung. Eine Würdigung unter literarästhetischem oder theologischem Gesichtspunkt wird nicht vollständig sein, wenn sie diesen Umstand nicht einbezieht.⁵

Ein Nachtrag, den die meisten als solchen anerkennen, ist der Psalm Jon

---

3   Dieses Verfahren legt es nahe, das Buch einen Midrasch zu nennen. So K. BUDDE, Vermutungen zum ‚Midrasch des Buches der Könige' (ZAW 12, 1892, 37–51), 40–43. Aber damit ist der Ursprung nicht erfasst. Denn nicht 2 Kön 14,25 ist der Ausgangspunkt, der haggadisch fortgeführt würde, sondern das in Jer 18,7–10 aufgestellte geschichtstheologische Prinzip. Die entlehnten Motive sind nicht Gegenstand der Auslegung, sondern die Bausteine der Erzählung.

4   Gegen ein literargeschichtliches Verständnis hat sich zuletzt R. LUX, Jona. Prophet zwischen ‚Verweigerung' und ‚Gehorsam'. Eine erzählanalytische Studie (FRLANT 162) 1994, 34–42, ausgesprochen. Das Plädoyer gegen die „dünne Luft literarkritischer Hypothesen" (40f) kann nicht verhindern, dass die Annahme einheitlicher Autorschaft ebenfalls hypothetisch ist. Sie bewegt sich in noch sehr viel dünnerer Luft. Denn wie Lux sieht, „handelt es sich" im Jonabuch „um ein ganzes Problembündel" (198). Dieses Bündel kann nicht „der Erzähler mit meisterhafter Leichtigkeit zu entwirren versucht" haben, sondern allenfalls der Literarkritiker kann es zu entwirren versuchen. Unter diesen Umständen fragt sich, ob der Erzählanalytiker nicht unter anderem Vorzeichen die Literarkritik betreibt, gegen die er sich wendet. Die Natur des Textes, wenn man ihn nicht verfehlen will, erfordert nämlich ihren Preis. Der Einwand: „Beginnt die Analyse ... mit der Literarkritik, so wird stillschweigend und unreflektiert die innere Uneinheitlichkeit des Textes vorausgesetzt, bevor ernsthaft geprüft worden ist, ob der Text nicht dem einheitlichen Gestaltungswillen eines Autors zu verdanken ist" (41), lässt sich umkehren: Beginnt die Analyse nicht mit der Literarkritik, so wird stillschweigend und unreflektiert die innere Einheitlichkeit des Textes vorausgesetzt, bevor ernsthaft geprüft worden ist, ob das vorliegende Textgefüge nicht dem Gespräch aufeinander aufbauender theologischer Argumentationsgänge zu verdanken ist. Angesichts des Umstands, dass das Alte Testament gattungsgeschichtlich als religiöse Überlieferungsliteratur, nicht als Autorenliteratur zu verstehen ist, hat es stets bessere Gründe, die Uneinheitlichkeit eines Textes anzunehmen. Indessen entscheidet die Alternative sich nicht grundsätzlich, sondern an den Ergebnissen: Mit welcher Annahme lassen die Intentionalität des Textes und die Fülle der in ihm angesprochenen Gedanken sich schlüssiger offenlegen? Das Problem der Einheitlichkeit ist, dass einerseits der vorliegenden Textgestalt eine Absichtlichkeit unterstellt wird, die sie wahrscheinlich nicht gehabt hat, und dass anderseits nicht wenige Pointen des textimmanenten Diskurses verlorengehen.

5   Das hat P. WEIMAR, Literarische Kritik und Literarkritik. Unzeitgemäße Beobachtungen zu Jon 1,4–16 (in: L. RUPPERT u. a. [Hg.], Künder des Wortes. Josef Schrei-

2,2–10.⁶ Regelmäßig wird auch gesehen, dass das zentrale Kapitel Jon 3 in V. 6–9 um die Reaktion des Königs und die ausgeführten Bußriten erweitert worden ist.⁷ Allzu offensichtlich unterbricht die Nachholung den Erzählfluss.⁸ Ein späterer Anhang ist schließlich die Reaktion Jonas in 4,1–11. Das zeigt der abrupte Szenenübergang ebenso wie der Umbruch des Arguments.⁹ Während Jon 3 die Gerechtigkeit Jahwes aufweisen will, erörtert Jon 4 das Problem der unverdienten Gnade. Der Nachtrag ist in sich nochmals literarisch gestaffelt, wie der dreifache Ansatz der rhetorischen Frage in V. 4, V. 9a und V. 10–11 erkennen lässt.¹⁰

In der ersten Fassung hat auch die Flucht des Jona gefehlt, mit der das Buch beginnt.¹¹ Die Einleitung Jon 1,1–2:

---

ner zum 60. Geburtstag, 1982, 217–235), schlüssig aufgewiesen, wie auch immer man zu den Einzelheiten seiner Analyse stehen mag.

6 H. W. WOLFF, Obadja und Jona (BK XIV 3) 1977, 103–105, referiert die Gründe. Die Einwände, die F. W. GOLKA, Art. Jona/Jonabuch (RGG⁴ IV, 2001, 567–569), gegen Wolff vorbringt, tragen die Apologetik auf der Stirn.

7 Die durchschlagenden literarkritischen Gründe finden sich bei H. SCHMIDT, Die Komposition des Buches Jona (ZAW 25, 1905, 285–310), 287 f. Schmidt gibt S. 302–310 einen nützlichen Überblick über „Frühere Versuche einer literarkritischen Behandlung des Buches Jona". Die meisten Vorschläge (wie auch Schmidts eigener) kranken daran, dass die Lösung in der Quellenscheidung gesucht wird.

8 A. S. VAN DER WOUDE, Nachholende Erzählung im Buche Jona (in: A. ROFÉ / Y. ZAKOVITCH [ed.], Isac Leo Seeligmann Volume. Essays on the Bible and the Ancient World, III, Jerusalem 1983, 263–272), 263: „Es zeigt sich also, dass der explizierende Charakter, den eine Nachholung sowieso hat, im Jonabuch meistens nicht nur dazu dient, die Szenenfolge zu ermöglichen, sondern auch schon Erzähltes erläutern will." Zwar meint van der Woude mit „schon Erzähltes" den Erzählablauf, es gilt aber vor allem im Sinne des literarischen Textwachstums: schon von früheren Verfassern Erzähltes.

9 Darauf hat am deutlichsten der untaugliche Versuch von H. WINCKLER, Altorientalische Forschungen II, 2, 1900, 264, hingewiesen, Jon 4,5 hinter 3,4 umzustellen. Gegen ihn hat N. LOHFINK, Jona ging zur Stadt hinaus (Jona 4,5) (BZ.NF 5, 1961, 185–203), gezeigt, dass es theologische Gründe gewesen sind, die die Erzählung mehrfach von der einfachen Geschehensfolge abweichen lassen. Daraus folgt aber nicht, dass der Text aus einem Guss ist. Die „Fabel", die Lohfink beschreibt, entsteht in der Vorstellung des Lesers.

10 Neuere literarkritische Lösungen zum Verständnis des Buches finden sich bei L. SCHMIDT, „De Deo" (BZAW 143) 1976, und TH. KRÜGER, Literarisches Wachstum und theologische Diskussion im Jona-Buch (BN 59, 1991, 57–88).

11 Das hat SCHMIDT, „De Deo", 26f, mit klaren Gründen bewiesen. Man kann kritisieren, dass Schmidt mit dem Wechsel der Gottesnamen argumentiert und dafür sogar in den Textbestand eingreift (LUX, Jona, 36). Der Beweis ist auf dieses Kriterium aber nicht angewiesen.

Jona 1: Bekehrung zum Judentum und ihre Folgen

> Es geschah das Wort Jahwes zu Jona ben Amittai: Auf, geh nach Ninive, der großen Stadt, und verkündige gegen sie; denn ihre Bosheit ist vor mich gekommen.

kehrt in Jon 3,1–2 wieder. Die Wiederholung ist erkennbar ein Rückgriff:[12]

> Es geschah das Wort Jahwes zu Jona *zum zweitenmal*: Auf, geh nach Ninive, der großen Stadt, und verkündige *ihr die Verkündigung, die ich dir sagen werde*.

„Es fehlt ein Hinweis auf den Charakter der Botschaft Jonas und eine Begründung, warum er der Stadt den Untergang anzukündigen hat. Beides ist für 3,4 unerläßlich, weil dort der Grund für das angesagte Unheil nicht mehr genannt wird. Die vermißten Angaben finden sich in 1,2."[13] Die ursprüngliche Fortsetzung, die auf die Einleitung einst gefolgt ist, steht heute in Jon 3,3:

> Da machte Jona sich auf und ging nach Ninive nach dem Wort Jahwes.

Das Zusammenspiel zwischen der Wortereignisformel וַיְהִי דְבַר־יהוה אֶל־יוֹנָה בֶן־אֲמִתַּי לֵאמֹר in der Buchüberschrift 1,1 und dem Erfüllungsvermerk כִּדְבַר יהוה in 3,3 (vgl. 1 Kön 17,2.5; Jer 13,2.3) wurde für die Episode von Jonas Flucht unterbrochen:

> Da machte Jona sich auf und ging hinab nach Jafo.

Um den Exkurs abzurunden und den zerrissenen Faden wieder zu verknüpfen, bietet der Ergänzer den Sturm auf und schließlich den großen Fisch, mit deren Hilfe Jahwe den widerwilligen Propheten an den Ausgangsort zurückbringt. Beim zweiten Mal führt Jona den Auftrag aus, als wäre nichts geschehen.

---

12 C. KUHL, Die „Wiederaufnahme" – ein literarkritisches Prinzip? (ZAW 64, 1952, 1–11), 10, hat hier ein Musterbeispiel für das von ihm beobachtete literargeschichtliche Verfahren gefunden.
13 SCHMIDT, „De Deo", 26.

Jona entweicht vor seinem Auftrag, aber Jahwe holt ihn zurück

Die eingeschobene Episode hat mehrfach zu weiterer theologischer Reflexion Anlass geboten, die sich in zusätzlichen Erzählzügen niedergeschlagen hat. Die älteste Gestalt hat etwa folgendermaßen gelautet:

> 1,1 Es geschah das Wort Jahwes zu Jona ben Amittai: 2 Auf, geh nach Ninive, der großen Stadt, und verkündige gegen sie; denn ihr Übel ist vor mich gekommen.
> 3 Da machte Jona sich auf […] und ging hinab nach Jafo und fand ein Schiff, das im Begriff war, nach Tarsis heimzufahren, gab Fährgeld und stieg an Bord. […] (4) Da entstand ein großer Sturm auf dem Meer. […] 5 Und die Schiffsleute fürchteten sich […] (7) und warfen Lose, und als das Los auf Jona fiel, […] 15 nahmen sie Jona und warfen ihn ins Meer. […] 2,1 Aber Jahwe bestimmte einen großen Fisch, Jona zu verschlingen. […] 11 Und Jahwe sprach zu dem Fisch, und der spie Jona aus auf das Trockene. 3,1 Da geschah das Wort Jahwes zu Jona zum zweitenmal: 2 Auf, geh nach Ninive, der großen Stadt, und verkündige ihr die Verkündigung, die ich dir sagen werde.
> 3 Da machte Jona sich auf und ging nach Ninive nach dem Wort Jahwes.

Die Rolle, in der wir Jona hier beobachten, ist dieselbe wie in Jon 4; mit dem Unterschied, dass der Prophet nicht mehr nur gegen die Wirkung seiner Predigt aufbegehrt, sondern sich seinem Auftrag von Anfang an entzieht. Wie Jahwe den Rhizinus (4,6), den Wurm (4,7) und den heißen Ostwind (4,8) „bestimmt" (וַיְמַן), um Jona zu überzeugen, so bestimmt er hier den großen Fisch (2,1), der den widerspenstigen Propheten verschlingt und zu seinem Auftrag zurückbringt.[14] Die schrittweise Steigerung der Mittel, die in Jon 4 angelegt war, erreicht einen letzten Höhepunkt, nunmehr sogar vorab und gegen die Lesefolge des Buchs. In 4,2aβ belegt eine Nachholung, die offensichtlich ergänzt ist, dass der Anhang den Vorspann noch nicht gekannt hat: „Eben deshalb wollte ich zu Anfang nach Tarsis fliehen" (לִבְרֹחַ תַּרְשִׁישָׁה, aus 1,3).

Die neue Episode fügt sich ein in die Reihe der Einsprüche, die Jona gegen Jahwes Barmherzigkeit vorbringt und die Jahwe von Mal zu Mal anhand eines Zeichens entkräftet. Diesmal begnügt Jona sich nicht mehr, seine Bußpredigt nachträglich zu bereuen, sondern lehnt sie vornherein ab. Das geschieht, ohne dass der Leser den Grund erfährt. „Warum er eigent-

---

14 Bemerkenswert ist, dass das Verb sogar der Form nach immer gleich bleibt, aber der Gottesname wechselt: יהוה (2,1), יהוה־אֱלֹהִים (4,6), הָאֱלֹהִים (4,7) und אֱלֹהִים (4,8). Das ist ein deutliches Zeichen, dass mehrere Hände geschrieben haben.

lich vor Jahwe flieht, erfahren wir vorläufig nicht".[15] Die Lücke dient nicht dazu, einen Spannungsbogen aufzubauen. Sie ist ein Darstellungsfehler, der einem Erzähler nicht unterlaufen sein kann, wohl aber einem theologisch motivierten Ergänzer, der Jon 4 voraussetzt. Erst dort stellt sich heraus, „daß Jona nicht etwa die Gefahren und Mißerfolge der prophetischen Tätigkeit gefürchtet hat, sondern im Gegenteil einen zu großen aber ihm unerwünschten Erfolg."[16] Wie Jona sich in 4,3 wünscht: „Und nun, Jahwe! Ich möchte lieber tot sein als leben", setzt er in Jon 1 sein Leben tatsächlich aufs Spiel, um nicht in Ninive predigen zu müssen. Darauf greift auch Jahwe zu drastischen Mitteln, indem er dem Propheten nicht nur Schatten spendet und wieder nimmt, sondern ihn von dem Fisch verschlingen und ausspeien lässt. Die Fragen, mit denen das Buch schließt: „Meinst du, dass du mit Recht zürnst? Wie sollte mich Ninive nicht jammern?", werden in Jon 1 durch das Geschehen beantwortet: Jahwe zwingt den Propheten wider dessen Willen, die Umkehrpredigt an den Ort ihrer Bestimmung zu tragen.

Bei der Wiederholung ändert sich der Auftrag. Wie in Jon 4 überwiegt Jahwes Wille zur Gnade jetzt seinen Willen zur Gerechtigkeit. Die Begründung „denn ihr Übel ist vor mich gekommen" fehlt. Statt „gegen sie" (עָלֶיהָ) [die Stadt Ninive] soll Jona „ihr" (אֵלֶיהָ) verkündigen, und zwar „die Verkündigung, die ich dir sagen werde" (דֹּבֵר, pt. als fut. instans). Das Hapaxlegomenon קְרִיאָה „Verkündigung", wahrscheinlich eine Bildung ad hoc (LXX: κήρυγμα), bezieht sich voraus auf die Botschaft in 3,4b: „Und er verkündigte und sprach: Noch vierzig Tage, und Ninive wird zerstört." Die Frist (vgl. Gen 7,4) wird als Gelegenheit zur Buße verstanden, die das Unheil abwenden soll.

Die Schiffsleute bekehren sich zu Jahwe, dem Gott des Himmels

Mit der Bewahrung Ninives ist eine Schwelle überschritten. Wenn die Gerechtigkeit Gottes so allgemein gilt, wie Jer 18,7–10 behauptet und Jon 3 in Szene setzt, wird vor Gott der Unterschied zwischen Juden und Nichtjuden gegenstandslos; um so mehr, wenn nicht nur Jahwes Gerechtigkeit, sondern, wie Jon 4 schildert, auch seine Barmherzigkeit und sein Erbarmen

---

15 B. Duhm, Anmerkungen zu den zwölf Propheten, 1911, 112.
16 Duhm ebd.

für jedermann gelten.¹⁷ Das hat Folgen. Die anderen Götter verlieren neben Jahwe ihre Funktion. Das Judentum wird zur Religion schlechthin. Das ließ sich an den Schiffsleuten aufzeigen, den dritten Handlungsträgern, die die Erzählung neben Jona und den Niniviten kennt.

> 1,1 Es geschah das Wort Jahwes zu Jona ben Amittai: 2 Auf, geh nach Ninive, der großen Stadt, und verkündige gegen sie; denn ihr Übel ist vor mich gekommen. 3 Da machte Jona sich auf [...] und ging hinab nach Jafo und fand ein Schiff, das im Begriff war, nach Tarsis heimzufahren, gab Fährgeld und stieg an Bord. [...]
>   4 Jahwe aber warf einen großen Wind auf das Meer.
> Da entstand ein großer Sturm auf dem Meer. [...] 5 Und die Schiffsleute fürchteten sich
> und schrien, ein jeder zu seinem Gott. [...]
> (7) und warfen Lose, und als das Los auf Jona fiel,
>   8 sprachen sie zu ihm: Sage uns doch, [...] was ist dein Land, und von welchem Volk bist du? 9 Er sprach zu ihnen: Ich bin ein Hebräer und fürchte Jahwe, den Gott des Himmels, der das Meer und das Trockene gemacht hat. 10 Da fürchteten sich die Männer mit großer Furcht [...] 11 und sprachen zu ihm: Was sollen wir mit dir tun, damit das Meer still werde und von uns ablasse? [...] 12 Er sprach zu ihnen: Nehmt mich und werft mich ins Meer, so wird das Meer still werden und von euch ablassen. [...]
> 15 Da nahmen sie Jona und warfen ihn ins Meer,
> und das Meer stand von seinem Wüten. 16 Und die Männer fürchteten mit großer Furcht Jahwe und schlachteten Schlachtopfer und taten Gelübde.
> 2,1 Aber Jahwe bestimmte einen großen Fisch, Jona zu verschlingen. [...] 11 Und Jahwe sprach zu dem Fisch, und der spie Jona aus auf das Trockene. 3,1 Da geschah das Wort Jahwes zu Jona zum zweitenmal: 2 Auf, geh nach Ninive, der großen Stadt, und verkündige ihr die Verkündigung, die ich dir sagen werde. 3 Da machte Jona sich auf und ging nach Ninive nach dem Wort Jahwes.

Das erste literarkritische Signal findet sich in V. 4aα. „Nach der in V. 3 im impf. cons. (Narrativ) erzählten Geschehniskette erscheint [scil. erst] in V. 4aβ das nächste impf. cons. als Folgesatz":¹⁸ „Er gab Fährgeld und stieg an Bord. Da entstand ein großer Sturm auf dem Meer." Diese Erzählfolge wird in V. 4aα von einem invertierten Verbalsatz unterbrochen, der auf den Urheber hinweist: „Jahwe aber war es, der einen großen Wind auf das Meer warf." Abgesehen von dem betont vorangestellten Subjekt schildern beide Sätze dasselbe Geschehen, so dass „zwei konkurrierende Handlungsein-

---

17 Man wird Jon 4 nicht verstehen, wenn man nicht die Gnadenformel (zu ihr H. SPIECKERMANN, „Barmherzig und gnädig ist der Herr ..." [1990; in: DERS., Gottes Liebe zu Israel [FAT 33] 2001, 3–19]) in V. 2 zum Ausgangspunkt nimmt. Die Nachholung ab V. 5 ist nicht der ursprüngliche Einsatz der Szene, sondern der Beginn eines weiteren Nachtrags. Das Kapitel baut sich in drei Stufen auf: V.1–4*.5–9a*.9b–11.
18 WOLFF, Obadja und Jona, 83.

sätze" entstehen.¹⁹ Soweit der Zusatz abweicht, geschieht das beziehungsvoll. טול אֶל־הַיָּם *hi.* „ins Meer werfen" ist aus V. 15a übernommen. Das besagt: Ebenso wie der Sturm aufhört, sobald Jona ins Meer geworfen wird, ist es Jahwe, der den Sturm aufs Meer wirft. Jonas Rede V. 12a wird den Gedanken weiter ausführen. רוּחַ „Wind" steht wohl deshalb anstelle von סַעַר „Sturm", weil es besonders oft mit Jahwe als Urheber verbunden wird.

Da am Ende die Bekehrung der Schiffsleute stehen soll, muss zu Anfang das Gegenteil geschildert werden. Von Furcht befallen, wenden sie sich als erstes an ihre jeweiligen Götter (V. 5a [nur וַיִּזְעֲקוּ אִישׁ אֶל־אֱלֹהָיו]). Das flehentliche Gebet geht ins Leere. Als sie das Los werfen und es Jona trifft, fällt dem Propheten die Rolle zu, die Lage zu deuten. Die Schiffsleute fragen ihn nach seiner Person. Das breite Woher und Wohin verfehlt die dramatische Situation. „Wie eigentümlich berührt in diesem Augenblick dringendster Gefahr das Interesse der Schiffer für die Personalien ihres Fahrgastes!"²⁰ Die Schiffsleute „reden, nein, sie fragen, wo doch schon ein Urteil zu vollstrecken wäre."²¹ In der älteren Szene hatte das Los alle Fragen beantwortet, und Jona wurde sofort und umstandslos dem Meer übergeben.

Gefragt, bekennt Jona sich als Jude: „Ich bin ein Hebräer und fürchte Jahwe, den Gott des Himmels". Mit dieser offenbar konventionellen Wendung gibt er seine „Konfessionszugehörigkeit" an. Die Selbstbezeichnung als „Hebräer" wie auch die Bezeichnung Jahwes als „Gott des Himmels" weisen in die persische oder in noch spätere Zeit. Dasselbe gilt für die Art, wie das Verb ירא „fürchten" gebraucht wird. „Die abgeschliffene, technische Bedeutung ‚verehren' liegt auf der Hand."²² Allerdings darf man auch den Kontrast mithören: Die Schiffsleute fürchten den Sturm, denn sie fürchten ihre Götter, Jona aber fürchtet sich nicht, denn er fürchtet Jahwe, den Himmelsgott, der den Sturm geschickt hat. Besonderes Gewicht trägt das Attribut „der das Meer und das Trockene gemacht hat". Das konventionelle Schöpfungsbekenntnis²³ ist auf die Situation hin variiert. Zugleich stellt es den Bezug zu V. 4aα her und belegt, dass der Redegang auf denselben Ergänzer zurückgeht.

Auf diese Antwort reagieren die Schiffsleute mit noch größerer Furcht (V. 10aα in Aufnahme von V. 5a*). Sie erkennen in Jona den Propheten des Himmelsgottes. Es ist, als stünden sie in seiner Person dem Numinosen

---
19 WEIMAR, Literarische Kritik, 226.
20 SCHMIDT, Komposition, 293.
21 WOLFF, Obadja und Jona, 91.
22 J. BECKER, Gottesfurcht im Alten Testament (AnBib 25) 1965, 176.
23 Vgl. nur Ps 95,5; 115,15; 121,2; 124,8; 134,3; 146,6.

selbst gegenüber. Von Jona erhoffen sie jetzt die Lösung, die ihre Gebete nicht geben konnten: „Was sollen wir mit dir tun, damit das Meer still werde und von uns ablasse?" (V. 11a). Jona nimmt die Frage auf (V. 12a) und antwortet, indem er das kommende Geschehen voraussagt: „Nehmt mich und werft mich ins Meer (aus V. 15a), so wird das Meer still werden und von euch ablassen (= V. 11aβ)." Das ist nichts anderes als die Aufforderung zu einer Gottesprobe. Die Merkwürdigkeit, dass der Initiator und Interpret des Beweises zugleich das Opfer ist, ist dem vorgegebenen Erzählablauf geschuldet.

Der Fortgang der ursprünglichen Erzählung, der sich ganz auf die Rolle des Jona konzentrierte, war auf diese Probe nicht angelegt. Die veränderte Pointe wird nachgeschoben: Sobald Jona ins Meer geworfen ist, „stand das Meer von seinem Wüten" (V. 15b). Damit ist der Gottesbeweis perfekt. Die Hauptsache aber ist die Reaktion der Schiffsleute: „Die Männer fürchteten mit großer Furcht Jahwe". Ihre Furcht vor dem Sturm (V. 5a*) hat mit Hilfe des Propheten ihr wahres Ziel gefunden, und das bedeutet am Ende, nicht anders als für Jona (V. 9bα), das Bekenntnis zum Judentum.[24] Die Religionspraxis, in der sich der Übertritt realisiert, besteht in Opfern und Gelübden, das heißt in Kultstiftungen. Die deutlichsten Beispiele dafür sind Gen 28,20–22; Ri 11,30; 1 Sam 1,11 und 2 Sam 15,7–8. Besonders das Gelübde Jakobs mag dem Ergänzer vor Augen gestanden haben: „Wird Gott mit mir sein und mich behüten, ... dass ich in Frieden in mein Vaterhaus zurückkehre, so soll Jahwe mein Gott sein." Wer fragt, wie Opfer und Gelübde sich sachlich und zeitlich zum Geschehen verhalten, hat die Funktion des Motivs nicht verstanden.

In der Geschichte des literarischen Wachstums von Jon 1 ist dieser Schritt der wichtigste gewesen. Die Episode hat sich zu einem Demonstrationswunder gewandelt. Jahwe beweist durch die Naturkräfte seine Macht. Dem Propheten fällt die Rolle zu, den Schiffsleuten die Ursache zu deuten. Zum Beweis sagt er voraus, was geschehen wird: Wird man ihn über Bord werfen, wird das Meer sich beruhigen. Darauf treten die Schiffsleute umgehend zum Judentum über. „Während sie in ihrer Not anfänglich ,ein jeder zu seinem Gott' schreien (V.5), rufen sie am Ende Jahwe an (V.14) und verehren ihn nach erfolgter Rettung mit Opfern und Gelübden (V.16)."[25] „Es kann kein Zweifel daran bestehen, daß der Text 1,4 ff. als Erzählabsicht nicht nur

---

24 H. GESE, Jona ben Amittai und das Jonabuch (1985; in: DERS., Alttestamentliche Studien, 1991, 122–138), 129, illustriert diese Entwicklung mit besonderem Nachdruck.
25 KRÜGER, Literarisches Wachstum, 62.

verfolgt anzugeben, wie Jona der Meerestiefe verfällt, sondern wie die Heiden, die das Geschick Jonas, des JHWH-Verehrers, schauen, zu JHWH-Verehrern werden. Der Text 1,4 ff. ist zu einer großartigen Bekehrungsgeschichte gestaltet worden."[26]

Die bekehrten Schiffsleute erweisen sich als gerecht

Mit der Bekehrung zum Judentum entsteht ein schwerwiegendes Problem. Von nun an sind die Schiffsleute an die Tora gebunden. Die Tora aber verbietet, einen Menschen dem Tode zu überantworten. Das hat den nächsten Ergänzer auf den Plan gerufen.

> 1,1 Es geschah das Wort Jahwes zu Jona ben Amittai: 2 Auf, geh nach Ninive, der großen Stadt, und verkündige gegen sie; denn ihr Übel ist vor mich gekommen. 3 Da machte Jona sich auf […] und ging hinab nach Jafo und fand ein Schiff, das im Begriff war, nach Tarsis heimzufahren, gab Fährgeld und stieg an Bord. […] 4 Jahwe aber warf einen großen Wind auf das Meer. Da entstand ein großer Sturm auf dem Meer.
> Das Schiff aber dachte zu scheitern.
> 5 Und die Schiffsleute fürchteten sich und schrien, ein jeder zu seinem Gott,
> und warfen die Ladung, die im Schiff war, ins Meer, um sich von ihr zu entlasten. […] 7 Und sie sprachen, einer zum andern: Kommt! Wir wollen Lose werfen, dass wir erfahren, um wessentwillen uns dieses Übel getroffen hat.
> Und sie warfen Lose, und als das Los auf Jona fiel, 8 sprachen sie zu ihm: Sage uns doch, < >[27]
> was ist dein Auftrag, und woher kommst du?
> Was ist dein Land, und von welchem Volk bist du? 9 Er sprach zu ihnen: Ich bin ein Hebräer und fürchte Jahwe, den Gott des Himmels, der das Meer und das Trockene gemacht hat. 10 Da fürchteten sich die Männer mit großer Furcht
> und sprachen zu ihm: Was hast du getan! […]
> 11 Und sie sprachen zu ihm: Was sollen wir mit dir tun, damit das Meer still werde und von uns ablasse?
> Denn das Meer ging immer ungestümer.
> 12 Er sprach zu ihnen: Nehmt mich und werft mich ins Meer, so wird das Meer still werden und von euch ablassen. […]
> 13 Da ruderten die Männer, um aufs Trockene zu kommen, aber schafften es nicht; denn das Meer ging immer ungestümer gegen sie an. 14 Da riefen sie Jahwe an und sprachen: Ach, Jahwe, wir wollen nicht umkommen um des Le-

---

26 GESE, Jona ben Amittai, 129.
27 „V. 8aβ ist sekundär: er fehlt in M^{MSS} G^{BSV} u. ö. … Der Zusatz entstammt wohl einer Randglosse zu V. 7aα, die die Relativpartikel שֶׁ durch אשר austauschen wollte und später vom Rande an falscher Stelle in den Text aufgenommen wurde" (WOLFF, Obadja und Jona, 83). Ähnlich die meisten.

> bens dieses Mannes willen. Rechne uns nicht unschuldiges Blut zu; denn du bist Jahwe, du tust, wie es dir gefällt.
> 15 Da nahmen sie Jona und warfen ihn ins Meer, und das Meer stand von seinem Wüten. 16 Und die Männer fürchteten mit großer Furcht Jahwe und schlachteten Schlachtopfer und taten Gelübde. 2,1 Aber Jahwe bestimmte einen großen Fisch, Jona zu verschlingen. [...] 11 Und Jahwe sprach zu dem Fisch, und der spie Jona aus auf das Trockene. 3,1 Da geschah das Wort Jahwes zu Jona zum zweitenmal: 2 Auf, geh nach Ninive, der großen Stadt, und verkündige ihr die Verkündigung, die ich dir sagen werde. 3 Da machte Jona sich auf und ging nach Ninive nach dem Wort Jahwes.

Das Erste ist, die Not als ganz und gar unausweichlich darzustellen. Die Narrativkette: „Da entstand (וַיְהִי) ein großer Sturm auf dem Meer, dass die Schiffsleute sich fürchteten (וַיִּירְאוּ)", wird in V. 4b von einem invertierten Verbalsatz unterbrochen, der die Zeitenfolge zerreißt: „Das Schiff aber dachte zu scheitern." Derselbe Hinweis auf die Dramatik der Lage findet sich in dem Kausalsatz V. 11b: „Denn das Meer ging immer ungestümer",[28] der Jonas Antwort: „Nehmt mich und werft mich ins Meer" (V. 12a), von der Frage der Schiffsleute trennt: „Was sollen wir mit dir tun?" (V. 11a).[29] Der Hinweis wiederholt sich in V. 13b.

Das Zweite ist, alles Menschenmögliche zu unternehmen, um das Äußerste zu vermeiden. Sofort nachdem sie sich in ihrer Angst an die Götter gewandt haben, werfen die Schiffsleute die Ladung ins Meer (V. 5a [ab וַיָּטִלוּ]). Die Abfolge, die daraus entsteht, weckt den komischen Anschein, als hätten sie auf ihr Gebet nichts gegeben.[30] Die Wendung טול אֶל־הַיָּם *hi.* „ins Meer werfen", die aus V. 15a übernommen wird, gibt zu verstehen, dass die Schiffsleute auf diese Weise verhindern wollen, was sich am Ende als unausweichlich erweist: Jona ins Meer zu werfen. In ihrer frommen Verzweiflung machen sie noch einen zweiten Versuch (V. 13a): Sie wollen ans trockene Land rudern (אֶל־הַיַּבָּשָׁה, aus 2,11) und damit die Rettung Jonas vorwegnehmen, die erst durch den großen Fisch gelingen wird. Doch das Meer (und mit ihm Jahwe) stellt sich ihnen entgegen. Die Unterbrechung der Handlungsfolge zwischen der Anweisung V. 12a und der Ausführung V. 15a ist offensichtlich.[31]

---

28 Zur Konstruktion des Partizipialsatzes vgl. GesK § 113 u.
29 WEIMAR, Literarische Kritik, 228. W. RUDOLPH, Joel–Amos–Obadja–Jona (KAT XIII 2) 1971, 340, versucht zu retten: „Man kann V. 11b auch noch als Worte der Seeleute fassen."
30 RUDOLPH, Joel–Amos–Obadja–Jona, 341, findet dafür die hübsche, aber abwegige Erklärung: „Über dem ora vergessen sie das labora nicht".
31 Sie wurde schon von SCHMIDT, Komposition, 289, beschrieben. Ähnlich unter erzählanalytischem Blickwinkel LUX, Jona, 118: „Betrachtet man den mit den Vs.

Das Dritte ist, den Delinquenten einem korrekten Verfahren zu unterziehen, um aller Gerechtigkeit zu genügen. Es beginnt mit der Beweisaufnahme. Nachdem die Männer sich an ihre Götter gewendet haben (אִישׁ אֶל־אֱלֹהָיו), wenden sie sich einander zu (אִישׁ אֶל־רֵעֵהוּ) und beschließen: „Kommt! Wir wollen Lose werfen, dass wir erfahren, um wessentwillen uns dieses Übel getroffen hat" (V. 7a). Dass die folgende Ausführung diesen Beschluss nicht kannte, sieht man daraus, dass גּוֹרָלוֹת „Lose" in V. 7b nicht determiniert ist. Es war dort zum erstenmal genannt. Die Bitte an Jona: „Sage uns doch", wird zum Verhör: „Was ist dein Auftrag, und woher kommst du?" (V. 8bα), so dass die Doppelfrage: „Was ist dein Land, und von welchem Volk bist du?" (V. 8bβ) zur Vierfach-Frage anwächst. Die Stichwörter „Auftrag" (מְלָאכָה) und „kommen" (בּוֹא, vgl. V. 3b) beziehen sich auf Jonas Flucht vor Jahwe. Am Schluss steht die förmliche Schuldfeststellung: „Was hast du getan!" (V. 10aβ).[32] Sie wurde der Frage „Was sollen wir mit dir tun?" (V. 11aα) vorgeschaltet. Der Zusatz ist wegen der zweifachen Einleitung וַיֹּאמְרוּ אֵלָיו „Und sie sprachen zu ihm" unübersehbar.[33] Damit ist Jona rechtskräftig verurteilt.

Als letztes bleibt angesichts des – sozusagen außergottesgerichtlichen – Notstands nur die Ergebung in den gnädigen Willen Gottes (V. 14). Die Schiffsleute rufen Jahwe an. Die Wendung קרא אֶל „anrufen" (statt אֶל זעק „schreien zu" wie V. 5a) gibt ihre Worte als reguläres Gebet zu verstehen. Es folgt „das längste Stück direkter Rede in der ganzen Szene",[34] beginnend mit der klagenden Anrufung אָנָּה יהוה „ach, Jahwe!", die an anderer Stelle das Bußgebet einleitet (Dan 9,4; Neh 1,5.11). Die Bitte „wir wollen nicht umkommen" (אַל־נָא נֹאבְדָה) ist ein nachträglicher Vorgriff auf 3,9: „Wir wollen nicht umkommen, wie auch die Niniviten aufgrund ihrer Buße nicht umkommen werden" (וְלֹא נֹאבֵד). Dann machen die Männer die Entsühnungsformel geltend: וְאַל־תִּתֵּן דָּם נָקִיא „rechne nicht unschuldiges Blut zu", womit sie sich wörtlich auf die Tora (Dtn 21,8) beziehen und zugleich

---

12 und 15 vorgegebenen Plan des Erzählers, dann haben die eingebetteten Verse retardierende Funktion." Vgl. auch WEIMAR, Literarische Kritik, 229.

32 Zur Bedeutung der Wendung vgl. H. J. BOECKER, Redeformen des Rechtslebens im Alten Testament (WMANT 14) 1964, 26–31. Dass die Beschuldigungsformel zur bloßen Redewendung geworden sei (30), trifft für Jon 1,10 nicht zu. Die Formel will im strengen formgeschichtlichen Sinn verstanden sein. Sie war nicht nur ein „Aufschrei des Entsetzens" (so WOLFF, Obadja und Jona, 93).

33 Die stilistische Härte ist im heutigen Text durch den noch späteren Zusatz V. 10b gemildert, s. u.

34 WOLFF, Obadja und Jona, 95.

an den Präzedenzfall des drohenden Prophetenmords in Jer 26,15 erinnern.[35] Auch der Satz, mit dem ihre Rede schließt: „Denn du bist Jahwe, du tust, wie es dir gefällt", „muß … als Zitat erkannt werden. Er entspricht fast genau Ps 115,3 und 135,6":[36] „Alles, was Jahwe gefällt, tut er, im Himmel und auf Erden." Auch an Jes 55,11 ist zu denken: „Dein Wort tut, was dir gefällt."

Jonas Schuld und Strafe

Damit sind die Schiffsleute exkulpiert. Was aber ist mit Jona? Auch für ihn muss die Regel gegolten haben, dass das Schicksal, das er im Seesturm erlitten hat, vor Gott nicht ohne persönliche Schuld denkbar ist. Hier setzt die nächste literarische Ebene an.

> 1,1 Es geschah das Wort Jahwes zu Jona ben Amittai: 2 Auf, geh nach Ninive, der großen Stadt, und verkündige gegen sie; denn ihr Übel ist vor mich gekommen. 3 Da machte Jona sich auf,
> um nach Tarsis zu fliehen hinweg vor Jahwe,
> und ging hinab nach Jafo und fand ein Schiff, das im Begriff war, nach Tarsis heimzufahren, gab Fährgeld und stieg an Bord,
> um mit ihnen nach Tarsis zu fahren hinweg vor Jahwe.
> 4 Jahwe aber warf einen großen Wind auf das Meer. Da entstand ein großer Sturm auf dem Meer. Das Schiff aber dachte zu scheitern. 5 Und die Schiffsleute fürchteten sich und schrien, ein jeder zu seinem Gott, und warfen die Ladung, die im Schiff war, ins Meer, um sich von ihr zu entlasten.
> Jona aber war hinabgestiegen in das Unterste des Deckschiffs und lag und schlief fest. 6 Da trat der Schiffsherr an ihn heran und sprach zu ihm: Was schläfst du! Auf, rufe deinen Gott an! Vielleicht wird der Gott an uns gedenken, dass wir nicht verderben.
> 7 Und sie sprachen, einer zum andern: Kommt! Wir wollen Lose werfen, dass wir erfahren, um wessentwillen uns dieses Übel getroffen hat. Und sie warfen Lose, und als das Los auf Jona fiel, 8 sprachen sie zu ihm: Sage uns doch, < > was ist dein Auftrag, und woher kommst du? Was ist dein Land, und von welchem Volk bist du? 9 Er sprach zu ihnen: Ich bin ein Hebräer und fürchte Jahwe, den Gott des Himmels, der das Meer und das Trockene gemacht hat. 10 Da fürchteten sich die Männer mit großer Furcht und sprachen zu ihm: Was hast du getan!

---

35 Wer in dem Bezug auf Jer 26 einen „ironischen Unterton vernimmt" (so WOLFF, Obadja und Jona, 96), dürfte die Geistesart der theologischen Eisegeten missverstehen. Auch die im amerikanischen „literary criticism" übliche Suche nach „irony" geht an der Gattung vorbei.

36 WOLFF, Obadja und Jona, 96. Ps 115,3 beruht auf 135,6. Dort ist die Klausel בַּיַּמִּים וְכָל־תְּהוֹמוֹת „auf den Meeren und allen Urfluten", die in 115,3 fehlt, wahrscheinlich erst später eingefügt worden, womöglich im Hinblick auf Jon 1,14.

Denn die Männer wussten, dass er vor Jahwe hinweg floh; denn er hatte es ihnen gesagt.
11 Und sie sprachen zu ihm: Was sollen wir mit dir tun, damit das Meer still werde und von uns ablasse? Denn das Meer ging immer ungestümer. 12 Er sprach zu ihnen: Nehmt mich und werft mich ins Meer, so wird das Meer still werden und von euch ablassen.
Denn ich weiß, dass dieser große Sturm um meinetwillen über euch gekommen ist.
13 Da ruderten die Männer, um aufs Trockene zu kommen, aber schafften es nicht; denn das Meer ging immer ungestümer gegen sie an. 14 Da riefen sie Jahwe an und sprachen: Ach, Jahwe, lass uns nicht verderben um des Lebens dieses Mannes willen und rechne uns nicht unschuldiges Blut zu. Denn du bist Jahwe. Du tust, wie es dir gefällt. 15 Da nahmen sie Jona und warfen ihn ins Meer, und das Meer stand von seinem Wüten. 16 Und die Männer fürchteten mit großer Furcht Jahwe und schlachteten Schlachtopfer und taten Gelübde. 2,1 Aber Jahwe bestimmte einen großen Fisch, Jona zu verschlingen.
Und Jona war im Leib des Fischs drei Tage und drei Nächte. […]
11 Und Jahwe sprach zu dem Fisch, und der spie Jona aus auf das Trockene. 3,1 Da geschah das Wort Jahwes zu Jona zum zweitenmal: 2 Auf, geh nach Ninive, der großen Stadt, und verkündige ihr die Verkündigung, die ich dir sagen werde. 3 Da machte Jona sich auf und ging nach Ninive nach dem Wort Jahwes.

Die offenkundige Schuld Jonas lag darin, dass er sich dem Auftrag, den er von Jahwe erhalten hatte, entziehen wollte. Es lag nahe, darin die Ursache für den Seesturm zu sehen. Ausdrücklich geschieht das, als Jona die Schiffsleute auffordert, ihn ins Meer zu werfen: „Denn ich weiß, dass dieser große Sturm um meinetwillen über euch gekommen ist" (V. 12b). Seine Auskunft, mit כִּי יוֹדֵעַ „denn ich weiß" als Nachholung eingeleitet, beantwortet die (längst beantwortete) Frage, die die Schiffsleute in V. 7aβγ an das Los geknüpft hatten, und gibt offen die Begründung für den großen Sturm (V. 4aβ).

Ganz ähnlich ist jetzt die förmliche Beschuldigung Jonas begründet, die die Schiffsleute aussprechen: „Denn die Männer wussten, dass er vor Jahwe hinweg floh; denn er hatte es ihnen gesagt" (V. 10b). Hier ist die Nachholung sogar doppelt markiert: eingeleitet mit כִּי־יָדְעוּ „denn sie wussten" und ausgeleitet mit dem Rückverweis auf V. 8aβ כִּי הִגִּיד לָהֶם „denn er hatte es ihnen gesagt". Zusätzlich zeigt das ausdrückliche Subjekt הָאֲנָשִׁים „die Männer" die literarische Fuge.[37]

Die Begründung schlägt einen Bogen zurück zu den beiden Finalsätzen in V. 3: „um nach Tarsis zu fliehen hinweg vor Jahwe" und „um mit ihnen nach Tarsis zu fahren hinweg vor Jahwe." Die Narrativkette וַיָּקָם וַיֵּרֶד

---

37 Die beste Beschreibung dieser Nachholung findet sich bei LOHFINK, Und Jona ging zur Stadt hinaus, 193 f. Lohfink versteht sie als genuine Stilfigur. Doch die früheren Kommentatoren haben an dieser Stelle nicht umsonst regelmäßig gestutzt.

„Und Jona stand auf und ging hinab" wird zerrissen, um gleich zu Beginn das Motiv der frevelhaften Flucht einzuführen. „Mit der Betonung, daß die Flucht Jonas nach Tarschisch ein Weg ‚weg von JHWH' war, setzt der Erzähler ein Signal für das Verständnis der folgenden Szene."[38] Das Motiv ist dem Ergänzer so wichtig, dass er es am Ende des Verses wiederholt, jetzt unter Aufnahme der Wendung בָּאָה תַרְשִׁישׁ „das im Begriff war, nach Tarsis heimzufahren", die er allerdings nicht auf das Schiff bezieht, sondern auf die noch gar nicht erwähnten Schiffsleute: עִמָּהֶם „mit ihnen".[39]

Möglicherweise war es ein noch späterer Ergänzer, der zusätzlich zu der Flucht eine weitere Sünde Jonas skizziert hat: seine Weigerung, sich an der Anrufung Gottes zu beteiligen (V. 5b–6). Die Nachholung, mit Inversion markiert, wird immer gesehen. Dass sie keine Stilfigur des Erzählers ist, sondern eine literarische Unterbrechung, zeigt sich in V. 7. Dort fehlt jetzt das Subjekt, das aus V. 5a vorausgesetzt war.[40] Der Einschub knüpft an V. 3 an. Er will die Eingangsszene „und er stieg an Bord" וַיֵּרֶד בָּהּ näher bestimmen: „Jona war [scil. als er an Bord ging] hinabgestiegen (יָרַד) in das Unterste des Deckschiffs", um sich dort niederzulegen. Während die Schiffsleute zu ihren Göttern flehen, liegt Jona im Tiefschlaf. Die Schuld beim Namen zu nennen, wird der Schiffsherr aufgeboten. Bemerkenswert ist die Wortwahl. Er weist Jona nicht an, zu seinem Gott zu flehen (זעק), wie die Leute es tun. „Mit den beiden Imperativen in V.6bα (קרא/ קום) knüpft der Erzähler an die Aufforderungen JHWHs in V.2 an":[41] „Auf, rufe!" Das ist ein Hinweis auf Jonas Schuld: Er verweigert sich der Aufforderung zum Gebet, genau wie er sich dem Verkündigungsauftrag verweigert hat. Die Mutmaßung der Exegeten: „Natürlich folgt Jona der Mahnung des Kapitäns und begibt sich mit ihm auf Deck",[42] verfehlt den Sinn.

Der vermehrten Sünde folgt die vermehrte Strafe. Jona wird nicht nur ins Meer geworfen; denn da er sofort von dem Fisch aufgenommen wird, kommt dieses Schicksal kaum einer Strafe gleich. Vielmehr wird die Rettung zu einer Abreibung: „Und Jona war im Leib des Fischs drei Tage und drei Nächte" (2,1b). Der Neuansatz ist daran zu erkennen, dass Jona

---

38 LUX, Jona, 98.
39 Die Erklärung, dass עִמָּהֶם auf die dem Sinne nach unter אֳנִיָּה mitbefassten Schiffer zurückgehe (GesK § 135 p), ist unnötig.
40 Der Zusatz wurde auch von SCHMIDT, Komposition, 293f; KRÜGER, Literarisches Wachstum, 63; und WEIMAR, Literarische Kritik, 227, beschrieben.
41 LUX, Jona, 104; auch GESE, Jona ben Amittai, 128.
42 W. NOWACK, Die kleinen Propheten (HK III 4) ²1903, 195; vgl. K. MARTI, Das Dodekapropheton (KHC 13) 1904, 250.

nochmals mit Namen genannt wird. Für diese Strafe hat womöglich der erschöpfte Ägypter in 1 Sam 30,12 das Beispiel gegeben: „Denn er hatte kein Brot gegessen und kein Wasser getrunken drei Tage und drei Nächte."[43] Wieder hat die Einzelheit nicht anekdotischen, sondern theologischen Sinn. „Der Walfisch rettet Jona, weiter hat er nichts zu bedeuten. Dass er ihn dabei etwas unsanfter behandelt als der Delphin den Arion, ist recht und billig."[44]

Textwachstum und Wirkungsgeschichte

Damit ist das Wachstum des Buches nicht abgeschlossen. Die drei Tage und Nächte im Leib des Fischs boten einen zeitlichen Rahmen, in dem im nächsten Schritt der Psalm in Jon 2,2–10 seinen Platz finden konnte. Er ist eingefügt nach dem Vorbild von Jonas Gebet in 4,2–3. Die Unterschiede zeigen, dass 2,2 die Einleitung: „Und er betete zu Jahwe und sprach", voraussetzt und weiterführt:[45] „Da betete *Jona* zu Jahwe, *seinem Gott, im Leib des Fischs* und sprach." Der literarische Neuansatz zeigt sich daran, dass das Subjekt „Jona" genannt wird, obwohl es nicht wechselt. Die Umstandsklausel „im Leib des Fischs", die aus V. 1b wiederholt wird, ist sachlich unnötig und dient als szenische Klammer. Am bemerkenswertesten ist die Apposition „seinem Gott". Sie bedeutet, dass Jona dem Befehl des Schiffsherrn in 1,6bα jetzt nachkommt: „Auf, rufe deinen Gott an!"[46] Jonas Rolle hat erneut gewechselt. „Es ist wirklich ein anderer Jona, der hier betet; es ist der vor Gott gerechte und von Gott gerechtfertigte Jona".[47] Auch das ist eine theologische Schlussfolgerung: Weil Jona gerettet wird, muss er neben den anderen Rollen auch der Gerechte gewesen sein.[48]

„Erst durch den Ausbau des Anfangs der Jonanovelle zu einer geschlossenen gleichgewichtigen Hälfte gegenüber c. 3 f. gewinnt diese Geschichte der Erfahrung und Erkenntnis des Propheten Jona ben Amittai ihren vollen

---

43 Der Ausdruck שְׁלֹשָׁה יָמִים וּשְׁלֹשָׁה לֵילוֹת „drei Tage und drei Nächte" findet sich nur 1 Sam 30,12 und Jon 2,1.
44 J. Wellhausen, Die kleinen Propheten, [4]1963, 221.
45 Lux, Jona, 164, führt die Übereinstimmungen im einzelnen auf.
46 Dass die Wendung „Jahwe, deinen Gott" „in der gesamten Erzählung nichts Vergleichbares hat" (Wolff, Obadja und Jona, 105), trifft deshalb nicht zu.
47 v. Rad, Der Prophet Jona, 78.
48 Auf den positiven Zug im Bild des Jona macht Gese, Jona ben Amittai, mit Nachdruck aufmerksam. Es ist freilich nur ein Zug unter mehreren anderen. Keiner kann für das Ganze stehen.

Inhalt."⁴⁹ Auch wenn die fiktive Gestalt des Propheten so etwas wie die Einheit der Person nicht gewonnen hat, entsteht am Ende aus den einzelnen Textebenen ein Gesamtbild. Dieses Gesamtbild speist sich allein aus theologischen, nicht aus literarischen Motiven und gewinnt doch, ohne auf den Gestaltungswillen eines einzigen Autors zurückzugehen, eine bemerkenswerte literarische Qualität. „Und wie ist das alles erzählt! Mit einer Anmut und Leichtigkeit, mit einem Anflug von Lächeln, wie wir das in der Bibel schwer noch einmal so finden."⁵⁰

Es versteht sich von selbst, dass die Entwicklung nicht abgeschlossen war, als der biblische Text erstarrte. Bezeichnenderweise knüpft die außerbiblische Wirkungsgeschichte besonders an die jüngste Ebene an.⁵¹ Der Midrasch Jona entnimmt dem auffallenden Unterschied, dass דָּג „Fisch" in 2,1 die maskuline, in 2,2 die feminine Form דָּגָה hat,⁵² dass Jona von zwei verschiedenen Fischen verschluckt wurde.⁵³ Das Ineinander von Rettung und Strafe wird in ein Nacheinander aufgelöst. Die neutestamentliche Christologie hat in den „drei Tagen und Nächten", die Jona im Leib des Fischs verbrachte, Tod und Auferweckung Christi präfiguriert gesehen (Mt 12,40 = Jon 2,1 LXX). Ein weiterer Hinweis findet sich in der Erzählung von der Sturmstillung. Die für den Ablauf entbehrliche Einzelheit, dass Jesus im Schiff schläft, bevor die Jünger ihn um Hilfe bitten (Mk 4,38), will an das Schicksal des Jona erinnern. Sie deutet das Wunder im Licht der Theologia crucis. Wie Jona ins Meer geworfen wurde, so hat Jesus durch seinen Opfertod die Mächte von Chaos und Tod zum Schweigen gebracht.

---

49 GESE, Jona ben Amittai, 138. Angesichts dieser Beobachtung ist die Schlussfolgerung nicht nachvollziehbar: „Deswegen führt weder die literarkritische noch die überlieferungsgeschichtliche Rekonstruktion einer Urform weiter."
50 v. RAD, Der Prophet Jona, 73.
51 Eine Übersicht gibt U. STEFFEN, Die Jona-Geschichte. Ihre Auslegung und Darstellung im Judentum, Christentum und Islam, 1994.
52 An allen anderen Stellen steht das Femininum für das Collectivum.
53 Bill. I 642–649, gibt eine Zusammenstellung: „Der Prophet Jona in der jüdischen Haggada."

Die Entstehung der Büchereinteilung des Psalters

Die ersten drei Doxologien

Die Fünfteilung des Psalters durch die vier Doxologien Ps 41,14; 72,18–19; 89,53 und 106,48 wird seit alters so ausgelegt, dass damit eine Entsprechung zu den fünf Büchern der Tora beabsichtigt sei.[1] Für Hartmut Gese ist die Analogie freilich „mehr eine tiefsinnige Parallelisierung von Mose und David, eine Deutung und kein Textbefund".[2] Reinhard G. Kratz hat ihm widersprochen.[3] Nach Kratz „haben wir es ... vermutlich ... bei den Doxologien mit kontextgebundenen Neuformulierungen zu tun, die eigens dafür in den Psalter eingeschrieben wurden, um der Gesamtkomposition ein bestimmtes redaktionelles Profil zu geben."[4] Für Gese beruht die Analogie zwischen Psalter und Pentateuch auf exegetischer Assoziation, für Kratz auf redaktioneller Absicht, die die Buchgestaltung des Psalters als der „Tora Davids" zum Ziel gehabt habe. Gese wie Kratz geben indessen zu verstehen, dass ihre Thesen womöglich zu pointiert sind. Die Beobachtungen beider lassen sich zu einer einfacheren Lösung verbinden.

Für die These von Kratz spricht von vornherein, dass die vier Doxologien im Wortlaut auffallend übereinstimmen und darin ebensowohl untereinander zusammenhängen, wie sie sich von anderen doxologischen Markierungen innerhalb des Psalters wie Ps 100; 117; 134; 150 unterscheiden. Es ist schwer zu bestreiten, dass zwischen ihnen ein literarischer Zusammenhang besteht.[5] Dieser Zusammenhang muss allerdings nicht besagen, dass alle vier Doxologien von einer und derselben Hand stammen. Er kann auch schrittweise gewachsen sein.

---

1 H. Gese, Die Entstehung der Büchereinteilung des Psalters (1972; in: Ders., Vom Sinai zum Zion [BEvTh 64] 1974, 159–67), 157, verweist auf Eusebius von Cäsarea und Epiphanius von Salamis (bei Hippolytus, GCS 1,2, 1897, 131 und 143) sowie auf Midrasch Tehillim zu Ps 1.
2 Gese, 167.
3 R. G. Kratz, Die Tora Davids. Psalm 1 und die doxologische Fünfteilung des Psalters (ZThK 93, 1996, 1–34), 13.
4 Kratz, 29.
5 Vgl. die genaue Untersuchung des Wortlauts durch Kratz, 13–15.

Ebenso auffallend ist nämlich, dass die ersten drei Doxologien sich jeweils an gegebene Zäsuren binden, die auf das Wachstum des Psalters als einer Sammlung von Sammlungen zurückgehen: Die erste Doxologie 41,14 markiert den Abschluss des vorderen Davidpsalters Ps 3–41. Die zweite Doxologie 72,18–19 steht am Ende des „elohistischen" Davidpsalters Ps 51–72. Die dritte, kurze Doxologie 89,53 beendet den „messianischen" Psalter Ps 2–89.[6] Die jeweilige Anbindung kann auch deswegen nicht zufällig sein, weil zwischen den fünf markierten „Büchern" des Psalters ein großes Ungleichgewicht besteht.

Dass die ersten drei Doxologien sich nicht auf das heutige Gesamtbuch beziehen, sondern auf die vorgängigen Sammlungen, wird am deutlichsten an 72,18–19. Der Doxologie folgt nämlich die Notiz 72,20: „Zuende sind die Gebete Davids, des Sohnes Isais." Diese Zäsur betrifft nur die Davidsammlung Ps 51–72 und versteht sich am ehesten aus dem redaktionellen Akt, der die Davidpsalmen mit den Asaphpsalmen 73–83 verknüpft hat. Dass die Doxologie 72,18–19 „sich allein auf die Sammlung C [= Ps 51–72] bezieht, ist schon aus der Stellung *vor* der Redaktionsbemerkung V.20 zu schließen."[7] Denn ein Redaktor, der nachträglich das Gesamtbuch hätte einteilen wollen, würde die Doxologie hinter diese Notiz eingerückt haben. Außerdem sind die Spuren der elohistischen Redaktion bemerkbar, die innerhalb der Psalmen 42–83 den Gottesnamen יהוה in den meisten Fällen durch אֱלֹהִים ersetzt hat. „Als einzige der vier Schlußdoxologien ... verwendet sie ... neben יהוה auch אֱלֹהִים als Eigenname für Gott. Zumindest V. 18a wird deshalb schon vor der elohistischen Redaktion vorgelegen haben. Diese Vermutung wird gestützt durch die kurzen Doxologien am Ende von Ps 66 und 68, die beide die Formulierung בָּרוּךְ אֱלֹהִים enthalten."[8] Die Doxologie 72,18–19 stammt aus der Redaktionsgeschichte der Vorstufen des heutigen Psalters. Sie gehört nicht auf die Ebene des Gesamtbuchs.

Wenn 72,18–19 als Schlussdoxologie des elohistischen Davidpsalters entstanden ist, wird es kein Zufall sein, dass die Doxologie 41,14 sich am Abschluss des vorderen Davidpsalters findet. „Die beiden ältesten Doxologien beschließen also Davidsammlungen".[9] Unter dieser Voraussetzung spricht wenig für die Behauptung: „41,14 und 72,18f sind auf jeden Fall völ-

---

6   So nach der These von J. W. ROTHSTEIN in seiner Übersetzung von S. R. DRIVER, Einleitung in die Litteratur des alten Testaments, 1896, 399f Anm. Dazu jetzt CH. RÖSEL, Die messianische Redaktion des Psalters. Studien zu Entstehung und Theologie der Sammlung Psalm 2–89* (CThM.BW 19) 1999.
7   GESE, 162.
8   RÖSEL, Die messianische Redaktion, 37.
9   GESE ebd.

lig unabhängig voneinander."[10] Viel eher wurde durch die Schlussdoxologien eine gewollte Entsprechung zwischen den beiden David-Sammlungen geschaffen. Ob darin ein tieferer Sinn liegt, kann man fragen, muss es aber nicht.[11] Ebenso kann offen bleiben, ob 41,14 das Vorbild für 72,18–19 gewesen ist, oder umgekehrt.

Ziemlich sicher ist, dass die Doxologie 41,14 hinzukam, als die Sammlung Ps 3–41 noch für sich bestanden hat. Mit der Verknüpfung zwischen dem vorderen Davidpsalter Ps 3–41 einerseits und den kombinierten Korach-, Asaph- und Davidsammlungen Ps 42–88 anderseits hat sie nichts zu tun. Diese geschah vielmehr, indem die nunmehrige Sammlung Ps 3–88 durch die beiden Königspsalmen Ps 2 und Ps 89 gerahmt wurde. „Die inhaltlichen Gemeinsamkeiten zwischen Ps 2 und 89 belegen, daß die beiden Texte als Rahmenpsalmen aufeinander bezogen werden sollen".[12] Die Doxologie 41,14 ist in dieser Komposition nur ein Relikt.

Gleichwohl erklärt sich von hieraus die Funktion und Entstehung der Doxologie 89,53. Die Sammlung Ps 2–89 bildete eine Zeitlang „den Grundstock des Psalters, der mit Ps 89 seinen vorläufigen Abschluß fand. Dem entspricht die Verwendung der doxologischen Kurzformel 89,53. Hier wird … der gesamte bis dahin gesammelte Psalter mit einer doxologischen Formel abgeschlossen, die aus den beiden früher in anderer Funktion gebrauchten doxologischen Formeln 41,14 und 72,18f … gebildet war".[13] Genauer lässt sich sagen: Da der doxologische Abschluss der David-Sammlung Ps 3–41 seine Funktion verloren hatte, wurde er am Ende der nunmehr entstandenen Sammlung in verkürzter Form wiederholt. Das hat seinen guten Sinn: Der messianische Psalter Ps 2–89 wird durch die Doxologie als erweiterter David-Psalter gekennzeichnet.

Die Doxologien 41,14; 72,18–19 und 89,53 sind sowohl in ihrer Stellung als auch in ihrer offensichtlichen gegenseitigen Verflechtung aus der Sammlungsgeschichte von Ps 3–89 hinreichend zu erklären.

---

10 GESE, 160. Vgl. dagegen die Beobachtungen zur Sprache der Formeln bei KRATZ, 14 f.
11 GESE, 163, vermutet im Anschluss an Beobachtungen C. WESTERMANNS, Zur Sammlung des Psalters (1962; in: DERS., Lob und Klage in den Psalmen, 1983, 195–202), „daß Sammlungen, die vornehmlich Psalmen des Einzelnen enthalten, zumeist individuelle Klagelieder, mit einer Doxologie abgeschlossen werden, die diese Psalmen inhaltlich in einen Lobpreis ausklingen läßt und ihren privaten Charakter in einen öffentlichen umwandelt".
12 RÖSEL, Die messianische Redaktion, 90.
13 GESE, 165.

Psalter und Tora

Damit ist noch nicht über die These entschieden, die Fünfteilung des Psalters stehe in gewollter Entsprechung zur Fünfteilung der Tora. Sie hängt an der vierten Doxologie 106,48. Die vierte Doxologie unterscheidet sich von den übrigen darin, dass sie „sicherlich nicht zum Abschluß einer Psalmsammlung hinzugesetzt" ist.[14] Für Gese folgt daraus: „Sie hat keine redaktionelle Funktion wie Ps 41,14; 72,18; 89,53."[15] Das ist ein Kurzschluss: Soll die Übereinstimmung des Wortlauts der Doxologien etwas besagen, muss auch die vierte redaktionell sein. Da sie aber als einzige nicht eine vorgängige Teilsammlung abschließt, steht sie notwendig im Rahmen des heutigen Gesamtbuchs. Im Unterschied zu ihren drei Vorläufern ist sie ein gliederndes Signal – und hat auch nur darin ihre Bedeutung. Durch 106,48 wird im Zusammenspiel mit den drei vorgegebenen Doxologien die Fünfteilung des Psalters absichtsvoll hergestellt.

Gese will diesen Befund mit Hilfe der Parallele 1 Chr 16,36 bestreiten. In 1 Chr 16,7–36 ist aus Ps 105,1–15; 96,1–13a und 106,1.47–48 eine Liturgie komponiert worden. Asaph und seine Brüder sollen sie anlässlich der Einsetzung des Sängerdienstes vorgetragen haben. Die Doxologie 1 Chr 16,36 // Ps 106,48 dient dabei als das abschließende Responsorium des Volkes und rundet die Szene stimmig ab. Auch wenn Gese anerkennt, dass es sich bei 1 Chr 16,7–36 um einen späten, nachchronistischen Einschub handelt, neigt er der These zu, „die Doxologie sei von der völlig plausiblen Verwendung in 1 Chr 16 aus in Ps 106 eingetragen worden – und man kann dafür besonders auf die von den anderen Doxologien im Psalter abweichende Form *we'āmăr kāl ha'am* (vgl. 1Chr 16,36 *wăjjo'merû kāl ha'am*) hinweisen". Ersatzweise will Gese den Bezug zwischen 1 Chr 16,34–36 und Ps 106,1.47–48 überhaupt bezweifeln und die Übereinstimmung aus der liturgischen Praxis erklären. „Die Doxologie ... hätte sich somit unabhängig voneinander in 1Chr 16 und im Psaltertext niedergeschlagen."

Auch Kratz deutet Ps 106,48 anhand von 1 Chr 16,36. Er plädiert für die erste von Gese erwogene Möglichkeit. Demnach ist die vierte Doxologie aus 1 Chr 16 zitiert. Wegen des literarischen Zusammenhangs der Doxologien, der an dem übereinstimmenden Wortlaut abzulesen ist, ist damit über

---

14 GESE, 166. Dass „mit 106 ... eine anonyme Sammlung" geschlossen habe, wie K. KOCH, Der Psalter und seine Redaktionsgeschichte (in: K. SEYBOLD / E. ZENGER [Hg.], Neue Wege der Psalmenforschung [HBS 1] 1994, 243–277), 249 behauptet, lässt sich nicht nachvollziehen.
15 Ebd.

alle Doxologien entschieden: Das Gerüst der vier Zäsuren ist nach Kratz in einem einzigen späten Schritt und abhängig von 1 Chr 16 über den Psalter gekommen. Dass die Doxologien mit der Sammlungsgeschichte des Psalters zusammenhängen, muss er bestreiten.

„Die Richtung der literarischen Abhängigkeit ergibt sich aus dem jeweiligen Kontext."[16] Dieser Kontext sagt das Gegenteil von dem, was Kratz herausliest. Dass die Todaformel הוֹדוּ לַיהוה כִּי טוֹב כִּי לְעוֹלָם חַסְדּוֹ „Danket dem Herrn, denn er ist freundlich, denn seine Güte währet ewiglich" in 1 Chr 16,34 „für den Chronisten zum Repertoire der Kultsänger ... gehört (1Chr 16,41; 2Chr 5,13; 7,3.6; 20,21; Esr 3,11)", sei zugestanden. Doch wörtlich ist die Wendung außer in 1 Chr 16,34 nur in Ps 106,1; 107,1; 118,1.29; 136,1; vgl. 2 Chr 20,21 belegt. Ebenso mag „die abschließende Doxologie in 1Chr 16,36 ... zum Stil des Chronisten gehör[en] (vgl. 1Chr 29,10 ff.20; Neh 5,13; 8,6; 9,5ff)." Doch wörtlich findet sich die בָּרוּךְ Formel bei ihm nur in 1 Chr 16,36; 29,10; 2 Chr 2,11; 6,4; vgl. 9,8, während sie im Psalter neben den vier Doxologien noch in Ps 28,6; 31,22; 66,20; 68,20.36; 119,12; 124,6; 135,21; 144,1; vgl. 18,47 vorkommt. Ein solcher Befund verbietet die Schlussfolgerung: „Beide haben in der Chronik ihren ursprünglichen Ort und sind in Ps 106,(1.)48 von dort genommen"; um so mehr, als Kratz selbst zuvor den Nachweis geführt hat, dass die Doxologien „von gewissen literarischen Vorgaben" innerhalb des Psalters „inspiriert" sind.[17] Sie sind genuine Psalmensprache. Weil Kratz für die Bitte in 1 Chr 16,35 zugestehen muss, dass sie „in Ps 106,47 ... fest im Kontext des Psalms (V. 1 f.4f) und der Zusammenstellung Ps 105–107 (105,1.3.13 f.44; 107,1–3) verankert ist",[18] wird die literargeschichtliche Beziehung hochkompliziert. Kratz muss auf eine stufenweise Parallelenangleichung zwischen 1 Chr 16 und Ps 106 ausweichen.

Wie für Gese gibt für Kratz auch das von 41,14; 72,18–19 und 89,53 abweichende Responsorium einen wichtigen Hinweis: וְאָמַר כָּל־הָעָם אָמֵן „Und das ganze Volk sage: Amen." „Nicht zuletzt an der – von den übrigen Doxologien abweichenden – Formulierung (w'mr ...) lasse sich erkennen, dass Ps 106,48 aus 1 Chr 16,36 übernommen sei. Die Wendung in 1 Chr 16,36 lautet freilich: וַיֹּאמְרוּ כָל־הָעָם אָמֵן וְהַלֵּל לַיהוה „Da sprachen das ganze Volk: Amen, und lobte Jahwe." Die Wendung ist länger und dabei, wie der Numeruswechsel der Verben zeigt, inhomogen. Zudem bietet sie den Narrativ statt des jussivischen Perf. cons. Kratz muss stillschweigend annehmen, dass die

---

16 KRATZ, 15.
17 KRATZ, 14.
18 KRATZ, 15.

Wendung, als sie nach Ps 106,48 übernommen wurde, verkürzt und verändert worden ist. Dabei sieht er aber, dass „außer den Ansätzen im Psalter selbst und der Vorgabe 1Chr 16 ... auch noch der Fluchkatalog in Dtn 27,15–26 sowie die Szene Neh 8,1–8 ... Pate gestanden haben."[19] Die Konkordanz lehrt, dass es nicht „auch noch", sondern „allein und ausschließlich" lauten muss: Die Wendung וְאָמַר כָּל־הָעָם אָמֵן findet sich wörtlich neben Ps 106,48 nur noch in Dtn 27,16–26 und dort nicht weniger als elfmal in Kette. Daraus folgt zwingend: Die vierte, buchgliedernde Doxologie des Psalters spielt auf Dtn 27 an, demgegenüber 1 Chr 16,36 sekundär ist. In 1 Chr 16 wurde die Aufforderung im Rahmen des Gesamtzitats von Ps 106,1.47–48 nachträglich in die Erzählung umgewandelt, um die Liturgie V. 7–36 in Szene zu setzen.

Der Beweis, dass die Entsprechung zwischen der Büchereinteilung des Psalters und den fünf Büchern der Tora auf redaktioneller Absicht beruht, ist auf den Umweg (und Abweg) über die Chronik nicht angewiesen. Der wörtliche Querverweis auf die Tora in 106,48 erhebt sie über den Zweifel. Mit Hilfe des Zitats von Dtn 27 hat die vierte Doxologie auf der Grundlage der drei bereits vorhandenen Doxologien den Psalter als ἄλλην πεντάτευχον gekennzeichnet. Das „Amen" des Volkes aus Dtn 27 gibt den Psalter als das doxologische Gegenstück zur Tora zu verstehen. Dabei dürfte Neh 8,1–6 vor Augen gestanden haben, wo Esra gemäß Dtn 30,9–13 die Tora vor den Ohren des Volkes verliest. Die Antwort des Volkes, die in Dtn 30 fehlt, ist dort nach Dtn 27,15–26 hinzugefügt.[20]

Für die zusätzliche Zäsur hat der Redaktor nichts anderes getan, als die erste Doxologie wörtlich zu wiederholen. Das ist schon gesehen worden. Es ist „die weitgehende Übereinstimmung mit 41,14", die „an sekundäre Formulierung denken" lässt.[21] Aus nachvollziehbarem theologischen Grund wurde dabei אָמֵן וְאָמֵן durch das Zitat von Dtn 27,16ff ersetzt.

Auch die Stellung der vierten Doxologie wird unter der Voraussetzung, dass die ersten drei Doxologien ursprünglich nicht der Büchereinteilung dienten, erklärbar. Vorgegeben waren die Einheiten Ps 1–41 (41 Psalmen), Ps 42–72 (31 Psalmen), Ps 73–89 (17 Psalmen) und Ps 90–150 (61 Psalmen). Nunmehr wurde die vierte Einheit so aufgeteilt, dass der Umfang des dritten Buches sich im vierten (Ps 90–106: 17 Psalmen) wiederholte und eine ungefähre Entsprechung zwischen erstem und fünftem Buch entstand

---

19 KRATZ, 16.
20 In ähnlicher Weise hat Dtn 27,15–26 für Jer 11,3–6 Modell gestanden.
21 K. SEYBOLD, Die Psalmen. Eine Einführung (UB 382) ²1991, 24.

(Ps 107–150: 44 Psalmen).[22] Während die Abgrenzung der ersten drei Bücher des Psalters sammlungsgeschichtliche Gründe hat, haben das vierte und fünfte Buch kein Eigengewicht. Das zeigen die auch hier vorhandenen älteren Sammlungen Ps 93–100; Ps 120–134; Ps 138–145 deutlich genug.[23] Der Tora-Symbolismus ist dem Psalter zuallerletzt und ganz äußerlich aufgesetzt worden.

„So ist ... damit zu rechnen, daß jener letzte Bearbeiter ... die Fünfteilung und mit ihr eine Analogie zur Tora angestrebt hat."[24] Mehr nicht.

The division of the Book of Psalms into five books in line with the Torah was first created by the doxology of Ps 106:48 which repeats Ps 41:14 verbatim and combines it with a quotation of Dtn 27:16ff (cf. Neh 8:1–6). The three other doxologies which divide the Book of Psalms relate to the former separate collections: Ps 41:14 concludes the first Davidic Psalter Pss 3– 41, Ps 72:18–19 rounds off the „elohistic" Davidic Psalter Pss 41–72, and Ps 89:53 concludes the „messianic" Psalter Pss 2–89.

---

22 Vgl. SEYBOLD ebd.
23 Anders KOCH, Der Psalter und seine Redaktionsgeschichte, 251–269, der, gefolgt von E. ZENGER, Der Psalter als Buch (in: DERS. [Hg.], Der Psalter in Judentum und Christentum, 1998, 1–57), 27–31, im vierten und fünften Psalmenbuch eine nachhaltige Eigenprägung erkennt. Doch nichts legt nahe, „daß die ersten vier Teile einmal ein Psalterbuch für sich gebildet hatten, während das jetzige 5. Psalmenbuch seine eigene Geschichte gehabt hat und erst in späterer Zeit angegliedert wurde" (250). Viertes und fünftes Buch mögen für die Endtextexegese eine – wenn auch geringe – Rolle spielen. Sammlungsgeschichtlich hat es diese Größen nicht gegeben. Das gilt trotz des jüngsten Interesses, vgl. G. BRUNERT, Ps 102 im Kontext des Vierten Psalmenbuchs (SBB 30) 1996; E. BALLHORN, Zum Telos des Psalters. Der Textzusammenhang des Vierten und Fünften Psalmenbuchs (Ps 90–150) (BBB 138) 2002; J. SCHNOCKS, Vergänglichkeit und Gottesherrschaft. Studien zu Psalm 90 und dem vierten Psalmenbuch (BBB 140) 2002; F.-L. HOSSFELD, Ps 89 und das vierte Psalmenbuch (Ps 90–106) (in: E. OTTO / E. ZENGER [Hg.], „Mein Sohn bist du" [Ps 2,7]. Studien zu den Königspsalmen [SBS 192] 2002, 173–183).
24 KRATZ, 13.

Das Alte Testament auf dem Weg zu seiner Theologie[1]

Das Alte Testament als Paradigma

„Die Berufungsinstanz ‚Altes Testament' hat in der neueren Forschung ein tief verwandeltes Gesicht. ... In der vorherrschenden theologischen Weltauslegung von *heute* ist die Schriftauslegung von *gestern* virulent oder gar dominant – mit der nun doch auch für die Einheit der Theologie nicht belanglosen Folge, daß solche systematische Theologie (schon) schwankenden exegetischen Grund und die neuere exegetische Theologie (noch) keine systematische Einbettung hat!" So lautet die Bilanz, die Lothar Perlitt im Jahre 1979 auf dem Theologenkongress in Göttingen gezogen hat.[2] In den drei Jahrzehnten seither ist das Problem nicht kleiner geworden. Der Exegese ist die historische Einzigartigkeit der Religion Israels, auf deren Ursprung gesehen, abhanden gekommen. Die Feststellung Wolfhart Pannenbergs: „Die Erkenntnis, daß Israel innerhalb der Religionsgeschichte einen singulären Ort einnimmt durch sein geschichtliches Bewußtsein, ist Gemeingut der Forschung",[3] hat sich in ihr Gegenteil gekehrt: Gemeingut der Forschung ist oder ist im Begriff zu werden, dass das vorexilische Israel innerhalb der Religionsgeschichte des Alten Vorderen Orients keinen singulären Ort eingenommen hat. Auf diese Einsicht muss die theologische Hermeneutik eine Antwort finden, wenn sie begründen will, weshalb die Verkündigung der Kirche sich nach wie vor auf das biblische Zeugnis bezieht.

Seit langem ist die Singularität der Religionsgeschichte Israels in Frage gestellt, spätestens aber, seit im 19. und frühen 20. Jahrhundert die Quellen der benachbarten Kulturen und Religionen ans Licht kamen und parallel dazu, aber unabhängig davon die Analyse des biblischen Textes die historische Ableitbarkeit und den fiktiven Charakter des überlieferten Bildes der

---

1 Vorgetragen am 1. Februar 2008 in München auf einer öffentlichen Herausgebertagung der „Zeitschrift für Theologie und Kirche" zum Thema „Biblische Hermeneutik".
2 L. PERLITT, Auslegung der Schrift – Auslegung der Welt (1980; in: DERS., Allein mit dem Wort. Theologische Studien, 1995, 146–188), 166.
3 W. PANNENBERG, Heilsgeschehen und Geschichte (1959; in: DERS., Grundfragen systematischer Theologie, ²1971, 22–78), 23.

Geschichte Israels erwies. In jüngerer Zeit hat die Archäologie Palästinas für weitere Korrekturen gesorgt. Sie hat gezeigt, dass eine Unterscheidung zwischen „kanaanäischer" und „israelitischer" Bevölkerung die kulturelle Entwicklung in der Spätbronze- und Eisenzeit nicht erklärt. „Given the present state of textual and artifactual evidence, nothing definitive can be said about the ethnicity of premonarchic Israel."[4] „Eine einfache Unterscheidung in Kanaanäer (spätbronzezeitliche Stadtbewohner) und Israeliten (früheisenzeitliche Dorfbewohner) kann der geschichtlichen Realität nicht gerecht werden."[5] Die Landnahme der Israeliten, sei es als Eroberung, wie die Bibel sie schildert, sei es im Zuge des Weidewechsels, wie man vermutet hat,[6] ist unwahrscheinlich geworden. Wenn solche Vorgänge in geringem Maße stattgefunden haben, hatten sie keine nennenswerten kulturgeschichtlichen Folgen. Die Bewohner Israels und Judas sind der kanaanäischen Kultur nicht „begegnet" und haben sich mit ihr nicht „auseinandersetzen" müssen, wie man vielfach in der Exegese noch annimmt, sondern waren von vornherein ein Teil von ihr. Kleinfunde und Inschriften belegen eine religiöse Praxis, die sich nicht nennenswert von dem Befund in anderen Teilen der Levante unterscheidet.[7]

Der Glaube hat noch nie auf Geschichtstatsachen als solchen beruht; aber er gesteht es sich ungern ein. Das betrifft auch die Heilige Schrift, sofern sie uns als Geschichtstatsache begegnet. Die alttestamentliche Exegese hat sich gewehrt, die Folgen ihrer eigenen Arbeit zur Kenntnis zu nehmen, oder hat nach Ersatz-Konstruktionen gesucht, um die Verluste auszugleichen, die die historische Kritik dem überlieferten Bild zufügen musste. Im deutschen Sprachraum stehen dafür an erster Stelle Albrecht Alt und seine Schüler. Das von ihnen entwickelte, höchst eindrucksvolle Geschichtsbild hat das Fach Altes Testament für Jahrzehnte geradezu beherrscht. Grundlegend ist der ethnische und religiöse Antagonismus zwischen Israel und der übrigen Bevölkerung Palästinas.[8] Mit großem Scharfsinn zog man

---

4   D. EDELMAN, Ethnicity and Early Israel (in: M. G. BRETT [ed.], Ethnicity and the Bible [Bibl.Interpr.S 19] 1996, 25–55), 25.
5   J. KAMLAH, Der Zeraqōn-Survey 1989–1994 (ADPV 27,1) 2000, 175.
6   Vgl. A. ALT, Die Landnahme der Israeliten in Palästina (1925; in: DERS., Kleine Schriften zur Geschichte des Volkes Israel, I, [4]1968, 89–125).
7   Vgl. bes. O. KEEL / CH. UEHLINGER, Göttinnen, Götter und Gottessymbole. Neue Erkenntnisse zur Religionsgeschichte Kanaans und Israels aufgrund bislang unerschlossener ikonographischer Quellen (QD 134) [5]2001.
8   Er findet sich bereits in A. ALT, Israels Gaue unter Salomo (1913; in: DERS., Kleine Schriften zur Geschichte des Volkes Israel, II, [3]1964, 76–89). Das darin angelegte System wurde bis in die 1950er Jahre immer weiter ausgebaut.

historische Analogien heran, etwa die Verehrung der Sippengötter bei den Nabatäern[9] oder die Kultgemeinschaften der Griechen.[10] Paradoxerweise sollten die Vergleiche die Unvergleichlichkeit Israels erweisen. Dasselbe Ziel bestimmte die Lektüre der altorientalischen Literaturen. Martin Noth schrieb 1950 in der Einleitung zu seiner Geschichte Israels: „Und doch erscheint gerade angesichts dieser Zusammenhänge und Vergleichsmöglichkeiten ‚Israel' als ein Fremdling in dieser seiner Welt, der zwar deren Gewand trug und sich auf die in ihr übliche Weise gebärdete, in seinem Wesen jedoch von ihr geschieden war; und das nicht nur so, wie jede geschichtliche Größe ihre individuelle Sonderart hat und daher niemals anderen geschichtlichen Größen wirklich gleich ist, sondern vielmehr so, daß im Zentrum der Geschichte ‚Israels' Erscheinungen begegnen, für die es keine Vergleichsmöglichkeiten mehr gibt, und zwar nicht deswegen, weil dazu bislang noch kein Vergleichsmaterial zur Verfügung steht, sondern weil nach allem, was wir wissen, dergleichen Dinge in der sonstigen Völkergeschichte überhaupt nicht begegnen."[11] Wir finden uns an die Christologie des Philipper-Hymnus erinnert. Israel gilt als exklusiver Offenbarungsträger, seine Geschichte als *historia sacra*.[12]

Das so entwickelte Geschichtsbild passte in den theologischen Zeitgeist, und zwar auf allen Seiten. Es bestätigte eine Theologie, die das Volkstum als gottgegebene Schöpfungsordnung verstand,[13] ebenso wie den Glauben an die Unableitbarkeit des Wortes Gottes. Es half während des Kirchenkampfes, die institutionelle Integrität zu bewahren, und in demselben Sinne wirkte es während vierzig Jahren sozialistischer Diktatur. Es unterstrich das Verständnis der Kirche als Heilsinstitution, als die römisch-katholische Kirche sich mit der Enzyklika „Divino afflante spiritu" Pius' XII. von 1943

---

9 Vgl. A. ALT, Der Gott der Väter (1929; in: DERS., Kleine Schriften I, 1–78), und dagegen M. KÖCKERT, Vätergott und Väterverheißungen. Eine Auseinandersetzung mit Albrecht Alt und seinen Erben (FRLANT 142) 1988.
10 Vgl. M. NOTH, Das System der zwölf Stämme Israels (BWANT IV 1) 1930, und dagegen u. a. CH. LEVIN, Das System der zwölf Stämme Israels (1995; in: DERS., Fortschreibungen [BZAW 316] 2003, 111–123). Forschungsgeschichtlicher Überblick: A. G. AULD, Art. Amphictyony, Question of (in: B. T. ARNOLD / H. G. M. WILLIAMSON [ed.], Dictionary of the Old Testament: Historical Books, 2005, 26–32).
11 M. NOTH, Geschichte Israels, [10]1986, 11.
12 Vgl. die Kritik, die G. EBELING, Die Bedeutung der historisch-kritischen Methode für die protestantische Theologie und Kirche (1949; in: DERS., Wort und Glaube, [3]1967, 1–49), 16–17, an diesem Offenbarungsverständnis geübt hat.
13 Vgl. den Überblick bei K. SCHOLDER, Die Kirchen und das Dritte Reich, I, 1977, 124–133 und 140–142, der sich besonders auf Paul Althaus und Emanuel Hirsch bezieht.

der historischen Exegese öffnete und die Bibel als Glaubensurkunde neu entdeckte. Es wurde von den Vertretern des dogmatischen Programms „Offenbarung als Geschichte" mit Emphase übernommen.[14] Dieses Geschichtsbild eignete sich als Folie für die Sozialromantik, die in den 1960er und 70er Jahren auch in Kirche und Theologie um sich griff und bis heute in der alttestamentlichen Exegese ihre Blüten treibt. Es bildete die Voraussetzung, als sich ausgehend von der „Arbeitsgemeinschaft Juden und Christen" beim Deutschen Evangelischen Kirchentag eine Form heilsgeschichtlicher Theologie von neuem verbreitete, die zu Lehrbeschlüssen vieler Synoden geführt hat. Nur mit der historischen Wirklichkeit hat es nichts zu tun.

Die Selbstimmunisierung war von großer Zähigkeit. Umso größer war die Irritation, als das Lehrgebäude sich in den letzten vier Jahrzehnten unter dem Zugriff vor allem der Redaktionskritik in einen – nach wie vor imponierenden – Trümmerhaufen verwandelte. Inzwischen setzt sich für die Literaturgeschichte des Alten Testaments ein neues Koordinatensystem durch, dessen Schwerpunkt in persischer und hellenistischer Zeit liegt. Das Alte Testament erweist sich von seiner Wurzel her als das Buch des nachexilischen Judentums. Die meisten seiner Aussagen wollen vor diesem Hintergrund verstanden werden. Sie sind nicht an eine Gesellschaft gerichtet, sondern an eine Religionsgemeinschaft unter von ihr getrennter staatlicher Oberhoheit.

Es soll nicht bestritten sein, dass Israel und Juda wie jedes historische Phänomen in mancher Hinsicht einzigartig gewesen sind. Bestreiten muss man, dass dieser Prägung theologische Bedeutung zukommt. Den Historiker mag faszinieren, wenn er wie Noth feststellt, „daß im Zentrum der Geschichte ‚Israels' Erscheinungen begegnen, für die es keine Vergleichsmöglichkeiten mehr gibt". Ganz anders der Theologe! Ihm muss an der Vergleichlichkeit gelegen sein. Sie ist eine notwendige Bedingung religiöser Wahrheit, jedenfalls unter christlichem Aspekt. Für den christlichen Glauben ist Israel nicht wegen seiner Einzigartigkeit, sondern als Paradigma von Belang: So wie Gott hier gehandelt hat, handelt er am Menschen schlechthin. Israels bleibende Bedeutung für die christliche Theologie kann nur darin bestehen, dass Allgemeingültigkeit besitzt, was im Rahmen dieser Geschichte geschehen ist und im Alten Testament seine Deutung gefunden hat.

Die Lage ist nicht so dramatisch, wie sie bisweilen gesehen wird. Was auch immer wir über den religionsgeschichtlichen Hintergrund der Bibel feststellen, kann nicht ungeschehen machen, was sich in der eigenen Lektüre

---

14 W. PANNENBERG (Hg.), Offenbarung als Geschichte (KuD.B 1) ²1963; DERS., Heilsgeschehen und Geschichte (s. o. Anm. 3).

und in der auf die Schrift gestützten Verkündigung Tag für Tag ereignet: dass das Wort dieses Buches Glauben weckt. Die Theologie muss die Kraft, die die Bibel besitzt und die sie weitergibt, so wenig begründen, wie die historische Relativierung sie zu gefährden vermag. So mächtig ist unsere Exegese nicht. Die biblische Hermeneutik kann der Wirkung der Schrift nur nach-denken.

Darin liegt eine Entlastung, die leicht übersehen wird – auffallenderweise weniger von der Exegese als von der systematischen Theologie. Während Gerhard von Rad beobachtete: „Es ist einfach eine Tatsache, daß sich der christliche Glaube auch in Alttestamentlichem ausspricht, ja sich erklären kann",[15] stellte Wolfhart Pannenberg die „Krise des Schriftprinzips" fest, weil „die hermeneutische Differenz zwischen unserer Gegenwart und den biblischen Texten die Tiefe einer manchmal unüberbrückbar scheinenden Kluft erreicht hat".[16] Für Trutz Rendtorff wird „die Theologie im Ganzen von kaum einer Frage stärker betroffen ... als von der, welche Bedeutung der historischen Bibelwissenschaft ... zukommt."[17] Anders Gerhard Ebeling: „Nicht die historische, sondern die systematische Theologie macht die Krisis offenbar, in der sich die protestantische Theologie befindet."[18]

Es schmeichelt dem Exegeten, wenn ihm die Schlüsselstellung in der Theologie zugesprochen wird; aber es überschätzt ihn weit. Exegeten sind eher naiv. Bei der innertheologischen Arbeitsteilung dürfen sie das zu einem gewissen Grade sein; vorausgesetzt, dass sie sich ihrer Grenzen bewusst sind. Daran fehlt es bisweilen. Georg Fohrer, langjähriger Herausgeber der „Zeitschrift für die alttestamentliche Wissenschaft", mag für die Zunft geradestehen: „Wir sind dessen gewiß, daß wir ... Gott in der Bibel nicht nur suchen, sondern auch finden. Und daß wir ihn nur dort finden, nicht aber in Natur und Geschichte oder in einer kirchlichen, wissenschaftlichen oder sonstigen Tradition. Darum müssen wir gegenüber derartigen Traditionen ... auf die Bibel zurückgreifen. ... Wenn ich ‚auf die Bibel zurückgreifen' sage, dann ist damit natürlich kein biblizistisches, sondern ein kritisches Verste-

---

15 G. v. RAD, Theologie des Alten Testaments, Bd. II: Die Theologie der prophetischen Überlieferungen Israels, ⁸1984, 410.
16 W. PANNENBERG, Die Krise des Schriftprinzips (1962; in: DERS., Grundfragen [s. o. Anm. 3], 11–21), 18.
17 T. RENDTORFF, Historische Bibelwissenschaft und Theologie. Ihr Verhältnis im Zusammenhang des neuzeitlichen Christentums (in: H.-J. BIRKNER / D. RÖSSLER [Hg.], Beiträge zur Theorie des neuzeitlichen Christentums, 1968, 72–90), 72.
18 Die Bedeutung der historisch-kritischen Methode, 47.

hen der Bibel, in diesem Falle des Alten Testaments, gemeint."[19] Hier wird die historische Exegese zur Lehrinstanz. Die Folge ist ein Neo-Biblizismus, der zugleich die Grundlage der Verkündigung dem Streit der Hypothesen ausliefert – und sich damit selbst ad absurdum führt. Rendtorff hat dem entgegengehalten: „Die eigentümliche Bedeutung der historischen Schriftforschung im neuzeitlichen Christentum wird … mißverstanden, wo sie in die Position der alten Bibelautorität direkt einrückt".[20]

Ausgangspunkt der Erwägungen zur theologischen Bedeutung der Schrift kann nicht die Exegese, sondern nur die Erfahrung des Wortes selbst sein: dass es die Kraft hat, die Welt *sub specie Evangelii* zu erschließen. Das überlieferte Wort beginnt einen Dialog, in welchem es neues Wort stiftet, nämlich Antwort hervorruft und das Dasein im Lichte des Evangeliums sehen und verstehen lehrt. Das geschichtliche Erbe, das auf solche Weise wort-schöpferisch zu uns spricht, bedarf keiner Setzung, die die biblischen Schriften im Sinne einer Offenbarungsnorm aus der übrigen geschichtlichen Wirklichkeit ausgrenzen würde. Eine solche Verabsolutierung könnte es in seiner Wirkung nur beschränken. Die gegenwärtig vertretene „kanonische" Exegese ist keine Lösung, sondern ein Symptom. Das Insistieren auf der Normativität einer „Endgestalt" (die überlieferungsgeschichtlich nicht einmal genau definierbar ist) ist nur eine Verlegenheit.[21] Die Heilige Schrift erweist sich gerade darin als maßstäblich, dass sie die zufälligen Grenzen des Kanons überschreitet. Die Bibel will kein religiöser Fetisch sein, sondern Teil unserer Selbst- und Welterfahrung. Gerade so bringt sie die Gotteserfahrung zur Sprache.

Gotteserfahrung und Welterfahrung kann man nur dann richtig aufeinander beziehen, wenn man Gott und Welt unterscheidet. Dem geschichtlichen Umstand, dass das Evangelium von Jesus Christus im Rahmen des antiken Judentums seine Erstgestalt erfahren hat, kommt lediglich kontingente Bedeutung zu. Das Judentum, das sich als das erwählte Gottesvolk verstand, ist nicht als Vorläufer des Evangeliums zu deuten. Sein Gottesbild und seine Geschichte, wie sie im Wort des Alten Testaments überliefert sind, stehen innerhalb der christlichen Bibel stellvertretend für die Religionen der Welt

---

19 G. FOHRER, Altes Testament – „Amphiktyonie" und „Bund"? (1966; in: DERS., Studien zur alttestamentlichen Theologie und Geschichte [BZAW 115] 1969, 84–119), 84.
20 Historische Bibelwissenschaft und Theologie, 75.
21 E. BLUM, Studien zur Komposition des Pentateuch (BZAW 189) 1990, 380: „Pointiert formuliert: ‚Die Endredaktion' gibt es nicht."

und können an sich selbst keine höhere Wahrheit geltend machen als diese.[22] Daraus folgt nicht, dass ihnen keine Wahrheit zukäme; im Gegenteil: Die Christenheit hat anfangs nichts als das Alte Testament zur Heiligen Schrift gehabt. Sie hat in den Überlieferungen einer Religion, die eine Offenbarung in Jesus Christus nicht kennt, das Zeugnis des Evangeliums gefunden. Diese Übernahme war unverzichtbar. Erst durch sie erhielt das Evangelium seine Sprache. Das geschah so authentisch, dass wir bisweilen auch ohne Verweis auf das Neue Testament über das Alte Testament predigen können.

Anders als in den Formen der religiösen Überlieferung hätte das Heil in Christus sich nicht benennen lassen. Es hätte keine Gestalt angenommen. Es kommt in der Sprache des Alten Testaments zur Welt. Aber es erschöpft sich darin nicht. Es kommt wirklich zur Welt. Das Evangelium lässt die gegebenen religiösen Vorstellungen nicht unberührt, sondern stellt sie in sein Licht. Dabei zeigen sich auch die Schatten. Das Schriftprinzip besagt, dass der Dialog zwischen Evangelium und religiöser Überlieferung, bestätigend ebenso wie kritisch, für den Glauben unverzichtbar ist. Das „sola scriptura" ist nicht statisch und exklusiv, sondern dynamisch und inklusiv zu verstehen. Dass das so bleibt, darüber hat die historische Exegese zu wachen.

Der Kult am Königshof als Grundlage

Aller Kontingenz zum Trotz gibt diese dialogische Hermeneutik dem Alten Testament eine besondere Stellung. Es ist im christologischen Rückblick nicht gleichgültig, auf welche religiöse Vorstellungswelt das Evangelium sich bezieht und woher seine Sprachmuster kommen, auch wenn es „allem Volk widerfahren wird".

Der Grund dafür ist, dass das Alte Testament an sich selbst bereits jenen hermeneutischen Dialog verkörpert, den es mit ihm zu führen gilt. Seine Gottesvorstellung ist nicht einfach gegeben, sondern hat sich über eine lange, wechselhafte Geschichte hin im laufenden Disput herausgebildet, wobei es stets nur zu Teil-Antworten kam, niemals zu einer Aussage, die Gott als ihren Gegenstand ganz erfasst – und damit erübrigt – hätte. Das spiegelt sich in der literarischen Form ebenso wie in der Literaturgeschichte. Die Gattung des Alten Testaments als ganzen ist religiöse Überlieferungsliteratur: ein über mehrere Jahrhunderte hin geführtes, schriftgewordenes Gespräch über Gott. Der weit überwiegende Teil des heutigen Textes ist

---

22 Nach D. LANGE, Glaubenslehre, I, 2001, 96, „kann das Alte Testament exemplarisch für das Verhältnis des Christentums zu anderen Religionen stehen."

aus diesem Gespräch hervorgegangen in einem literarisch-überlieferungsgeschichtlichen Prozess. Das Gespräch läuft auch jenseits der mehr oder minder zufälligen Grenzen des Kanons weiter. Es hat nie aufgehört und darf auch nicht aufhören.

Ich kann hier nur einige Stationen dieses Weges zur Theologie berühren. Dabei soll jener religionsgeschichtliche Umbruch im Mittelpunkt stehen, der das nachexilische Judentum vom vorexilischen Israel und Juda unterscheidet, aber nicht trennt. Diesen Umbruch, nämlich die Entstehung des Judentums, zu verstehen, ist die wichtigste Aufgabe der alttestamentlichen Wissenschaft. Durch ihn kam das Alte Testament zu sich selbst.

Die Anfänge liegen tief in der allgemeinen Religionsgeschichte des Alten Vorderen Orients. Was darüber gesagt werden kann, hängt von den zur Verfügung stehenden Quellen ab. Erste Voraussetzung ist die Schriftlichkeit. Nur was niedergeschrieben wurde und überdauert hat, ist für uns vorhanden. Schriftlichkeit ist in der orientalischen Antike nicht denkbar ohne institutionellen Rahmen. Schreiben konnten nur wenige. Schreiber mussten bezahlt werden. Schreibmaterial war kostbar. Texte auf Papyri und Lederrollen blieben nur erhalten, wenn sie in ein Archiv gelangten, dessen Bestände regelmäßig kopiert wurden, um sie vor Verderbnis zu bewahren. Bewahrt wurde nur, was als bewahrenswert galt; es musste einen nach wie vor aktuellen Bezug haben. Aus diesen Bedingungen folgt, dass der Grundbestand des Alten Testaments, soweit er auf die Zeit vor der Zerstörung Jerusalems zurückgeht, ausschließlich aus den Schreibstuben an den Höfen in Samaria und Jerusalem stammt. Er repräsentiert nicht das Ganze des damaligen Israel und Juda, sondern die kulturelle wie religiöse Ebene des Königtums. Der Vorstellung, das Alte Testament enthalte Überlieferung aus oppositionellen Kreisen prophetischer oder levitischer Herkunft, die die vorstaatlichen Traditionen gegen den König und die Oberschicht ins Feld geführt hätten, fehlt jede Wahrscheinlichkeit.

Das spiegelt sich im Inhalt. Die Jahwe-Religion, wie die ältesten Texte sie überliefern, ist höfische Religion gewesen und stimmt überein mit dem, was wir aus Israels Umgebung kennen. Eine der wichtigsten exegetischen Entdeckungen der jüngeren Zeit gelang Timo Veijola. Er bemerkte, dass das nach der Zerstörung Jerusalems geschriebene „deuteronomistische" Geschichtswerk die Wiederkehr des Königtums der Davididen mit Nachdruck betreibt, weil nur unter dieser Voraussetzung seinerzeit der Wiederaufbau des Tempels und ein religiös wie sozial geordnetes Leben denkbar waren.[23]

---

23 T. VEIJOLA, Die ewige Dynastie. David und die Entstehung seiner Dynastie nach der deuteronomistischen Darstellung (STAT 193) 1975; DERS., Das Königtum in der

Die Auffassung, Israel habe sich lediglich unter dem Druck äußerer Not unter das Königtum gebeugt, das dem Gottesvolk wesenhaft fremd geblieben sei,[24] ist seither widerlegt. Israel ist vielmehr aus dem eisenzeitlichen Königtum hervorgegangen und konnte sich ohne das Königtum lange Zeit gar nicht denken.

Auch die Verehrung des Gottes Jahwe geht auf das Königtum zurück. Sie stand nicht am Anfang. Der Name „Israel", zum ersten Mal auf der Siegesstele des Pharao Merenptah um 1225 v. Chr. belegt, ist nicht auf Jahwe, sondern auf den Gott El bezogen. Zwar findet sich mit Jonathan unter Sauls Söhnen der Träger eines Jahwe-Namens (1 Sam 13ff), aber neben ihm stehen Eschbaal (2 Sam 2,8ff)[25] und Meribbaal (2 Sam 21,8), und auch Jonathans Sohn hieß Meribbaal (2 Sam 4,4).[26] Auch Bascha, der dritte König des Nordreichs, trug einen Baal-Namen. Erst seit die Omriden Mitte des 9. Jahrhunderts an die Macht kamen, konzentrierte der Hofkult sich erkennbar auf den Gott Jahwe.[27] Das lässt sich aus dem Onomastikon ablesen – im Widerspruch zur biblischen Darstellung, die Ahab der Einführung des Baal-Kults zeiht. Mit Ahabs Söhnen setzen unter den Königen Israels die mit Jahwe gebildeten Eigennamen ein (1 Kön 22,52; 2 Kön 3,1) und werden von da an zur Regel. Dasselbe gilt seit König Joschafat, der als Zeitgenosse Ahabs den Omriden Heeresfolge leistete, für Juda (1 Kön 22,41).

Beurteilung der deuteronomistischen Historiographie (STAT 198) 1977. Vgl. auch R. MÜLLER, Königtum und Gottesherrschaft. Untersuchungen zur alttestamentlichen Monarchiekritik (FAT II 3) 2004.

24 Vgl. A. ALT, Die Staatenbildung der Israeliten in Palästina (1930; in: DERS., Kleine Schriften II, 1–65). NOTH, Geschichte Israels, 153, hält es für eine „geschichtliche Tatsache, daß in Israel erst ... spät und offenbar widerstrebend der Gedanke an ein Königtum wirksam werden konnte."

25 Der Name wird durchgehend zu Isch-Boschet verballhornt, vgl. aber 1 Chr 8,33; 9,39.

26 Der Name wird durchgehend zu Mefi-Boschet verballhornt, vgl. aber 1 Chr 8,34; 9,40.

27 Es stimmt nicht, „daß vom Beginn der Königszeit an יהוה als theophores Namenelement die israelitische Namengebung vollkommen beherrscht" (M. NOTH, Die israelitischen Personennamen [BWANT 46] 1928, 112–113). Stattdessen gilt: „Mit Jahve komponierte Namen finden sich in alter Zeit wenige, einige Beispiele sind zweifelhaft ... Seit Elia und Jonadab mehren sie sich; als Königsnamen sind sie vor Josaphat von Juda und Ahazia von Israel nicht in Gebrauch, seitdem aber fast ausschließlich. Sie nationalisieren die Religion; an Johanan kann man den Israeliten, an Hannibal den Phönizier, an Henadad den Damascener erkennen" (J. WELLHAUSEN, Israelitische und jüdische Geschichte, ⁷1914, 101 Anm.).

In der Konzentration auf die regionale Ausprägung des syrischen Wettergotts[28] kam das erstarkende Selbstbewusstsein des eisenzeitlichen Königtums zum Ausdruck, das wir an den assyrischen Inschriften und an den archäologischen Hinterlassenschaften ablesen können. Denselben Vorgang beobachtet man bei den Nachbarreichen. Die starke Stellung des Königs, die sich in der Religion ihr Gegenstück schuf, führte zur Depotenzierung des übrigen kanaanäischen Pantheons. Zunehmend beginnen die überlieferten Eigennamen, sich auf den Gott Jahwe zu konzentrieren, bis sie im 7. Jahrhundert in Juda weit überwiegen.[29] Man kann für die höfische Religion in Israel und Juda vereinfachend von *faktischer Monolatrie* sprechen. Das schließt nicht aus, dass andere Götter im Spiel blieben, zum Beispiel die Jagd- und Kriegsgöttin Anat, die in den ugaritischen Epen den Wettergott in seinem Kampf unterstützt.[30] Sie ist noch im 5. Jahrhundert in der jüdischen Kolonie Elephantine in Oberägypten als Anatjahu und Anatbethel bezeugt,[31] auch wenn sie im Alten Testament fast keine Spuren hinterlassen hat.[32]

Die harten Gegensätze der Jahreszeiten legten in Syrien-Palästina nicht von vornherein nahe, das Göttliche als ein einziges aufzufassen. Der lebenserhaltende Wettergott zeigte seine Macht nur während der Vegetationsperiode. Daraus erwuchs die Vorstellung eines periodischen Kampfes der Götter um die Macht. Der wichtigste Gegner war der Meeresgott, in dem die Winterstürme an der levantinischen Küste mythische Gestalt gewannen. Er verkörperte das lebensbedrohende Chaos. Im Inland war dieser weit verbreitete

---

28 Der Vorstellung, der Gott Jahwe habe seinen Haftpunkt in der südlichen Wüste, fehlt die Quellengrundlage, vgl. H. Pfeiffer, Jahwes Kommen von Süden (FRLANT 211) 2005. Es ist nicht belegbar, dass der „Wüstengott Jahwe samt den mit ihm verbundenen heilsgeschichtlichen Traditionen" erst sekundär „Heimat in den kanaanäischen Tempeln des Kulturlandes ... gefunden" hat (so noch H. Spieckermann, Heilsgegenwart [FRLANT 148] 1989, 292).
29 Vgl. J. Renz, Der Beitrag der althebräischen Epigraphik zur Exegese des Alten Testaments und zur Profan- und Religionsgeschichte Palästinas (in: Ch. Hardmeier [Hg.], Steine – Bilder – Texte. Historische Evidenz außerbiblischer und biblischer Quellen [Arbeiten zur Bibel und ihrer Geschichte 5] 2001, 123–159), 146–154.
30 Vgl. P. L. Day, Art. Anat (DDD, ²1999, 36–43).
31 Porten/Yardeni B7.3 (= APFC 44), Zeile 3; Porten/Yardeni C3.15 (= APFC 22), Zeile 125.
32 Es gibt nur den Ortsnamen *Bet Anat* Jos 19,38; Ri 1,33 und den Herkunftsnamen *ben Anat* Ri 3,31, der auch auf drei bronzenen Pfeilspitzen belegt ist, die wahrscheinlich aus dem südlichen Libanon stammen und ins 11. Jahrhundert datiert werden (R. Deutsch / M. Heltser, New Epigraphic Evidence from the Biblical Period, 1995, 24–26, Nr. V, XI, XXXI). Als Kruginschrift findet sich der Name *ben Anat* im 7. Jahrhundert in Ekron, vgl. S. Gitin / T. Dothan / J. Naveh, A Royal Dedicatory Inscription from Ekron (IEJ 47, 1997, 1–16), 13–14.

Mythos Import. Die Könige nutzten ihn, um ihre Stellung gegen potentielle Widersacher religiös zu legitimieren.

Auch nachdem der Gott Jahwe seine Vorherrschaft errungen hatte, blieb die Vorstellung vom Götterkampf vital. Er lebte im Mythos fort sowie im Kult, der den Mythos inszenierte. Die Psalmen bezeugen es (Ps 18,8–16*; 29; 77,17–20; 93).[33] Zum Jahresbeginn im Herbst wurde die Theophanie begangen. Jahwe erschien im Gewitter, nicht anders als der wolkenreitende Baal, besiegte den Meeresgott und bewies in der Wiederkehr des Vegetationszyklus seine von neuem erwachte Segenskraft. Im kultischen Nachvollzug verband die Theophanie sich mit der Thronbesteigung: „Jahwe ist König geworden!" (Ps 93,1; 97,1), und zwar König für immer (Ps 29,10). Für das mythische Denken ist kein Widerspruch, wenn Jahwe, der seit jeher König ist (Ps 93,2), gleichwohl alle Jahre von neuem sein Königtum erringt, und dies wiederum für alle Zeit. Der periodische Sieg folgte einerseits aus dem Jahreskreis und machte anderseits Jahwes dauerhafte Macht erst nachvollziehbar.

Die Liturgie imitierte das Königsritual. Mit der Thronbesteigung des Gottes beging der König die eigene Macht. Er stellte sich dar als der „Knecht Jahwes", der von der Gottheit berufen war, in seinem Herrschaftsbereich die Weltordnung zu bewahren. Die erhaltenen Inthronisationshymnen (Ps 21; 72) besingen ihn als den von Jahwe eingesetzten Garanten von „Recht und Gerechtigkeit".[34]

Die judäische Tradition lässt seit dem letzten Drittel des 8. Jahrhunderts neben dem phönizischen einen deutlichen assyrischen Einfluss erkennen (auch wenn man sich das Gefälle innerhalb der gemeinorientalischen Kultur nicht zu einseitig vorstellen darf). Genau zu der Zeit, als Juda nach dem Untergang des Nordreichs aus dem Schatten trat und ein eigenes Gewicht gewann, war der König Vasall der Assyrer und stand unter dem Eindruck der Weltmacht. Das prägte den judäischen Hofstil.

Das Verhältnis des Königs zu dem Dynastiegott wurde als Vasallität gedacht. Alttestamentliche Aussagen, die zur Treue gegenüber Jahwe verpflichten, haben in assyrischen Vasallenverträgen nahe Parallelen. Dasselbe Muster galt zwischen dem judäischen König und seinen Ministerialen und Militärs. Wir können vermuten, dass die Beziehungsformel „Ich will dein Herr sein, und du sollst mein Knecht sein" bei der Bestallung rezitiert wurde.

---

33 Vgl. die Gesamtdarstellung durch R. MÜLLER, Jahwe als Wettergott (BZAW 387) 2008.
34 Vgl. M. ARNETH, „Sonne der Gerechtigkeit". Studien zur Solarisierung der Jahwe-Religion im Lichte von Psalm 72 (BZAR 1) 2000.

Sie ist gelegentlich für den König auch als Adoptionsformel im Munde Jahwes belegt: „Ich will dein Vater sein, und du sollst mein Sohn sein" (vgl. 2 Sam 7,14; Ps 2,7; 89,27–28). Den kultischen Vollzug des Gottesverhältnisses können wir in der Abfolge von Klagelied, Heilsorakel, Vertrauenslied und Dank nachvollziehen. Diese Gattungen bedienen sich gemeinorientalischer Muster, die vor allem in Assyrien mit vielen Beispielen belegt sind[35] und noch im heutigen Gottesdienst kraftvoll nachwirken.

Man kann annehmen, dass wir die älteste Rechtssammlung des Alten Testaments, den Kern des sogenannten Bundesbuchs (Ex 21,1–22,16*), dem Umstand verdanken, dass der König von Juda dem Beispiel der mesopotamischen Großkönige nacheiferte, das fallbezogene Gewohnheitsrecht, mit dessen praktischer Durchführung er gar nicht befasst war, in beispielhafter Sammlung publizieren zu lassen, um sich als der Hüter von „Recht und Gerechtigkeit" darzustellen. Ebenso geht die Novellierung, die diese Sammlung im letzten Drittel des 7. Jahrhunderts im Ur-Deuteronomium (Dtn 12–26*) erfahren hat, am ehesten auf königliche Veranlassung zurück. Im Mittelpunkt der Neubearbeitung steht die Beschränkung des offiziellen Jahwe-Kults auf den Tempel in Jerusalem. Wenn 2 Kön 22–23 diese Maßnahme mit dem König Josia verbindet, trifft das insoweit das Wahrscheinliche.

Faktoren des Übergangs

Schon der Normaltypus höfischer Religion setzt theologische Reflexion voraus. Allerdings, was in den Hochkulturen Mesopotamiens mit ihren von langer Hand gewachsenen Traditionen und ihren gebildeten Theologen und Schreibern weit deutlicher zu fassen ist, war in dem kleinen Juda nur ein unorigineller Abklatsch. Belangreich wird die judäische Gottesauffassung mit den Krisen, die seit dem 8. Jahrhundert hereinbrachen. Sie zwangen Schritt für Schritt zu einer folgenreichen Veränderung.

Juda und Israel hatten gegenüber den Nachbarkulturen eine Besonderheit: Seit den Anfängen des königlichen Jahwe-Kults im 9. Jahrhundert wurde der Gott Jahwe in zwei benachbarten Königtümern zugleich verehrt. Das gewann Brisanz, als das Einvernehmen, das zwischen der Daviddynastie und der Omridynastie bestanden hatte, durch den Sturz der Omriden da-

---

35 Darauf hat M. WEIPPERT, Assyrische Prophetien der Zeit Asarhaddons und Assurbanipals (in: F. M. FALES [ed.], Assyrian Royal Inscriptions: New Horizons [Orientis Antiqui Collectio 17] 1981, 71–111), als einer der Ersten aufmerksam gemacht.

hinfiel. Sobald Israel und Juda politisch und militärisch aneinander gerieten, stand Jahwe, der Gott Israels, gegen Jahwe, den Gott Judas. So konnte es geschehen, dass der judäische Hofprophet Jesaja, als Israel und Aram sich in den Jahren 734–33 anschickten, Juda anzugreifen, ihnen im Namen Jahwes den Untergang durch die Hand Assurs ansagte (Jes 8,1–4). Das Hoseabuch pflichtet dieser Voraussage bei.[36] Unter Verweis auf das Blutbad, das Jehu unter den Davididen angerichtet hat (vgl. 2 Kön 9,27; 10,12–14), schleudert Jahwe dem „Haus Israel" entgegen: „Ihr seid nicht mein Volk, und ich bin nicht euer Gott" (Hos 1,9 txt.em.). Die Beziehungsformel wird gebraucht, um das Gottesverhältnis des Nordreichs zu widerrufen.[37] Der Judäer Amos, der wahrscheinlich zur selben Zeit aufgetreten ist,[38] gibt gar Jahwes Erklärung weiter: „Das Ende ist gekommen für mein Volk Israel" (Am 8,2).

Als das Ende Israels eintrat, zeigt die Siedlungsarchäologie, dass eine nicht unbeträchtliche Bevölkerung sich vor der assyrischen Deportation nach Juda rettete. Die im Alten Testament erhaltenen Texte belegen, dass auch Teile des königlichen Archivs in Sicherheit gebracht werden konnten. Die Flüchtlinge lebten in Juda als Fremdlinge. Möglicherweise spiegeln die Vätergeschichten des Buches Genesis, deren älteste Ebene überwiegend im Bereich des ehemaligen Nordreichs spielt, ihre Lage. Die Väter, wie sie dort geschildert werden, sind nicht sesshaft. Sie leben in Familien, nicht in Ortsgemeinschaften, und kennen kein Königtum. Von der Bevölkerung halten sie sich getrennt, wozu sie sich über große Entfernungen verschwägern.

Im letzten Drittel des 7. Jahrhunderts begann das assyrische Großreich zu wanken. Der politische Druck wich. Juda gewann die Möglichkeit, sich territorial zu konsolidieren. Der König schickte sich an, nach Norden in das Gebiet der Provinz Samerina auszugreifen. Nach dem Beispiel der Personalunion unter David im 10. Jahrhundert beanspruchte Juda, „Israel" zu sein, und eignete sich dessen Überlieferung an. Der deutlichste Beleg ist das in die Bücher der Könige eingegangene verbundene Exzerpt aus den Annalen der Könige von Israel und Juda, das die Geschichte der beiden

---

36 Zur Übereinstimmung zwischen Jes 8,1–4 und Hos 1,2–9 vgl. CH. LEVIN, Die Verheißung des neuen Bundes in ihrem theologiegeschichtlichen Zusammenhang ausgelegt (FRLANT 137) 1985, 236–237; S. RUDNIG-ZELT, Hoseastudien (FRLANT 213) 2006, 90.
37 Vgl. R. SMEND, Die Bundesformel (1963; in: DERS., Die Mitte des Alten Testaments. Exegetische Aufsätze, 2002, 1–29), 21–22.
38 Zur Datierung vgl. CH. LEVIN, Amos und Jerobeam I. (1995; in: DERS., Fortschreibungen, 256–264).

Königtümer aus judäischer Perspektive als Zwei-Einheit zu verstehen gibt.³⁹ Dass der Jahwe-Kult seit jeher Norden und Süden gemeinsam war, bot die willkommene religiöse Grundlage: „Jahwe ist unser Gott, Jahwe als ein einziger!" (Dtn 6,4). Das Zahlwort אֶחָד „einer" hebt hervor, dass der „Jahwe von Samaria" und der „Jahwe von Jerusalem" ein und derselbe Jahwe ist.⁴⁰ Der *programmatische Monojahwismus* sollte das Neben- und Gegeneinander von Nord und Süd überwinden. Der Einzigkeit des Gottes entsprach die Einzigkeit der Kultstätte. Im Deuteronomium wurde über den offiziellen Jahwekult außerhalb Jerusalems das Verbot verhängt.

Die Krise und ihre Überwindung

Der programmatische Monojahwismus war eine der Voraussetzungen, die es der Jahwe-Religion im 6. Jahrhundert erlaubten, das Ende der David-Dynastie und die Zerstörung des Tempels durch die Babylonier zu überleben. Aber der religionsgeschichtliche Wandel griff sehr viel tiefer.

Der erste Wunsch war, die früheren Zustände zurückzuerhalten. Als größte Not erlebte man den Verlust des Landfriedens (Jer 8,15; 14,19; 30,5 u. ö.). Die David-Dynastie musste so schnell wie möglich wieder eingesetzt werden und für „Recht und Gerechtigkeit" sorgen. Der König aber sollte den offiziellen Jahwe-Kult wieder aufnehmen und den Tempel wieder errichten. Literarische Gestalt fand diese Sehnsucht in dem „deuteronomistischen" Geschichtswerk, das auf der Grundlage des erhaltenen Archivmaterials eine Geschichte des israelitischen und judäischen Königtums entwarf und dabei zugleich die Maßstäbe für die Zukunft setzte: ein einiges Israel aus Nord und Süd unter dem König aus der David-Dynastie, Treue zu dem *einen* Jahwe und dem Tempel in Jerusalem als seinem Kultort.

Dem Königtum wird eine fiktive vorkönigliche Geschichte vorausgeschickt. In der zyklischen Wiederkehr von Niederlagen und Rettungen, die dem Richterbuch den Rhythmus gibt, bündeln sich die Erfahrungen des achten bis sechsten Jahrhunderts, als Israel und Juda immer wieder in schwere außenpolitische Bedrängnis geraten waren. Aus jeder Unterdrückung, die die Israeliten erfahren müssen, werden sie durch den von Jahwe erweckten Retter befreit, bis schließlich auf dem Tiefpunkt der Philisternot das König-

---

39 Vgl. CH. LEVIN, Die Frömmigkeit der Könige von Israel und Juda (oben 144–177), 146–151.
40 Vgl. E. AURELIUS, Der Ursprung des Ersten Gebots (ZThK 100, 2003, 1–21), 6–7.

tum eingesetzt wird.[41] Wenn Jahwe in der Vergangenheit regelmäßig den Retter erstehen ließ, würde er es auch in der Gegenwart tun. Bemerkenswert ist, wie in diesem Entwurf die frühe Geschichte zum Abbild für das erhoffte Handeln Gottes wird. Die „Erinnerung an die Zukunft" wird von nun an zum Kennzeichen des Alten Testaments. Sie gibt der Geschichte selbst eine prophetische Kraft. Die Einzelheiten werden nicht von der tatsächlichen Erinnerung bestimmt, sondern von den Verlusterfahrungen und Hoffnungen der Gegenwart. Die Zukunft ist zunächst nichts anderes als die Wiederherstellung der Vergangenheit.

Die Hoffnung trog. Zwar geriet das babylonische Weltreich überraschend schnell in die Krise; doch an die Stelle traten die Perser, die ein Provinzsystem einrichteten, das mehr als eine begrenzte regionale Souveränität nicht zuließ. Fortan musste die Jahwe-Religion ohne die Mittlerrolle auskommen, die der König für das Gottesverhältnis einnahm. Die Perser ermöglichten zu einer Zeit, die wir nicht kennen, lediglich den Wiederaufbau des Tempels.[42]

Vor der Hand bewies die Ruine die Ohnmacht des Gottes, der zugleich seine politisch-religiöse Funktion verloren hatte. Nichts lag näher, als die Jahwe-Religion aufzugeben. Dass es dennoch zu einem Neuanfang kam, dazu trugen die Propheten das meiste bei, nämlich die Sammlungen der Prophetensprüche. Sie wurden auf neue Weise beredt. Seit Juda den Anspruch erhob, „Israel" zu sein, konnte es selbst als das Opfer jener Botschaft verstanden werden, die Jesaja, Hosea und Amos im 8. Jahrhundert von Juda aus gegen das feindliche Israel gerichtet hatten. Unter dem Eindruck der Eroberung Jerusalems wurde aus der judäischen Hofprophetie rückblickend die alttestamentliche Gerichtsprophetie. Von nun an galt: Der Gott Jahwe hatte sich gegen sein *eigenes* Volk gewandt und ihm das Ende angesagt. Die so verstandene Botschaft geht weit über jene gelegentlichen Aussagen hinaus, dass ein Gott seinem Land oder seiner Dynastie zürnt, die man bei den Nachbarn Israels findet. Sie bestreitet das Gottesverhältnis selbst: „Ihr seid nicht mein Volk!" So verstanden wurde die Katastrophe beredt: Der Untergang von Dynastie und Tempel hatte in Jahwe selbst den Urheber. Er war sein Strafgericht. Wir können diese Deutung in der szenischen Rahmung der Worte des Jeremia am Text nachvollziehen. Dort wurde die Vision des Amos: „Das Ende ist gekommen für mein Volk Israel", mit dem Ende Judas zu-

---

41 Dazu T. VEIJOLA, Das Königtum in der deuteronomistischen Historiographie.
42 Das traditionelle, durch die Bücher Haggai und Sacharja vermittelte Datum ist neuerdings durch D. EDELMAN, The Origins of the ‚Second' Temple. Persian Imperial Policy and the Rebuilding of Jerusalem, 2005, ernsthaft in Frage gestellt worden.

sammengebracht (Jer 1,11–14).⁴³ So eingeleitet lasen sich nachträglich auch die Klagegedichte, mit denen Jeremia den Untergang Jerusalems durch den Feind aus dem Norden beweint hat (Jer 4–6*; 8–10*), als Gerichtsprophetie.⁴⁴

Die Strafe rief die Frage nach der Schuld hervor: „Was ist unsere Schuld und was ist unsere Sünde, womit wir gegen Jahwe, unseren Gott, gesündigt haben?" „Weil eure Väter mich verlassen haben, spricht Jahwe, und andern Göttern nachgelaufen sind, ihnen gedient und sie angebetet haben" (Jer 16,10–11). Jahwe hatte sein Verhältnis zu Israel und Juda gekündigt und sie gestraft, weil sie ihm abtrünnig geworden waren. Dieser Vorwurf bewegt sich in den gegebenen Kategorien der Vasallität, kennzeichnet aber gleichwohl den grundlegenden Wandel, der sich damals vollzog. Denn er ist religionsgeschichtlich unsinnig:⁴⁵ Die Judäer hatten keinen Anlass, ihrem Gott den Rücken zu kehren. In der äußersten Notlage wirft man nicht seine religiöse Identität über Bord. Erst als der Tempel in Trümmern lag, wurden „andere Götter" zur Alternative.

Für den Neuanfang wurde nach dem definitiven Ende des Königtums das Volk selbst zum Gegenüber der Gottheit. Die Verpflichtung zur Treue betraf fortan jedermann. Das „Du", das dem König als dem Garanten der göttlichen Ordnung gegolten hatte, verschob sich auf die Judäer und in der weiteren Folge auf jeden einzelnen: „Du sollst Jahwe, deinen Gott, lieben von ganzem Herzen, von ganzer Seele und mit all deiner Kraft" (Dtn 6,5). Die Verehrung anderer Götter, die bisher unverfänglich gewesen war, wenn sie sich nicht einfach von selbst verboten hatte, wurde nachdrücklich untersagt: „Ich bin Jahwe, dein Gott, der ich dich aus dem Land Ägypten geführt habe, aus dem Sklavenhaus. Du sollst keine anderen Götter haben neben mir" (Ex 20,2–3; Dtn 5,6–7).

Im Gegenzug wurde die Verehrung Jahwes zur Sache bewusster Entscheidung. Dargestellt ist das in der fiktiven Szene vom Landtag zu Sichem, den Josua zum Ende der Landnahme einberuft, um das Volk vor die Wahl zwischen Jahwe und „anderen Göttern" zu stellen. In dem Wahlakt, der nach dem Vorbild der Königswahl inszeniert ist, gehen die Israeliten eine Verpflichtung ein, bei der sie hinfort zu behaften sind: „Es liegt uns fern, Jahwe zu verlassen und anderen Göttern zu dienen. Auch wir wollen *Jahwe*

---

43 Vgl. W. BEYERLIN, Reflexe der Amosvisionen im Jeremiabuch (OBO 93) 1989, 47–57; zuvor CH. LEVIN, Die Verheißung des neuen Bundes, 149–153.
44 Vgl. CH. LEVIN, Das Wort Jahwes an Jeremia (oben 216–211), 220–222.
45 Das belegt schlagend der epigraphische Befund, in dem bis zuletzt der Bezug auf Jahwe vorherrscht, vgl. J. H. TIGAY, You Shall Have No Other Gods: Israelite Religion in the Light of Hebrew Inscriptions (HSSt 31) 1986.

dienen; denn er *ist unser Gott*. Da sprach Josua zum Volk: Ihr seid Zeugen gegen euch selbst, dass ihr euch Jahwe erwählt habt, ihm zu dienen. Sie sprachen: Wir sind Zeugen" (Jos 24,16.18b.22).[46] Die Israeliten zitieren bei dieser Gelegenheit das Bekenntnis: „Jahwe ist unser Gott" (Dtn 6,4), das jetzt einen neuen Sinn erhält: Der programmatische Monojahwismus wandelt sich zur *exklusiven Monolatrie*. Diese entschiedene Form der Gottesbeziehung bestimmt seither weite Teile der prophetischen Überlieferung, der Geschichtsdarstellung sowie der Tora. Hinfort verstand die Religion Israels sich nicht mehr von selbst, sondern vollzog sich im Gehorsam.

Der Gehorsam sah sich als Antwort auf die rettende Zuwendung, die mit den Worten des alten Bekenntnisses in Erinnerung gerufen wird: „Jahwe hat Israel aus Ägypten geführt." Die Vorstellung, Israel als Volk stehe mit dem Gott Jahwe in einem Bundesverhältnis, ergriff Besitz von der Überlieferung. So geriet der Bund an den Sinai und nach Sichem, später in Gestalt des Noah- und des Abrahambundes an den Anfang aller Geschichte. Das Königtum aber galt der Theokratie gegenüber als sekundär. In einem verwegenen Anachronismus, den als solchen zu erkennen eine Hauptaufgabe der alttestamentlichen Wissenschaft war und ist, wurden die Daseinsbedingungen des nachexilischen Judentums in die Frühzeit verlegt. Die Idealvorstellungen und die Hoffnungen erhielten dort ihren Ort. So geriet die Tora, in der das Bundesverhältnis seine Norm erhielt, an den Sinai. An erster Stelle steht der Dekalog.[47] Er ist das „Bundesbuch" schlechthin (Ex 24,7a),[48] in dessen Urgestalt die Treueverpflichtung gegen Jahwe sich in den ethischen Forderungen der Propheten (vgl. Hos 4,2; Jer 7,9) konkretisiert. Der unauflösliche Zusammenhang von Religion und Ethik, der den jüdischen und später den christlichen Glauben bestimmt, ist hier grundgelegt.

Nachdem der Tempel wieder aufgebaut war, sehen wir im Buch Deuterojesaja Israel als den königlichen „Knecht Jahwes" angesprochen.[49] Das

---

46 Zur Ausgrenzung der ursprünglichen Szene vgl. Ch. Levin, Die Verheißung des neuen Bundes, 114–116; E. Aurelius, Zur Entstehung von Jos 23–24 (in: J. Pakkala / M. Nissinen [ed.], Houses Full of All Good Things. Essays in Memory of Timo Veijola [Publications of the Finnish Exegetical Society 95] 2008, 95–114), 102.

47 Vgl. T. Veijola, Das 5. Buch Mose. Deuteronomium Kapitel 1,1–16,17 (ATD 8,1) 2004, 147–173; M. Köckert, Die zehn Gebote (C.H.Beck Wissen 2430) 2007.

48 Der Name „Bundesbuch" (Ex 24,7) ist erst nachträglich auf die Gesetzessammlung Ex 20,22–23,33 bezogen worden. Zum traditionsgeschichtlichen Vorrang des Dekalogs Ex 20,2–17 vor dem sogenannten Bundesbuch vgl. Ch. Levin, Der Dekalog am Sinai (1985; in: Ders., Fortschreibungen, 60–80), 71–73.

49 Die Sammlung Jes 40–55 steht den Gattungen und der Sprache der Psalmen so nahe, dass sie nur im Umkreis des Tempelgottesdienstes entstanden sein kann. Seit sich

Volk tritt anstelle des Königs in das liturgische Rollenspiel ein. Jetzt ist es Israel selbst, dem die Aufgabe zukommt, als Vasall des Gottes die Weltordnung zu bewahren. Es steht als der Mittler zwischen Jahwe, der die Rolle des Weltengotts einnimmt, und den Völkern der Welt: „Siehe, mein Knecht, ich halte ihn, mein Erwählter, an dem meine Seele Wohlgefallen hat. Recht wird er zu den Völkern hinausbringen, und auf seine Weisung harren die Inseln" (Jes 42,1a.bβ.4b). Jahwe aber nimmt in diesem Spiel die Rolle des Weltengotts ein: „Wer misst mit den Händen das Meer und gibt dem Himmel mit der Spanne das Maß und wiegt mit der Waage die Berge und die Hügel mit Waagschalen?" „Ich bin Jahwe, der Erste, und bei den Letzten: ich derselbe" (Jes 40,12; 41,4). Der Griff ins Weltumspannende spiegelt die Machtlosigkeit einer Kultgemeinde, die in einem Winkel des persischen Weltreiches mit ihrer Rolle rang.

Auf dem Weg zum Monotheismus

Eine andere Theologie entwickelte sich unter den Judäern, die es nach den Eroberungen durch die Babylonier in die Fremde verschlagen hatte. Dort ist wahrscheinlich die älteste Grundlage des Pentateuchs entstanden: jene Quelle, die von der Exegese „Jahwist" genannt wird. Das Indiz ist die Auswahl des erzählten Stoffs. Ein großer Teil der Erzählungen hat seinen Schauplatz außerhalb Israels. Die Vätergeschichte des Buches Genesis schildert die Patriarchen mit Nachdruck als Fremdlinge, und in den weiteren Büchern des Pentateuchs bleibt das Volk vor den Toren des verheißenen Landes. Die Botschaft, um die der Redaktor seine Vorlagen ergänzt hat, richtet sich an die Judäer in der Zerstreuung.[50]

Im Mittelpunkt steht die wirksame Allgegenwart des Gottes Jahwe. Er begleitet seine Anhänger, wohin immer es sie im Raum zwischen Ägypten und Mesopotamien verschlägt. Voraussetzung ist auch hier, dass der Gott Israels und Judas die Züge des Weltengotts angenommen hat. Er gilt als „Gott des Himmels" (Gen 24,3.7), ein Titel, der im Alten Testament ausschließlich in persischer und hellenistischer Zeit belegt ist, darüber hinaus in den Elephantine-Papyri. Als Himmelsgott nimmt Jahwe das Göttliche in

---

herausgestellt hat, dass die Erwähnung des Kyros (Jes 44,28; 45,1), die bisher als chronologischer Fixpunkt galt, erst nachträglich hinzugekommen ist, fehlt der üblichen Datierung in das babylonische Exil die Grundlage. Vgl. R. Kratz, Kyros im Deuterojesaja-Buch (FAT 1) 1991.

50 Vgl. Ch. Levin, Der Jahwist (FRLANT 157) 1993, 414–435.

jeder Gestalt in sich auf. Die Schöpfung des Menschen, die vormals von Elohim erzählt wurde, wird Jahwe zugeschrieben.[51] Der Götterrat, mit dem die Sintflut in den mesopotamischen Epen einsetzt und schließt, wird zum Monolog Jahwes (Gen 6,5a.6b–7a; 8,21aα.b–22). Die drei Gestalten, die bei Abraham als Gäste erscheinen (Gen 18,2), später Lot retten und Sodom zerstören, werden mit Jahwe gleichgesetzt (V. 10ff). Als Jakob in Bethel von den Boten Elohims träumt, die die Ziqqurat hinauf- und herabsteigen, offenbart das Numen: „Ich bin Jahwe" (Gen 28,13). Der Unhold, der mit Jakob am Jabbok ringt, legt ihm den Namen „Israel" bei (Gen 32,29). Das kann nur Jahwe. Elohim, der dem Mose aus dem brennenden Dornbusch erscheint (Ex 3,4b), ist Jahwe, der ihm die Herausführung aus Ägypten verheißt (V. 7ff). Jahwe ist es, der auf den Berg Elohims in der Wüste Sinai herabsteigt (Ex 19,3a; 34,5). Der Seher Bileam, „der die Gesichte Schaddajs schaut" (Num 24,4), segnet Israel im Namen Jahwes (Num 24,1). Die Götter der Nachbarvölker wie auch die mächtigen Götter der Großmächte werden mit keiner Silbe erwähnt. Jahwe hat sie alle absorbiert. Er ist der Schöpfer auch der Nichtisraeliten; nur dass Jahwe sich mit Abraham und seinen Nachkommen in ausschließender Weise verbindet und jenen, die ihnen feindlich sind, droht. „Ich will segnen, die dich segnen, wer dich aber schmäht, den will ich verfluchen" (Gen 12,3).

Mit diesem *integrativen Monotheismus* geht die zunehmende Transzendenz des nunmehr universalen Gottes Jahwe einher. Kain, Noah, Abraham, Isaak, Jakob und Mose vernehmen nur mehr seine Stimme. Allenfalls der Bote als Erscheinungsform verkörpert die Anwesenheit Jahwes. Wenn Jahwe sich offenbart, verbirgt er sich. In der Wolke, der traditionellen Aura des Wettergotts, führt er das Volk durch die Wüste, kämpft gegen die Ägypter oder steigt auf den Gottesberg herab. Meist ist sein Wirken nur zu verspüren: im Untergang bedrohlicher Feinde, in glücklichen Fügungen, in der Schwangerschaft der Stammmütter, in Reichtum an Vieh und Gesinde, in sichtbarem Glück und Erfolg.

Der integrative Monotheismus ist im Jahwistischen Werk noch nicht zur Höhe theologischer Reflexion gediehen. Er bleibt der Situation verhaftet. Er ist in seinen Folgen weder für das Gottesbild noch für die Welt und den Menschen durchdacht. Der Widerspruch zu der exklusiven Monolatrie, die die anderen Götter nicht in das eigene Gottesbild integriert, sondern vehement abwehrt und ihre Verehrung unter Strafe stellt, wird nicht wahrgenommen.

---

51 Die Doppelbezeichnung *Jahwe-Elohim* in Gen 2,4b–3,23 (sonst nur Ex 9,30; Jon 4,6) ist so aufzulösen, dass die Quelle von *Elohim* „Gott" sprach und die jahwistische Redaktion diesen Gott mit *Jahwe* gleichsetzte, vgl. LEVIN, Der Jahwist, 82–83.

Die Priesterschrift, der jüngere Geschichtsentwurf innerhalb des Pentateuchs, bringt den integrativen Monotheismus in eine eher systematische Gestalt. Maßgebend war der inzwischen wieder aufgebaute Tempel. Die Konzentration auf das zentrale Heiligtum machte die Vielfalt des Göttlichen als Offenbarungsgestalt des einzigen Gottes undenkbar. An die Stelle tritt eine Geschichte der gestuften Offenbarung, die auf den Bau des Heiligtums zuläuft. In der Urgeschichte ist es *Elohim*, der die Welt erschafft. Den Vätern offenbart Jahwe sich als *El schaddaj* (Gen 17,1). Dem Mose schließlich tut Jahwe sich mit seinem Namen *Jahwe* kund (Ex 6,2–3), unter dem er hinfort angerufen werden will, und verbindet dies mit dem Wunsch, ihm ein Heiligtum zu bauen, damit er unter seinem Volk wohne (Ex 25,1–2a.8; 29,44a.45–46).[52] Der Tempel ist der kultische Mittelpunkt der weltweit zerstreuten Judenheit.

Der integrative Monotheismus, wie er von der Priesterschrift vertreten wird, spiegelt die Konzentration auf die *eine* Kultstätte, die nunmehr nicht allein judäische, sondern weltweite Bedeutung erhält: als das wandernde Heiligtum in der Wüste, das das stationäre Heiligtum auf dem Zion präfiguriert. Der Gott Jahwe vereint daraufhin alles Göttliche in sich. Die Entstehung der Welt wird umstandslos und uneingeschränkt auf eine einzige Ursache zurückführt. Einen Götterkampf gibt es nicht mehr. Noch stärker rückt der *eine* Gott in die Transzendenz. Der Creator ist von der Creatura schlechthin geschieden. Die Erscheinung seiner Schreckensgloriole, des כָּבוֹד, wird zum Ausdruck seiner Unnahbarkeit und Verborgenheit. Die Aura des Begegnungszelts und die Notwendigkeit eines priesterlichen Mittlers in der Gestalt des Mose verkörpern nicht nur den Behauptungswillen der diese Literatur tragenden Geistlichkeit; sie sind in der Gottesvorstellung begründet. Statt der Vielheit konkurrierender Götter steht neben dem einen Gott nur noch der Mensch. Er wird als *Gattungswesen* zum Abbild des einen Gottes und übt als sein Vasall die Herrschaft über die Welt aus (Gen 1,27–28). Die universale Menschenwürde darf man als den unmittelbaren Reflex des Monotheismus verstehen.

Der Monotheismus ist nicht nur die vollkommenste Gestalt, die der Gottesgedanke gefunden hat, sondern auch seine größte Herausforderung. Der Einheit des Menschengeschlechts, die der Einheit Gottes folgerichtig entspricht, steht die Erwählung des Gottesvolkes Israel als des Knechtes Jahwes ebenso entgegen wie die Forderung der exklusiven Monolatrie,

---

52 Die Priesterschrift greift damit genau die drei beim Jahwisten genannten Gottesnamen auf und bringt sie untereinander in ein Verhältnis: *Elohim* (Gen 2–3; 4,25; 21,6; 27,28; 28,12.17; 32,2–3; Ex 3,4; 19,3; Num 22,12.22); *Schaddaj* (Num 24,4) und *Jahwe* (passim); vgl. LEVIN, Der Jahwist, 396–398.

die sich mit dem integrativen Monotheismus nicht einfach verbinden lässt. Universalismus und Partikularismus geraten in einen Widerspruch, der sich innerhalb des Alten Testaments nicht auflöst und auch die beiden anderen monotheistischen Religionen bis heute begleitet.

Hinzu kommt, dass die Einheit des Gottesgedankens, verbunden mit der von nun an notwendigen Observanz, die Frage nach der Gerechtigkeit Gottes in einem Maße verschärft, wie es bis dahin nicht gekannt war. Als Ausweg blieb schließlich nur, die Erfahrungwelt zu überschreiten und ein Endgericht jenseits der Geschichte zu erwarten. Die Überzeugung von der absoluten Gerechtigkeit Gottes war sogar imstande, die Erwählung zu relativieren. Am Rande des Alten Testaments öffneten sich die Grenzen des Gottesvolkes für die Gerechten aus den Völkern, womit allerdings die Gnaden-Theologie ins Hintertreffen geriet.

Die offenen Grenzen des Kanons

Für das theologische Verständnis des Alten Testaments ist die Einsicht, dass die religiöse Eigenart Israels – das heißt nunmehr: des nachexilischen Judentums – nicht vorgegeben, sondern Ergebnis einer bedeutungsvollen Entwicklung gewesen ist, genau besehen kein Verlust. Mit dem Verzicht auf die Gewissheiten der Geschichte verbindet sich vielmehr ein Gewinn an Realität. Es gilt einzusehen, dass wir uns gemeinsam mit dem Alten Testament in einer Suchbewegung befinden, in der Erfahrung und Hoffnung in immer neues Fragen hineinführen. Das Alte Testament lädt auf eindringliche Weise ein, sich dieser Suche anzuschließen, und wurde in der Geschichte seiner Wirkung auch stets so verstanden.

Der Weg zur Theologie kommt innerhalb der Grenzen des Alten Testaments nicht an sein Ziel. Das Alte Testament vermochte kein einheitliches theologisches System zu entwickeln. Die Diskussion um die „Mitte des Alten Testaments" zeigt es. Entweder wird diese Mitte im Sinne einer dynamischen Relation verstanden: „Jahwe der Gott Israels, Israel das Volk Jahwes" (mit allem, was das historisch wie theologisch umfasst),[53] oder es gilt: „Die Mitte ist außen"[54] – was letztlich dasselbe ist.

---

53 Vgl. R. SMEND, Die Mitte des Alten Testaments (1970; in: DERS., Die Mitte des Alten Testaments, 30–74).
54 Vgl. I. U. DALFERTH, Die Mitte ist außen. Anmerkungen zum Wirklichkeitsbezug evangelischer Schriftauslegung (in: CH. LANDMESSER u. a. [Hg.], Jesus Christus als die Mitte der Schrift [BZNW 86] 1997, 173–198).

Es wäre ein Kurzschluss, diese außen liegende Mitte einfach mit dem Neuen Testament gleichzusetzen. Gewiss hat dort das Problem von Partikularität und Universalität, von Gerechtigkeit und Gnade eine überraschende und schlechthin befreiende Lösung gefunden, von der ausgehend auch das Alte Testament sich in neuer Weise erschließt und zu sprechen beginnt. Aber eine Evidenz fehlt dort wie hier. Von Erfüllung der Verheißungen kann nur sprechen, wer die Erfahrung ausblendet.[55] Das Gespräch geht weiter. Die innere Vielfalt des Neuen Testaments und die wiederum offenen Grenzen des Kanons zeigen es.

Das ist kein Grund zur Resignation, als gäbe es in diesem Gottesgespräch keine Antworten. Wer sich an der Relativität stört, die all diesen Antworten anhaftet, hat noch wenig von der Inkarnation verstanden. Überdies sollten wir, entgegen herrschender Mode, den Gedanken nicht scheuen, dass es in der Religionsgeschichte so etwas wie einen Fortschritt des Verstehens gibt. Das Judentum hat, zweifellos unfreiwillig unter der Last seines Schicksals, aber deswegen nicht weniger eindeutig, einen solchen Schritt getan. Ohne das Erbe, das es uns im Alten Testament überlassen hat, wäre die religiöse Sprache nicht nur unendlich ärmer, sondern der Christologie hätten entscheidende Voraussetzungen gefehlt.

Das Alte Testament ist wirklich auf dem Weg zur Theologie. Das kann ein jeder spüren, der sich auf die Einladung einlässt, diesen Weg an seinem Teil mitzugehen. Er wird finden, dass diese Sammlung religiöser Schriften eines der größten Geschenke ist, das der Menschheit je gemacht worden ist. Das hätte nicht sein müssen, und ist doch! Es entspricht dem Wesen des Alten Testaments wie dem Wesen des Evangeliums, dass der Weg zur Theologie nicht in die Notwendigkeit führt, sondern in die Freiheit.

---

55 Vgl. CH. LEVIN, Verheißung und Rechtfertigung (oben 1–19), 11 f.

Das Alte Testament und die Predigt des Evangeliums[1]

Theologie und Exegese im Konflikt

„Die Verkündigung der Kirche und mit ihr die Dogmatik kann sich hinsichtlich des Verständnisses des Alten Testaments sehr viel weniger als hinsichtlich dessen des Neuen an die Leistungen der maßgebenden Vertreter der zuständigen wissenschaftlichen Disziplin halten, sondern sieht sich wohl oder übel genötigt, ihren Weg im Bewußtsein der damit gegebenen Gefahrenmöglichkeit selber zu suchen. Die gewisse Unbekümmertheit, mit der der Nichtfachmann dabei vorgehen muß, ist die fatale Folge der Unbekümmertheit, die die alttestamentlichen Fachleute nun seit bald zwei Jahrhunderten ihrer theologischen Hauptaufgabe gegenüber bewiesen haben."

Diese Ohrfeige stammt aus dem Jahre 1938 und findet sich in Band I/2 der Kirchlichen Dogmatik von Karl Barth.[2] Barth schließt in sein Verdikt die exegetische Arbeit von „bald zwei Jahrhunderten" ein, das ist im wesentlichen alles, was an historischer Arbeit seit Jean Astruc und Johann Gottfried Eichhorn und namentlich Wilhelm Martin Leberecht de Wette bis zu Julius Wellhausen und dem 1932 gestorbenen Hermann Gunkel geleistet worden ist. Sie hatte in seinen Augen theologisch in eine Sackgasse geführt.

Die Kontroverse, die hier nachklingt, war angelegt, spätestens seit die Bibel im 18. Jahrhundert historisch gelesen und daraufhin unweigerlich religionsgeschichtlich relativiert wurde. Im Verlauf des 19. Jahrhunderts wurde der garstige Graben des historischen Abstands durch das neu aufgefundene altorientalische Schrifttum sowie durch die Ergebnisse der Archäologie breiter und breiter. Spektakulär war die Entdeckung des Gilgamesch-Epos, auf dessen elfter Tafel sich die Sintflutsage findet, und des babylonischen Weltschöpfungs-Epos *Enuma elisch*. Die im 18. Jahrhundert aus dem Ver-

---

1   Vorgetragen am 9. Juli 2010 vor der Evangelisch-Theologischen Fakultät der Universität München. Vgl. auch Ch. Levin, Altes Testament und Rechtfertigung (1999; in: Ders., Fortschreibungen [BZAW 316] 2003, 9–22); Ders., Verheißung und Rechtfertigung (oben 1–19); Ders., Zur christlichen Rezeption der jüdischen Bibel (in: H.-J. Simm [Hg.], Die Religionen der Welt. Ein Almanach zur Eröffnung des Verlags der Weltreligionen, 2007, 300–312); Ders., Das Alte Testament auf dem Weg zu seiner Theologie (oben 300–321).
2   K. Barth, Die Lehre vom Wort Gottes. Prolegomena zur Kirchlichen Dogmatik, Zweiter Halbband, 1938, 87.

gleich mit den Quellen der klassischen Antike genährte Vermutung, dass wir es in der Genesis mit den Mythen der Völker zu tun haben, war damit handgreiflich bewiesen und der Nimbus der Offenbarungsurkunde zerstört.

Der Konflikt zwischen Theologie und Exegese erreichte in den 20er und 30er Jahren des 20. Jahrhunderts einen Höhepunkt, als nach dem Weltkrieg eine neue Generation von Theologen das Feld betrat. Um das religionsgeschichtliche Verständnis des Christentums, das sich im 19. Jahrhundert entwickelt hatte, und die damit verbundene Relativierung zu bewältigen, relativierten sie ihrerseits das Historische grundsätzlich. Kennzeichnend war der allseits vernommene Trompetenstoß von Barths Römerbrief. „Die Unterschiede von einst und jetzt, dort und hier, wollen beachtet sein. Aber der Zweck der Beachtung kann nur die Erkenntnis sein, daß diese Unterschiede im Wesen der Dinge *keine* Bedeutung haben."[3] Der Konflikt explodierte unter anderem in einem Streit zwischen Emil Brunner und Hugo Greßmann in Jahrgang 1926 der „Christlichen Welt".[4] Barth schreibt dazu am 7. November 1926 an den Herausgeber Martin Rade, er bedaure,

> „daß Brunner sich auf die Auseinandersetzung mit Leuten wie Ludwig Köhler und ihm [Greßmann] überhaupt eingelassen hat. Greßmann ist *kein* Theologe, in *keinem* Sinn, und mit demselben ‚sittlichen Zorn', mit dem er sich als bewußt *heidnischer* Geschichtswissenschaftler über meine Exegese aufregt, bekenne ich, daß ich an seine bona fides, sich Theologe nennen zu dürfen, auf Grund dieses Artikels *nicht* glaube. Es ist eine *Lüge*, sich Theologe zu nennen und in einer theologischen Fakultät zu sitzen, wenn man wie er für theologische Fragen *kein* Verständnis und für theologische Aufgaben *kein* Interesse, sondern seine *ganze* Liebe als Wissenschaftler *nur* bei der Geschichtswissenschaft hat. … Es steht zwischen Greßmann und ‚uns' so, daß wir uns nichts, gar nichts mehr zu sagen haben, und ich hoffe nur das Eine: daß Brunner nun *schweigt*. Er könnte ja wirklich ebensogut mit einem Holzpflock

---

3   K. BARTH, Der Römerbrief, München ⁵1926, V (Vorwort zur ersten Auflage 1919).
4   H. GRESSMANN, Paradies und Sünde (ChW 40, 1926, 842–846), 845: "Barths Theologie ist nicht christlich oder höchstens halbchristlich; sie stammt aus dem 4. Esra und ist bezeichnend für eine Zeit des Zusammenbruchs und der Inflation"; E. BRUNNER, Der Sündenfall und die alttestamentliche Wissenschaft (ChW 40, 1926, 994–998), 995: "Biblische Theologie ist, im Unterschied zur religionswissenschaftlichen Erforschung der Bibel, diejenige Wissenschaft von der Bibel, die sie erforscht unter dem Gesichtspunkt, daß sie Gottes Wort und darum etwas grundsätzlich Anderes sei als andere Religionsdokumente"; H. GRESSMANN, Die Bibel als Wort Gottes. Eine Antwort an D. Brunner (ChW 40, 1926, 1050–1053), 1052: "Wer in anderen Religionen Gottes Wort nicht hört, kann von Nichtchristen nicht verlangen, daß sie im Christentum Gottes Wort hören sollen." Vgl. auch die Darstellung der Debatte durch K. SCHMID, Die Geschichte vom Sündenfall zwischen historischer Bibelkritik und Theologie (in: M. KESSLER / M. WALLRAFF [Hg.], Biblische Theologie und historisches Denken, 2008, 335–355).

diskutieren wie mit diesem Mann, der über die Frage: Was ist Theologie? noch keine fünf Minuten nachzudenken für nötig gehalten hat. Und an diesen Mann selbst hätte ich auch keinen anderen Wunsch als den, daß er uns in Ruhe ließe und sich mit den Philologen über *ihre* Probleme unterhielte."[5]

Der Holzpflock war immerhin der Herausgeber der Zeitschrift für die alttestamentliche Wissenschaft, damals des zentralen Organs der ganzen Zunft, und gehörte zu den „vielseitigsten, anregendsten und einflußreichsten Vertretern"[6] der Religionsgeschichtlichen Schule. Als er 1924 die Herausgeberschaft der ZAW übernahm, rief er einen Epochenwechsel aus: „Auf das literarkritische ist das vorderorientalische Zeitalter gefolgt."[7] Wie recht er hatte, erwies sich 1929/30 mit der Entdeckung von Ugarit und 1933 mit der Entdeckung von Mari. Das vorderorientalische Zeitalter wird in der alttestamentlichen Wissenschaft nie wieder zu Ende gehen. Einem Mann wie Greßmann in der theologischen Fakultät die Tür zu weisen, bedeutete die Kapitulation vor der Herausforderung des Historischen.

Die Kontroverse zwischen der Religionsgeschichtlichen Schule und der Dialektischen Theologie legte offen, dass die Zuversicht des 19. Jahrhunderts, Geschichtlichkeit und religiösen Wahrheitsanspruch verbinden zu können, gescheitert war. Auch der Versuch, das *Neue* Testament als das im engeren Sinne christliche Zeugnis und vollends die Gestalt, die das Christentum im neuzeitlichen Protestantismus angenommen hatte, als das Ziel einer religionsgeschichtlichen Entwicklung von innerer Folgerichtigkeit zu verstehen, endete in der Sackgasse. Noch unter dieser geschichtstheologischen Voraussetzung hat Harnack in seinem Buch über Marcion aus dem Jahre 1921 die bekannte Forderung erhoben, dem Alten Testament für die christliche Kirche den kanonischen Rang abzuerkennen und es jenen Büchern gleichzustellen, die lediglich „gut und nützlich zu lesen sind", wie Luther den überschüssigen Büchern der Vulgata zugestand, die er anhand des hebräischen Textes aus dem Kanon entfernt hatte. Der historische Umstand, dass das Alte Testament dem Christentum vorausgeht, macht es für Harnack unmöglich, das Alte Testament als Kriterium christlicher Wahrheit

---

5   Ch. Schwöbel (Hg.), Karl Barth – Martin Rade. Ein Briefwechsel, 1981, 218. Wer die Artikel in der Christlichen Welt liest, wird dem Verdikt, Greßmann sei kein Theologe, nicht zustimmen.
6   So H. Gunkel, Art. Greßmann, Hugo (RGG², 1928, 1454); zu Greßmann vgl. R. Smend, Deutsche Alttestamentler in drei Jahrhunderten, 1989, 173–181.
7   H. Gressmann, Die Aufgaben der alttestamentlichen Forschung (ZAW 42, 1924, 1–33), 8 f.

zu lesen. „Was christlich ist, kann man aus ihm nicht ersehen."⁸ Er plädiert für einen radikalen Traditionsbruch, womit er auch den Schriftgebrauch der ältesten Christenheit in Frage stellt. Dieser Traditionsbruch sei im 19. Jahrhundert infolge der „Erkenntnis der Immanenz der Ideen im Wirklichen und der Entwicklung der Wahrheit im Gange der Geschichte" längst vollzogen worden, so dass die Kirche seither in einem Zustand der Unwahrheit lebe, wenn sie einer religionsgeschichtlichen Vorstufe nach wie vor gleichen Rang beimisst.⁹

Emanuel Hirsch: Das Alte Testament als die negative Voraussetzung der Predigt des Evangeliums

Der Titel „Das Alte Testament und die Predigt des Evangeliums" ist einer im Jahre 1936 erschienenen Schrift Emanuel Hirschs entlehnt,¹⁰ die man den scharfsinnigsten Widerspruch überhaupt gegen den unmittelbaren christlichen Gebrauch des Alten Testaments genannt hat. Hirsch war, wenn man so sagen darf, ein pessimistischer Idealist, den neben der Schülerschaft zu Karl Holl das Studium Fichtes und Kierkegaards geprägt hat. Er führte die Einstufung, die das Alte Testament durch Harnack und andere erfahren hat, folgerichtig weiter, indem er der entwicklungsgeschichtlichen Begründung die systematische hinzufügte, um dem Alten Testament gleichwohl eine notwendige Stellung im theologischen System zuzuweisen. Hirsch wollte damit zur Klärung in der kirchenpolitischen Lage der 30er Jahre beitragen, die durch primitive Polemik gegen das Alte Testament und beflissene Apologetik beherrscht war. Darauf weist schon der Titel. Wie verhält das Alte Testament sich zur Predigt des Evangeliums, wenn es von der exegetischen Wissenschaft als die Heilige Schrift des Judentums erkannt wurde?

Hirsch bestimmt dieses Verhältnis im Sinne einer negativen Dialektik. Er stellt seiner Schrift als Motto zwei Abschnitte aus Kierkegaards Tagebü-

---

8   A. v. HARNACK, Marcion. Das Evangelium vom fremden Gott. Eine Monographie zur Geschichte der Grundlegung der katholischen Kirche (TU 45) (¹1921) ²1924, 223.
9   Marcion, 221 f.
10 E. HIRSCH, Das Alte Testament und die Predigt des Evangeliums, 1936. Neuausgabe: DERS., Das Alte Testament und die Predigt des Evangeliums. Mit anderen Arbeiten Emanuel Hirschs zum Alten Testament neu hg. v. H. M. MÜLLER, Gesammelte Werke Bd. 32, 2006. Dazu M. OHST, Emanuel Hirsch: Antithetische Vertiefung. Die Bedeutung des Alten Testaments für den christlichen Glauben (in: TH. WAGNER u. a. [Hg.], Kontexte. Festschrift H. J. Boecker, 2008, 191–222).

chern vom Mai/Juni 1854 voran. „Das Neue Testament" setzt „beständig das Alte voraus …, um das ihm selber Eigne negativ kenntlich zu machen. In diesem Sinne kann das Neue Testament nicht recht verstanden werden ohne das Alte, denn der Gegenstoß des Ärgernisses ist seine dialektische Kennmarke und die Bezeichnung seiner geistigen Höhe."[11]

Mit vorbehaltloser Klarheit setzt Hirsch die religionsgeschichtliche Bedingtheit des Alten Testaments voraus. Er bekennt, keine Not und Verwunderung erlebt zu haben, als er „in Berlin durch Gunkel, Baudissin und Greßmann in die deutsche Wissenschaft vom Alten Testament hineinwuchs."[12] Die semitische oder orientalische Färbung des Alten Testaments habe ihn nicht erschüttert.

> „Alles in allem war mir die unbefangene geschichtliche Erfassung der im Alten Testament sich abdrückenden Volks- und Religionsgeschichte so selbstverständlich, daß sie mir als das einzige menschlich Anständige galt. Jeder meiner Versuche, mich mit apologetischen Rettungsversuchen der überlieferten Anschauung zu befassen, endete mit einem Kopfschütteln darüber, wozu Unfreiheit und Angst im Glauben den Menschen nicht alles bringen kann."[13]

Hirsch erlebte allerdings, dass die Alttestamentler das theologische Problem, das damit gegeben war, nicht erkannten, geschweige dass sie es zu lösen imstande gewesen wären.

> „Ein Ganzheitsbild empfing man nicht. … Die Frage nach unserm christlichen Verhältnis zu dieser seltsamen Volks- und Religionsgeschichte wurde gar nicht oder mit Aphorismen beantwortet. Ich hatte mich darum niemals, obwohl ich hebräisch kursorisch zu lesen gelernt hatte, dieser chaotischen Wissenschaft, deren Einordnung in die Theologie fragereich war, recht von Herzen hingeben mögen."[14]

In Hirschs Studienerfahrung spiegelt sich Barths Behauptung, dass Greßmann „über die Frage: Was ist Theologie? noch keine fünf Minuten nachzudenken für nötig gehalten hat", und dass die alttestamentliche Wissenschaft mit solcher Haltung ihre Zugehörigkeit zur Theologie infrage stelle.

---

11 Das Alte Testament und die Predigt des Evangeliums, IV; Neuausgabe, 33; siehe P. A. HEIBERG u. a. (Hg.), Søren Kierkegaards Papirer, 11/1, København 1936, 115f (A 151) und 142f (A 184). Deutsche Ausgabe: S. KIERKEGAARD, Gesammelte Werke. Die Tagebücher. Fünfter Band, ausgewählt, übersetzt und erläutert von H. GERDES, 1974, 202.
12 Das Alte Testament und die Predigt des Evangeliums, 2; Neuausgabe, 37.
13 Das Alte Testament und die Predigt des Evangeliums, 3; Neuausgabe, 38.
14 Das Alte Testament und die Predigt des Evangeliums, 3f; Neuausgabe, 38 f.

Hirsch erfasste klarer als die meisten die theologische Situation, die durch die historische Exegese nolens volens heraufgeführt worden war.

„Die evangelische Bibelwissenschaft ist durch ihre eigene Arbeit gezwungen worden, das Alte Testament nicht mehr als ein Buch mit einem geheimen christlichen Sinn zu verstehen, sondern als Dokument einer Volks- und Religionsgeschichte, das uns die Entwicklung von dem Glauben und Dienst eines aus der arabischen Wüste ins palästinische Kulturland einbrechenden Nomadenvolkes bis zu dem Glauben und Dienst der das Gesetz des Himmelsgottes als Grundlage ihrer Existenz und ihrer Hoffnung besitzenden jüdischen Volks- und Religionsgemeinde der hellenistischen Zeit widerspiegelt."[15]

Das steht ganz nah bei der bekannten Äußerung von Hirschs Antipoden Barth: „Die literarischen Denkmäler einer vorderasiatischen Stammesreligion des Altertums und die einer Kultreligion der hellenistischen Epoche, das ist die Bibel."[16] Barth ist sogar noch radikaler als Hirsch. Er bezieht auch das Neue Testament in die religionsgeschichtliche Relativierung ein.

Als Hirsch sich unter dieser Voraussetzung dennoch auf das Alte Testament einlässt, gelangt er zu einer eigenen, auf den ersten Blick schockierenden Position. In der Exegese der Psalmen „empfand ich die Fremdheit, die dieser Glaube als lebendige Frömmigkeit genommen für einen Christen hatte. Beim Grübeln darüber entdeckte ich den Unterschied der alttestamentlich-jüdischen von der orientalischen und der griechischen Religionsgeschichte."[17] Hirsch begnügt sich nicht damit, die alttestamentlich-jüdische Religion in ein Verhältnis zur christlichen zu setzen, sondern bezieht auch die orientalische und griechische in den Vergleich ein, mit dem Ergebnis, dass das Alte Testament eine Sonderstellung erhält. Dabei wechselt Hirsch unvermittelt aus der historischen Argumentation in die theologische Behauptung:

„Es ist mir niemals zweifelhaft gewesen …, daß die alttestamentlichen Gestalten es unter der Decke ihres Jahwehglaubens mit dem lebendigen Gott zu tun hatten und daß sie unter dieser Decke tiefer … erkannt und erfahren haben, was es heißt, mit dem lebendigen Gott zu tun zu haben, als andre Menschen in außerchristlicher Religion, die an sich unter ihrer Decke es auch mit dem lebendigen Gott zu tun hatten."[18]

---

15 Das Alte Testament und die Predigt des Evangeliums, 68; Neuausgabe, 107 f.
16 K. BARTH, Biblische Fragen, Einsichten und Ausblicke, 1920, 9; Nachdruck in: J. MOLTMANN (Hg.), Anfänge der dialektischen Theologie I (TB 17) 1962, 49–76, 54.
17 Das Alte Testament und die Predigt des Evangeliums, 4; Neuausgabe, 39.
18 Das Alte Testament und die Predigt des Evangeliums, 5; Neuausgabe, 40.

Hirsch belässt es nicht bei dem historischen Befund. Er macht ihn so unmittelbar zum Gegenstand und Kriterium der Theologie, wie er es seinen Gegnern vorwirft; nur dass er dies *via negativa* tut. Für ihn ist das Alte Testament Gegenstand der christlichen Theologie, weil in ihm „das negative Geheimnis aller menschlichen Religionsgeschichte" seinen klarsten Ausdruck gefunden habe, nämlich „in einem echten Gottesverhältnis dem Gesetz nicht entrinnen zu können und eben durch dies Gesetz von Gott geschieden zu sein."[19] Dabei ist nicht einmal entscheidend, dass diese Definition von „Gesetz" exegetisch verfehlt ist und dem alttestamentlich-jüdischen Verständnis in keiner Weise gerecht wird. Im Alten Testament wird das Gesetz nicht als anthropologische Gegebenheit, sondern als Offenbarung eingeführt. Es eröffnet den Weg in die Gottesgemeinschaft. Gerade das macht es für Paulus zum Problem.

Hirsch kann sich nicht enthalten, im Falle des Alten Testaments einer gegebenen religionsgeschichtlichen Erscheinung ein absolutes Wahrheitsmoment zuzuschreiben. Weil noch ohne das Evangelium gedacht, kann dieses Wahrheitsmoment nur ein absolut negatives sein. Darin liegt der theologische Fehler.

> „Die alttestamentlich-jüdische Religion" ist „diejenige geschichtliche Erscheinung ..., an der das Verhältnis des christlichen Glaubens zur Gesetzesreligion, und das heißt zur echten Möglichkeit der außerchristlichen Religion, so offenbar wird wie nirgends sonst." „Die Wahrheit des Evangeliums vermag keinem Menschen auf Erden natürlicher selbstverständlicher Lebensgrund zu sein; das vermag nur das uns mitgegebne, die Wahrheit unter Unwahrheit gefangen legende Gottesverhältnis, das in der Gesetzesreligion seinen echten geschichtlichen Ausdruck hat." „Allein in der Erfahrung des Widerstreits zwischen Gesetz und Evangelium gehören wir dem Evangelium."[20]

Aus genau diesem Grund ist das Alte Testament, und zwar das als nichtchristliches Buch erkannte Alte Testament, für den christlichen Glauben unentbehrlich. „Nacht muss es sein, wo Friedlands Sterne strahlen."

„Die Wahrheit des Evangeliums vermag keinem Menschen auf Erden natürlicher selbstverständlicher Lebensgrund zu sein." Einer solchen antinatürlichen Theologie muss entschieden widersprochen werden. Bevor wir dies aber tun, bleibt festzuhalten, dass Hirsch so deutlich wie kaum ein anderer die theologische Herausforderung benannt hat, die mit der religionsgeschichtlichen Relativierung der Bibel einhergeht. „Unsere Theologie hat,

---

19 Das Alte Testament und die Predigt des Evangeliums, 82; Neuausgabe, 120 f.
20 Das Alte Testament und die Predigt des Evangeliums, 82; Neuausgabe, 121.

einige Ausnahmen vorbehalten, im großen und ganzen gar nicht gemerkt, daß ihr hier eine Frage gestellt ist."[21]

Albrecht Alt: Die Geschichte als Verbündeter der Theologie

Hirsch war durch seine politische Haltung als Nationalsozialist und prominentester Theologe der Deutschen Christen diskreditiert. Auf seinem Werk liegt ein Schatten. Die theologische Debatte wurde durch seine Gegner aus der Bekennenden Kirche beherrscht. Sie nahmen die Herausforderung nicht an. Im Kirchenkampf, der angesichts der Polemik der Deutschen Christen zu einem Kampf um das Alte Testament wurde, ignorierten die Befürworter mehr oder minder die jüdische Herkunft und vereinnahmten das Alte Testament mit Emphase als Buch der Kirche. Das war weder gedanklich klar noch heldenhaft. Gerhard Ebeling resümierte im Rückblick:

„Jenen durch politischen Druck geförderten massiven antisemitischen und neuheidnischen Angriffen auf das Alte Testament mußte christlicherseits mit so entschiedenem Widerstand begegnet werden, daß dies eher dazu verleitete, die unbestreitbar vorhandenen Probleme zu verdrängen. Zudem erlebte die alttestamentliche Forschung gleichzeitig einen Aufschwung, der ihr im Konzert der theologischen Disziplinen sogar zeitweise eine Führungsrolle verlieh."[22]

Diesen Aufschwung sehen wir heute mit anderen Augen. Er beruhte darauf, dass die Schüler und Enkel-Schüler Rudolf Kittels, in verblüffendem Einklang mit den Strömungen der Zeit, die Literarkritiker im Gefolge Wellhausens wie auch die Vertreter der Religionsgeschichtlichen Schule in den Hintergrund schoben.[23] 1925 erschien „Die Landnahme der Israeliten in Palästina" von Albrecht Alt,[24] 1929 „Der Gott der Väter" ebenfalls von Alt,[25] 1930 „Das System der zwölf Stämme Israels" von Martin Noth,[26] im sel-

---

21 Das Alte Testament und die Predigt des Evangeliums, 15; Neuausgabe, 50.
22 G. EBELING, Studium der Theologie. Eine enzyklopädische Orientierung (UTB 446) 1975, 26 f.
23 Vgl. R. SMEND, Richtungen. Ein Rückblick auf die alttestamentliche Wissenschaft im 20. Jahrhundert (2000; in: DERS., Bibel und Wissenschaft. Historische Aufsätze, 2004, 265–280).
24 A. ALT, Die Landnahme der Israeliten in Palästina (in: DERS., Kleine Schriften zur Geschichte des Volkes Israel, I, 1953, 89–125).
25 A. ALT, Der Gott der Väter (in: DERS., Kleine Schriften I, 1–78).
26 M. NOTH, Das System der zwölf Stämme Israels (BWANT 4,1) 1930.

ben Jahr „Die Staatenbildung der Israeliten in Palästina", wieder von Alt,[27] der 1934 „Die Ursprünge des israelitischen Rechts" folgen ließ.[28] Schritt für Schritt etablierten die beiden Gelehrten auf der Grundlage präziser exegetischer Beobachtungen und scharfsinniger, bisweilen gewagter Kombinationen ein Bild, das Israel, stark vereinfacht gesagt, religionsgeschichtlich exterritorial werden ließ. Das von der Literarkritik als Rückprojektion des nachexilischen Judentums entschlüsselte vorstaatliche Gottesvolk erlebte auf dem Wege der überlieferungsgeschichtlichen und institutionengeschichtlichen Rekonstruktion seine Auferstehung, und die Historizität, die ihm die Beweise Alts und Noths verschafften, machte es gegenüber der religionsgeschichtlichen Relativierung immun. Auf diese Weise wurde die Geschichte vom Gegner zum Verbündeten der Theologie.

Die Synthese lieferte Noth 1950 mit seiner Geschichte Israels. Für ihn galt Israel

> „als ein Fremdling in dieser seiner Welt, der zwar deren Gewand trug und sich auf die in ihr übliche Weise gebärdete, in seinem Wesen jedoch von ihr geschieden war; und das nicht nur so, wie jede geschichtliche Größe ihre individuelle Sonderart hat und daher niemals anderen geschichtlichen Größen wirklich gleich ist, sondern vielmehr so, daß im Zentrum der Geschichte ‚Israels' Erscheinungen begegnen, für die es keine Vergleichsmöglichkeiten mehr gibt, und zwar nicht deswegen, weil dazu bislang noch kein Vergleichsmaterial zur Verfügung steht, sondern weil nach allem, was wir wissen, dergleichen Dinge in der sonstigen Völkergeschichte überhaupt nicht begegnen."[29]

Dieses Gottesvolk war in seiner ursprünglichen, idealen Verfassung sozusagen gottunmittelbar – und dies als historische Erscheinung. Landnahme und Staatenbildung, durch die Israel aus dem religiösen Utopia der Wüste in die Koordinaten der Geschichte des Alten Vorderen Orients trat, stellten sich als Krise dar, die das Gottesvolk in Gefahr brachte, durch die Begegnung mit der polytheistischen, naturbezogenen Religion der Kanaanäer sein besonderes Wesen und seine durch die Gottesbeziehung bestimmte Sozialethik aufs Spiel zu setzen.[30] Gegen diese kulturelle und religiöse Kontamination hätten sich die Propheten gewandt. Sie seien diejenigen gewesen, die an dem ursprünglichen Ideal festgehalten hätten, das in ihrer Verkündigung und

---

27 A. ALT, Die Staatenbildung der Israeliten in Palästina (in: DERS., Kleine Schriften zur Geschichte des Volkes Israel, II, 1953, 1–65).
28 A. ALT, Die Ursprünge des israelitischen Rechts (in: DERS., Kleine Schriften I, 278–332).
29 M. NOTH, Geschichte Israels, 1950, 2f (= [10]1986, 11).
30 Vgl. G. v. RAD, Theologie des Alten Testaments, I, (1957) [10]1992, 28–82.

schließlich in den Schriften des Alten Testaments Gestalt gewann und fortan als Korrektiv wirken konnte – für jede noch folgende Gegenwart. Die historische Distanz war wie weggeblasen – für den theologischen, homiletischen und ethischen Gebrauch des Alten Testaments höchst attraktiv. Wenn man die aus diesem Geist geflossenen Auslegungen liest, richten die Propheten sich unmittelbar an die heutige christliche Gemeinde.

Diese Vorstellung der Geschichte war weit theologischer, als ihre Protagonisten bemerkten.[31] Das Bild Israels war eine Ekklesiologie, in der die evangelische Kirche des Kirchenkampfs und der Nachkriegszeit sich selbst wiedererkannte und als Adressaten der Botschaft des Alten Testaments erfuhr, ohne übrigens gezwungen zu sein, sich über ihr Verhältnis zum Judentum klar zu werden. Das Bild war derart suggestiv, dass die Entdeckung der ugaritischen Mythen, die die altisraelitische Religion definitiv als eine reguläre Spielart der nordwestsemitischen Religion erwies, erst mit Verspätung die Wirkung hatte, die ihr zukam. Noch vor wenigen Jahrzehnten sprach man davon, dass Israel dem kanaanäischen Mythos „begegnet" sei, statt anzuerkennen, was aus den Psalmen unabweisbar hervorgeht: dass eben dieser Mythos der Nährboden war, aus dem die israelitische Religion erwuchs. Es ist gar nicht zu bestreiten, dass der israelitische Wettergott Jahwe den Götterkampf gekannt hat und dass er, nicht anders als der ugaritische Baal, im Wechsel der Jahreszeiten Niederlage und Tod ebenso wie seine regelmäßige Auferstehung und Thronbesteigung erlebte. Sigmund Mowinckel hat das in seinen Psalmenstudien dargelegt, noch ehe die Texte aus Ugarit es bestätigten.[32]

Heute ist das von Alt und Noth entwickelte Geschichtsbild Forschungsgeschichte. Die Landnahme der Israeliten, sofern die moderne Siedlungsarchäologie diese Annahme noch erlaubt, zeigt nicht den Bruch, den man

---

31 Als ein beliebiges Beispiel für die verzerrte Wahrnehmung einige Sätze aus dem Artikel „Babylonien III. Babylonische Traditionen und das AT" in der RGG³ I, 1957, 823 (F. M. TH. DE LIAGRE BÖHL): „Israel erwuchs auf einem Boden, der weithin von der Kultur und Sprache des Zweistromlandes beeinflußt war, und nicht auf diese Gemeinsamkeit, sondern auf die prinzipiellen Unterschiede kommt es für uns an, zumal direkte Entlehnungen aus der babylonischen Literatur (ebensowenig wie aus der von Ugarit) im AT kaum vorliegen." „Im allgemeinen betont man heute die ‚Eigenbegrifflichkeit' der Babylonier oder der Israeliten, ohne die Probleme durch weit hergeholte Analogien zu verwirren. Zudem hat die religiöse Bewegung in Alt-Israel, von der das AT zeugt, eine deutliche Sonderstellung. Mit Recht kann man sie innerhalb der altorientalischen Weltanschauung, von der auch die eigene Volksreligion ausging, als Protestbewegung kennzeichnen."
32 S. MOWINCKEL, Psalmenstudien II. Das Thronbesteigungsfest Jahwäs und der Ursprung der Eschatologie, Kristiania 1922.

darin gesehen hat. Der kulturgeschichtliche Übergang von der Spätbronze- zur Eisenzeit ist fließend gewesen.[33] Das wichtigste Dokument, auf das Alt sich für seine These eines von verschieden geprägten Ethnien besiedelten Landes gestützt hat, das Verzeichnis der uneroberten Landesteile nach Ri 1, hat sich als ein später Text erwiesen, der die Siedlungsverhältnisse in persischer und hellenistischer Zeit an der durch die Landverheißungen umrissenen Idealvorstellung misst.[34] Der ethnische Antagonismus von Israel und Kanaan, den Alt darin sah, ist ein Phantom. Die Belege für die Verehrung Jahwes als des „Gottes der Väter", die schon Alt in den meisten Fällen als literarische Zusätze zu den Vätererzählungen der Genesis erkannt hat, spiegeln eine Zeit, als die Lebensverhältnisse der in der Levante, in Ägypten und in Mesopotamien verstreuten jüdischen Diaspora nicht mehr durch die Gemeinschaft der Siedlung und durch das eigene Königtum bestimmt waren, sondern sich das Leben und folglich auch die religiösen Vorstellungen und Vollzüge auf die unter einer fremden Mehrheit lebenden Familien konzentrierten.[35] Die ältesten Belege für das „System der zwölf Stämme Israels", die Noth der sogenannten Richterzeit vor der Staatenbildung zugewiesen hatte, gehören anhand ihrer Stellung innerhalb des literarischen Wachstums des Pentateuchs frühestens in die fortgeschrittene Perserzeit. Die Zwölfzahl ist Symbol, kein Abbild der historischen Realität. Das hat Noth selbst im wesentlichen schon gesehen.[36] Der genealogische und ethnische Gesichtspunkt, unter dem Israel hier begriffen ist, spiegelt gleichfalls die Diaspora. Dass die Staatenbildung der Israeliten, also die Einführung des Königtums, ein durch die Not der Geschichte erzwungener, der ursprünglichen amphiktyonischen Verfassung fremder Akt gewesen sei, durch den das charismatische Führertum der israelitischen Stämme abgelöst worden wäre, verkennt die Machtmuster, die in der frühen Eisenzeit in der Levante geherrscht haben. Stattdessen lässt das Alte Testament fast auf jeder Seite erkennen, wie

---

33 V. Fritz, Die Entstehung Israels im 12. und 11. Jahrhundert v. Chr., 1996, 75–103, der allerdings noch mit dem Zusammentreffen zweier Bevölkerungsgruppen, der kanaanitischen und der israelitischen, rechnete, gibt einen Überblick über den archäologischen Befund.
34 Vgl. M. Rake, „Juda wird aufsteigen!" Untersuchungen zum ersten Kapitel des Richterbuches (BZAW 367) 2006.
35 Vgl. M. Köckert, Vätergott und Väterverheißungen. Eine Auseinandersetzung mit Albrecht Alt und seinen Erben (FRLANT 142) 1988; Ch. Levin, Der Jahwist (FRLANT 157) 1993, 420–422.
36 Vgl. A. G. Auld, Art. Amphictyony, Question of (in: B. T. Arnold / H. G. M. Williamson [ed.], Dictionary of the Old Testament: Historical Books, Downers Grove, Ill., and Leicester 2005, 26–32).

sehr das Königtum das Modell der Gottesvorstellung gewesen ist.[37] Wenn das Alte Testament das Verhältnis Israels zu seinem Gott Jahwe als Bund, nämlich als Vasallenvertrag versteht, verwendet es Denkmuster, die in der politischen Ordnung ihren Ursprung haben. Heute erscheint uns rätselhaft, wie man das übersehen konnte.

Die alttestamentliche Wissenschaft knüpft in jüngerer Zeit, über Alt und Noth zurückgreifend, wieder bei Wellhausen an, der die Summe der historischen Arbeit des 18. und 19. Jahrhunderts gezogen hat; nur dass uns der verklärende Blick auf die Frühzeit verwehrt ist, der Wellhausen und die Zeitgenossen noch bestimmt hat. Selbst für den ältesten durchlaufenden redaktionellen Zusammenhang im Pentateuch hat sich erwiesen, dass er nicht, wie man bisher dachte, aus der frühen Königszeit stammt, sondern als Ursprungsgeschichte des nachexilischen Judentums entstanden ist.[38] Über das von Greßmann ausgerufene vorderorientalische Zeitalter hinaus befinden wir uns deshalb heute auch im judaistischen Zeitalter, und dies nicht nur wegen der breiteren Textbasis, die wir dank der Qumranfunde seit 1947 besitzen, sondern weil das literarkritische Zeitalter nicht zu Ende gegangen ist. Es erlebt eine neue Blüte.

Daraufhin hat Wellhausens Einsicht *lex post prophetas* neues Gewicht bekommen. Gegenwärtig rückt auch die Prophetenforschung in den altorientalischen Kontext ein. Wir entdecken immer deutlicher, wie sehr die Prophetie, sogar die Unheilsprophetie, in Israels näherer und fernerer Umgebung verbreitet war.[39] Wenn Hirsch bekannte, dass ihm „die übliche Vorstellung von einer den Rahmen der alttestamentlich-jüdischen Religion sprengenden Sonderstellung der Propheten" verlorengegangen sei, stellt sich heute der religionsgeschichtliche Beweis dafür ein. Die enge Verwandtschaft lässt sich bis in die Redeformen nachweisen. Die ältere Exegese verstand die israelitischen Propheten in ihrem angeblichen Gegenüber zu Königtum und kanaanäisch assimilierter Bevölkerung als Exponenten der altisraelitischen Tradition. Diese Tradition hat sich in nichts aufgelöst oder als Rückblende des nachexilischen Judentums erwiesen.

---

37 Vgl. R. MÜLLER, Königtum und Gottesherrschaft (FAT II 3), 2004.
38 Vgl. LEVIN, Der Jahwist; DERS., Das israelitische Nationalepos: Der Jahwist (oben 20–42).
39 Vgl. M. KÖCKERT / M. NISSINEN (Hg.), Propheten in Mari, Assyrien und Israel (FRLANT 201) 2003; CH. E. CARTER / M. NISSINEN (Hg.), Images and Prophecy in the Ancient Eastern Mediterranean (FRLANT 233) 2009.

Duplex sensus – die Syntax des Evangeliums

Dieses Resümee könnte so klingen, als solle nun jene Haltung favorisiert werden, die Harnack Barth unterstellt hat: „Immer hat die radikalste Bibelwissenschaft recht, und Gott sei Dank, daß dem so ist; denn damit sind wir sie los."[40] Aber so wenig damit der Dogmatiker Barth verstanden wäre, so wenig kann es die Absicht des Bibelwissenschaftlers sein. Vielmehr müssen wir das Historische und das Theologische strikt voneinander unterscheiden, um es gerade so aufeinander zu beziehen. Das Grau in Grau, das andernfalls an die Stelle tritt, verdirbt beide. Es unterwirft unser Verständnis der Geschichte unhistorischen, das heißt falschen Prämissen. Noch schlimmer ist es für die Theologie. Für sie wird das Historische, wenn man es gleichwohl konsequent wahrnehmen will, zur negativen Prämisse. Hirsch ist das warnende Beispiel.

Sinnvolle Theologie beginnt mit der positiven Prämisse. Bevor wir über „das Alte Testament und die Predigt des Evangeliums" nachdenken, müssen wir eine beglückende Erfahrung bekennen: Das Alte Testament kann sehr wohl als Predigttext des Evangeliums dienen; auch heute noch, und ohne dass es eines geschichtlichen Gewaltakts bedarf. Diese Erfahrung ist nicht davon abhängig, ob es uns gelingt, sie gedanklich zu begründen. Sie stellt sich ein – was nicht bedeutet, dass sie unbegründbar wäre.

Zwar können wir den garstigen Graben des historischen Abstands nicht in Abrede stellen. Aber es ist möglich, über den Graben zu springen. Bei diesem Sprung, der ein religiöser Sprung im engsten Sinne ist, drehen sich die Prämissen um: Nicht das Alte Testament ist die *historische* und, theologisch gesehen, dann notwendigerweise negative Voraussetzung für die Predigt des Evangeliums, sondern die Predigt des Evangeliums ist die *religiöse* Voraussetzung, unter der das Alte Testament in Kirche und Theologie ins Spiel kommt und unter der sich, sogar historisch, erweist, dass es mit Recht ins Spiel kommen kann.

Das Evangelium, oder von vornherein richtiger: die *Predigt* des Evangeliums, ist keine Frage religionsgeschichtlicher Entwicklung und definierbarer historischer Sachverhalte, sondern der Sichtweise. Das Evangelium ist in erster Linie ein Erkenntnisprinzip oder eine Weise des Urteilens. Das

---

40 Wissenschaftliche Theologie oder Theologie der Offenbarung Gottes? Ein Briefwechsel zwischen Karl Barth und Adolf von Harnack (zuerst ChW 37, 1923; in: K. BARTH, Theologische Fragen und Antworten. Gesammelte Vorträge III, 1957, 7–31), 17. Auch in: MOLTMANN (Hg.), Anfänge der dialektischen Theologie I, 323–347, 333.

zeigt sich im Neuen Testament von Anfang an: Die frühe Christenheit wurde aus ihrer gegebenen religiösen Welt nicht herausgerissen, sondern erhielt innerhalb ihrer religiösen Welt eine neue Orientierung. Das Vorgegebene wurde nicht obsolet. Es blieb freilich auch nicht unterschiedslos in Geltung. In seinen dunklen wie in seinen illusorischen Seiten erlebte es auch radikalen Widerspruch.

Die Predigt des Evangeliums ignoriert das Historische nicht, noch vereinnahmt sie es, sondern sie gibt ihm sein Recht, so wie ich selbst als historischer Mensch mit meiner Vergangenheit, meiner Gegenwart und meiner Zukunft in allen ihren Bezügen durch das Evangelium nicht zurückgewiesen noch vereinnahmt, sondern in ein ebenso ernstes und kritisches wie frohes und befreiendes Gespräch gezogen werde. Dieses Gespräch ist allerdings nicht gottunmittelbar. Es enthebt mich nicht meinen Koordinaten. Deshalb braucht es Gesprächspartner innerhalb der Erfahrungswelt. Das Evangelium bedarf der Apostel und Propheten, kurzum der Zeugen. Es lebt vom gegenwärtigen Zeugnis ebenso wie von der Überlieferung. Für einen Exegeten lebt es vor allem von den Texten. Die Evidenz des Evangeliums ist nicht einfach ein je heutiges und je individuell erlebbares Phänomen. Sie ist die Gegenwart der Geschichte, nämlich der Geschichte des Glaubens. Sie ist die Teilhabe an der Gemeinschaft der Glaubenden in Geschichte und Gegenwart.

Dabei zeigt sich von Anfang an eine Besonderheit, die wir zwar aus den Umständen der ältesten Christenheit ableiten können, die aber dennoch eine Besonderheit bleibt. Die Christenheit als Sekundär-Religion des Judentums begann nicht mit einer eigenen Offenbarungsurkunde. Was das impliziert, zeigt der Vergleich mit dem Islam. Der Islam steht und fällt mit dem Koran als eigener Heiliger Schrift. Der Koran ist so heilig, dass er im religiösen Sinne als unübersetzbar gilt. Demgegenüber behielt die Christenheit zunächst und auch auf Dauer die jüdischen Heiligen Schriften bei, und zwar von vornherein in der Sekundärform der griechischen Übersetzung, die im Verlauf der Kirchengeschichte wiederum eine Vielzahl von Sekundärformen hervorgebracht hat. Die Christenheit hat in den Überlieferungen einer Religion, die eine Offenbarung in Jesus Christus nicht kennt, das Zeugnis von Jesus Christus vernommen. Diese Übernahme war unverzichtbar und geschah zugleich in einer eigenartigen Freiheit. Erst durch sie erhielt das Evangelium seine Sprache.

Eine Theologie, die das Theologische und das Historische trennt, um es gerade so aufeinander zu beziehen, muss darauf bestehen, dass dem geschichtlichen Umstand, dass das Evangelium von Jesus Christus im Rahmen des antiken Judentums seine Erstgestalt erfahren hat, lediglich kontingente

Bedeutung zukommt. Das Judentum gehört nicht als notwendiger Faktor in das System einer christlichen Theologie, weder negativ, wie es die meiste Zeit gewesen ist, noch auch positiv. Es ist als religionsgeschichtlicher Rahmen eine Gegebenheit, die anzuerkennen, aber nicht zu vereinnahmen ist. Sein Gottesbild und seine Geschichte, wie sie im Wort des Alten Testaments überliefert werden, stehen innerhalb der christlichen Bibel stellvertretend für die Religionen der Welt und können an sich selbst keine höhere Wahrheit geltend machen als diese. Daraus folgt nicht, dass den Religionen keine Wahrheit zukäme. Im Gegenteil: Sie bieten die Vorstellungswelt und die Sprache, das Evangelium aber fügt die spezifische Syntax hinzu.

Ohne die religiöse Vorstellungswelt des damaligen Judentums wäre das Kommen Gottes in Christus für die Zeitgenossen weder begreiflich noch sagbar geworden. Um als Heilsereignis verstanden und bekannt zu werden, musste das Christusgeschehen sich in die alttestamentliche Heilsgeschichte fügen. Daraus folgt nicht, dass das Kommen Gottes in Christus im Alten Testament begründet gewesen wäre. Die christologische Deutung hatte von Anfang an die Evidenz gegen sich. Sie musste sich der Trauer über das Schicksal Jesu von Nazareth entgegenstellen, und sie musste sich gegen die falsche Hoffnung richten, die durch das Kreuz Jesu zerstört war. Eine biblische Theologie darf nicht übersehen lassen, dass sich zwischen den beiden Testamenten eine tiefe Krise vollzieht. Am Anfang des Christentums steht nicht die evidente Erfüllung, sondern die evidente Katastrophe, die sich erst mit den Augen des Glaubens als die Katastrophe Gottes und damit als die Befreiung und Erlösung des Menschen erschließt. Die Schrift als Buchstabe bleibt mehrdeutig und ohne Leseanleitung in ihrer christologischen Bedeutung verschlossen. Wenn die Christen fortan das Alte Testament so lasen, als sei es in Jesus Christus zu seiner Wahrheit gekommen, war das eine mögliche, aber keine zwingende Lesart.

Der *Duplex sensus*, der sich dabei offenbart, ist nicht nur der *Sensus scripturae*, sondern der *Sensus mundi*. Er bedeutet keine Verdoppelung, sondern beruht auf der im Glauben erkennbaren Entsprechung der Erfahrungswelt des Menschen mit Gottes Verheißung. Die Predigt des Evangeliums hat die Aufgabe, diese Entsprechung zur Sprache zu bringen. Damit das einleuchtet, greift sie unter anderem auf die überlieferte religiöse Vorstellungswelt zurück, wie sie uns in einer unvergleichlich packenden Weise im Alten Testament entgegentritt. Das Evangelium deutet diesen Text und überschreitet ihn auch, aber es lässt ihn nicht hinter sich.

Ein Meister dieser Auslegungskunst ist, noch vor Beginn des historischen Zeitalters, Martin Luther gewesen, der Zeit seines Lebens vor allem Alttestamentler war und wesentliche Elemente der Rechtfertigungslehre am Alten Testament erkannt und erprobt hat.[41] Die Bibel war für ihn kein ausgegrenzter Kanon im Gegenüber zur übrigen Welterfahrung. Sie war die Welt schlechthin *sub specie Dei*, die durch dieses Wort zu ihm sprach. Die Schrift gewordene Welt mit ihrem Widerspruch, mit ihren guten und wohltuenden Seiten und mit ihrer Qual, ging ihn unbedingt an. Sie war seine geistige Heimat, und zugleich war sie jener Ort, den er als fremd und befremdend erfuhr. Sie war ihm unmittelbar gegenwärtig, so dass er den erzählten Begebenheiten wie ein Zeitgenosse begegnete und seine gegenwärtigen Erfahrungen wiederum in die biblischen Paradigmen hineinlas, und sie war der Niederschlag der Geschichte seit jenen unvordenklichen Anfängen, die dem zugreifenden Verstehen verschlossen sind. In dem allen stellte sie sich dar als jenes Ineinander von Gesetz und Evangelium, das zu unterscheiden der eigentliche Akt des Glaubens und damit der Existenz *coram Deo* ist. Luther weigert sich deshalb, die Unterscheidung von Gesetz und Evangelium im Sinne eines prinzipellen kategorialen Gegensatzes zu fassen, und ebenso wenig deutet er sie im Sinne einer offenbarungsgeschichtlichen Abfolge:

„Es ist kein Buch in der Bibel, darinnen sie nicht beiderlei sind. Gott hat sie allwege beieinander gesetzt, beide, Gesetz und Zusagung. ... Darum bleib du auf dieser Unterscheidung, und welcherlei Buch dir vorkommt, es sei Altes oder Neues Testament, das lies mit solcher Unterscheidung, dass du aufmerkst, wo Zusagungen sind, da ist dasselbe Buch ein Evangeliumsbuch, wo Gebote stehen, da ists ein Gesetzbuch."[42]

Luther kann deshalb sogar sagen, dass das Evangelium, obwohl es noch verborgen war, schon als Verheißung offenbart wurde, und zwar im Vollsinn ohne jede Einschränkung. Es weckte bereits *ante Christum natum* den Glauben und fand ihn auch. Es ist mit der Existenz des Menschen gegeben, der immer schon gerechtfertigter Sünder ist, aber darauf angewiesen bleibt, dass ihm dies anhand der Schrift verkündet wird, damit er es glauben kann und den sicheren Existenzgrund, auf dem er so oder so steht, auch wahrnimmt und seinerseits seine Existenz darauf gründet. In diesem Sinne versteht Luther nicht nur Abraham, sondern auch Adam und sogar Mose als Christen.[43]

---

41 Vgl. zum Folgenden H. BORNKAMM, Luther und das Alte Testament, 1948.
42 Adventspostille 1522 (WA 10 I 2; 159,7–8.13–17).
43 Berühmt ist die Auslegung des sogenannten Protevangeliums Gen 3,15, mit deren Hilfe Luther die Rechtfertigung als ein Universale deuten konnte. Schon 1519 bemerkt er, dass das Femininum *ipsa* der Vulgata durch das hebräische הוא nicht gedeckt wird, und ersetzt die traditionelle mariologische Deutung durch die christologische. Die Verheißung galt Luther später als von Christus selbst gesprochen. Da Gott mit der Verheißung auch den Glauben schenkt, sind die beiden Urmenschen unmittelbar nach dem Fall bereits *peccatores iusti* und bilden den Anfang der Kirche

Unser Gedankenspiel, dass das Evangelium eine Syntax ist, eine Ordnung, nach der sich die Gegebenheiten der Welterfahrung und der Sprache für das Verstehen des Glaubens öffnen, entdecken wir bei Luther in der Art, wie er das Verhältnis der beiden Testamente bestimmt. Er nimmt den neutestamentlichen Sprachgebrauch auf, für den „Schrift" im *eigentlichen* Sinn nur das Alte Testament ist.

> „Also sind die Bücher Mosi und die Propheten auch Evangelium, sintemal sie eben das zuvor verkündigt und beschrieben haben von Christo, das die Apostel hernach gepredigt oder geschrieben haben. Doch ist ein Unterschied dazwischen. Denn wiewohl beides dem Buchstaben nach ist auf Papier geschrieben, so soll doch das Evangelium oder das Neue Testament eigentlich nicht geschrieben, sondern in die lebendige Stimme gefasst werden, die da erschalle und überall gehört werde in der Welt. Dass es aber auch geschrieben ist, ist aus Überfluss geschehen".[44]

Das ist das genaue Gegenteil von Harnacks Position: Nicht das Alte Testament ist überflüssig, sondern das Neue.

Diese Schriftauslegung richtet sich gegen ein mechanisches *sola scriptura*, das die Schrift zum Gesetz machen würde. Aber ebenso wenig unterwirft sie die Schrift einem ihr fremden Prinzip. Am Beginn steht die Anrede, nämlich die Erfahrung, angeredet zu werden. So hat Walther Zimmerli das Alte Testament als Anrede[45] und so hat Timo Veijola Offenbarung als Begegnung bestimmt.[46] Dass wir in dieser Anrede Gott als dem Grund unseres Daseins begegnen, und dass wir dies besonders in dieser großartigen und unersetzlichen, aber in vieler Hinsicht auch befremdlichen Schriftensammlung erfahren, die wir das Alte Testament nennen, lässt sich weder direkt belegen noch ableiten. Die Versuche der Theologen, die Anrede Gottes zur zwingenden Antwort zu machen, die sich aus den religiösen Bedürfnissen des Menschen, aus unserer Einsamkeit und Endlichkeit ableitet, sind ebenso wenig plausibel wie jene, sie senkrecht von oben zu dekretieren. Letzten Endes wollen solche Versuche etwas begreifen und damit beherrschen, das man nicht von außen betrachten und begreifen kann. Das heißt nicht, auf das Verstehen zu verzichten. Aber es ist ein Verstehen, das ich nicht ergreife, sondern empfange, das sich mir zu verstehen *gibt* und dabei zugleich *mich*

(vgl. die Genesisvorlesung z.St. [WA 42; 147,10ff]). Vgl. BORNKAMM, Luther und das Alte Testament, 87.170.218–220.
44 Epistel S. Petri gepredigt und ausgelegt. 1523 (WA 12; 275, 5–12).
45 W. ZIMMERLI, Das Alte Testament als Anrede (BEvTh 24) 1956.
46 T. VEIJOLA, Offenbarung als Begegnung. Von der Möglichkeit einer Theologie des Alten Testaments (ZThK 88, 1991, 427–450), wieder abgedrukt in: DERS., Offenbarung und Anfechtung (BThSt 89) 2007, 10–33.

mir zu verstehen gibt. Dabei geht es durchaus um das Ganze des Daseins – bescheiden sind wir Theologen ja nicht! Wir müssen aber verstehen, dass diese Einsicht uns der Bedingtheit unserer Existenz nicht im Sinne eines übergeordneten Standpunkts enthebt.

Nachweis der Erstveröffentlichungen

Verheißung und Rechtfertigung
    Vergegenwärtigung des Alten Testaments. Beiträge zur biblischen Hermeneutik. Festschrift für Rudolf Smend zum 70. Geburtstag, hg. v. CH. BULTMANN, W. DIETRICH und CH. LEVIN, Vandenhoeck & Ruprecht Göttingen 2002, 327–344.

Das israelitische Nationalepos: Der Jahwist
    Große Texte alter Kulturen. Literarische Reise von Gizeh nach Rom, hg. v. M. HOSE, Wissenschaftliche Buchgesellschaft Darmstadt 2004, 63–85.

Abschied vom Jahwisten?
    Theologische Rundschau 69, Mohr Siebeck Tübingen 2004, 329–344.

Die Redaktion R^{JP} in der Urgeschichte
    Auf dem Weg zur Endgestalt von Genesis bis II Regum. Festschrift für Hans-Christoph Schmitt zum 65. Geburtstag, hg. v. M. BECK und U. SCHORN (Beihefte zur Zeitschrift für die alttestamentliche Wissenschaft 370) de Gruyter Berlin und New York 2006, 15–34.

Jahwe und Abraham im Dialog: Genesis 15
    Gott und Mensch im Dialog. Festschrift für Otto Kaiser zum 80. Geburtstag, hg. v. M. WITTE (Beihefte zur Zeitschrift für die alttestamentliche Wissenschaft 334/I) de Gruyter Berlin und New York 2004, 237–257.

Abraham erwirbt seine Grablege (Genesis 23)
    Gerechtigkeit und Recht zu üben (Gen 18,19). Studien zur altorientalischen und biblischen Rechtsgeschichte, zur Religionsgeschichte Israels und zur Religionssoziologie. Festschrift für Eckart Otto zum 65. Geburtstag, hg. v. R. ACHENBACH und M. ARNETH (Beihefte zur Zeitschrift für Altorientalische und Biblische Rechtsgeschichte 13) Harrassowitz Verlag Wiesbaden 2009, 96–113.

Tamar erhält ihr Recht (Genesis 38)
    Diasynchron. Beiträge zur Exegese, Theologie und Rezeption der Hebräischen Bibel. Walter Dietrich zum 65. Geburtstag, hg. v. TH. NAUMANN und R. HUNZIKER-RODEWALD, Verlag W. Kohlhammer Stuttgart 2009, 279–298.

Die Frömmigkeit der Könige von Israel und Juda
Houses Full of All Good Things. Essays in Memory of Timo Veijola, ed. by
J. PAKKALA and M. NISSINEN (Publications of the Finnish Exegetical Society 95)
Finnish Exegetical Society Helsinki and Vandenhoeck & Ruprecht Göttingen 2008,
129–168.

Aram und/oder Edom in den Büchern Samuel und Könige
Textus. Studies of the Hebrew University Bible Project 24, The Hebrew University,
Magnes Press Jerusalem 2009, 65–84.

Der neue Altar unter König Ahas von Juda
Ein Herz so weit wie der Sand am Ufer des Meeres. Festschrift für Georg Hentschel,
hg. v. S. GILLMAYR-BUCHER, A. GIERCKE und CH. NIESSEN (Erfurter Theologische
Studien 90) Echter Verlag Würzburg 2006, 55–72.

Das Wort Jahwes an Jeremia. Zur ältesten Redaktion der jeremianischen Sammlung
Zeitschrift für Theologie und Kirche 97, Mohr Siebeck Tübingen 2000, 385–403.
Ausgearbeitete Fassung eines Vortrags am 24. November 2003 auf dem Jahreskongress der Society of Biblical Literature in Atlanta, Georgia.

Die Entstehung der Bundestheologie im Alten Testament
Nachrichten der Akademie der Wissenschaften zu Göttingen I. Philologisch-historische Klasse, 2004 Nr. 4, Vandenhoeck & Ruprecht Göttingen, (3–19) 89–104.

Das „Vierprophetenbuch": Ein exegetischer Nachruf
Zeitschrift für die alttestamentliche Wissenschaft 123, de Gruyter Berlin und New
York 2011, 221–235.

Jona 1: Bekehrung zum Judentum und ihre Folgen
Die unwiderstehliche Wahrheit. Studien zur alttestamentlichen Prophetie. Festschrift für Arndt Meinhold, hg. v. R. LUX und E.-J. WASCHKE (Arbeiten zur Bibel
und ihrer Geschichte 23) Evangelische Verlagsanstalt Leipzig 2006, 283–299.

Die Entstehung der Büchereinteilung des Psalters
Vetus Testamentum 54, Koninklijke Brill NV Leiden 2004, 83–90.

Das Alte Testament auf dem Weg zu seiner Theologie
Zeitschrift für Theologie und Kirche 105, Mohr Siebeck Tübingen 2008, 125–145.

Das Alte Testament und die Predigt des Evangeliums
Kerygma und Dogma 57, Vandenhoeck & Ruprecht Göttingen 2011, 41–55.

Hebräische Wörter und Wendungen

אֵד	66	מַחֲזֶה	85–86
אֱדוֹם	178–195	חַטָּאת	164
אָדָם	31	מצא חֵן בְּעֵינֵי	33
אֲדָמָה	31	עשׂה חֶסֶד עִם	34
אֶחָד	253. 313	הֶחָצֵר הַחִיצוֹנָה	213
אֲחֻזָּה	118	חשׁב לְ-	91
אמן *hi.*	90. 276	בְּנֵי־חֵת	119
כִּי אמר פֶּן־	141	אָנָּה יהוה	287
אסף אֶל־עַמָּיו *ni.*	114. 117	אֲשֶׁר הוֹצֵאתִיךָ מִן	96
אֲרָם	178–195	ירא	283–284
עשׂה אֲשֵׁרָה	161	ירשׁ	88
בחר	257	יֶתֶר	148
בָּמוֹת	175	כִּי־עַל־כֵּן	138
בער *pi.*	158	כנע *ni.*	162
לַבֹּקֶר	209	בְּכֶסֶף מָלֵא	112
הַבֹּקֶר	210	כעס *hi.*	153–154. 160
בְּרִית	257–258	כרת	159
כרת בְּרִית	93	כתת *pi.*	159
גָּאוֹן	226	לוּ	105. 108. 110
גְּבוּרָה	149	לַפִּיד	100
גְּדוּדִים	192	לקח	98
גּוֹזָל	99	מַבּוּל	77
גזר	98	מָגֵן	82–83
גְּזֵרָה שָׁוָה	208	לקח מוּסָר	236
גֵּיא מֶלַח	180	מנה *pi.*	280
גלה *pi.*	124	מֵעִים	88
גִּלּוּלִים *pl.* גִּלּוּל	157. 161	יצא מִמֵּעֶיךָ	88–89
וְגַם	94. 142. 156–158	מִנְחָה	206
דֶּבֶר	216	מִנְחַת הָעֶרֶב	206
דְּבַר יהוה	85. 216–241. 263–265. 272–273	מְעָרַת הַמַּכְפֵּלָה	107–108
		מִפְלֶצֶת	157
כִּדְבַר יהוה	228. 233. 279	וַיַּגֵּד לְ- לֵאמֹר	134
דָּגָה, דָּג	292	נְהַר־פְּרָת	94
דְּמוּת	203	נחשׁ *pi.*	159
הֶבֶל	153	נֶפֶשׁ חַיָּה	71
וְהִנֵּה	88	סֵפֶר דִּבְרֵי הַיָּמִים	146. 150
חזה	85–86. 268–269	כְּסוּת עֵינַיִם	111. 135
אֲשֶׁר חָזָה עַל	269–270	פְּתַח עֵינַיִם	134–135
חָזוֹן	269	וַיַּעַל עַל־הַמִּזְבֵּחַ	199

עֹלַת הַבֹּקֶר	206		קְרִיאָה	281
עַם־הָאָרֶץ	106. 205		רָאָה כִּי	34
עָפָר	67		רְכוּשׁ	93
עֵר	131		הִנְנִי מֵבִיא רָעָה	224
עֲרִירִי	87–88		רַק	167–168
צְדָקָה	90		שׁבר pi.	159
צַדִּיק אַתָּה מִמֶּנִּי	136		כֹּל בָּאֵי שַׁעַר הָעִיר	111
קָדֵשׁ	158		כָּל־יֹצְאֵי שַׁעַר עִירוֹ	111
קֳדָשִׁים	182		תּוֹמִם, תְאוֹמִים	127
קוּם	50. 106		תַּבְנִית	202–204
הֵקִים מִזְבֵּחַ	161		תּוֹעֲבַת הַגּוֹיִם	156
קצץ pi.	210		תּוֹרָה	258
קרא בְּאָזְנַיִם	223		תַּרְדֵּמָה	92

Hebräische Wörter und Wendungen

Stichwortregister

Abendmahl 13–14
Abrahambund 94
Achsib 141
Ackerkauf 108. 232–235
Adoptionsformel 311
Adullam 130
Bedrückung in Ägypten 93
Allgegenwart Jahwes 42
bronzener Altar 207–211
Altäre auf dem Dach 162
Altes Testament, Begriff 7
Altes Testament, Gattung 306
Altes Testament, Mitte 6–11. 320
Altes und Neues Testament 4–6. 13
Amoriter 95
Amos 18. 251. 253–254. 312. 314
Amos, Buch 237
Amphiktyonie 332
Analogia fidei 13
exegetischer Analogieschluss 208
Anat 309
Anatbethel 309
Anatjahu 309
Anblick der Gottheit 99–100
andere Götter 41. 254. 315
Anklageformel 34
Ankündigung und Erfüllung 35
Annalen der Könige 119. 150–151. 200
Annalenexzerpt 146–151. 176. 312–313
Anthropogonie 23. 37
Appellation 34
Aram 178–195
Aschera 157–161. 172. 244
Assonanzvision 221
Assyrien 252. 310–312
Atramhasis-Epos 25
Ausschließlichkeitsforderung 248

Baal 154–155. 159. 161. 166–167. 171–172. 174. 331
Baal-Namen 250
Babylonische Chronik 147
Baum des Lebens 67
Beistandsformel 34
Beistandszusage 86
Bekehrung 283–285
Berufungsschema 86. 218–220
Beruhigungsformel 34. 86
Beschuldigungsformel 287. 289
Bethel 27
Beweisaufnahme 287
Beziehungsformel 255. 310–312
Bileam-Erzählungen 29. 57. 318
Brüdermärchen 28
Bund 9. 333
neuer Bund 13–14. 258
Bundesbuch 17. 253. 256–257. 311. 316
Bundesformel 10. 255
Bundesformular 256
Bundesschweigen 245. 247
Bundestheologie 145. 228–229. 232. 242–259

Christologie 3–4. 292. 336

Damaskus 200
Datierungssystem der Prophetenbücher 273
David als Vorbild 172
David-Dynastie 144. 175. 177. 313
Davidbund 94
Dekalog 96. 100. 256. 316
Demonstrationswunder 284
Deuterojesaja 89. 316
Deuteronomismus, deuteronomistisch 44. 49. 55. 246. 258. 263–267

Stichwortregister

Deuteronomist, deuteronomistischer Geschichtsschreiber, deuteronomistische Redaktion 119. 146. 148–149. 151. 165. 168. 172–174. 176
Deuteronomistisches Geschichtswerk 8. 22. 30. 33. 41. 51. 53. 55. 57. 144–145. 155. 246–248. 253. 261–263. 307. 313
Deuteronomium 9. 17. 33. 41. 55–56. 174. 247–249. 253. 256. 311
Dialektische Theologie 243. 324
Diaspora 40. 42. 44. 102. 118. 317. 332
Diasporanovelle 48
Disputationswort 101
Dodekapropheton 260–275
Doëg 193

Edom 178–195
Edom, Geschichte 194
Edomiter 122–123. 193
literarische Einheitlichkeit 277
El schaddaj 319
Elat 187–189. 191
Elephantine 41. 309. 317
Elohim 45
Elohist 45. 120
Endgericht 320
Endgestalt 63. 305
Endlichkeit 67
Endredaktion 51. 63. 78. 305
Entsühnungsformel 287
Enuma elisch 24. 322
Erfüllung 11–12. 19. 321. 336
Erfüllungsvermerk 228. 233. 279
Ergänzungshypothese 43–44. 46. 61
Erstes Gebot 15. 17. 19. 153. 156. 159. 161. 174. 176. 243. 248. 254
Erstgeburt 128
Erwählung 319–320
Erzählkreise 43
ethnischer Antagonismus 301. 332
Euphrat 226
Evangelium 334–337
historische Exegese 304–306. 327
kanonische Exegese 305
Exoduscredo 96

Ezechiel, Buch 81. 85–86. 93. 97. 100–101. 216. 240. 264–265. 267
Ezjon-Geber 190

Familienerzählungen 25–26
Feind aus dem Norden 222. 224. 237–238
Feld 121
Fluch 37
Fluterzählung 75–78
Fragestil 34–35
Fragmentenhypothese 43–44
Fremdling 105. 118–119
Fremdlingschaft 31. 36. 40

Geist und Buchstabe 15
Gelübde 284
Genealogie 36
Generationenfolge 32
Gerechtigkeit 99
Gerechtigkeit Gottes 64–65. 80. 90. 94. 202. 278. 281. 320
Gerechtigkeits-Bearbeitung 139
Gesetz und Evangelium 328. 337
Gesetzesreligion 328
Gestirnkult 171. 174
Glaube 90
Gnade 278. 281
Gnadenformel 282
Gott der Väter 32. 302. 332
Gott des Himmels 36. 283. 317
Gottesbund 245. 251. 257
Gottesprobe 97–98. 284
Gottesvolk 243. 330
Gotteswahl 257
Götterkampf 309–310. 331
Grabtradition 118–120
Grafsche Hypothese 21
Gürtel 227

Hadad 184
Hebräer 283
Hebron 122–123
Heer des Himmels 159. 161. 171–172
Heilsorakel 34. 81. 86. 102. 311
Hetiter 105. 119
Hillel 208

Hirtenrecht 136
Tribut des Hiskia 210
höfische Rede 40
höfische Religion 145. 250. 307. 311
Höhen 171. 175
Hofstil 33. 310
Hosea 18. 54. 251. 314
Hosea, Buch 312
Hure 132–133. 138–139

Isebel 166–167
Israel und Juda 41. 247. 251. 312. 314
Israel und das Judentum 16–19
Juda als Israel 151. 252–253
Israel als Paradigma 303

Jahwe als ein einziger 41. 252–253
Jahwe-Elohim 318
Jahwe-Namen 250
Jahwe-Verehrung 308
Jahwewort-Bearbeitung 217–241
Jahwist, Jahwistisches Geschichtswerk 8. 17. 20–58. 61–62. 64. 69. 74. 118. 317. 333
Jakobsegen 113
Jeremia, Buch 216–241. 264. 272
Jeremia, Buchgestalt 237
Jeremia-Erzählungen 238
Jeremia, Name 225. 238
Jeremia, älteste Sammlung 18. 224. 315
Jeremia, Überschrift(en) 231. 235. 266
Jeremia, Zeichenhandlungen 225. 237–238
Jesaja 18. 251. 312. 314
Jesaja, Buch 273–274
Jojachin 42. 175
Joschafat 190
Josefsgeschichte 28. 45. 48–49
Josia 33. 245–247. 252–253. 266
Juda 126–130. 134
Juda-Bearbeitung 128
Judentum 3. 17. 20. 40. 42. 102. 242–243. 258. 282–284. 305. 307. 320–321. 331. 335–336

Kadesch 29. 56
Kamosch 254
kanaanäischer Mythos 331
Kanaaniter 31. 37. 129. 143. 301. 330
Kanon 305. 307. 321
Kanonizität 63
Kasus 124–125
Kaufbrief 111. 234
Kaufvertrag 121
Kedeschen 156. 158
Kesib 141
Kessel, Kesselwagen 211
Khirbet el-Qom 244
Kinderopfer 158. 160
Kirchenkampf 329
Kirjat Arba 123
Knecht Jahwes 310. 316
Knechtschaft in Ägypten 93
Bücher der Könige 145–177. 240. 261
Königsritual 219. 310
Königstypologie 119
Königsvertrag 257
Königswahl 257
Königtum 27. 40. 144. 175. 177. 306–311
Kultdirne 142
Kultreform 156. 162. 196. 203
Kultstiftungen 284
Kultzentralisation 33. 41. 172–173. 175–176. 201–202. 247
Kuntillet 'Ajrud 244

Lamechlied 65
Landnahme 301. 331
Landverheißung 96–97
Lehr-Erzählung 80. 276
Leitsätze 35
Leviratsehe 124. 142–143
Leviratsrecht 132. 134. 137
Loyalitätseid 256

Machpela 107–108. 111. 114
Mamre 55. 107–108. 114. 120. 122–123
Marcion 6. 324
Mari 324
Meeresgott 309
Meerwunder 75

Mensch als Gattungswesen 319
Mescha von Moab 254
Messiasgeheimnis 12
Midrasch 181
Mischehenverbot 32. 131
Monojahwismus 253. 313. 316
exklusive Monolatrie 316. 318–319
faktische Monolatrie 250. 309
Monotheismus 243. 319
integrativer Monotheismus 318–319
Mose 28. 37. 57. 243. 337

nachholende Erzählweise 278. 282. 289–290
theophore Namen 250
Namengebung 71
nationale Ursprungsgeschichte 27
Nationalepos 40. 42
Neues Testament 5–6. 321. 324. 327
Niedrigkeitsbearbeitung 67
Ninive 276
noachitische Gebote 66
Buch Numeri 53–54

Offenbarungsrede 81. 102
Omriden 249. 308
Ostraka von Samaria 250

Paradiesströme 66
Partikularismus 320–321
Paulus 15
Pentateuchredaktion 78
Perfectum copulativum 90
Zyklus der Plagen 240
Prädestinationsorakel 219
priesterlich 214
Priesterschrift 8. 17. 21. 44–50. 53. 55. 58. 60–61. 64. 69. 74. 103–105. 116. 118. 203. 240. 319
Propheten, Prophetie 8. 17–18. 41. 102. 258. 330. 333
Individualität der Propheten 273
prophetische Sukzession 274
Typus des Propheten 239
Prophet für die Völker 218–219
Prophetenbücher, Überschriften 261–275
Prophetietheorie 218

Protevangelium 337
viertes und fünftes Psalmenbuch 299
Psalter 293–299

Recht und Gerechtigkeit 311. 313
Rechtfertigung 13–16. 335–337
Rechtspflege 34
Rechtsproklamation 102
Redaktion R$^{J/P}$ 59–71
Redaktionsgeschichte 20. 22. 45. 57
Reichtumslisten 39
Religion und Ethik 242
Religionsgeschichtliche Schule 243. 324. 329
Rezon 185
Buch der Richter 175–177. 313
Riesen 67
eherne Rinder 211
Ringkomposition 92. 200
Rosse des Sonnengottes 162

Sabbat 65–66
Salomo 190
Salztal 180. 187
Samaria 275
Samuelbücher 54
Sanherib 172. 252
Schaddaj 318
Schaubrottisch 208–209
Schelamim-Opfer 204–205
Schittim 57
eherne Schlange 159
Schöpfungsbekenntnis 283
Schöpfungsbeweis 89
Schriftlichkeit 307
Schriftprinzip 306
Schuld-Strafe-Erzählungen 64
Schuldfeststellung 287
Spruch der Schuldlosigkeit 136
Schwiegertochter 140
Seefahrt-Unternehmungen 190
Segen 39
Segen und Fluch 256
Selbstvorstellungsformel 10. 34. 96
Septuaginta 335
Sichem 256–257
Sinai 96. 98. 316
Sintflut 25

Sodom 27. 31
sola scriptura 338
Sozialethik 330
Speisevorschrift 66
Verwirrung der Sprache 68
Sprachbeweis 33
Staatenbildung 332
Status vor der Schöpfung 70
Steppen Moabs 57
Stierbild 165–166
Stiftshütte 203
Sünde der Väter 168
Sünde Jerobeams 152–153. 165
Sünde Manasses 160–161. 171. 192
Synchronismen 146
System der zwölf Stämme Israels 302. 332

Tamid-Opfer 204
Taube 99
Taumelbecher 236
Tempel 174. 313–314. 319
Tempelannalen 197
Tempelinventar 211
Tetrateuch 55. 57
Theokratie 257
Theophanie 100. 310
Tiglatpileser 200. 210. 212
Timna 132
Toledot-Buch 69
Toledot-Formel 61. 68. 74
Tora 4. 17. 139. 142–143. 158. 198. 207. 256. 285. 293. 299
Buch der Tora 162

Ugarit 249. 324. 331
Universalismus 320–321
Ur Kasdim 48. 96. 100

Urgeschichte 23–25. 46. 59–79
Urija, der Priester 203
Urkundenhypothese 21. 43–46. 52. 60. 63. 73. 75. 79. 126

Vätergeschichten 25. 47. 118. 312. 317
Vasallenvertrag 248. 255. 333
Vasallität 310. 315
Vergeltungslehre 95
Verheißung 6–14. 35. 39. 336–337
Verheißung und Erfüllung 9. 11–13
Versuchung 64
Liste der fremden Völker 95
Völkertafel 25. 37. 61. 67. 74. 119–120
Volk des Landes 106. 205

Wachtel-Episode 53–54
Weihgaben-Bearbeitung 182
Weissagungsbeweis 12
Wettergott 18. 249. 309. 331
Wiederaufnahme 72. 83. 104. 107. 198. 200. 279
Wort Jahwes 85. 192. 216–241. 261. 263–264. 273
Wort-Überschrift 263–264. 272
Wortereignisformel 82. 85. 88. 100. 217–218. 220. 222. 228. 232. 234. 236. 279
Wüstenitinerar 29. 53. 56–57

Zedekia 175
Zefanja, Buch 265–267
Zerstreuung der Menschheit 68
Zetergeschrei 34
Zugehörigkeitsformel 255. 310–312
Zwiegesprächsurkunde 121–122
Zwillinge 126–128

Autorenregister

Albertz, Rainer 223. 260–262
Albrektson, Bertil 239
Alt, Albrecht 32. 301–302. 308. 329–333
Alter, Robert 126
Althaus, Paul 302
Anbar, Moshé 56
Arneth, Martin 67. 310
Astruc, Jean 21. 45. 61. 322
Auld, A. Graeme 54. 302. 332
Aurelius, Erik 41. 144. 154. 160–161.
 163. 170. 173–174. 246–248.
 253–254. 313. 316

Baentsch, Bruno 127
Ball, Charles J. 90
Ballhorn, Egbert 299
Bar-On, Shimon 51
Barr, James 240
Bartelmus, Rüdiger 67
Barth, Karl 322–323. 326–327. 334
Barthel, Jörg 90
Baudissin, Wolf Wilhelm Graf von 326
Baumgärtel, Friedrich 9. 12
Beck, Martin 267
Becker, Joachim 9. 283
Becker, Uwe 90
Beer, Georg 50
Ben Zvi, Ehud 264–267
Benzinger, Immanuel 165. 189. 191.
 193. 196. 212
Bertheau, Ernst 112
Beuken, Wim 261
Beyerlin, Walter 219. 221–222. 254. 315
Bieberstein, Klaus 94
Blenkinsopp, Joseph 46
Blum, Erhard 43–44. 47–50. 58. 60. 63.
 69. 72–73. 75. 79. 82. 84–85. 104.
 126. 128. 130. 136. 201. 305
Boecker, Hans Jochen 136. 138. 287

Böhl, Franz Marius Theodor 331
Borger, Rykle 132, 194
Bornkamm, Heinrich 337–338
Brunert, Gunild 299
Brunner, Emil 323
Brunner-Traut, Emma 28
Budde, Karl 47. 57. 60. 62. 65–67. 69.
 73. 75. 78. 179–181. 194. 277
Buhl, Frants 181
Bultmann, Rudolf 4. 7. 11
Burney, Charles Fox 158. 189. 193.
 196

Caquot, André 82
Carr, David M. 50. 82
Carroll, Robert P. 272
Carter, Charles E. 333
Clericus, Joannes 186. 188
Cogan, Mordechai 171
Conrad, Diethelm 244
Cross, Frank Moore 68–69. 144

Dalferth, Ingolf U. 11. 320
Day, Peggy L. 309
Debus, Jörg 166
Delitzsch, Franz 110. 114. 134. 178
Deutsch, Robert 309
Dietrich, Walter 8. 64. 128. 136–137.
 149. 192–193. 218. 224. 240. 246.
 260. 262. 264
Dillmann, August 141. 274
Donner, Herbert 78. 251
Dothan, Trude 309
Dozeman, Thomas B. 51. 52
Driver, Samuel R. 180. 294
Dürr, Lorenz 239
Duhm, Bernhard 9. 226–227. 268–269.
 271. 281

Ebeling, Gerhard 7. 302. 304. 329
Edelman, Diana Vikander 184–185. 194. 301. 314
Eerdmans, Bernard D. 82. 96. 103. 104
Ehrlich, Arnold B. 198
Eichhorn, Johann Gottfried 61. 103. 322
Eichrodt, Walther 9. 103
Eißfeldt, Otto 58. 88. 189
Elliger, Karl 97

Falkenstein, Adam 239
Fascher, Erich 4
Fichte, Johann Gottlieb 325
Fishbane, Michael 84
Fohrer, Georg 50. 58. 304–305
Freedman, David Noel 273–274
Friebe, Renate 22
Fritz, Volkmar 22. 57. 332

Gehman, Henry S. 191. 213
Gertz, Jan Christian 30. 47–48. 50. 58. 84. 92–93. 96
Gese, Hartmut 3. 15. 48. 67. 96. 237. 242. 249. 284–285. 290–291. 293–297
Giesebrecht, Friedrich 218. 226–227. 232
Gitin, Seymour 309
Golka, Friedemann W. 278
Grätz, Heinrich 193
Graf, Karl Heinrich 21
Grapow, Hermann 70
Gray, John 189
Grayson, Albert Kirk 147
Gressmann, Hugo 183. 323–324. 326. 333
Grether, Oskar 216. 239. 241
Gunkel, Hermann 22. 57. 60. 64. 75–76. 87–88. 90. 95. 99. 103. 109–111. 114–116. 122–123. 126. 135. 139–141. 322. 324. 326
Guthe, Hermann 183

Ha, John 85
Haenchen, Ernst 6. 12
Hardmeier, Christof 264
Harnack, Adolf von 6. 324–325. 334. 338

Hecker, Karl 25. 27. 29
Heltser, Mikha'el 309
Hentschel, Georg 197. 207. 213
Hermisson, Hans-Jürgen 11
Herntrich, Volkmar 10
Herrmann, Siegfried 219–220. 222
Hertzberg, Hans W. 12. 179. 183
Hirsch, Emanuel 302. 325–329. 333–334
Hitzig, Ferdinand 219. 271–272
Hölscher, Gustav 161
Hoffmann, Hans-Detlef 197. 214
Hoftijzer, Jacob 29
Holl, Karl 325
Holzinger, Heinrich 33. 60. 66. 72. 92
Hossfeld, Frank-Lothar 299
Hupfeld, Hermann 59–61. 67. 75. 91–92. 103
Hyatt, James P. 55

Ilgen, Karl David 68. 103
Irsigler, Hubert 260

Jacob, Benno 131
Janzen, John Gerald 225
Jepsen, Alfred 145–147. 155. 194. 263–264
Jeremias, Jörg 237. 260–261. 263. 265. 268–269. 271
Johnson, Marshall D. 129
Johnstone, William 44. 54–55
Jolles, André 124

Kaiser, Otto 17. 81–83. 85–86. 90. 95. 102
Kamlah, Jens 301
Kautzsch, Emil 88
Keel, Othmar 78. 244. 301
Keil, Carl Friedrich 189. 192–193. 212
Kierkegaard, Søren 325–326
Kilian, Rudolf 22. 57. 123
Kittel, Rudolf 189–191. 209. 212. 329
Klostermann, August 179. 189–190. 193. 197. 205. 208. 212
Knauf, Ernst Axel 55–56
Knobel, August Wilhelm 140
Koch, Klaus 296. 299
Köckert, Matthias 82. 85–87. 91. 98. 218. 248. 302. 316. 332–333

Köhler, Ludwig 323
Kraetzschmar, Richard 66. 83
Kratz, Reinhard G. 44. 56–58. 89. 223.
    242. 260. 293. 295–299. 317
Krüger, Thomas 124. 278. 284. 290
Kuenen, Abraham 21. 63. 148. 150–151
Kuhl, Curt 104. 179. 200. 279

Lambert, Wilfred G. 24–25. 70
Lange, Dietz 306
Lemaire, André 181. 185
Lescow, Theodor 268
Levinson, Bernard M. 63
Lindemann, Andreas 15
Löhr, Max 180–181. 183. 269
Lohfink, Norbert 82. 93. 263–265. 278. 289
Luther, Bernhard 84. 88. 123. 129
Luther, Martin 336–338
Lux, Rüdiger 277–278. 286. 290–291

Malamat, Abraham 193
Mann, Thomas 125
Marti, Karl 268–269. 271. 290
Mathys, Hans-Peter 54
McKane, William 222
Meyer, Ivo 218
Michaelis, Johann David 188
Millard, Alan R. 25
Minokami, Yoshikazu 192
Mittmann, Siegfried 94
Montgomery, James A. 189. 191. 213
Mowinckel, Sigmund 209. 331
Müller, Hans-Peter 254
Müller, Reinhard 151. 174. 247. 254. 308. 310. 333

Na'aman, Nadav 182
Naveh, Joseph 309
Neumann, Peter K. D. 218
Nissinen, Martti 86. 254. 333
Nöldeke, Theodor 60–61. 66. 82. 103. 116
Nogalski, James D. 260–262
Noth, Martin 8–9. 30. 50. 54–55. 79. 91.
    103–104. 107. 123. 144. 146–150.
    157. 246. 250. 263–264. 302–303.
    308. 329–333
Nowack, Wilhelm 268–269. 271. 290

Ohst, Martin 325
Otto, Eckart 248

Pakkala, Juha 175. 248
Pannenberg, Wolfhart 300. 303–304
Perles, Felix 198
Perlitt, Lothar 67. 82. 94–95. 98.
    244–247. 257. 263. 265. 300
Petschow, Herbert P. 121–122
Peust, Carsten 28
Pfeiffer, Henrik 309
Pohlmann, Karl-Friedrich 224
Porten, Bezalel 41. 309
Procksch, Otto 88. 103. 127. 216
de Pury, Albert 44–45. 47

Rad, Gerhard von 2–3. 7. 10. 63. 72. 81.
    88. 90–91. 124–125. 127. 135. 209.
    243. 276. 291–292. 304. 330
Rade, Martin 323
Rake, Mareike 128. 130. 332
Rehm, Martin 197
Rendtorff, Rolf 46. 73. 79. 204. 206. 214
Rendtorff, Trutz 304–305
Renz, Johannes 244. 250. 309
Reuss, Eduard 40
Reuter, Eleonore 156. 201
Richter, Wolfgang 86. 92. 200. 218
Robinson, Ira 134
Röllig, Wolfgang 244. 250
Römer, Thomas Ch. 47. 53–54. 85. 92. 95
Rösel, Christoph 294–295
Rothstein, Johann Wilhelm 294
Rudnig-Zelt, Susanne 271. 273. 312
Rudolph, Wilhelm 87. 113. 226. 233.
    268–269. 286
Rüterswörden, Udo 170. 256
Ruppert, Lothar 66. 69

Šanda, Albert 163. 189–191. 209. 211–213
Schart, Aaron 260–261. 265
Schmid, Konrad 30. 48–50. 58. 82–85.
    92. 224. 232. 260. 323
Schmidt, Hans 189. 278. 283. 286. 290
Schmidt, Ludwig 113. 278–279
Schmidt, Werner H. 9. 69–70. 104. 243. 263. 269

Schmitt, Hans-Christoph 51. 85. 126. 128. 260
Schnocks, Johannes 299
Scholder, Klaus 302
Schrader, Eberhard 60–61. 75–76. 119
Schulz, Alfons 179
Schwally, Friedrich 155. 187. 189. 208–209
Schwesig, Paul-Gerhard 260–261
Schwöbel, Christoph 324
Seybold, Klaus 298–299
Ska, Jean-Louis 45. 75
Skinner, John 92. 115. 122
Smelik, Klaas A. D. 202
Smend, Rudolf Sr. 58. 65. 103. 114. 116–117. 120
Smend, Rudolf Jr. 2. 7–10. 17–19. 63. 68. 90. 156. 240. 244–246. 251. 255. 276. 312. 320. 324. 329
Smith, Henry Preserved 179–180
Smith, John M. Powis 268
Soden, Wolfram von 25. 239
Speiser, Ephraim A. 106
Spieckermann, Hermann 156–158. 160–161. 171. 210. 252. 282. 309
Stade, Bernhard 65. 155. 159. 161. 186–187. 189. 191. 207–209. 212
Steffen, Uwe 292
Stoebe, Hans Joachim 183
Strack, Hermann L. 208
Strecker, Georg 12
Stuhlmacher, Peter 4

Thenius, Otto 180–181. 183. 209
Thiel, Winfried 218–220. 222. 227–233. 235. 247. 272
Tigay, Jeffrey H. 315
Tuch, Friedrich 61. 140
Tucker, Gene M. 112. 121–122

Uehlinger, Christoph 162. 244. 301

van der Woude, Adam S. 278
Van Seters, John 43. 52. 81–82. 85–86
Veijola, Timo 3. 10–11. 17. 41. 144–145. 148. 156. 173. 175. 177. 246. 248–249. 253. 307. 314. 316. 338

Wallace, Howard N. 72
Wanke, Gunther 218. 228. 230–231. 233
Weimar, Peter 22. 125. 277. 283. 286. 287. 290
Weippert, Helga 145. 153. 158. 166
Weippert, Manfred 181–182. 311
Wellhausen, Julius 9. 16–17. 19. 21. 25. 43. 51. 54. 60. 62. 64–65. 68. 70. 78. 84. 95. 121. 125. 147–148. 150. 177. 180. 183. 196. 242–243. 245. 249–250. 258. 268. 271. 291. 308. 322. 329. 333
Westermann, Claus 64. 69. 88. 127. 295
de Wette, Wilhelm M. L. 61. 103. 322
Willi, Thomas 112
Willi-Plein, Ina 268–271
Williamson, Hugh G. M. 273–274
Winckler, Hugo 183. 197. 212. 278
Wiseman, Donald John 147
Witte, Markus 30. 52. 58. 60. 62–64. 67–68. 70–71. 78–79. 120
Wöhrle, Jakob 261–262. 265–267. 273
Wolff, Hans Walter 39. 101. 263. 265. 268–269. 271. 278. 282–283. 285. 287–288. 291
Würthwein, Ernst 5. 90. 146. 149. 153–155. 158–160. 162. 170. 174. 176. 189. 192. 197. 199. 209–210

Yardeni, Ada 309

Zenger, Erich 22. 57. 63. 170. 260. 299
Zimmerli, Walther 7–10. 66. 85–86. 88. 91–92. 95. 97. 101. 118. 216. 217. 240. 264. 338
Zwickel, Wolfgang 200

Bibelstellen

Genesis		7,6	74
1–11	46. 59–79	7,7–9	60
1,1–2,4	9. 65–66. 240	7,10.17	77
1,26–28	67. 71–72. 203. 319	7,11–16	60–61. 65
1,29–30	66	7,23	65
2,4	68–69. 72	8,7	78
2,5	31. 70	8,21–22	36. 46. 65. 73. 318
2,5–10,31	23–24	9,3–7	66
2,6–14	66–67. 71	9,9.11	93
2,17	34	9,18–19	61–62. 74
2,18	35	9,20–27	37. 47. 62. 65
2,19	71–73	9,28–29	74
3,1–6	64	10	25. 37. 61. 67. 74. 119–120
3,13–16	34. 64. 67. 337		
3,17	37. 73	10,1	74
3,18–19	66–67	10,5	75
3,22.24	67	10,10	37
4,2	137	10,12	276
4,4	66	10,15	119
4,6–7	64	10,29	62
4,10	34	10,31–32	75
4,13–15	64	11,1–9	38. 67–68
4,17–22	73	11,10–27	61. 74
4,23–24	65	11,31	94. 96
4,25–26	73	12,1–3	31. 35. 39. 49. 53. 318
5	47. 69		
5,1–3	71–73. 203	12,7	83. 94. 118
5,28–29	73–74	12,10–20	84. 93–94. 124
5,31–32	73–74	13,3	84
6,1–4	47. 67	13,6	93
6,5–8	36. 46. 65. 318	13,8	32
6,5–9,17	75. 276	13,14–17	83–86. 89. 97
6,9	65	13,18	98. 107. 120. 122–123
6,10	74		
6,19–20	60	14	82. 119
6,22	203. 207	14,18	129
7,1	65	15	47–48. 80–102
7,2	60	15,6	276
7,4	281	16	82

16,1	89	31,3	8
16,5	34	31,31	141
16,10	89	31,39	136
16,13	38	32,29	318
17	85	32,31	100
17,1	319	34	125
17,6–8	88. 93. 118–119	34,24	111
17,16	119	35,11	119
18,1	107. 120	35,12	118
18,2	318	35,19–20	115
18,10	318	35,22–26	50. 125
18,14	35	35,27	123
18,20–21	36	35,28–29	114. 116–117
18,22–33	65. 80. 85. 90. 99	36,1.8.19	123
19,9	32	36,31–39	185
20	85	37,14	123
20,16	111. 134	37,26–27	126. 128
21,1–8	120	37,32–33	136
21,10	87	38	124–143
22	91. 99	39,1	126
22,11	136	39,1–6	49
22,20	134	39,6–20	28. 32
22,23	62	39,3.5; 41,10	38
23	55. 95. 103–123	41,50–52	130
23,1–2	120	42,4.38	141
24,1–9	118	43,3	128
24,3.7	36. 317	43,6	34
24,13–14	97	43,8–10; 44,14–34	128
25,4	62	46,12	127
25,8–10	95. 108. 114. 116–117. 122	46,28	128
		47,28–31	112–113. 115–116. 118. 120–121
25,12–17	117		
25,23	88	48	113
25,24–26	127. 130. 142	48,22	114
26,1	124	49,1a	113–116
26,5	99	49,3–4	125
26,7	32	49,8–12	128
26,9	141	49,29–33	108. 112–115. 114–117. 121–122
26,28	38		
27,29	38. 53	50,1	115. 118
27,46	119	50,5	121
28,13–17	27. 33. 83	50,7–14	49. 108. 115–118
28,20–22	284	50,20	91
29,21	135	50,22–26	50
29,26	27		
29,32–33	132	*Exodus*	
29,35	128	1	50
31	124	1,7–9	49–50

Bibelstellen

1,10–16	32. 93	34,13	155. 159
2,1	37	34,16	131
3	49–50	34,17	166
3,4	318	34,25	206
3,6	100	38,1–2	207–208
3,7–8	318	39,32.42	203. 207
3,11–12	86	40,16	203. 207
3,22	93	40,22	208
4,1–17	49. 86	40,32	198
6,2–3	319		
6,4–7	93. 118	*Leviticus*	
7,8–13.19–20	240	1,2	208
8,1–3.11–15	240	1,5.11	206. 208
9,8–12	240	3,6–11	66
11,1–3	84. 93	7,18	91
12,35–36	93	8,19.24	206
12,37	56	9	204
12,40	95	9,7–8	198. 205–206
14	75. 240	9,12–21	205–206
14,31	276–277	16,24	206
16	53–54	17,4	91
18,10–11	38	18,7	65
19,3	318	18,15	132. 140
19,18	100	18,16	133
20,1–17	256	19,26	159
20,2–3	9. 96. 243. 254. 315	20.12	140
20,4	166	20,20.21	87. 133
20,5	95	21,9	129. 135
20,22–23,33	253. 256	22,13	134
20,26	199	25,38	97
22,12	136	26,3–13	93
23,18	206		
24,3–8	241. 256. 316	*Numeri*	
24,18	55	11	53–54
25,1–2.8	319	15,31	241
25,9.40	203	16	205
27,1–2	207	16,34	141
29,38–41	204. 206	18,3	198
29,44–46	319	20–21	51
30,12	235	20,1	56
31,18	55	21,9	159
32	153	22–24	52
33,16	98	22,1	57
33,20–23	100	22,3–6.12	39
34	55	22,21–35	54
34,5	318	24,1.4	318
34,7	95	24,3	54
34,10–28	51	24,5–9	53

25,1	56–57	30,14	241
26,20–21	127	32,11	99
28,3–8	204	34,5	56–57
28,23; 29	206		

Josua

Deuteronomium		1,3–5	94
1–3	54	2	139
1,7	94	2,1	56–57
3,12	191	7,1.18.24	127
5,5	241	11,23	56
5,6–7	9. 96. 243. 254. 315	14,15	123
		15,34	134
5,9	95	15,44	141
6,4	41. 173. 252. 255. 257. 313. 316	21,45	240
		22,20	127
6,5	163. 255. 315	23–24	56
7,3	131	23,14	240
7,5	155. 159	24	246–247. 257
9,9–10	55	24,14–27	93. 254. 256–257. 316
9,21	159		
10,1–15	55		
11,24	94	*Richter*	
12	165. 171. 247. 253	1	130
		1,10	123
12–26	33	2,7	56
12,2–3	155–156. 159. 201	6,15–16	86
		6,22–23	100
12,13–14	201	6,36–40	97
12,27	206	9,6	257
13,2–10	248	11,30	284
14	253	13,22	100
16,21–17,7	155. 248	14,1–5	132
18,9–10	156. 158–160	15,1	138
18,18	218	16,1–3	139
21,8	287	17,6	175
22,24	135	17,10	255
23,18	142. 156. 158	18,7	178
24,16	187		
25,5–10	124. 132–134. 142	*1. Samuel*	
		1,11	284
26,5–9	93	2,28	199
26,16–19	162. 229. 245. 247. 254. 256	9,21	86
		10	247
27,15–26	298	10,17–27	257
28,1–19	256	13,1	151
28,15.20–44	248	14,47	183
28,26	230	15,12	134
30,1–13	163. 298	19	54

21,8; 22,9–23	193–194	17	240. 276
24,18	136	17,2.5	279
30,12	291	18,29	206
		21,8	139
2. Samuel		22,43.47	158
2; 5	130	22,48	185
2,10–11; 5,4–5	151	22,49–50	190–191
6,12	134	22,53–54	154
7,12	89		
7,14	219. 255. 311	*2. Könige*	
7,16	90	3,2–3	154
8,5–12	179. 181–183	3,6–27	185–186
8,13–14	178–179. 181.	3,20	206
	186–187. 193	4,29	227
13,20	130	6,23	192
13,23–24	132	8,20	186
15,7–8	284	9–10	150
16,11	89	9,1	227
23,1–7; 24	54	9,14–15	192
		9,29	150
1. Könige		10,9	136
1,51	134	10,15–16	235
2,10–11	151	10,17–31	155. 166
3,12	163	10,32–33	191
5–8	214–215	11	151
7,13–50	210–211	11–12	196. 214
7,51	182	11,14.17	247
8,46–51	163	11,18	205
8,56	240	12,3	158
8,64	207	12,5–17	111. 212
9,21	208	12,18–19	182. 212
9,26–28	190	13,20–22	192
10,11–12.22	191	14,7	180. 187
11,1	193	14,10.22	187–188
11,14–22	180. 184	14,25	276–277
11,23–25	185	15,1	270
11,40	184	15,5	205
11,41–43	151	15,37	191
12,17	208	16,2–4	158. 160. 199.
12,20	257		201–202
12,26–30	152. 155. 165–166	16,5–9	178. 188. 193. 197
12,31–33	153. 199. 201	16,10–18	196–215
13,1	201	17,2	202
14,22–24	156. 159	17,8–11	156
15,11–14	156–157. 208	17,16	161
15,15	182	17,17	159
16,11–13	149	18,4–7	159–160. 162
16,30–33	154. 161	18,16	210. 212

20,8–11	98	*Jeremia*	
21	160–161. 266	1,1–3	238. 266. 272
21,3–9	159. 162	1,4–10	86. 217
21,16	162	1,11–14	220–222. 254. 315
21,20–22	161	1,15–19	222. 227
22–23	196. 214. 266	2,1–2	222–223
22,2	247	3,6	266
22,3–23,3	162. 245. 256	4,5–7	223–224. 237
23,4–20	157–158. 161–162. 199. 267	5,13	239
		5,14	240
23,24	162	6,1	223–224
23,25	163. 247	7,4	81
23,26–27	192	7,9	229. 254. 316
23,29	144. 200. 247	7,18	154
24,1–2	192. 235	7,23	255
24,5.18	151	7,24	225
24,12–15	102	7,28	236
25,1–7	151. 175	7,33–34; 8,2	230
25,13–17	211	8,14	224
25,27–30	175. 246	11,2	236
		11,4	255
Jesaja		11,8	225
1,1	268. 270–271. 274	11,10	229. 232
2,1	85. 268–269	13,1–11	225–229. 232. 236. 276. 279
6	238. 251. 269		
6–7	274	14,14	218
6,5	100	15,4	192
6,6–7	86. 219	15,16	239
7	200	16,1–9	229–231
7,1	274	16,10–11	315
7,2	134	17,15	239
7,7–9	90	17,23	236
8,1–4	203. 273. 312	18,1–6	231–232
34,5–15	193	18,7–11	65. 91. 219. 232. 236. 276–277. 281
35,4	4		
36–39	274	19,1–13	227. 230. 232. 267
40–55	316	20,8–9	239
40,8	240	22,10	227
40,12–29	89. 317	22,29	239
40,27	81	22,30	87
41,4–13; 42,1–4	89. 317	23,16–22	218. 239
44,2.24	219	23,25–29	239–240
44,28; 45,1	317	25,3	266
49,1.5	219	26,15	288
49,6	255	27,18	239
51,17.22	236	29,6	230
53	4	29,11	91
55,10–11	240	31,27.31	232

Bibelstellen

31,29	168	*Obadja*	
31,31–34	13. 232. 258	1–18	193
32,1–15	108. 121. 232–234		
32,4–5	175	*Jona*	
32,9	111	1	276–292
32,33	236	1,1–2; 3,3–10	240. 276
34,3	175	2,1	290
34,18	98	2,2–10	277–278. 291
34,20	230	3	278–279. 281
35	235	4,1-11	278. 280–282. 291
36,2	266		
37–38	238		
49,7–22	91. 193	*Micha*	
		1,1	267–269
Ezechiel		1,14	141
1,3; 2,8–3,3	86		
8–11	227	*Zefanja*	
8,17	164	1,1	265. 267. 270
12,22	101	1,4–6	266–267
14,13	267		
18,2	168	*Haggai*	
18,25.29	101	1,9	174
25,12–14	193. 267		
27,16	178	*Psalmen*	
33,10.17.24	101	2	295
35	193	2,7	219. 311
36,16–28	97	18,8–16	310
37,11	101	21	310
		27,4	209
Hosea		29	310
1,1	270–273	32,2	91
1,2–9	251. 312	38,17	141
2,20	94	41,14	293–298
4,2	316	60,2	180
		60,5	236
Joel		72	310
1,1	266	72,18–19	293–297
		72,20	294
Amos		77,17–20	310
1,1	85. 251. 269–271	89	295
1,3–2,16	193. 237	89,27–28	219. 311
3,12	136	89,53	293–297
7,7–8	222	93,1; 97,1	310
7,9–17	270	106,12	276
8,1–2	221. 238. 251. 254. 312	106,31	91
		106,48	293. 296–298
9,12	178	110,3	219
		115,3	288

119	241	*Zusätze zu Daniel*	
135,6	288	1,45	136
137,7	193		
		Matthäus	
Hiob		8,17	4
40,5	80	11,3–5	4. 12
42,2	68	12,40	292
		26,54	12
Sprüche			
10,28	9	*Markus*	
24,24	136	4,38	292
		12,18–27	134
Rut		14,49	12
1	132	15,39	4
1,1; 3,4.7	124		
4	108. 121	*Lukas*	
4,12.18–22	124. 127	4,17–21; 7,20–23	12
		22,37	4
Daniel		24,21.26–27.44	12
9,4	287		
		Johannes	
Esra		13,18; 15,25	12
4,10	275		
		Apostelgeschichte	
Nehemia		1,16	12
1,5.11	287		
8,1–6	298	*Römer*	
9,8	95	3,21	15
11,4–6.24	127		
		1. Korinther	
1. Chronik		1,20.23	11
2,3–4	127	10,16	14
4,1.12.21	127	11,25–26	13–14
9,4.6	127	15,3–4	13
16,7–36	296–297	15,54	12
18,12	180		
21,22.24	112	*2. Korinther*	
27,3	127	3	15
28,11.12.18.19	204		
		Galater	
2. Chronik		4,21–31	15
25,11	180		
26,16–20	205		
36,6–7	192